QUARENTA E QUATRO EM QUARENTENA

QUARENTA E QUATRO EM QUARENTENA
CONVERSAS COM MIGUEL PINTO GUIMARÃES

Copyright © Miguel Pinto Guimarães 2020

REDAÇÃO
Manoela Sawitzki
Nani Rubin

PREPARAÇÃO
Diogo Henriques

REVISÃO
Anna Beatriz Seilhe
Juliana Pitanga

CAPA E PROJETO GRÁFICO
Raul Mourão e Marcelo Pereira | Tecnopop

FOTO DE CAPA
Leo Aversa

ILUSTRAÇÕES
Gabriel Giucci

CIP-BRASIL. CATALOGAÇÃO NA PUBLICAÇÃO
SINDICATO NACIONAL DOS EDITORES DE LIVROS, RJ

G979q

Pinto Guimarães, Miguel
    Quarenta e quatro em quarentena : conversas com Miguel Pinto Guimarães / Miguel Pinto Guimarães. - 1. ed. - Rio de Janeiro : Intrínseca, 2020.
624 p. ; 23 cm.

ISBN 978-65-5560-132-9

1. Entrevistas. 2. Epidemias - Aspectos sociais. 3. COVID-19 (Doenças). I. Título.

20-67169   CDD: 080
                           CDU: 082:616-036.22

Camila Donis Hartmann - Bibliotecária - CRB-7/6472

[2020]
Todos os direitos reservados à
Editora Intrínseca Ltda.
Rua Marquês de São Vicente, 99/3º andar
22451-041 — Gávea
Rio de Janeiro — RJ
Tel./Fax: (21) 3206-7400
www.intrinseca.com.br

1ª edição   DEZEMBRO DE 2020
impressão   CROMOSETE
papel de miolo   PÓLEN SOFT 70G/M²
papel de capa   CARTÃO SUPREMO ALTA ALVURA 250G/M²
tipografia   MINION PRO

*Dedico esse livro à memória
da minha filha Manu,
que segue sendo a minha
eterna inspiração.*

*Ao Chiko, minha razão de viver,
por quem eu me esforço, dia a dia,
para ser um homem mais criativo,
um exemplo mais potente e um pai
mais compreensivo e carinhoso. Te amo.*

*À Paula, minha eterna namorada,
que teve que conviver nesta quarentena
com a minha falta de tempo. Tempo que
foi tragado por esse projeto, mas que
será diluído por toda a nossa vindoura
eternidade. Te amo.*

*Ao Diogo, pelas conversas inteligentes
na hora do jantar, pelas provocações
inspiradoras e pelo entusiasmo pela
feitura desse livro. Te amo.*

*À Sofia, por ter tido a paciência de
não poder fazer ginástica, não poder
colocar música alta na varanda, não poder
entrar e sair da sala como de hábito,
nas intermináveis horas em que eu
fazia lives ou me concentrava no ofício
da escrita. Te amo.*

MARÇO 03/03 YVONNE FARRELL E SHELLEY MCNAMARA GANHAM O PRITZKER DE ARQUITETURA 09/03 ITÁLIA RESTRINGE CIRCULAÇÃO POR TODO O PAÍS 11/03 OMS DECLARA PANDEMIA DE COVID-19 12/03 MORRE A PRIMEIRA VÍTIMA DE COVID-19 NO BRASIL 20/03 BOLSONARO MINIMIZA A PANDEMIA: "GRIPEZINHA" 30/03 SENADO APROVA AUXÍLIO EMERGENCIAL DE SEISCENTOS REAIS 31/03 PAREDÃO DO BBB 20 BATE RECORDE MUNDIAL COM 1,5 BILHÃO DE VOTOS **ABRIL** 03/04 GOVERNO CONSIDERA MINERAÇÃO ATIVIDADE ESSENCIAL 04/04 PREMIÊ BRITÂNICO BORIS JOHNSON É INTERNADO COM COVID-19 10/04 BRASIL ATINGE 1056 MORTES REGISTRADAS POR COVID-19 14/04 TRUMP ANUNCIA SUSPENSÃO DE CONTRIBUIÇÃO À OMS 16/04 MANDETTA É DEMITIDO DO MINISTÉRIO DA SAÚDE **ALÊ YOUSSEF/16** 21/04 **RONALDO LEMOS/26** 22/04 EM FATÍDICA REUNIÃO MINISTERIAL, SALLES FALA EM "PASSAR A BOIADA" 23/04 **GILBERTO GIL/38** 24/04 SERGIO MORO ANUNCIA DEMISSÃO DO MINISTÉRIO DA JUSTIÇA 28/04 EUA CHEGA A 1 MILHÃO DE CASOS DE INFECTADOS PELO NOVO CORONAVÍRUS **MAIO** 03/05 BRASIL CHEGA A 100 MIL CASOS CONFIRMADOS DE COVID-19 04/05 MORRE ALDIR BLANC DE COVID-19 05/05 **MARCOS LISBOA/48** 07/05 STF SUSPENDE PARECER DA AGU SOBRE O MARCO TEMPORAL 09/05 BRASIL SUPERA A MARCA DE 10 MIL MORTOS. É O SEXTO PAÍS EM NÚMERO DE ÓBITOS 12/05 **LUCIANO HUCK/62** 14/05 MP DA GRILAGEM É ABANDONADA PELA CÂMARA **MARINA SILVA/78** 15/05 NELSON TEICH DEIXA O MINISTÉRIO DA SAÚDE APÓS DIVERGIR DE BOLSONARO 19/05 JOÃO PEDRO, CATORZE ANOS, É ASSASSINADO EM OPERAÇÃO POLICIAL EM SÃO GONÇALO 21/05 **ANTONIO PRATA E GREGORIO DUVIVIER/90** 23/05 BRASIL SUPERA RÚSSIA E É O SEGUNDO PAÍS EM NÚMERO DE CASOS 25/05 GEORGE FLOYD É ASSASSINADO POR POLICIAIS EM MINNEAPOLIS 26/05 **TERESA CRISTINA/110** 28/05 ANNE HIDALGO É REELEITA PARA A PREFEITURA DE PARIS **GUGA CHACRA/120** 30/05 #ESTAMOSJUNTOS (PELA DEMOCRACIA) UNE PERSONALIDADES DE IDEOLOGIAS DIVERSAS **JUNHO** 02/06 **LUIZ EDUARDO SOARES/136** 04/06 **FRANCISCO BOSCO/148** 05/06 STF PROÍBE OPERAÇÕES POLICIAIS EM FAVELAS DURANTE A PANDEMIA 06/06 **REGINA CASÉ E ESTEVÃO CIAVATTA/162** 08/06 **ZUENIR VENTURA/174** 10/06 **FERNANDO HENRIQUE CARDOSO/182** 12/06 BRASIL SE TORNA O SEGUNDO PAÍS EM NÚMERO DE MORTES POR COVID-19 19/06 BRASIL CHEGA A 1 MILHÃO DE CASOS CONFIRMADOS DE COVID-19 22/06 **ANTONIO PITANGA/198** 24/06 SENADO APROVA MARCO LEGAL DO SANEAMENTO BÁSICO **FLÁVIA OLIVEIRA/206** 29/06 PARTIDO VERDE VENCE ELEIÇÕES EM PRINCIPAIS CIDADES NA FRANÇA **JULHO** 06/07 PRESIDENTE BOLSONARO TESTA POSITIVO PARA COVID-19 07/07 EMPRESÁRIOS ENTREGAM CARTA A MOURÃO DEFENDENDO

COMBATE AO DESMATAMENTO **ARMÍNIO FRAGA/220** 10/07 ALFREDO SIRKIS MORRE EM ACIDENTE DE CARRO NO RIO DE JANEIRO 11/07 **ANDRÉ TRIGUEIRO/232** 14/07 **VIK MUNIZ/246** 15/07 VÍDEO DE FELIPE NETO COM CRÍTICAS A BOLSONARO É PUBLICADO PELO *NEW YORK TIMES* 16/07 **FERNANDO GABEIRA/258** 22/07 SANTANDER, ITAÚ E BRADESCO LANÇAM PLANO PELA PRESERVAÇÃO DA AMAZÔNIA 23/07 **EDUARDO GIANNETTI/272** 28/07 **BETO VERISSIMO/286** 30/07 **MARCELO ADNET/298** AGOSTO 04/08 **GUILHERME WISNIK/308** 05/08 STF MANTÉM MEDIDAS DE PROTEÇÃO A INDÍGENAS NA PANDEMIA 06/08 **MARCELO FREIXO/320** 07/08 **DIÉBÉDO FRANCIS KÉRÉ/332** 08/08 BRASIL PASSA DOS 100 MIL MORTOS POR COVID-19 09/08 DIA INTERNACIONAL DOS POVOS INDÍGENAS É MARCADO PELA LIVE "MARACÁ" 10/08 **SONIA GUAJAJARA/346** 11/08 PUTIN ANUNCIA VACINA RUSSA 13/08 **TASSO AZEVEDO/356** 14/08 **SÉRGIO BESSERMAN/372** 19/08 **LEANDRO VIEIRA/386** 20/08 FOGO JÁ CONSOME 10% DO PANTANAL 23/08 "MINHA VONTADE É ENCHER TUA BOCA DE PORRADA", DIZ BOLSONARO A REPÓRTER 24/08 **RENATA LO PRETE/400** 27/08 **MARY DEL PRIORE/414** 28/08 MORRE CHADWICK BOSEMAN, ASTRO DE *PANTERA NEGRA* 29/08 **MILTON CUNHA/430** SETEMBRO 01/09 **DANILO MIRANDA/444** 02/09 NOTA DE DUZENTOS REAIS ENTRA EM CIRCULAÇÃO **FELIPE SANTA CRUZ/456** 04/09 **GUSTAVO FRANCO E JOSÉ ROBERTO DE CASTRO NEVES/474** 08/09 **NELSON MOTTA/494** 09/09 TESTES COM VACINA DE OXFORD SÃO INTERROMPIDOS 10/09 VÍDEO QUE CONTESTA QUEIMADAS NA AMAZÔNIA É ESTRELADO POR MICO-LEÃO DOURADO 10/09 **DRAUZIO VARELLA/506** 11/09 **EDUARDO PAES/520** 12/09 FREIXO DEFINE QUE NÃO SERÁ CANDIDATO A PREFEITO DO RIO DE JANEIRO 14/09 INCÊNDIOS NO PANTANAL: GOVERNO RECONHECE SITUAÇÃO DE EMERGÊNCIA **DAVID ZYLBERSZTAJN/538** 15/09 AMAZÔNIA TEM AUMENTO DE 68% NOS ALERTAS DE DESMATAMENTO **ANDRÉ LARA RESENDE/552** 17/09 **PEDRO BIAL/566** 22/09 BOLSONARO DISCURSA NA ONU **PEDRO MALAN/586** 23/09 ALERJ DÁ PROSSEGUIMENTO AO IMPEACHMENT DE WILSON WITZEL 28/09 **WASHINGTON FAJARDO/604** 29/09 MUNDO CHEGA A 1 MILHÃO DE MORTOS POR COVID-19 30/09 NO BRASIL, SÃO CONTABILIZADOS 143886 MORTOS E 4813586 INFECTADOS POR COVID-19

PREFÁCIO
GILBERTO GIL

Amanhecer sem ter que levantar e sair e ir trabalhar e ir viajar e ir à praia e ir à igreja e ir visitar o amigo. Sem ter que ir. Amanhecer e permanecer o dia inteiro ali. E anoitecer. E amanhecer de novo.

O isolamento, a quarentena, em casa. O que quer que fosse, em casa. O trabalho em casa. A viagem em casa. O passeio em casa. A igreja em casa. A criança em casa. A escola em casa. A comida em casa. A faxina em casa. O exercício em casa. O vício em casa. O inferno em casa. O paraíso em casa.
Em casa, o riso, a lágrima, o porvir!

Como muitos de nós, Miguel teve que ficar em casa. Em casa, teve o que fazer, o que pensar, o que inventar, o que propor, para que nos juntássemos para ler, para ouvir e falar e perguntar e responder.

Este livro reúne as horas que Miguel passou reunindo os amigos em sua casa — da casa deles para a sua casa —, ocupando-os com apertar botões e dedilhar teclados; ouvindo-os a falar, a responder perguntas, a compartilhar temores e esperanças, a tentar decifrar enigmas, de repente: o que cada um de nós gritava, o que cada um de nós sentia, o que em cada um de nós calava e o que em cada um de nós consentia em se revelar; sobre o que o coronavírus fazia aquela hora e, passada essa hora, o que fará; o que será de nós no seu após e como e quando esse após chegará — remédios, vacinas, planos de recuperação, versões distópicas, versões utópicas do mundo que sobrará.

Amigos artistas, economistas, políticos, cientistas ou simplesmente gente interessada em decifrar enigmas, de repente. Miguel se conectou com muita gente, da casa dele para as tantas outras casas nossas. Remotamente, através de computadores, celulares, algoritmos; intensamente, através de visões poéticas, noções de ética e de proféticas projeções.

Miguel deu vazão aos vários rios do seu coração vivaz em seu trânsito frenético entre a serra e o mar, a metrópole e o sertão, o delírio e a razão.

Miguel fez quarenta e quatro entrevistas que foram transcritas e revistas por todos que estiveram nessas mesas virtuais, nas fases mais agudas da pandemia. Conversas para sorver e refletir: a chuva ácida do pânico desses dias a nos encharcar de medo e dissabor; a frase tóxica do discurso pessimista a tentar nos desviar da fé; a falácia negacionista a fingir nos prevenir da dor; o rigor da paciência do cientista a aguardar, confiante, o saber; o paciente entregue ao seu regente, o império do amor.

Nessas conversas, somos vários a deixar fluir o que somos, com Miguel nos ajudando a desaguar o que supomos. Tudo via ciberespaço. Para ele, uma maratona. Para nós, uma maravilha.

Agora, em livro, tudo isso volta às nossas casas. Abramos e voemos nossas asas!

APRESENTAÇÃO
MIGUEL PINTO GUIMARÃES

Tudo começou com uma conversa. Depois duas. Depois três... E eram conversas tão interessantes, com amigos tão inteligentes, que em algum momento me deu vontade de torná-las públicas. Naquele início de pandemia me pareceu um projeto simpático, uma maneira divertida de passar o tempo. Um tempo coletivo que não sabíamos quanto tempo duraria, e um tempo individual que, eu descobriria mais adiante, era um tempo que eu não tinha!

As conversas viraram lives, as lives, livro. O projeto cresceu, tomou corpo, se expandiu para além da arquitetura, dos assuntos urbanísticos e da discussão das cidades. Aliás, tenho que confessar que, nesse caso, esses eram os assuntos que menos me interessavam, até porque, sobre eles, tenho certo domínio. Muito mais me atraía o desconhecido, o desconfortável, o que me estimulava a estudar, a me preparar. Na minha profissão também é assim. Os projetos mais desafiadores são os que eu nunca fiz. Os que me obrigam a observar, a aprender. E todo esse conhecimento está no ar, ao alcance de todos. Nunca havia projetado uma escola, mas havia frequentado algumas. Nunca havia projetado um teatro, mas os conheço bem... eles são a minha segunda casa. Portanto, projetar o que não se conhece não é complicado, se você for curioso, generoso e atento. A mesma analogia se aplica às conversas publicadas nas próximas páginas. Com boa dose de observação e genuíno interesse, foi possível mergulhar e me aprofundar no universo de cada um dos meus interlocutores, e principalmente, deixá-los à vontade.

Aprendi demais nesses seis meses de bate-papo. Como na organização de uma boa viagem, a preparação era tão enriquecedora quanto a própria live... Live. Palavra que, nessa quarentena, entrou na moda. Nunca me assustou o Ao Vivo. Estive sempre amparado por um amigo do outro lado da tela. Amigos que já tinha, amigos que já amava, conhecidos que mudaram de patamar. Amigos que fiz, que admirava, amigos novos que passei a amar. Ninguém sai imune de uma hora de conversa como essas. Os que não eram amigos passaram a sê-los, pois a conversa por aplicativo tinha o teor e a informalidade de uma conversa de bar. Mas, sem perder a profundidade. Jamais. Convidei pensadores, cujas expertises poderiam ser agrupadas sob as égides da cultura, da economia, da política, do meio-ambiente, das cidades. Aliás, organizá-las dessa maneira fazia parte da intenção primeira dessa publicação, no entanto, em devaneio noturno, decidi rompê-la e seguir com a ordem cronológica das conversas realizadas. Me pareceu mais orgânico, já que fatos recentes, quentes, permeiam as perguntas, comentários e observações desenhando um arco parabólico muito representativo do que acontecia no mundo durante os sete meses de feitura deste livro. A leitura atenta do índice que se mistura a uma linha do tempo da pandemia provoca uma sucessão de sensações conflituosas, um misto de desespero e otimismo que refletem o melhor e o pior da humanidade. E que são um retrato instantâneo desse nosso tempo. Uma polaroid da contemporaneidade.

Abordamos assuntos tão diversos quanto complementares para a compreensão dessa atualidade fugaz. Não só diversos e complementares, mas também transversais. Os convidados se conhecem, se mencionam, se leem. Muito concordam e pouco discordam após algumas mesmas provocações que fiz questão de repetir a alguns deles.

Em cada conversa, consegue-se perceber não só o saber de que cada interlocutor é senhor, mas também se consegue ler, nas entrelinhas, histórias pessoais, prosódias características, expressões muito particulares de intelectuais públicos, que nunca imaginamos escutar. Uma delicada e laboriosa alquimia transforma a efêmera oralidade em perene literatura. E é fascinante o panorama que se arquiteta e edifica.

Posso garantir, as conversas ficaram ainda melhores perpetuadas nas páginas alvas deste livro que, nesse momento, tens nas mãos.

Divirta-se!

16 DE ABRIL
ALÊ YOUSSEF
PENSANDO O AMBIENTE CULTURAL PÓS-COVID 19

Nossa amizade começou no carnaval. E gente de carnaval me é sempre muito querida. Nos encontrávamos, ano após ano, no **Rival sem Rival**, no **Bola Preta** e, entre um bloco e outro, em almoços com amigos em torno de um cordeiro com arroz de brócolis no **Nova Capela**. Sua dedicação e seu trabalho incansável transformaram o carnaval de rua de São Paulo em uma potência urbana, artística e democrática! Sempre fiz questão de aplaudir! Apesar do ciúme dos amigos cariocas que, por certo bairrismo, são incapazes de reconhecer...

Alê sempre foi um militante da cultura, e seu trabalho, suas ideias sempre me impressionaram. Sua gestão frente à Secretaria de Cultura da prefeitura de São Paulo trouxe, definitivamente, o tema para o centro do debate. Quando marcamos essa conversa, ele tinha acabado de sair da Secretaria para montar o Bloco da Cultura e seu nome foi aventado como um provável candidato a vice na chapa do prefeito Bruno Covas à reeleição.

Por causa da sua paixão pelas questões urbanas, pela cultura e pelo carnaval, naturalmente, Alê foi um dos meus primeiros convidados para esse ciclo de conversas.

MIGUEL E aí, Alê?

ALÊ Querido! Tudo bom, Miguel?

MIGUEL Tudo tranquilo! E você já de volta! Uma semaninha de descanso e já voltou à gestão pública!

ALÊ Pois é. Esse programa Cidade Solidária foi gerado quando eu ainda estava na Secretaria de Cultura. Pensando em como envolver o setor cultural na construção de uma rede de solidariedade na cidade, aproveitando sua capilaridade e capacidade de articulação. Temos, na cidade de São Paulo, uma experiência valiosíssima dos coletivos e grupos culturais da periferia, capazes de se associar a uma rede como essa para beneficiar quem mais necessita de amparo neste momento. Quem mais está em situação de vulnerabilidade. Me pareceu fundamental a minha permanência. Não tinha sentido fazer qualquer outra coisa a não ser me debruçar numa batalha coletiva contra o vírus, pela vida.

MIGUEL Me chamou a atenção, quando eu estava preparando o post para essa conversa, você se colocar como articulador do Cidade Solidária. E a articulação é política, é uma associação da prefeitura com a sociedade civil. Essa horizontalidade é importante, porque o gestor público não é capaz de conhecer os meandros de uma cidade do tamanho de São Paulo. É preciso então trabalhar de braços dados com os líderes comunitários, a sociedade civil. O programa tem isso, e muita tecnologia. Vi entrevistas suas falando de georreferenciamento, mapeamento. Da importância da compilação de dados para fazer essa ajuda chegar no destino. Como essa ação foi pensada e como está atuando?

ALÊ Você falou "articulação", e é a palavra preferida aqui quando buscamos fazer um trabalho que envolve uma densidade relevante de pessoas e capaz de mudar as realidades. Esse pacto social entre poder público e sociedade civil é uma tradição brasileira. A nossa sociedade já se levantou e trabalhou junto muitas vezes. Foi assim no início da incrível campanha Ação da Cidadania, do Betinho, na década de 1990, foi assim na Comunidade Solidária liderada pela Ruth Cardoso e nas batalhas pela renda mínima que geraram até o Bolsa Família. Esse congraçamento entre poder público e sociedade civil neste momento grave é fundamental. Compreendendo essa importância, temos essa articulação não apenas em relação às entidades da sociedade civil mais tradicionais, ou que representem determinadas categorias ou movimentos populares, mas também com figuras fundamentais que estão nas pontas, as lideranças comunitárias.

O Cidade Solidária foi pensado como um pacto social que gerasse um sistema de arrecadação e distribuição para chegar às pessoas em maior vulnerabilidade social. É baseado em critérios objetivos, como cadastros da Assistência Social, do programa Saúde da Família, programas habitacionais. E faz um grande esforço para evitar sobreposição de ações. Graças à capacidade de mobilização do nosso povo, temos centenas, milhares de ações de solidariedade impactantes na cidade de São Paulo, e em todo o país. Mas elas precisam de organização, e aí entra esse termo, georreferenciamento das ações: de onde está vindo ajuda, onde vai se aplicar, de que forma. Aliás, sei que você, Miguel, tem relação muito profunda com o universo cultural, e é o momento de agradecer a enorme adesão de atores, atrizes, cantoras, cantores, escritores, produtores, cartunistas, nessa mobilização.

MIGUEL Talvez esse engajamento dos trabalhadores da cultura seja um agradecimento a tudo o que a cidade de São Paulo tem feito por eles. Por nós — eu me incluo nessa — que somos operários da cultura. Não só a nível municipal, mas a nível estadual — temos que ser justos —, São Paulo está a milhas de qualquer outra cidade nesta questão. Que outras ações São Paulo criou, ou está criando, para ajudar esse setor que, obviamente, está perdendo muito nessa crise? Não só pela pandemia, mas porque já estava sendo muito violentado pelos ataques vindos principalmente do governo federal.

ALÊ Eu e o secretário Hugo Possolo, que assumiu a Secretaria de Cultura a convite do prefeito Bruno Covas, após a minha saída, traçamos juntos estratégias de ação da cultura municipal. Porque antes de eu sair, já vinha percebendo o colapso que aconteceria no setor a partir de toda essa paralisação e da emergência sanitária pela qual estamos passando. Primeiro fizemos uma portaria que esticava os prazos dos contratos com os artistas, para que os que estavam contratados tivessem certeza de que fariam a sua apresentação e receberiam seu cachê em algum momento. Você sabe que, a partir de um calendário cultural integrado público-privado, a cidade de São Paulo não para um segundo! Outra medida importante foi antecipar os fomentos. Colocamos os editais na rua para ter linhas de suporte para várias manifestações artísticas. Estou falando do fomento ao teatro, à dança, à música, ao carnaval de rua, à cultura negra, às ocupações culturais, à cultura da periferia. E há uma série de ações direcionadas e relacionadas à vitalidade dos equipamentos da Secretaria Municipal de Cultura de São Paulo. Temos teatros, centros culturais, casas de cultura, bibliotecas, e todos eles vão viabilizar conteúdo online.

É importante aqui fazer uma reflexão de como é arbitrária e irracional a crítica que se repete ao setor da cultura, por pura ideologização e maniqueísmo político, quando qualquer secretaria ou gestor público apresenta ideias para mitigar as perdas do setor. Vem aquela crítica parecida com a da campanha eleitoral de 2018, chamando o artista das piores coisas, colocando o artista na pior situação. E como isso é injusto nesse momento de isolamento social, quando a gente vê que a cultura é um elemento que dá sanidade às pessoas, capaz de nos unir, de nos agregar. Tantas novelas e séries, tantas coisas maravilhosas que vêm sendo produzidas — sem elas seria muito pior passar por essa pandemia. O setor cultural é estratégico, e vai ser crucial na retomada do desenvolvimento do Brasil depois deste momento tão grave. Temos 27 estados, cada um com uma cultura mais rica do que a outra. A economia criativa, e aí a arquitetura faz parte disso, aí o design faz parte disso, precisa ser valorizada, indicando um novo futuro, um novo normal, em busca de utopias. Por isso, entre a saída da secretaria e o desafio de fazer o Cidade Solidária, criamos, e também estou me dedicando a isso, um projeto que se chama Bloco da Cultura, um movimento político nacional em torno da centralidade da cultura e do desenvolvimento social econômico do país.

MIGUEL Você e o prefeito Bruno Covas trouxeram a cultura para o eixo do poder. É impressionante o trabalho feito no Cultura Presente, a quantidade de shows, de gente nas ruas. A Virada Cultural também é um fenômeno incrível de público, de audiência. São Paulo é uma bolha no país. E nós, cariocas, temos muita inveja de São Paulo nesse sentido. E muito orgulho também. Hoje, as grandes manifestações de artes plásticas são em São Paulo, os grandes teatros são em São Paulo, muito embora, muitas vezes, o criador seja do Rio — grande parte dos artistas plásticos, muita gente de teatro, televisão, mora no Rio. Isso é resultado de um trabalho progressivo, de trazer a cultura para o centro do debate. A cultura tem importância vital, inclusive na manutenção desse país coeso. O Brasil não seria esse Brasil se não fosse a nossa tão potente e ampla cultura. Afinal, somos muitos diferentes entre as mais diversas regiões — Nordeste, Sul, Centro-Oeste, Norte —, e a cultura é o amálgama que mantém esse povo todo junto.

ALÊ Estou inteiramente de acordo. Cultura é identidade, o que nos une enquanto povo. É o que faz a gente conseguir respirar e levantar a cabeça em relação ao mundo. Nós temos uma riqueza, uma força, uma beleza, incomparáveis. Sempre me lembro do querido Hermano Vianna falando: "Eu acredito no PIB da festa, o Brasil precisava se especializar em fazer festa, ninguém faz festa melhor do que o Brasil". Isso tem a ver com a nossa bagagem, nossa diversidade cultural, que está nas capitais, está no interior do país. Mas acho que não existe essa dicotomia entre a cultura de São Paulo e a do Rio. Existe uma potência muito grande, agregadora, e que precisa ser valorizada num projeto que coloque essa força cultural num eixo central de desenvolvimento econômico e social para pegar transversalmente todas as regiões do país. Não existe cultura brasileira sem o Rio, não existe cultura brasileira sem o Nordeste, não existe cultura brasileira sem São Paulo, sem o Sul, sem todas as expressões que compõem a nossa diversidade.

MIGUEL Você falou sobre a diversidade da produção cultural. Tenho que fazer aqui uma observação. A grande produção de cultura do Rio, que você conhece tão bem, é suburbana. O samba, o funk, o carnaval. O Rio mais rico culturalmente é o justamente o mais pobre, marginalizado. E é um maravilhoso paradoxo. O samba, por exemplo, nossa expressão maior, se desenvolve por todo o subúrbio. Existe a imagem romântica da linha do trem, o samba que começa na Estação Primeira de Mangueira e vai adiante, Madureira, Oswaldo Cruz, Bento Ribeiro, Padre Miguel... em todas as paradas de trem, todos os centros de bairro, existe uma escola de samba, uma bateria, uma quantidade enorme de compositores, de poetas. E isso é absolutamente redentor.

ALÊ Concordo totalmente com o seu diagnóstico da cultura carioca. Nessa passagem pela Secretaria de Cultura de São Paulo, tivemos uma máxima: fazer com que São Paulo seja muito, muito, mas muito mais modernista do que bandeirante. Ressaltar a influência desse movimento cultural tão importante, que vai fazer cem anos em 2022, e o quanto ele tem de multiculturalismo, de diversidade, o quanto está enraizado na história cultural da cidade de São Paulo e do Brasil. Isso se alinha com o que você disse da cultura carioca. A gente sempre falou aqui que os novos modernistas estão nas periferias. São os protagonistas da renovação cultural, seja nos subúrbios do Rio, seja nos subúrbios de Salvador, nos de Recife, nas periferias de São Paulo. É ali que está a força vital da cultura brasileira.

É quase uma continuidade natural do que nos ensinou Mário de Andrade, a renovação sendo feito por esses jovens, mulheres, homens maravilhosos das periferias. É para eles que temos que fazer gestão cultural, renovação dos equipamentos culturais públicos. É preciso colocar a cultura no eixo central do desenvolvimento econômico social do país, porque é assim que vamos nos reconectar enquanto povo, voltar a ter orgulho do nosso país. Quem detona a cultura, quem detona a Amazônia, o índio, a comunidade quilombola, quem detona todas as expressões originárias do

Brasil está detonando a nossa identidade. Quase tentando construir perversamente uma nova identidade. Mas não vão conseguir, porque a nossa identidade está resguardada pela força cultural, e essa é a nossa batalha coletiva de um horizonte utópico, de um futuro utópico possível para a gente se ressignificar enquanto país.

MIGUEL Que maravilha, Alê! E isso tudo que você falou me sugere a seguinte pergunta. Você, o prefeito Bruno Covas, eu, nós somos apaixonados pela cidade, por esse monstro, essa potência que é a polis. Você tem uma frase muito interessante que é: "Uma cidade ocupada é uma cidade mais humana". E você, através do seu Baixo Augusta, tem um mérito muito grande. O carnaval de rua de São Paulo é de uma potência inacreditável, ele hoje é maior do que o do Rio de Janeiro, e você é um dos responsáveis por isso. A boa gestão cultural precisa do povo na rua, da ocupação dos minhocões. Precisa colorir de pluralidade e diversidade o asfalto. Isso é o que mais me preocupa nessa pós-pandemia. A cultura é refratária a qualquer tipo de crise, ela é resistente, é resiliente, mas a crise que estamos vivendo, diferente das outras, destrói um pilar fundamental da atividade cultural, que é a presença do público, das massas.

Quando é que nós vamos de novo ao teatro? A um show de rock? A aglomeração é muito importante tanto para a atividade cultural quanto para a urbanidade, para a cidade. A cidade só é o habitat natural do ser humano porque existe a troca, a troca leva à criatividade. Quando houver uma vacina, um tratamento, as pessoas lentamente vão sair para ir a uma exposição no CCBB, ir ao Sesc, a um museu. Vocês, como gestores de uma cidade com tamanha programação, diversos fomentos e ações, são peças vitais na irrigação de eventos e de liberação de verbas para que não só essa força não feneça, mas para que se prepare e se aqueça para uma retomada triunfal.

ALÊ Uma cidade ocupada, de fato, é uma cidade mais humana, mais bonita, mais segura e diversa. Muito melhor de se viver. E, certamente, uma estratégia crucial do ponto de vista urbanístico é ter a arte e a cultura nesse eixo de desenvolvimento. O carnaval de São Paulo a que você se referiu teve um elemento muito forte de ativismo pelo direito à cidade. Não só a gente lá no Baixo Augusta, mas em outras tantas manifestações carnavalescas pela cidade. Mas se confunde esse movimento carnavalesco com o movimento pelo direito à urbanidade. Havia uma espécie de Guerra Fria em São Paulo, entre as pessoas que acreditavam na cidade cinza, dos carros, meramente desenvolvimentista, voltada para os negócios, e os que habitavam o que a gente chamava de dobras da cidade, que tentaram fazer um movimento de ocupação, colocando as pessoas no lugar dos carros, a cor no lugar do cinza, a ideia da arte, da efervescência cultural, como forma também de desenvolvimento econômico e social. E não antagônico à ideia do desenvolvimento meramente do business e daquele estereótipo da cidade que ergue e destrói coisas belas, da força da grana.

MIGUEL O túmulo do samba.

ALÊ E arte, Miguel, na nossa visão, é ocupar. Essa expressão muito bem usada pelo Emicida no seu show *AmarElo*, histórico, maravilhoso, no Theatro Municipal. Na representatividade que significava aquele show que a gente conseguiu produzir lá no Municipal. Na ideia de ocupação em todos os níveis e dimensões que ela tem. Todas essas ações dependem de gente na rua, de encontro, de multidão. Essa é a força. Vamos ter que aguardar as ações sanitárias, as orientações públicas, e com o tempo reocupar. Mas uma coisa é a gente se estabelecer enquanto pessoas sãs e devotas da ciência e das limitações das secretarias de Saúde, que vamos seguir à risca. Outra é achar que isso pode prejudicar essa conquista. Essa conquista não tem mais volta. É uma conquista de avanço civilizatório no que diz respeito à simbiose da cultura da cidade com a própria dinâmica de vida no ambiente urbano e com a própria importância que a cultura exerce.

Temos que trabalhar em conjunto, com estratégias para que essa ocupação se dê da forma mais ordenada e menos nociva possível. Mas ela vai voltar com muita força, muita beleza e muita densidade no momento em que a saúde pública permitir, e vai ser importante. Inclusive, como uma forma de condução do grito entalado na garganta de tanta gente, de tantos absurdos que estamos vivendo. Hoje, é impossível não deixar de citar a demissão de um ministro da Saúde no meio da pandemia por puro ego, uma coisa assustadora. Esse joguete político é uma loucura. Para nós que estamos trabalhando na cidade, batalhando por isolamento social, criando uma rede de solidariedade, é muito exaustivo. Parece um filme de terror que não acaba nunca. Mas vamos à luta!

MIGUEL Para quem não conhece muito a sua história, e a sua ligação com a política: você foi líder estudantil, assessor do Ministério da Justiça de FHC, candidato a deputado, trabalhou com a Marta. A pergunta que não quer calar: você será candidato a vice na reeleição de Bruno Covas ou não?
ALÊ Você está um ótimo jornalista, hein, Miguel?
MIGUEL Última pergunta para terminar o nosso papo.
ALÊ Isso é uma decisão do Bruno. Ninguém nem pensou nessa possibilidade, porque estamos focados 100% na construção das alternativas de combate ao vírus, no Cidade Solidária. Eu saí da secretaria para construir o Bloco da Cultura com a intenção de buscar esse movimento cívico, político, de centralidade da cultura. E o meu objetivo depois desse caos que estamos vivendo é continuar com essa ideia fixa de construir. É muito importante influenciar as candidaturas, colocar a cultura nos planos de governo, no eixo das ações legislativas, nos projetos de lei, sejam municipais, estaduais ou federais. Criar políticas estruturantes. Não dá para ficar dependendo do secretário legal. Não dá. "Vai entrar o secretário, eu conheço o cara, ele é legal", ou, "ah, o ministro, esse aí pode ser legal". Fica uma coisa de balcão, a classe toda se acotovelando e brigando por um dinheirinho mínimo. Precisamos dignificar a cultura brasileira! E já que você tocou nessa especulação de candidatura a vice, é importante valorizar essas hipóteses. O fato de a cultura ter sido colocada no centro do debate político da cidade, ter sido um agente de posicionamento da gestão, de progressismo, num lugar de inclusão, num lugar de abertura para outras camadas, de outros atores políticos, na construção da política de São Paulo, é muito louvável. Independentemente do que aconteça.
MIGUEL Independentemente do cargo, é uma dupla que funciona. Você está lembrando as ações de vocês, e eu adoro uma específica, o Verão sem Censura. Cada peça censurada em algum lugar é montada em São Paulo. Cada exposição censurada, vetada, é montada em São Paulo. Isso é brilhante. Eu me sinto vingado, como carioca que padece sob uma teocracia, que sofre perseguição religiosa, de costumes, social e racial.

Alê, infelizmente o nosso tempo está acabando. Obrigadíssimo, você é um amigo querido. No próximo carnaval estarei aí no Baixo Augusta me divertindo muito. Seja lá quando for esse carnaval! Beijo grande!
ALÊ E será muito bem-vindo, como eu já te falei! Obrigado você. Adorei!

21 DE ABRIL — RONALDO LEMOS — O FUTURO DO NORMAL

Ronaldo é um amigo incrível que me foi apresentado por Regina Casé. Sempre a frente do seu tempo, Regina, em seu programa mais popular na Globo, o *Esquenta*, já trazia a pauta da tecnologia e inovação e a aproximava das periferias. Tenho certeza de que ela e Ronaldo devem ter influenciado muitos jovens empreendedores, muitas startups nas comunidades.

De lá pra cá ficamos amigos. Pode não parecer, mas Ronaldo é advogado e foi um dos pais do Marco Civil da Internet do Brasil. É também professor das universidades de Columbia e Princeton e, recentemente, foi nomeado Young Global Leader pelo Fórum Econômico Mundial. É uma das mentes mais brilhantes que conheço, a quem sempre recorro em tempos de incerteza. Tem um papo franco, descontraído, engraçado, *pero* sem perder a consistência jamais! Onde quer que nos encontremos, é sempre esclarecedor e delicioso ouvi-lo falar sobre o futuro. Costumo sempre dizer: "Você é o meu futurista favorito, o nosso Yuval Noah Harari!" "De Araguari, Minas Gerais", ele sempre responde...

RONALDO E aí, Miguel? Está funcionando direitinho?
MIGUEL Agora sim, o vídeo está bom. Para o rei da tecnologia, o negócio não podia funcionar bem de cara, não é?
RONALDO Cara, tecnologia, por premissa, não funciona direito.
MIGUEL Ronaldo, como poucos brasileiros, você esteve próximo do epicentro dos acontecimentos dessa pandemia, por causa da sua conexão com a China e do tempo que passou lá. Qual foi a sua primeira reação quando ouviu falar da eclosão e da expansão desse vírus?
RONALDO Minha primeira reação foi otimista, não achei que tomaria a proporção que tomou. Lembrei o que tinha acontecido antes com a SARS e com o H1N1, e até mesmo com o ebola. Tínhamos casos de outras epidemias que haviam sido contidas — ainda não havia um caso de pandemia, pelo menos na história recente, como a de agora.

Entendi que era preocupante quando começaram os primeiros estudos do grau de propagação da Covid-19 e soubemos o quanto era fácil a transmissão por gotículas — e agora tem até estudo dizendo que não precisa tossir ou espirrar, a mera respiração próximo de alguém que está infectado pode levar à transmissão.

O mundo, da forma como vivíamos até pouquíssimo tempo, segue ultraconectado. A quantidade de viagens aéreas por ano é um negócio absurdo, os números de pouso e decolagens chegam a mais de 1 milhão. E quando a gente pensa nessa conectividade e nessa questão da facilidade de propagação... Aí fiquei muito preocupado! Logo vi que não tinha a ver não só com a China, era com o mundo todo. Então, o meu otimismo durou pouco.

MIGUEL Você, que conhece bem o governo da China, acha que teve muita manipulação de dados naquele início?

RONALDO A China errou, claramente, porque demorou a entender o que estava acontecendo e, inclusive, tentou tratar o problema como um assunto interno e abafar a informação no início, não queria que aquilo fosse divulgado. Só que a mudança também foi muito rápida, a partir do momento em que eles perceberam a gravidade do que estava acontecendo. Tanto que o primeiro estudo de análise do código genético do SARS-CoV-2, gigas e gigas de informação, foi publicado em arquivo aberto naquele momento, alguns dias depois dessa mudança de chave.

Foi postado na internet, inclusive com a China pedindo colaboração de cientistas do mundo inteiro. E, na sequência, o governo chinês também começou a abrir as fronteiras para que cientistas de outros países fossem para lá, permitiu o resgate de todo mundo que estava no país. O Brasil mesmo trouxe um contingente de brasileiros que estavam lá, outros países fizeram o mesmo. Então, a China se abriu para a cooperação internacional muito rápido, e seguiu o protocolo que qualquer país seguiria. Todo mundo, a partir dali, passou a ter acesso para tentar entender o que estava acontecendo.

Já a nossa resposta demorou. O Ocidente teve dois meses desde que essa mudança ficou clara, que se sabia que não era uma gripe normal, não era uma gripezinha, mas uma coisa importante — um período que deveria ter sido usado para nos prepararmos. A China entrou em *lockdown* muito rápido, tanto que a maioria dos casos de Covid-19 aconteceram na província de Hubei, onde fica Wuhan. Apesar disso, o Brasil demorou para tomar qualquer providência, assim como a Itália, a Espanha, os Estados Unidos...

MIGUEL Assim como eu, você é apaixonado pelos temas das cidades, metrópoles, megalópoles, a importância que a cidade tem na criatividade humana, no sonho, na inovação. Essa aglomeração, tão importante para a gente como ser humano e para o bom funcionamento da cidade, vai se inviabilizar durante certo tempo. Eu queria que você falasse um pouco sobre as cidades, e sobre o que diferencia hoje o Brasil da China, em relação às cidades inteligentes.

RONALDO A diferença é brutal. Quando a gente vai para a China de hoje toma um susto com o tamanho das cidades, e com a maneira como a tecnologia faz parte do tecido dessas cidades. Não é uma coisa separada. Há uma fusão entre serviços públicos e a vida diária. Restaurante, táxis, tudo tem uma camada de alta tecnologia envolvida. Então, isso chama muito a atenção, e, quando a gente vai para uma cidade como Xangai, por exemplo, que é uma cidade bem cosmopolita dentro da China, quando você olha o skyline, a ambição dos prédios, é muito impressionante.

A infraestrutura é nova, funcional, sofisticada e capaz de lidar com multidões. O problema da China é a multidão, e por isso ela é interessante do ponto de vista do urbanismo. Eles já tentam resolver o problema de como construir cidades para esse número imenso de pessoas que temos no mundo hoje, o problema da aglomeração, da superpopulação, de como oferecer serviço público de transporte, esgoto, infraestrutura, às vezes para 17, 30, 40 milhões de pessoas.

E uma coisa que me chama a atenção com relação ao Brasil é que a infraestrutura construída na China, por mais nova e futurista, é para todos. Não tem uma infraestrutura para o rico e outra para o pobre, como no Brasil. Por exemplo, o maior símbolo desse novo urbanismo chinês é o trem-bala. A China tem 30 mil quilômetros de trem-bala, conectou todas as capitais...

MIGUEL E tudo em um intervalo de tempo muito curto, não é? Xangai passou daquela cidadezinha chinesa para essa metrópole em quinze anos. O trem-bala foi feito um pouco antes dos Jogos Olímpicos e a rede de trem da China é hoje trezentas vezes maior que a americana.

RONALDO É, em 2008, nas Olimpíadas de Pequim, a China tinha cem quilômetros de trem-bala, e em 2018 tinha 29 mil quilômetros. E não existe jeito melhor no planeta de viajar. O trem-bala vai a 350 quilômetros por hora, é silencioso, estável, seguro. Um vagão é de primeira classe, outro de classe executiva, e todos os demais são da galera. E as estações são lindas, modernas. Ou seja, aquela infraestrutura de luxo é usada inclusive pela população mais pobre da China.

A receita de desenvolvimento chinês é basicamente misturar essa infraestrutura absurda, acessível a todo mundo, com educação e planejamento. Quando você faz essa mistura, acontece o que aconteceu na China, que é um país que saiu da miséria absoluta, na década de 1970, e tirou 750 milhões de pessoas da miséria. É a maior emergência econômica de uma população na história da humanidade. Provavelmente será por muitos séculos, e talvez por este milênio.

MIGUEL É metade da população do país, de 1,4 bilhão.

RONALDO Exatamente. E uma população com um ponto de partida muito inferior ao Brasil. Literalmente, ela saiu de uma economia agrária na qual as pessoas passavam fome, na década de 1970, para uma economia industrial, e agora, cada vez mais, para uma economia baseada em informação, em tecnologia. O que aconteceu com aquela região nos últimos trinta anos é muito impressionante. Agora, o custo disso, em termos de dano ambiental às cidades, é muito elevado. Em Pequim, por exemplo, havia dias em que não se conseguia ver a luz do sol por causa da camada de poluição.

Mas a China está se reorientando também para resolver isso, ou pelo menos estava. Antes dessa crise, começou a apostar em economia verde, carro elétrico... Estava passando por um processo desse tipo.

Agora, com a Covid-19, fala-se muito sobre reindustrialização no Ocidente. Os próprios Estados Unidos estão dizendo: "Ficamos para trás, perdemos a capacidade de fabricar coisas, precisamos manufaturar em solo americano e não jogar isso para a Ásia." E a pergunta que terá que ser feita para essas sociedades é se estarão dispostas a pagar o custo ambiental que a China pagou, e que agora está tendo que resolver. Muitas vezes as pessoas esquecem que o custo desse desenvolvimento industrial, a externalidade que isso produz, pode ser pesadíssimo. Então acho que os obstáculos para reindustrializar o Ocidente não são triviais.

MIGUEL Uma questão particular da China é a relação do governo com a mão de obra, com a segurança social. São vantagens comerciais enormes que eles levam ao simplesmente ignorarem a maioria dos benefícios trabalhistas. E o liberalismo foi conivente com esse desequilíbrio a partir do momento em que ficou mais prático e mais barato terceirizar a produção em território chinês, fechando-se os olhos para as práticas de seu regime. Essa foi a política vigente durante as últimas décadas; não sei se mudou nessa interação maior e mais recente com o Ocidente.

RONALDO Por muito tempo, o chinês trabalhou insanamente, com zero seguridade social e um custo muito baixo. Agora, é preciso lembrar que os chineses saíram da fome para isso. Era melhor ter trabalho, mesmo tendo que trabalhar o tempo inteiro, do que morrer de fome. A China rodou assim por muito tempo, mas não está rodando mais. O custo da mão de obra vinha crescendo imensamente nos últimos anos, e a questão de segurança do trabalho, tudo isso que se aplica no Ocidente, estava sendo aplicada lá também, inclusive por conta do processo de pular de uma economia industrial para uma baseada em informação. Essas condições piores de trabalho estavam se transferindo para Bangladesh e outros países na região.

Mas, ainda assim, o chinês trabalha muito. Mesmo hoje, o padrão de trabalho é o que eles chamam de "9.9-6". Ou, seja, trabalhar de nove da manhã às nove da noite, seis dias por semana. E há quem adote outro modelo, o "0.0-7" — do meio-dia, à meia noite, sete dias por semana. Não é uma regra, não está na lei que tem que ser assim, mas a cultura, a ética de trabalho lá, é meio essa. Mesmo quem é colarinho-branco, quem trabalha em escritório etc. As pessoas esperam e falam sobre isso abertamente.

Com a Covid-19, a economia da China regrediu 6,8%, mas tem a possibilidade de crescer até o final do ano. E, se crescer, isso será bom para o Brasil, já que a China é o nosso maior parceiro comercial.

MIGUEL Isso se não seguirem arrumando confusão...

RONALDO O Brasil faz parte do seleto clube de países que têm superávit com relação à China. A maioria dos países do mundo tem déficit. Vendemos 64 bilhões de dólares por ano, e nos sobra pelo menos uns 30 bilhões. Para o Brasil isso é uma oportunidade, porque vendemos comida. Eu detesto usar a palavra oportunidade relacionada à crise atual, porque não existe oportunidade, agora é sobrevivência, mas isso pode, sim, ser uma perspectiva de que a economia brasileira, por causa da recuperação da China, se recupere mais rápido do que a economia europeia, alemã, americana, canadense e assim por diante. Depois da crise da Covid-19, as pessoas vão adiar a compra de muitas coisas — carro, celular, roupas —, mas precisam de comida o tempo inteiro.

MIGUEL Há quase vinte anos o termo BRICS apareceu em um relatório do banco Goldman Sachs para se referir a um grupo de países emergentes — Brasil, Rússia, Índia, China e África do Sul. Nesse período, China e Rússia deram um enorme salto de emergente para potências. Como foi que perdemos o trem da história? A nossa capacidade de inovação, de criar, de sonhar, ainda tem espaço nesse mundo tão desenvolvido liderado pela China?

RONALDO Primeiro, eu gosto da sigla dos BRICS, acho importante. Na série que fiz sobre a China, chamada *Expresso Futuro*, entrevisto inclusive o presidente do Banco dos BRICS, e faço a ele essa mesma pergunta: "E o Brasil, em que momento foi que a gente começou a ficar para trás?"

É interessante porque acho que ainda temos condições de dar um salto, sou otimista nesse sentido. Mas nosso desafio não é pequeno. Temos que lidar com o fato de que, por exemplo, a China, um país de 1,4 bilhão de pessoas, passou o Brasil em renda per capita. Isso é inconcebível.

MIGUEL E, ao mesmo tempo, o IDH é muito atrasado...

RONALDO Absurdo, IDH lá embaixo. Metade da população ainda mora no campo, em condições muito ruins, e metade da população foi urbanizada. Aliás, esse processo de trazer as pessoas do campo para a cidade é uma das principais forças econômicas da China. Foi assim que eles mantiveram o motor do desenvolvimento funcionando.

E eles só levam as pessoas do campo para a cidade quando há infraestrutura. Por isso que a gente ouve aquelas histórias da China estar construindo megacidades que ainda estão desabitadas. É porque eles ainda não trouxeram a população do campo para morar ali, e só irão trazer, de maneira planejada, quando houver, água, esgoto etc... É exatamente o contrário do que aconteceu na América Latina, que, hoje, é uma das regiões mais urbanizadas do planeta. O estado do Rio de Janeiro é o mais urbanizado do Brasil: 98% das pessoas moram em território urbano. Só que a vinda do campo para a cidade foi caótica, vieram contingentes de pessoas sem planejamento, e, quando chegaram às cidades, não havia escolas, trabalho, e sabemos qual é a consequência disso: as pessoas indo morar em lugares onde não havia condições.

Mas voltando à questão do nosso descompasso... O Brasil se tornou profissional em perder oportunidades de dar saltos de desenvolvimento. Perdeu a oportunidade de ter fábricas de semicondutores, ou seja, de fabricar chips. Perdeu a oportunidade da primeira geração de empresas de internet, só foi ter grandes empresas de internet, com impacto de virar unicórnios, há quatro, cinco anos. Corremos o risco de perder a oportunidade do 5G agora. Estamos chegando tarde demais, e quem chegar tarde demais vai virar consumidor dessa tecnologia, e não produtor. Isso é um desastre que vai nos custar décadas e décadas.

E, por fim, o Brasil perdeu — e perde — a sua principal oportunidade, que é integrar todos os cidadãos e cidadãs no sistema produtivo do país. Aqui, há uma estrutura social de casta. Existe uma casta para a qual o governo funciona, os serviços e a infraestrutura funcionam e são acessíveis, e existe um contingente orbitário de pessoas que estão excluídas.

A China percebeu isso, e optou por levar as pessoas muito pobres do campo para o espaço urbano e integrá-las ao sistema produtivo, dando a elas oportunidade de educação, trabalho e outras coisas. Isso tem sido o motor de desenvolvimento lá.

No Brasil, temos uma estagnação social que permanece. Inclusive, pessoas que estão no andar de cima estão cada vez mais indo para o andar de baixo. O jeito de fazer o país se desenvolver, além do que já falamos, de inovação etc., passa pelo planejamento, inclusive do ponto de vista da infraestrutura e da educação, para incluir todo mundo nas oportunidades de participar do sistema produtivo. Isso tem um poder de desenvolvimento extraordinário. Aliás, talvez o único jeito de se desenvolver seja esse, todo mundo junto. Não adianta 30% do país se desenvolver e os outros 70% irem cada vez mais para trás. Essa oportunidade é fundamental. E qual é a oportunidade hoje? A questão dos dados! Estamos vivendo a economia dos dados.

MIGUEL Pois é, no *Expresso Futuro* e na sua coluna na *Folha*, você fala muito sobre o controle que o governo chinês tem exercido sobre a sua população através do controle de dados. Essa questão abre dois caminhos muito interessantes e antagônicos. Na China de hoje, grande parte do transporte é autônomo, caminhões de entrega, ônibus. A movimentação dos cidadãos, as atividades físicas, dados médicos também são controlados por reconhecimento facial. Sem dúvida, essa quantidade enorme de dados pode ser usada de forma positiva, como em um primeiro momento de contenção pandêmica, mas também pode ser usada para o mal. Dá para concluir que os dados são o novo petróleo?

RONALDO Muita gente fala que "os dados são o novo petróleo". Eu gosto dessa analogia, porque, como o petróleo, dado também vaza. E, quando vaza, produz um dano ambiental absurdo, que às vezes leva décadas para ser consertado.

A economia que vivemos hoje é baseada em dados, e o que temos que nos perguntar enquanto país é como estamos usando isso para promover o desenvolvimento nacional. Hoje, o Brasil é um grande exportador de dados. Dados gerados no país são usados por empresas em vários lugares do mundo e geram dinheiro e recursos extraordinários. Como criamos estrutura, tecnologia e inovação para fazer isso também internamente, em benefício do desenvolvimento do país? É óbvio que a premissa para fazer isso é a privacidade, a proteção de dados, a proteção de direitos, porque, sem uma infraestrutura básica de proteção, as pessoas podem ser abusadas.

E a boa notícia é que, em 2018, o Brasil aprovou uma lei de proteção de dados tão boa quanto a lei europeia. É uma conquista, porque essa lei é o requisito para que, uma vez cumpridas suas determinações, está livre para inovar em dados. Mas não adianta trabalharmos com dados se estamos para trás tecnologicamente. Se não tiver 5G, que vai ser para onde toda essa questão de dados vai migrar, o Brasil vai ficar muito para trás.

MIGUEL E qual o perigo do uso desses dados de maneira errada, por eventuais Estados totalitários?

RONALDO Esse ponto é interessante: Ocidente e Oriente têm a mesma tecnologia, e usam essas capturas de dados de forma similar. O que nos protege é a camada jurídica — não é a camada tecnológica, é a camada de proteção de direitos. É preciso ter uma proteção institucional para evitar abusos. Isso, felizmente, o Brasil construiu com a Lei Geral de Proteção de Dados (LGPD). E os casos de abusos, Miguel, são vários.

Eu gosto de contar a história que envolveu a Target, uma rede de varejo americana. Um belo dia, um pai de família começou a receber propaganda da Target para mulheres grávidas. Ele ligou para a empresa muito enfurecido: "Olha, vocês estão enganados, não tem nenhuma pessoa grávida aqui em casa, tenho uma filha de catorze anos, ela está no ensino médio, vocês ficam me mandando essas propagandas de mulher grávida, é um equívoco, não tem nenhuma pessoa grávida aqui."

Mas, na verdade, tinha. Micromudanças comportamentais no padrão de consumo permitiam que a Target soubesse que existia ali uma mulher que havia engravidado recentemente. Então, o dado entra na nossa intimidade e às vezes sabe mais sobre nós do que nós mesmos, e nossa família. Por isso é importante proteger. Tem que usar o dado para inovar, mas tem que proteger direitos.

MIGUEL Você escreveu recentemente que há muito tempo não existe um grande avanço tecnológico disruptivo, com impacto socioeconômico, como os antibióticos, por exemplo. Inclusive, você exclui a internet desses avanços, e cita Robert Solow, que disse que "a era do computador está em toda parte, menos nas estatísticas sobre a produtividade". E aí chegamos nesse momento da internet das fake news, da deep web, dos recentes pleitos contaminados por impulsionamentos de WhatsApp, inúmeros casos de violência, racismo, homofobia, fascismo. Quer dizer, a internet se tornou um ambiente sem controle. Tem a sua beleza e a sua força nessa falta de controle, mas tem também o lado sombrio.

RONALDO Muita gente, eu inclusive, achou que a rede seria uma ferramenta para agregar as pessoas. E isso acontece, há muitas comunidades de interesses que só se descobriram por causa da rede, e ainda bem que isso aconteceu. Ou seja, no grau da vida privada, em menor escala, ela até aproximou indivíduos, e a internet é uma bênção do ponto de vista do acesso à informação, mas, na escala de mundo e do ponto de vista político, me preocupa, porque ela de fato separou as pessoas enquanto sociedade.

Estamos em um mundo ultraconectado, e nunca as visões de mundo foram tão irreconciliáveis. Esse esgarçamento foi produzido em grande medida por esse ambiente comunicacional gerado pela internet.

A internet se converteu em uma máquina de propaganda. Quando você entra de boa-fé no Twitter, ou em qualquer outra rede, para debater política, você não está debatendo nada, está sendo enterrado por uma chuva de propagandas. Tem gente ali que inclusive paga robôs feitos para enterrar você. Não tem uma tese e uma antítese, e isso tudo produzindo uma síntese. É tese *versus* antítese, sem síntese, porque é propaganda de um lado *versus* propaganda do outro. Há apenas disputa de território, não tem conclusão, não tem um ouvindo o outro.

E a outra questão é que, do ponto de vista global, não é mais só uma internet. A internet no Brasil é diferente da internet na Rússia, que é diferente da internet na Arábia Saudita, que é diferente da internet na China, que é diferente da internet na Coreia do Norte, que é diferente da internet no Japão. A própria internet passou por um processo de fragmentação, e isso deve ser levado em conta. Ela passou a refletir muito as comunidades políticas onde se desenvolve.

E acho que tudo isso nos leva para o desafio de construirmos uma rede que seja novamente capaz de produzir e acolher teses e antíteses, além de produzir sínteses, ou seja, discurso e diálogo, e não apenas propaganda. É uma tarefa de todos trabalhar para uma internet mais humana, mais solidária e que aproxime as pessoas. É uma missão ainda não concluída. Mas ainda acho que é possível.

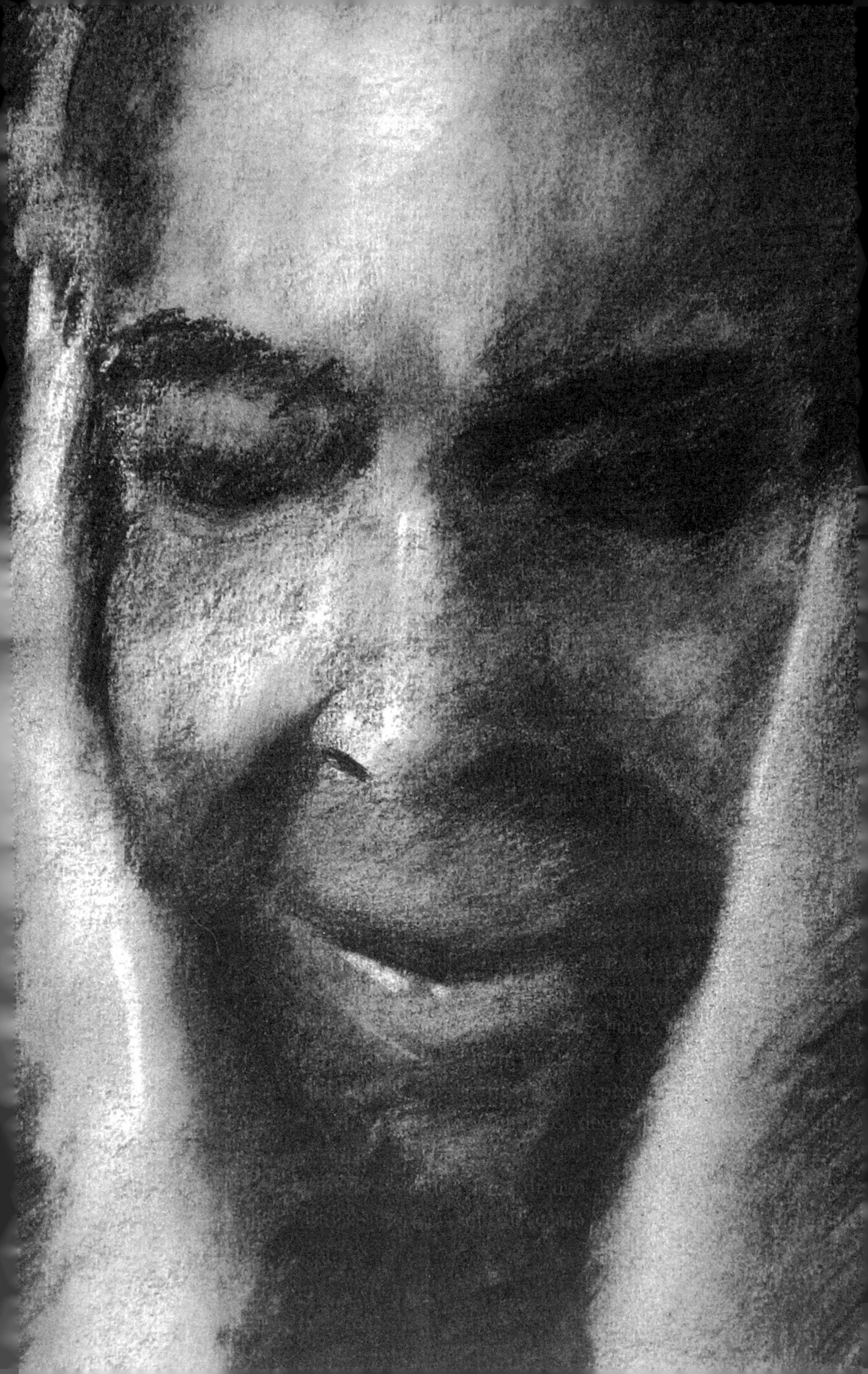

GILBERTO GIL

23 DE ABRIL

GILBERTIANDO COM GIL

De todos os meus convidados para essas conversas, talvez Gilberto Gil seja o meu interlocutor mais frequente. Estamos sempre juntos (confesso que, durante o isolamento, chegamos a nos encontrar umas três vezes, sempre mascarados e protegidos...). Gostamos de jogar conversa fora. Falamos sobre música, sobre arquitetura, sobre ciência, sobre política, sobre religião, trocamos dicas preciosas de literatura. São papos sempre tão interessantes que, certo dia, pensei... Por que não torná-los públicos em uma live? E assim nasceu este projeto. A amizade de Gil é uma herança de Jorge Bastos Moreno. Vou explicar... Gil e Flora sempre foram presença frequente na laje desse nosso saudoso amigo. Após a doença de Gil, há cerca de cinco anos, eles dois se aproximaram muito. Eram como irmãos. Gil assumiu lugar de honra naquela confraria. E eu fui uma das testemunhas desse lindo encontro de almas. Após a morte de Moreno, sinto que Gil meio que ocupou o seu lugar, e assim nos aproximamos ainda mais. Nossas famílias são muito unidas, viajamos juntos, Lisboa, Berlim, sempre Salvador... Mas, apesar de toda a convivência, às vezes, quando estamos juntos, minha mente se distancia e me situa: "Esse moço com quem você está conversando não é apenas um amigo... ele é Gilberto Gil!"

MIGUEL Ei, seu Gilberto!
GIL Olá, sr. Miguel! Como vai?
MIGUEL Por aqui, tudo ótimo. E você?
GIL Estou bem.
MIGUEL Seu Gilberto, me conte aí uma coisa. Você tem uma ligação muito forte com a medicina, com as pesquisas médicas, por causa do seu pai, o dr. José Gil.
GIL Meu pai, José Gil Moreira.
MIGUEL Grande médico de Ituaçu.
GIL Foi clínico geral exatamente durante o período de Ituaçu.
MIGUEL Quanto tempo você passou lá?
GIL Dez anos, de um mês de idade até os dez anos. Saí para Salvador para estudar com a minha irmã, e ele foi transferido para outro posto, porque

já tinha se engajado no Departamento Nacional de Endemias Rurais, tornou-se sanitarista. Tem até uma história muito interessante sobre isso. Ele, a título de blague, às vezes encontrava com Caetano e dizia assim: "Vocês se dizem tropicalistas, mas tropicalista sou eu! Sou especializado em doenças tropicais."

MIGUEL Vai que o nome vem daí, e vocês não sabem.

GIL Mas o velho era médico, então cresci no consultório. O consultório de meu pai era uma pequena ampliação da nossa casa, e lá eu convivia com o exercício da medicina, a administração dos remédios, exames, injeções. Ele arrancava até dentes, tinha um armário com o ferramental odontológico completo. Viajava para os lugarejos ali perto para fazer partos, costurar a barriga de alguém que tinha tomado uma facada.

MIGUEL E a cidade tinha quantos habitantes?

GIL Novecentos, no recenseamento de 1950, que foi exatamente um ano antes de eu sair de lá. O censo cravou novecentos habitantes na cidade.

MIGUEL Recentemente, após a sua doença, há cerca de cinco anos, a medicina voltou a rondar a sua vida e a sua música. No seu último disco, *OK OK OK*, você homenageia os médicos que cuidaram de você nesse período, nossos amigos e também médicos em comum dr. Roberto Kalil e dra. Roberta Saretta. Como é a sua relação com a medicina? Você é hipocondríaco? Prefere mais os remédios naturais ou vai de química mesmo?

GIL Eu me habituei a tentar extrair o melhor de todos os campos. De todo o herbalismo, que inclusive se intensificou quando adotei a macrobiótica.

MIGUEL Isso quando você foi para o exílio, não é?

GIL Quando fui para o exílio, quando passei a fazer ioga, a minha aproximação com a aiurveda. Foi um período em que adotei fortemente o herbalismo. A música "Pílula de alho", por exemplo, que está no disco *Quanta*, fala das propriedades antibióticas do alho. Mas sempre mantive uma coisa ligada à medicina convencional, sempre confiei nos remédios. Me lembro de meu pai ministrando as primeiras doses de penicilina, que acabara de ser inventada. Ele operava verdadeiros milagres com aquele antibiótico, resolvia todo tipo de infecções, de problemas daquele povo da vida sertaneja, naquele momento. Além disso, meu padrinho, dr. José Celestino da Silva, era farmacêutico. Fazia muitas manipulações, e recebia também as primeiras amostras dos remédios industriais, que estavam começando a surgir.

MIGUEL Você falou do seu disco *Quanta*, onde lançou a música "Pela internet". Isso já tem 25 anos, e agora, recentemente, você atualizou a música em "Pela internet 2", trocando os gigabytes pelos terabytes, falando de e-mail, de Waze e tudo o mais.

GIL É verdade, me apropriando de terminologias mais atuais: WhatsApp, Instagram, Facebook, essas coisas todas.

MIGUEL Vou até ler um comentário seu no livro *Todas as letras*, organizado pelo Carlos Rennó. Você diz que a sua intenção ao escrever "Pela internet" era "consagrar a tecnologia, dar a ela uma dimensão religiosa, espiritual". A internet trouxe a conectividade entre todo mundo, mas, ao mesmo tempo, trouxe distância e polarização, exacerbou o racismo e a violência. Vou fazer para você a mesma pergunta que fiz a Ronaldo Lemos: a internet é boa e o ser humano é que é ruim?

GIL Não. Que o ser humano é imperfeito, a gente sabe, portanto, toda obra da humanidade é uma obra eivada de bem e mal. Enfim, de positividades, avanços redentores em vários aspectos, mas também muito retrocesso, muito estímulo ao lado besta, à irracionalidade.

Por exemplo, a internet. Ela despeja hordas imensas de pessoas com pensamentos, sentimentos, nas direções mais variadas e conflituosas, então é um pé no bem e um pé no mal. Não tem escapatória, não acho que seja um problema totalmente da internet. É o mesmo caso do avião, Santos Dumont ficou tremendamente decepcionado com a utilização bélica daquela coisa belíssima que ele inventou. A guerra sempre foi um meio de apropriação das descobertas, dos desenvolvimentos científicos, tecnológicos.

MIGUEL Isso, inclusive, é o assunto de um livro que você leu, e me indicou, de Jared Diamond: *Armas, germes e aço*.

GIL Eu ainda nem acabei, porque, no meio da leitura, Bela me trouxe um outro livro interessantíssimo.

MIGUEL Qual? Porque você e Jorge Mautner são meus consultores bibliográficos favoritos.

GIL Eu lhe aconselharia a ler *Biocentrism: How Life and Consciousness Are the Keys to Understanding the True Nature of the Universe* [Biocentrismo:

como a vida e a consciência são as chaves para entender a verdadeira natureza do universo]. Ainda não foi traduzido para o português. É muito interessante, ele discute todas as questões da concepção sobre o tempo e o espaço, desde os gregos, passando por Newton, com a intercessão dos filósofos no meio disso, até Einstein e a mecânica quântica. Quando puder, busque esse livro. Você lembrou o disco *Quanta*, é um disco que tenta também abordar essa questão da física em um sentido facilitador, de uma leitura facilitada, através da poética, através dos versos e das canções.

MIGUEL Vou buscar. E, falando um pouco nisso, a ciência é muito presente nas nossas conversas e na sua obra. Ao mesmo tempo você tem um lado espiritual muito forte e uma alma sincrética, a gente não entende qual é exatamente a sua crença. Qual é a sua fé? Em que você acredita?

GIL Eu acredito basicamente na condição humana, na presença da consciência no mundo das criaturas. Evidentemente, a partir do ser humano, que é a criatura mais próxima a nós, nós somos aderidos à condição humana, mas percebemos também os laivos todos de consciência no mundo animal e, se formos pensar rigorosamente, isso pode ir até para campos da matéria inerte.

Então eu acredito na criação e nessa capacidade permanente que o homem tem de especular sobre a criação. O que é? O que somos? De onde viemos? Para onde vamos? Qual é a nossa missão? Qual é a nossa interação com o resto da existência universal? O que é o espaço, o que é o tempo? Essas coisas todas que vêm sendo discutidas, principalmente Deus, que é uma maneira de denominar tantos aspectos dessa multiplicidade a que estou me referindo aqui. Então sou um pouco espiritualista, um pouco cientificista, um pouco animista, um pouco tudo isso.

MIGUEL Você sabe bem que sou um pouco mais simples, um ateu praticante mesmo, mas poderia me considerar um "hararista", ou seja, um discípulo de Yuval Harari, com quem você teve o imenso prazer de jantar outro dia. Nós dois somos admiradores de seus livros e da sua maneira muito sem rodeios de desdogmatizar as religiões, entendê-las pela ótica dos seres humanos que as criaram, e não pelo seu lado divino. Uma questão bastante interessante.

GIL De desdogmatizar as religiões e as ciências também. Essa tendência de que a ciência se torne um campo religioso, que fomenta vários fanatismos.

MIGUEL E da transformação do ser humano, em determinado momento, no deus da criação, que é o objeto do livro *Homo Deus*. A ciência vai levar a um endeusamento do ser humano, como criador da vida para além das suas funções biológicas.

GIL Isso é um pouco o biocentrismo: nada no universo pode ser considerado *per se*, nenhuma condição material, nenhum objeto, nenhuma coisa é uma coisa. Esse é um dos aspectos importantíssimos da mecânica quântica, estabelecer esse primado do observador. Não há a autonomia do que é observado sem o observador. Esse é o papel fundamental da consciência: observar tudo o que está em torno de nós, e que dá lugar a todas essas formas de conhecimento, e que nos leva para dentro das formas variadas de manifestação da matéria. Enfim, não há matéria sem espírito. O espírito representado aí pela consciência humana.

MIGUEL E tudo isso pode ser compreendido e explicado como pura química, não é? Bioquímica para muito além das questões divinais, sendo apenas a consequência de ligações e fenômenos químicos.

GIL Isso, das forças que se esparramam pelo universo. Das formas mais particulares, das formas macro, das formas micro, e tudo, tudo, tudo.

MIGUEL Já nisso eu acredito. Na força da Natureza, mas não como uma criação dos deuses. O poder natural é infinitamente maior que o sobrenatural. O Deus Acaso. Esse é o nosso grande regente.

GIL E, a rigor, Miguel, abordar Deus como criação do homem. Uma polêmica razoável aconteceu comigo, há pouco mais de um mês, depois que estive no programa do Fábio Porchat. Em determinado momento, declarei: "Mas Deus também é uma criação do homem." No sentido de que, sem que o homem pensasse em Deus, falasse dele, dissesse o nome dele, não poderia haver Deus. A questão do verbo. Deus, a rigor, é isso, é uma criação do homem, todo o universo é uma criação do homem. E o que se deve evitar é essa centralidade distorcedora...

MIGUEL A centralidade perversa de a única religião que existe ser a minha.

GIL Exatamente, esse é o perigo. Mas, enquanto visão abrangente, aberta, inclusiva, de todos os modos de pensar, de todos os modos de sentir, nesse sentido, o homem está próximo ali, está ligado a Deus. São dois conceitos indissociáveis, o do humano e o do divino.

MIGUEL Foi bom você ter falado no Porchat. Há pouco tempo você esteve no programa *Que história é essa, vovô?*, o que achei muito estranho, ver você como avô, apesar de conhecer toda a sua família, netos e bisnetos. Porque a gente tem uma amizade que não tem essa de idade. Você está chegando aos 78 anos e sempre foi um cara jovem, gato, sarado, tocando aquela guitarra em pé, duas horas nos shows, com os meninos sentadinhos todos à sua volta. E me lembro de uma outra música sua que adoro, "Não tenho medo da morte". Todo mundo acha que foi feita recentemente, durante o perrengue que você passou enquanto doente, mas não, é de mais de dez anos atrás, certo?

GIL É de 2008. Eu estava no Ministério da Cultura, na ocasião. Fiz a música em Sevilha. Eu estava com Manuel Castells, António Damásio e outros cientistas, sociólogos, em um encontro discutindo vida, novas tecnologias, novas formas de compreensão sobre a humanidade. Em um daqueles dias, de volta ao hotel, escrevi o poema do "Não tenho medo da morte". Quando cheguei no Brasil, chamei Ben e disse: "Vamos botar um ritmo aqui."

MIGUEL Tanto em "Não tenho medo da morte" quanto em "Jacintho", que você dedica a um amigo que comemorava cem anos, você encara de frente a finitude e desenha uma linda imagem poética de passar o bastão ao sucessor. O embaixador Marcos Azambuja escreveu n'*O Globo* um artigo muito interessante sobre o velho. Esse velho que sempre foi o detentor da sabedoria, da calma, a pessoa mais importante da família, o detentor e o transmissor de conhecimento, de histórias.

GIL Das compreensões mais definitivas sobre tudo.

MIGUEL Isso! Esses dois fatos se somam ao convite do Porchat para você falar sobre a velhice e me fazem chegar a uma constatação. Que essa pandemia atinge primordialmente a velhice. E a gente ouve barbaridades de autoridades dizendo que entre a vida de um velho e a de um jovem, o correto seria escolher o jovem. É uma banalização perniciosa, um descaso criminoso.

GIL É a lógica da necropolítica, essa opção pelo extermínio dos velhos. É um dos desdobramentos da biopolítica, de Foucault, e de tantos outros, que vêm de Negri, desse pessoal que vem estudando essas questões do sistema de produção mundi. Essa defesa de que é preciso deixar o mundo para os jovens, porque eles é que significam a possibilidade de produzir riquezas. É essa coisa do chamado biopoder. Do biocapitalismo.

MIGUEL Eu acho que agora a gente tem a possibilidade de evoluir um pouco, de atingir um capitalismo mais humanista. Fico imaginando se essa pandemia fosse nos anos 1980, na Nova York yuppie, em plena América liberal, o quanto a população idosa estaria abandonada à própria sorte. Abandonada por um pensamento individualista, egocentrista, que se exime da responsabilidade de cuidar daquele que não é mais dotado de força física produtiva, mas, no entanto, é inundado por uma sabedoria que aos mais jovens, muitas vezes, não interessa.

GIL É, essa desumanização que o capitalismo se permitiu, para privilegiar o crescimento econômico. E concordo que isso, como tem sido periodicamente revisto, ao longo da História, vai passar por uma nova revisão agora, não tem outro jeito.

MIGUEL E como é que você vê o capitalismo que emerge dessa pandemia?

GIL Ele vem mais humanizado, mais envolvido com a solução dos problemas, da desigualdade, mais comprometido com o abastecimento da sociedade humana de tudo aquilo que ela precisa, com o reposicionamento do Estado como um todo. Recuperando conceitos como o do Estado de bem-estar social, que foi adotado na Europa para tentar um equilíbrio, na social-democracia, entre os absurdos do nazismo e os do comunismo soviético, se valendo dos melhores valores da condição humana para criar uma sociedade mais igualitária.

MIGUEL E com uma justiça social maior e mais responsabilidade ambiental. Gil, mudando completamente de assunto: você se mudou, recentemente. O que está preferindo, a paz de São Conrado ou o caos de Copacabana?

GIL O caos de Copacabana.

MIGUEL Isso é uma maravilha! Eu adorei morar na Atlântica também. Adoro a mistura da rua, o pobre, o rico, o jovem, o velho, a prostituta, o cafetão, o anotador de jogo do bicho, tem ali uma fauna muito interessante, para nós que somos observadores dos movimentos da vida.

GIL Da janela do meu quarto andar, eu descortino esse panorama todo, que vai até a beira do mar lá na praia, com aquela diversidade toda de jovens e de homens maduros, e mulheres jovens exuberantes fisicamente, e as velhinhas ainda mantendo o viço através de um desejo vaidoso de juventude. E os meninos vendendo, os ambulantes. É um lugar maravilhoso. Foi um ganho na minha vida ter me mudado para lá. E dali para trás, nas ruas e avenidas internas, é como o mundo! Você encontra um pouco de Nova York, um pouco de Madri, um pouco de Paris, um pouco de Buenos Aires, um pouco de todas as cidades do mundo!

MIGUEL E você, hoje, acha que o Rio ainda merece "aquele abraço"? Ou não mais?

GIL A vida inteira! O Rio de Janeiro continua lindo, e vai ser sempre. Enquanto houver humanidade brasileira, enquanto houver no mundo essa curiosidade extraordinária pelo que somos aqui nos trópicos, enfim, enquanto houver tudo isso ainda haverá o Rio, com aquela natureza exuberante, aquelas pedras extraordinárias, enfim, aquele enclave de nova humanidade que essa cidade sempre significará.

MIGUEL Sr. Gilberto, hoje é dia de São Jorge, no catolicismo, é dia de Ogum, no candomblé, e também dia do nosso querido Jorge Bastos Moreno, que nos deixou há três anos, e que foi quem nos uniu. Somos amigos por causa de Moreno. Temos muitos outros amigos que vieram dessa mesma matriz de amizade, uma confraria de gente que se encontra, se ama, se diverte, bate papo. Tenho pensado muito nele e queria que você fizesse esse exercício agora comigo: como é que Moreno estaria lidando com essa situação de quarentena? Cardíaco, a pressão alta, diabetes, hipocondríaco, deveria estar morrendo de medo de pegar esse troço.

GIL O maior problema que ele teria seria não poder encher a casa. Mas, ao mesmo tempo, com todas as novidades que existem no campo da política, todos os novos conflitos que se abriram entre os vários campos da vida popular, da vida econômica, na sociologia, na história, na filosofia do poder, a questão do crescimento exponencial da vigilância das populações no mundo, ele estaria, imagino, na maior excitação.

MIGUEL E ele era adepto dessas novidades, não é? Era o rei do Twitter.

GIL Lógico, pois é, ele já estava ali, já era frequentador assíduo do computador e dos meios de comunicação contemporâneos. As fontes, que ele cultivava como ninguém, iriam se multiplicar por mil.

MIGUEL O nosso papo está acabando, infelizmente. Eu queria dedicar esta conversa ao nosso amigo Moreno.

GIL Isso. Ao seu espírito, a essa coisa que não morre, a essa coisa biocêntrica da consciência perfazendo todos os cantos, transportando-se para todas as dimensões do universo. Ele foi, e é, parte dessa consciência.

MIGUEL A sobrevivência dele está justamente dentro de cada um de nós. Enquanto levarmos sua imagem, sua voz, suas histórias adiante, ele estará vivo entre nós.

GIL Enquanto houver um vivo, todos os mortos estão vivos.

MIGUEL É isso, seu Gilberto. Uma última pergunta. Nas nossas conversas no começo dessa pandemia, você me dizia que estava lendo muito pouco, pois não conseguia se desligar do noticiário. Continua assim?

GIL Eu continuo muito tomado pelo noticiário, pela notícia, porque é muita coisa acontecendo no mundo e ao mesmo tempo. É tempo de vigília, não tem escapatória.

MIGUEL Então esperemos a análise de nossa amiga Renata Lo Prete logo mais!

GIL Flora está aqui ao lado mandando um beijo para você e para a Paula.

MIGUEL Mande outro, Paula está aqui do lado teclando com ela no WhatsApp. E viva a tecnologia!

GIL Viva!

5 DE MAIO
MARCOS LISBOA
UM NOVO CAPITALISMO?

Marcos sempre foi um pensador progressista, muito admirado por amigos de esquerda, talvez por sua amizade com Fernando Haddad, que, no entanto, não tem nada de ideológica. Suas opiniões e artigos sempre me chamaram a atenção pelas relações que ele estabelece entre questões econômicas e textos literários, de autores clássicos ou contemporâneos, que se transformam, invariavelmente, em ótimas dicas de leitura. Sua paixão pelo urbanismo também é notável, e, após a conversa que se segue, o papo enveredou por essa minha área, o que merecia uma nova live, até porque o assunto é muito mais confortável para mim do que economia... Nossas famílias são amigas há décadas. A minha primeira viagem para o exterior foi para a Disney, junto com os seus irmãos Carlos e Luciano. Marcos era mais velho, mais sério, e achava esse negócio de Disney uma bobagem... Não foi. Preferiu ficar estudando. Sábia decisão. E sorte a de todos nós, cidadãos brasileiros.

MIGUEL Oi, Marcos, tudo bem? Marquei esse papo com você porque me interessa muito a sua visão sobre o capitalismo que vai emergir após essa pandemia que paralisou o planeta. Você é um pensador que eu admiro bastante e é um apaixonado pelo tema das cidades. O Insper, que você preside, é um dos principais apoiadores do Arq.Futuro, um dos grandes laboratórios de políticas urbanas. Portanto, você sabe que as questões que se relacionam ao urbanismo dependem em graus variados da presença do Estado, seja no regramento, nos subsídios e até mesmo no financiamento direto. Ou seja, depende de uma economia um pouco menos liberal e mais social e ambientalmente responsável. A resolução dos problemas centenários das favelas depende desse combate às desigualdades que está relacionado a tudo isso.

MARCOS Miguel, antes de mais nada eu queria agradecer pelo convite para esta conversa. Dito isso, acho que a gente é um pouco refém desse debate superficial que predomina não só no Brasil, mas também em boa parte da América Latina. Um debate que fica entre mercado e Estado, como se fossem coisas inteiramente antagônicas. Primeiro que não tem mercado sem Estado. O mercado não existe sem ter regras no jogo, sem ter um Estado de direito, sem ter leis e instituições que garantam o cumprimento dos contratos. Por outro lado, o mercado não é uma panaceia, é um mecanismo muito eficiente para atingir o bem comum em várias circunstâncias, mas não em todas. Há muita evidência sobre a qualidade de vida da sociedade humana pré-1800 — como é que as famílias viviam, o que elas tinham de acesso a alimentação, roupas e tecnologia — e a imensa mudança que ocorre a partir do fim do século XVIII, sobretudo XIX e XX. As famílias viviam, em média, mesmo nos países mais ricos, com até quatrocentos dólares por ano, por pessoa, e a expectativa de vida era de cerca de quarenta anos. Isso em diversas regiões do mundo nas quais se consegue ter dados sobre hábitos alimentares e padrões de consumo. Como esse padrão de vida mudou radicalmente, o que era a média, o normal, até o século XVIII, virou a linha da pobreza nos tempos modernos.

Nas últimas décadas, centenas de milhões de pessoas saíram da linha da pobreza no mundo, com a tecnologia avançando, ganho de produtividade, acesso a maiores salários. Você tem discussão sobre desigualdade, sobretudo nos países ricos, mas, quando se olha a extrema pobreza é impressionante o que ocorreu nos últimos dois séculos no mundo. Então, o mercado é muito eficiente em várias circunstâncias, mas para que essas circunstâncias aconteçam é necessário ter o Estado — um Estado que garanta o cumprimento dos contratos de crédito, que normatize as relações de trabalho. Essa é uma relação muito mais de interação que de oposição. A discussão que ocorre é como o Estado entra, e onde ele entra é muito mais sutil do que sugere o nosso debate público. Tem uma parte dessa discussão que é técnica. Por exemplo, em alguns setores os mercados não funcionam bem, alguns setores de infraestrutura têm problema de assimetria de formação, outros problemas que levam à formação de monopólios naturais, em que é necessária a intervenção do Estado. E por isso os países optaram por ter desenhos regulatórios muito sofisticados, com agências independentes. E a gestão pública com frequência passa por dilemas difíceis, como no caso da política monetária. Posso optar por garantir mais emprego hoje, com mais inflação, mas vou gerar menos crescimento e menos emprego amanhã. Como é que eu equilibro essa relação? Daí os modelos de Banco Central independente, que vários países adotam. Além de tudo isso, estamos sujeitos a crises periódicas que acontecem por razões diversas e inesperadas, e, nesses casos, qual é o papel do Estado? E tem o papel, talvez o mais fundamental, que é o de garantir igualdades e oportunidades, garantir um mínimo de seguro social.

E a questão de todas essas políticas de bem-estar que variam de país para país. Tem países onde elas são menores, como os anglo-saxões, sobretudo os EUA, e países onde elas são mais avançadas. E essa é uma discussão que vai além da economia, são da política, da escolha que a sociedade faz, de como ela quer administrar esse imenso seguro social. Então, essa relação entre mercado e Estado é mais sutil do que sugere o debate polarizado a que a gente assiste por aqui. Ainda mais em um momento como esse.

MIGUEL Você fala muito sobre essa diferença do combate à pobreza e do combate à desigualdade social, essa dicotomia entre o crescimento econômico, com uma lenta distribuição de riquezas *versus* uma maior distribuição de renda e uma economia um pouco menos pujante, um país um pouco menos rico. Isso é uma decisão econômica ou política? E você, como um pensador da economia, qual você acha que é o melhor dos mundos?

MARCOS Eu acho que não tenho como palpitar nisso. Essa é uma escolha social. O papel da economia é fazer as contas. É dizer: "Olha, se for por aqui a consequência é essa, se for por ali a consequência é aquela." É um pouco você como arquiteto. Você dá as opções de escolha para o cliente...

MIGUEL Mas a gente dá as opções torcendo intimamente para que ele escolha uma...

MARCOS Porque no caso da arquitetura entra a estética. Talvez então seja melhor comparar o economista com o engenheiro, porque aí tira a estética da equação. Mas acho que o tema da desigualdade é muito mal tratado no debate brasileiro. Ele é tratado de uma maneira muito superficial. Temos várias fontes de desigualdade. Para começo de conversa, há a desigualdade de oportunidades e a desigualdade de resultados. Qual a sociedade que nós achamos justa? Esse é um critério subjetivo. Essa é uma escolha da política, uma escolha da sociedade. E você pode querer um maior ou menor seguro social para isso. São escolhas de cada um, e a sociedade como um todo decide quanto quer desse seguro social. Mas isso envolve a universalização da educação, o acesso a uma saúde básica. São as condições de igualdade e oportunidade para que as pessoas possam partir de condições minimamente semelhantes para fazer suas escolhas.

E os resultados dessas escolhas são diferentes, pelas opções iniciais ou por acidentes da vida. Em que medida o Estado vai entrar para minimizar essa desigualdade nos resultados? Aí a gente sabe que os dilemas são grandes e bem difíceis. Se nós queremos ter uma sociedade absolutamente igual do ponto de vista dos resultados, desestimulamos o empreendedorismo, o desenvolvimento. E aí, quanto você quer dar de seguro social na questão de igualdade de resultados? Deixe-me dar um exemplo de uma política que procura combinar os dois aspectos, o Bolsa Família. Qual foi a ideia do Bolsa Família quase vinte anos atrás? O governo do Fernando Henrique tinha introduzido uma série de políticas de transferência de renda para auxiliar os mais pobres. Tinha o auxílio gás, o auxílio alimentação, tinha a bolsa-escola. Você dava recursos para as famílias pobres consumirem determinados bens.

A ideia do Bolsa Família — que começou com José Marcio Camargo, Chico Ferreira e outras pessoas no início dos anos 2000 — foi: "Vamos unificar todos esses programas de transferência de renda e dar recursos para as famílias pobres, e não dizer em que a família tem que gastar. Ela sabe a sua necessidade. Tem família que precisa de transporte, tem família que precisa de roupa, tem família que precisa de alimento, outras de remédio. Então damos dinheiro para as famílias e elas fazem o que acharem melhor." Essa é uma política puramente compensatória. A sociedade acha inaceitável algumas famílias com um padrão de vida em que não tem o mínimo para sua sobrevivência, independentemente das escolhas que aconteceram, das razões pelas quais elas estão naquela situação. A sociedade garante o mínimo para essas famílias. Por outro lado, você cobra da família apenas que os filhos frequentem a escola. Para que isso? Porque ela também é uma política estrutural. Porque na hora em que a criança frequenta a escola, ela vai ter uma educação melhor e, mais tarde, quando se tornar adulta, pode ter um salário maior. E a gente sabe que isso efetivamente acontece. No México, por exemplo, o Progresa é um programa que funcionou. Os jovens que se beneficiaram do programa estudaram mais, têm empregos mais estáveis e salários melhores. Então, essas políticas ajudam as novas gerações a conseguirem uma inserção melhor no mercado de trabalho, reduzindo a desigualdade posteriormente.

MIGUEL Então, você acha que um programa de renda básica, ou imposto de renda negativo, seria uma solução para esse processo sem volta que acontece no mundo, resultado da globalização, que promoveu um contingente enorme de mão de obra ociosa, da mecanização do campo, das consequências previstas com o advento da inteligência artificial e a digitalização destruindo carreiras inteiras? Seria uma saída não só para o Brasil, mas para todo o mundo?

MARCOS Programas de renda mínima com contrapartida das crianças na escola — aí, de novo, eu saio da economia e entro na escolha social — são uma escolha que eu defendo. A questão é: qual a escala, qual é o tamanho, como é que você faz, como é que você implementa, sabendo que o tamanho do programa tem implicações de longo prazo para o país. Mas acho que do ponto de vista da sociedade, aí de novo deixando a economia de lado, é uma escolha que garante o mínimo de justiça social. Mas vamos entender o seguinte, esse tema de novas tecnologias gerando desemprego em algumas atividades não é um tema novo.

MIGUEL Sim, vem desde a revolução industrial do século XVIII, inclusive.

MARCOS Pois é. A economia de mercado traz a competição, a inovação tecnológica, e a inovação tecnológica mecaniza diversas atividades, e atividades que eram manuais deixam de ser. Esse processo dinâmico tem um lado extremamente positivo, é o que garante grande produtividade, que as roupas fiquem mais baratas, que a comida fique mais barata, que tiremos milhões de pessoas da pobreza. Há benefícios imensos associados a esse processo. Mas ele tem efeitos colaterais no caminho: pessoas que tinham emprego deixam de ter. Aparece o carro, o condutor de carruagem perde o emprego. Você começa a ter bilhete eletrônico, sistemas mais sofisticados de pagamento, não precisa ter frentista no posto de gasolina, nem cobrador de ônibus.

Isso tem um lado positivo, torna os serviços mais baratos, barateia o consumo da sociedade. Por outro lado, tem aquela população que perde o emprego na transição. Como é que você lida com a transição, aí acho que é papel da política pública. E a gente assistiu um pouco a isso, nos últimos anos, nos países desenvolvidos. Com o aumento da globalização, China, Índia, o sudeste da Ásia inteiro, Tailândia, Vietnã, Indonésia, começaram a competir dentro dos mercados das economias desenvolvidas. Na comunidade europeia, isso começou antes. Os países pobres foram se integrando, e aí as classes mais populares dos países ricos passaram a sofrer a concorrência das pessoas que vinham dos países pobres. O português e o espanhol que migravam competiam com o alemão. Isso trouxe ganhos imensos, a Europa pobre se desenvolveu, tornou-se muito mais rica. Olha a quantidade de pessoas que saíram da pobreza no leste da Ásia, os números são de centenas de milhões de pessoas, na Índia, na China, enfim. Milhões de pessoas saíram da pobreza graças a esse movimento. Por outro lado, alguns grupos de pessoas nos países ricos, como Estados Unidos, Inglaterra, França, perderam o emprego ou se beneficiaram menos desse processo. Você olha os dados e essas camadas também tiveram aumento de renda nesse período, mas bem menos do que o resto da sociedade, então a desigualdade nos países ricos aumentou, ainda que a base tenha melhorado também.

Olha o dilema. Algumas pessoas melhoraram menos que as demais, nos países ricos, por outro lado centenas de milhões de pessoas dos países emergentes saíram da extrema pobreza. Acho que aí houve certo descuido da política pública nos países desenvolvidos. Como não se atentou para esses grupos que perderam relativamente seu lugar na sociedade, gerou-se revolta. Parte do que a gente vê desses movimentos populistas, nacionalistas, nos países ricos, vem desses grupos que se sentem prejudicados. "Olha, o mundo melhorou, mas eu não melhorei tanto, fiquei um pouco para trás." O dilema é: milhões de pessoas saíram da pobreza graças a isso, então talvez, se os países ricos tivessem adotado políticas para cuidar da transição dessa geração que trabalhava em fábricas de automóveis, que trabalhava em empregos que foram perdidos pela concorrência com os países do leste da Ásia, talvez a política não tivesse sofrido tanto agora, como sofreu.

MIGUEL Marcos, essa pandemia pode, de certa forma, reverter todo esse quadro de que falamos anteriormente. Algum nível de desglobalização desponta no horizonte. Fala-se de nova industrialização em países que já haviam terceirizado sua produção para outras nações. Nosso país está totalmente desindustrializado, nosso parque industrial é obsoleto, e tudo indica que vamos ter que retomar algum nível de produção. O que você acha disso? A gente vai poder, em um futuro breve, reassumir o equilíbrio do comércio internacional que existia até o começo desse ano?

MARCOS Espero que sim. Até porque a alternativa de tentar fazer tudo domesticamente significa o país ficar mais pobre. O mundo reagiu assim à crise de 1929 e deu no que deu. Na hora em que as economias se fecham e se tenta montar cadeias inteiras de produção dentro de um país, sem ter escala eficiente de produção, sem ter acesso às novas tecnologias, isso quer dizer menor produtividade, menor crescimento econômico, então o país fica mais pobre. E houve vários casos de fracasso ao longo do século XX nessa direção. Pode acontecer? Pode. Só que a gente tem que saber que vai pagar um preço por isso, que é ter um país mais pobre. Nas décadas em que o mundo se abriu, se deu essa imensa redução da pobreza em vários países, muito maior que no Brasil. A pobreza caiu muito mais. A gente celebra os anos Lula e por boas razões, melhora do mercado de crédito, política social, queda da desigualdade, mas deveria celebrar um pouco menos, porque os demais países emergentes, como os do Leste Asiático, tiraram muito mais gente da pobreza do que o Brasil. Em percentual da população.

O Brasil desperdiçou uma oportunidade. O mundo foi muito bem durante vinte anos, e nós fomos razoavelmente bem. O Brasil nos anos 2000, é engraçado, acho que é síndrome de país grande que acaba não olhando para o lado. "Os anos 2000 foram ótimos, crescemos, as desigualdades caíram", mas vem cá, você viu quanto caiu a pobreza no resto do mundo? Viu o quanto o resto do mundo cresceu? Os países emergentes fora da América Latina cresceram muito mais que o Brasil na mesma época. A pobreza caiu muito mais nesses países que no Brasil. Então, vamos combinar que a gente não foi tão bem-sucedido assim. Tivemos um desempenho medíocre. E você sabe que estou falando de um governo em que eu participei, da primeira metade.

MIGUEL A melhor metade.

MARCOS Foi um governo medíocre. Fomos um governo medíocre. Não conseguimos fazer o Brasil se integrar às cadeias globais de produção, romper velhas proteções setoriais, proteções cartoriais, não conseguimos fazer a reforma da previdência. Quer dizer, nós desperdiçamos aqueles anos... infelizmente.

Sem dúvida, houve avanços importantes em comparação com a década de 1980 e o começo dos anos 1990. Acabou a inflação elevada, as instituições foram fortalecidas, saímos daqueles anos de desequilíbrios macroeconômicos e crises severas. Iniciamos, finalmente, uma política de Estado para a área social. Isso começou com o governo FHC e foi aperfeiçoado no governo Lula. A economia passou a crescer na média do mundo, o que foi um imenso avanço em comparação com os anos anteriores. Mas fizemos bem menos do que o necessário em comparação com outros países emergentes, que aproveitaram muito mais essa fase de crescimento do comércio mundial.

Acho que o segundo governo Lula plantou o começo do desastre, depois consolidado pelo governo Dilma. Estamos até hoje pagando as contas. Refinarias fechadas, obras de infraestrutura urbana — que você conhece melhor do que eu — que não terminaram... Para que serviu mesmo a transposição do São Francisco? E mais estaleiros que deram errado, fábricas ineficientes. As intervenções na economia a partir de 2008 resultaram em unidades produtivas ineficientes, desperdício de recursos públicos, baixa produtividade. Já em 2011, os dados mostram a queda da rentabilidade dos investimentos, o aumento da instabilidade macroeconômica. Progressivamente, ano após ano, os dados mostravam que haveria graves problemas se o governo não promovesse uma mudança de rumo. Infelizmente, o governo Dilma resolveu dobrar a aposta e o resultado foi a grave recessão.

MIGUEL Essa pandemia vai aumentar barbaramente a dívida pública do Brasil, e apesar disso o ajuste fiscal é ameaçado o tempo todo pela ala desenvolvimentista. O governo a toda hora anuncia, para testar o humor dos mercados, um arremedo de novo imposto. A reforma da previdência foi aquém da real necessidade e não vemos nem sinal das prometidas reformas administrativa e tributária. O quanto essa combinação explosiva de fatos assusta os investidores?

MARCOS O ajuste fiscal não é um fim em si, o objetivo da política pública não é fazer ajuste fiscal. O objetivo é prover bens públicos, é garantir educação de qualidade, saúde de qualidade, regulação bem feita. Esse é o papel da política pública. É incrível a gente ter que ficar discutindo ajuste fiscal como se nosso problema fosse semelhante ao dos demais países. Não é. O que você não quer é que a dívida pública cresça de maneira insustentável, o que leva ao aumento das taxas de juros de longo prazo, gera muita volatilidade na taxa de câmbio e desestimula o investimento. O dinheiro está indo embora do Brasil porque as pessoas estão desistindo de investir no Brasil.

A situação atual é a seguinte: o Brasil tem uma dívida pública crescente, vai crescer provavelmente bem mais que a dos demais países da América Latina, já começou essa crise mais endividado que os demais, não tem conta sendo feita do tamanho do que está sendo gasto e das obrigações que estão sendo assumidas. Somos um país que vem aumentando a carga tributária de maneira meio irresponsável e por muitos subterfúgios há muito tempo. Como esse Estado que não para de crescer — o Estado brasileiro cresce muito mais do que a economia há trinta anos, o gasto público cresce sistematicamente muito acima da inflação, muito acima do PIB — é financiado? Volta e meia inventa um imposto, uma nova contribuição, ou então vai mexendo nas regrinhas da cobrança de impostos. Quem está no mundo real, que tem fábrica, que tem empresa, sabe o que é isso. Toda hora muda e, quando digo toda hora, é quase literalmente.

O tempo todo os governos municipal, estadual e federal ficam elaborando como vão criar uma nova maneira de tributar ainda mais a sociedade para pagar o seu gasto crescente. O que acontece? O setor privado fica atônito no Brasil. É o tempo todo novas formas de tirar dinheiro do setor para financiar uma máquina pública crescente que não gera os serviços esperados. A nossa educação melhorou de qualidade nos últimos vinte anos? Os dados do MEC para o ensino médio ficaram parados por vinte anos e apenas nesse ano apresentaram uma melhora, mas ainda bem abaixo das metas. A saúde melhorou de qualidade? O país está melhor agora? Justificou todo esse aumento de carga tributária que tivemos por esses vários mecanismos nos últimos trinta anos? Não é o que os dados indicam. O Brasil está bem pior do que seus pares. Você olha os microdados comparando o Brasil a outros países, e invariavelmente gastamos mais para serviços de qualidade do que menos. O que acontece com o setor privado ao olhar para um país desses? Não sei qual é a carga tributária amanhã, não sei qual a nova medida a ser aprovada: "Ah, vai ter um novo imposto de 40%, 50% sobre o lucro", "Ah, vai ter imposto agora sobre grandes fortunas", "Ah, vai ter isso", "Ah, o ICMS vai mudar", "Agora tem uma nova Cide sobre serviços xpto".

Para piorar, algumas propostas, como a de impostos sobre grandes fortunas, prometem imensamente mais do que podem entregar. A maior parte dos países desistiu desse tipo de tributação. Ele tem muitos efeitos colaterais e é bem pouco eficaz. Os poucos que ainda cobram quase não arrecadam. Quem consegue arrecadar mais é a Suíça, mas apenas 1% do PIB. E é um mistério como arrecada esse montante. Ninguém mais consegue.

Por várias razões técnicas, é bem mais eficaz tributar a renda gerada pela fortuna do que o montante de riqueza. Arrecada-se mais e com menos efeitos colaterais sobre a economia.

Agora, o problema é a insegurança em razão de tantas propostas pouco embasadas de novos tributos. Como é que se faz um plano de negócios? Como vou investir num país como esse? "Vou fazer uma obra de infraestrutura, o país precisa urgentemente de estradas, ferrovias, portos." Faz a privatização, aí o governador seguinte fala: "Não valeu." Aí vem o prefeito e fala: "Não, está errado, quero diferente." Veja o caso da Linha Amarela, no Rio de Janeiro. Essas intervenções populistas afastam o investimento. Além disso, a toda hora vem um "O imposto mudou", "Agora tem uma pandemia, o cidadão não tem que pagar tarifa". Quem quer investir neste país? Estamos vendo um país que há anos tem baixo investimento e por esse nosso descontrole estamos afugentando os investimentos. A triste constatação é que estamos nos condenando a ser um país pobre, a nos acostumar a ser um país pobre.

MIGUEL No seu livro *O valor das ideias*, o prefácio e a introdução falam muito da importância do diálogo democrático, de aceitar o contraditório, da possibilidade de convergência. O país hoje está polarizado ao extremo e o debate democrático não me parece mais possível, nem no governo, nem na sociedade nem no parlamento, o que é assustador. Por que essa resistência do brasileiro à troca saudável de ideias?

MARCOS Quando digo a defesa do contraditório, ela não precisa ser bem-educada. A discussão pode ser exaltada, pode ser irritada, e é parte do jogo. Você vai num seminário acadêmico de uma universidade americana e fica impressionado com a virulência da troca de ideias. Elas podem ser irritadas, bem duras, até grosseiras, mas o debate é sobre as ideias. Afinal, a evidência empírica, a estratégia de identificação permite ou não rejeitar a conjectura? Qual o grau de robustez dos resultados?

No Brasil, é impressionante como o debate descamba para as pessoas, "o fulano tem interesse oculto", você desqualifica a pessoa. Não rebate a ideia, não traz o contra-argumento. E aquilo em que a academia pode contribuir, a boa academia, é no cuidado com a evidência. É inacreditável que numa universidade exista professor que não saiba o que é grupo de controle, como é que se faz avaliação de impacto, que não saiba de todo o cuidado e rigor da estatística. É impressionante como as pessoas no Brasil usam não dados mas simples correlações, coisa que andaram juntas sem teste de causalidade, sem ter um mínimo rigor. Então, esse lado do debate brasileiro, e aí estou falando da minha área, é muito surpreendente, porque isso torna muito difícil a discussão no Brasil. As pessoas contam histórias, contam narrativas, e aí você chega e pergunta: "Como foi o teste? Qual a evidência que se tem? Foi usado um painel com microdados? Qual era a base de dados? Como você fez o controle? Aqui tem mais segurança? Menos segurança?" Infelizmente, isso é raro no debate brasileiro e dificulta muito a conversa por aqui. Acaba ficando uma conversa muito para desqualificar a divergência: "Ah, o fulano de tal defende interesse… ah, o fulano de tal *é* assim… ah, isso é uma agenda liberal." E aí caímos nesses rótulos cansativos que revelam que a intenção é muito mais tentar ganhar a plateia do que de fato entrar no tema.

MIGUEL O brasileiro adora isso.

MARCOS Adora, é impressionante. Eu lembro que cada medida que a gente tomava quando eu estava no governo, um consignado, uma alienação fiduciária, a lei de falência, eu me preocupava com os seus impactos. A pesquisa aplicada iria testar se a reforma teve o resultado esperado ou se ocorreram efeitos colaterais. "E aí, ela funcionou? Não funcionou?" E várias das coisas que a gente fez funcionaram bem. O consignado funcionou bem, a alienação fiduciária para os automóveis conseguiu reduzir juros. Outras não, como o incentivo para investimento em pesquisa e desenvolvimento. É preciso ter muita tranquilidade para reconhecer o que funcionou e o que não funcionou, o que é evidência nova. Outra medida que funcionou muito bem foi o Bolsa Família, que foi tão criticado pela esquerda… Olha que coisa disparatada, dá trabalho explicar isso para a nova geração. O Bolsa Família, que era unificar os programas do governo Fernando Henrique, distribuir para as famílias mais pobres com a condição de que elas mandassem os filhos para a escola, foi criticado pela esquerda. Nós apanhamos do Ministério da Fazenda barbaramente durante meses. Fui xingado: "É o neoliberal infiltrado, é um agente do Banco Mundial."

Enfim, teve de tudo. Imaginar intelectuais de esquerda contra um programa focalizado nos mais pobres. Quase um realismo mágico, só que dessa vez muito pervertido, que nos leva a essa política pequena, miúda, que quer derrotar o outro, não quer resolver a pobreza, não quer cuidar dos pobres. Não foi um debate sobre a evidência, sobre a eficácia da política social. "Eu discordo de você, vamos discutir essa ideia." Não, a crítica foi essencialmente mesquinha. "Não, eu quero derrubar você. Porque você é meu inimigo no governo. Então, vou usar o que puder para derrubar você." Chegaram a inventar histórias, como a de que eu teria recebido dinheiro do Banco Mundial. "Vou usar vários qualificativos para jogar a ideia fora, porque meu interesse não é cuidar dos pobres, meu interesse é derrubar você."

MIGUEL Fernando Haddad é seu parceiro acadêmico e seu amigo pessoal. Em um eventual governo Haddad, você estaria na equipe econômica?

MARCOS Isso não existe, nunca existiu. Eu tenho uma relação de amizade com Fernando, tenho carinho por ele, e a nossa amizade permite inacreditáveis divergências. Divergimos integralmente em quase tudo, o que não impede o diálogo, isso é uma coisa muito boa, não impede de trabalharmos na mesma instituição. Mas há uma impossibilidade de convergência de ideias muito grande, é da vida, isso não impede trabalhar juntos na escola. No governo, jamais, não há a menor chance.

MIGUEL Marcos, para terminar a nossa conversa, você tem a sorte de não ter Instagram, por isso a gente está fazendo essa conversa pelo Zoom. Como você está passando por esse momento de quarentena? Tem lido muito?

MARCOS Primeiro tem o trabalho, tem a escola, a escola funciona e a agenda de trabalho na escola aumentou muito, tenho as colunas para escrever, tenho que acompanhar a política pública. Isso me toma muito tempo. Mas parar de ler não tem chance, então continuo lendo. Às vezes, minhas colunas brincam um pouco com as coisas que estou lendo.

MIGUEL Foi por isso mesmo que perguntei, seus textos têm sempre uma citação a autores conhecidos, desconhecidos, recentemente você citou Asimov…

MARCOS Porque eu me divirto. Eu estava lendo sobre Veneza, aquelas histórias incríveis sobre o século XII, o desenvolvimento daquelas cidades inesperadas... A surpreendente governança daquela cidade inesperada e Enrico Dandolo. Tem uma coluna em que isso casou com o momento do país. Sobre Asimov, são lembranças que vêm da infância. Me lembrei do planeta Solaria, daquele romance de ficção científica que li acho que com treze anos, com uma situação meio parecida de distanciamento social. Mas tem o último livro de Javier Marías, um escritor espanhol, interessante. Tem muito livro bom, essa biografia meio romanceada de Mussolini, saiu um primeiro volume recentemente. Sou um leitor desorganizado, meio que vou lendo tudo que aparece na minha frente... E tem uns livros que eu volto sempre, Faulkner é um autor a que eu volto sempre. E tem outros também. O *mestre e Margarida*, de Bulgákov. Muitos autores russos, mas sobretudo Tchékhov. Tchékhov é uma paixão minha. Mas também muita literatura anglo-saxônica do século XX. É impressionante a vitalidade da literatura em língua inglesa. Tem os alemães dos anos 1930, tanta gente aí. O *Auto de fé*, de Canetti, um livro que me encantou na adolescência. Musil... Enfim, é muita gente. Tem muitos autores japoneses, é surpreendente como o romance japonês se desenvolveu no século XX. *Eu sou um gato*, de Natsume Soseki, é meio filho de *Tristram Shandy*, e o divertido é que o mesmo ocorre com *Memórias póstumas* de Machado. Kawabata me comove. Enfim, tanto autor, a literatura é tão fantástica. É triste quando uma realidade como a que estamos vivendo acaba se impondo... e vamos combinar que a literatura, com frequência, tem personagens um pouco mais grandiosos e interessantes do que os que dominam o noticiário da televisão.

MIGUEL Muito obrigado, foi uma hora agradabilíssima que passou em um segundo! Manda um beijo para sua mãe, Carlos, Luciano...

MARCOS Foi um prazer, Miguel! Um beijo também pra Zezé.

12 DE MAIO — **LUCIANO HUCK**

O DESENVOLVIMENTO DA FILANTROPIA NO BRASIL

Luciano é outro amigo que me inspirou a transformar minhas conversas privadas em lives públicas e, mais tarde, neste livro. Todos os temas que abordo nas diversas entrevistas são pauta dos nossos papos frequentes, especialmente os urbanos e ambientais. Eu o conheci há quase vinte anos, quando herdei o projeto de uma casa que ele estava construindo com Claudio Bernardes, que faleceu em 2001. Thiago Bernardes, meu antigo sócio, filho do Claudio, foi escolhido por Luciano para elaborar os seus projetos desde então. Cheguei a trabalhar em outros dois. Luciano é um apaixonado pela boa arquitetura! Além da arquitetura, outro fator que nos uniu foi a paixão pela cidade do Rio de Janeiro, que ele adotou. E, obviamente, a preocupação com os destinos do Brasil. Tenho enorme admiração por sua disponibilidade em empenhar recursos e esforços na melhoria da coletividade, seja através do combate às desigualdades, no desenvolvimento da filantropia ou na capacitação de lideranças. Recentemente, ele postou em suas redes sociais um vídeo do Dalai Lama, que comentamos a seguir, em que o líder tibetano aponta o altruísmo como um caminho para o nosso futuro em sociedade. Luciano Huck já começou a pavimentar o seu...

MIGUEL ...eu estou em casa há dois meses sem sair! Tenho trabalhado bem daqui. Sinto muita falta de trocar com a equipe, de estar junto, desenhar junto. Aquela coisa de lapiseira, papel, pega o lápis da mão do outro. O lance de criar junto faz muita falta.

LUCIANO Eu acho importante, para quem está vindo das minhas páginas para as suas, explicar nossa relação. Miguel é um arquiteto por quem eu tenho um profundo respeito. E, mais do que isso, é um cara muito curioso e muito atento à cidade do Rio de Janeiro. Sempre se metendo nas boas conversas, tentando construir pontes, tentando, de alguma forma, contribuir como cidadão.

MIGUEL No fundo, comecei a fazer essas conversas para passar o tempo e me divertir também. Porque a gente tem esses papos tão legais com tantas pessoas interessantes, e falando de questões pertinentes, sempre pensando no Brasil e no Rio, que pensei... Seria bacana que participasse mais gente também.

LUCIANO Se eu não fizesse o que eu faço, adoraria ser arquiteto. Acho a arquitetura uma arte. E um pouco da televisão que eu faço, o prazer de ter feito o *Lar Doce Lar*, o *Um por Todos*, e tantos outros quadros em que usei a arquitetura ao longo desses vinte anos de *Caldeirão*, foi porque realmente acho que democratizar a arquitetura é uma ferramenta muito importante. Ela às vezes parece uma coisa elitista, uma coisa a que só quem tem grana pode ter acesso. Mas, pelo contrário, se você democratizar o acesso a ela, você melhora as cidades, melhora a vida das pessoas.

MIGUEL Tenho abordado muito essa democratização da arquitetura nesses encontros. Uma boa arquitetura é fundamental para melhorar a vida de todos os cidadãos, inclusive os mais pobres. O bom planejamento urbano pode ser uma ferramenta fundamental para a inclusão social.

LUCIANO Minha mãe é urbanista, você sabe.

MIGUEL Dona Marta, eu sei. Acho que a conheci lá no escritório de São Paulo uma vez.

LUCIANO Ela é professora de urbanismo da USP. Sempre foi. Agora se aposentou, mas o urbanismo orbitou na minha infância toda. A minha mãe foi muito dedicada à questão dos mananciais em São Paulo. E, quanto mais você anda pelas periferias e pelas comunidades brasileiras, mais vê o quanto a arquitetura, se houvesse acesso a ela, seria uma ferramenta superimportante de qualidade de vida. A arquitetura é uma ciência muito importante na construção do tecido social.

MIGUEL Não só de qualidade de vida, mas de autoestima também. Sempre falei isso em relação à arquitetura pública. Construir um conjunto habitacional, qualquer edifício público, um hospital, uma creche etc., fazer bonito e bem feito não é mais caro do que fazer ruim. Todos têm direito à beleza. Se não dentro das próprias casas, pelo menos no espaço público.

LUCIANO É importante você falar isso, Miguel. Parece uma constante que muitas vezes as pessoas enxergam como impossível conciliar obra pública e boa arquitetura. Veja a importância dos conjuntos habitacionais e das escolas públicas, por exemplo, como espaços onde uma arquitetura de qualidade pode fazer enorme diferença na relação das pessoas com o bem público e com a autoestima. Pra mim, esse é um falso dilema, obra pública e arquitetura de ponta são mais que conciliáveis, é fundamental que andem de mãos dadas.

MIGUEL Exatamente. Como eu disse, não é mais caro fazer bonito e bem feito. Acho que o cuidado com o planejamento, com o pensar a cidade, parou no modernismo. De lá para cá, as cidades brasileiras perderam muito em beleza e qualidade dos espaços construídos.

LUCIANO O Brasil é um país que tem cidades muito potentes, grandes, estruturadas. O Brasil se desenvolveu em torno das cidades. Mesmo quando a gente vai para o interior, são muitas as cidades relevantes, algumas maiores, outras menores. Mas, se pegarmos o Rio de Janeiro ou São Paulo, as mais importantes, temos centros muito degradados. Em geral, as favelas e comunidades são muito próximas ao centro porque é o jeito que o cidadão dá para morar mais perto do trabalho. Precisamos aprender a revalorizar o espaço público, precisamos ter um pacto pelas cidades. Washington Fajardo fala muito isso e eu concordo. Acho que o planejamento das cidades brasileiras não é um problema só do município ou do estado, é um problema nacional. Ou seja, é preciso fazer um pacto através do qual se repense as cidades, reveja os modelos de ocupação e de desenvolvimento.

O Rio de Janeiro foi capital, por exemplo. Existe uma enormidade de prédios da União abandonados no centro do Rio de Janeiro que poderiam servir como moradias populares acessíveis. Muito melhor revitalizar o centro do que fazer um Minha Casa Minha Vida longe do centro, sem acesso, sem trem, sem metrô.

MIGUEL Não só imóveis da União. O governo federal, estadual, municipal, a igreja, as Forças Armadas têm inúmeros imóveis vazios interessantíssimos no Rio de Janeiro, principalmente, e em São Paulo também, que poderiam de fato ser colocados à disposição. Não estou dizendo: "Ah, vou tomar e vou ocupar." Não, o importante é fazer um acordo para diminuir o déficit de moradias de qualidade, ao mesmo tempo que se rentabiliza esses imóveis ociosos. É um ganha-ganha.

LUCIANO Você redefine o desenvolvimento imobiliário criando cotas para o empreendedor fazer também moradias populares. Você dá vitalidade aos imóveis públicos. Pode criar distritos criativos, criar tributações diferentes para a comunidade e bairros.

Além do Washington, tem um monte de gente boa no Brasil pensando nisso, pensando uma transformação no país partindo das cidades.

Quanto mais identificamos as boas ideias que a sociedade civil, governos no Brasil e de outros países já produziram para resolver problemas que vivemos no dia a dia, problemas da coletividade, mais nos convencemos de que essas ideias são relevantes e possíveis!

Também me ocorre, quando você fala de arquitetura e democratização, a questão do saber, da arte regional, do resgate da cultura ancestral. Por exemplo, o *Caldeirão* fez vinte anos agora em abril e fiquei pensando: "Como vamos celebrar essa data?" Encontramos uma carta de uma senhora que me escrevia constantemente há dez anos. Era a coisa mais simples do mundo. Dona Vana dizia em suas cartas: "Quero que você venha dormir na minha pousada." Era só isso que ela me pedia. "Não quero mais nada. Só quero que você venha dormir na minha pousada." Pensei, quer saber, vamos dormir na pousada dela. Esta será a nossa celebração dos vinte anos do programa. Simples e verdadeiro. Minha visita a ela se deu exatamente na semana anterior à desmobilização da produção do *Caldeirão*. Foi a última coisa que a gente gravou antes do isolamento.

Quando fomos entender onde era a pousada, descobrimos que a cidade dela não estava nem no mapa. Ficava num vilarejo chamado Ilha do Ferro, perto de Pão de Açúcar, uma pequena cidade no interior do Alagoas. Fui, foi o maior barato. Era nas margens do rio São Francisco, perto da fronteira com a Bahia. Mais ou menos quatro horas de viagem de carro de Paulo Afonso (BA).

Quando a gente chegou lá, descobrimos um vilarejo de cerca de seiscentos moradores, com aquela arquitetura clássica das cidades ribeirinhas do rio São Francisco. Mas o que aconteceu ali? Havia um mestre que trinta anos atrás tinha começado a reviver o artesanato ancestral daquela região toda. Tudo com madeira, com resto de madeira queimada e tal. E assim começou a fazer um artesanato tão bonito, mas tão bonito, que o Brasil pouco conhecia, e o mundo começava a conhecer. Eles começaram a vender para curadores europeus, dos Estados Unidos. A cidade continua igual, mas está restaurada e potente, simplesmente por ter o seu artesanato local revisitado e valorizado, com enorme impacto na qualidade de vida das pessoas e em toda a região. Sem ter que reinventar a roda. Foi um dos lugares mais bonitos por onde já passei no Brasil. As casas todas pintadas na paleta original da região. Em quase todas as casas um artesão morando. Quando se resgata e valoriza a cultura local, cria-se uma potência e valoriza-se a autoestima da população.

MIGUEL O Brasil tem outra vantagem, também. Não só tem essa potência criativa nas pequenas comunidades, como essas pequenas comunidades são extremamente diversas. Temos Amazonas, temos Nordeste, Sul, Centro-Oeste. A Bahia é muito potente. A indústria criativa do Brasil é o nosso futuro. A partir do momento em que temos um parque industrial subutilizado, ou que nem existe mais, e um país desse tamanho, tão belo e tão criativo, acho que o turismo e a indústria criativa serão o futuro. Um turismo e uma indústria sustentáveis, baseados na nossa biodiversidade, que, como o próprio nome sugere, diz respeito ao capital natural e humano.

LUCIANO Já que você tocou nesse assunto da nossa biodiversidade, vou contar uma coisa. Em fevereiro, pude ir ao Fórum Econômico Mundial em Davos. E dá muita tristeza ver o Brasil tão mal representado nesses fóruns tão importantes. Hoje o Brasil não lidera nenhuma agenda global. No Fórum Econômico Mundial, por exemplo, estávamos completamente fora de agendas importantíssimas, como a Amazônia. Para você ter uma ideia, o presidente da Colômbia, Ivan Duque, esteve pessoalmente presente em dois ou três painéis sobre a Amazônia. Inclusive um deles com o professor Carlos Nobre, um brasileiro que é uma das sumidades mundiais quando o assunto é a Amazônia.

Existem muitos projetos disruptivos que colocam essa ideia de desenvolvimento sustentável da Amazônia no século XXI, e a gente está muito atrasado. É uma pauta que não está sendo debatida em profundidade. Para mim, além de estarmos com uma imagem péssima no mundo, a cada dia que passa não avançamos com projetos modernos em relação a esta Amazônia 4.0, na discussão sobre como se pode ter um desenvolvimento sustentável naquela região, romper com o litígio entre produção e sustentabilidade.

E, além disso, Miguel, temos cerca de 25 milhões de brasileiros que moram dentro da floresta ou nas franjas dela. Jamais vamos conseguir cuidar da floresta se não começarmos cuidando das pessoas que moram lá. Acho que esse debate tinha que ser uma das prioridades do Brasil hoje. E, como a gente pode ver, não é. Para mim, o Brasil deveria caminhar no sentido de se transformar na Potência Verde, uma potência global agroindustrial sustentável.

MIGUEL É, está muito complicado mesmo. Nós dois temos conversado muito, desde antes das eleições de 2018, sobre esse novo capitalismo mais responsável no que diz respeito ao social e ambiental. E vemos hoje muitos dos economistas que a gente admira, Armínio, André Lara Resende, Marcos Lisboa, todos defendendo um programa de renda mínima, defendendo, de certa maneira, esse novo capitalismo. Agora essa questão é mais urgente, um evento como esta pandemia mostra a importância e a dependência que ainda temos do Estado. Como você vê isso nos seus pensamentos políticos e econômicos?

LUCIANO No começo dessa pandemia ouvimos com frequência a frase "Estamos todos no mesmo barco". Isso não é verdade.

Obviamente não se pode dizer que estamos todos no mesmo barco, o oceano revolto sim, é o mesmo para todos, mas as embarcações são muito diferentes. Falar que o barco é o mesmo para quem está no conforto do lar sem risco de perder o emprego, com a ansiedade controlada, com estabilidade econômica e os filhos estudando à distância e conectados, em comparação com famílias que foram jogadas na pobreza de uma semana para outra... Aquele pai de família que trabalhava em um café no shopping, a esposa que era manicure na comunidade, as crianças voltavam da escola com almoço e lanche feitos, havia uma renda organizada, as contas equilibradas. De repente, o shopping fechou, o café faliu, demitiu todo mundo. A pobreza chegou sem avisar.

Enfim, a gente não pode dizer que está todo mundo no mesmo barco. É insensível. Precisamos trabalhar muito no Brasil para considerar que estamos todos no mesmo barco. Então, de um lado tem todo esse sofrimento e essa angústia que muita gente está passando. Por outro, estamos mais interconectados do que nunca. Uma marolinha que acontece lá vira um tsunami aqui.

Temos aprendizados a tirar dessa história. Sempre que víamos absurdos acontecendo dizíamos: "Onde é que esse mundo vai parar?" O mundo parou, literalmente! O que a gente pode aprender com isso? Primeiro, valorizar muito o que temos da porta para dentro de casa, nossas famílias. E, da porta para fora, pensar como fazer do Brasil um país menos desigual e mais eficiente. E realmente espero que a gente possa sair dessa pandemia com um mundo mais fraterno, mais solidário. Você falou do capitalismo, não conheço nenhum outro sistema na história das economias que tirou mais gente da pobreza do que o capitalismo. Nenhum sistema totalitarista funcionou. O socialismo não funcionou. O comunismo não funcionou. Porém, o Bono falou isso ano passado em Davos e é verdade: o capitalismo é um leão que, se você não domar, te devora.

Essa economia compartilhada, essa coisa interconectada, mais globalizada, mostra que o que acontece na favela impacta no asfalto, o que acontece no asfalto impacta na favela, que realmente as coisas têm ação e reação em todos os lugares. E acho que o grande desafio da nossa geração, como sociedade, é o desenho desse novo capitalismo. Quando a gente tinha dez anos, todo mundo falava: "Ah, o Brasil é muito desigual. Olha só..." Daqui a pouco, a gente está com setenta e o Brasil continua desigual, continua ineficiente, continua corrupto. Então, a gente tem que fazer um esforço... Não estou falando de um projeto pessoal de um ou de outro, mas de um esforço como coletividade. Acho ótimo que tenhamos opiniões diferentes para debatermos, trocarmos ideia.

O que a gente precisa no Brasil é de uma liderança que seja aglutinadora. Já tivemos aqui governos de coalizão, diversos governos de cooptação, agora temos um governo de colisão, que não está adiantando nada. Discutir uma renda mínima me parece, sim, a evolução. Como fazer? Essa resposta não pode ser jogar dinheiro de helicóptero. Tem que se tomar muito cuidado, porque, de novo, a política quer se apropriar desse benefício e transformá-lo em ferramenta eleitoral. "Vamos fazer durar mais, vamos dar mais dinheiro." Não dá! Não dá para se gastar dinheiro que não se tem. Se não cuidar das suas contas, você não consegue cuidar das pessoas. Não adianta, no momento da pandemia, tomar decisões que vão impactar a nossa vida lá na frente. Yuval Harari falou isso na conversa que tivemos há três semanas.

Nesse momento temos uma crise de saúde? Fato! Mas a gente também tem uma crise política. Por quê? Porque decisões que levariam anos, décadas para serem tomadas e debatidas, estão sendo decididas em semanas, em dias. Então, mais do que nunca, a sociedade civil tem que estar atenta e atuante, porque as decisões que estão sendo tomadas agora — e são bilhões e bilhões em jogo — vão impactar a nossa vida logo ali na frente. Então, não dá para ser a qualquer preço. A gente tem que apoiar quem está sem comida na mesa? Óbvio. A gente tem que apoiar quem está com o seu negócio quebrando? Óbvio. Mas o que vejo nesse momento, e é o que me assusta, é uma disfuncionalidade, uma não coordenação inacreditável das coisas. É quase desumano o que está acontecendo. Olha as filas na Caixa Econômica Federal.

MIGUEL A gente já falou muito sobre essa questão das doações. E você, dias atrás, postou um vídeo em que um estudante pergunta ao Dalai Lama a respeito de ansiedade e de depressão, e ele responde que o mundo está muito egocêntrico e que as pessoas precisam exercer o altruísmo. E esse altruísmo vem muito em encontro ao movimento de filantropia que você está promovendo entre empresários, ao seu esforço no desenvolvimento dessa ferramenta no Brasil, que é tão importante mundialmente. Quando começou a quarentena, você declarou que faria uma doação semanal para um fundo solidário em benefício das favelas. E tem liderado o movimento de envolver a sociedade civil na cultura de doação e de filantropia. Como isso está funcionando? O que você tem encontrado?

LUCIANO Eu sou formiguinha trabalhadeira, faço três horas de televisão por semana, o que me dá um prazer enorme. Quando tivemos que parar por causa da pandemia, quando a Globo desmobilizou nossa produção, pensei: "E agora?" E comecei a quicar em casa. Como faz? O que eu faço? Como posso contribuir?

Achei que não era hora de entrar de jeito nenhum num embate político. Mesmo diante de todos os absurdos, atrocidades, negacionismo que estamos vendo acontecer, acho que não temos que apontar dedo, fulanizar e muito menos nominar as ignorâncias, porque isso não nos leva a nada. O que precisamos fazer agora é o que gostaríamos que estivesse acontecendo: uma coordenação entre governo e sociedade civil, todos juntos tentando enfrentar o nosso maior problema que é a pandemia, a questão da saúde pública e as consequências dela, porque, na proa, temos uma depressão econômica vindo aí e vamos ter que passar por ela.

Assim, a minha contribuição poderia ser: 1) Trazer informação procedente, reflexão e pensamento para debate. Que é o que estou tentando fazer, seja no *Caldeirão*, seja nas redes sociais, seja na mídia impressa, onde tenho publicado conversas que tenho tido com pensadores que admiro e que podem nos ajudar a iluminar o mundo pós-pandemia. Já conversei com os filósofos Yuval Harari — autor de *Sapiens* e *Homo Deus* —, Michael Sandel, Esther Duflo — a ganhadora do prêmio Nobel de economia de 2019 —, entre outros. E 2) Nesses últimos vinte anos, rodando o país em função do meu trabalho, construí uma rede de contatos importantes que respeito demais, em todos os recortes do país, em muitas comunidades. Gente que eu admiro pelo trabalho social nas favelas e periferias. E comecei a perceber que a fome chegaria muito antes nas comunidades do que o vírus. Hoje, já chegaram o vírus e a fome. Então, vendo toda a inoperância do governo em relação a organizar seus dados e fazer o dinheiro chegar às pessoas, pensei: "Ah, a solidariedade vai ter uma força muito importante, a solidariedade tem de ser mais contagiosa que o vírus." Chamei meus filhos e disse: "Olha, a nossa vida está legal aqui, mas a vida ali na Rocinha (que é do lado de casa), não. As pessoas estão angustiadas, com medo e tal. Então, vamos nos organizar para ajudar." Fiz um fundo com os amigos para começar a atuar fomentando e apoiando esses empreendedores sociais que trabalham lá na ponta. É um trabalho de formiguinha, de ligar um para um, de perguntar: "Do que você está precisando? Como posso ajudar? Você tem infraestrutura para entregar de porta em porta?" Isso de um lado. Do outro, nasceu um movimento que se chama União Rio, que a gente ajudou a plantar as sementes, e depois frutificou. Muitos dos nossos amigos em comum participaram intensamente da União Rio. E o movimento já atendeu mais de 100 mil famílias no Rio de Janeiro. Levantou, em parceria com a iniciativa privada, muito graças à Rede D'Or, dois hospitais de campanha no Rio de Janeiro.

Nasceu também uma terceira iniciativa, mérito do Eduardo Mufarej, chamada Estímulo 2020 — uma iniciativa para apoiar o pequeno e o médio empreendedor que viu a porta do banco fechar, viu seu capital de giro desaparecer, não tem crédito, não tem acesso. Montamos o primeiro *relief fund* brasileiro, fundos de apoio ao pequeno empreendedor que nos Estados Unidos são muito comuns, uma iniciativa na qual o empreendedor se inscreve no Estímulo 2020, passa por um processo de seleção e tem o direito a um empréstimo de seis vezes o seu último faturamento pré-Covid, com carência para devolver, sem juros, e dois anos para pagar. Ou seja, uma forma de ter algum capital de giro.

E o quarto movimento se chama Zap do Bem, uma ferramenta que desenvolvemos em parceria com as operadoras de telefonia onde é possível fazer transferência de recursos e pagamentos pelo WhatsApp. Testamos o modelo num complexo de favelas de Maceió que se chama Vergel do Lago e funcionou. Conseguimos transferir duzentos reais para muitas famílias. Elas conseguiram usar esse dinheiro no comércio local, pagar conta, pagar boleto. E agora a ideia é disponibilizar essa ferramenta de transferência e pagamento para quem quiser usar, governo ou iniciativa privada.

Então, estou tentando muito ancorar a minha movimentação na solidariedade. Acho, Miguel, que quando você é empreendedor e faz a sua grana, faz a sua arquitetura muito bem, é muito bem-sucedido e tal, é muito importante botar a cultura de doação, o doar, na lista de prioridades. Então, considero importante a gente incentivar os empreendedores no Brasil que ganharam dinheiro a botar a questão de doação nas suas prioridades. O Brasil, em geral, doa quase 2 bilhões de reais por ano, é 0,2% do PIB, contando as igrejas pentecostais. Em oito semanas, desde que começou a pandemia, o Brasil já doou mais de 6 bilhões.

Para os amigos que falam "Mas esses empresários nunca olharam para a favela, agora estão olhando", digo: "Antes tarde do que nunca." Ou vamos sair mais fraternos e mais solidários de tudo isso que estamos vivendo ou realmente acho que esse país algum dia implode se a gente não atacar de verdade a desigualdade, estimular a geração de oportunidade. É uma conta que não pode ser de soma zero.

MIGUEL Mudando um pouco de assunto, você citou Eduardo Mufarej, e eu gostaria de falar de um outro lado seu de atuação, que é a formação de jovens líderes da sociedade civil, para promover inovação na política. Surgiram daí alguns movimentos, alguns programas, como o Agora e o RenovaBR. Recentemente você divulgou bastante a hashtag #seuvotoimporta, para que os jovens de 16 anos tirem título de eleitor e votem nessa próxima eleição. Como está se saindo essa galera que se formou e hoje está eleita? Você tem acompanhado esses políticos que foram formados por esses programas?

LUCIANO Muito. O RenovaBR é uma escola de liderança suprapartidária. Não importa qual é a sua ideologia, o que você pensa, contanto que a sua régua ética esteja na altura correta. Então, ali se formaram deputados hoje muito mais à esquerda, deputados muito mais à direita. Formou-se gente de todos os espectros ideológicos.

Mas a reflexão é importante, Miguel, e voltamos ao que falamos no começo: a gente se conhece há pelo menos vinte anos, e eu não gostaria, daqui a vinte anos — quando a gente estiver um pouco mais velho —, de olhar à nossa volta e perceber que o Brasil continua um lugar tão desigual; que não se pode falar de meritocracia; que você passa pelas favelas e acha que faz parte da paisagem; que você vai para o interior do Nordeste, vê a falta de infraestrutura e acha que aquilo é "característica daquela região". Essa complacência, achar que é assim e que não vai mudar, é algo que a nossa geração tem que tentar mudar. E o único jeito de mudar é colocando a mão na massa. As coisas não vão se resolver por geração espontânea.

Por que coloco isso? Você viu o que aconteceu na sociedade civil, no universo do empreendedorismo, das startups, das vocações que um presidente de empresa, um executivo, precisa ter hoje em dia. Quão moderno ficou esse mundo. Hoje, um moleque com 25 anos que sai da faculdade, que quer empreender, que tem uma boa ideia e capacidade de execução, consegue tirar as suas ideias do papel e realizar, e, quando olhamos para o Estado, ele continua ineficiente, caro, velho, analógico.

Então, acho que o único jeito de a gente conseguir mudar as coisas é levando capital humano de qualidade para o universo da política. Temos bons exemplos disso. O último ciclo eleitoral com algum sentimento de renovação começou a fazer parte da narrativa reconheceu e elegeu nomes como Felipe Rigoni, Tabata Amaral, Marcelo Calero, Vinicius Poit, Alessandro Vieira, entre outros. Tem muita gente nova, de ideologias diferentes. Outro bom exemplo é o governador do Rio Grande do Sul, Eduardo Leite, que tem 34 anos e está enfrentando questões superimportantes naquele estado.

Quando debatemos política no Brasil, temos mania de ficar olhando para o retrovisor. O que se fez lá atrás... Vamos olhar para a frente. Vamos enxergar novas lideranças. Muitas das tradicionais lideranças no Brasil salgaram, em vez de adubar, o terreno à sua volta para que não nascessem novos líderes.

Como sociedade civil, temos que incentivar, financiar, dar ferramentas, compartilhar conhecimento, dar as condições para que novas lideranças surjam e se preparem, para que tenhamos opções no Brasil de quadros competentes nas mais variadas áreas. Então, só com a qualificação do capital humano é que vamos conseguir avançar.

Essa é uma das missões da nossa geração, Miguel. Conseguir construir essas pontes — e você é um cara que fala com todo mundo. A solução para os problemas do Rio de Janeiro não está só no Leblon. As soluções do Brasil não estão só em São Paulo. Ou a gente ouve todo mundo e bota todo mundo para se organizar e faz essas lideranças aparecerem, ou vamos ficar eternamente num samba de uma nota só.

MIGUEL Não só as soluções não estão necessariamente no Leblon, como a produção cultural também não. Essa é uma questão que discutimos sempre. No Rio de Janeiro, no Brasil, temos essa característica: a melhor produção cultural é das favelas, da periferia, do subúrbio, das comunidades. E essas comunidades são celeiros de inovação. De boas ideias. Que são as principais commodities no mundo globalizado. As maiores empresas do mundo hoje não produzem nada. Não têm um produto. São ideias. São serviços. São dados. É digital. Isso tem a ver com internet, com comunicação, com tecnologia. Então, eu pergunto: você, que é um cara de comunicação, tanto tradicional quanto digital, como a gente pode guinar as redes sociais para o bem?

LUCIANO As redes sociais foram importantes para dar voz a todos, inclusive aos ignorantes. E o nosso desafio, agora, é construir uma narrativa e uma militância do bem, um antídoto para essa ignorância estruturada. Para quem quer esse país mais justo, menos desigual, mais eficiente, para quem não quer esse país dividido, polarizado, para quem sabe que temos que voltar a olhar no olho das pessoas com esperança, com vontade de construir, de olhar para o próximo, mesmo que ele seja diferente de você, acabar com essa narrativa que deu protagonismo ao lado obscuro da força, onde quem não é daqui não pertence a esse lugar, quem pensa diferente é inimigo, quem não compactua com as minhas ideias tem que ser exterminado. Essa gente que acha melhor resolver as coisas na bala, em vez de dialogar.

Precisamos agora abrir espaço para a retomada da narrativa positiva, solar, esperançosa, construtiva, do diálogo, uma militância do bem. Essa turma do bem precisa ir para as redes também. Porque senão vai ficar sempre esse discurso de um lado jogando pedra para o outro. O nosso grande desafio é a construção de uma nova narrativa. Como fazer isso de maneira consistente, verdadeira? Como curar na sociedade o que a gente tem de melhor para apresentar ideias, para que a gente possa formar lideranças que consigam carregar esse projeto para a frente, para fazer as coisas andarem?

De novo, temos que sair um pouco da zona de conforto. Isso vale para todo mundo. Como cada um de nós pode contribuir para a construção de um país mais legal? Você me conhece, Miguel, estou falando como alguém com quem a vida foi muito generosa, que viu muita coisa, que está rodando esse país há vinte anos, que gosta muito do que faz. Eu gosto muito da televisão que faço, gosto muito do lugar onde trabalho. Mas não dá para a gente ficar escondido, sem dar opinião, sem se mexer e sem tentar contribuir. Porque senão vai passar uma geração, vai passar para os nossos filhos, vai passar para os nossos netos: "Ah, você mora no Brasil. Um país muito desigual." Vai ser a mesma história de sempre, de injustiça e desigualdade.

MIGUEL Por essas suas opiniões, pela paixão com que você debate os assuntos nacionais, pelo seu envolvimento nessa formação de novas lideranças, o nome Luciano Huck é sempre lembrado como um presidenciável em 2022. O que move e o que demove você de uma ideia como essa?

LUCIANO Temos tantos assuntos com que nos preocupar nesse momento, começando pelas centenas de milhares de vidas que estão em risco por causa dessa crise de saúde, que antecipar um debate eleitoral não é nada construtivo. E ainda desvirtua tudo o que estou defendendo nessa nossa conversa, de renovação política, de necessária movimentação, da saída da zona de conforto, da necessidade de dialogar... Debater sucessão eleitoral nesse momento pode soar como um projeto pessoal de alguém, meu ou de qualquer outro, e perde a força. Esse momento é uma convocação geracional e cada um tem que contribuir como pode. Por ser uma pessoa que está há muito tempo na televisão e rodei, as pessoas me conhecem, a voz fica mais potente, podemos dizer assim.

Mas a minha movimentação até aqui é uma movimentação cidadã, é uma movimentação de fortalecimento dos movimentos cívicos, de encorajamento da nossa geração para que ela saia da zona de conforto e se mexa, para a construção de pontes, para ouvir a favela, para ouvir a Faria Lima, para ouvir o Leblon, para ouvir Paraisópolis, para conectar, para ir para o interior do Nordeste, para a floresta. Vamos falar do agro, vamos falar de preservação, de sustentabilidade. Vamos conectar e debater, vamos trocar ideias. Para a sociedade civil ser mais ativa. Não ficar no círculo vicioso de sempre, as mesmas pessoas, passando de pai para filho o poder de mexer na vida das pessoas. É o que acontece no Brasil. Você vê gerações de políticos na terceira, quarta geração. Não é saudável nem para a democracia nem para os nossos desafios sociais que precisam ser enfrentados.

MIGUEL Muito bom. Olha, obrigadíssimo pelo seu carinho, por ter estado aqui conversando com a gente. Você é um cara que eu admiro muito.

LUCIANO Você sabe que a recíproca é verdadeira.

MIGUEL E quero que tudo dê ainda mais certo na sua vida profissional, pessoal, para a sua família, que eu adoro.

LUCIANO Um beijo na Paula, um beijo no Chiko, um beijo em todo mundo aí. Obrigado pelo papo. E valeu!

MIGUEL Um beijo para você, para Angélica, e para as crianças também.

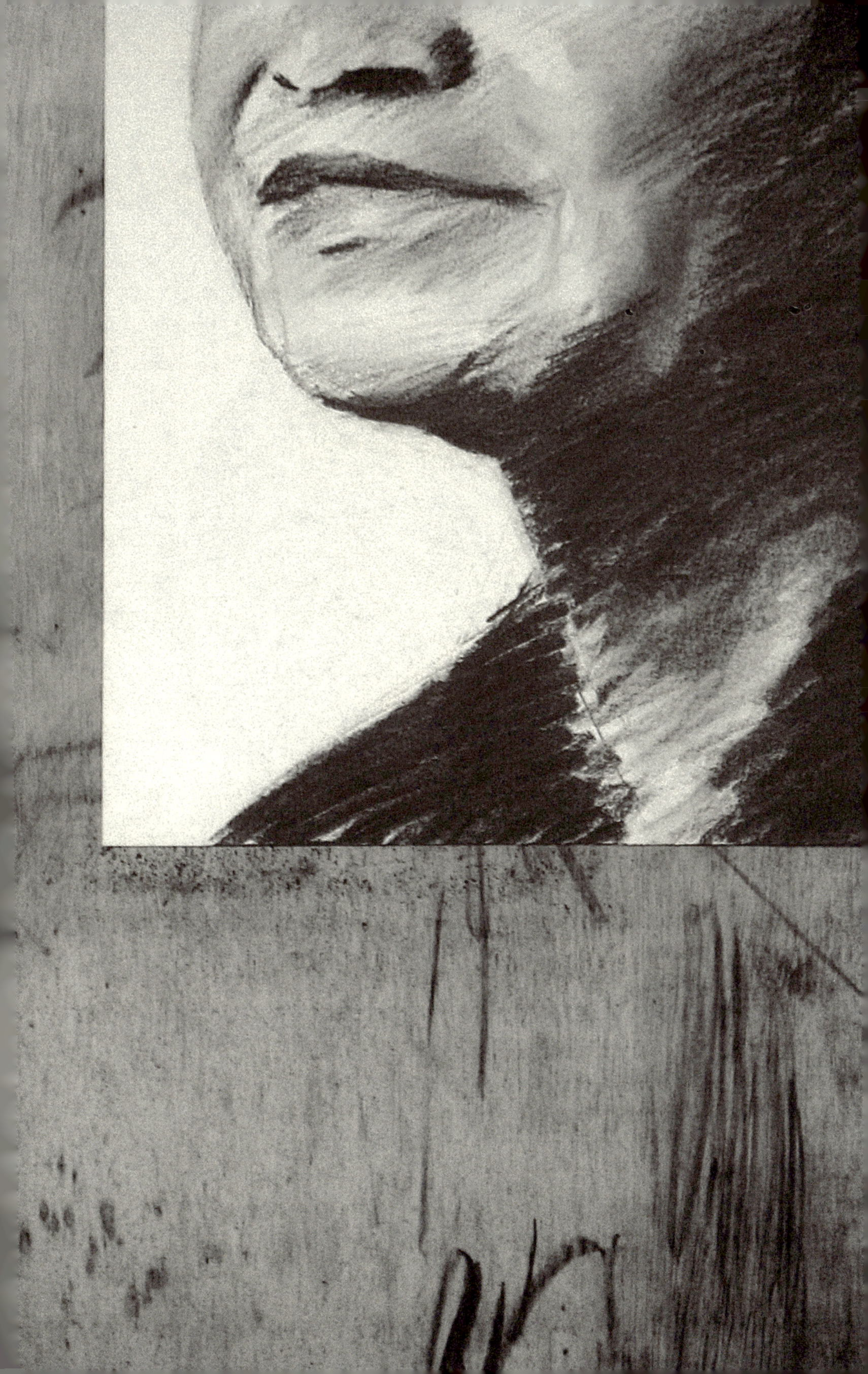

MARINA SILVA
ECONOMIA VERDE

14 DE MAIO

Marina, ao vivo, é uma potência! Sempre me fascinou, desde que a conheci pessoalmente na disputa eleitoral de 2010. Sou conselheiro de uma ONG socioambiental chamada Uma Gota no Oceano, e Marina é nossa apoiadora desde a campanha contra Belo Monte no final de 2011. Como vocês irão perceber ao longo da leitura deste livro, muitos convidados a citam com enorme admiração, principalmente os economistas André Lara Resende e Eduardo Giannetti, ambos colaboradores em sua caminhada... Muitos elogios são feitos a ela nas próximas páginas, o que dá certa dimensão dessa mulher extraordinária. Giannetti a compara à grandeza de Martin Luther King ou Mahatma Gandhi. No entanto, apesar das excelentes votações que obteve nos pleitos de 2010 e 2014, que a deixaram de fora do segundo turno por muito pouco, Marina foi trucidada pelo nocivo e cruel ambiente da politicagem brasileira. Sua moral é incompatível e muito superior à moral da imensa maioria dos políticos deste país.
O Brasil tem que melhorar muito para merecer a honra de ter a altivez de Marina Silva no Palácio do Planalto.

MARINA Tudo bem, Miguel?
MIGUEL Que bom ver você! Como estão as coisas? Bom, Marina, obviamente, todo mundo te conhece, mas é sempre bom lembrar a saga que é a sua vida. Você nasceu em um seringal, em Rio Branco, no Acre. A sua vida política começa quando fundou a CUT, a Central Única dos Trabalhadores, com Chico Mendes. Em 1988, foi a vereadora mais votada de Rio Branco, dois anos depois a deputada estadual mais votada. Foi eleita duas vezes senadora pelo Acre, para dois mandatos. Em 2003, foi nomeada para o Ministério do Meio Ambiente. E eu começo perguntando, como aquela menina, que cresceu lá no Acre, no meio do seringal, se viu no dia em que entrou no gabinete da ministra do Meio Ambiente pela primeira vez?
MARINA Olha, primeiro quero dizer que é um prazer falar com você, Miguel, e com aqueles que estão nos acompanhando. Bem, antes de eu ir para o ministério, tive muitas dúvidas. Algumas pessoas diziam: "Poxa, mas você tem um trabalho relevante aqui no Senado, vai para o Executivo... talvez não consiga ter espaço para fazer aquilo que é preciso fazer."

E aí eu pensei: "Bem, mas se eu não for, não vou me sentir eticamente respaldada para criticar, porque tive a chance de ir e não fui." Até porque eu havia ajudado a coordenar o programa na área de meio ambiente da campanha do Lula, naquela primeira eleição. Então, aceitei. E, quando entrei no ministério, a primeira coisa que pensei foi: "Aqui é o lugar de fazer o teste e demonstrar concretamente os valores em que acreditamos e que defendemos." Como demonstrar esses valores na prática?

Tive, então, a oportunidade de montar a minha equipe. Um dia desses, uma pessoa me perguntou: "Você recebeu carta branca?" Respondi: "Não, eu tinha uma carta que se chamava Constituição Brasileira. Essa era a carta que me orientava. Nós vamos montar uma equipe para dar respostas estruturais." E disse mais: "Aqui vai ser um lugar de teste, entre aquilo que a gente diz e aquilo que a gente tem oportunidade de fazer."

MIGUEL E qual foi o seu maior sonho realizado como ministra do Meio Ambiente?

MARINA Acho que um dos maiores sonhos realizados foi fazer um plano de prevenção e controle de desmatamento da Amazônia, que conseguiu fazer com que o desmatamento caísse, por dez anos seguidos, em mais de 80%. Ter evitado lançar na atmosfera mais de 4 bilhões de toneladas de CO_2 e ter dado uma grande contribuição na redução da perda de biodiversidade.

MIGUEL No governo Lula houve uma redução efetiva do desmatamento. Tenho dados aqui de 27.700 quilômetros quadrados em 2004, reduzidos para 7.500 em 2018. Houve grandes avanços ambientais e algumas questões controversas, como Belo Monte. A gente falou do seu legado. O que chateou você no ministério? O que não conseguiu implantar?

MARINA Bem, acho que, para a gente entender o que me fez sair do Ministério do Meio Ambiente, é preciso primeiro ver o que foi realizado. Porque tem uma razão para essa saída em 2008. Quando eu estava no ministério, estabeleci, junto com a minha equipe, algumas diretrizes para orientar a nossa gestão. Uma delas era que iríamos fazer uma gestão transparente, republicana, com controle e participação social. Outra diretriz era fortalecer o Sistema Nacional do Meio Ambiente, fazendo com que o Ibama e os órgãos de gestão ambiental tivessem estrutura, capilaridade e apoio para fazer o seu trabalho. Uma terceira diretriz era fazer uma política ambiental transversal, para que a agenda ambiental não fosse uma agenda apenas de um ministério, mas que ela perpassasse a ação de todos os órgãos de governo. E uma quarta diretriz: apoiar programas e projetos que ajudassem o país a fazer uma inflexão na direção do desenvolvimento sustentável.

Em 2004, o plano de controle foi implementado e o desmatamento logo começou a cair. E para isso foi preciso um conjunto de ações que envolveu treze ministérios, com a participação de diferentes setores da sociedade, da academia aos movimentos sociais. Nós conseguimos colocar 725 pessoas criminosas na cadeia, fazer a apreensão de 1 milhão de metros cúbicos de madeira, aplicar mais de 4 bilhões em multas, criar 24 milhões de hectares de unidades de conservação, implodir 86 pistas clandestinas na Amazônia, colocar numa lista cinzenta os municípios que mais desmatavam na Amazônia, vetar o crédito e criminalizar a cadeia produtiva ilegal. As pessoas não têm ideia do esforço que foi feito em relação a isso. Tivemos que inibir cerca de 60 mil propriedades de grilagem. Agora eles estão querendo regularizar a grilagem. Nós inibimos, junto com o Incra. E fizemos 25 grandes operações com a Polícia Federal, além das operações do Ibama.

Então, quando, em 2007, identificamos uma segunda tendência de alta no desmatamento, apertamos mais os parafusos. E aí veio uma grita generalizada, do Mato Grosso e de Rondônia, principalmente. Senti que o presidente Lula estava sendo convencido a revogar as medidas, com o mesmo argumento usado hoje de que o Inpe estava exagerando. Eu defendi o Inpe, fui a campo. Peguei um avião e desafiei Blairo Maggi indo visitar polígono por polígono aonde estavam levantando suspeita e mostrando que o Inpe estava certo! E sustentei as medidas. Mas vendo que estavam convencendo o presidente do contrário, pedi demissão em caráter irrevogável, para criar um fato político. O fato político foi criado e o plano foi mantido. A população e a opinião pública internacional fizeram uma grita geral com a minha saída. O presidente foi obrigado a nomear Carlos Minc, que manteve o plano. Portanto, quando percebi que aquilo que a gente estava fazendo, e que estava correto — que era melhor para a Amazônia, para o Brasil, para os brasileiros, para os índios e para todo mundo —, seria interrompido, eu pedi para sair.

MIGUEL Nessa resposta você colocou vários pontos que mostram que tudo o que foi plantado por você tem sido desmontado sucessivamente, ainda mais agora. Essa semana, o vice-presidente Mourão anunciou que está mandando 3.800 soldados para a Amazônia para combater o desmatamento. Enquanto a gente conversa, a MP 910, da grilagem, está sendo votada. Ou adiada. A Polícia Federal executa ações super bem-sucedidas de combate ao desmatamento, à grilagem e à mineração e em seguida toda a diretoria do Ibama é exonerada. Isso mostra uma total falta de sintonia no governo federal. O que, aliás, é criticado pelo próprio Mourão no seu artigo de hoje no *Estadão*. Só que ele joga a culpa dessa falta de sintonia nas costas da imprensa, da sociedade civil e de personalidades internacionais. Quer dizer, é uma quantidade enorme de sinais trocados. O que lhe parece? Pura desorganização ou uma eficiente cortina de fumaça?

MARINA Hoje foi um dia de muita preocupação, no meu entendimento. Porque a gente começa com o artigo do vice-presidente Mourão dizendo que existe uma polarização que prejudica o país, existem instituições que atrapalham porque interferem na autonomia dos poderes, existem pessoas que atrapalham a imagem do país lá fora... E ele distribui responsabilidade para todos. Só que tudo o que ele fala é exatamente o que o governo Bolsonaro pratica. Quem é que está sabotando os esforços para o enfrentamento da pandemia? O próprio presidente da República, quando faz o estímulo contra o isolamento social. Quem é que está polarizando ao extremo? O presidente da República, quando vai para a frente do Exército, numa manifestação contrária à Constituição, à democracia e à autonomia dos poderes; quando o presidente da República desdenha da quantidade de mortos que já temos e de todo o sofrimento que estamos atravessando; quando diz "e daí?" em relação à pergunta que lhe foi feita sobre o número de mortos. E eu poderia ficar aqui citando exemplos o tempo todo, mas vou encerrar com duas coisas: demitiu o ministro da Saúde! Sim, porque Mandetta não saiu, ele foi saído. Teve que pedir para sair. Depois Sérgio Moro! Ele cria uma crise atrás da outra e agora acaba de dizer, na frente de um grupo de empresários, que tinha que declarar guerra aos governadores dos estados. Quem está criando a instabilidade, quem está apostando no caos, é o presidente da República.

MIGUEL Na semana passada, o ministro Fachin suspendeu o parecer da AGU sobre a tese do marco temporal. E na semana que vem está agendada essa votação, que é a maior ameaça aos direitos constitucionais dos indígenas. O que você espera desse julgamento? O adiamento de Fachin já é um prenúncio de um resultado?
MARINA A gente sempre tem a expectativa de que se faça justiça. E a ameaça é de uma grande injustiça, e algo ao arrepio da Constituição, que estabeleceu o direito originário sobre as terras ancestralmente ocupadas pelos índios. Porque isso significa que várias dessas terras, que já foram homologadas ou que já foram identificadas, possam ser questionadas do ponto de vista jurídico. E vai significar que muitas terras que ainda não foram demarcadas e homologadas não terão mais como sê-lo. A originalidade e a ancestralidade como critérios para a demarcação dos territórios é um direito constitucional porque existe uma prova material, histórica, de que os índios estavam nesses territórios antes de qualquer ocidental chegar aqui. Tínhamos 5 milhões de índios; hoje são em torno de 900 mil. Eliminamos 1 milhão por século. Se essa medida e a MP da grilagem forem aprovadas, estaremos criando as bases legais para uma nova onda de genocídio dos índios. Porque eles não terão como sobreviver economicamente, socialmente, culturalmente e espiritualmente, sem os seus territórios. Muitos territórios indígenas foram ocupados e estão sendo reivindicados, e outros estão sendo invadidos justamente por causa dessa expectativa de mudança do marco temporal e da aprovação da MP. Existe hoje, de forma criminosa, uma indústria para poder reivindicar a posse por autodeclaração desses territórios.
MIGUEL Entendi. O Brasil tem sofrido inúmeras perdas econômicas internacionais, como, por exemplo, o Fundo Amazônia, o fundo da Emenda de Kigali, várias sanções econômicas internacionais contra empresas brasileiras que não são ambientalmente responsáveis. O país assumiu o compromisso, no Acordo de Paris, de reflorestar 12 milhões de hectares de florestas até 2030. Toda essa movimentação econômica, todos esses fundos perdidos, não farão muita falta no momento em que for preciso alavancar a economia num pós-pandemia?
MARINA Sim. E não foi por falta de aviso. Mas o ministro do Meio Ambiente, que é o primeiro ministro antiambientalista do Brasil, tem operado sistematicamente para destruir a governança ambiental brasileira,

achando que com isso está favorecendo as empresas e, particularmente, o agronegócio. Suas atitudes estão criando vários prejuízos. Por exemplo, agora o poderoso fundo soberano norueguês exclui a Vale e a Eletrobras, em função de não cumprirem com regramentos e requisitos ambientais. E isso pode se alastrar para o conjunto da economia brasileira, sobretudo em relação ao agronegócio. O Brasil tem nas suas commodities, seja na mineração ou na agricultura, uma grande força da sua balança comercial. Essas atividades não precisam ser feitas de forma insustentável, sem respeito pela vida e pelo meio ambiente. Se for assim, vai se pagar um preço muito alto. O presidente Bolsonaro e os negacionistas de seu governo têm se recusado a acompanhar as deliberações da Convenção do Clima, do Acordo de Paris. E os países que estão imbuídos do compromisso de cumprir com esses acordos não vão aceitar que o Brasil fique fazendo dumping ambiental em prejuízo do clima, do equilíbrio do planeta e auferindo lucros injustos em cima da destruição do meio ambiente e da destruição dos povos originários. Economia não precisa ser separada de ecologia.

MIGUEL O termo sustentabilidade, hoje, está de certa forma muito banalizado. Inclusive na minha área, na arquitetura e no urbanismo, ele é usado, muitas vezes, apenas como peça de propaganda. Você tem uma opinião muito bonita e ao mesmo tempo muito precisa sobre sustentabilidade. O que é sustentabilidade para você?

MARINA A sustentabilidade para mim não é apenas uma maneira de fazer. É uma maneira de ser, uma visão de mundo, um ideal de vida. É um processo integrado. Um modelo sustentável tem que ser sustentável do ponto de vista econômico, social, ambiental, cultural, político... e eu diria ético e até mesmo estético. Existe uma dimensão da sustentabilidade que é estética. Nós já tivemos todo esse debate. Socialismo, capitalismo, liberalismo... todo mundo gosta de um "ismo". Talvez a gente tenha que começar a trabalhar na dimensão do sustentabilismo, criando uma forma de pensar o mundo não a partir do ideal do ter, mas do ideal do ser. Do ser sustentável. Porque há limites para ter. Se nos sentimos felizes, se nos sentimos prósperos, realizados, porque temos as coisas, lamento, mas isso tem um limite. Porque não há como suprir 7 bilhões de pessoas desejando infinitamente ter as coisas. Precisaríamos, pelo menos, de cinco planetas. Então, o planeta é que nos limita. Como podemos continuar nos sentindo criativos, produtivos, livres? Fazendo um deslocamento para o ideal do ser. Não há limites para pintar um melhor quadro; não há limites para fazer a melhor poesia; não há limites para compor a melhor música. Não há limites para ser; há limites para ter. Há limites para ter energia de combustível fóssil; há limites para expandir indefinidamente as áreas agrícolas, destruindo florestas. No ideal do ser, não estamos disputando coisas. Estamos agregando mais valores simbólicos, estéticos, afetivos e, claro, vamos ter o consumo desejável, o consumo que é admirável. É outra dimensão. É um ideal, né?

Eu costumo dizer que os gregos não queriam ter. Eles queriam ser sábios, livres. E, querendo ser sábios e livres, iniciaram a criação da democracia. Os romanos queriam ser grandes, fortes. E, para dominar tantos territórios, tiveram que desenvolver o direito. Os egípcios queriam ser imortais e obtiveram avanços na medicina. É preciso revisitar a nossa infância civilizatória sem cometer os erros que eles cometeram — porque eles também cometeram muitas atrocidades. Agora, imagina: se mesmo com o ideal grandioso de serem sábios e livres fizeram tantas coisas erradas, imagine nós que, a partir do mercantilismo, nos deslocamos para o ideal do ter. Penso que já se pode entender que, em vez de querer uma herança, a gente deve trabalhar pelo legado.

MIGUEL Muito bom, Marina, que aula maravilhosa! Nesse caminho conversamos sobre um desses "ismos", o capitalismo. A gente tem visto uma guinada interessante no pensamento de economistas liberais. Muitos deles, há mais ou há menos tempo, incorporaram no seu discurso o desenvolvimento sustentável: Joaquim Levy, Armínio Fraga, e nossos amigos André Lara Resende e Eduardo Giannetti — esses dois últimos, colaboradores em campanhas suas. Outro conceito que eles incorporaram é a bioeconomia. Você pode explicar?

MARINA Carlos Nobre lançou o programa Amazônia 4.0, e ali ele coloca as bases do que seria essa bioeconomia. Que é, na verdade, pegar o que há de mais tradicional que aprendemos com os índios, juntar com o que há de mais moderno da nossa cultura ocidental, para criar novos produtos, novos materiais, a partir da biodiversidade. E isso tudo tem a ver com a biomimética, a ciência de observar as coisas que são criadas pela natureza e transformar isso em produtos que possam ser replicáveis.

Mas existem também aqueles produtos que já vêm prontos da natureza. Por exemplo, uma das commodities mais rentáveis hoje é o açaí, certo? Só que não tem escala ainda para atender à demanda, do Brasil e de fora. Então, é preciso estimular esse desenvolvimento. É preciso associar a biodiversidade, a agroindústria, as bioindústrias, os sistemas agroflorestais, as comunidades locais — índios, ribeirinhos, extratores do coco-babaçu, pescadores artesanais etc. — com o que há de mais sofisticado na tecnologia. Existem algumas coisas que devem e precisam ser processadas, para agregar valor localmente. Em vez de vender a resina, por que a gente não cria uma agroindústria, uma bioindústria, para agregar valor a esses produtos? Em lugar de exportar determinado óleo que é precioso para a indústria de cosméticos, por que a gente não agrega valor a esses produtos?

Aliás, o coronavírus está nos ensinando uma coisa muito interessante: que essa visão de terceirizar os processos produtivos para lugares que permitem alcançar mais lucro não é sustentável. É só ver: todo mundo foi terceirizando para a China para que se produzisse sem tantas exigências do ponto de vista social e trabalhista, para que se alcançasse maior margem de lucro, e hoje não se tem respiradores, não se tem equipamentos de proteção... O que a gente está propondo é uma economia local que junte o conhecimento tradicional e o conhecimento técnico-científico, gerando produtos transformados a partir da biodiversidade. Além de gerar emprego, renda, podemos criar novas cadeias de valor, novas cadeias e arranjos produtivos.

MIGUEL Você citou Carlos Nobre e o programa dele, que ele chama de a Quarta Revolução Industrial. Em um artigo no *Valor* de hoje, ele critica essa visão que a gente tem da floresta amazônica há 520 anos. Ele diz que desde que Caminha escreveu a carta ao rei, em que diz que "em se plantando, tudo dá", eles já estavam prevendo desmatar aquilo tudo e criar pasto para produzir o mesmo que na Península Ibérica. O que me deixa muito agoniado é como as pessoas, os governos principalmente, não veem o valor dessa floresta em pé. Uma vez que só se fala em dinheiro, que a linguagem monetária é a única que essa gente entende desde o Brasil Colônia, como é que podemos calcular e comunicar, para quem quiser ouvir, quanto vale essa biodiversidade?

MARINA Eu confesso a você que essa pandemia está me deixando com uma preocupação: se existe uma parte da sociedade que não se convence nem com a morte à sua porta e as valas sendo abertas, como convencê-la de algo que vai acontecer no médio prazo? Isso tem sido uma preocupação minha também, vendo a forma como os negacionistas transformam tudo em ideologia e negam a realidade.

Bem, ainda temos uma forma de convencer, que é insistindo nos argumentos racionais até mesmo do ponto de vista emocional, estético... Contar com as pessoas que têm capacidade de influenciar, como você e tantos outros que ajudam nessa influência positiva. Porque a Amazônia e as florestas, além daquilo que elas nos aportam como produtos de liquidez imediata, a riqueza que elas mais nos dão são os serviços de regulação, os serviços ambientais. Nós só somos uma potência agrícola porque somos uma potência florestal. E só somos uma potência agrícola porque, sendo uma potência florestal, somos uma potência hídrica. E justamente por causa da floresta amazônica, que produz 20 bilhões de toneladas de água por dia — que é lançada na atmosfera e que vai chover nas regiões mais importantes economicamente do Brasil. Se destruirmos a Amazônia, nós vamos virar um deserto.

Agora, imagine: o semiárido brasileiro. Tem em torno de 13 milhões, 14 milhões de pessoas, não sei ao certo. A dificuldade que elas têm com a seca são enormes. Agora imagine uma cidade como São Paulo ou Rio de Janeiro sofrendo esse mesmo problema da escassez de água. Então, os serviços que a Amazônia presta são muito grandes. Por exemplo: para gerar a energia que bombeia essa água para fazer chover no Sul, no Sudeste e no Centro-Oeste, nós precisaríamos de pelo menos 50 mil Itaipus. Você sabe o que é 50 mil Itaipus virando, 24 horas, para poder produzir aquilo que a Amazônia faz em um dia, com o Sol, o vento e a floresta? E de graça! Esse é o maior serviço que ela presta.

Ela também presta o serviço de regular a salinidade dos oceanos. Porque em torno de 17%, talvez até 20% da água doce que vai para os oceanos vem das chuvas e da água que é produzida na Amazônia. Ela é um gatilho de proteção do planeta e pode ser também de destruição. Por quê? Preservado seu estoque de carbono, ela protege. Agora, se ele for destruído, ela acelera o processo de aquecimento do clima, vai haver aceleração do derretimento das grandes geleiras, vai haver um processo de aquecimento dos oceanos e aí não tem mais controle em relação ao aquecimento do planeta. A Amazônia é um gatilho que não pode ser acionado para a destruição. Ela tem que ser preservada para a proteção da vida. De todas as formas de vida, não só a dos seres humanos.

MIGUEL Um futuro possível e assustador... Marina, você concorreu a três eleições para presidente: 2010, 2014 e 2018. Esta última foi especialmente violenta. Enquanto alguns candidatos falavam em armas, você falava em sonhos. E você usava uma frase de uma música do Raul Seixas, que é "sonho que se sonha só é só um sonho que se sonha só. Mas sonho que se sonha junto é realidade". Então, para terminar a nossa conversa: qual é o sonho que você gostaria que todos os brasileiros sonhassem juntos?

MARINA Acho que o sonho de um Brasil mais fraterno, mais justo, sustentável, é um sonho agregador. E eu gosto da perspectiva de que sonhar juntos não significa eliminar as diferenças. Não significa fazer um processo de homogeneização. Dentro de uma mesma matriz, cada um tem a sua especificidade. Porque não há troca na mesmice, só existe troca na diferença. Então, a gente sonhar que é possível ter um país que seja, ao mesmo tempo, economicamente próspero, socialmente justo, politicamente democrático, ambientalmente sustentável e culturalmente diverso é um sonho que é bom para todos.

MIGUEL Marina, minha querida, o meu sonho era terminar essa entrevista dizendo "obrigado, presidente Marina Silva". Mas, enfim, vamos continuar sonhando esse sonho juntos ainda por muito tempo... Queria agradecer muito pelo seu tempo, pelo seu brilhantismo ao expor as suas ideias, pelo seu trabalho em defesa da humanidade...

MARINA Imagina, eu que agradeço. Um beijo para você. Que a gente possa fazer sempre essas conversas descansadas, tranquilas e com mais afeto, fora dessa toxicidade que está por aí, não é? Obrigada, me senti muito acolhida aqui.

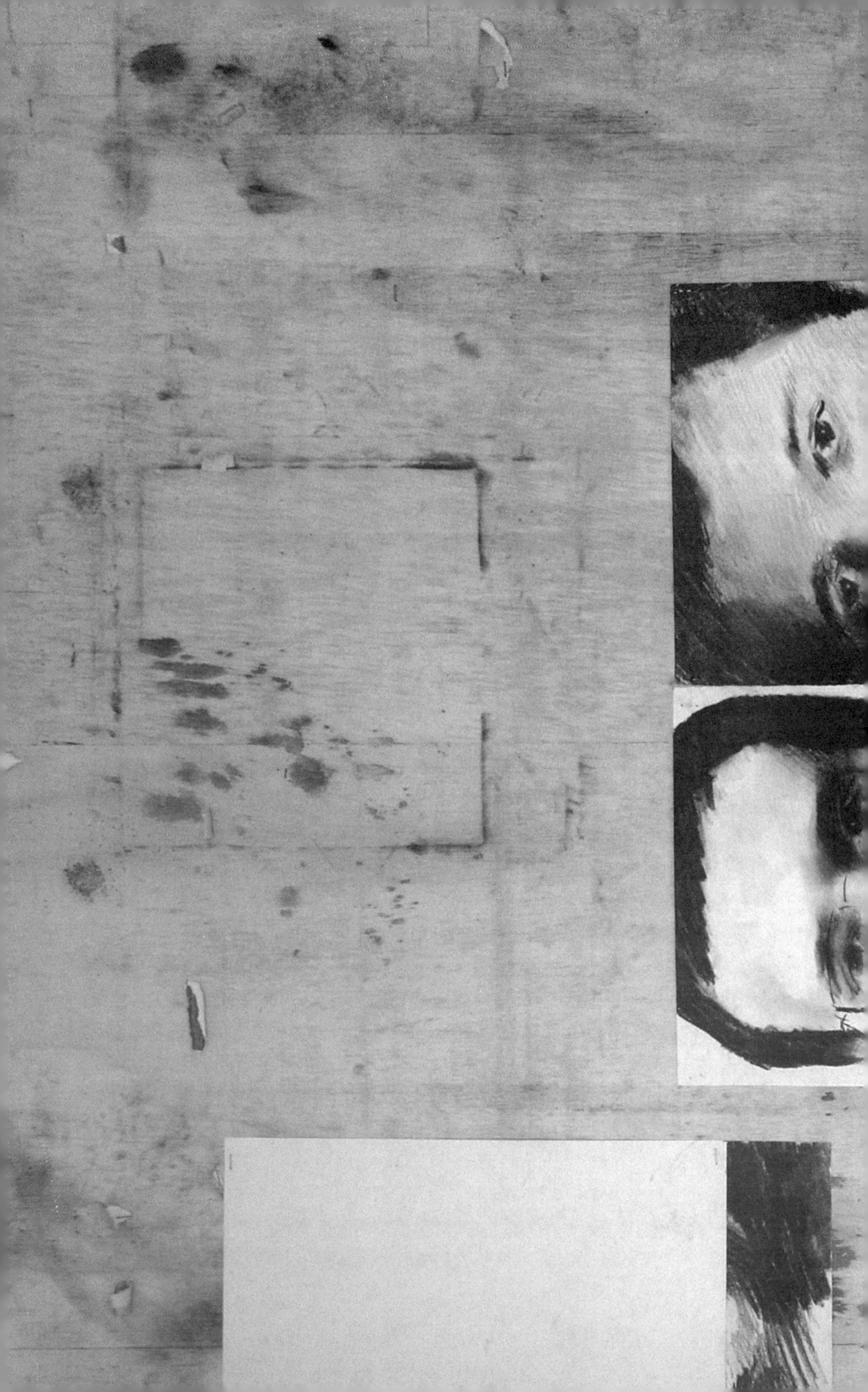

ANTONIO PRATA E GREGORIO DUVIVIER
CRIAÇÃO LITERÁRIA, HUMOR E PATERNIDADE NA QUARENTENA

21 DE MAIO

Greg e Prata, junto com Leo Aversa, são meus cronistas preferidos. E a crônica é, talvez, o meu gênero de literatura favorito. Tenho um jeito muito particular de ler crônicas, que é no banheiro, fazendo cocô. Uma crônica tem o tempo certo de uma cagada. Tenho uma biblioteca enorme no banheiro, de crônicas, textos curtos, poemas, e todos os livros de Greg e Prata estão lá. Eles sabem disso. E não há demérito nenhum! Li toda a obra de Verissimo, Millôr, Sérgio Porto, Mario Prata, muito de Cecília Meirelles, Drummond, nesse ambiente e nessa situação tão específicos... Aliás, conheci Antonio em uma crônica do pai — lida na privada — na qual ele, quando criança, o xinga: "Pai, você é uma anta!" "E filho de anta é o quê?", pergunta Mario. "Antonio...", responde o pequeno Prata. O primeiro presente que dei à Paula foi o *Nu de botas*, de Antonio. Queria dividir com a mulher que eu começava a amar de novo a minha paixão pelo texto desse amigo.

    Já a minha amizade com Greg transpassa gerações: sou amigo de seu pai, Edgar, e Greg também é amigo do meu filho Chiko, sempre o incentivando em suas artes... Eu, Greg e Prata temos uma enorme turma de amigos em comum. Nos aglomeramos sempre que possível, no Rio ou em São Paulo. E essa live foi uma excelente oportunidade de matarmos as saudades e colocarmos o papo em dia...

ANTONIO ... é na Serra da Mantiqueira.
GREGORIO Caralho, que sonho, cara.
ANTONIO Fica perto de Gonçalves, Minas Gerais.
(Gregorio e Antonio saem para pegar bebidas)
MIGUEL Bom, galera, já estamos aqui no ar, mas nossos convidados levantaram para pegar uma cerveja...
(Eles voltam)
MIGUEL Vamos começar o nosso papo. Não é a primeira vez que eu falo isso pra vocês: vocês são os meus cronistas favoritos. E também não é a primeira vez que eu falo, mas tenho uma puta inveja dos escritores. Dos escritores e dos compositores, não necessariamente nessa ordem.

E eu queria muito conversar com vocês juntos porque identifiquei nas últimas crônicas de vocês durante a quarentena vários traços em comum. Os dois estão escrevendo sobre as alegrias e amarguras de serem pais de confinamento. Os dois se queixaram por não estarem conseguindo ler o que gostariam com esse suposto tempo livre que se tem. E também comentaram sobre a incapacidade de escrever o que Greg chamou de "o romance da nossa geração". Além de o Brasil estar descendo a ladeira cada vez mais, alguma coisa mudou para vocês do começo da quarentena até agora?

ANTONIO Melhorou um pouquinho pra mim. Foi mais desesperador no começo. Saí de São Paulo, vim para o campo, não estou mais fechado num apartamento. E estou conseguindo trabalhar um pouco melhor, fazer o que eu fazia antes da quarentena, mas muito longe das expectativas do romance da geração. Mas estou lendo pouco. Tem uma coisa que é assim: o terror que vem de Bolsonaro e Covid é igual àquelas fazendas de bitcoin, ele sequestra o seu HD e grande parte do seu cérebro fica girando essas informações. Então, são mortes por 24 horas, é o Enem, é o garoto assassinado pela polícia do Rio. Você fica dedicado a isso. O medo e o ódio. Isso me domina. É um pouco a minha perspectiva.

GREGORIO Eu estou meio parecido. Continuo não conseguindo ler muito e leio devagar. Tem uma coisa que é aquele FOMO ["fear of missing out"] constante, para usar esse termo. Aquele medo de estar perdendo alguma coisa. Todo segundo eu tenho. Marieta dorme uma hora... e é uma loucura porque fica aquela ansiedade: "Ela vai acordar, tenho que, ao mesmo tempo, ouvir um podcast, atender ao que tenho hoje, ver o último pronunciamento." É tenso. "É melhor eu dar uma meditada, dar uma deitada." Então tento deitar, fico pensando em tudo o que não estou fazendo... e ela acorda. E vejo que não fiz nada...

As minhas brechas de tempo são muito aflitivas. Se entro no WhatsApp então, é um buraco negro. Fico até meio aflito quando as pessoas falam "no tédio da quarentena... esse ócio...". Que ócio? Que tédio? Realmente são coisas que não estão rolando. Nunca trabalhei tanto em algum lugar, porque estou tendo o trabalho doméstico, junto com o trabalho das colunas, junto com o trabalho de pai que não tem creche e junto com um monte de coisas novas que estão surgindo. Porque a gente que escreve, acho que Prata também deve estar passando por isso, não para. Nem parou muito em termos de encomendas. Coisas novas vão surgindo, o que é muito legal. Por exemplo, no Porta dos Fundos, a gente está tentando escrever esquetes sobre as pessoas que estão em casa. Porque estão pedindo isso.

Tem também o *Greg News*. Estou trabalhando muito mais porque antigamente a gente se encontrava e dividia mais o trabalho. Agora só somos eu, Theodora, minha irmã, e meu irmão João na produção. Então nunca tive tanto trabalho, nem tão pouco momento para o ócio. É complicado porque, na crônica, a gente se alimenta muito do ócio. As melhores ideias, em geral, vêm numa parada, num devaneio. Não estou tendo tempo para dispersão. Isso é o que está mais me agoniando. Não estou podendo ficar muito distraído, não.

ANTONIO Falei da dificuldade de escrever em outra crônica. No meu caso particular, e acho que no do Greg também, eu me inspiro muito na vida cotidiana, no banal, no detalhe — o que tem muito a ver com a crônica, mas também com outros gêneros que escrevo. As minhas histórias não são histórias de guerra, são histórias de supermercado. E quando o banal vai para a cucuia, o cronista fica meio perdido, porque não se tem o chão comum. É como se eu fosse um fotógrafo: se a terra treme, não consigo estabilizar minha câmera. Então, como posso retratar o mundo se não sei mais como ele é? Ninguém sabe qual é? Então, falo sobre essa dificuldade. As minhas crônicas têm sido assim: quatro quintos sobre Bolsonaro e um quinto sobre a dificuldade de entender o que acontece.

GREGORIO Total, me identifico muito com isso. Uma coisa que também me incomoda um pouco nesse governo é que crônica também vive muito do paradoxo, de você encontrar situações que são cinzentas, boas e más ao mesmo tempo. De você não conseguir tirar conclusão de nada, fazer uma pergunta e deixar no ar, encontrar dilemas. E, no caso desse governo, é muito preto no branco, dá muito pouco espaço pra dúvidas. É genocida, sim. Então, de repente, você se vê falando coisas muito duras, pouco poéticas, pouco Rubem Braga, pouco sutis. Você de repente se vê panfletário. Quando vejo, não tem nada a dizer sobre esse governo que não seja muito pesado, muito direto, sem nuances. Isso me incomoda muito.

MIGUEL O que acho muito interessante é que vocês são poetas do cotidiano, tiram poesia de pedra. Porque fazer poesia com paixão, com a dor de uma separação, não estou dizendo que seja fácil, mas é mais orgânico, é visceral. Acho que Cecília Meireles e Drummond juntaram as duas partes, conseguiam fazer com paixão e distanciamento. Agora, vocês tiram poesia de uma concha, de um vidro de shampoo, de um braço de cadeira. Vocês são filhos e frutos de Verissimo, João do Rio, Sérgio Porto, Mario Prata — deste último o Antonio é filho mesmo... Mas entendo que a política é foda o tempo todo. Cansa. A coisa está realmente feia.

GREGORIO Mas por isso mesmo acho que é difícil escrever crônica em tempos de guerra. É o que o Prata falou. Contagem de mortos, cada dia morrendo mil e cada dia o número crescendo. É muito difícil tirar poesia disso. A crônica me parece uma arte mais propícia para os tempos de paz, talvez. Se é que o Brasil conhece tempos de paz, né? Mas tempos mais banais. Tempos em que o óbvio ululante não precisa ser dito todos os dias.

Apesar disso, acho que está sendo feito um trabalho muito legal. Estou adorando as crônicas do Prata, Tati Bernardi também está arrasando, Manu Cantuária, Renato Terra é hilário. A gente tem pessoas no terreno da crônica fazendo um trabalho precioso, mas tenho a impressão de que é mais penoso, porque achar poesia na padaria, no comércio, no bar, na esquina é mais fácil do que achar poesia em uma contagem de cadáveres.

ANTONIO Acho que um dos sintomas dos tempos que a gente está vivendo é que os elogios às obras de arte viraram "urgente", "importante". Quando não é isso. Leminski falava que a poesia era um *inutensílio*. Claro que é paradoxal, porque ela é útil pra caramba. Mas ela é mais do supérfluo.

Eu me vejo várias vezes tendo que escrever uma crônica sobre uma coisa catastrófica que aconteceu. Escrevo por dever cívico e não por ofício, sabe? Se o poeta está escrevendo um poema e pega fogo no apartamento do lado, ele tem que botar a cabeça para fora da janela e gritar: "Fogo, fogo! Chamem os bombeiros!" Ele não está sendo um poeta nesse momento, está sendo um cidadão do lado de um incêndio. Então, muitas vezes, não me vejo como um cronista, me vejo como alguém que tem espaço pra falar.

Cara, teve uma crônica que escrevi repetindo palavras assim: genocida, psicopata. Comecei a crônica dizendo: "Vocês não estão vendo? Ninguém vai fazer nada? Vocês não estão vendo? Ninguém vai fazer nada? Vocês não estão vendo? Ninguém vai fazer nada?" Porque é tão desesperador viver neste país neste momento. É um incêndio. Tem gente jogando gasolina no incêndio. Literalmente. O que está acontecendo na Amazônia é um incêndio. Eles falam que não, que é uma invenção do globalismo comunista, que não tem incêndio nenhum. A gente vê os caras botando fogo... enfim, vamos mudar de assunto.

MIGUEL É foda mesmo. Eu não sou cronista, mas acho que, às vezes...

GREGORIO É, sim. Adoro as suas crônicas. Não sei se todo mundo que está aqui sabe, mas Miguel já arrasou em diversas crônicas.

MIGUEL Eu me arrisco, gosto, mas tenho uma inveja enorme. E percebo que, às vezes, vocês se sentem mal por escreverem sobre o cotidiano, mas pra quem está lendo é um alento. Isso é importante também. Tem uma hora que a gente cansa de ver o noticiário o tempo todo. E vocês conseguem essa mágica de transformar a realidade em poesia, dar uma volta e virar uma obra de arte acabada. Vocês acham que a arte é a nossa única arma? A arte, o humor, a escrita... Ou tem mais algo que a gente possa fazer e não está conseguindo?

ANTONIO Acho que tem muitas coisas. A arte é uma delas, mas tem que atacar por todas as frentes. Álcool gel é uma arma, máscara é uma arma, processo criminal é uma arma, panelaço é uma arma, doar dinheiro para Paraisópolis é uma arma. Muita coisa tem que ser feita, coisas práticas, e a arte é uma delas. Mas nem acho que é a mais eficiente num país iletrado como o Brasil. Tenho às vezes a sensação de que estou falando pra você e pro Gregorio. Gregorio está falando pra mim e pra você. E você está falando pra mim e pro Gregorio.

MIGUEL Tenho um pouco essa sensação também.

GREGORIO Acho que tem, sim, como unir humor e crônica a ativismo. Não acho que as coisas se percam, não. Eu, por acaso, preferiria estar fazendo só crônica. Mas é isso que o Prata definiu muito bem: quando você vê um incêndio, não é um momento de fazer um poema sobre o fogo. A gente só tem mesmo que gritar: "Fogo, fogo!"

ANTONIO Agora, discordando de mim, discordando de você e concordando com Miguel, acho que aquilo que você falou da leveza, Miguel, é importante. Eu estava lendo uma matéria de uma mulher em Nova York que fez um bolo e levou para os funcionários em um hospital. E os médicos lá estão recebendo um monte de comida. Não sei se no Brasil também. Imagino que sim. E acho que quando a gente faz a crônica lírica, leve, de humor, é um bolo que a gente está levando pras pessoas.

GREGORIO Perfeito. Laerte falou uma vez uma coisa bonita, parecida com isso, que eu nunca esqueci: "A função da arte não é só munição, não é só estar nas trincheiras, mas também alimento para quem está nas trincheiras." É o tal bolo. Não é só o combate físico, estar na frente, mas também alimentar essas pessoas que estão no combate, todas as pessoas. A distração é muito importante nesse momento.

ANTONIO Talvez mais do que o homem do tempo, nós sejamos aquela pessoa que fica na maratona atrás do alambrado falando: "Vai, vai, vai!" Óbvio que o queniano não vai ganhar porque a gente gritou "Vai, vai!". Ele vai ganhar porque treinou a vida inteira, tem um físico, tem uma disciplina. Mas sempre que eles vencem, falam: "Foi muito importante o apoio da galera." Henfil não fez as Diretas Já, não acabou com a ditadura, mas ele certamente colaborou com o moral das tropas.

MIGUEL Nós somos de uma geração pós-ditadura. Greg literalmente. Prata e eu pegamos um restinho. Vocês têm medo de que os seus filhos vivam num país que não é mais aquele que gente se acostumou a ver? Ou vocês acham que tudo isso vai passar? Não só a Covid, mas também esse autoritarismo, isso vai passar em algum momento?

ANTONIO Vai passar. Parece que é algo que a gente fala pra tranquilizar os outros. Mas vai. O nazismo passou. Mas, claro, não para os 6 milhões de judeus que morreram...

GREGORIO Tenho medo, cada vez mais. Está muito aparelhado. O medo é um pouco aquele de quando você lê aqueles livros sobre a morte da democracia. Tem uns sete livros sobre a morte da democracia. E acho que é muito sintomático que sejam escritos tantos livros sobre isso, realmente é um fenômeno global.

Fiquei muito obcecado com esse tema por motivos óbvios. Uma coisa muito assustadora é que uma tese geral desses livros é que as democracias já não morrem como antigamente. Já não é mais um tanque que chega no Congresso, tira o presidente algemado, leva pra um porão e do dia pra noite fecham-se os jornais e o Congresso. É muito raro isso acontecer hoje em dia. Na Bolívia, foi um negócio parecido com isso, em termos de violência, de tacar fogo... meio à moda antiga, vamos dizer assim. Mas, hoje em dia, já não se tem mais tanto isso. Então, o medo que dá é porque as pessoas, muitas vezes, não percebem. Então, a gente está vivendo algo no Brasil em que as pessoas pensam: "Será que Bolsonaro vai dar um golpe?" Pra quê? Vai precisar de golpe sendo que ele já está aparelhando todas as instâncias? Trocando a Superintendência da Polícia Federal, o STF morrendo de medo dele, com razão, porque as pessoas estão indo na casa dos ministros, como foi com Alexandre de Moraes, apavorando os familiares. Então, você tem um STF já acovardado, já refém de manifestantes loucos. Você tem uma milícia que mata e fica por isso mesmo. Até hoje, ninguém sabe quem mandou matar de fato Marielle Franco. Mataram o próprio Adriano da Nóbrega — obviamente foi uma execução, e por quê? Quem? Quando se tem mortes não esclarecidas de pessoas, uma Polícia Federal aparelhada, o STF acovardado, por que ele vai dar um golpe? Então, o medo que dá é até do contrário. É do golpe já estar acontecendo ou já ter acontecido. Da gente ser meio que um sapo na água fervendo sem perceber, como naquela metáfora. Esse que é o meu medo. De que a gente já esteja fervendo, achando que está numa jacuzzi. E com medo: "Olha, o golpe vai vir! O golpe vai vir!"

ANTONIO Tenho medo, sim, de um golpe. Também li David Runciman, *Como a democracia chega ao fim*, e Steven Levitsky e Daniel Ziblatt, *Como as democracias morrem*. Mas não conseguia parar de pensar: "Esses caras não conhecem o Brasil." O Brasil é diferente.

GREGORIO É verdade.

ANTONIO Eles estão falando de como você corrói a União Europeia. De como você corrói os Estados Unidos. O Brasil é diferente. Na verdade, já há uma milícia armada. Bolsonaro é entusiasta — para não dizer mais — da milícia. Na tribuna da Câmara, ele elogiou quando uma milícia se instalou na Bahia, falou que tinha que ir para o Rio. Está liberando munição. Doze mil balas, eu acho, por pessoa. Ele proibiu rastrear munição. A lei dizia que só podia munição rastreada. Quer dizer, está armando a população. Então, acho que é capaz, sim, que haja um golpe. Se não houver um golpe, pelo menos uma coisa como na Venezuela, de uma milícia armada que mata... O meu termômetro é Gregorio. Quando Gregorio for preso, eu saio do país.

GREGORIO Caralho!

ANTONIO Ele é muito mais famoso, ativista e incisivo do que eu. Então, tenho medo, sim, cara.

GREGORIO Tenho que achar um termômetro. Tenho que ver um cara que fala mais merda que eu. Tomara que tenha alguém. Mas tem, tem.

Então, cara, não sei... Tem o lado de que eu, você, a gente estar falando o que dá na telha, é um sinal de democracia. Mas fico na dúvida se não é interessante até para um governo autocrático ter uns palhaços falando besteiras, sabe? Tenho dúvida se esse novo golpe que vem por aí não nos permite falar as coisas que não vão ser relevantes mesmo. Mas concordo com você: os caras não conhecem o Brasil.

ANTONIO O que a gente está falando aqui é aquele velho papo do Brasil. A gente está falando da possibilidade de eu, Greg e você sermos assassinados pela milícia. O negro na favela é assassinado pela milícia desde sempre. O que chamam de "equilíbrio institucional" no Brasil é a época em que a polícia só mata pobre. Aí o que chamam de "estado de exceção", que é a ditadura Vargas, a ditadura militar, é quando a polícia mata rico. A cada trinta, quarenta anos, matam quinhentos ricos.

Tudo o que a ditadura matou é o que a PM paulista matou em dez dias depois daquela revolta do PCC. Eles mataram quinhentas pessoas em dez dias. A ditadura em vinte anos não matou quinhentas pessoas. Não estou diminuindo a importância. Vida é vida. Se tivesse matado um já seria inadmissível.

Então, o Brasil é muito o cu do mundo. Sempre foi o cu do mundo. O problema não é que eles vão corroer as nossas instituições: a gente nunca teve as instituições. É uma palhaçada.

MIGUEL Vivemos num país onde as armas e a violência são políticas públicas de Estado. No Rio de Janeiro, houve ontem uma morte horrível, e hoje outra, na Cidade de Deus. Então, o que a gente está vivendo é a violência como política de Estado. Isso é muito assustador. João Pedro, Ágatha, Kauê, Kauan... quer dizer, esses são os que viraram manchete. São mortes de crianças em operações inacreditáveis. Ontem entrou-se em uma favela em São Gonçalo, João Pedro morreu — um garoto que queria ser advogado —, e não houve nenhuma apreensão de droga, nenhuma apreensão de arma. Nada.

GREGORIO Imagina se, por acaso, na Zona Sul do Rio de Janeiro, na Gávea, no Leblon, entrassem na casa de uma família, metralhassem uma criança. Aí você vê que é um abismo muito gigante mesmo.

MIGUEL É a naturalização da morte. Hoje fui procurar a morte de João Pedro nos jornais e só encontrei notas. Era uma coisa para vir em primeira página.

GREGORIO Até vou dizer que fiquei bem alerta ontem, porque vi uma manchete que não falava o gritante. Falava: "Menino morre durante operação". Não é *durante* operação. É *por causa da* operação. Isso muda tudo. Operação policial mata. Assassino executa. "Menino morre durante operação" parece que ele teve um treco durante a operação. Tomou um susto. Não, a operação o matou. O jornalismo ainda não noticia, eu acho, com a dureza necessária mesmo.
ANTONIO Concordo com Gregorio, há uma diferença grande em como a imprensa, que é feita de pessoas como nós, cobre mortes de pessoas como nós, e quando cobre mortes de pobres. Agora, a imprensa tem feito um trabalho combatível e foda.
GREGORIO Tem mesmo.
ANTONIO Eu vejo o *Jornal Nacional* hoje e falo: "Cara!"
GREGORIO É emocionante.
ANTONIO Uma ilusão que tenho e tive desde o começo do governo Bolsonaro, e ainda não está se consolidando, é que tem uma coisa tão grotesca acontecendo que eu imagino que as pessoas legais estão se aproximando. Armínio Fraga, há cinco anos, para mim, era um inimigo. Ele era o economista do fascista. Agora você fala: "Não, pera lá, ele não é o economista do fascista." Então teve uma união civilizatória. A gente brigava pela independência do Banco Central. Foda-se a independência do Banco Central! Os caras estão querendo acabar com a Amazônia!
MIGUEL Ô, Prata, tem uma questão bastante importante sobre a qual temos que fazer um mea-culpa. Nós nos consideramos detentores de uma pseudointelectualidade que em muitos momentos desprezou, rechaçou, quem poderia estar do nosso lado. Fomos muitas vezes elitistas, arrogantes, e isso foi um erro. Então, você vê hoje o espanto — Gregorio escreveu sobre isso — de Felipe Neto estar colocando sua voz brilhantemente a serviço do bem. Quer dizer, em algum momento, a nossa pseudointelectualidade renegou essa turma, esses nomes. Hoje há grupos enormes de artistas, sertanejos, por exemplo, cantando lá pra outras bandas, e num determinado momento empurramos esses caras também. A gente vê o teatro à míngua porque muitas vezes ele não é feito para a plateia, mas apenas para a classe teatral, para intelectuais.

Por situações profissionais, pessoais, sei lá, o meu algoritmo embaralha muito bem. E é assustador o que acontece do outro lado. Existe um monte de gente que pensa exatamente de maneira contrária à nossa. Muita gente entre a gente, inclusive. Estamos muito acostumados a falar apenas entre nós. Precisamos falar pra fora. Dar um passo atrás, recuar pra avançar de novo. É tática de guerra. Estamos em guerra. Precisa aglutinar um monte de gente que não estava nas nossas relações. Greg escreveu muito sobre isso.

ANTONIO Tem uma relação entre o aumento da violência da direita e o aumento da burrice da esquerda. Quando o Lula sai da prisão falando as coisas que ele falou e agindo do jeito que agiu, a esquerda parece que foi roteirizada pelos roteiristas do gabinete do ódio. No começo do governo Bolsonaro, se não me engano, durante a posse de Bolsonaro, Gleisi Hoffmann estava na Venezuela, na posse de Maduro, entendeu? Do MADURO! É um negócio demente. Eu fico puto.

MIGUEL Aí a gente vê hoje Freixo desistindo da candidatura à prefeitura do Rio. Eu acho, realmente, que tem que haver uma coalizão no Rio de Janeiro. Uma coalizão de um lado contra outro. Para mim, Freixo é ótimo onde estiver, mas ele desistiu justamente pela dificuldade de unir a esquerda. E do jeito que a gente está não é só unir a esquerda, não, mas unir a esquerda, mais o centro-esquerda, o centro, o centro-direita...

ANTONIO Renato Janine escreveu que enquanto a esquerda não tolerar se unir a quem foi a favor do impeachment, ferrou! Porque, se não se unir com eles, não vai chegar a lugar nenhum. A maioria do país foi a favor. Então, não adianta ficar apontando o dedo e ficar chamando de golpista. Tem que parar de apontar o dedo.

Teve uma manifestação pró-impeachment e todo mundo falou: "Vamos de preto nessa manifestação." Eu falei: "A gente não tem que fazer manifestação contra. A gente tem que ir com uma bandeja com bala e água, tipo Uber, e falar: 'Amigo, tudo bem? Você não gosta da Dilma. Eu também não gosto da Dilma. Vamos conversar?'" A gente tem que trazer essas pessoas de volta. Porque com o bolsonarista raiz, esses 25%, não tem diálogo. O cara que acha que tem que matar gay, a gente não vai convencê-lo de que não tem que matar gay. Mas o tiozão do WhatsApp que votou contra o PT, esse dá pra trazer de volta. Não com Gleisi indo pra Venezuela, claro que não. Mas dá pra trazer de volta em torno de um eixo civilizatório, acho eu.

GREGORIO Cara, eu concordo. Tem que ter uma frente ampla, óbvio. Achei bonito Marcelo sair. Acompanhei de longe, vi que ele estava tentando muito a fundo uma união, um campo que foi impossível no Rio de Janeiro. E tendo a achar que vai ser muito difícil no Brasil de modo geral. Em São Paulo, também acho que não vai ter esse nome. Está muito pulverizado, e isso é uma pena. Todo mundo que é antifascista tinha que sentar e conversar. É claro que tem mil diferenças, mas Portugal foi um lugar que conseguiu fazer isso magistralmente, com a Geringonça. Graças a António Costa, que é um aglutinador, um sujeito que sentou com todo mundo, com os comunistas que não se aliavam aos socialistas há trinta, quarenta anos, e com o centro. Fez uma aliança inédita e deu certo. Está governando Portugal. E está rolando. Claro, com muitos problemas, mas é o momento não de se cegar, botar uma venda nos olhos e falar "Somos todos iguais". Não é isso, somos diferentes, mas a gente quer a mesma coisa, quer tirar esse cara. Quer uma alternativa.

E Miguel falou uma coisa interessante: tem muito elitismo envolvido. Se quiser falar com muita gente, não vai ser uma aliança só da classe política, nem dos intelectuais. Não vai ser uma aliança de Luiz Felipe Pondé, de Reinaldo Azevedo. Dos colunistas. Nós: "Ah, vamos sentar junto com sei lá quem." Isso não muda nada, na minha opinião.

Acho que se se quer falar com muita gente, tem que ir e falar. Faz uma frente ampla dos youtubers. Não estou brincando. Frente ampla Felipe Neto, Whindersson, Gabriela Prioli, que agora virou youtuber também, e está lá arrasando. Com todo mundo, pode ser de esquerda ou direita. Dos comunicadores também. Isso faz diferença.

Quando Felipe Neto fala, repercute mais que a esquerda toda junta. Isso é um dado. Eu me incluo aí. Assim como Lula, Freixo, todo mundo junto. Ele tem um alcance, uma repercussão enorme. Então, se você disser pro Felipe que ele não é de esquerda, é muito ruim para a esquerda, entendeu?

Se quiser fazer uma frente ampla, não é só abraçar o centro, o centro-direita, é abraçar também pessoas populares. Quem o Brasil está ouvindo hoje? Tem que ir atrás dessas pessoas. E tem muito elitismo aí. Digo elitismo no sentido amplo — "Ah, a internet... é um moleque, é um influencer". Ou então: "Pô, Whindersson? É um cara que faz vídeo pelado, sem camisa, na casa dele..." Ele fala com muita gente. Tem muito a nos ensinar.

ANTONIO Gregorio falou uma coisa legal num podcast: que aconteceu uma inversão muito triste, porque, na época da ditadura, grande parte do século XX, a direita era a tia chata que falava "Não pode isso, não pode aquilo", e a esquerda era a zoeira, a contracultura, a subversão. Em algum momento do século XXI, isso se inverteu. A esquerda virou quem aponta o dedo e fala "Não é assim que fala. A palavra não é essa. O termo não é esse", e a direita tomou o lugar do humor e da subversão. Obviamente que ser racista e homofóbico no Brasil não é nenhuma subversão, mas a percepção popular é essa.

E acho que nesses espaços que você falou, Miguel, concordando com Gregorio, essa coisa elitista da esquerda... Sei porque estudei em escola de esquerda, tive uma educação, digamos, de esquerda, demorou 35 anos para eu poder gostar de Ivete Sangalo, entender que axé era legal pra caramba. Outro dia, escrevi numa crônica que "muito Adorno e pouca Ivete, os males da esquerda são". Você passa um ano e meio estudando em ciências sociais o que os caras escreveram em 1930, que a cultura de massa é uma porcaria, que a indústria cultural é uma porcaria, que a música gravada é uma porcaria e que o mundo vai para as cucuias. Então, é isso. A esquerda não ouve axé, a esquerda não ouve sertanejo, a esquerda não gosta de *E.T.*, de *Star Wars*. A esquerda não se permite. Só pode gostar de Truffaut, de Godard, de Zé Celso e de peça de 18 horas que tem gente pelada. E depois se assusta que não tem ninguém indo ao teatro e ao cinema. Tudo bem, é importante que haja peça de 18 horas com gente pelada. É importante experimentar, desconstruir a linguagem. Agora, acho que a cultura de massa é a democracia, é a voz do homem comum. Esse elitismo que a gente tem nas artes é um reflexo do elitismo brasileiro.

O contador de histórias brasileiro, o intelectual brasileiro faz parte da elite, é uma coisa meio bacharelesca, universitária, não fala pra todo mundo. Então é isso: tem que chamar Naiara Azevedo e não Adriana Calcanhotto pro comício.

GREGORIO É perfeito o seu diagnóstico, concordo totalmente. Eu, aliás, odiava a esquerda na época da faculdade — ou nem era a esquerda, mas a participação política. Nunca considerei me chamar de direita, mas eu achava o DCE muito chato. Aquelas pessoas debatendo por horas assuntos muito pequenos, uma conversa de linguagem, qual a melhor palavra pra se usar, um debate sobre roupa, sobre apropriação cultural. Então, a esquerda passou a ser esse lugar das pessoas cri-cris, chatinhas. Ficou normativa. Acho muito chato e elitista. Tem que abandonar esse academicismo mesmo.

Sem entender o que o povo gosta, o que é o Brasil popular... Porque Bolsonaro não é marciano, é brasileiro. É triste perceber isso, mas ele é brasileiro pra caralho. Parte do sucesso dele está em como ele é identificável. A gente conhece muitos assim. Não tão ruins como ele, é verdade, porque acho mesmo que ele é o pior que poderia ser. Não conheço nenhum — eu não digo político — ser humano que faria um pior trabalho que ele, se fosse sorteado, sabe? Aleatoriamente, no planeta. Mas conheço muita gente que compactua e tem muita coisa em comum com ele. Então, quando a gente critica "Ah, ele está dando entrevista com a camisa do Palmeiras, está de Rider, está fazendo churrasco, está comendo pão com leite condensado", tem muito elitismo nisso também. E, quando se faz esse tipo de crítica, críticas estéticas a ele, se perde muita gente. Isso daí é cosmético, não é o que vai fazer a pessoa deixar de gostar dele. É o contrário: é por causa disso que a pessoa gosta dele. E a esquerda volta e meia fica criticando e se prendendo em detalhes que, na verdade, são o real motivo de se gostar dele, que é a tosquidão. Não é por isso que ele é criticado, é por todo o resto que não a cosmética da coisa. E a gente, volta e meia, fica preso nela.

ANTONIO Quando ele ameaçou fazer um churrasco há pouco, Fabrício Corsaletti, amigo meu, poeta, cronista, escreveu pra mim: "Porra, ele vai foder até o churrasco. Agora, até o churrasco vai ser de direita. Acabou com a Amazônia, e ainda vai roubar o churrasco."

Aliás, um monte de gente estava criticando, mas achei legal o movimento de recuperar os nossos símbolos, de botar a bandeirinha do Brasil de volta no seu avatar nas redes sociais.

MIGUEL Isso eu achei legal também.

GREGORIO Vou falar uma coisa meio improvisada, sem certeza histórica, mas tenho a impressão de que toda vez que o país bifurcou e um lado estava usando a bandeira, esse lado ganhou. Por uma questão meio óbvia. No impeachment, ganhou quem estava de Brasil. No Collor, ganharam os caras-pintadas, que botaram verde e amarelo na cara. O Diretas Já tinha a bandeira. Em 1964, os caras deram o golpe também pela bandeira do Brasil. Acho que o verde e amarelo tem muita força. E acho que o PT perdeu também porque, não sei se você se lembra, a campanha era toda vermelha. Haddad botou o verde e amarelo da bandeira só no segundo turno, tarde demais, cara.

Como você faz uma campanha para a presidência da República que não seja verde e amarela? É foda. A esquerda é isso. Acho que ela perdeu muito o link com os símbolos brasileiros, que são lindos. Acho o nosso hino lindo, fico arrepiado. Acho a nossa bandeira bonita, nossas cores são bonitas. Tenho um carinho que não quero que se perca.

ANTONIO Acho que parte dessa perda da esquerda, e Francisco Bosco escreveu isso muito bem no livro *A vítima tem sempre razão?*, é pelo seguinte: havia uma esperança no Brasil que vem de *Casa-grande e senzala* até 2013, que era aquela fé na miscigenação, na mistura das três raças, que se mostrava na arte, através do samba, da bossa nova, de Garrincha e Pelé. Através dessas criações que surgiam por trás do oficialesco, por trás do bacharelesco, e a gente achava que isso salvaria o Brasil. E isso, claro, vinha junto de uma mentira da democracia racial, de que aqui não tinha racismo, de que aqui as coisas estavam muito bem.

De repente, escancarou-se a mentira dessa ilusão. Miscigenação é o caramba! Preto morre mais que branco. De repente, ruiu esse discurso. Então, nós da esquerda, ou chame do que quiser — porque a bossa nova não é de esquerda —, as pessoas que amavam o Brasil por causa do que havia de suboficial no país, que amavam esse sonho brasileiro, não tiveram no que se agarrar. A direita tem um discurso que é pau neles, porrada, fim do comunismo e a gente vai resolver isso aqui no tiro, bala nesses vagabundos. Esse é um discurso apaixonante. O ódio é agregador, aglutinador. Talvez seja a maior cola que existe. E a gente não sabe mais o que amar no Brasil, não sabe mais no que se agarrar. Então, é muito difícil lutar por uma coisa que a gente não sabe mais o que é. Qual é o nosso discurso? O que a gente está defendendo? A impressão que se tem é que acabou. O país acabou. A gente não tem mais farol, não tem mais luz. O Brasil não é mais o país do futuro.

MIGUEL O Brasil é o país do futuro do pretérito, como já disse o Greg.

GREGORIO Achei isso tão simbólico... Quando a Regina Duarte fala "Vamos pensar para a frente, para a frente... para a frente, Brasil!", aquilo resume tudo. O "para a frente" dela é o "pra frente Brasil", o slogan da ditadura dos anos 1970. Em vez de ir para a frente, foi para trás. Para mim, é o resumo desse futuro conservador, que é um paradoxo. Ela conseguiu resumir toda uma filosofia de governo ali.

Agora, complementando o que o Prata falou tão bem, um livro muito elucidativo, que saiu este ano no Brasil pela Intrínseca, é *M, o filho do século*, de Antonio Scurati, sobre Mussolini. É sobre a vida do cara, mas é romanceado. Nunca entendi direito o fascismo, nunca tinha pesquisado, mas pela maneira que ele escreve você entende muito claramente a sedução da redução da complexidade. É muito sedutor alguém falar assim: "Que ideologia de gênero? Agora tem gente que é mulher, nasce mulher, mas depois vira homem e depois vira mulher. Também tem viado, que é viado, mas namora homem e mulher. Tem casal que é dois homens e tem filho. A criança já nasce achando que o sexo é uma coisa... aí chama de quê? Não, parou! Não existe isso. Menino veste azul, menina veste rosa!" O "acabou a palhaçada" é um sentimento muito sedutor, é uma máquina de redução de complexidades. Isso é muito interessante. Todo mundo se identifica com isso. "Vamos parar com essa palhaçada? Vamos voltar como era antes" — isso é muito prazeroso, sobretudo para quem perdeu algum tipo de privilégio.

É nessa redução de complexidade que o fascismo opera, que Bolsonaro opera bem. Ele diz: "A cloroquina é a cura." Mas não tem nada na ciência que comprove isso, mas a ciência é complexa, é o que pode ser. Uma verdade científica é uma verdade que pode ser mentira. Se você não puder provar que é uma mentira, é uma verdade científica. Por definição, a verdade científica é complexa, pode ser, a qualquer momento, negada. E ele não trabalha com complexidade. Então, "É a cloroquina".

É um fenômeno muito fascista, no sentido original da palavra, do movimento italiano que surgiu num momento de caos social. Entre os socialistas, já havia um racha, em 1918 eles já se odiavam. Uns já eram soviéticos e os outros, não. Era um mundo novo se abrindo, muito complicado, vertiginoso. E as mulheres também querendo voto. Junta um monte de complexidades novas surgindo e tem um cara que vem e fala: "Acabou essa palhaçada. Não tem complexidade nenhuma. Homem é homem, mulher é mulher. Operário é operário. Patrão é patrão." É muito sedutor.

Acho que o Brasil está nesse momento de tentar reduzir a complexidade. Um momento que vem depois de um puta avanço. Nos últimos vinte, trinta anos, o Brasil vinha avançando. É inegável. A gente viu essa mudança. Na minha escola, não tinha nenhuma menina abertamente feminista, não com esse nome. E tinha o machismo avassalador, obviamente. Mas nenhuma mulher, nenhuma menina se sentia empoderada para falar: "Olha, isso que você fez é machista. Eu sofri machismo." E tinha casos bizarros. Todo mundo viveu na escola casos surrealmente cabeludos assim. Você não tinha as ferramentas mesmo. Essa é uma das muitas complexidades positivas que surgiram. Tentando ser otimista, acho que tudo o que está acontecendo hoje é a resposta a um avanço que enlouqueceu e assustou muita gente.

MIGUEL Vocês disseram uma coisa interessante: ciência e história são duas matérias absolutamente baseadas na hipótese mais plausível. Ou então naquela verdade momentânea. Essa verdade pode ser revista, tanto na ciência quanto na história. E aí, o que vale é a narrativa mais atual, mais presente, mais correta, que tem mais experimentação. E a gente está vendo no Brasil hoje uma guerra de narrativas. É um bombardeio tal que algumas viram verdades, mesmo que não sejam as mais corretas.

ANTONIO É uma surra de narrativas, não uma guerra de narrativas. Fico bravo com quem fala que o Brasil está dividido. O Brasil não está dividido, está 7 a 1 para a brutalidade.

GREGORIO Prata, médio... Entendo, tomamos uma surra nas eleições, mas tenho a impressão de que está mudando. Nas redes, Bolsonaro já perdeu. E isso não é impressão, não, é algo medido por dados — Fabio Malini já mostrou mil dados a respeito. As redes estão desidratadas porque eles não têm mais com o que trabalhar. O PT não está mais surgindo, então está faltando motivação. O engajamento está baixíssimo. Eles estão muito esvaziados mesmo.

ANTONIO É a perda de bala de um lado, mas também tem muita gente que, querendo ser imparcial, fala que a gente tem que parar com essa radicalização dos dois lados. Essas pessoas de que você está falando, elas estão abandonando o barco do Bolsonaro, estão saindo do ótimo/bom e indo para o razoável ou para o ruim/péssimo. Mas não é que os males do Brasil acontecem porque metade do país é a favor da Venezuela e a outra metade é a favor

de Israel. Não é. Essas pessoas que são a favor da Venezuela são treze pessoas do Centro Acadêmico da Faculdade de Ciências Sociais de sei lá onde.
MIGUEL E a Gleisi.
GREGORIO Mas tenho a impressão de que esse cara está desidratando, sabe? E ele é um gremlin que só existe com o antipetismo ferrenho, sabe?
ANTONIO E o Lula sai da cadeia trazendo para ele esse discurso.
GREGORIO Claro, porque pro PT é muito bom também. Em termos de narrativa, a prisão do Lula é excelente pra ele. Ainda mais da maneira que foi: tosca, com uma sentença cagada, tudo às pressas. O petismo vai durar para sempre se depender desses antagonistas. Quer antagonista melhor que Bolsonaro? Ele é um antagonista perfeito, um vilão clássico. Então, fez muito bem a ele.
ANTONIO Uma burrice que grassa nas hordas bolsonaristas é que, se não houver Bolsonaro, o Lula vai voltar. O Brasil só tem dois cenários: ou Bolsonaro, ou Lula. E Lula faz questão de confirmar que se não for o Bolsonaro, vai ser ele. Faz questão de falar: "Toca pra mim. Passa a bola. Passa a bola." Isso é a pior coisa para o Brasil. O Lula devia ir para a Grécia. Comprar uma casinha em uma ilha da Grécia. Plantar tomate. Ficar lá na Grécia dez anos.
GREGORIO Tem o outro lado que é o seguinte: ele é um político que tem, por acaso, a preferência da população, certo? Se ele não fosse preso, tudo indica que teria ganhado a eleição porque estava em primeiro lugar nas pesquisas até o final. Ele botou um poste, Haddad, e o poste chegou superlonge. Não ganhou por 5%. Se você pensar que era um poste, tudo indica que ele teria ganhado se fosse ele mesmo. Então, você vai impedir esse sujeito que poderia ter ganhado as eleições de se candidatar? É complicado pra caramba. "Ah, ele tem que dar o lugar pro Ciro." Muita gente falava isso. Bicho, é tipo dizer: "Ah, o Flamengo é sacanagem, tinha que entregar o campeonato, se unir com o Fluminense." Não é tão simples assim.

Entendo que o petismo atrapalha, mas ele também ajuda no sentido de que, se hoje existe uma resistência a Bolsonaro, não é a gente, eu e você que estamos aqui, é porque existe um país inteiro que, por causa dos avanços do PT, vai votar num candidato petista também.

Então, o que vai mudar não é a nossa aliança em termos de pessoas com discurso bonito, poético e artístico, é também o fato de que houve durante oito anos um programa de imenso sucesso popular. E ainda muito querido entre as massas. Então, se alguém quiser ser o novo nome da esquerda, vai ter que conversar com isso. Vai ser muito difícil pra um candidato abertamente antipetista ou antilulista também, porque esse filão ainda existe e é muito forte. E não é ideologia, é porque de fato não havia comida e passou a haver. Quando a *Folha de S.Paulo* fez a pesquisa "Por que você quer votar no PT?", a resposta mais dada foi: "Porque na época do PT eu fazia um supermercado bom." E a gente não pode negar isso. As pessoas ainda têm saudade dessa época, e qualquer pessoa que se candidatar vai ter que pelo menos dialogar com essa tradição petista.

MIGUEL É isso, galera. Adorei estar com vocês. A gente se fala muito, mas se encontra pouco, menos do que eu gostaria. Gregorio encontro mais porque está aqui perto. Enfim, carnaval, festa, passou o aniversário dele e de Giovana e não teve a festinha que tem há duzentos anos.

GREGORIO Triste, né, cara. Penso muito em você, que é o maior aglomerador de pessoas que eu conheço.

ANTONIO O maior inimigo do coronavírus é você, Miguel.

MIGUEL Vou fazer uma última pergunta pro Gregorio. Eu e Gregorio somos homens de carnaval, o Prata não...

ANTONIO Claro que sou. Olha o preconceito do carioca!

MIGUEL Mais ou menos. Tenho uma foto sua em um carnaval, e o máximo que você consegue botar é um colar havaiano... não é como Gregorio que entra em tubo de purpurina. Greg tem purpurina na barba até hoje.

Mas, enfim, essas minhas conversas todas começaram para tentar pensar a cidade do futuro, o urbanismo, o que vai ser daqui pra frente etc. E, no nosso caso, a cidade necessita de aglomeração. A gente é feito de aglomeração, o sucesso da cidade é a aglomeração. É gente na rua trocando informação, se pegando, se beijando, pensando junto, na praça, na rua. Isso vai mudar. O que acham que vai acontecer? Acho que esse é um fator tão importante para o ser urbano que eu vejo muita coisa acontecendo, mas sinto que a cidade tem um futuro muito triste assim.

GREGORIO Cara, analisando historicamente... Tem um livro de Ruy Castro que você deve conhecer, quem gosta de carnaval conhece, o *Carnaval no fogo*, onde ele narra maravilhosamente o carnaval de 1919, o carnaval seguinte à gripe espanhola. E parece que foi o maior carnaval de todos os tempos.

MIGUEL Pois é, tem essa possibilidade do desbunde...

GREGORIO Historicamente, a gripe espanhola foi uma tragédia gigante com confinamentos ainda mais duros, e o carnaval seguinte era pras pessoas estarem com medo ainda. "Será que vai voltar?" E não rolou isso, não. Então, tenho a impressão de que, quando liberar, as pessoas não vão mais querer sair da rua. É a minha impressão. Outras coisas como reuniões festivas, abraços, afeto e tal, tenho a impressão de que vão multiplicar. Mas é só uma impressão. O que você acha, Prata?

ANTONIO Acho que vai rolar suruba em praça pública. Eu tô achando que vai ser animado.

26 DE MAIO — **TERESA CRISTINA** — **A GEOGRAFIA DO SAMBA**

Amizade que se faz no samba, no samba se eterniza... Acho que conheci Teresa num bloco de carnaval. Mais precisamente no Último Capítulo. Foi num sábado à tarde, a tempo de a gente sair de lá e ir direto para a Sapucaí ver a nossa Portela desfilar entre as campeãs. Amizade que se faz na Portela, na Portela se eterniza. Teresa é uma enciclopédia do samba, e a convidei para esta conversa para que contássemos e cantássemos a história da cidade do Rio de Janeiro através da música. Não deu tempo de fazer uma coisa nem outra, o papo fluiu gostoso e não conseguimos sequer sair da Cidade Nova... Nos prometemos retomar o projeto, quem sabe numa série de televisão? Teresa é uma unanimidade e fez história nessa pandemia com lives memoráveis, todos os dias! Transformou a mais inóspita internet no Baixo Teresa, naquele barzinho simpático com música ao vivo. Teresa ressuscitou o Semente, o Carioca da Gema, o CCC... quiçá o Canecão. Eram lá, nas suas lives, os maiores encontros, as melhores festinhas. Era lá que a gente comemorava os aniversários, encontrava os amigos, aglomerava! Além de ser uma trincheira democrática, nesses tempos sombrios em que *mais que nunca é preciso cantar! É preciso cantar e alegrar a cidade!* Viva Teresa Cristina, *quem sabe faz a hora, não espera acontecer!*

MIGUEL E aí, Teresa, tudo bem?
TERESA Tudo bem, querido?
MIGUEL Que incrível no que se transformou essa sua quarentena, hein? Você está fazendo praticamente um show de três horas por dia! Um verdadeiro *songbook* da música popular brasileira, fora que é o melhor ponto de encontro da cidade! A melhor festinha!
TERESA Uma loucura! A olheira está na metade do rosto!
MIGUEL Todo dia... Sem descanso!
TERESA Mas, na verdade, é descanso também. É uma recreação que me descansa, porque as notícias ruins não param de chegar. Então, tem que ter refresco.
MIGUEL Bom, antes da gente começar, eu queria, de antemão, te pedir

desculpas a você e que me interrompa e me corrija se eu cometer algum erro. Porque, você sabe bem, sou só um apaixonado, um fã do samba. Não sou um pesquisador, apenas um curioso. E não tenho lugar de fala, o que é muito importante. Enfim... Marquei essa conversa com você porque uma vez escrevi um artigo que observava que a história urbana do Rio é muito ligada à história do samba. E vice-versa. O Rio tem uma morfologia urbana e uma situação social que foram propícias ao nascimento do samba: a periferia da cidade não é necessariamente distante, mas intrínseca a ela. Tem os morros, as favelas e um subúrbio muito interessante, relativamente próspero e interligado por uma linha de trem. No entanto, as personagens, a religiosidade e a africanidade que foram a faísca para essa gênese vieram da Bahia. Por que o samba nasceu no Rio?

TERESA Mas o samba nasceu na Bahia! O samba de roda. Porque a gente não pode esquecer que o samba do Rio de Janeiro foi trazido por Tia Ciata, que veio do Recôncavo Baiano. Quando Tia Ciata chega à praça Onze, traz o samba para o Rio. Quando o carioca tenta tocar o samba de roda, ele cria o samba carioca. Os instrumentos eram outros, a maneira de tocar é diferente. Tem sempre essa briga: "Ah, o samba nasceu na Bahia", "o samba nasceu no Rio." O samba da Bahia nasceu na Bahia, e o samba do Rio de Janeiro nasceu no Rio de Janeiro. Mas não podemos esquecer que ele foi trazido por uma baiana de Santo Amaro.

MIGUEL A casa de Tia Ciata, no Estácio, era um reduto da boa música, do candomblé e da resistência. Lá rolavam as grandes festas que possibilitaram essa transformação do maxixe, do jongo, nesse samba carioca. E outro fator importante nesses anos iniciais: o encontro entre o asfalto e o morro. Lá jornalistas e políticos se misturavam aos compositores e moradores daquela região que era chamada de Pequena África. Nos salões, o samba era mais maxixado. E no quintal rolava a batucada. E tem uma coisa interessante: o samba é tão ligado ao candomblé que o nome é terreiro. É um terreiro de samba.

TERESA Sim. E quando as escolas de samba foram criadas, o samba da ala de compositores — que não era o samba de carnaval, mas o samba de meio de ano, que dá a cara da escola — foi chamado samba de terreiro. Ainda trazendo essa ideia do terreiro da Tia Ciata. O samba foi se modernizando, e muitos presidentes de escola de samba acharam que chamar o lugar da escola de terreiro era uma coisa africana demais, sabe? Mudaram para samba de quadra.

Agora, quem frequentava muito a Tia Ciata era Pinheiro Machado. Pinheiro Machado, inclusive, assinava os pandeiros do pessoal. Tem uma história que conta que mostrar um pandeiro assinado por Pinheiro Machado era o que hoje corresponde a uma carteirada! A polícia pegava o malandro e era só mostrar o pandeiro, dava aquela carteirada e seguia... Ismael Silva era um...

MIGUEL A própria casa tinha certa proteção policial! Dizem que Tia Ciata chegou a curar o presidente Venceslau Brás com uns unguentos, umas rezas...

Mas então, retomando a história do urbanismo. No Rio de Janeiro, com a abolição da escravatura, em 1888, vem muita gente do vale do Paraíba, das fazendas de café. Desde a Revolta dos Malês, tinham vindo os escravizados da Bahia, o que se intensificou com a abolição. E Pereira Passos, no começo do século, implanta a sua política higienista, que é um nome horrível, desmontando morros, cortiços, abrindo avenidas e desalojando um número enorme de pessoas que foi buscar abrigo na Cidade Nova, que o Heitor dos Prazeres apelidou de "Pequena África".

TERESA Foi empurrando cada vez mais. A cada limpeza, ele ia empurrando pra mais e mais longe. E tinha gente, inclusive, que nem ficava muito por ali, não. Ia pelos subúrbios e começou a ir para lugares bem longínquos, que eram lugares de roça, como Madureira, Oswaldo Cruz.

MIGUEL E ainda mais além! Até lá para o lado de Santa Cruz, Campo Grande. Mas a maior parte realmente veio do centro ou do morro da Conceição para a Cidade Nova. E ali nasce o samba, com o famoso "Pelo telefone". Que não era o primeiro e também não era samba, mas foi registrado por Donga e a gente conhece como o primeiro samba da história.

TERESA Quero falar dessa diferença entre o primeiro samba registrado e o samba do Ismael Silva. Donga, quando registrou "Pelo telefone", deu uma *brigaiada* imensa, porque os sambas iniciais só tinham primeira parte, a segunda era improviso. O que se dizia era que a segunda parte, "Tomara que tu apanhes...", teria sido improvisada por outra pessoa. Depois disseram que, como tinha sido feito em uma roda, era uma criação coletiva. Foi o Donga que sentiu que havia um ritmo novo e teve a iniciativa de registrar. Mas era um samba que hoje em dia a gente chama de muito quadrado, era mais um maxixe.

Ismael Silva é quem realmente cria o tradicional samba carioca. Ele consegue fazer um ritmo arredondado, em que você pode não só dançar, mas mexer o corpo de uma maneira mais sensual, não tão mecânica. Quando ele faz "Se você jurar", já é um samba que propicia uma dança mais generosa com o nosso corpo. O samba do Ismael cria a cadência, é tão importante que eles começam a levar às comunidades o que fizeram. Essa coisa de o Estácio ser a primeira escola de samba é porque ele vai ensinar o samba às pessoas. Eles fazem expedições aos lugares. Vão à Mangueira, à Portela...

MIGUEL Não só isso, a Portela e a Mangueira também vinham ao Estácio! E isso é muito interessante, essa troca riquíssima que havia entre os compositores desses celeiros... Dona Benedita, tia de Natal da Portela, por exemplo, morava no Estácio e fazia esse intercâmbio de Oswaldo Cruz com aquele samba que se fazia por lá. Noel, Cartola também iam e vinham de suas Vila e Mangueira. E a coisa se espalhava. Mas o Estácio, sempre pioneiro, foi quem protagonizou essa mudança de bloco para rancho e depois para escola de samba. E foi tudo muito rápido, entre 1928 e 1933. A escola não era ainda o Estácio de Sá...

TERESA Era Deixa Falar.

MIGUEL E teve então o primeiro concurso de samba. Não era desfile ainda, como a gente conhece hoje...

TERESA Pois é... O Zé Espinguela, da Mangueira, fazia um concurso chamado Cidadão Samba, que premiava pessoas importantes para a divulgação do samba. Porque o samba era visto de uma maneira muito preconceituosa, como se fosse uma bagunça de gente pobre e preta. No concurso, eles tinham a oportunidade de mostrar os grandes compositores desse ritmo novo, bastante popular. E isso tomou a rua... Os próprios ranchos, os cordões e as escolas começaram a imitar as aglomerações populares. Sempre teve esse olhar. O asfalto sempre tentou copiar o morro pela espontaneidade. Ainda não tinha poder público envolvido. As escolas desfilavam sem tempo estipulado e sem número contado de integrantes. Esse concurso era muito disputado, o Paulo da Portela ganhou muitos. Uma coisa são essas pessoas que estavam ali na cidade pré-formada, como você apontou, na Cidade Nova, na Pedra do Sal... Mas era no centro da cidade onde havia as rádios, as editoras, onde aconteciam as grandes gravações. Nesse momento o samba chegou a outro patamar.

MIGUEL O Paulo da Portela foi um dos grandes nomes dessa época. Era um embaixador, não era?

TERESA Sim, o Paulo da Portela vinha da roça. E ele entendeu que precisava espalhar o samba pelo subúrbio, levou o samba para toda a grande Oswaldo Cruz. Tudo que está em volta da Portela, Império Serrano, era ele quem ia na casa das pessoas, conversava com os pais, pedia autorização para os filhos desfilarem — as filhas, principalmente. Imagina a distância que ele percorria. Era com carro de boi. Não tinha automóvel. Ele percorria essas enormes distâncias. Foi grande amigo do Cartola, do Heitor dos Prazeres. Sem Paulo da Portela, o samba não ia ter se esparramado do jeito que a gente conhece.

Uma questão muito interessante é que, a reboque do samba, ia a arquitetura. Esse povo que era expulso do centro e empurrado cada vez mais pra longe leva consigo uma memória arquitetônica. E os bairros vão aparecendo. Sempre com essa característica. Pra você que é arquiteto, isso deve ser bem nítido. Esses casarios todos da linha do trem, partindo ali de São Cristóvão, você vai... Triagem...

MIGUEL Estação Primeira...

TERESA Encantado. Piedade. Abolição. Méier. Os casarios eram todos imitando os casarios do centro da cidade.

MIGUEL Tem muita coisa ainda preservada nos nossos subúrbios... Você falou da importância da divulgação dos sambas. A Festa da Penha, na era pré-rádio, era uma grande vitrine! Era também um ponto de contato do samba e do morro com a classe média portuguesa. A Penha era um bairro português. A Igreja da Penha vivia um momento de briga entre padres progressistas e retrógrados. Os progressistas permitiam que no adro da igreja se instalassem as barracas das baianas e, consequentemente, manifestações do candomblé. Depois da missa, rolavam danças e músicas afro, e muita gente ia lá pra testar sambas, conhecer sambas novos. E o samba que funcionasse na Penha seria sucesso certo no carnaval! Daí que Francisco Alves era um dos principais frequentadores. Sobre essa questão... era no mínimo estranha essa prática, muito comum na época, de comprar autoria, vender samba... Os reis e rainhas do rádio, brancos, se fizeram em cima do talento de compositores, a maioria negros, dos morros e comunidades. Muitas das suas melhores músicas são de Ismael. "Se você jurar" é de Ismael e Nilton Bastos, mas com a parceria, comprada, de Francisco Alves.

TERESA Eu tenho um *mix* de sentimentos em relação a essa prática do Francisco Alves, entre outros tantos... Ele tinha um olhar muito atento para o sucesso, reconhecia um na hora. Tinha um vozeirão, era a beleza branca que as gravadoras, todas gringas, queriam que aparecesse. Hoje a gente olha isso de uma maneira mais dura. Mas, na época, o cara que tinha a inspiração para fazer um samba a ponto de vender para Francisco Alves estava com a vida praticamente ganha. Esses sambistas criaram as famílias vendendo samba. E Francisco Alves não gravava samba ruim. Todos em que quis ter parceria, comprando metade, fazem parte da história da música brasileira.

Noel Rosa se sustentou muito dessa maneira... imagina, Noel! Ele era de classe média alta. Morava em bairro nobre, mas vivia com prostitutas, bêbados, a turma do botequim. Era amigo do Cartola, da malandragem do Estácio. Noel não devia contar com o dinheiro da família, vendeu muito samba para Francisco Alves.

MIGUEL Cartola, como Noel, também nasceu em uma família de classe média, em Laranjeiras. E se mudou criança para a Mangueira. E aí, falando de urbanismo, a ocupação do morro da Mangueira tem um caráter muito peculiar. Localizada muito próxima da Quinta da Boa Vista, que abrigava o palácio em que vivia d. Pedro II, a Mangueira nasceu justamente na desmontagem do Império. Naquele exato momento no final da década de 1890. E os barracos e casas foram feitos com material que veio da desmontagem das cavalariças do palácio da Quinta! O primeiro morador foi um ferrador dos cavalos do imperador. E Cartola foi para lá criança, amigo de Carlos Cachaça, e com ele criou outra parceria incrível, das mais importantes da história do samba.

Cartola circulava muito e frequentava tanto a Zona Sul quanto os bailes do Estácio. Morava no Buraco Quente, na subida do morro da Mangueira, uma região mais urbanizada com muitos bares e boemia. A Mangueira era enorme, havia muitos blocos e diferentes escolas de samba no morro. Cartola conseguiu reunir todo mundo em uma escola só.

TERESA A maioria dos moradores da Mangueira veio de algum lugar aonde o Estado chegou e falou: "A gente vai botar uma estrada aqui, então some da minha frente." É natural que essas pessoas não se comunicassem, porque tinham ido para lá em momentos distintos, vindas de localidades diferentes. E olha como é a força ancestral do samba. Um morro com vários bairros, pessoas que não se conheciam, esse morro cria um bloco, que é o Bloco dos Arengueiros. Esse bloco, junto com outros, dá origem à Mangueira, escola que faz parte da história do samba, da música brasileira. Quer dizer, depois de uma ação cruel, as pessoas conseguem se ver em um lugar onde o samba nasce com uma força que ninguém segura.

MIGUEL A força da cultura! A cidade dita formal faz o movimento de expulsão, e a resposta dos excluídos se dá através da inclusão, potencializada pelo samba. Isso, no Rio de Janeiro, é muito significativo. E é muito impressionante que, durante o carnaval, esses morros, que foram formados por gente expulsa ao longo de suas histórias, voltem e subjuguem a cidade. E coloquem essa cidade de joelhos. E que o poder público estabelecido entregue, simbolicamente, a chave da cidade para esses morros. A cidade é sua, Momo!

TERESA Você quer dizer o seguinte: esse povo volta na glória. Eles foram expulsos, mas voltam com sua roupa de agremiação, orgulhosos. Só acho uma pena que esse retorno se dê para a exibição de um povo muito privilegiado. Porque quando eles voltam para a avenida, o lugar mais importante do mundo no carnaval é a Marquês de Sapucaí. Um lugar onde precisa de credencial para entrar, ou comprar um ingresso caro. E as pessoas que estão ali assistindo talvez não deem tanto valor. O descaso de alguns camarotes, por exemplo, que tocam de tudo, funk, sertanejo, e chegam a atrapalhar a evolução das escolas, é uma das maiores crueldades que a apropriação cultural faz com o samba. Porque o que está acontecendo ali é o maior espetáculo da Terra! E o povão mesmo, que acompanha a escola o ano inteiro, se espreme ali no setor 01, e não vê desfile nenhum.

MIGUEL Na verdade, o setor 01 ainda é bem melhor que os setores 12 e 13 da Apoteose.

TERESA Esse nome é muito ingrato, porque apoteose é como se fosse um gozo, um clímax. E a Apoteose é o desmantelo. É a escola que desfilou linda e chega lá, vai o carro alegórico para um lado, a bateria para o outro... O que me dói mais quando eu desfilo, o momento em que mais me emociono, é quando a gente termina o desfile, olha aquela arquibancada longe, e é onde mais estão vibrando.

MIGUEL A Apoteose é um erro total de arquitetura. É um erro do Niemeyer e do Darcy Ribeiro no projeto do Sambódromo. Foi projetada para a escola entrar, ocupar todo o espaço e ficar evoluindo sem compromisso. Eu estava no desfile de 1984, inauguração do Sambódromo. Terminou depois de meio-dia. As escolas entravam na Apoteose e não saíam nunca mais. Bem fez a Mangueira, última a desfilar. Atravessou a avenida, deu meia-volta na Apoteose e cruzou a pista em sentido contrário, acompanhada pelo povo cantando uma bela homenagem ao Braguinha. Foi muito emocionante. Se sagrou a supercampeã daquele ano.

TERESA "Yes, nós temos Braguinha" era um bom samba.

MIGUEL Maravilhoso. Mas o nosso, "Contos de areia", era muito melhor. E contando a história da Portela, de Paulo da Portela, Natal, Clara Nunes. Mas foi um campeonato meio no tapetão, porque esse título de 1984 a gente conta no nosso panteão... Até nisso o carnaval de 1984 foi confuso!

TERESA Eu tenho uma crítica imensa a esse carnaval! Tendo Clara Nunes, tendo Natal e tendo Paulo da Portela, eu nunca faria um enredo com os três. Porque isso divide força. Um enredo com Clara Nunes é um enredo para ganhar. Um enredo com Paulo da Portela é um enredo para ganhar, porque Paulo da Portela é o dono do carnaval do Rio de Janeiro. Sem Paulo da Portela, o carnaval tinha acabado. Natal foi um nome forte, seria um enredo para ganhar. Não sei o que acontece com a Portela que ela sempre acha que os seus ídolos não são suficientes para segurar um enredo. E aí, no ano passado, quando resolve homenagear a Clara Nunes na avenida, mete uma Torre Eiffel. Olha, vou falar disso até morrer, tá? Nunca vou deixar de falar que no desfile da Clara Nunes tinha uma Torre Eiffel. Gente!

MIGUEL Era a reprodução de um quadro da Tarsila do Amaral. Rosa Magalhães reproduziu um quadro da Tarsila que retratava Madureira...

TERESA Sim. Por que não faz um desfile de Tarsila, então, meu amor? Miguel! O nosso papo está acabando. E não cantei nenhuma música ainda...

MIGUEL Então vamos cantar "Contos de areia" em homenagem à nossa Portela!

TERESA E MIGUEL *(cantando)* "Bahia é um encanto a mais... Visão de aquarela..."

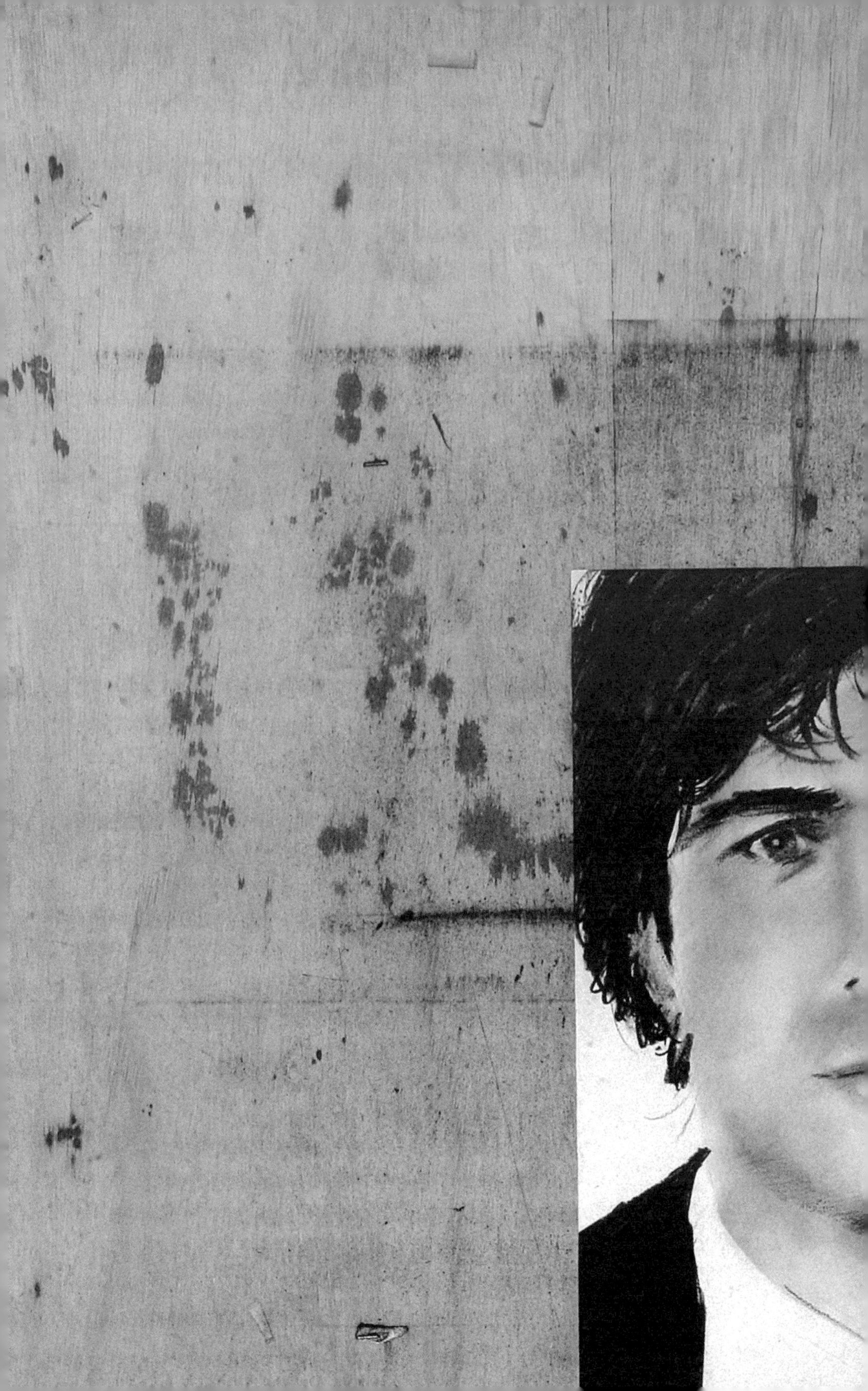

28 DE MAIO — **GUGA CHACRA**

O BRASIL VISTO DE FORA

Guga é muito amigo do Prata. São compadres, daquele tipo que um é padrinho do filho do outro. Toda vez que vou a Nova York, Prata me fala: "Liga pro Guga, liga pro Guga..." Nunca liguei, sei lá, fico meio constrangido em perturbar, de férias, o trabalho do jornalista metódico e sua rotina de sérios conflitos no Oriente Médio. Acabei conhecendo Guga Chacra, por acaso, em um almoço de Thanksgiving na casa de outro amigo, Raul Mourão, no Upper West. Só que dos almoços na casa de Raul, normalmente, saio sem me lembrar de muita coisa... Para marcar esta conversa, peguei o telefone e liguei! E ele gentilmente se prontificou a papear comigo, na data que eu preferisse, em um dos intervalos entre as suas inserções nos telejornais da GloboNews. Preparei a minha pauta e pedi ajuda a Prata, que foi incapaz de me dar uma dica séria. Ele apenas falava, empolgado, das excentricidades do compadre... que ele é boneco no carnaval de Olinda, da sua mania de enrolar elásticos nas mãos, do seu método de organização do mundo através de metáforas futebolísticas. Mas Guga é muito mais que isso... É extremamente culto, dedicado e ético, como se pode ver no bate-papo a seguir. Depois de uma hora de conversa, ficamos amigos. E marcamos, finalmente, o mandingado encontro em Nova York, tão logo a Covid-19 permita...

MIGUEL E aí, Guga! Tudo bem?
GUGA Oi, Miguel. Consegue me ouvir bem?
MIGUEL Sim! Tudo ótimo... Te chamei para a gente conversar porque você é um cara que admiro muito. Hoje existe um paralelo entre Brasil e Estados Unidos muito interessante, e você está aí, há tanto tempo, no epicentro de vários acontecimentos do mundo que eu acho que pode contribuir muito para o diálogo. Você foi para Nova York em 2005 e chegou a uma cidade que estava em efervescência, se refazendo do trauma do 11 de Setembro. Como você vê a cidade hoje? A cidade que nunca para — *the city that never sleeps*. Como vê essa cidade parando?
GUGA Vim em 2005, quatro anos depois dos atentados de 11 de Setembro, mas ainda havia bastantes resquícios daquele momento. A região do

Ground Zero ainda era uma área em reconstrução; ainda havia um certo medo de atentados terroristas, era um período em que a gente observava atentados — em Madri, em Londres, a Al-Qaeda ainda era ativa. Os Estados Unidos estavam em guerra, era um momento muito forte da Guerra do Iraque.

Então, havia um certo temor. Que eu senti no momento em que ia me mudar para cá. Mas quando você começa a viver aqui, não acha que vai entrar no metrô e ter um atentado terrorista, inclusive não teve, nesse período todo, um atentado de grande escala no metrô de Nova York. Quando você se acostuma com a cidade, começa a descartar essa possibilidade. E era um momento de renascimento de Nova York.

Nova York renasceu depois da grave crise econômica nos anos 1970, sobreviveu à violência dos anos 1980, renasceu novamente bem no início dos anos 1990. A partir de então, melhorou e continua melhorando até hoje. Mas aí veio o 11 de Setembro e foi um duríssimo golpe, especialmente naquela região de Downtown, de TriBeCa, mais para baixo da cidade. E depois teve mais um momento, que as pessoas esquecem: o furacão Sandy. O impacto foi muito forte aqui em Nova York, com ruas alagadas, uma parte da cidade fechada. As pessoas tiveram que se retirar de regiões como Chelsea, Battery Park. Aqui para cima, eu moro no Upper West, não houve tanto impacto.

E agora, com o vírus, é uma situação diferente. Não é que parou, não ficou cidade-fantasma em nenhum momento, não teve o *lockdown* extremo, como na Itália e na Espanha. Foi muito menor. Aqui foi muito similar ao que se observa no Rio de Janeiro ou em São Paulo. Respeitaram mais, principalmente do fim de março até o fim de abril, pelo seguinte: aqui, nesse período, se ouvia mesmo a sirene nas ruas. As pessoas não saíam de casa. Podiam até sair eventualmente, ir ao mercado, se exercitar — os parques ficaram abertos —, mas ninguém ia, nesse primeiro momento.

O pico foi ali no meio de abril, e depois começou a cair. Agora o cenário da cidade já está bem diferente. Nas áreas residenciais, muitas pessoas estão nas ruas. E os restaurantes, alguns estão abertos para pick-up, outros para delivery; os cafés e as lavanderias também... então, existe uma certa vida. Mas muita gente foi embora. Alguns temporariamente, outros de forma definitiva. Muitos têm a opção de ir para uma segunda casa, seja para as praias — lá para os Hamptons —, seja para outros lugares dos Estados Unidos. Várias pessoas saíram, porque é mais fácil você ficar fora, num subúrbio, do que em Nova York. A dúvida é como Nova York vai ficar conforme for reabrindo.

MIGUEL Você acha que o Andrew Cuomo e o Bill de Blasio demoraram para decretar essa quarentena?

GUGA Muito. Inicialmente, os dois, assim como o Trump, foram relativamente culpados pelo caos em Nova York, pelo número elevado de mortes. Fevereiro foi um mês jogado no lixo por muita gente, por muitas autoridades. Por quê? Porque janeiro foi aquele movimento grande na China, isolaram Wuhan e parecia que estava tranquilo, a doença não chegou com intensidade nem a Pequim e Xangai — são menos de dez mortos, em cada uma dessas cidades. Isso é chocante para muita gente, mas morreram menos de dez pessoas em Xangai e morreram menos de dez pessoas em Pequim. Está bem, pode ser que esteja subnotificado, mas quando o número é dez dificilmente morreram mais que cem em cidades do tamanho de Xangai. As pessoas não levavam muito a sério. O pessoal foi acordar mesmo com a situação da Lombardia, no finalzinho de fevereiro, mas mesmo naquele momento o De Blasio, o Cuomo e o Trump não levavam a sério. O Trump teve aquele jantar com o Bolsonaro no começo de março.

MIGUEL E não levam até hoje, não é?

GUGA É. E eu me lembro de que no começo de março eu já ia a pé até a redação da Globo, que é longe da minha casa — eu demoro 1h30, 1h40 para chegar lá. É em TriBeCa, e eu moro na rua 71, ou seja, é bem distante. Mas muita gente estava pegando metrô, como se estivesse normal. E eles foram adotar medidas de isolamento apenas por volta do dia 20, 21 de março. Muito tardiamente. E olha que não foi nem *lockdown*, foi *stay at home*, uma recomendação para você ficar em casa e para o fechamento de vários lugares. Então, acho que se perdeu fevereiro e seguramente esses 21 dias de março... se tivessem antecipado duas, três, quatro semanas, já está comprovado que teriam sido salvas muitas vidas.

Posteriormente, acho que o Cuomo adotou uma postura muito boa; o De Blasio, nem tanto; e o Trump menos ainda. Mas o Cuomo, realmente, a partir daquele momento, assumiu uma liderança importante aqui em Nova York.

MIGUEL Guga, você é mestre em Relações Internacionais em Columbia, não é? E é correspondente há mais de vinte anos, especialista em Oriente Médio. De onde veio seu interesse pelo Oriente Médio, que é um tema sempre tão complexo?

GUGA Meu interesse em Oriente Médio veio, em primeiro lugar, da minha família. Dos meus avós, que têm origem libanesa. E a gente acaba tendo curiosidade pela região, pelo país em que nasceram os nossos avós. É algo muito natural, ainda mais que, quando eu era criança, nos anos 1980, o Líbano era um país em guerra civil, que gerava notícia... Então, chamava a atenção! Eu olhava no mapa aquele país pequenininho — o Líbano é superpequeno — em meio a essa guerra civil... Ali no meu time de polo aquático, no Paulistano — que nem é um clube grande, como um Monte Líbano ou um Sírio, nem um clube da comunidade libanesa ou síria —, havia cinco ou seis descendentes de libaneses. No Rio é comum, mas em São Paulo ainda mais, como no Brasil todo, a presença desses descendentes.

E eu comecei a ler jornal cedo, inicialmente pelos esportes, e daí fui migrando para a parte internacional. Assim foi surgindo meu interesse. Interesse em política internacional, como um todo, mas focado no Oriente Médio. Até porque havia outros conflitos que sempre despertavam muito a atenção das pessoas, como entre Israel e a Palestina, e em outros lugares da região. Muitos jornalistas se interessam pelo Oriente Médio, profissionais com origem libanesa e judaica até mais, mas a minha diferença para outras pessoas foi que eu tive um interesse muito grande pela Síria antes de a Síria ser relevante. Falava-se pouco da Síria antes da guerra civil no país. E eu já tinha ido à Síria várias vezes. Então, acho que o interesse pela Síria acabou crescendo. Além do Oriente Médio, sempre tive muito interesse pela Argentina e pelos Estados Unidos. Adoro a Argentina. Fui correspondente da *Folha* lá.

Agora o mundo está cheio de regiões que despertam a atenção, né? Se compararmos com uma década atrás, quando se pensava em instabilidade, era o Oriente Médio. Antes de 2008 a gente não pensava tanto em instabilidade na política britânica, na política americana. Mesmo a eleição de 2012, aqui nos Estados Unidos, foi Obama contra Romney. Convenhamos, são duas figuras que não geram polêmica, não eram figuras polarizantes. O Romney, especialmente... pensar que o candidato republicano antes do Trump foi o Mitt Romney é muito surreal. Então, o mundo deu uma guinada muito grande.

MIGUEL Você cobriu várias guerras, crises mundiais, a ascensão da Al-Qaeda, a Guerra da Síria, a crise de 2008 nos Estados Unidos. E recentemente, no *Manhattan Connection*, protagonizou uma cena muito emocionante: mostrando a fragilidade e a sensibilidade de um jornalista, que é um cara que a gente considera um soldado no front. Aquela cena de você chorando, emocionado, falando de como os seus filhos estão encarando a crise do coronavírus, de como você explica para eles o que está acontecendo. De tudo o que você passou, essa é a crise que mais mexe com você? É o mais grave de tudo o que você já viveu como jornalista?

GUGA Essa crise é diferente pelo seguinte: o terremoto do Haiti, por exemplo, foi uma tragédia. Fui cobrir a pauta para o *Estadão*, cheguei um dia depois do terremoto e fiquei lá uma semana. Consegui ir de avião de Santo Domingo para Porto Príncipe — no dia seguinte ao terremoto isso ainda era possível. Eu e outros jornalistas fretamos um avião no aeroporto e conseguimos pousar em Porto Príncipe. Depois de uma semana, quando saí do Haiti, peguei uma carona com o Rodrigo Lopes, da RBS, para voltar para a República Dominicana — ele tinha alugado um carro com motorista. Quando a gente passou para a República Dominicana, o mundo era normal. E Porto Príncipe para a República Dominicana dá uma hora de viagem. Então, em uma hora você volta para a normalidade. Na Síria, a região central de Damasco não foi tão afetada pela guerra. Não cheguei a pegar a guerra, mas peguei a crise. Mas se você quiser pegar o carro, em quarenta minutos cruza para o Líbano e está tranquilo. Em Gaza, não se podia entrar durante o conflito. Quando houve o cessar-fogo, liberaram a entrada. Aí deu para entrar em Gaza. Mas eu, como jornalista, à hora que quisesse podia sair de Gaza e voltar para Israel, que é um país de Primeiro Mundo.

Dessa vez não tem para onde fugir, por uma série de circunstâncias. Primeiro, que é pandemia, afeta o mundo todo — claro que em escalas muito diferentes —, não existe o escape. Em segundo lugar: ela afeta todas as pessoas que eu conheço. Todas, literalmente. Terceiro, dois dos epicentros da doença são lugares muito importantes para mim: a cidade em que eu nasci, São Paulo, e a cidade onde eu moro, Nova York. Não tem como evitar. E os dois países também, tanto os Estados Unidos como o Brasil. É muito surreal pensar que, hoje, pessoas que estiveram no Brasil nos últimos catorze dias não possam entrar nos Estados Unidos. Não que muita gente queira vir nesse momento, ninguém quer ficar viajando, não tem turismo para os Estados Unidos. São pouquíssimos voos hoje. Mas pensar que não pode...

E mais uma coisa: pensar que, de repente, aqui em Nova York, morreram quase 30 mil pessoas. Daquele dia em que eu chorei no *Manhattan Connection* até agora, 40 milhões de pessoas deram entrada no seguro-desemprego nos Estados Unidos. Sei que em Nova York muitos dos restaurantes não vão reabrir; muita gente que eu conheço perdeu parentes, amigos. Nova York foi um lugar muito afetado. Não foi que nem Bergamo, mas é um dos lugares mais afetados.

Então, é muito triste. Naquele momento ainda não tinha acontecido, mas quem acompanhava as notícias e sabe o que é uma epidemia, o crescimento exponencial, vendo o que ocorria na Itália, sabia que era óbvio que algo similar, ou pior, ocorreria em Nova York e também no Brasil. Então, foi aquele momento: eu sabia que ali era o início desse momento. O pior momento. No Brasil, eu não tenho certeza se já passou; aqui, passou.

MIGUEL Isso também traz à tona uma questão que é a saúde pública americana. No momento em que alguns americanos, que não têm plano de saúde, preferem morrer em casa do que contrair uma dívida com o Estado, a gente vê a importância do SUS — o Sistema Único de Saúde — aqui no Brasil. Você acompanhou a luta e a dificuldade do Obama para implantar e conseguir aprovar o Obamacare. Como é que a maior e mais rica democracia do mundo não tem um sistema de saúde pública? O que esperar daqui para a frente? O que pode acontecer com os Estados Unidos, em termos de saúde?

GUGA É isso que torna os Estados Unidos diferentes do restante do mundo desenvolvido: a ausência de um sistema de saúde público. O Obamacare ajudou a reduzir esse impacto. Não criando o sistema, pois ele não conseguiria aprovar a opção pública. O que ele fez foi tornar possível que, basicamente, todo mundo tenha um seguro de saúde. Antes, se você não fosse empregado, era muito complicado conseguir um seguro. O seguro sempre vinha pelo emprego. O Obama abriu as bolsas em que você consegue comprar um seguro, e as seguradoras têm que aceitar quem tem condições preexistentes — diabetes, por exemplo, para ficar num exemplo de condição preexistente muito comum, no Brasil e nos Estados Unidos. A pessoa com diabetes, antes, tinha dificuldade de conseguir um seguro, a não ser pelo emprego.

O Obama criou estratégias: a pessoa de até 26 anos pode ficar no seguro dos pais. Então, foram inseridos muitos jovens nessa categoria, pagando seguro. A tendência de ficar doente é menor entre os jovens, então compensava aceitar quem tinha condições preexistentes. Mas mesmo assim não bastou. Esse é um debate muito grande, que já era grande antes da pandemia, e vai crescer ainda mais. Deixou um pouco de ser tabu. Não se vai ter aqui nada como o NHS inglês, nem vai acabar a saúde privada nos Estados Unidos. Não vai ter nenhum SUS, mas talvez passe a haver uma opção pública de seguro de saúde. Quer dizer, mais pessoas passam a ter uma opção de garantia de saúde. Como tem o Medicare, para quem tem mais de 65 anos, e o Medicaid, para quem é miserável.

Acho que o que tende a acontecer, basicamente, é expandir um pouco o Medicaid. Essa é uma bandeira forte dentro do Partido Democrata hoje, e não encontra tanta resistência no eleitorado republicano — afinal, muitos deles também viram esse fiasco agora e sabem que os Estados Unidos têm condição de ter algo, ainda que não seja no padrão britânico. Eles nem querem que seja no padrão britânico. Quem tem seguro de saúde privado quer manter o privado. Não quer abdicar, mas entende que, talvez, algumas pessoas precisem.

MIGUEL Bom, mudando de assunto. A União Europeia tem proposto um plano de recuperação com viés — palavra que está na moda — ecológico. A Coreia do Sul promete também uma retomada no mesmo modelo. A nova diretora do FMI está falando muito do Green New Deal, forçando muito a recuperação verde das economias — quer dizer, baseada numa economia verde. Você vê Brasil e Estados Unidos aderindo a essa recuperação econômica baseada na agenda verde?

GUGA Acho que os Estados Unidos vão sempre conseguir se posicionar, porque são a maior economia do mundo. É o que te falei: existem regiões como a Califórnia que vão estar bem posicionadas. O cenário do Brasil é um pouco mais complicado, o país corre o risco de ficar um pouco isolado. Já está, né? Vamos ser honestos. Hoje, em certo sentido, somos párias em questões ambientais. Então o Brasil pode acabar ficando para trás. Ainda mais porque o Brasil entra em atritos, atualmente. Além de ter uma imagem desgastada na União Europeia, entrou em atritos desnecessários com países como a China, por exemplo. Muito embora a China, no final das contas, esteja mais preocupada com negócios, então vá relevar muita coisa. E temos a grande questão da corrida eleitoral pela Casa Branca, de como vai ser esse cenário pós-eleitoral, se o Trump continua no poder ou se entra o Joe Biden.

O Biden, se for eleito, é ruim para o Bolsonaro. Não é uma catástrofe, como seria no caso de uma presidência de qualquer outro pré-candidato democrata, incluindo o Bloomberg. Mas com o Biden não, porque, afinal, o Biden é uma figura mais do diálogo. Ele vai criticar o Bolsonaro, mas não vai buscar o isolamento. De qualquer forma, vai ser complicado para o Brasil.

Tem questões que eu não consigo entender por que são politizadas. São assuntos que não têm viés de esquerda ou direita. É o caso das questões climáticas e, agora, as relacionadas à pandemia. Nas questões climáticas, acabaram dividindo algo que é científico — especialmente nos Estados Unidos e no Brasil — como algo de direita e de esquerda. Na Argentina, a questão da pandemia não divide direita e esquerda. Tanto que o maior opositor ao Alberto Fernández é o prefeito de Buenos Aires, que é mais à direita, e os dois trabalham juntos, dão até coletivas juntos. Ou a Nova Zelândia e a Austrália. Scott Morrison, que na questão do clima é um pouco negacionista, na pandemia adotou uma postura muito similar à da Jacinda Ardern, que é de esquerda.

E no Brasil a coisa é tão surreal que às vezes as pessoas até se assustam. Hoje eu escrevi no Twitter: umas pessoas se assustam quando descobrem que a Angela Merkel é conservadora. Mas, no entanto, ela é pró-ciência na questão do clima; ela é pró-ciência na questão da pandemia. E aí algumas pessoas no Brasil, que se dizem dessa nova direita, falam: "Ah, imagina, ela é esquerdista". Eu falo: a Angela Merkel? Diz isso para um grego ou para um português, que ela é esquerdista. Porque ela fez Portugal e a Grécia cortarem gastos, depois da crise de 2008. Ela é superconservadora. Em questões comportamentais também, na questão do aborto, ela é bem conservadora. Mas não é anticiência. Tudo isso para dizer que aqui nos Estados Unidos eles politizam muito essas questões. Então, não sei exatamente como vai ficar por aqui.

MIGUEL Bom, você falou de eleição americana, acho que a gente podia entrar nesse tema. Hoje, especificamente, o Brasil está fervendo com a questão das fake news — ainda mais com as investidas do Supremo e do Congresso na proteção desse ambiente de internet. Você cobriu a Primavera Árabe, onde a internet teve um papel decisivo em catalisar essas democracias e na derrubada dos regimes ditatoriais do norte da África. Ao mesmo tempo, você cobriu também a eleição do Donald Trump em 2016, que provavelmente é resultado de uma grande fraude de consequências planetárias, influenciada pelas fake news, pelo episódio da Cambridge Analytica... Enfim, como os Estados Unidos estão se preparando para essas novas eleições, em relação às fake news e a esse ambiente inóspito da internet?

GUGA Eles não estão muito preparados, não. Houve uma mudança agora de algumas redes sociais, o Twitter mesmo botando ali que a informação do Trump seria incorreta; o Trump disse que isso é uma interferência no processo eleitoral. Ele já está batendo de frente com as redes sociais, dizendo que elas querem calar as vozes conservadoras. O papel das redes sociais nessa eleição vai ser muito forte e decisivo.

Falam muito da Rússia, que a Rússia soube usar as redes sociais, segundo os serviços de inteligência, e também a própria Justiça dos Estados Unidos, para interferir nas eleições americanas. Outros atores estrangeiros vão agir também, mas vai ser mesmo dentro dos Estados Unidos que vai ocorrer esse uso das redes sociais como ferramenta de distorção de informações, de disseminação de mentiras, literalmente. Vai ser uma guerra, vai ser muito sujo, vai ter o deep fake, vai ser muito pior do que foi em 2016. E é uma coisa crescente. A Primavera Árabe foi em 2011. Era diferente naquela época. Não havia ainda a grande questão do algoritmo que vai afastando, vai radicalizando as pessoas cada vez mais...

A campanha do Obama também se utilizou bastante das redes sociais em 2008, mas nada comparado com o modo como Trump soube usá-las em 2016. Note também que a campanha da Hillary Clinton foi bem incompetente no uso dessas redes. Isso é importante falar, porque tem competência e incompetência, né? A campanha do Trump soube usar melhor as redes sociais. É algo que vai ser usado cada vez mais, não tem como evitar.

Os Estados Unidos têm uma ligeira vantagem em relação ao Brasil no que diz respeito ao WhatsApp. Embora hoje se use bastante — em 2016 ninguém usava, só estrangeiro que morava aqui —, eles não têm a cultura de grupos de WhatsApp. Os grupos de WhatsApp aqui são formados mais por familiares. Não tem essa coisa gigantesca do Brasil e da Índia. E as relações sociais aqui são menores do que no Brasil. As pessoas se expõem menos para os próprios amigos, e a quantidade de amigos é muito inferior à do Brasil — inclusive os americanos costumam ficar assustados com a quantidade de amigos que os brasileiros têm. Uma imensidão. A turma da faculdade, a turma da escola, a turma do basquete, enfim, é muita turma, isso não é comum nos Estados Unidos. É comum em países como o Brasil, a Argentina, o Líbano, a Itália, mas aqui não é tanto.

O Felipe Neto falou bem, no *Roda Viva*: o WhatsApp não tem controle. Você tem controle no Twitter, no Facebook, mesmo no YouTube, porque são plataformas públicas. Se o Weintraub dá uma declaração, como ele deu, o American Jewish Committee e a Confederação Israelita do Brasil condenam publicamente. O próprio Twitter, como fez com o Trump agora; o Instagram, com um post do Bolsonaro, que eles apagaram. No WhatsApp não tem esse controle.

Esse controle não é censura. É simplesmente controlar para evitar mentiras e falsidades. Por exemplo, o Trump, nos últimos dias, tem acusado um apresentador da MSNBC, que foi até deputado republicano no passado, é um republicano anti-Trump. Ele acusa esse apresentador de ter assassinado uma mulher, lá pelo ano 2000. Não há essa acusação. Ele não foi julgado, não foi nem investigado por isso. Era uma mulher que trabalhava para ele. Quando ela morreu, ele estava na Flórida, ela estava em Washington. E o marido dessa mulher, o viúvo, pede para o Twitter remover os posts do Trump, porque diz que o apresentador não tem nada a ver com a morte da mulher dele, e que isso ofende a memória dela e a ele. Então, esse tipo de coisa é inaceitável.

E outras. O Trump falando que voto pelo correio é uma fraude, que é corrupção. Sendo que muitos estados americanos têm voto pelo correio há décadas. O Trump está mandando ajuda financeira pelo correio. E o Trump votou pelo correio na última eleição, em 2018. Ele é eleitor da Flórida e mora em Washington. Uma pessoa que vota pelo correio falar que o voto pelo correio tem fraude é muita hipocrisia. Enfim, eu acho que aqui nos Estados Unidos vai ser cruel. E ainda acho que a campanha trumpista vai estar muito mais preparada, porque o Trump é possivelmente o maior gênio de rede social do mundo. Ele consegue dominar a narrativa de uma forma impressionante.

MIGUEL E é isso, não é? Essas questões tão importantes foram reduzidas a guerras de narrativas. Foda! Enfim, falando um pouco da imagem do Brasil aí fora... Em abril, o desmatamento da Amazônia atingiu recordes, mesmo durante o isolamento. Como as queimadas e o desmatamento podem prejudicar tanto a imagem quanto a economia do Brasil?

GUGA O Brasil, historicamente, tem uma imagem internacional positiva. O país e os brasileiros como um todo. Tem um *soft power* natural.

MIGUEL A sua coluna de hoje n'*O Globo* fala muito sobre isso.

GUGA Você fala: "I'm from Brazil", o olho da pessoa brilha. Daí ela pergunta: "Rio?" Você fala: "São Paulo." Daí ela já fecha o semblante, quando a gente fala que é de São Paulo. (*risos*) Mas sempre teve essa coisa, essa imagem positiva do Brasil. Claro que eles sabem que tem crime, que tem corrupção. Corrupção tem em todos os países do mundo. Alguns mais, como Brasil, Argentina, Itália, Turquia, Rússia; outros menos. Mas não é algo incomum.

O que eu notei que vem mudando é que a imagem do Brasil começou a ficar desgastada nos últimos anos pela sequência de crises e, acima de tudo, por questões como a da Amazônia. O Brasil sempre foi associado a algo muito positivo no meio ambiente, visto como líder na defesa do meio ambiente, independentemente do governo. A Eco-92, por exemplo, foi com o Collor. E isso mudou com o atual governo. A história das queimadas, do desmatamento da Amazônia, pegou muito mal na Europa, nos Estados Unidos, a ponto de não quererem o Bolsonaro homenageado no Museu de História Natural, aqui em Nova York.

MIGUEL E olha que isso foi um ano atrás, não é? Muita boiada já passou depois disso...

GUGA Um ano atrás. E esse cenário se agravou com a postura do Bolsonaro durante a pandemia. Porque o Brasil é um país grande e, obviamente, gera muita notícia. Não tanto quanto o Irã, mas é um país que o pessoal observa. E quando se tem alguns líderes que saem do comum, as pessoas prestam mais atenção. Bolsonaro é visto como extrema direita nos Estados Unidos e na Europa, então as pessoas acabam acompanhando o que ele faz. Assim como acompanham o Orban, na Hungria... só que a Hungria é um país pequeno. Chama atenção um pouco por ser parte da União Europeia, mas não tem o peso que tem o Brasil, um país de 200 milhões de habitantes, e com uma economia do tamanho da brasileira. Tudo isso gera um impacto. E a imagem do Brasil fica ruim, deteriorada, acaba prejudicando o país economicamente, independentemente das reformas que sejam aprovadas.

Essa instabilidade desgasta o país. E as pessoas não conseguem se aprofundar tanto. Elas acompanham o Brasil pelo que elas leem na *The Economist*, no *Financial Times*... Uma reportagem negativa na *The Economist* tem um grande impacto. Nas TVs americanas, todo mundo começa a ficar meio chocado com o cenário atual do Brasil. Isso tem prejudicado a imagem brasileira, o *soft power* brasileiro. O auge desse *soft power* já tem um tempo, até porque veio da música, da arquitetura brasileira, do futebol, da Fórmula 1...

Hoje, tudo isso é menor. A música brasileira ainda é respeitada, mas apenas as composições mais antigas, do século XX. No futebol, também. Porque não é só o Brasil não ganhar, esse não é o problema. O problema é que hoje, no futebol, as pessoas prestam atenção muito mais nos times do que nas seleções. Por exemplo, o Neymar fica associado ao Paris Saint-Germain. Então, ainda se perde nesse aspecto. Até os anos 1990, o Brasil era muito mais do que o Real Madrid, do que o Manchester United. Hoje, não é mais. Tudo isso afeta também. E essas barbaridades que chegam agora das nossas lideranças políticas desgastam ainda mais a nossa imagem.

MIGUEL Nosso tempo vai acabar daqui a pouquinho. Algum prognóstico para a eleição deste ano?

GUGA A eleição americana é o seguinte: nos Estados Unidos, a popularidade do Trump é praticamente estável entre 42% e 45% — agora está ao redor de 42,5%, 43%, na média das pesquisas. Quem é trumpista é trumpista em qualquer circunstância, não vai mudar de opinião. E quem é contra o Trump, também. É totalmente polarizado. A gente sabe que o eleitorado anti-Trump é um pouquinho maior que o eleitorado pró-Trump. O Biden tem que conseguir mobilizar esse eleitorado anti-Trump. Se ele conseguir, numa margem de mais de três pontos percentuais, ele ganha no colégio eleitoral.

Essa campanha vai ser complicada, porque o Trump é bom de comício — talvez até lá tenha comício. Agora, o Biden é um adversário mais difícil, porque é o típico americano de classe média. Ele é diferente de muitas lideranças, não é da elite: não fez uma universidade da elite acadêmica; não era rico quando jovem — ao contrário, era pobre, é muito mais identificado com o trabalhador lá embaixo, o operário, porteiro, policial. O Biden se identifica com essas pessoas pelo fato de ter sido sempre o senador mais pobre no Senado americano; ele é do povão mesmo. Isso ajuda.

Ele tem mais facilidade para penetrar, inclusive, um pouquinho no eleitorado do Trump, que a Hillary não tinha. A resistência à Hillary era muito maior, isso é visível. Agora, o Biden é atrapalhado e tem muito esqueleto no armário. E a campanha do Trump, que eu avalio que seja muito melhor que a do Biden, vai usar isso.

MIGUEL Já começou, inclusive...

GUGA Já começou. E o Trump é teflon. O Biden, não. Ele não é tão sujeito a se queimar quanto líderes perfeitinhos. Porque o Biden é imperfeito. As pessoas sabem que ele é atrapalhado, confuso e comete gafes. Isso já está ali na equação. Então, eles relevam se é o Biden que fala uma barbaridade. É mais aceita a imperfeição dele, assim como a do Trump é totalmente aceita pelo eleitorado dele. Você diz para um eleitor do Trump: "Ah, mas o Trump fala uns absurdos na rede social". O cara responde: "Fala. Mas eu concordo com o comportamento dele".

MIGUEL Igualzinho ao Brasil...

GUGA Mas aqui ele mostrou alguns resultados, em que a pessoa consegue defender o Trump na questão da economia; na nomeação de dois juízes conservadores para a Suprema Corte; por não ter entrado em guerra — isso é fato. A questão da China é interessante, porque é consenso. Na verdade, o Trump é criticado pelo Biden por ser muito molenga com a China, não se fala muito isso no Brasil. O Biden se coloca mais como anti-China do que o Trump. Mas, enfim, eles falam dessa postura do Trump para defendê-lo.

MIGUEL E o Obama, em um momento como esse, entrando na campanha, faz diferença?

GUGA Ajuda um pouco. O Obama é extremamente popular no eleitorado democrata, que sente saudades dele. Entre o eleitorado afro-americano o Biden já é forte, mas o Obama é uma ajuda a mais. E acho que entre os jovens o Obama pode ajudar ainda mais o Biden. O eleitorado jovem queria o Bernie Sanders. Ou a Elizabeth Warren. Pouquíssimos jovens votaram no Biden. Se você fosse em janeiro numa universidade americana, numa Columbia ou NYU, e perguntasse em quem os estudantes iriam votar, a imensa maioria diria Bernie Sanders; em segundo lugar, a Elizabeth Warren, e o prefeito Pete Buttigieg num distante terceiro. Seria mais ou menos isso.

MIGUEL Aguardemos então esse resultado de novembro, que repercutirá demais no Brasil. Guga, obrigadíssimo pelo seu tempo e pela sua disponibilidade de estar aqui. Vou te liberando, porque imagino que você ainda entre em algum telejornal daqui a pouco. Heraldo e Lo Prete te esperam...

GUGA Imagina. Obrigado pelo convite, Miguel.

2 DE JUNHO **LUIZ EDUARDO SOARES**
A FORÇA DO PODER PARALELO

Meu casaco de general foi um livro que muito me impressionou. Li assim que foi lançado, lá pelo ano 2000. Ele retratava a curta experiência do antropólogo Luiz Eduardo Soares no comando da segurança do Rio de Janeiro durante o governo Garotinho. Tudo o que ele dizia, o que ele pensava, era inédito para mim, mas casava com a minha intuição, com o que eu pensava na época e, claro, penso até hoje. Política de segurança deve ser política social. Não se combate o crime com violência, e sim com inteligência. Seu plano era audacioso para a época e obviamente não deu certo. Porque incomodou os poderosos, desnudou a promiscuidade que existe entre o poder do morro e o poder dos palácios. Identificou o câncer da milícia logo no comecinho. A tempo de se evitar a metástase. Mas era demais para o Rio de Janeiro. O Rio não estava pronto, ainda não está e parece que nunca estará para a ousadia de ter um intelectual no lugar de um milico. É sonhar demais...

MIGUEL Essa série de conversas com pensadores contemporâneos se iniciou pela discussão do futuro das cidades. Luiz Eduardo, você é uma peça-chave para o pensamento urbano, por isso o convidei para esta conversa. A ação mais urgente é equacionar a questão dos assentamentos informais e das favelas. Sem dignidade e acesso às benesses da urbanidade não existe cidadania plena. O Estado foi por décadas negligente e conivente ao permitir a tomada desses territórios pelo poder paralelo do tráfico e, pouco tempo depois, da milícia. Retomar esses territórios requer um altíssimo nível de comprometimento e de investimentos. Você acha que o Estado está preparado para fazê-lo?

LUIZ Infelizmente, não. A nossa realidade demonstra essa impotência, que é uma falta de compromisso, e não só social. Compromisso com a racionalidade, capacidade de diagnosticar, planejar, intervir, avaliar impactos das políticas públicas adotadas. Procedimentos que em outros países são usuais aqui parecem exigências intelectuais, românticas, acadêmicas. Não temos nem compromisso político com mudanças de longo prazo nem os recursos técnicos que seriam adotados em uma situação minimamente razoável de uma democracia estável. Mas quero lhe dizer que é um prazer muito grande estar com você, Miguel, um privilégio estar aqui conversando com você.

MIGUEL Imagina, Luiz! O prazer é meu. Acompanho o seu trabalho desde que você foi secretário de Segurança, em 1999. E sempre me impressionou positivamente o fato de que um antropólogo, um intelectual, comandasse a pasta da segurança pública naquele momento, o que é diferente do que nos acostumamos a ver, uma segurança que passa mais pela violência do que pela inteligência. E aí podemos continuar falando do Rio de Janeiro. Me parece que uma das linhas de atuação no combate ao tráfico é quebrar o braço financeiro dessas organizações criminosas. Na minha opinião, isso passa pela legalização das drogas, tema que você sempre discutiu. O Brasil de hoje é claro que não está pronto para isso, mas você acha que no futuro poderá dar esse passo?

LUIZ Eu creio, como você já disse, que hoje nem pensar, as condições são absolutamente adversas. E amanhã, se formos capazes de promover uma grande unidade em torno das instituições democráticas, para evitar uma incursão fascista que nos conduza ao precipício de terror totalitário, bom, de novo vão ter de ser retomados os grandes temas ainda não suficientemente enfrentados.

Um deles, central, é o poder econômico. Estudos demonstram que a cocaína, no mundo do tráfico transnacional, corresponde à segunda fonte de lucro global, compete com o petróleo. Esse poder econômico está radicado na economia legal de forma tão orgânica que se torna indistinguível. Da hotelaria aos transportes aéreos, navais e terrestres, nas instituições financeiras, em todas as áreas lucrativas você vai encontrar esse dinheiro sujo. E de uma maneira que nos aponta claramente que para evitar essa "guerra urbana" na qual todos perdemos, os suspeitos, os inocentes, os próprios policiais, toda a sociedade, e para evitar o encarceramento em massa — que tem significado de fato criminalização da pobreza, aprofundamento das nossas desigualdades e reafirmação do racismo estrutural —, temos de pensar seriamente na legalização.

Veja o que acontece hoje: a polícia mais numerosa no Brasil é a Polícia Militar. Ela é pressionada por todos os atores sociais — opinião pública, mídia, lideranças políticas — a produzir. E ela entende, por produção, prisão. Ocorre que, constitucionalmente, a Polícia Militar é proibida de investigar.

O que lhe resta? Prender em flagrante delito, e é o que está fazendo. Temos mais de 800 mil presos, a imensa maioria de prisões em flagrante.

A Polícia Militar dispõe de uma grande ferramenta que tem sido muito útil para a sua operacionalização cotidiana, que é a Lei de Drogas — absolutamente irracional, hipócrita. Quem é que ela pode pescar sem investigação? Não são os barões, os que lucram, os grandes investidores, aqueles que se articulam transnacionalmente, que penetram nas instituições, corrompem-nas. São os pequenos varejistas, o vaporzinho, aviãozinho, como chamamos no Rio de Janeiro. Esse que faz o ganho diário, depois vai engraxar sapato, e retorna para vender trouxinha de maconha. Eles são presos em massa e lançados no sistema penitenciário, com privação de liberdade por cinco anos.

O sistema não é regido pela Lei de Execuções Penais, porque o Estado não a cumpre, quem domina o sistema, de uma maneira geral, são as facções criminosas. Para sobreviver, esse jovem solicita e recebe proteção por parte da facção que domina o cárcere. Essa proteção lhe vai ser cobrada sob a forma de lealdade, lá na frente, e ele vai ter que se vincular a uma carreira criminosa. Perceba que estamos contratando violência futura, entregando mão de obra jovem para as facções e as fortalecendo, destruindo gerações... E nesse quadro já temos a terceira população carcerária do mundo, e a que cresce mais velozmente. Os que cumprem pena ou estão lá sob acusação de tráfico já são 40% do total; entre as mulheres, 62%.

Isso leva ao incremento da violência, ainda mais com as autoridades que temos, que o estimula. Isso leva a mais execuções extrajudiciais, mais mortes nas periferias, o que chamo de genocídio de jovens negros, de jovens pobres. Ano passado, tivemos 1.810 mortes no estado do Rio de Janeiro provocadas por ações policiais, o que corresponde a 30% dos homicídios no estado e 40% na capital. E esse ano já batemos esse recorde, uma rota de crescimento que torna o abismo social ainda mais profundo, o racismo estrutural mais feroz. Se algum dia o Brasil se dispuser a ser minimamente mais democrático, preocupado com segurança pública para valer e com compromisso social, vamos ter que reabrir essa discussão a sério.

MIGUEL Interessante isso, e desesperador. Você falou no racismo estrutural, e não vejo o futuro no Brasil sem a resolução também desse problema histórico. Essa semana foi marcada pelos protestos nos Estados Unidos por causa da morte violenta de George Floyd, um negro, por um policial branco. A semana passada foi marcada pelo assassinato do João Pedro, em São Gonçalo, por uma rajada gratuita de 72 tiros. Isso mostra a naturalização assustadora da violência. Você acha que essa guerra às drogas, do jeito que é hoje, está aí para proteger alguém? Ela esconde uma agenda oculta do Estado?

LUIZ Sei que muita gente vai discordar de mim, mas acho que não. Isso atende, é claro, ao interesse do tráfico, e a quem ganha com ele, os grandes operadores, que se conectam com a economia formal. Mas eu não vejo, fora o interesse do próprio tráfico, e eventualmente da indústria de armas e munições, quem possa se beneficiar.

Começo as minhas aulas de Ciências Sociais na universidade lembrando o seguinte: nem sempre o que existe na sociedade existe segundo um interesse e uma intenção. É claro que se não fôssemos o país racista e desigual que somos, aberrações como o assassinato bárbaro do João Pedro não seriam toleradas. Araríamos o país, cairiam governadores e presidente.

Nos Estados Unidos, existe a violência policial, isso é histórico, mas todas as polícias norte-americanas mataram, ano passado, 1.030 civis. Uma monstruosidade, mas são 1.030. No estado do Rio, matamos 1.810. Aqui são 15 milhões, lá são 300 milhões de pessoas. Somos campeões na violência policial. E isso serve a quê? As pessoas dizem, não, isso serve para imprimir certo poder. Olha, isso só gera insegurança. Isso gera interesse para o capitalismo? Como, se gera instabilidade, depreciação de imóveis, desinvestimento em qualquer negócio? Ah, serve para conter a massa para que ela não seja protagonista. Como? Ao contrário, você insufla o ódio, você o provoca. Sinceramente nunca vi, nunca consegui entender a que serve isso.

MIGUEL E muito me impressiona, nisso que você está falando, a apatia da sociedade civil brasileira. Esses assassinatos de crianças acontecem, há uma catarse, mas uma apatia na resposta, na cobrança. Por que existe essa apatia, essa naturalização da morte?

LUIZ Sem dúvida que isso acontece. As pessoas nem interrompem mais o café da manhã. Há os que dirão "alguma culpa tinha", esse tipo de elaboração absurda, que imputa à vítima a culpa, o que é impossível no caso João Pedro. E há também a naturalização de que ali é o lugar do mal, do pecado, é uma espécie de endereçamento da abjeção pública. É esse país racista, classista e tão desigual que se reproduz. Um elemento importante para entender isso tem a ver com o nosso liberalismo. O Brasil nunca teve o liberalismo como um segmento de opinião e com orientação política clara. Temos indivíduos com uma concepção liberal. O liberalismo que tem mais presença é o econômico, mesmo assim desde que não haja risco de perdas, porque todos são pela competição livre, mas no momento do risco se recorre ao BNDES, ao Estado. Esses liberais nada têm a ver com o liberalismo de John Stuart Mill, que caracteriza os segmentos democráticos americanos: defendendo um mercado sem restrições e regulações, são também liberais do ponto de vista do comportamento.

MIGUEL Que é o clássico democrata americano.

LUIZ Que é o democrata. Quando lá se fala do liberal, o sujeito pensa em alguém mais de esquerda e que defende legalização das drogas, direito ao aborto, tem uma pauta das liberdades individuais. Aqui, não, o sujeito é o falcão em relação ao comportamento, o machista tradicional patriarcal, mas pelo mercado livre. Isso faz uma diferença imensa, porque o ideário dos direitos humanos não é o ideário comunista, nem socialista. Acabou sendo apropriado nas lutas políticas, mas originalmente vem da Revolução Francesa. Outros pensarão em uma releitura de valores judaico-cristãos. Isso define a bandeira dos direitos humanos como universalista, são valores da revolução burguesa. E, se tivéssemos isso, essa bandeira dos direitos humanos não seria erguida por mim, que me situo em um campo à esquerda, por Marcelo Freixo, do PSOL, mas pelos liberais, com posições ao centro, centro-esquerda etc. Isso alteraria a relação da sociedade com questões-chave como essa.

Essa dificuldade do liberalismo no Brasil mostra a profundidade do racismo estrutural e das nossas desigualdades. O coronel da casa-grande não admite a igualdade. Essa sociedade oligárquica patriarcal tradicional ainda está presente na modernidade, se combinando com a igualdade que idealizamos e celebramos. Então há aí um problema muito grave.

A pauta dos direitos humanos foi uma pauta de resistência na ditadura e é uma pauta de esquerda no Brasil, e nós somos minoritários, precisaríamos de alianças com os liberais, que deveriam estar nas ruas com as comunidades, as periferias, o povo que está sofrendo violência policial, em defesa do que hoje seriam direitos básicos universais.

Mas a tristeza é essa, as mortes nas favelas permanecem se repetindo, se reproduzindo, e as autoridades fingem que não veem. Isso não acontece por conta da violência do policial apenas, o policial apenas aperta o gatilho, mas há o Ministério Público que tem sido cúmplice, por omissão. Claro que há lá promotores e procuradores que lutam contra isso, mas a realidade da impunidade nessa área demonstra que o Ministério Público não cumpre seu mandato constitucional, e o Tribunal de Justiça, o judiciário, abençoa essa realidade. Então temos aí governadores, autoridades, comandos, Ministério Público, justiça e, é claro, a sociedade que elegeu Bolsonaro e Witzel.

MIGUEL Conheci o seu trabalho e me empolguei com o seu pensamento ao ler *Meu casaco de general*. Esse livro é de 2000. De lá para cá, a coisa piorou muito. Além do tráfico, as milícias cresceram, se entranharam no poder estabelecido. O elo dos milicianos com os políticos, em particular com os do Rio de Janeiro, é notório e veio à tona com o trabalho de Marcelo Freixo, enquanto deputado estadual, na CPI das Milícias. A gente tem saída para isso?

LUIZ No final de uma peça do Brecht, ele mostra uma situação horrível como essa. Então, o protagonista vai para a frente do palco e diz: "Como vocês veem, não tem saída, mas tem de haver." E, assim, se encerra a peça. Há aí um ensinamento notável. Olhando o quadro atual, não tem saída, Miguel. Mas tem de ter, ou a sociedade brasileira não será propriamente uma sociedade, nem essa nação uma nação. Ou a gente resolve isso ou resolve, é questão de vida ou morte. Não só para a democracia. Estamos falando aí de crime organizado massivo, da possibilidade de um estado de guerra de todos contra todos, banho de sangue, retrocesso, regressão. Não é uma luta revolucionária por mudança qualitativa, é para evitar o fundo do poço.

Algumas são as fontes principais para o crescimento das milícias e que depois vão impregnando, como você disse bem, o universo político. Uma fonte foram aquelas "scuderies", aqueles esquadrões da morte, que têm longa história, sobretudo no Rio de Janeiro, mas não apenas.

MIGUEL Esse momento é muito bem explicado no livro de Zuenir, *Cidade partida*. Ele fala muito bem sobre isso, que existia até um certo glamour na Scuderie Le Cocq lá pelos anos 1960.

LUIZ Exatamente! E Zuenir é uma grande figura! Então, a Scuderie Le Cocq, para você ter uma ideia, surge lá no final dos anos 1950 e atravessa os anos 1960. E isso dá lugar a quê? À autonomização de grupos de justiceiros, que depois começam a vender as suas operações. Então, eles começam como justiceiros, fazendo justiça com as próprias mãos e se vingando, e depois começam a vender as suas habilidades assassinas, e grupos de interesse vão se formando, se multiplicando. E isso impregnou, de certa forma, as instituições. Muitos delegados, policiais, exibem em seus gabinetes o escudo da Scuderie como se fosse uma referência gloriosa. Isso denota a anarquia institucional.

Para você ter uma ideia, há uma política pública da qual eu me orgulho muito, que atravessou 21 anos, a Delegacia Legal. Ela não cumpriu o que nós prevíamos, mas significou um primeiro passo muito importante, e houve todo tipo de resistência. Para você ter uma ideia, foi a iniciativa que eu pensava ser a mais inócua do ponto de vista da criação de resistência, porque ela só trazia benefício para todo mundo, inclusive e, particularmente, para os policiais. Não vou me deter nisso, mas quem viveu em décadas passadas no Rio de Janeiro sabe o que era uma delegacia de polícia. Não era informatizada, não havia dados, não havia instituição. Havia baronatos feudais e informações que eram anotadas, rasgadas, negociadas; os policiais e seus grupos sabiam muito, mas a instituição não sabia nada. Não havia vertebração, coordenação institucional, nada.

A Delegacia Legal permitiu esse tipo de estruturação, e recebi as ameaças de morte mais graves por conta desse empreendimento. Aí você pensa: Mas por quê? Ela é mais bonita, é agradável, tem ar refrigerado, tem computador, é informatizada, nós a desburocratizamos, não há mais celas em delegacias, dignificamos a Polícia Civil, por que essa resistência? Por conta disso, não é mais possível você rasgar um Boletim de Ocorrência, você pode alterá-lo, aditá-lo, mas a sua senha vai ficar registrada e tudo o que acontecer está disponível, com transparência. Você cria condições de gestão, quando antes essas ilhas se autogeriam nas condições mais inacreditáveis. Nenhuma experiência se acumulava, eram feitas ali negociações de todo tipo, de toda ordem. Enfim, esse caos é necessário para que a corrupção viceje, a corrupção precisa dessa anarquia, não a anarquia no sentido utópico, da liberdade, mas dessa confusão, dessa desordem.

Outra fonte é a passagem de muitos desses quadros pelos porões da ditadura. Grupos que estiveram nos porões da ditadura foram para o jogo do bicho, foram trabalhar com bicheiros, tornaram-se bicheiros, entraram para a política na Baixada Fluminense, foram para outros estados ligados a certos grupos militares, tornaram-se paramilitares, essa é outra história importante e muito triste, com impacto nas subsecretarias de Segurança, inclusive no Rio de Janeiro. Outro fator é o "bico" feito pelos agentes públicos na segurança privada informal, para incorporar um valor substancial ao seu salário insuficiente, que não é condizente com as exigências impostas ao cumprimento do dever. Os governos viram os olhos, fingem que não veem essa ilegalidade para que eles não tenham que enfrentar os desafios da demanda salarial por parte da polícia.

E o último vetor, e com isso eu concluo, é a política de violência policial. Imagina uma senhora, eu costumo dizer dona Maria, de classe média, dizendo o seguinte: "Quero que meu filho chegue vivo em casa, então estou disposta a pagar o preço que for, se tiverem que matar no morro, que matem, porque quero é a minha segurança, não me interessa. São muito bonitos os seus valores de direitos humanos, é muito legal, mas não dá. Em primeiro lugar a vida dos meus filhos." É muito difícil você discutir isso moralmente, eticamente, nós temos as nossas convicções, mas não avançamos nessa discussão se formos por aí.

Há alguma forma de responder isso muito prática, muito pragmática, que é mais persuasiva e muito verdadeira, que é a seguinte: Dona Maria, quando se dá liberdade ao policial na ponta para matar sem custos — isso não é fruto de teoria, não, é de observação prática de décadas —, dá-se também, indiretamente, o direito e a autoridade para não matar, e dá-se ao policial a possibilidade de negociar, portanto, a sobrevivência, que se torna uma moeda inflacionada a todo tempo, afinal nada é mais precioso do que a vida.

Bom, se posso matar você, mas posso não fazer isso, se matar não impacta em absolutamente nada na minha carreira — ao contrário, houve período que tinha até gratificação —, posso não matar. O que você me dá por isso? Você dá o que tiver, chama seus familiares, seus advogados, seus cúmplices, o que for, para negociar. Você cria aí um espaço de promiscuidade e vai ter, simultaneamente, a selvageria das execuções extrajudiciais e a criação de elos, de pactos, de arranjos, de contratos, os arregos, que são esses entendimentos entre crime e polícia, tornando a polícia, esses segmentos que se corrompem, indistinguíveis dos traficantes. Eles se tornam sócios. Só existe tráfico porque existe essa sociedade, é evidente.

Então, essa autonomização na ponta vai criando núcleos, esses núcleos se afastam de qualquer relação hierárquica de comando e controle e vão à caça. São grupos que vão negociar com traficantes e verificar outras oportunidades de negócio disponíveis. E eles aprenderam com o tráfico que havia a possibilidade do controle territorial muito mais efetivo do que o tráfico. O tráfico impõe regras duras, pela força, com armas etc., a toda uma comunidade, um território, para atingir a sua finalidade, que é vender droga. Eles podem aproveitar esse domínio para extrair vantagens de todos os negócios que existem, de toda prática econômica naquela comunidade.

Portanto, dona Maria, se a senhora quer polícia efetiva, segurança como resultado, não dá para apostar na ilegalidade, não dá para apostar na execução extrajudicial e na liberdade para matar, isso corrompe a polícia e a torna parte do problema, sócia do crime, e se a senhora pensa que vai ter uma polícia mais firme, mais efetiva, vai ter é o oposto, a inexistência da polícia e a multiplicação dos focos de criminalidade e mais insegurança. Portanto, seja por motivos éticos, nobres, seja por motivos pragmáticos, não interessa a ninguém a adoção de práticas de ilegalidade nesse sentido.

E isso tudo, é claro, gera a milícia a longo prazo. Então você imagina, todas essas fontes que mencionei estão irrigando o campo dessa milícia, que vai criar sua geopolítica na cidade, na baixada, no estado, no país.

MIGUEL Realmente, um ciclo viciado. E um quadro tenebroso! Quero fazer uma última pergunta. Nessa quarentena, todos nós estamos tendo a oportunidade de repensar processos, protocolos, a nossa vida. Pensando no futuro, o que vem à sua cabeça?

LUIZ O que vem é a grande dúvida, será que isso tudo pelo que estamos passando vai implicar mais solidariedade e reconhecimento de que estamos unidos todos de alguma maneira, de que somos uma sociedade e que, portanto, a saúde pública é fundamental e as desigualdades têm que ser enfrentadas para valer? No Brasil, o racismo estrutural é um desafio que todos temos de enfrentar, a luta antirracista é de todos. Isso implica a mudança da agenda econômica, a adoção, para começar, de uma renda básica de cidadania.

Ou vamos por aí, buscando reduzir desigualdades e nos amparando mutuamente pelos princípios do cuidado, da justiça, do acesso universal à saúde, à educação, ou vamos ao contrário, intensificando as estigmatizações. Porque o contágio suscita distanciamento, medo do outro, o outro definido como fonte do mal, do que é negativo, patológico. Sinceramente, não sei o que vai acontecer, não há muitas razões para estar otimista. Mas o processo histórico é surpreendente, assim como a criatividade humana e os impulsos de solidariedade. E a resistência que o fascismo começa a encontrar no Brasil, em algumas instituições, mas principalmente na população em geral, talvez seja sinal de que haja alguma esperança.

MIGUEL Luiz, muito obrigado! Foi uma conversa bastante especial! Vamos em frente e nos falamos...

LUIZ Eu que agradeço, Miguel.

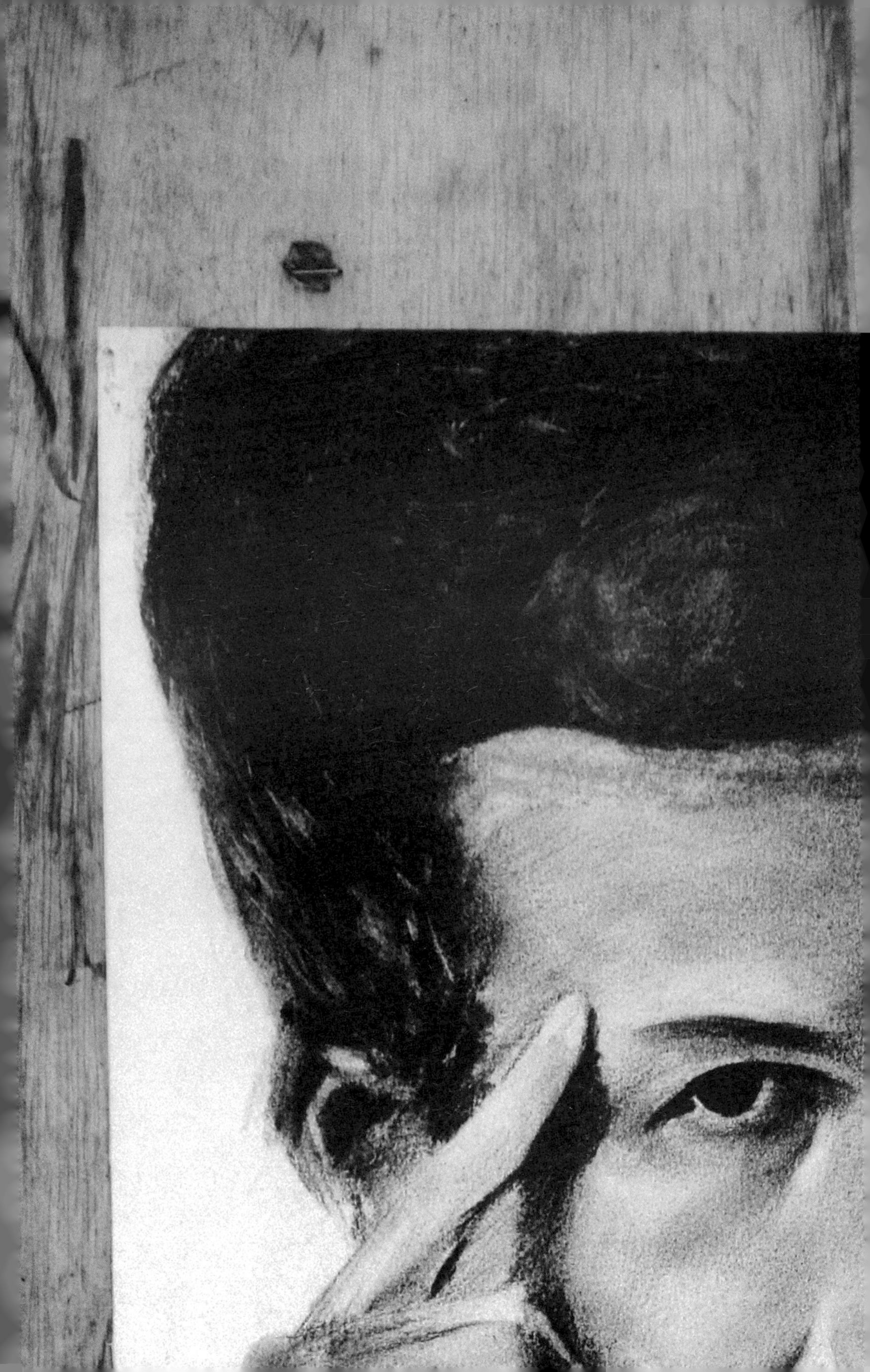

FRANCISCO BOSCO

4 DE JUNHO

JUNHO DE 2013: O MÊS QUE NÃO TERMINOU

Francisco Bosco é um dos pensadores que eu mais admiro no país. Nos conhecemos nos loucos anos da juventude, através de meu irmão Guilherme, cineasta, que é ainda mais louco que nós dois juntos. Certa vez, Guilherme nos convidou para uma festa em sua casa, e, lá pelas tantas, nos avisou que estava saindo para ir a outra festa e que eu e Chico Bosco cuidássemos da casa do pai dele! Oi? Ficamos nós responsáveis pelos convidados e pela festa do Guilherme e pela casa do Ronaldo. O que, convenhamos, não é a missão mais tranquila do mundo. Mas naquela noite, entre bêbados, bate-estaca e corpos caídos, fomos capazes de aprofundar o papo e trocar boas ideias! A vida se encarregou de nos aproximar ainda mais recentemente, através dos queridos amigos em comum João Vicente de Castro e Raul Mourão, que foram, inclusive, os intermediários para que este papo acontecesse. Confesso que, de todas essas conversas, essa talvez tenha sido a que me deixou mais tenso. Fico sempre nervoso com intelectuais que citam Platão, Kant, Nietzsche ou Freud... É um conhecimento que vai muito além da minha cultura de almanaque. No entanto, Chico, lorde que é, generosamente me deixou muito à vontade, e pude expressar a admiração que tenho por sua inteligência, cultura, suas opiniões políticas e pela honestidade de expressar as suas convicções sem medo das consequências ou do patrulhamento que nos cerca.

MIGUEL Francisco, eu te chamei para conversar porque fiquei muito impressionado com o seu filme, "O mês que não terminou", que você dirigiu com o Raul Mourão, sobre os protestos de junho de 2013, que levaram ao impeachment da Dilma. E hoje, passados sete anos, a gente pode dizer também que levaram à eleição do Bolsonaro. Esse filme estava para estrear em circuito comercial antes dessa pandemia, mas passou pelos festivais de Brasília, do Rio e de São Paulo. Foi muito elogiado, mas também foi muito criticado por um daqueles que considero um dos seus pontos fortes: mostra os dois lados de uma polarização política. Como você chegou à lista dos entrevistados, que trazem opiniões tão diferentes para o documentário?

FRANCISCO Tem duas coisas importantes sobre esta sua colocação inicial: a primeira é que esse filme tem uma estratégia política de fundo que é a minha convicção de que polarização é um fenômeno degradante para uma democracia. Há quem entenda por essa palavra um fenômeno saudável, pensar que tem um certo nível de antagonismo que é constitutivo da experiência política. Só que polarização como conceito é degradante. E é degradante porque não se trata de um fenômeno primordialmente racional, em que as pessoas escolhem perspectivas, campos de argumentos, de ideias do que seja a melhor forma de se viver em sociedade e aderem a essas posições racionalmente. A polarização é, antes de tudo, um fenômeno psicoafetivo. É um processo muito mais inconsciente, que envolve um conjunto de afetos, e esses afetos são negativos. São, sobretudo, afetos de ódio por uma série de fatores, e que vão formando uma mentalidade em grupos sociais diferentes.

Basicamente, o que acontece é que as pessoas formam identidades, se juntam por causa dessas identidades. Então, formam laços grupais de identidade política. E uma vez que você faz parte de um laço grupal com uma identidade muito forte... é igual torcida organizada, Miguel. Você fica muito refém dessa identidade. Identidade é um fenômeno muito forte, é uma coisa que constitui as pessoas. Isso vale para religião. Vale para política. Vale para futebol. O Brasil passou desde 2013 por um processo de constituição de identidade política para as pessoas. É um processo potencialmente bom, mas acabou acontecendo de uma maneira com muitos efeitos colaterais ruins, entre eles a polarização.

Então, sou contra a polarização porque ela tende a uma degradação social, a uma demonização da posição do outro, a uma ignorância do que é a posição do outro, a uma desonestidade no debate público porque cada lado está mais preocupado em vencer a disputa identitária e/ou eleitoral do que realmente compreender o conjunto dos argumentos para tentar, por meio dessa compreensão mais exata da realidade, chegar às melhores respostas.

Tudo isso para responder a sua pergunta. Tenho convicção de que a polarização é degradante e eu quis que o filme se colocasse formalmente — não apenas cognitivamente –, contra essa dinâmica polarizada. Daí o interesse em ouvir os dois lados.

Isso dito, tampouco acredito que em política haja neutralidade de perspectiva. Esse filme não é de forma alguma neutro. Acredito ser de centro-esquerda, tal como eu vejo a centro-esquerda. Para mim, ser de centro-esquerda significa um gesto de você conhecer os argumentos do centro, do centro-direita. Por isso convoquei pessoas que não são necessariamente do espectro da esquerda para participar.

MIGUEL E no fundo a política é isso, é convergência, é você ouvir o outro, entender o argumento do outro, concordar ou não e convergir a um denominador comum. Essa é a arte da política. O Parlamento existe para isso. Não é o que acontece hoje, mas o Parlamento existe para chegar a um denominador comum.

FRANCISCO Exatamente. Só para terminar, uma coisa importante, o modo como a gente conheceu a polarização antes de 2014 em diante. Porque a polarização propriamente se forma a partir de 2014. Junho (*de 2013*) ainda era muito confuso.

MIGUEL Na política recente, por exemplo, o PT e o PSDB representaram essa polarização saudável.

FRANCISCO Isso. A polarização que a gente conheceu na redemocratização foi PT e PSDB, projetos de poder de autoridade durável. O PSDB, duas gestões na presidência, e o PT, quatro conquistas, três gestões e um impeachment. Mas o que marcou aquela polarização? Acabou de sair um livro fundamental para a compreensão do que foi isso. Um livro organizado pela Marta Arretche, professora da USP, especialista em desigualdade, junto com dois colegas. É um catatau que estuda as políticas públicas, os planos de governo e os discursos de parlamentares de PT e PSDB de 1991 até 2014. O que esse livro revela, basicamente, é que PT e PSDB tiveram muito mais convergências do que os dois lados, a partir de certa altura, gostariam de admitir. Isso que é interessante. A polarização entre PT e PSDB se dava em uma margem de consenso. O PSDB era um partido social-democrata, então era um partido de centro-esquerda. Quando o PT ganha a primeira eleição com o Lula, o PT basicamente mantém as grandes políticas sociais plantadas pelo PSDB e as aprofunda, as densifica enormemente, não há propriamente ruptura. Apesar de que tempos depois iria haver esse discurso, que é ingênuo, que é degradante, de herança maldita, de não sei o quê neoliberal.

MIGUEL É uma luta pela captura de narrativas, porque a essência é muito parecida. Por mais que os dois lados digam que não, foram dezesseis anos de uma social-democracia contínua. Com o primeiro governo Lula ainda mais fiscalista do que o segundo FHC. Mas voltando ao filme: nesses sete anos, o resultado é muito mais profundo do que o impeachment da Dilma. Então, a gente viu um movimento revolucionário em 2013 que, no fim das contas hoje, sete anos depois, o que a gente tem no poder é um governo reacionário. Onde esse troço desandou no meio do caminho?

FRANCISCO Essa é a grande questão, Miguel. Vou começar com o que para mim é a formulação fundamental de qualquer perspectiva sobre junho. Junho de 2013 não pode ser pensado exclusivamente sob a perspectiva do seu devir reacionário, mas tampouco pode ser pensado sem levar em conta que esse foi o seu destino. Junho foi um acontecimento, uma irrupção de empoderamento da sociedade civil contra um determinado estado da democracia liberal. Foi um levante contra tudo o que o Brasil não conseguiu fazer a partir da Carta de 88.

É como se você liberasse uma massa enorme de energia, que ficou no ar. E no momento em que ficou no ar, começou a ser disputada. Por uma série de fatores, acabou sendo canalizada progressivamente para uma direita cada vez mais reacionária. A lição que fica é dos riscos que se corre quando você levanta uma energia dessas no ar sem estar seguro do seu controle.

O que se vê agora — os ataques ao Parlamento, ao Judiciário — está diretamente relacionado a junho. Junho foi a primeira pedra atirada contra as instituições fundamentais da democracia. Foi a primeira pedra contra o lulismo. Foi a primeira fissura do lulismo. A Dilma ainda conseguiu vencer a eleição, mas a partir dali a fissura foi aumentando e acabou quebrando.

A Lava-Jato pode ser interpretada como a grande captura da energia de junho pelo Judiciário. Mais exatamente por um juiz de primeira instância e por um conjunto de procuradores. Já que o sistema político não deu a resposta que aquele acontecimento exigia... O então governo PT, a Dilma, praticamente virou as costas. Fez um *semblant* de acatar as demandas em um primeiro momento, mas nada efetivamente foi feito. O Moro pegou aquilo e deu início à Lava-Jato.

MIGUEL Voltando ao filme. Ele tem uma inovação incrível, que é mérito da curadoria do Raul Mourão, que é alternar as imagens documentais, as entrevistas, com arte visual, com performances filmadas. Vários artistas contemporâneos — Cabelo, Nuno Ramos, Janaína Tschape participam do filme dentro dessa curadoria do Raul. Qual foi a sua intenção ao inserir esses elementos? Como isso contribui para a narrativa?

FRANCISCO Começou com o desejo de que esse documentário se inserisse em uma certa tradição que eu poderia chamar de "cinema ensaio", de que talvez o maior representante seja o Chris Marker, um cineasta francês extraordinário. Eu tinha essa vaga ideia de um documentário que não fosse feito apenas por imagens de arquivo que ilustrassem aquilo que era dito. Convidei para essa empreitada o Raul Mourão, artista cujo trabalho admiro. É um amigo pessoal. A gente já conversava muito sobre política, sobre arte. Ele se entusiasmou e começou a fazer uma curadoria de videoarte, de obras que ele achava que de alguma maneira se relacionavam com o universo do filme.

E aí começa a aventura formal do filme, que é uma aventura arriscada, porque trabalhamos com obras já prontas. Cada vídeo é uma obra autônoma que tem, portanto, os seus sentidos, formais e semânticos, como toda obra de arte. O que fizemos foi propor aos artistas que nos concedessem desmontar aquela máquina autônoma deles, e que a gente pudesse ressignificá-las. Os artistas foram muito generosos. Alguns se recusaram, a partir dessa crença de que as obras são autônomas e que não deveriam sofrer essa violência. O que entendo completamente.

Gosto muito do trabalho do Raul. Tem momentos muito bonitos de ressignificação dessas obras. Os vídeos do Nuno são extraordinários. Os da Janaína. O trabalho da Lenora (*de Barros*). O do Cadu. Tem coisas que são maravilhosas e que funcionam muito bem ali.

MIGUEL E do Cao (*Guimarães*). O Cao é craque.

FRANCISCO O do Cao é talvez um dos momentos de que eu mais gosto. Agora tem outras dimensões disso, Miguel. Uma dimensão é também uma premissa, da qual eu parto, de que toda arte é capaz de capturar na sua forma e nos seus afetos o sentido da História, do momento em que ela é produzida. E ela captura o sentido da História formalmente e afetivamente, o que a linguagem verbal não é capaz de fazer. Então, me interessava também ver como a arte contemporânea já estava enunciando alguns dos signos da nossa experiência histórica.

Agora só passando por uma coisa interessante que você falou da recepção do filme. De fato, teve críticas boas, críticas más. Teve um episódio curioso no Festival de Brasília, onde ele foi vaiado e aplaudido. Eu fui xingado de liberal e no final até de fascista. O que é muito mais revelador do espírito do tempo do que do próprio filme. É impressionante.

MIGUEL A nossa turma é de esquerda, mas você tem a coragem de se colocar como centro-esquerda. Não é apenas coragem, mas inteligência de ouvir. De se colocar no outro lado do meio. Mesmo assim, nós temos uma certa culpa, ao nos colocarmos como pseudo-intelectuais, ao negarmos o extremamente popular, ao nos colocarmos, muitas vezes, em um Olimpo de uma certa intelectualidade elitista. E esse popular não encontra um local para se acolher e migra para o outro lado. São vozes potentes que, em determinado momento, poderiam estar ajudando a verbalização do que a gente acha que é correto e, na verdade, estão perdidas em um limbo ou se colocam de um outro lado.

FRANCISCO Eu sou um intelectual público, Miguel. Para mim, uma das funções fundamentais de um intelectual público é instaurar complexidade no debate. Um intelectual pode e deve ter uma posição política que, no limite, busca o consenso. Então, na hora H, eu sei de que lado estou, eu voto em fulano, faço campanha para fulano, assino manifestos, mas não necessariamente concordo de forma integral com o manifesto, com o candidato, com o partido. Só que não sou militante. O papel do militante é tentar traduzir um determinado conjunto de ideias em transformação da realidade, em conquista de poder político. É um papel importante. O papel do intelectual público é o de tentar pensar a realidade na sua complexidade. Você não pode fechar o olho para uma complexidade porque isso vai te deixar mal com um determinado grupo político ao qual, entretanto, você está alinhado em um sentido mais amplo.

Por isso falo que é uma posição delicada. Se você for um intelectual público corajoso, honesto e mais preocupado com a realidade e com a identificação correta dos problemas do que com a demagogia e as recompensas narcísicas do pertencimento à lógica de grupo, você vai pagar o preço. Porque é muito importante que nenhum grupo social se sinta completamente à vontade nas suas verdades. Quando um grupo social fica chafurdando na circulação de verdades compartilhadas, todo mundo diz a mesma coisa. E quem é mais bajulado é quem diz a mesma coisa com mais radicalidade. Aí você tem um embrião de autoritarismo. Porque essas verdades se sedimentam e viram dogmas. Dogmas acabam virando exercício de poder sobre os outros. O papel desagradável do intelectual público é furar a lógica de grupo, instilar complexidade ao debate e torná-lo mais arejado, menos dogmático. Impedir que a militância tome conta de tudo. A militância é uma das funções da política. Mas ela deve ser conciliada com outras.

MIGUEL De 2013 pra cá, bastante coisa aconteceu. Se você hoje, viesse a atualizar o seu filme, qual desse últimos vezes você retrataria. Qual outro "mês que não terminou" na história recente do Brasil você traria para a narrativa?

FRANCISCO Primeiro, sobre essa coisa da temporalidade do Brasil, gosto muito de uma frase do Millôr que você deve conhecer, que o Brasil tem um longo passado pela frente. De fato, para trazer um pouquinho da psicanálise, eu acho que dá para dizer que a experiência do Brasil é uma experiência melancólica. O que é a melancolia para Freud? A melancolia é o estado em que o sujeito não consegue fazer o luto de um objeto, fica sempre preso a uma espécie de objeto perdido. E o Brasil nunca foi capaz de fazer o luto da sua origem perversa colonial. Talvez seja isso, afinal de contas, uma das principais razões do nosso subdesenvolvimento social, não apenas econômico. Alguns países com a mesma origem colonial que a do Brasil, Estados Unidos por exemplo, fizeram uma revolução, a Revolução Americana, um grande momento, impactante, coletivo. Passaram por uma guerra civil, depois Civil Rights, grandes acontecimentos que são traumáticos, mas são também liberadores, porque propiciam enormes transformações sociais. O Brasil, não. O Brasil não consegue elaborar o luto. Fica melancolicamente apegado ao seu passado colonial desigualitário e a gente não consegue dar um passo. A gente esboça alguma coisa, tem um arranque espasmódico de progresso social, e, em seguida, vem um retrocesso enorme. Então, a temporalidade é essa.

Se eu tivesse que fazer um filme agora sobre outro processo, naturalmente seria o que a gente está vivendo. Se tivesse que escolher um mês, talvez fosse março de 2020, porque foi uma inflexão muito drástica no bolsonarismo. Quando o Bolsonaro teve a primeira resposta à epidemia da Covid, quando ele bota aquela máscara no olho. Se eu tivesse que escolher uma imagem símbolo do que é o Brasil neste momento é o Bolsonaro com a máscara no olho. Essa mistura de obscurantismo com anticientificismo, com negacionismo, com desastre.

Eu mesmo, até este momento, estava entre aqueles que não defendiam o impeachment do presidente da República. Mandato popular é sagrado. Esse instituto do impeachment é que nem a bomba atômica, deveria ter mais efeito dissuasório do que ser algo usado muitas vezes. Porque se você usa muitas vezes, vai corroendo a democracia.

Até aquele momento ali, era um governo, sem dúvida, com traços antidemocráticos, autoritários, mas, de alguma maneira, estava sob certo controle. Disfuncional, mas estava. A partir da resposta do Bolsonaro à pandemia, teve uma inflexão muito drástica. Ele ficou muito mais acuado. Porque imediatamente percebeu que a economia que já vinha em voo de galinha não só não ia decolar, como ia afundar. Ele só pensa no processo eleitoral, então viu isso ficar sob risco. À medida que foi ficando acuado, foi agredindo mais as instituições e isso entrou nesse processo de degradação institucional em um nível tensíssimo.

MIGUEL Aí, Chico, entra a seguinte importante questão. Em 2013, houve uma união de forças diferentes, divergentes, com muita potência, que deu em um processo de impeachment discutível que se configurou em uma questão muito mais política do que jurídica.

E hoje a gente não consegue ter uma oposição que se una, mesmo vivendo uma situação muito mais bárbara do que naquela época. Então, esta oposição não existe como existiu em 2013. Hoje é extremamente enfraquecida e desarticulada. Neste final de semana mesmo, o Lula se recusou a assinar o manifesto #EstamosJuntos, um movimento apartidário. Demonstra uma desunião completa da esquerda abrindo ainda mais espaço para todo esse autoritarismo.

FRANCISCO É lamentável. Eu acho que agora é um momento em que todo mundo tem que se unir contra uma ameaça que é uma ameaça maior, é uma ameaça contra as próprias condições do jogo. Então, primeiro você combate essa ameaça, restaura as boas regras do jogo e depois você joga.

E aí é legítimo que as diferenças reapareçam e se discuta o processo eleitoral, mesmo dentro de um mesmo espectro maior, como, por exemplo, a esquerda. Mas nesse momento, o que tem que se fazer é realmente a tal da frente ampla.

Agora tem um problema, Miguel. Eu diria que a maioria das pessoas que defendem retoricamente a formação de uma frente ampla não está preparada para efetivamente fazer parte de uma frente ampla. Isso aí para mim é claro. Uma frente ampla, nesse momento, é uma frente ampla democrática. Ora, existe a direita democrática. Então, uma frente ampla democrática é uma frente que tem que ter a direita democrática. Não tem que ter o protagonismo da esquerda. É uma frente ampla democrática.

MIGUEL Da sociedade civil.

FRANCISCO Da sociedade civil, também de políticos institucionais, mas, antes de tudo é todo mundo que é a favor da democracia, do funcionamento institucional, do equilíbrio entre os poderes, de um sistema em que quem está no poder não esmague o outro, da universalização de direitos, de um certo compromisso, que pode variar de intensidade, mas que tenha algum compromisso fundamental com o combate às desigualdades. Você pega todo mundo que está nesse barco, combate o bolsonarismo e depois todo mundo que combateu disputa entre si. É legítimo.

Agora, uma das razões para isso não acontecer é o evento a que você se referiu, que foi o impeachment da Dilma Rousseff. O impeachment da Dilma é o nó górdio da experiência brasileira dos últimos anos. E aqui eu tenho que te falar uma coisa importante. Esses cientistas políticos americanos, o Ziblatt, Levitsky, esses caras deram uma contribuição muito importante à teoria política recente que é esse conceito de *forbearance* que normalmente é traduzido por autocontrole, autocontenção ou comedimento.

O que significa isso? Significa o seguinte. Uma democracia, para funcionar, ela não precisa apenas que os seus atores institucionais respeitem as leis. Ela precisa que haja uma cultura política de respeito a um conjunto de regras não escritas. Essas são regras de civilidade, de urbanidade, de você preservar o ambiente democrático em detrimento de ganhos imediatos.

O que acontece? A cultura política brasileira é muito fraca sob esse aspecto de respeito a essas regras não escritas. E a experiência da redemocratização foi muito marcada por violações sucessivas e cada vez mais intensificadas dessas violações.

Então, por exemplo, talvez o primeiro gesto nesse sentido tenha sido o projeto de reeleição do FHC em pleno mandato. Entendeu? Ora, é legal? É legal porque passou uma PEC, mudou essa Constituição. É "legal", mas tem várias suspeitas do que houve naquele processo. Mas ok, mudou-se a lei. Só que você não faz isso. Não é democrático no sentido do espírito da democracia. Você não pode mudar uma regra com o jogo andando. Você não faz isso. O mesmo vale para o PT na oposição ao Fernando Henrique: contra o Plano Real, contra a Lei de Responsabilidade Fiscal. A partir daí, essa polarização PT x PSDB foi adensando esse conjunto de violações das regras não escritas cujo apogeu seria o impeachment da Dilma.

Só que quando você faz o impeachment da Dilma, aí é um ponto sem volta. Aí esse conjunto de violações degradou a democracia a um tal ponto que você entra em uma situação que a gente poderia chamar de anomia. O que é uma situação de anomia? É uma situação em que a sociedade não reconhece mais as regras do jogo.

E a partir daí, fudeu. Aí o ovo da serpente está chocado. Quando você chegou nesse ponto, aí vale intervenção militar, vale Bolsonaro, vale a porra toda.

MIGUEL Voltando aqui a uma questão do Brasil e suas idiossincrasias. Eu queria entender por que no Brasil existe esse liberalismo tupiniquim, esse liberalismo jabuticaba, que é o liberal na economia e absolutamente conservador nos costumes e vice-versa. Isso atrapalha por demais as questões mais importante hoje para o desenvolvimento do país que são resolver as desigualdades sociais, o nosso racismo estrutural, a inclusão social, a cidadania plena. Tudo isso é paralisado justamente por essa inversão de valores. Como você vê isso aí?

FRANCISCO Quando você pega a história do liberalismo e do conservadorismo, você vê que são dois fenômenos que historicamente estão muito entrelaçados. Existem liberais conservadores, conservadores liberais. Os liberais conservadores são em geral liberais que defendem, portanto, a universalização de direitos, a defesa dos direitos do indivíduo, proteção de minorias, a liberdade individual, como diz o clássico do John Stuart Mill, "On Liberty". A liberdade individual, até onde a sua liberdade invada a liberdade do outro. Mas, em geral, a história do liberalismo é uma história de receio quanto à democracia, quanto aos poderes subversivos e demasiadamente democratizantes da democracia. Então, eu diria que quase todos os liberais históricos têm algum nível de conservadorismo, como o receio à democracia.

No Brasil especificamente, eu acho que essa relação muito forte entre liberais e conservadores, talvez passe pelo fato de que o Brasil não passou por um processo de secularização que, por exemplo, a Europa passou. O Brasil se manteve um país muito religioso. O cristianismo era a religião oficial do Brasil Colônia. O Brasil não era um país sequer laico até a Proclamação da República. E até há poucas décadas atrás, os católicos eram 70% da população. E a gente vê: tem feriados nacionais que são católicos; tem símbolos religiosos que estão em repartições públicas. Então, existe uma presença de um conservadorismo de fundo religioso que é muito forte na sociedade brasileira como um todo. E aí não são só liberais, não. Isso está na experiência social brasileira como um todo e recentemente se agravou. Por conta do fenômeno evangélico, esse sentimento conservador está mais forte. E nem deveria ser chamado de conservador, na minha opinião. Deveria ser chamado de reacionário. Não faz justiça à história do conservadorismo. O conservadorismo de Edmund Burke a Michael Oakeshott é uma tradição muito rica que tem princípios bem importantes com os quais eu, por exemplo, que me considero pouco conservador, estou de acordo. Por exemplo, um cara como o Burke é muito mais conservador do que eu desejaria, mas tem coisas ali que são importantes para qualquer momento. Michael Oakeshott que é um filósofo conservador inglês, para mim é um dos maiores filósofos do século XX. Agora, Bolsonaro, essa gente – eu detesto essa expressão "essa gente", mas eu uso para essa gente. Essa gente é reacionária. Um conservador não é necessariamente contra as transformações sociais, contra direitos universais. Ele só pede que seja mais devagar. "Devagar com a louça." Entendeu? Porque ele é muito cético e ele é muito escolado contra projetos utópicos racionais da experiência moderna que creem que é possível você transformar uma sociedade inteira, de cima para baixo, fazendo política de gabinete. Isso produziu catástrofes enormes no século XX. Então, eles só são mais organicistas. Eles acham que as instituições que foram se formando com o tempo têm um certo valor. Você não joga isso fora. Você vai aperfeiçoando. Eles são mais reformistas.

Essa gente que está aí não se confunde com a boa tradição conservadora. Eles são reacionários. Eles são contra direitos universais. Eles são contra a liberdade das minorias. Eles são contra direitos individuais. Eles querem restaurar o mundo tradicional pré-moderno que é um mundo muito confortável, Miguel. É um mundo psiquicamente muito confortável. É um mundo que te dá tudo. Desde que você nasce, tudo o que você vai viver está dado de antemão. Então, você não tem margem para escolher. Você não tem margem para escolher a sua sexualidade. Você não tem margem para escolher a sua profissão. Você não tem mobilidade social etc. A modernidade é "Tudo que é sólido desmancha no ar". A modernidade é Galileu, Giordano Bruno, Copérnico. *"O homem não é o centro do universo." "A experiência humana não tem um fundamento transcendental."* Portanto, qualquer coisa pode. A humanidade é aquilo que a gente vai fazer com ela. Quem é reacionário odeia todo esse mundo, que é o mundo dos artistas, que é o mundo dos intelectuais, que é o mundo da ciência, que é o mundo dos historiadores. Então, o que a gente está enfrentando é um reacionarismo de matriz transcendental-religiosa.

Quanto tempo a gente tem, Miguel? Um minuto ou tem cinco?

MIGUEL Tem um minuto só. É beijo e tchau praticamente.

FRANCISCO Então não dá. Eu queria muito falar sobre o que está acontecendo na cultura do Brasil. Não em termos de política cultural, porque em termos de política cultural não está acontecendo nada. Mas o mais importante a pensar é qual é o projeto de cultura, cultura entendida mais amplamente como civilização, que está em jogo no bolsonarismo. Isso é terrível. Isso vai contra um acúmulo extraordinário de pensamentos e práticas que o Brasil conseguiu formar e que permanece sendo o grande trunfo civilizatório do Brasil no concerto das nações, que é a nossa imaginação e práticas culturais. Os caras estão destruindo isso. Isso fica para a próxima live então.

MIGUEL Vamos marcar uma só para falar desse assunto.

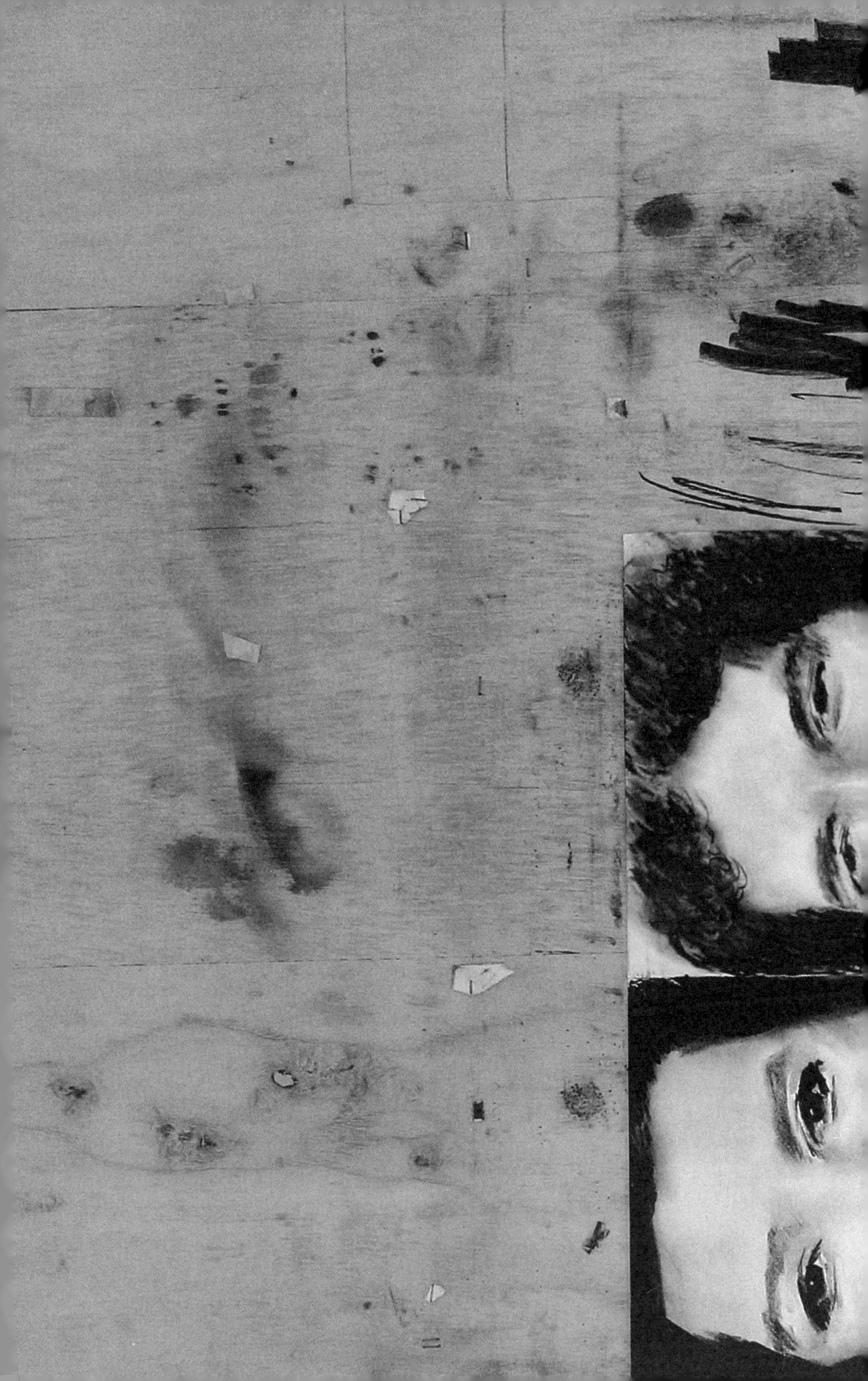

REGINA CASÉ E ESTEVÃO CIAVATTA

BRASIL, UMA BIOPOTÊNCIA

6 DE JUNHO

Eu amo Regina, amo Estevão, amo a família deles, amo Roque, Benedita, João, Brás, amo as casas deles, as festas deles, os amigos deles. Simplesmente amo. Regina é a melhor companhia para circular por Salvador ou pelo subúrbio do Rio. Conhece cada cor, cada cheiro, cada canto, cada acarajé. Estevão é a minha melhor dupla numa roda de samba. Quando é na minha casa ou na dele, protagonizamos juntos a cantoria. Quando a roda é mais de responsa, com Marisa, Caetano, Gil ou Nelson Sargento, a gente fica humildezinho no canto, tocando juntinhos, meu pandeiro e seu tamborim. Regina me ensinou muito. Me ensinou a circular pelo Rio sem preconceitos ou distinções. Me ensinou a enxergar a minha própria cidade com um olhar mais hedonista e menos exótico. Estevão, em si, é puro ensinamento. Exala coragem, determinação, perseverança, resiliência. Um admirável exemplar de ser humano. Ambos me ensinaram — não só a mim, mas a todo o Brasil — a celebrar a diversidade, não apenas a apontá-la. Essa diversidade que é tão sinônimo da família Casé Ciavatta, está em suas casas, em suas estantes, em seus jardins, em seus armários, nos seus parabéns, em suas amizades, na própria família. Temos sempre tanto para conversar que me apropriei dessa janela oferecida pelo PNUMA para fazer este recorte em torno de algo mais que nos une, a paixão pela floresta, pelas árvores, pelos povos originários.

MIGUEL Meus queridos amigos, Regina e Estevão! Que prazer conversar com vocês em ocasião tão nobre! Como vocês sabem, o Programa das Nações Unidas para o Meio Ambiente (Pnuma) convidou a ONG Uma Gota no Oceano, da qual faço parte, para fechar a Semana do Meio Ambiente. Portanto, esta live faz parte da agenda oficial da ONU! Quando recebemos esse convite, pensei imediatamente em vocês, que já rodaram todos os estados e todos os biomas brasileiros fazendo o *Um pé de quê?*, pelo qual sou apaixonado e que já contou histórias de 156 espécimes vegetais do mundo todo, em 180 programas. Esses programas, para quem não sabe, foram ao ar pela TV Globo e pelo Canal Futura e estão disponíveis no YouTube.

Isso sem falar do *Brasil Legal* e dos outros programas deliciosos que vocês já fizeram. Então, proponho que a gente escolha uma árvore, de cada bioma, para contarmos essas histórias! Podemos começar pelo ipê, que em tupi significa "árvore cascuda", e tem tanto a ver com o nosso país, o nosso povo, como o próprio nome já diz.

REGINA CASÉ Antes eu queria falar um pouquinho sobre o *Um pé de quê?* e sobre como ele mudou a vida da gente. Acho que a Pindorama, a produtora do Estevão, que é totalmente verde, a primeira empresa do audiovisual que é carbono neutro do Brasil, é filha do *Um pé de quê?*. A nossa paixão pelas matas e florestas também. Estamos juntos há uns 25 anos, e dezoito deles passamos no mato por causa disso.

Eu já gostava de árvores, era uma coisa de família. Mas me sinto exatamente como o Miguilim, do Guimarães Rosa: eu era totalmente míope. Como uma pessoa que mora no Rio de Janeiro e vai a Petrópolis, passa na serra dos Órgãos, e o máximo que repara é que tem ali uma árvore prateada, que é a embaúba. O resto acha que é uma mancha verde.

A cada programa, de quase duzentos, parecia que eu ajustava o meu grau no oculista. Entrei em foco e parece que ganhei os óculos certos. Aos poucos, enquanto eu andava, via uma sapucaia clara, com aquelas folhas rosas, notava cada árvore. Eu enxergo tudo depois do *Um pé de quê?*. E a diferença desse desfecho foi tão grande que conclamo que entidades, institutos e todos nós lutemos muito para que esse tema entre no currículo escolar, para que as crianças saiam do ensino fundamental conhecendo pelo menos dez árvores de cada bioma — se for pedir muito, cinco de cada bioma —, porque qualquer criança da idade do meu filho, com sete anos, conhece quase todos os bichos, os bichos mais estranhos, dos países mais remotos.

MIGUEL Inclusive os extintos, todos os dinossauros...

REGINA Tudo! E tem criança que só sabe o que é árvore e coqueiro e acabou. Acho esquisito esse analfabetismo nosso. Você sai do ensino superior e em nenhum momento da sua vida, em nenhuma matéria que estude, identifica as árvores brasileiras. Não estou nem falando do mundo. Eu sofro muito com isso, porque é muito fácil, muito simples. Meus filhos muito cedo aprenderam e adoram, percebem que são formas. Você não pode andar na estrada com a criança só dizendo: "Olha o boi, olha o cavalo, olha outro boi." Olha também quantas árvores tem pra mostrar! Então, antes de começar a conversa, eu acho que "galinha que tem nome não vai para a panela". Esse é o lema do *Um pé de quê?*. Se seus filhos sabem o nome daquela árvore, a conhecem, são apaixonados por ela, não vão querer que ninguém a mate, a corte. É o básico que precisamos... Como tudo no Brasil, o básico deve partir da educação.

ESTEVÃO CIAVATTA Ainda no plano geral do *Um pé de quê?*, aprendemos uma coisa muito importante: muitas árvores, até árvores urbanas, nasceram antes da gente e vão morrer depois da gente. São seres vivos muito mais longevos. E eles nos dão uma coisa que chamamos de ponto de vista da árvore, o ponto de vista por um contexto mais histórico. Se você pensar por exemplo no jequitibá de Muriqui, perto de Mangaratiba, ele tem por volta de quinhentos anos, ou seja, viu os portugueses chegarem aqui, viu francês brigar com português, viu índio comer índio, viu a escravidão, viu a abertura da Rio-Santos. Então você começa a ter uma perspectiva da vida e um entendimento das coisas muito mais interessante, muito mais profundo.

E sobre a questão da escola, a partir das árvores se aprende sobre o passarinho, todos os bichos, todas as plantas que vivem nelas. E as florestas têm 400 milhões de anos; se não fossem elas, não estaríamos aqui.

REGINA Nada melhor que uma árvore para dar a noção de processo. Muita gente busca essa noção por anos na psicanálise. Várias vezes eu planto uma árvore e ouço: "Mas você nem vai ver essa árvore aí dar tudo." E eu falo: "Mas quantas já peguei prontinhas, que não fui eu quem plantei?" Eu sou doida, já plantei uma sumaúma, um mogno, então não vou ver essas árvores na sua plenitude. As árvores nos ensinam diariamente uma relação com o tempo, essa noção de que você não precisa fazer as coisas para você, que alguém fez para você e que você pode fazer para alguém.

Bom, vamos ao ipê...

ESTEVÃO É uma árvore incrível, porque está no Brasil inteiro, temos diversas espécies. Ela corre desde o Rio Grande do Sul até a Amazônia. Mesmo aqui, no Rio de Janeiro, e no cerrado, no interior de São Paulo, alguns ipês se destacam na paisagem. Parece que tomou uma coisa muito forte, porque a cor é poderosa. E são tantas cores, ipês roxos, amarelos, brancos, até verdes! Assim como no Japão é celebrada a floração das cerejeiras, devíamos fazer o mesmo por aqui, celebrar a floração dos ipês, que são de uma exuberância e de uma coloração tão vibrante!

O dado triste é que, atualmente, essa é a madeira mais valiosa da floresta amazônica. Madeireiros abrem quilômetros de estradas clandestinas só para extraí-lo. Um caminhão com toras de ipê está valendo 200 mil reais. E elas são para exportação, mas também para as nossas obras, então é isso que abre caminho para a devastação. Esse seria um bom momento para a gente pensar, não usar ipês nas nossas obras, parar de consumir ipê, os gringos pararem de comprar ipê brasileiro, porque isso está levando as nossas florestas ao fim.

MIGUEL Você falou dos ipês amazônicos e a Regina da subida da serra, que é uma encosta de mata atlântica, da qual vocês são superentusiastas, já até fizeram programas de recuperação da mata das margens do rio Una, não é? E a mata atlântica chegou a ter um descanso no seu desmatamento, mas agora a destruição voltou pesada, temos perdido muitos hectares de mata. Como é receber a notícia da volta desse desmatamento?

ESTEVÃO Desesperador! A gente apelidou a nossa mata atlântica de mata vizinha, aquela que está do nosso lado, cuidando, dando o ar, sombra, um ar-condicionadozinho, frutas, nos dando tudo. É muito triste ver, depois de mais de 90% dela ter sido devastada, o desmatamento ainda acontecer.

REGINA É uma barbaridade, porque ela só tem 10% ou 12% do que já foi, e não dá para imaginar que, depois de ter se estabilizado a duras penas, a gente ainda possa ter uma perda desse tamanho. É uma afronta, uma coisa terrível. A mata atlântica corre quase o Brasil todo, vai até se misturando com outros biomas e enriquecendo.

Eu sou apaixonada e tenho teorias muito loucas sobre ela. A cultura que a gente produz, o que a gente aprendeu a chamar de cultura nacional, vem da mata atlântica. O que vem da Amazônia, toda a sua sabedoria, todo mundo que vive ali, só chegou até a gente depois. A mata atlântica é a nossa história inaugural, digamos assim, o que a gente conhece primeiro, o que a gente entende por a gente, não é? Então você pensa, sem beribá não tem berimbau, sem todas as frutas não tem as festas que conhecemos, não tem todas as músicas que conhecemos, elas estão sempre se referindo à mata. Tem uma descrição muito boa, daquele programa que fizemos em Diamantina, onde encontramos um viajante, o Saint-Hilaire! Ele diz que ficou "chapado" com a mata atlântica, com a diversidade, uma árvore baixinha gordinha convivendo com uma muito alta magrinha, com uma gigantesca, várias pequenininhas, e tantas espécies. Se você recortar um quadrado do tamanho da sua sala, tem uma imensa diversidade, espécies completamente diferentes convivendo juntas. Olha que ensinamento. E é a cara da diversidade do Brasil. Cada árvore dessas gera um barulho diferente, passarinhos diferentes, uma fruta diferente, uma música diferente, porque cada som sugere uma música, cada gosto uma comida, cada instrumento, uma dança, um batuque. E aí ele diz uma coisa maravilhosa: na Europa, com as enormes florestas de coníferas, de pínus e tal, você viajaria quilômetros e quilômetros para ter uma espécie tão diferente da outra. Teria que mudar de país, praticamente! Então é um tesouro inominável, e nós convivemos com ele no dia a dia. Ela é tão próxima, ela é tão íntima, ela é uma mata pouco agressiva, uma mata tão linda. Eu sou apaixonada por ela. Estevão é Amazônia, eu sou mata atlântica. Têm esses dois times aqui em casa.

MIGUEL Vamos falar um pouco da caatinga, um bioma 100% brasileiro, totalmente nacional. Muitas pessoas que não a conhecem acham que é uma região sem vida, árida etc. Regina filmou *Eu, tu, eles*, um filme maravilhoso do Andrucha Waddington, com trilha deliciosa do querido Gil, no interior de Pernambuco, entre Petrolina e Juazeiro, cercada desse bioma peculiar. Acho que vocês têm muita história para contar da caatinga.

REGINA Sim, tem coisas lindas, mesmo. Eu já conhecia um pouco a caatinga, o agreste, porque minha família é toda de Caruaru — que é o nome de um cacto da região —, mas eu nunca tinha ficado tanto tempo realmente dentro da caatinga.

A gente passava muito tempo viajando por uma estradinha, indo do lugar em que o filme começou até onde virou o nosso set, e eu achava inóspito, estava acostumada com a mata atlântica, pensava que não ia aguentar. Parecia que eu era uma astronauta soviética na estação Mir. Eu abria o trailerzinho, via as crateras da Lua e falava: "Aqui não tem nada, cara!" Em uma semana, a primeira coroa de bichos, que você vê de um jeito inédito, e vão saindo outras, outros cactos, opúncias, as árvores, os cheiros, e você vai ficando doido, apaixonado por aquilo. E aí eu andava, andava, olhava, fotografava. E é impressionante como a gente sempre humaniza as árvores. Todo mundo acha que tem a gente e as árvores, e cada vez mais a gente está provando que somos uma coisa só, não tem como separar. Da mesma maneira, todo mundo acha que o meio ambiente é um lugar longe pra caramba, lá depois da Amazônia, um lugar meio vago, meio nublado, distante. Essa é a impressão que a maioria das pessoas tem do meio ambiente...

Mas o meio ambiente está o tempo todo embaixo do nosso nariz. Literalmente. No ar que você respira, na água que, graças a Deus, ainda temos para beber, e lá na caatinga você percebe melhor isso, a importância da água, todas essas relações ficam mais nítidas, contrastadas, porque é uma luta diária.

E tem uma árvore que aparece ali, soberana no filme, como um personagem que eu considero tão importante quanto o do Lima, do Luiz Carlos, do Stênio, o meu, todos, que é uma imburana, uma imburana-de-cheiro, que árvore! Vai soltando a casca assim e sai uma seiva, parece que você já comprou o perfume, tem um cheiro maravilhoso, sanativo, curativo para mil coisas, vale por mil remédios, é uma árvore linda. Eu namoro com os três maridos, sempre embaixo da imburana, brinco com as crianças na imburana, amarro o bodinho na imburana, a imburana está presente no filme todo como uma protagonista.

ESTEVÃO Nós somos conselheiros da Associação Caatinga, temos uma relação muito próxima. E vale também lembrar a árvore da caatinga que talvez seja a menos conhecida e a mais falada no Brasil: a favela. Ela tem uma história linda, ligada a Antônio Conselheiro, a Canudos, à vinda para o Rio de Janeiro e à origem do samba do morro da Favela. Depois o nome desse morro virou o nome das favelas do Brasil.

MIGUEL Era onde ficavam os soldados de Canudos.

REGINA Exatamente, porque o arraial ficou lotado, não é? E aí tinha o morro perto, e o pessoal que chegou por último foi morar ali. Essa história da favela é lindíssima. Qualquer árvore vem carregada de histórias, de ciências, de poesia, de música, de astronomia. Qualquer árvore, se você puxar o fio, tem tudo a ver com a sua vida.

MIGUEL Enfim, vamos mudar de região e falar do cerrado, um dos meus biomas favoritos. Uma característica interessante do cerrado é que a floresta é dentro da terra. São as árvores invertidas. Essa característica é importante para a manutenção da vida no Pantanal, por exemplo. E está em cima do maior aquífero do mundo, o Guarani. Vocês acham que a destruição desse bioma também ameaça o abastecimento hídrico do país?

ESTEVÃO O Eduardo Viveiros de Castro tem uma frase que retrata como os portugueses, os colonizadores, viam o Brasil. Ele se referia à Amazônia, mas acho que vale para o país inteiro e também para os dias atuais. Esse pensamento colonialista acha que a Amazônia precisa ser superada, que precisa ser uma coisa que não é, para florescer, ou para se desenvolver. É uma coisa que aconteceu com a mata atlântica, que acontece com o cerrado, e acontece com a Amazônia, em nome de um desenvolvimento sem planejamento. Talvez esse seja o grande problema. Porque já temos muita área desmatada no país para desenvolver.

Então, é muito triste ver que continuamos permitindo que isso aconteça. Porque não tem sentido, o Brasil é muito mais que isso, é muito melhor que isso, e temos justamente que aproveitar essa diversidade, essa biodiversidade, as nossas riquezas, a nossa biopotência, olhar para isso de uma maneira diferente. E o cerrado, como você falou, é um manancial de águas, tanto para os rios do Sudeste quanto para os rios amazônicos — o Tocantins e o Tapajós vêm de lá. Não dá para desmatar assim, estamos brincando com a vida, e isso é um absurdo.

REGINA Tem uma mentalidade que precisa ser mudada, não apenas na cabeça de quem desmata. Não é só o imediatismo, mas perceber o potencial de riquezas na biodiversidade, você tem um potencial gigantesco no Amazonas, no cerrado etc., inexplorado, único, que só o Brasil detém. Pouquíssimos países têm um pouco de Amazonas. Mas é essa biodiversidade, tudo o que está ali, que pode nos livrar de muitas Covids que virão por aí. Deus nos livre, mas estamos jogando aquilo fora.

As pessoas enxergam com antolhos, não existe agronegócio sem água. Não se planta sem água! A gente tem que parar de dizer apenas: "Não desmata ou não tem mais agronegócio." Precisamos ir além! Vamos mostrar a riqueza que existe, vamos mostrar o potencial que temos, não só para salvar a nossa pele, os nossos filhos, netos etc., mas porque realmente dá para ganhar muito dinheiro. Dá para o Brasil se emancipar plenamente, entendeu?

Esses problemas todos na verdade não são apenas um recorte, entendeu? Temos que atacar como um todo. As questões ambientais ajudam a perceber que somos um todo, está tudo junto. Por exemplo, agora se discute diariamente o racismo. Você não pode separar e falar apenas "o racismo". Pode focar nisso agora, porque estão acontecendo barbaridades e é preciso focar para que não aconteçam. Podemos focar agora também no desmatamento acelerado, porque estamos em meio a uma crise. Mas é importante entender que não é pelos pretos, não é pelas árvores, é pelo todo, não existe a gente, não existe ninguém, se continuarmos convivendo dessa maneira com as diferenças. As diferenças são combustível de riqueza, de prosperidade, de abundância. Hoje, dia 6 de junho, é o dia da prosperidade, da abundância, e o Brasil tem que florescer, desabrochar. Não dá mais, não dá! E quer saber? Não vai dar para ficar rico assim, que eu acho que é a única língua que todo mundo entende.

MIGUEL É isso! Eu até escrevi um artigo esta semana dizendo que ganha o Nobel da Economia quem calcular o valor da floresta em pé. O valor da biodiversidade. E o valor da água do Brasil. A água é muito mais importante que o petróleo, mas estamos gastando milhões extraindo petróleo no fundo do oceano, ao mesmo tempo que poluímos os rios, destruímos as matas.

É de uma burrice estrutural! A floresta amazônica fabrica 20 bilhões de toneladas de água por dia. Temos o Amazonas, o rio mais volumoso do mundo, os dois maiores aquíferos do planeta, e os governantes não conseguem ver essa riqueza. O futuro do mundo vai passar pela bioeconomia. Depois dessa confusão toda, vão sair na frente os países que abraçarem a economia verde, e o Brasil tem todos os predicados para se tornar a maior potência verde do mundo. O futuro bate à nossa porta mais uma vez! Vocês acham que o Brasil vai abrir essa porta ou vai deixar esse cavalo passar galopando, selado na nossa frente, de novo?

ESTEVÃO O Brasil não perde a oportunidade de perder uma oportunidade. Nos últimos cinquenta anos, a Amazônia foi desmatada. Na primeira medição de desmatamento da Amazônia feita pelo Inpe, em 1975, a área desmatada era de 0,5%. Atualmente estamos nos 19%. A ilegalidade toma conta de grande parte dos processos comerciais na Amazônia.

Beto Verissimo fala que, em grandes números, deveríamos preservar 40% de floresta intocada, 40% com algum tipo de manejo e uso sustentável da floresta. E os 20% que já estão desmatados, regeneramos alguma parte dele, e usamos o resto para triplicar, quadruplicar, a produção agropecuária brasileira.

Eu não tenho dúvida de que a Amazônia é o futuro do Brasil. Mas temos um compromisso geracional. Foi a nossa geração que fez isso e é a nossa geração que deve parar. O filme que estou lançando, *Amazônia Sociedade Anônima*, fala exatamente dessa situação.

Uma situação que a gente não pode mais deixar acontecer, pelo bem de nossos filhos, dos nossos netos, das próximas gerações, e pelo bem do Brasil. E o filme também fala de um outro aspecto dessa bioeconomia que é o componente cultural de toda essa riqueza, o conhecimento do povo indígena.

Eu estava outro dia lá com os mundurucus, e o cacique Juarez me falou uma coisa muito interessante. Eu perguntei: "Como se fala a palavra árvore em mundurucu?" Ele respondeu: "Essa palavra não existe." Eu retruquei: "Mas como é que não existe, no meio da floresta não se fala árvore?" Aí ele me falou: "Não é árvore que se chama aquilo ali. Aquele é um cupuaçu. Aquele outro, um buriti." Enfim, cada ser vivo, cada elemento daquela floresta, com a maior concentração de biodiversidade do planeta, tem um nome.

REGINA A árvore é íntima deles! Eles sabem o nome! Então, tapar os ouvidos para a sabedoria desses povos originais, para essa intimidade, e todo o conhecimento que já existe ali, deixar de traduzir, de interagir com toda essa sabedoria, é burrice, é desperdício! Se você juntar um grupo de publicitários, de pessoas do mercado financeiro, de médicos, e se eles forem todos da mesma etnia, do mesmo gênero, a possibilidade de sair dali alguma inovação, alguma intenção, alguma criação, alguma mudança, é ínfima! Todo mundo sabe disso! Qualquer empresa gringa sabe disso, não é, Miguel? Agora, se você monta um grupo diverso, se você põe um homem, uma mulher, alguém mais velho, alguém mais novo, um de um país, o outro do outro, está provado... As empresas correm atrás de criar os grupos mais diversos para ganhar dinheiro. Não é para ser bonzinho com quem é indígena, ou preto, ou imigrante, não! É para ganhar dinheiro. Então, diversidade nos grupos e nas pessoas, principalmente a nossa biodiversidade, pode gerar riqueza e melhorar essa desigualdade vergonhosa que existe no nosso país. Quando olho para uma floresta, só penso nisso.

ESTEVÃO E você falou uma coisa muito importante, Miguel. Nós temos a joia da coroa, a esmeralda, a pedra mais preciosa da coroa, do futuro da humanidade, ela está com a gente. É inadmissível que a gente não saiba disso, que a gente não use isso.

MIGUEL Não é que a gente não usa, a gente faz questão de destruir. O que é ainda pior! A gente não, né... ELES!

ESTEVÃO Exatamente. E não se coloca isso na balança das negociações internacionais, e de tudo. Um tremendo erro político, estratégico ou econômico. É de uma falta de inteligência tamanha o que estamos fazendo hoje com a Amazônia e com o Brasil.

E só para terminar, é bom lembrar que as maiores cidades do Brasil estão dentro da mata atlântica. Então temos que pensar nelas, realmente, como a nossa casa. São Paulo, Rio de Janeiro, Curitiba, Salvador, Belo Horizonte, Florianópolis, Porto Alegre, Recife estão ali no limite. São a nossa casa, não temos outra saída que não lutar por ela!

MIGUEL Regina, você falou muito em biodiversidade e no quanto essa biodiversidade tem a ver com diversidade humana também. Vocês viajaram o país inteiro contando a história não só das árvores, mas também do povo brasileiro. Não só vocês foram ao Brasil, mas todo esse Brasil veio aos programas de vocês. Qual é a riqueza do povo brasileiro?

REGINA A gente aprende desde muito pequeno, em todos esses biomas e regiões, a ter que conviver com a diferença. Isso não significa que conviva bem, está provado que não — agora parece que caiu o véu de malha em relação ao racismo, coisa que a gente vê há tanto tempo. Com isso você acaba aprendendo, mesmo no conflito, que tem que conviver com a diferença, e como a diferença o torna melhor.

É um patrimônio que nós temos, entrar num lugar e não encontrar duas pessoas com o mesmo tom de pele, com o cabelo exatamente igual. Mesmo que você não queira, que tenha medo, que queira garantir o "farinha pouca, meu pirão primeiro", você está aprendendo de alguma maneira que nós somos diferentes e precisamos de todos para a gente conseguir o que quer. Não tem como conseguir sozinho, ou só um grupo, obscurecendo, anulando o outro. O povo brasileiro ensina isso para a gente. Quanto mais gente diferente consegue conviver, tanto melhor. Aí é uma explosão de criatividade, é uma explosão de riquezas em todos os sentidos. Mesmo quando há conflito, está presente uma potência, uma faísca, uma força vital muito grande, que é a diferença, a diversidade.

A gente está vivendo há um bom tempo uma gigantesca polarização, com todas as relações já se estabelecendo pelo antagonismo. "Ele é dos meus, somos nós ou eles." O tempo todo, o tempo todo. Acho que isso tem mal acostumado a gente, tem dado quase que uma preguiça... Criei uma sigla que é o IPS, o Índice de Preguiça Social. Sabe quando se fala assim: "Ah, eu não tenho nenhum amigo negro, mas lá na minha escola não tinha, lá onde eu morava não tinha"? Como se isso redimisse... se você não tiver uma atitude proativa, se não correr atrás, não vai ter; se vive em um ambiente de classe média alta, se vive em um ambiente de brancos, aquilo não vai acontecer espontaneamente, tem que arregaçar as mangas e se mexer nesse sentido.

Agora, as pessoas têm que se ouvir, têm que se olhar. Amar quem é igualzinho é muito fácil. O exercício agora é conseguir amar o diferente. Porque, quando cai o véu, o que se revela, o que vem em troca, é uma maravilha!

MIGUEL Amores, vamos ter que nos despedir em trinta segundos, adorei estar com vocês, a gente está com muitas saudades, estamos loucos para passar um final de semana com a nossa turminha assim que der!

REGINA Mas já?! Miguel, como eu te amo! Eu quero desejar uma árvore para você. Que você tenha uma sumaúma, de beleza, de força, de espiritualidade. Sei que ela é muito importante na sua vida, e é o caminho para o céu!

8 DE JUNHO **ZUENIR VENTURA**
CIDADE PARTIDA 2020

Mestre Zu... O que dizer de Mestre Zu? Foi mais uma herança feliz que me deixou o meu amigo Jorge Bastos Moreno! Fomos convivas da mais famosa laje do Rio, desde que ainda era cafofo. Eu e Paula adoramos Zuenir, Mary e Mauro, e nos encontramos sempre que podemos. O que, na falta do Moreno, fica sempre mais difícil. Não que não queiramos, mas apenas pela falta da imposição da agenda forçada. Mas a gente tenta. E a gente se encontra! Seja na nossa casa, na casa da Sandra ou da Renata... E como Mary e Zu sempre chegam mais cedo, eu e Paula fazemos questão de também fazê-lo, justamente para saborear sua doçura e sorver sua sabedoria, antes que a música aumente na mesma medida do teor alcoólico. No caso, o meu. Sou fascinado pela Academia Brasileira de Letras, e a posse de Zuenir, na cadeira 32, foi a primeira de um amigo que tive a honra de testemunhar, em março de 2015. Depois se seguiram Geraldinho, Joaquim, Cacá, a se juntar a Nélida e Merval, meus amigos imortais. Adoro recebê-los em casa, além, é claro, dos postulantes. Mais uma herança do Moreno, a feliz possibilidade de conviver com os acadêmicos e de participar avidamente das fofocas da ABL. Zuenir é sempre carinhoso e generoso. Manda e-mails elogiando os meus artigos, mas me proíbe de contar para as pessoas. Porque ele não faz isso com ninguém, assim como também não participa de lives. Portanto, a conversa a seguir é, antes de uma honra, um privilégio!

MIGUEL Mestre Zu, querido! Bem, como falei pelo telefone, comecei esse ciclo de conversas tentando entender a cidade que emergirá dessa pandemia. Parece óbvio que qualquer futuro sustentável passa pela redução das desigualdades sociais e pela resolução do centenário problema das favelas e assentamentos, através da inclusão de seus moradores na formalidade urbana e da garantia de que todos tenham cidadania plena. E você tem muito a contribuir para essa conversa.

Quando você lançou *Cidade partida*, em 1994, 26 anos atrás, eu fazia arquitetura no Fundão, e o livro foi uma febre entre os alunos do curso. Um ano antes, tinha acontecido a chacina de Vigário Geral. Trinta e seis homens encapuzados executaram vinte e um moradores do bairro. Cinquenta e um policiais militares foram acusados e apenas um segue preso. Mais um entre tantos episódios de barbárie, impunidade e injustiça que assolam nossa cidade. Aí você resolveu investigar. Que Rio de Janeiro você encontrou 26 anos atrás?

ZUENIR VENTURA Um Rio de Janeiro muito nostálgico dos anos anteriores. Havia uma visão um pouco idealizada do que foram os anos 1950. Como não havia ainda antagonismo de classe, você olhava para as favelas e... tinha até uma música: *eles vivem pertinho do céu*. O problema é que hoje a gente não pode ter a mesma visão de quando, por exemplo, eu escrevi o livro. Até porque as coisas pioraram. E, sem querer ser pessimista — eu sou otimista —, pioraram muito.

E o que aconteceu? Qual foi a novidade dessa passagem dos anos 1990 para a década de 2000? É que chegaram as famosas, as terríveis milícias. E o pior é que elas foram recebidas como se fossem uma solução. Quer dizer, os prefeitos achavam que elas realmente resolveriam o problema da violência. A única autoridade, especialista, intelectual, enfim, quem viu e escreveu que a milícia era pior do que o tráfico foi Luiz Eduardo Soares. Ele é o cara que mais conhece segurança pública neste país. Foi muito patrulhado por isso.

Havia declaração de prefeito, declaração do então deputado federal Jair Bolsonaro, dizendo que finalmente havia chegado uma coisa importante. Tem uma declaração do capitão garantindo: "Elas oferecem segurança e dessa forma conseguem manter a ordem e a disciplina nas comunidades. O governo deveria apoiar." Essa era a ideia. Que as milícias iam resolver o problema da violência, combater o tráfico. O que aconteceu? As milícias se infiltraram e hoje estão, se não em todas, em quase todas as favelas do Rio de Janeiro. E controlam todo o poder, todas as iniciativas. Os serviços básicos das favelas, das comunidades em geral, estão nas mãos da milícia.

Ela tomou conta não só da economia, mas também da política. Quer dizer, só podia, em determinada comunidade, ganhar eleição quem a milícia apoiava. Hoje, em vez de indicar alguém, ela passou a ser o candidato, está infiltrada em todas as instâncias do poder. Na instância da política, na economia, é uma praga com a aparência de uma coisa positiva. Era muito mais fácil combater o tráfico, que era visível, do que a milícia, que hoje tem representantes na Câmara de Vereadores, na Assembleia Legislativa, no judiciário. E não se sabe como resolver isso. É uma praga difícil de combater, entende? Repetindo: a milícia está infiltrada em todas as instâncias do poder.

MIGUEL Vou fazer uma pergunta que também fiz para Luiz Eduardo Soares. Está claro que essa guerra contra o tráfico foi perdida, não é? Isso numa época em que o tráfico era mais fácil de enfrentar do que a milícia é hoje. Acho que a única maneira de enfrentar o tráfico hoje é quebrar seu braço financeiro. Ou seja: legalização das drogas. Obviamente, com os retrógrados que estão no poder em todas as esferas — municipal, estadual e federal —, a gente nunca vai conseguir fazer isso. Mas você acha que, em algum momento, o Brasil estará pronto para esse passo?

ZUENIR Olha, a única certeza absoluta que tenho é que essa política de guerra, lançada pelo Nixon em 1968, fracassou. Está mais do que provado que não dá certo, que essa guerra está perdida enquanto for considerada uma guerra. Acho que é preciso pelo menos experimentar essa outra alternativa.

Eu estava vendo um dia desses uma entrevista do José Beltrame — o secretário de Segurança que lançou as UPPs no governo Cabral. As UPPs foram consideradas um fracasso, mas não foram um fracasso. Aliás, ele diz que o fracasso foi da política em si e não dessa política das UPPs. Ele sempre dizia que não adiantava invadir só com armas. Esse deveria ser o primeiro passo para tomar o território do tráfico, mas seria preciso invadir também com cidadania. No fundo, ele se remetia a uma frase do grande Betinho: "O que tem que haver é uma invasão de cidadania." A incorporação dessa massa de excluídos não pode ser feita pela violência.

MIGUEL Zu, você nasceu em 1931, viveu os dois governos de Vargas, Segunda Guerra, Juscelino, o golpe de 1964, estava em Paris em maio de 1968, junto com Zé Celso, Fernando Henrique Cardoso, Sebastião Salgado… Passou por toda a ditadura militar, redemocratização, Diretas Já, Lulas, Fernando Henriques, impeachments. Quer dizer, tem muita história para contar. Aí eu pergunto: qual é o tamanho do seu espanto com o que está acontecendo hoje no Brasil?

ZUENIR Vou te dizer uma coisa, Miguel. A minha impressão é de que a gente está vivendo o pior dos mundos. O pior entre todos os momentos que você citou — que foram difíceis. Você falou em crise política, crise econômica, cada um desses presidentes viveu isso. Mas hoje temos um acúmulo de crises, todas ao mesmo tempo. Crise política, crise econômica, crise ambiental, crise moral, crise ética... Acho que a gente nunca viveu tantas crises juntas. E ainda tem a crise mais recente, que é a crise do vírus, não é?

MIGUEL Pelo menos dessa a gente sabe que vai sair.

ZUENIR Pois é, pelo menos vai surgir uma vacina e ela vai acabar. Mas não vai ter vacina contra o que está acontecendo na política. A gente está vivendo um momento muito difícil. Eu sou otimista, digo sempre que está escrito no meu DNA que eu ia ser careca e ia ser otimista. Mas outro dia alguém me perguntou: "Você não está vendo luz no fim do túnel?" Respondi: "Não. A luz no fim do túnel hoje é um carro na contramão." Infelizmente, não vejo o futuro com otimismo. Com esperança, sim, porque sou esperançoso, mas não com otimismo.

MIGUEL Dureza... Vamos falar de imprensa e jornalismo. Há alguns anos, a gente ouve muitos dos abutres que nos cercam decretando o fim da imprensa. Essa loucura da internet, das fake news, no entanto, fez renascer e fortalecer imensamente o papel do jornalista, da imprensa, do editor. Como você — jornalista premiado pela ONU como um dos cinco que mais contribuíram para a defesa dos Direitos Humanos; eleito jornalista do ano de 2010 pela Associação dos Correspondentes Estrangeiros — está vendo isso, a esculhambação diária da imprensa por essa turma que está no poder?

ZUENIR Esse é um outro ponto de crise, né? Nunca vi o jornalismo ter tanta dificuldade de cumprir o seu dever, que é simplesmente divulgar os fatos — o compromisso com os fatos. Nem durante a ditadura, quando havia uma censura violenta, não existia essa coisa perversa, perniciosa, sorrateira, que são as fake news. É difícil trabalhar nesse momento em que temos ondas de pessoas financiadas para divulgar notícias falsas. O poder federal, o governo, detesta a imprensa. É aquela história dos reis que matavam os emissários das más notícias. Hoje, Bolsonaro tem vontade de matar o jornalista que não leva a notícia que ele gostaria de receber.

MIGUEL Já conversei aqui com nossos amigos Gil e Ronaldo Lemos sobre esse assunto, mas adoraria ouvir a sua opinião. A internet tem o seu lado bom e o seu lado sombrio. Além das fake news, há também toda essa confusão da influência da Cambridge Analytics, que resultou em uma eleição bastante discutível nos Estados Unidos. E outras eleições estão por vir, lá e aqui. As democracias estão prontas para serem postas à prova de novo?

ZUENIR O problema é que realmente não temos muita saída ao enfrentar esse obscurantismo, porque... censura, não! Nós já a testamos durante anos e vimos que não dá certo. Não vejo outra maneira de combater essa internet do mal a não ser com a verdade. Mas acontece que as pessoas não estão interessadas na verdade, não é? Temos hoje um fanatismo terrível, não adianta mostrar a verdade, elas querem que você diga aquilo em que acreditam. Desculpe trazer esse pessimismo, mas a gente está vivendo um momento muito mais difícil do que o da ditadura, da censura. Porque hoje se tenta a censura dentro da democracia. Quer dizer, a democracia oferece essa contradição, dá a essas pessoas o direito de tentar destruí-la. Hoje, o trabalho, a mobilização da gente, deve ser a favor da democracia.

MIGUEL Essa questão da luta pela democracia me lembra *1968: o ano que não terminou*, outro livro seu, de 1989, que foi muito importante para nossa geração. Passados trinta anos do lançamento do livro e mais de cinquenta desde 1968, se você escrevesse um livro sobre 2020, qual seria o predicado? *2020: o ano que...?*

ZUENIR *2020: o ano que não devia ter acontecido.*

MIGUEL Tudo que você testemunhou em Vigário Geral, tudo que está em *Cidade partida*, é mais um horrível capítulo do racismo estrutural que existe no Brasil. Chacinas como a de Vigário Geral e, pouco antes, a da Candelária, são tentativas de destruição de uma parte do nosso povo, de pessoas que deveriam estar protegidas pela nossa Constituição. Você falou sobre o carro que vem na contramão no fim do túnel, e isso me lembrou de uma frase do Emicida que diz: "No caminho da luz, todo mundo é preto." Os protestos que estão acontecendo nos Estados Unidos, o Black Lives Matter, estão sendo considerados os maiores desde o assassinato de Martin Luther King, em 1968. E a gente volta a falar de 1968... Quais são as suas lembranças desse momento? No que ele se assemelha ao que está acontecendo hoje, nos Estados Unidos e no Brasil?

ZUENIR Acho que a geração de 1968, a chamada "geração porra-louca", deixou dois legados importantes: o amor à causa coletiva, à entrega, e o amor à ética. A geração de 1968 foi a mais sacrificada do mundo. Foi para o exílio, foi morta, foi torturada. Nenhuma outra geração — e era um movimento planetário — sofreu o que a nossa geração sofreu. Jovens, garotos... Cesinha, que é o grande herói do meu livro, tinha treze anos quando começou, e acho que esse legado permanece até hoje. A gente não tem paixão pela causa pública, enquanto a geração de 1968 se entregava — e quando eu digo "se entregava", não é metáfora, se entregava mesmo, de corpo e alma. E sofreu. A política está carente de ética. Como diz a epígrafe do livro, que é uma citação de Mario de Andrade: "Não devemos servir de exemplo a ninguém. Mas podemos servir de lição." Acho que é isso, aprender com essa geração. Até com seus erros. Por exemplo, foi uma geração muito voluntariosa, que cantava "quem sabe, faz a hora". A gente sabe que não é bem assim, a História não é feita com a sua vontade, mas com a vontade coletiva, quando existe. Há, no entanto, muito o que aprender com essa geração, sobretudo com esses dois legados: a vontade política e a ética.

MIGUEL Nós chegamos a avançar e retrocedemos? Esses ecos do passado não nos levam à beira do mesmo abismo?

ZUENIR Muita gente séria, como você, acha que estamos à beira de um colapso social, político, moral etc. Acho que ainda há possibilidade de resistência. Fiquei muito tocado pelo manifesto #EstamosJuntos, que colocou, acima de qualquer coisa, a defesa da democracia. Independentemente de partido, de divergência eventual. Ainda há uma crença na democracia, que vai resistir a essas tentativas, a esses ensaios de golpe.

O texto que deu vida ao AI-5 falava em democracia o tempo todo — não falava em ditadura em nenhum momento. E hoje isso se repete. O presidente fala em democracia e liberdade, quando sonha, pretende e está trabalhando para armar a população. Armar para quê? Vai armar para defender a população de quê? E essa nostalgia do AI-5? Enfim, a gente está vivendo um momento muito complicado, mas acredito que as instituições ainda não perderam a sua razão de ser. Estão tendo resiliência. E olha que estão sendo combatidas, estão sendo testadas.

MIGUEL O que você achou da negativa do presidente Lula de assinar esse manifesto?

ZUENIR Acho que foi um erro do Lula. Foi mesquinho. Ele não assinou porque tinha gente assinando que trabalhou contra ele ou contra a Dilma. Ele devia ser maior do que isso. Há momentos em que você tem que estar junto, são as forças do bem contra as forças do mal. E esse é um desses momentos. Não é hora de ficar revisando ressentimentos e ódios antigos. É hora de união! Passei a acreditar na força da democracia quando vi esse manifesto. No meio de tantas manifestações desagradáveis e perversas, ele foi a coisa mais lúcida que vi nos últimos tempos.

MIGUEL Mestre Zu, vou fazer uma última pergunta, e você vai ficar puto comigo, como bom mineiro, discreto, que é. Temos duas cadeiras vagas na Academia Brasileira de Letras — a do Murilo Melo, que faleceu há pouquíssimas semanas, e a do Afonso Arinos, que faleceu em março. Um passarinho de fardão, engalanado de dourado, me contou que você adoraria ver dona Fernanda Montenegro na Academia Brasileira de Letras. É verdade, isso?

ZUENIR Eu, assim como todo brasileiro. (*risos*)

MIGUEL E na outra vaga? Que companheiro você gostaria de ver eleito para a outra cadeira?

ZUENIR Eu sou mineiro, né? (*risos*)

FERNANDO HENRIQUE CARDOSO

10 DE JUNHO

PENSANDO O BRASIL DE HOJE, DE ONTEM E DE AMANHÃ

Foi uma enorme honra ter passado uma hora conversando com Fernando Henrique Cardoso. Eu já o conhecia da casa de minha querida amiga Bia Aydar, e tivemos a oportunidade de trocar algumas palavras em mais de uma ocasião. Sempre inteligente, e principalmente jovem e atual, FHC é, para mim, um dos maiores nomes da história do Brasil! Sinto um enorme orgulho de tê-lo tido como presidente e votei nele nas duas ocasiões em que pude. Além disso, ele é o principal representante de uma corrente de pensamento que encantou quase toda a minha geração, a social-democracia, na qual eu ainda acredito, apesar de sua submersão no complexo tabuleiro da geopolítica mundial. Acompanhei de muito perto a criação do PSDB — embora fosse ainda adolescente — através de Ronaldo Cezar Coelho, meu amigo e cliente, e pai do meu irmão Guilherme. Cheguei a entrevistar Mario Covas para um trabalho de colégio. Fui tucano de carteirinha e broche na lapela. Fui. FHC protagonizou, muito comovido, a imagem mais emblemática de toda a nossa jovem democracia, a passagem da faixa presidencial para o presidente Lula. Eram muitas simbologias naquela posse! Me lembro até hoje da emoção que senti. Muito menos pelo presidente que entrava, e mais pelo fato de ter sido a única, desde que nasci, transmissão de cargo de um governo eleito para outro governo eleito e com alternância de poder. Muito triste que, nos últimos 46 anos (minha idade), isso tenha ocorrido apenas uma vez! Eu gostaria de ter falado sobre isso com ele, como gostaria de ter falado mais de dona Ruth, que teria completado noventa anos no mês passado... Não deu tempo. Essa hora de conversa foi deveras insuficiente!

MIGUEL Presidente Fernando Henrique, como vai?
FERNANDO HENRIQUE CARDOSO O quanto é possível ir bem nesses dias, eu vou bem.
MIGUEL Que alegria te ver. Obrigado por aceitar esse convite para conversar sobre o país, discutir ideias, pensar o que está acontecendo com a gente, o que veio e o que virá a acontecer.

FHC Sabe Deus o que ainda vai acontecer...

MIGUEL A política é a arte do consenso, da troca saudável e democrática de ideias. Não se faz política sem o outro, sem divergências e convergências. O parlamentarismo, na teoria, é a obra-prima da arte de fazer política e foi uma das bandeiras do PSDB desde a sua fundação. No plebiscito de 1993, durante o governo Itamar — o senhor era ministro —, foi o único partido grande da Frente Parlamentarista. Nós já tivemos um Congresso de dar orgulho, um Congresso Constituinte, composto por nomes de altíssimo calibre, como Doutor Ulysses, o senhor, Lula, Mário Covas, Miro Teixeira, Roberto Freire, Florestan Fernandes, Artur da Távola, Roberto Campos, enfim, políticos brilhantes, de lados opostos, mas que se pautavam pelo diálogo. O senhor acha que no Brasil, e com o Congresso que nós temos, nós estaremos em algum momento aptos ao parlamentarismo?

FHC Não é fácil. O parlamentarismo é um sistema baseado na existência de partidos. Não se trata só de pessoas. E a cultura política brasileira olha mais para as pessoas do que para os partidos. Eu fui constituinte e acabei votando pelo parlamentarismo. Seguir a nau da tradição nunca muda nada, não é? Naquela época, quem realmente nos inflamou com a ideia do parlamentarismo foi o Afonso Arinos de Melo Franco. Concordei com ele, e embarquei. Perdemos a votação porque o presidente Sarney, que, na verdade, tem um espírito mais tolerante do que a média dos que chegam à presidência, propôs, no final, um parlamentarismo com ele ficando mais um ano, algo assim. E o Mário Covas — que estava no Hospital das Clínicas, aqui em São Paulo, operado, doente — não concordou. Por quê? O Mário queria ser candidato a presidente da República naquele momento.

Mas não é só por isso. A transição brasileira é muito personalista, e isso dificulta muito a formação e o desenvolvimento dos partidos. Ainda mais com o Congresso atual. Mas, vamos falar com franqueza, o Congresso representa a sociedade, o Brasil é tal como o Congresso o representa, e a gente não conhece a nossa sociedade.

Quando você tem um sistema presidencialista, eventualmente pessoas de certo destaque ganham as eleições. Mas depois têm que se haver com o Congresso. O paradoxo da nossa situação é que os partidos são frágeis, mas o Congresso é forte. Todo presidente que prefere não se relacionar com o Congresso acaba perdendo. Sofre impeachment ou as coisas não funcionam.

Então, eu acho que vai levar um tempo para termos um sistema, não digo nem mais representativo, mas mais fácil de coordenar essa diversidade que é o Brasil. É um problema que nós temos que entender. O Brasil é um país continental, e as influências locais são muito grandes. E você está lá em Brasília, pensa que vai impor uma regra e não consegue. Como você leva o barco num mar tumultuoso como o nosso? A dificuldade é essa, acaba-se dependendo de personalidades. O Lula levou o barco até o fim. A Dilma não conseguiu. O Temer levou de uma outra maneira, porque tinha uma relação muito estreita com o Congresso. O atual parece que não está confortável na cadeira, não consegue entender muito bem o que está fazendo ali, pensa que a vontade dele é lei e não é. A lei é outra coisa. E as pessoas não seguem nem a lei nem a vontade do presidente. Tem que haver um equilíbrio disso.

MIGUEL Em 1988, eu fui às ruas pelo voto aos dezesseis anos, e conseguimos. Em 1989 fiz campanha para o Mário Covas e tenho muito orgulho disso. A minha geração acompanhou a construção do PSDB. Parte dessa geração ficou muito empolgada, na época, com a social-democracia. O PSDB nasceu um partido de centro-esquerda. Vemos hoje os economistas da PUC — que eram a base do seu governo — se identificando com as pautas mais progressistas, e, por outro lado, o PSDB se identificando muito mais à direita. O PSDB de hoje é muito mais à direita do que foi na sua fundação?

FHC Houve realmente um momento em que o Brasil passou a ficar muito agitado, com muitas ideias. O PSDB, quando foi fundado, aglutinou muitas pessoas que vinham da universidade, sobretudo economistas. Tinha pessoas como o Franco Montoro, que era da Democracia Cristã, e outros que eram mais à esquerda. Mesmo o nome, Partido Social Democrático, foi votado. Eu não queria que se chamasse assim, preferia Partido Popular Democrático, algo nesse gênero.

MIGUEL Ainda mais à esquerda.

FHC Talvez, mas o problema era outro. A social-democracia existiu na Europa, onde havia sindicatos fortes. Aqui, não. Passei a vida tentando explicar isso. Mas, bem ou mal, havia um miolo com convergência de ideias. O próprio Montoro era uma pessoa realmente progressista, muito inovadora, que botou muitos jovens na política. Ele é daquela linha *small is beautiful*. Levava isso a sério.

Queríamos imprimir uma certa marca que significasse o resgate dos grandes temas sociais: mulher, índio, negro... Eu tinha feito um dos programas do MDB, a pedido do Ulysses Guimarães. O que nós fizemos naquele programa, em 1974, me pareceu adequado: a inclusão social dos trabalhadores, dos índios, dos negros, das mulheres, enfim, dos que eram excluídos. Bem ou mal, essa era uma ideia progressista.

Depois o PSDB foi ficando um partido como os outros: dá cá, toma lá. Foi esquecendo seus compromissos valorativos. Não digo que todos esqueceram, mas muitos, sim. E nosso sistema é eleitoral, tem que ganhar eleição... O que aconteceu com o Brasil foi que os partidos foram perdendo em identidade. O PT, por exemplo: eu conheci o Lula no sindicato do ABC, fui lá mais de uma vez apoiar greve. Lula foi onde eu trabalhava, o Cebrap, viu uma pesquisa que estávamos fazendo sobre a emergência de um novo sindicalismo. Quando chega ao poder, fica um partido igual aos demais e acaba sendo envolvido pelo "dá cá, toma lá". E você tem essa dificuldade que é própria da sociedade que nós somos. O dinamismo da sociedade é grande. A ascensão social é grande também. Isso faz com que as pessoas sejam muito individualistas, como nos Estados Unidos.

Eu fui criado com a ideia de que nós éramos mais europeus, estudei na Europa, falo melhor francês que inglês. Pois bem, eu estava morando na França quando fui aos Estados Unidos pela primeira vez — por volta de 1961. Fui para Nova York, onde morava meu amigo Charles Wagley, um antropólogo que tinha estado no Brasil. Comecei a andar por Nova York e me senti mal porque gostei dos Estados Unidos. "Eu não posso gostar dos Estados Unidos!" Por que eu gostei? Porque, na verdade, nós somos americanos. Não no sentido do desenvolvimento, mas aqui tem negro, tem branco, você vê a coloração das pessoas; você tem um certo individualismo, acredita que dá pra fazer, tem um espaço que é imenso...

MIGUEL Somos, igualmente, duas colônias do Novo Mundo.

FHC Exatamente isso. Nossa orientação política valorativa era um pouco na linha do que tinha ocorrido na Europa, o desenvolvimento de uma social-democracia. Mas com que roupa? Aqui você tem massas pobres, marginais, favelados. Eu conhecia bastante essa realidade porque, quando comecei a trabalhar como sociólogo, fui assistente do Roger Bastide, depois do Florestan Fernandes, e nós estudamos o negro, estudamos religiões negras. Mas, ao mesmo tempo, havia a ambição de termos uma classe operária que se organizasse.

Então veio o Lula: "Olha, vocês estão fazendo um partido europeu. Um partido que nós já tentamos aqui. Não creio que isso funcione". No começo não era nem assim. Ele, Lula, era um líder nato, natural. Não tinha na cabeça uma orientação filosófica, nada assim. A tal ponto que o secretário dele era do PCDOB, ou ligado a um desses movimentos, e ele não sabia. E também não tinha importância, porque o Lula tinha presença e foi levando. Então, os partidos acabavam ficando numa espécie de "geleia geral". Era a expressão que nós usávamos para criticar o MDB. Nós queríamos um partido com mais orientação.

Hoje, todos ficaram um pouco fragmentados. A sociedade é fragmentada, os partidos são fragmentados e as pessoas ouvem pessoas, líderes. Nossa cultura política foi formada a partir de condições que não propiciam o coletivo, mas alguém que conduza. Isso é perigoso, porque pode levar ao autoritarismo — de esquerda ou de direita. A gente tem que criar uma nova cultura, mas não se cria uma cultura porque se quer, isso tem que ser prático, as pessoas precisam sentir dessa maneira.

Se você olhar para os partidos nos Estados Unidos, as divergências não são tão grandes. Agora, mais recentemente, por causa dos movimentos negro, das mulheres, do Occupy Wall Street e da internet, você tem ligação de pessoa a pessoa e os partidos deixaram de conduzir tanto o comportamento. Aqui, eles não conduzem o comportamento. Nas pequenas cidades, pode ser, mas é governo e oposição, não é partido tal ou qual. É amigo do prefeito ou inimigo do prefeito. E nós temos o problema de que a estruturação das classes no Brasil foi muito mais frouxa do que na Europa. A dinâmica é outra. Como organizar um partido social-democrata nessas circunstâncias? Certos valores precisam ser mantidos. Aliás, foi na Democracia Cristã europeia que nasceu a ideia de "economia social de mercado". Aqui você tem a ideia de que o mercado atende aos ricos e você precisa do Estado para atender aos pobres. Tem que haver uma economia social de mercado, uma vez que mundo de hoje é de mercado. Então, falta um pouco de reflexão sobre o que nós realmente somos hoje, o que nós podemos ser amanhã...

MIGUEL Aqui ainda tem essa história de que o liberal é absolutamente conservador em relação às questões sociais e o conservador é totalmente retrógrado em qualquer questão de mercado. Temos essa jabuticaba no Brasil.

FHC A jabuticaba, nesse momento, é gravíssima. Porque eles não são conservadores, são atrasados, retrógrados. O problema é olhar com espelho lá de trás, não da frente. Ter teia de aranha na cabeça. E eles inventam. Agora inventaram um negócio de globalismo. Eu não sei o que é isso! "Marxismo globalista", que bobagem, isso não existe! Esse é um problema complicado. Porque é cultural, encontra eco lá embaixo.

MIGUEL O seu governo sofreu oposição feroz do PT. O governo do presidente Lula também sofreu uma oposição muito forte de vários partidos, de centro e de direita. Esse foi o início de um profundo abismo político. Estamos vivendo o momento mais perigoso e dramático desde a redemocratização. O movimento das Diretas Já reuniu diferentes grupos e pensamentos. Não é a hora de unir esquerda, centro-direita, centro, todos os espectros contra a barbárie? Por que a oposição não consegue se articular? Por que não aparece ninguém capaz de construir pontes sobre esse abismo e só aparecem loucos incendiários para tocar fogo nas pontes que existiam?

FHC É, eu concordo com você. Mesmo a nossa conformação ideológica, de esquerda e de direita, é muito relativa. Eu acho que a questão está no atraso de muitas pessoas e na falta da compreensão de que, em certas circunstâncias, temos que dar a mão uns aos outros para manter um Estado de direito, para manter a liberdade.

Agora eu acho que está na hora de buscar pontes outra vez. E mesmo os que votaram no presidente Bolsonaro são parte do Brasil. Você tem que considerar que eles existem e expressam um sentimento. Tem que ter capacidade de dialogar. Essa polarização é muito negativa, tanto faz dizer que começou com o PT... e é verdade. Veja, o Lula tinha relações pessoais comigo, de antes. E quando eu fui presidente, eu tentei e foi impossível. Porque, "Ah!...", eu era o representante do neoliberalismo. Bobagem! Mas eu tentei muito, nunca deixei de tentar. O PT sempre foi resistente, porque tinha uma ambição de poder. Eu entendo. Quer chegar ao poder e para isso tem que afastar quem está próximo — porque o outro lado estava muito longe. Mas agora o outro lado está no poder. E pior, setores dele não querem o jogo democrático. Não tem cabimento um presidente apoiar uma reunião na qual há uma faixa dizendo que é contra o Supremo Tribunal Federal. Não tem sentido.

Eu acho que este é o momento de entendermos isso e nos juntarmos todos — cada um com suas ideias, suas preferências, seus valores, mas o valor maior agora é manter a liberdade. É difícil acabar com ela no Brasil, o país é muito diverso, tem muitas religiões, muitas crenças, muitas cores... não é fácil impor uma regra, qualquer que seja. Mas é bom tomar cuidado, porque estamos vivendo um momento escorregadio. Querer ou não querer é outra questão. Pode nem querer, mas chega lá... Você acha que o marechal Castello Branco queria a ditadura? Não queria. E o que deu? Ditadura. Não quero fazer julgamento sobre o que deseja o presidente atual, sei lá o que ele deseja. Mas o que ele faz...

Eu assisti já a alguns impeachments. Um impeachment deixa marcas difíceis, porque quem perdeu vai acusar o outro de interesses políticos menores. "Perdeu a eleição, quer o meu lugar." Eu acho que, se for possível, é melhor esperar a eleição. Por que eu digo "se for possível"? Porque depende de quem exerce o poder. Se quem exerce o poder deixar extrapolar muito, não tem jeito. Mas não se deve ter o impeachment como objetivo. Porque é um objetivo que não está respeitando as regras do jogo. O objetivo, a meu ver, deve ser manter a liberdade e as regras do jogo.

Nós vamos ter um momento difícil por causa do coronavírus... A pandemia diminui também a possibilidade da população de se manifestar abertamente. Como vão fazer as eleições? Tem eleições municipais agora, e eu entendo que a pandemia seja uma dificuldade, mas se você adia muito essa eleição, adia a de presidente também. Tem que fazer o máximo para manter as regras, não é?

Eu acho que temos muitos elementos de resistência favoráveis à democracia. A mídia tem tido uma coragem muito grande, diz as coisas abertamente — às vezes exagera, mas é melhor que exagere, porque a mídia antecipa o que vai acontecer, antecipa as tendências. Ela não é objetiva. Objetividade é obrigação na universidade.

O próprio Supremo Tribunal Federal tem tido uma posição corajosa também. Eu me lembro que também teve em outras épocas ... até que o fecharam. Mas o melhor é que tenha posições corajosas e que se respeite as suas decisões. Enfim, temos que fazer um esforço grande para manter a liberdade e as instituições. Elas podem ser mudadas, devem ser mudadas com o tempo, mas tem regra para mudar. Obedeçamos à regra de mudança.

Eu acho que estamos vivendo hoje o início de uma nova era. Eu, por exemplo, fui muito influenciado pela minha experiência na França, em maio de 1968. Eu era professor lá. As discussões sempre foram questões menores, comportamentais. Mas havia a questão da reforma universitária. Havia sindicatos também, greves no subúrbio de Paris e tal. Quando aquilo tudo se juntou e virou explosivo? Quando os meios de comunicação entraram na jogada! Uma sociedade de massa, como é a nossa, como já era a francesa, com muita gente, muitas classes, muita dinâmica, depende dos modos de comunicação.

Pois bem, estamos vivendo uma nova comunicação. Você está no Rio, eu estou em São Paulo. Conversando. Hoje de manhã eu falei com a Europa. Estados Unidos, o que for. Não há problema, você fala. Isso faz com que as pessoas interajam, se conectem, e elas começam a perceber que não precisam mais das estruturas, dos Estados, partidos, organizações. Já a dinâmica de funcionamento dos partidos e do governo é mais lenta. A sociedade é mais vibrante. Isso afeta a todos e leva a uma crise que é geral. A crise da "democracia representativa" é isso. Onde não há, é porque existe uma ditadura, portanto há o controle dos meios de comunicação. Nas democracias é mais difícil.

Hoje as pessoas ficam sabendo de tudo. Hoje, por exemplo, me parece ridículo esconder o número de mortos pela pandemia. É impossível! Eles já voltaram atrás, porque a mídia se organizou e pressionou. Então o desafio é fazer um governo, um partido, uma organização política que mantenha, ao mesmo tempo, a capacidade de implementar o que deseja e de sobreviver às transformações, que são diárias. Isso não é fácil.

MIGUEL A facilidade de comunicação trouxe esse lado negativo: a ilusão de que não precisamos dos poderes moderadores, do Executivo, de políticos, do jornalismo, da mídia. No entanto, as novas tecnologias de comunicação de massa já mostraram o seu lado bom, como na Primavera Árabe, por exemplo. Mas também seu lado negativo, com a exploração das fake news, que elegeram Bolsonaro, Trump, que levam uma Marine Le Pen a bater à porta a cada eleição, que levaram ao Brexit, desequilibrando uma construção política de décadas. É curioso olhar para 1968 e ver que havia uma luta por liberdade na França, o movimento negro protestando após a morte de Martin Luther King nos Estados Unidos, e o Brasil, ali, tentando se desvencilhar da ditadura. Eu sinto que hoje estamos falando das mesmas questões de cinquenta anos atrás, parece que falhamos como geração, e que a internet veio evidenciar essa falha, sublinhando o nosso lado ruim.

FHC Quando a internet surgiu houve a visão de que "agora vai aparecer o lado das pessoas", "as pessoas querem olhar para elas, isso é bom". E não é bem assim. Porque a internet, ao mesmo tempo, tem dificuldade de lidar com essa mobilidade da sociedade e, sim, existe a questão das fake news. Você coloca o que quiser na rede. Você pode ver na internet fotografias do apartamento que eu tenho em Paris. E eu não tenho nenhum apartamento em Paris.

Essa nossa sociedade que acredita pouco em partidos precisa de algumas orientações, e é preciso saber dar essa orientação por meios modernos. Eu tenho dificuldades. Eu uso lá o meu Twitter com muita dificuldade. Porque eu tento fazer uma coisa que não é compatível. Não dá para desenvolver uma ideia mais aprofundada! Tem que ser uma coisa mais rápida, mais um sentimento do que uma ideia. Mas, para poder influenciar realmente, precisamos que pessoas que queiram levar as coisas para o lado do bem usem esses instrumentos. Se não usarem, estão perdidas! Os outros vão ficar falando sozinhos. Uma das dificuldades dos partidos brasileiros é que eles não estão na rede, no dia a dia. Youtubers, influenciadores digitais têm muito mais força do que os partidos.

MIGUEL Esses jovens não estão na política, não é?

FHC Não estão. Mas têm vida social. Na verdade, você tem que entender que ou você usa a linguagem contemporânea ou está fora. Descartes dizia "*Cogito ergo sum*" — "Penso, logo existo". Agora é "Estou conectado, logo existo". Quem não está conectado não existe! De qualquer maneira, é preciso entender que a palavra sempre teve muito peso na vida. O modo como você fala varia um pouco de acordo com o instrumento que você usa para falar, mas você tem que ser capaz de se comunicar. Como dizia o Chacrinha, "quem não se comunica, se trumbica". Esse foi o começo da sociedade de massas. Hoje, nos Estados Unidos, e mesmo aqui, você liga a televisão e tem muito pregador evangélico. Com um linguajar que é próprio deles, mas eles se comunicam.

MIGUEL Atingem uma grande amplitude, não é?

FHC Sim. É fácil. Percebemos a crescente perda de influência da Igreja católica no Brasil porque ela não teve a capacidade de se adaptar ao modo contemporâneo. Os protestantes não têm tanta hierarquia, a comunicação com Deus é mais pessoal do que por intermédio da instituição. Como é que vai ser isso na política? É um problema. Na cultura tradicional, você já depende muito da palavra. Agora, mais ainda! Quer dizer, se você não tiver gente capaz de expressar um sentimento que seja coletivo, ou que se coletivize, não vai ganhar nada. Se você tiver uma ideia boa, pode chegar na universidade e escrever um artigo, mas isso não tem peso na vida política. Você acha que eu fui presidente da República porque eu sou sociólogo? Imagina! Eu nem sei por que é que eu fui, (*risos*) foi um ponto fora da curva. Foi porque, bem ou mal, eu sabia conversar. Isso veio de família, do meu pai, dos meus avós, mas não foi só isso: eu era sociólogo de campo. Trabalhei em favela, estudei o problema das drogas, as religiões de matriz africana. No trabalho de campo, você tem condições de sentir — não só de pensar, mas de sentir — o que está falando.

O problema é que os nossos políticos falam uma linguagem distante do povo, enquanto outros são capazes de falar essa linguagem. Como conseguir juntar essas coisas com pessoas que têm uma certa visão da democracia, da liberdade, da participação, mas que conheçam a vida e saibam que a vida é dura?

Enfim, nós estamos vivendo o começo de uma nova era. A transformação é muito grande. E nós temos que garantir, nessa transformação, a manutenção de algumas regras: liberdade e democracia são o mínimo. Mas você não vai dar liberdade e democracia se não tiver um emprego. A economia tem que crescer! E há uma contradição enorme: os meios de comunicação, e de produção, são automatizados, dispensam mão de obra. As pessoas que sabem lidar com essas máquinas precisam ter formação. E em geral as pessoas não têm. Então, você começa a ter ideias... por exemplo, a renda universal. Qual vai ser o resultado de uma sociedade onde a renda universal passa a ser componente fundamental da vida cotidiana? Ninguém sabe!

MIGUEL Hoje, no Brasil, se fala na ideia de renomear o "Bolsa Família" como "Renda Brasil". Isso chama atenção para a resistência às políticas continuadas no país. A enorme dificuldade que o governante tem de reconhecer o bom projeto dos opositores. O Bolsa Família surgiu no governo Lula, mas a partir de um projeto da dona Ruth de unificar todas as políticas sociais criadas no seu governo. Isso não é uma guerra exclusivamente de narrativas? Por que não se assume que um projeto é bom e se segue com ele?

FHC Eu acho que isso existe por razões meramente de conflito político. Eu vou me apropriar da ideia, tirando outros. Por exemplo, no meu caso, nós usamos um conceito que foi criado pelo Cristovam Buarque quando ele era do PT, a Bolsa Escola. Existia em Brasília e em Campinas, com o Magalhães Teixeira, do PSDB. Eu não mudei o nome. Aí o Lula juntou várias bolsas e fez o Bolsa Família. Agora é Bolsa Brasil. Isso faz parte da nossa cultura de personalismo. Negar o que os outros fizeram. Dá para mudar isso, mas leva tempo. E nem acho que nem valha a pena o esforço. "Ah, quem começou isso?" Sei lá quem foi! Jesus Cristo, provavelmente, ou alguém antes dele. Tem continuidade, e mudança também. Eu não acho que isso seja muito grave, desde que você não utilize isso como instrumento de poder exclusivamente.

MIGUEL Ou para negar o crédito do anterior, né?

FHC Não negue o anterior. Essas coisas têm uma certa continuidade, porque a vida social existe. Ideias surgem em muitas cabeças ao mesmo tempo. Um se apossa daquela ideia quase que por acaso. Na universidade não tem importância, porque não fere a maioria das pessoas. Na política é ruim, porque liga a massa ao eventual inventor, que não foi o inventor. Nem há inventores. Quando a política é boa, venha de quem vier, tem que continuar. Se é ruim, tem que mudar.

MIGUEL O senhor tinha uma frase que dizia que a crise, quando entrava no seu gabinete, saía menor.

FHC Não era eu que dizia isso, era a imprensa. Mas eu concordava. (*risos*) Na verdade, para que aumentar a crise? Ou o presidente tem um pouco de moderação ou as coisas pegam fogo. Eu vou repetir o que eu tenho dito ultimamente: eu assisti à posse do Mário Soares, de quem eu era amigo pessoal — fui amigo dele na França, quando ele estava no exílio. O Mário era da Internacional Socialista. Quando foi eleito presidente da República em Portugal, pegou a cadernetinha e rasgou. Para simbolizar: "agora eu sou de todos".

No Brasil, ou o presidente tenta exercer um pouco o poder moderador ou cria-se um choque no país. É preciso um pouco de compreensão, de aceitação da diversidade. Isso não quer dizer falta de rumo. É preciso ter um rumo, e o rumo não é o mesmo para todos. Você tem que fazer com que a maioria venha para o seu lado. Se perder essa maioria, num regime democrático, não tem como você ficar muito tempo. Quatro anos depois, na eleição, você perde. Se fosse parlamentarismo, cairia antes.

MIGUEL Tenho uma curiosidade como arquiteto. Como é morar e trabalhar em um palácio concebido por Oscar Niemeyer?

FHC Eu gostava. Muito. Até convidei o Oscar para almoçar uma vez lá no Alvorada. O Palácio é muito bonito, muito agradável, você tem conforto e não luxo. O Alvorada era muito agradável. O Palácio do Planalto, menos. Já os ministérios são apertadinhos. O Itamaraty é muito bonito também.

MIGUEL O Itamaraty é o mais bonito, em minha opinião!

FHC O Itamaraty é muito agradável, não só a sala do ministro, mas todo o palácio. Vê-se do outro lado o Ministério da Justiça. Para o meu paladar o da Justiça é menos bonito. É mais formal, mais duro.

Niemeyer na verdade misturou o barroco ao modernismo brasileiro, transformou o barroco em arte moderna. Não é fácil! Ele era realmente uma pessoa de gênio.

Eu conheci o Niemeyer, aqui em São Paulo. Conheci gente que trabalhou com ele. Um é meu amigo, Carlos Lemos, meu vizinho! E eu também fui amigo do Vilanova Artigas. Tem uns edifícios que ele fez aqui perto da minha casa. Mas o Artigas era mais duro que o Niemeyer. O Niemeyer tinha mais o nosso jeitão, me parece. De qualquer maneira, foram grandes arquitetos.

MIGUEL Presidente, uma última pergunta. Reunião de ministros do senhor: todos reunidos — Paulo Renato, Weffort, Pedro Malan, Bresser Pereira, Sérgio Amaral, Lampreia... aquela gente chique, acadêmicos, doutores, intelectuais. Não rolava nem um palavrãozinho? Nem um porra?

FHC O Sérgio Motta, por exemplo, falava muitos! Eu não sou de falar palavrão. Acho que nem o Serra, nem o Malan. Mas... ah, alguns... (*risos*) Isso é de temperamento. Mas, de fato, o que aconteceu naquele período? Essas eram pessoas de certa formação, né? Muitos dos que você mencionou estiveram no exílio, sabiam outras línguas, conheciam um pouco o mundo, viveram em vários países. Sabiam que a gente estava passando por uma transformação grande, que é hoje a chamada globalização. Entendiam que políticas protecionistas não iam mais funcionar. Todos eles ainda estão por aí, estão ativos, tendo ideias e tal. Eu acho que foi um momento bom, desse ponto de vista.

E tem outra coisa: você não faz nada com pouco tempo. O Malan foi ministro por oito anos; o Serra, ministro da Saúde por cinco anos; o Paulo Renato, ministro da Educação por oito anos. Tem que dar tempo ao tempo. Se você deixar que brigas prevaleçam sobre tudo, acabou. Claro que os ministros brigam entre si. Tem ciúme, tem inveja, tem os partidos, tem desejos... Você não está ali para acirrar esse negócio, mas para dar rumo a ele. Vamos pensar na maioria, no Brasil, num povo, e ver o que dá para fazer. Esse povo precisa de economia, precisa de mercado, precisa de empresa, precisa estar bem.

Hoje, eu acredito que temos que defender a economia social de mercado. Ela é de mercado porque o mercado prevaleceu em toda parte, mas não pode deixar de ser social. Essa contradição entre Estado e empresa, entre privado e público, está errada; é preciso haver colaboração. Vou dar um só exemplo: o Sistema Único de Saúde, o SUS, foi inventado pelos médicos comunistas da Fiocruz, no Rio de Janeiro. Quando nós entendemos o que era o SUS, apoiamos o SUS, e foi um avanço enorme! Antes tinha IAPTEC, IAPC, IA... não sei o que lá... Ou então os militares tinham seus hospitais, o pobre, a Santa Casa de Misericórdia, e o rico, seu médico privado. O SUS atendeu a maioria.

MIGUEL E está dando um show hoje, né?

FHC Muito! Não só o SUS, mas todos os profissionais de saúde envolvidos. Temos que dar apoio ao SUS. Mas esse é um problema de longo prazo. Não adianta pensar só em hoje ou amanhã. E infelizmente as pessoas esquecem. Olha o que está acontecendo, a desigualdade, o vírus está matando as camadas mais pobres. Por quê? Porque elas não têm defesa, não têm acesso, não têm os hospitais — não como têm os ricos. Daqui a pouco as pessoas esquecem: "o que interessa é o meu interesse". Não pode ser assim. Precisamos ter a noção de que ou se melhora a distribuição de renda, se dá emprego para a maioria, ou não se vai fazer nada duradouro. É difícil, não se consegue de um dia para o outro. A sua ideia não é lei, é preciso convencer os outros... Você vê agora: vamos sair dessa crise — espero que um dia a gente saia — muito endividados. O ministro da Fazenda veio para organizar a parte fiscal. Coitado, vai ser uma desordem fiscal imensa. Quem vai pagar essa conta? Vai ter briga. Vai ter briga, porque vão querer empurrar para os que menos podem.

MIGUEL Não é no mínimo irônico que o único legado eleitoral do Paulo Guedes e do presidente em exercício — uma espécie de renda básica — tenha sido criado no seu governo, unificado no governo Lula e seja o grande sonho, o justo sonho, do senador Eduardo Suplicy, um petista?

FHC Sabe qual é o nome disso? Eleição. É por causa disso. Mas tomara que façam a Renda Universal... É uma coisa que vai haver no mundo todo. Mas é preciso também termos noção de que o peso vai ter que cair para os que mais podem, não só para os que menos podem. Fácil falar, dificílimo fazer. Eu tentei fazer uma lei regulamentando a Constituição — todos os atos tributários é Constituição. E uma parte dela diz que tem que haver imposto sobre as grandes fortunas. Quem coassinou comigo foi o Roberto Campos, que era bastante inteligente, e conservador. Mesmo assim, apesar de caucionado pelo Roberto Campos, não adiantou. O projeto de lei passou no Senado, porque eu tinha força, mas não passou na Câmara. Esqueceram! Ninguém fala nisso. Bom, mas agora vamos ver o que vai acontecer. Como nós vamos pagar essa dívida imensa que vem aí pela frente. Eu acho que vocês vão ter que pagar, eu vou estar no céu. (*risos*)

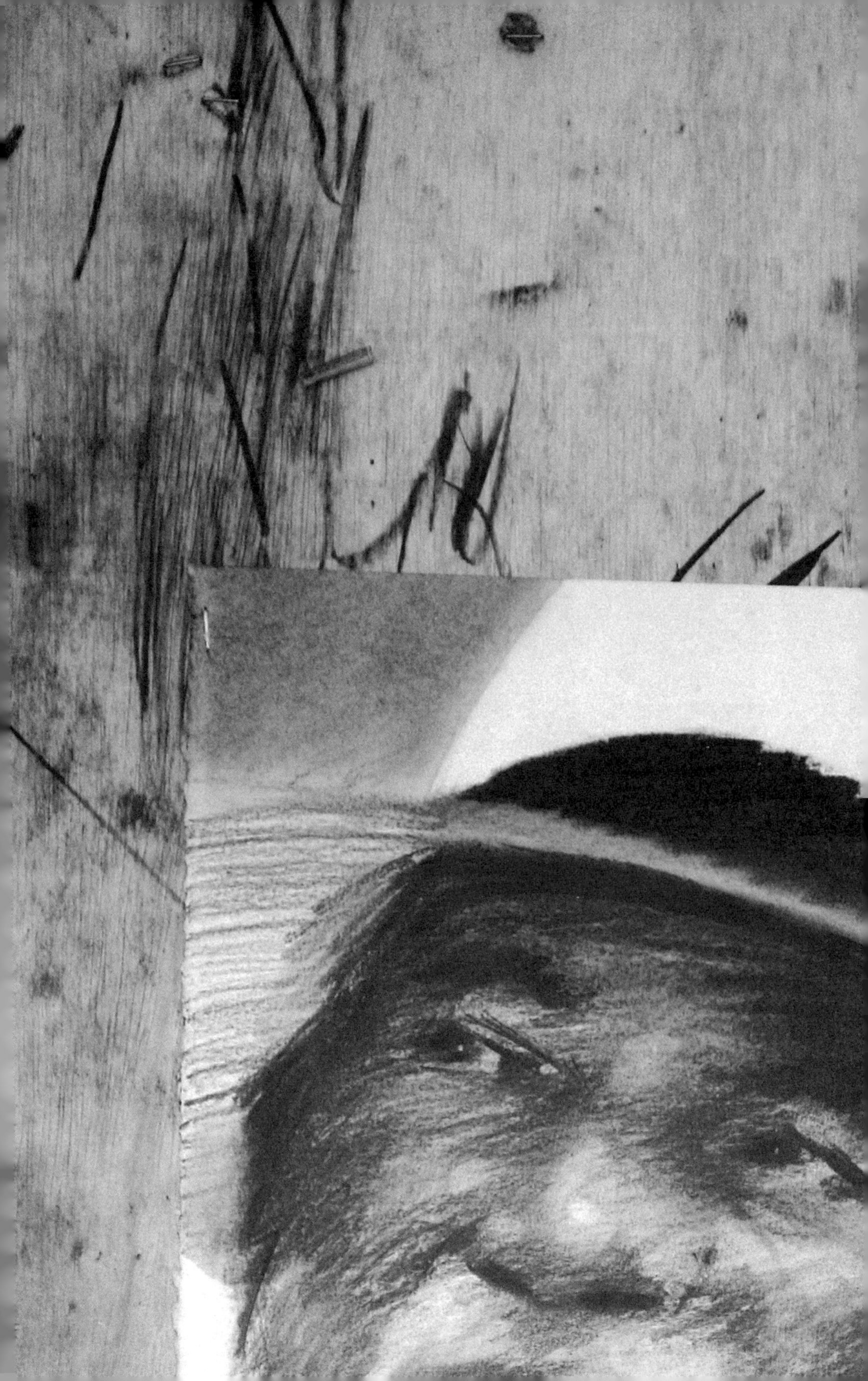

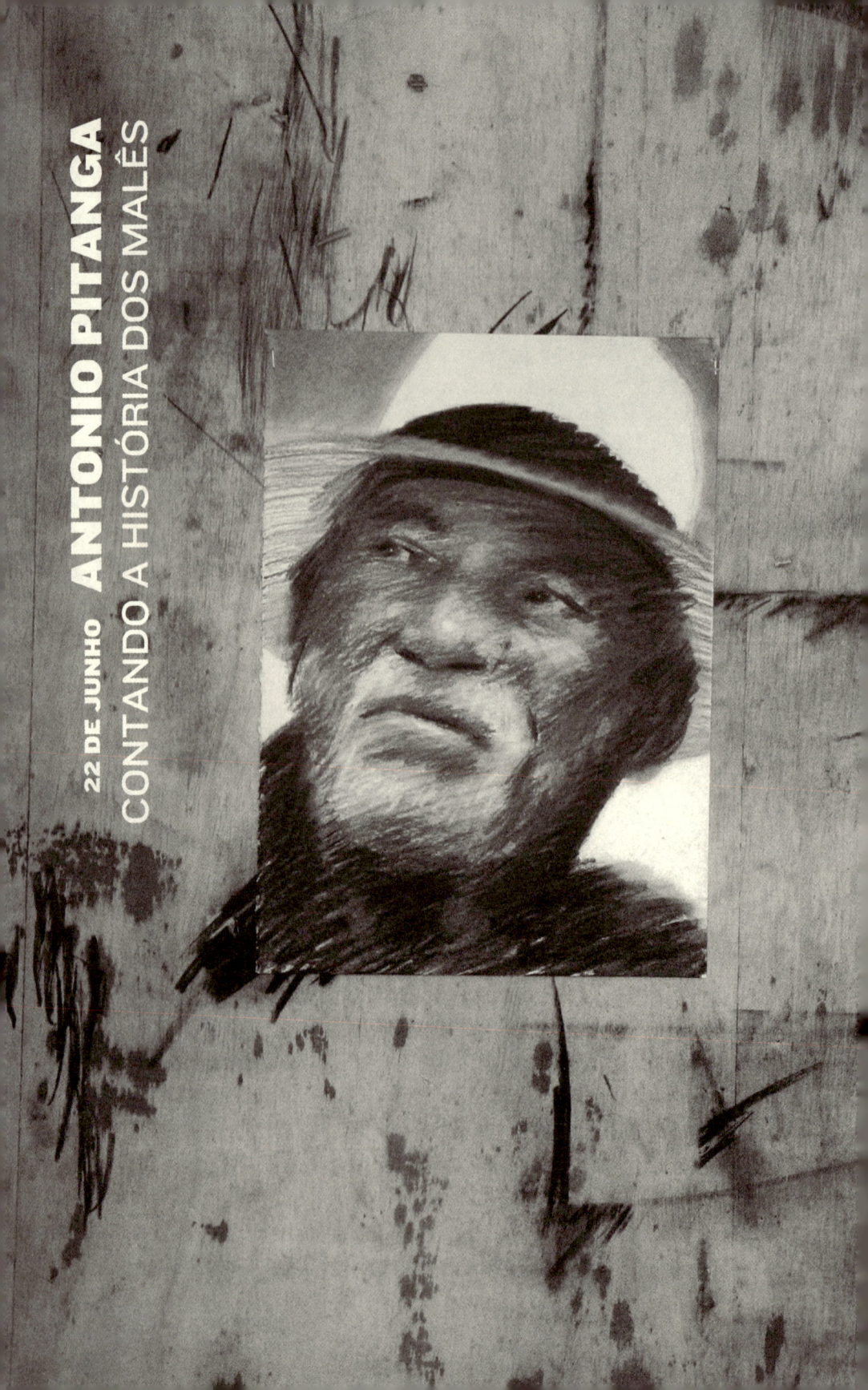

ANTONIO PITANGA

22 DE JUNHO

CONTANDO A HISTÓRIA DOS MALÊS

As lendas e as histórias de Antonio Pitanga frequentam as minhas rodas de conversa há muitos anos. Meus amigos Maneco Quinderé, Rodrigo Paiva e Vinícius França só falam nele! Eu já o havia conhecido, o encontrei em algumas ocasiões na casa da Camila, mas nunca troquei com ele mais do que alguns cumprimentos, elogios ou breves palavras. No entanto, sempre admirei a força, a energia e a família daquele homem. Até que surgiu esta oportunidade... Em uma conversa, outro dia, com Manu Dias, a vi muito empolgada com o roteiro que tinha escrito para um filme sobre a Revolta dos Malês e com o próprio Pitanga, "um lorde", segundo ela. Me empolguei em convidá-lo para esta hora de bate-papo, que poderia, facilmente, ter se transformado em três ou quatro... Nesta conversa, ganhei um novo melhor amigo de infância! Temos nos falado e prometemos estar juntos, com Paula e Bené, assim que tudo isso passar! Evoé!

MIGUEL E aí, Pitanga? Vamos começar nosso papo que eu quero saber muito do seu filme. Em 6 de junho você fez 81 anos...
PITANGA Sim! Nasci em 6 de junho de 1939.
MIGUEL ...e foi comemoradíssimo, com todos os amigos na live da Teresa Cristina. Entrou Chico, entrou Bethânia, que foi inclusive sua namorada. Além disso, os seus oitenta anos foram comemorados com o documentário *Pitanga*, da sua filha Camila. E você festejou no palco também, com a peça *Embarque imediato*, junto do Rocco, também seu filho. E a honra máxima, para mim, de todo ser vivo, que é ser enredo de escola de samba...
PITANGA Olha, se não passei daquela para o segundo andar, é sinal de que o meu coração está firme e forte, porque foi um teste, viu?
MIGUEL Pois é. Como você sobreviveu a todas as homenagens e coisas incríveis que aconteceram nesse último ano?
PITANGA Olha, Miguel, tenho uma maneira de agir, de viver, maturar cada tempo, cada década, cada dia. Eu sou fã de Vinicius de Moraes. "Eu morro ontem. Nasço amanhã. — Meu tempo é quando". Tenho que viver as minhas 24 horas hoje, infinitamente. Tem dado certo, porque só

tendo essa consciência e esse comportamento para receber tantas reverências, tantos abraços de amigos, tantas homenagens. Eu nem queria o documentário, porque ia mexer no baú e contar muita história... Mas Camila e Beto Brant me convenceram de que havia na minha carreira uma história e que, ao contá-la, contava-se o cinema brasileiro. Porque eu venho do nascimento do Cinema Novo. E aí, quando veio a notícia de que eu seria samba-enredo... Espera aí, me belisca! Eu adorava o pensamento do Nelson Cavaquinho, que dizia: "Se há de me fazer uma homenagem, faz em vida." Só que, quando chega a hora da homenagem, você treme. Sambódromo! O maior espetáculo da Terra!

Mas as homenagens continuam, um filme que fiz, *Casa de antiguidades*, acaba de ser selecionado para o Festival de Cannes. Não teremos o tapete vermelho, mas já tem o selo do Festival de Cannes 2020, então estou, como diz Jamelão, igual pinto no lixo.

MIGUEL É isso. Você é um dos maiores nomes do cinema brasileiro, um cara com um dos maiores currículos. Na minha conta acho que são quase oitenta filmes.

PITANGA Isso! Só este ano fiz cinco filmes.

MIGUEL E é um dos sinônimos do Cinema Novo. Glauber começou com você, não é? Ele estreou, em 1962, como diretor de longa-metragem em um filme com você, o *Barravento*, que tinha uma questão muito interessante de religião...

PITANGA O primeiro *Barravento* era do Luiz Paulino dos Santos, que ilustrava mais o universo da religiosidade, dos santos, do candomblé. Quando Glauber toca o *Barravento*, passa a ser o responsável, o filme se torna político. *Barravento* é um filme ligado com todas as questões que estão acontecendo no mundo em relação ao movimento negro: Malcolm X, Patrice Lumumba, Panteras Negras, Black Power, Martin Luther King. É o mesmo discurso. Aliás, o Cinema Novo era muito antenado com o mundo. Queria resgatar uma cultura genuinamente brasileira que pudesse ter um olhar além do Brasil. A globalização de hoje mostra que a gente estava certo.

MIGUEL É isso! E a maioria dos seus filmes tem essa questão da identidade, da ancestralidade, do africanismo, do candomblé. Histórias de afirmação, de empoderamento negro. E agora, o *Malês*. Como é para você ser porta-voz dessas potências negras no país?

PITANGA Olha, vou dizer uma coisa pra você. Toda a minha construção cidadã se dá desde o momento em que minha mãe, Maria da Natividade, empregada doméstica, percebe que entre os filhos dela — somos quatro, comigo — tinha um que realmente era bicho solto, e era eu. Brigava com todo mundo, jogava capoeira. Então, aos dez anos, ela me põe no colégio interno, chamado São Joaquim. E eu pude ter uma noção, a partir daí, do que era a minha mãe. Filha de escravo, neta de escravo, empregada doméstica, sem carteira assinada, década de 1930... Quando aprendi nesse colégio sobre as profissões, me veio uma ideia de cidadania correta, justa, no sentido de compreender o papel, como se comportava, em que situação estava o negro. A partir dessa mulher chamada Maria da Natividade. E essa consciência política foi me entranhando, e fui trabalhar na Western, empresa de telégrafo inglesa, via cabo submarino, era o que é hoje a internet.
MIGUEL Isso em Salvador?
PITANGA Sim, Salvador. A primeira greve nos correios, no telégrafo inglês, eu estava lá participando. Essa consciência vai te dando polimento e envergadura para entender qual é a sua luta. Quando fui para o teatro, comecei a entender ainda mais. A Bahia é racista desde que me entendo por gente. Noventa por cento da população é de negros e, quando você entrava em um bonde, se tivesse um lugar para sentar, o negro não sentava. Quando fiz *Barravento*, tinha que cortar o cabelo, tinha que ser em um cabelereiro de preto, em um salão de preto, pra cortar cabelo de preto. E, Miguel, o meu primeiro filme tem uma consciência política fantástica. É o *Bahia de Todos os Santos*, de 1960, de Trigueirinho Neto. Eu vivo um líder sindical, trabalho no cais do porto. Isso vai dando musculatura e uma consciência política muito cedo. Eu já tendia a beber dessa água, vem desde a luta da minha mãe. Quando encontro Glauber para fazer *Barravento*, estou pronto.
MIGUEL E aí eu vou trazer para o *Malês*. Você vai começar a rodar esse filme, que é uma história muito instigante, a Revolta dos Malês, com argumento seu e de Orlando Senna e roteiro da minha amiga gênia Manu Dias. Eu queria que você explicasse a história dessa revolta e do povo malês.
PITANGA O Brasil não conhece o Brasil, porque o que está escrito na História do Brasil, o que está nos anais, foi escrito pelo colonizador. A gente ainda há de reescrever a história desse país. Malês é o mais importante

levante que aconteceu. Houve outros. Um pouco depois da chegada de d. João VI, em 1808, aconteceu o primeiro, em 1811, depois em 1813, e ainda em 1816. Mas nós só vamos contar o mais importante. Por quê? Esses três primeiros levantes eram "mata branco", sem nenhuma estratégia de guerra. Esses caras, que em sua maior parte são muçulmanos, falam árabe. Eles vêm do norte da África, daquela região de Togo, Mali, Daomé, Benim, Nigéria. E o maior reduto de negros muçulmanos é no Recôncavo Baiano, é lá que começa a ser arquitetada a Revolta dos Malês, em 1835, para derrotar o poder constituinte. Você tinha cabeças pensantes, jovens, e com muita informação recebida dos mais velhos. Eles detinham conhecimento de engenharia, física, matemática, astronomia. É engano achar que esses caras que estavam no continente africano não sabiam de nada. Não, eles eram senhores do saber, sim. Tanto é que muitos negros africanos ensinavam os senhores de escravos a somar. Muitos portugueses não sabiam fazer conta. Havia um tipo de consciência, de informação, de conhecimento nesses negros.

Então esse levante, para mim, é um dos mais importantes que aconteceram no país. Temos que conhecer minimamente a história desses levantes contra a escravidão, contra o tipo de perseguição, contra o tipo de exploração do homem pelo homem, contra a invisibilidade. O negro malê tem uma rica história que precisa ser conhecida. Eles inauguram, na Bahia, o grande mercado ao ar livre. Eu sou da década de 1940, herdei muito isso dos mercadores, dos compradores, dos vendedores. A história desses negros muçulmanos que se organizam para a tomada do poder representa um dos capítulos mais importantes da nossa História.

MIGUEL E eles eram muçulmanos, porque o continente africano passou por uma forte islamização depois da morte de Maomé. O islamismo se desenvolveu fortemente na África Ocidental, justamente nessa região do Mali, Nigéria, descendo até o reino de Daomé e do Benim...

PITANGA Que é de onde eu vim. E quando fui exilado em 1964 fui pra lá! Eu saí pela porta da frente, porque estava em um filme do Sérgio Ricardo, *Esse mundo é meu*, que ia a um festival de cinema em Beirute, e de lá fui conhecer de que África eu tinha vindo. Não me bastava ser um afrodescendente. Desse continente de 54 países, de que país eu sou? Então, como dizia meu amigo Brizola, fui costeando o alambrado, e tinha um amigo, o

Adhemar Ferreira da Silva, campeão de salto triplo, que era adido cultural na embaixada do Brasil na Nigéria. Ele servia com o embaixador Souza Dantas, um professor nomeado por Jânio Quadros, o primeiro embaixador negro na África, acredita? Porque até então todos os embaixadores que iam para a África eram brancos, isso em um país miscigenado como o nosso.

MIGUEL O islã reconhece os profetas anteriores — Jesus, Moisés, Davi, Abraão... É uma religião aglutinadora, não é? Como foi esse encontro da religião iorubá com o islã?

PITANGA Eles fazem uma aliança quase impossível. Primeiro que eles não reconheciam os negros nascidos no Brasil. Mas eles fazem essa aliança — que é muito difícil de você entender e aceitar, principalmente nos dias de hoje — com o negro do catolicismo, com o negro do candomblé, está entendendo? Uma aliança para que a gente tomasse o poder. Muita coisa do candomblé vem do islã, o próprio nome Bahia vem do islã. Nós temos um grande consultor, que é o maior líder do islã no Brasil, o sheikh Jihad Hammadeh. A gente está mexendo em uma coisa que tem que ser muito séria, coerente. Os personagens que a Manuela Dias constrói, todos eles existiram: Manuel Calafate, Licutan, Dassalu. Sou apaixonado por essa história, mais ainda porque me traz uma referência muito forte do meu maior guru, Luís Gama, que tinha cinco anos na época do levante. Ele foi vendido aos dez anos. O pai o colocou em uma mesa de jogo e o perdeu, e esse menino que nasceu livre, filho da Luísa Mahin, torna-se escravo. É uma homenagem também a ele, que aprendeu a ler aos dezessete anos, libertou mais de quinhentos escravos do açoite e da morte. Foi o maior líder abolicionista! A gente conhece pouco da participação negra na construção desse país, na literatura, na culinária, na música, na dança. E a contribuição negra foi muito grande, bonita e sofrida.

MIGUEL Você, que viveu os anos 1960, viu o assassinato de Martin Luther King, de Malcolm X, a prisão de Nelson Mandela. Parece que a gente havia evoluído a partir dessa década e retrocedemos tudo. Em que ponto dessa história você acha que a gente está?

PITANGA Você acabou de fazer um teaser dos acontecimentos da década de 1960. O primeiro homem negro a entrar em uma universidade parou os Estados Unidos na época de Kennedy, em 1963. No Brasil, tinha uma luta contra o racismo, contra todo tipo de perseguição, e vem uma ditadura e põe novamente uma placa pesada. Eu era de um grupo — eu, Glauber, Roberto Pires — saído do Cinema Novo. Viemos para o Rio e fomos para o Centro Popular de Cultura, para poder vitaminar a nossa consciência e manter viva a nossa luta. O CPC era uma tribuna onde tinha Paulo Freire, Solange Trindade, Ferreira Gullar, Oduvaldo Vianna Filho, Cacá Diegues, Jabor, Antônio Carlos Fontoura, Carlinhos Lyra, Joel Rufino. Uma turma de jovens pensando que Brasil a gente gostaria de resgatar.

Respondendo uma pergunta sua, lá atrás, acho que a minha participação no movimento negro não vem pelo movimento, ela vem por uma composição de jovens, cabeças pensantes, da qual eu fazia parte. Não era mais um negro que estava lá com Glauber, com Roberto Pires, Jorge Amado, Carybé. Era um jovem que pensava um Brasil e que buscava esse Brasil.

O que chamou atenção do mundo na época foi exatamente a violência da Ku Klux Klan, as mortes de negros nos Estados Unidos, que lá são 12%, 13% da população. Aqui, somos, os negros, 54% da população, mas eles se organizaram melhor do que nós. Porque a dizimação do povo negro africano que veio para o Brasil é de uma tragédia incrível, famílias separadas, classificadas como lotes, uma turma vai para Pernambuco para ser vendida lá, a outra para Cubatão, Santos, São Paulo. A nossa religião, o candomblé, poderia ser o pilar, o farol. Nos Estados Unidos, não tem nenhuma pessoa negra de importância — cantor, escritor ou presidente, como Obama — que não seja da igreja, e a igreja é parceira. Coube à igreja organizar essa população negra, que era diferente do Brasil, no sentido de que vinha de uma menor quantidade de países, falava uma variedade menor de línguas.

MIGUEL E lá os grandes líderes eram pastores, Martin Luther King, Malcolm X. E Malcolm X, coincidentemente, em determinado momento se converteu ao islamismo!

PITANGA Exatamente. Então, quando você pergunta para mim onde a gente está hoje, eu digo: nada mudou. Estamos talvez até pior. Em 2020, de que maneira esse governo trata a cultura, os negros, as mulheres, os LGBTs, os direitos humanos? E olha que a gente não tinha as ferramentas que tem hoje. Não tínhamos redes sociais. O mundo hoje está globalizado e o cara ainda está matando um negro, George Floyd, nos Estados Unidos, com o joelho, a mão no bolso. Não mudou nada, Miguel! Qual é a frase que marca? "Não consigo respirar." O que move ainda esse negro é uma das grandes contribuições que ele deu a esse país: a cultura. Que raça é essa, que levou tantos açoites e se manteve de pé? É a sua cultura que mantém o tabuleiro de pé.

MIGUEL É muito impressionante como esse povo que é tão açoitado, há quatrocentos anos, sobrevive e produz o que esse país tem de melhor.

PITANGA Eu estava lendo o livro de Laurentino Gomes, *Escravidão*, ele vai no âmago. Toda escravidão é perversa, mas a negra foi de uma crueldade inimaginável... Se você ler o livro de Vargas Llosa, *O sonho do celta*, sobre a colonização belga, você chora, não sei se conseguirá ter estômago para ler. A brasileira não fica por menos.

MIGUEL Pitanga, nosso tempo está acabando. Muito obrigado, eu sou seu fã. Você é um querido, um sábio, um nobre. Manu Dias falou: "Olha, o Pitanga é a pessoa mais nobre que eu conheço." Um beijo enorme para você, *Salaam Alaikum*.

PITANGA Obrigado pelo convite, e a hora que você quiser pode me ligar, mandar mensagem, estamos juntos! *Wa Alaikum Salaam*.

24 DE JUNHO **FLÁVIA OLIVEIRA**
A HISTÓRIA QUE A HISTÓRIA NÃO CONTA

Conheci a Flávia quando ela veio se juntar à nossa ONG, Uma Gota no Oceano. Foi em 2016, numa reunião na casa da Mariana e do Charles Gavin. Por acaso, ela tinha acabado de passar pelo processo de se descobrir quilombola, o que mudou a sua vida, como ela conta no final da nossa conversa. E no momento em que você conhece Flávia Oliveira, você descobre inúmeras outras afinidades e algumas coincidências... é uma coisa quase mística! Já nos cruzamos nas festas do Ilê Omiojuarô, em Nova Iguaçu, terreiro de candomblé que ela frequenta, na época em que fui convidado por Mãe Beata de Iemanjá, seus filhos e por minha amiga Malu Galli para fazer o projeto de um centro cultural na pequena edificação adjacente ao terreiro. Mas nossa maior ligação é o samba! Mais precisamente, a Beija-Flor de Nilópolis, escola pela qual fui adotado por motivos que vocês descobrirão a seguir. A paixão de Flávia pela escola é tão potente, que o destaque da sua casa é a bandeira campeã de 2007. A mesma que atravessou a Sapucaí defendida por nossa querida Selminha Sorriso, que, naquele ano, recebeu as suas tradicionais quatro notas dez. O enredo: *Áfricas*. Nada mais significativo. Sobre o pavilhão emoldurado em sua parede, a pérola de Aydano André Motta: "O ano é apenas um aborrecido intervalo entre dois carnavais." Evoé!

MIGUEL Tudo tranquilo, Flávia?

FLÁVIA Tranquilo, nunca. Estou cansada, triste também. A gente está na luta, mas está sofrendo. Não está fácil. A gente tem falado no privado sobre esses tempos, não é? É um momento de agenda muito pesada, seja para evitar retrocessos, seja para reduzir danos, seja para tentar avançar — como neste debate do antirracismo, que explodiu feito uma bomba neste momento.

MIGUEL Inclusive vemos que as conquistas, por menores que sejam, são ainda muito frágeis, não é? Nos Estados Unidos, isso é impressionante. Eles têm uma população de menos de 20% de negros, conseguiram ainda assim eleger um presidente negro e hoje estão voltando a uma espécie de pré-anos 1960.

FLÁVIA É muito impressionante... Uns seis anos atrás foi lançada aqui a autobiografia do Martin Luther King, que na verdade é uma compilação de textos que ele escreveu. A tradução é do Carlos Alberto Medeiros, um intelectual negro brilhante. Clayborne Carson, o organizador do livro, já comandou o Martin Luther King Center, e esteve no Brasil para uma série de palestras. Eu escrevi uma coluna sobre isso, e perguntei a ele (era o governo Obama): "O que o senhor acha que Martin Luther teria hoje como agenda, se ainda estivesse vivo?". O que ele respondeu serve tanto para os Estados Unidos quanto para o Brasil: "Acho que ele estaria muito preocupado com o fundo do barril. Nós conseguimos conquistar coisas muito importantes para o nosso povo, do ponto de vista legal, de direitos, mas de direitos e de possibilidades de inclusão que não estão postos para todo mundo".

E é exatamente isso: nos Estados Unidos e aqui ainda temos uma massa muito rígida de excluídos lá na base da pirâmide, absolutamente submetidos à violência. Esse é um debate que, anos atrás, nós fizemos também na Educafro, uma organização da sociedade civil empenhada na inclusão de jovens negros e da periferia no ensino superior. Quando não havia o sistema de cotas, a Educafro tinha um protagonismo e uma atuação quase mais fácil. À medida que o sistema de cotas foi amadurecendo e se expandindo, via Prouni e universidade pública, os alunos que apareciam na Educafro eram exatamente esses do fundo do barril. E os educadores diziam aos voluntários: "O desafio é muito maior, porque é uma galera que não conseguiu ser pescada nas cotas, tem uma formação escolar ainda mais precária e, em razão disso, uma autoestima mais baixa". São pessoas que exigem uma busca ativa, que você tem que ir lá, bater na porta e dizer: "Eu quero você, vem, eu vou te ajudar". E vai tentar uma vez, duas, e a terceira. E percebe que esse ciclo não acaba — o do combate à exclusão ou da construção da inclusão. Acho que foi isso que os Estados Unidos descobriram — a partir de Obama, inclusive — e o Brasil está descobrindo agora, pelo avesso: que nossa população em vulnerabilidade é muito maior do que imaginávamos.

MIGUEL Em 2020, temos que continuar gritando que vidas negras importam, que vidas quilombolas importam, que vidas indígenas importam. Nós nos conhecemos e nos aproximamos nessa luta pelas questões indígenas. Como você vê isso hoje e como vê o futuro? O que vamos deixar para a próxima geração?

FLÁVIA É muito bom você perguntar isso. Eu fiz cinquenta anos, e esperava deixar um Brasil ou um regime democrático mais sólido. Tudo o que a geração anterior à nossa, sobretudo, protagonizou. Por exemplo, a construção da Constituição de 1988: isso não foi obra da nossa geração, e somos beneficiários dela.

MIGUEL A gente viu o movimento das Diretas Já, a redemocratização, o movimento pelo voto aos dezesseis anos, em 1988. E a Constituição.

FLÁVIA Exatamente. Viu, viveu, experimentou, mas não construiu. Mas para a geração que construiu esse arcabouço, e para a nossa, que testemunhou e aproveitou os melhores anos disso que chamamos de democracia, acho que fica um amargor. Porque a construção não foi tão sólida, não é? A democracia brasileira já não era sólida para vários grupos. Para os indígenas, por exemplo, porque nunca tiveram representatividade.

Hoje tem muito essa disputa dos movimentos identitários, mas negros, mulheres, indígenas, enfim, as ditas minorias do ponto de vista de ocupação de espaço de poder, nunca experimentaram a democracia plena que alguns grupos da sociedade brasileira viveram. Acho que homens brancos, de todos os matizes, e mulheres brancas, na sequência, foram os grupos sociais que mais experimentaram esse sentido de democracia — do que costumávamos chamar de democracia.

A nossa hora não chegou, no sentido de uma proporcionalidade, de uma representação mais fiel em relação à nossa participação na sociedade. Nem para os homens negros, nem para as mulheres negras, nem para os indígenas... nem para os jovens. Então chegamos em 2020 com algo entre o amargor, a tristeza e um certo desapontamento, olhando os dois últimos anos e pensando no quanto foi fácil desmontar várias dessas estruturas e dimensões da democracia que nos pareciam muito sólidas quando foram erguidas.

Para ser mais objetiva: os conselhos todos — nós militamos na questão indígena, do meio ambiente, dos quilombolas — foram dissolvidos com uma canetada. Como foi fácil dissolver a participação da sociedade civil, num Brasil que constituiu essa chamada Constituição cidadã. Como foi fácil deixar de cumprir alguns pactos que foram mal amarrados. Por exemplo, a escolha do procurador-geral da República na lista tríplice foi simplesmente ignorada, sem chance de recurso. Ainda agora, quase tivemos uma medida provisória de imposição dos reitores das universidades durante a pandemia. Então, eu acho que a nossa geração e a geração anterior à nossa não procuraram solidificar, fortalecer os valores democráticos que foram construídos. E aí estamos nessa tensão, com uma democracia incompleta e ameaçada.

Mas a sua pergunta foi uma pergunta de esperança — e eu sempre tenho esperança. O que pode haver de bom neste momento que estamos vivendo? É termos consciência da nossa agenda de direitos. Vários movimentos estão em curso nessa pandemia. As frentes, os manifestos pela democracia... Tenho a impressão de que a sociedade brasileira, inclusive nesse momento de escalada autoritária, se deu conta da importância de defender a democracia. E de, em alguma medida, se alinhar e caminhar na direção de fortalecê-la. Ao mesmo tempo, os grupos ditos identitários — e à frente deles me parece estar o movimento negro, neste momento — estão dizendo: "Olha, eu quero democracia, mas não aquilo que vocês costumavam chamar de democracia, que nunca me representou". Então, temos debates e questionamentos — alguns muito francos e tensos. Mas é da natureza dessa disputa de território, de protagonismo, que vivemos. Acho isso sempre muito bom, mas tem gente, mesmo do campo mais progressista, que se ressente. O problema é que agora não dá mais para dialogar no sentido de "não, primeiro a gente restaura a democracia, depois a gente chama os pretos". Vai ter que ser com os pretos ou vai demorar um pouco mais para restaurar a democracia.

MIGUEL Tudo ao mesmo tempo. Você falou um pouco sobre a tensão dos debates. Esses movimentos que aconteceram após o assassinato do George Floyd nos Estados Unidos — e faço um parêntese para dizer que acho esse assassinato e outros como os de João Pedro, Ágatha e Kauan igualmente impactantes, apesar da repercussão diferente pela mídia — trouxeram para as redes e para os debates o tão discutido lugar de fala. Há uma profunda lacuna no papel dos brancos nessa luta contra o racismo, uma confusão do que chamamos de "lugar de fala" e "lugar de cala". Por mais que precisemos escutar o que os movimentos nos têm a dizer, também temos um papel a cumprir. Até onde o silêncio do lugar de cala é respeito e quando passa a ser omissão? O que cabe a nós, brancos, privilegiados, fazer nessa luta?

FLÁVIA É bom você trazer esse tema, porque eu acho que existe uma confusão na compreensão do conceito de lugar de fala. Lugar de fala, todo mundo tem. Inclusive no debate do racismo, o lugar de fala do debate racial não é só das pessoas negras que sofrem racismo. Quando a gente reivindica o lugar de fala, é sobre uma espécie de procuração, que vigorou por longo tempo, de que os brancos falariam sobre as dores dos pretos, como se a gente precisasse dessa tutela e aval. Então, o lugar de fala aparece como um contraponto e uma provocação: "Olha, não é você que tem que falar sobre mim. Sou eu quem tem que falar sobre mim. Das minhas dores, de ser mulher negra, das desigualdades etc.".

Agora, o branco, homem ou mulher, tem um papel nessa história, tem um lugar de fala a partir da sua percepção dos privilégios. Então, é se olhar no espelho e perguntar: "Eu estou nessa posição porque sou bom pra caramba mesmo ou só porque sou branco e conheço as pessoas?". E a partir dessa construção, pensar: "Como é que eu faço para facilitar, ou zerar, ou criar oportunidades para pessoas negras, de igual ou maior talento, ocuparem esses espaços que estiveram aqui só porque eu nasci nesse lugar, com essa cor, com esse gênero?". Entende a diferença? Então, quando a gente fala do antirracismo, está falando de ações objetivas na direção de criar oportunidades.

Pessoas brancas também podem criar constrangimentos. E isso não é simples na sociedade brasileira. É muito complicado para os pretos, mas a gente se acostumou com esse papel e, inclusive, carrega uma espécie de pecha de pessoas virulentas, desagradáveis, agressivas e arrogantes quando aponta o racismo, o racismo estrutural, as desigualdades, os preconceitos — todas essas dimensões da desigualdade no Brasil. Enquanto muitas pessoas brancas que poderiam ser ouvidas, inclusive dentro dos próprios grupos da elite branca, não o fazem para não causar constrangimento, para não fazer a festa parar. Aí, nesse sentido, é fundamental termos essa aliança. Porque é muito mais fácil uma pessoa branca ouvir outra pessoa branca, inclusive sobre o racismo que ela guarda. Que todos nós guardamos.

É fundamental essa reflexão, essa olhada no espelho. E reconheço que ela não é fácil — nem para negros, nem para brancos. A Grada Kilomba traz as escalas desse caminho de consciência racial. A primeira é a raiva, é a negação. "Eu não, imagina! Como você pode me chamar de racista?".

Mas é racismo. É estrutural. Você não falou "nenhum negro entra aqui na minha casa, a partir dessa linha..." Mas há olhares, práticas e uma naturalização da ausência que caracterizam muito fortemente esse racismo estrutural brasileiro. Que me parece ser mais profundo no Brasil do que nos Estados Unidos, por exemplo, que já elegeram um homem negro presidente, embora não tenham conseguido mudar a estrutura racista da sociedade da forma profunda que deveriam. Mas a gente não chegou nem nesse ponto, e tendo uma população negra muito mais numerosa.

MIGUEL Nós dois temos uma ligação com o samba, onde o negro é protagonista, e, em particular, com a Beija-Flor, que é minha escola adotada e virou minha escola de coração após a morte da Manu. A escola tem uma importância histórica em trazer a temática negra, o enredo negro, as suas histórias, a potência, a religião, a cultura. Na verdade, esse movimento se inaugurou com o Salgueiro.

FLÁVIA Com Fernando Pamplona!

MIGUEL Que fez os enredos sobre Xica da Silva, Quilombo dos Palmares... Joãosinho Trinta trabalhou com Pamplona e trouxe para a Beija-Flor essa tradição dos enredos afro, e em 1978 foi campeão com "A criação do mundo segundo a tradição nagô". Alguns anos depois, outro enredo campeão exaltou os negros, "A grande constelação das estrelas negras", que saudava Ganga Zumba, Pinah, Clementina de Jesus, Pelé. Quase quarenta anos depois, a Beija-Flor, no próximo ano... ops! Não podemos falar em próximo ano... no próximo Carnaval... seja ele quando for... trará o enredo "Empretecer o pensamento é ouvir a voz da Beija-Flor". Qual é o papel de um enredo como esse no momento atual?

FLÁVIA Essa pergunta prova que você é um iniciado — não apenas no mundo Beija-Flor, mas no mundo das escolas de samba. Todo mundo que está minimamente iniciado nessas questões carnavalescas está usando "o próximo carnaval", e não mais "o carnaval 2021".

A Beija-Flor tem, sim, uma tradição, uma vinculação muito forte com o povo negro da Baixada. Eu vejo a Beija-Flor como a mais negra das escolas de samba, embora não ostente essa reputação na forma como explora e trata a sua comunidade.

Escolas como a Mangueira e a Portela têm muito mais a imagem de escolas negras do que efetivamente são, se comparadas à Beija-Flor. Não estou dizendo que não tenha preto na Mangueira ou na Portela, mas a Beija-Flor tem uma lealdade aos seus princípios... Eu inclusive briguei com a escola quando da saída do Laíla, porque acho que foi uma despedida muito traumática. Ele é um grande intelectual das escolas de samba, subvalorizado também por ser negro — porque o mundo do samba também é racista, né? Os grandes artistas do carnaval são negros, mas o comando das escolas de samba não é. Inclusive na Beija-Flor.

E isso é uma coisa que está em discussão nesse enredo. Porque não é só sobre fazer um enredo dizendo que vai empretecer o pensamento; é construir esse enredo a partir do protagonismo negro. E esse é um desafio para a Beija-Flor, que tem um comando branco e uma comissão de carnaval essencialmente branca. É por isso que o enredo está em aberto, em construção. A escola tem, internamente, conversado sobre como levar a representatividade negra à construção desse enredo e desse carnaval, para que não tenhamos pessoas brancas falando pelas pessoas negras. Para respeitar o lugar de fala dos negros num enredo sobre empretecer o pensamento.

Agora, o que eu acho mais interessante nesse enredo em construção é justamente o pensamento. Empretecer o pensamento. E te digo isso porque, de fato, a Beija-Flor é uma escola íntima dos enredos afro e afro-religiosos. Por que esse é um enredo diferente dos outros? Porque ele não é exclusivamente de homenagens a pensadores negros, mas de reconhecimento dos saberes negros, acadêmicos ou não. Isso faz uma grande diferença, entende? Exaltar parte da cultura, da religiosidade, das histórias e das tradições, tem um papel fundamental. Mas, nesse momento, você chamar o Rio de Janeiro, o Brasil e o mundo para dizer: "Olha aqui a riqueza de pensamento, de formulação, de visão de mundo e de proposta de compreensão do mundo. Eu sou capaz de criar a partir da minha experiência diaspórica, da minha experiência afrodescendente, que vocês nunca perceberam". É preciso levar isso em conta, não apenas os escritores, os filósofos, os artistas, mas também as linguagens não verbais, de que o Luiz Antônio Simas e o Renato Nogueira falam muito. A "oralitura", a transmissão oral de conhecimento e a formulação absolutamente complexa de mundo e de saberes a partir dela: os segredos das mães de santo, a hierarquia dos terreiros são estruturas absolutamente desconhecidas, porque o Brasil escolheu ignorá-las, mas elas são absolutamente sofisticadas.

Nada têm a ver com o animismo, como os antropólogos denominaram no passado, com o paganismo, com o primitivismo...

MIGUEL O que você falou sobre a sociedade é muito importante. Está claro que não há um futuro sustentável para nós, como sociedade, se não desmontarmos o racismo estrutural e combatermos as desigualdades sociais. E nisso entra a educação. Quer dizer, a educação brasileira tem um papel preponderante na disseminação desse racismo. A História, por exemplo, sempre foi contada exclusivamente pela ótica do conquistador branco. Temos uma visão romantizada da miscigenação, mas sabemos que ela é o resultado de violência...

FLÁVIA Da ideologia do embranquecimento. Aliás, hoje é o aniversário de Sueli Carneiro, a grande referência do movimento de mulheres negras do Brasil hoje, e dois dias atrás foi o do professor Kabengele Munanga, autor de *Rediscutindo a mestiçagem no Brasil*, que traz uma reflexão sobre o papel da miscigenação no embranquecimento da sociedade.

Eu li esse livro nos anos 1990 e pirei. Mestiça que sou — meu pai era branco, ou se autodeclarava branco, tinha um grau de mestiçagem menor, e minha mãe, uma negra retinta baiana —, é muito duro pensar o próprio corpo como produto de uma construção ideológica que visava ao apagamento das origens africanas da população brasileira. E, ao mesmo tempo, isso obriga a pensar que negros de pele clara são privilegiados. Quanto mais claro o tom de pele, menos preconceito o negro sofre. No "preconceitômetro", a marcação da pele negra retinta é muito mais dura para homens e mulheres. A gente até tem dentro do próprio movimento negro esse debate sobre o colorismo, sobre essa diferença de matizes.

MIGUEL A própria história urbana das favelas nasce de um projeto de política pública eugenista. E, junto com a abolição da escravatura, veio a importação de imigrantes europeus para substituir a mão de obra negra liberta, ávida, disposta ao trabalho remunerado. E ela foi deliberadamente apartada do mercado de trabalho por um projeto político. São raízes muito profundas, cujas consequências são essas que tentamos combater.

FLÁVIA A República brasileira também foi instituída sobre bases do racismo estrutural. O Código Penal de 1890 já criminaliza a capoeira, as religiões de matriz africana. E quando traz o curandeirismo, a vadiagem... Quem seriam os vadios? Quem não tem emprego formal nem casa senão os escravizados de áreas urbanas? E, a partir daí, começa um projeto que até hoje sobrevive, da criminalização da pobreza, das pessoas negras, e que se expressa ora no índice altíssimo de homicídios que alcança sobretudo os jovens negros, ora no encarceramento em massa. A maioria da população carcerária, aqui e nos Estados Unidos, é formada por pessoas negras.

Então, nós de fato abraçamos o modelo republicano que foi, também, um modelo de exclusão social para os negros. Quando você fala sobre o estímulo à imigração estrangeira, europeia, branca, eu acho bom lembrar que isso foi feito com ações afirmativas, acesso a crédito, lotes de terra, coisas que foram sonegadas aos negros e dadas aos imigrantes brancos. Você, como arquiteto e entendedor da lógica da urbanização e da distribuição do espaço, sabe que até hoje a gente está em disputa sobre a titularidade de territórios. E o quanto faz diferença ser dono da própria terra, né?

MIGUEL Claro! Além de ser uma questão de autoestima, de afirmação, de reconhecimento da cidadania. A titularidade das casas ou lotes deve ser uma das primeiras ações ao se abordar com responsabilidade o tema das favelas e comunidades... Mas, fazendo um comentário sobre a pergunta anterior, a partir do momento em que existe essa dualidade de narrativas e o devido protagonismo dos marginalizados, começamos a perceber esse revisionismo histórico acontecendo, essa dança das cadeiras entre heróis e vilões. Portanto, volto ao samba: em 2019, Leandro Vieira trouxe um enredo importantíssimo para a Mangueira, que é cada vez mais importante — ele ainda vai dar discussão por muitos anos. Cada verso desse samba tem um valor muito grande. Tem um verso que fala: "não veio do céu, nem das mãos de Isabel, a liberdade é um dragão no mar de Aracati". Ele revê o papel da princesa Isabel na abolição da escravidão, que inflama discussões até hoje. Eu queria saber, sob a sua ótica, qual foi o verdadeiro papel desse personagem histórico?

FLÁVIA Olha, me parece que há que se ter uma divisão de protagonismo. O carnaval faz isso, contar histórias que a História não conta, há muito tempo. Você citou aqui Xica da Silva, Zumbi, a africanidade de Kizomba, os agudás! Os africanos retornados que Milton Cunha apresentou na Unidos da Tijuca, com um samba lindo, inclusive. Então, o carnaval cria esse desconforto e reapresenta esses personagens.

O movimento negro também faz isso. Aqui, desde sempre, se questiona o sentido da Lei Áurea, da abolição e do protagonismo da princesa Isabel. O carnaval já nos apresentou "Pra Isabel, a heroína, que assinou a lei divina. Negro dançou, comemorou, o fim da sina". Ali era exaltação. Mas naquele mesmo ano, ou um ano antes, os negros, a partir do movimento negro organizado, marcharam contra a farsa da abolição — contra o centenário da farsa chamada abolição. Foi uma marcha na Presidente Vargas, da Candelária em direção ao Monumento de Zumbi. E a própria construção da história e o reconhecimento de Zumbi como um ícone, como um símbolo da resistência da luta dos negros pela liberdade, é uma conquista do movimento negro brasileiro.

Eu não gosto de pensar que estamos questionando isso agora. Isso vem de muito tempo. Tanto que a gente tem o feriado de 20 de novembro, que é a data que foi escolhida pelos negros para destacar o seu protagonismo, expresso no ícone Zumbi.

Isabel tem um papel de protagonismo, mas ela não é a única. Ela, efetivamente, assinou a lei. Mas faltou muita coisa em relação a quem tinha o espaço de poder, quem tinha a caneta. E, ao lado dela, havia outros. É importante pensarmos isso. Não é assim: um dia um salvador ou uma salvadora branca acorda e fala "estou com pena dos negros, vou assinar uma carta e libertá-los"; ou "vou criminalizar o preconceito racial"; ou "vou tornar o racismo crime inafiançável"; ou "vou oferecer aqui cotas para alunos negros entrarem na universidade". Isso é fruto de muita disputa! E é uma disputa que engrandece o movimento negro organizado, porque foi feita à margem dos espaços de poder. Olha o que a gente já conseguiu conquistar, da abolição até a políticas de cotas, sem nunca ter presidido o Brasil, governado estados, presidido Senado, Câmara. Fazer-se ouvir e conquistar direitos numa sociedade racista, machista e quase surda em relação à reivindicação de minorias não é pouca coisa. E o movimento é muito ancorado — embora a gente tenha registrado algumas revoltas — no debate institucional, da legislação, e não na revolução pura e simples.

MIGUEL É uma história muito mal contada! A gente ouve, por exemplo, muitas pessoas ignorantes dizendo que os quilombos acabaram no genocídio de Palmares! E, no entanto, você escreveu um artigo muito bonito n'*O Globo* sobre a experiência de se descobrir quilombola. Eu queria que você contasse um pouco dessa descoberta.

FLÁVIA Essas coisas foram me acontecendo a partir da morte da minha mãe. Ela morreu subitamente... Minha mãe era baiana de Cachoeira, no recôncavo. E veio para o Rio, era uma apaixonada pelo Carnaval. Mangueirense doente! A partir da morte dela, eu aprofundei minha experiência com o candomblé. E aí me apareceu um convite para fazer um teste de DNA para um documentário chamado *Brasil: DNA África*, e investigar minha ancestralidade, a linhagem materna. Me descobri descendente da linhagem balanta, de um território onde hoje é a Guiné-Bissau. A partir daí, iniciei investigações. Em 2016, fui com a minha filha para Cachoeira, para pesquisar nossas origens. Achei documentos da minha bisavó, conversei com uma tia — uma irmã da minha mãe, que ainda está viva —, e ela tinha alguma memória, fomos puxando o fio e encontramos várias coisas. Meu bisavô tinha algumas terras, achamos a escritura original e aquelas certidões todas, que vão se atualizando. E as terras foram declaradas área remanescente de quilombo: Quilombo do Tabuleiro da Vitória. E a gente foi lá: um platô, no alto, de onde se vê o rio Paraguaçu. O alto da montanha é bem típico dessa estrutura quilombola, porque você vê quem está subindo. Se você for a Palmares, vai ver que é assim — são três pontos de observação no alto de uma montanha.

MIGUEL Em 2021 estava previsto o novo recenseamento, que, pela primeira vez, fará um levantamento completo das comunidades quilombolas. O que vem nesse censo? Qual é o quadro que você acha que vai aparecer dessas comunidades quilombolas? Qual é a visibilidade que essas informações podem trazer?

FLÁVIA O censo é *a* grande pesquisa. Uma investigação fundamental para produzirmos um diagnóstico sobre a nossa sociedade, a nível de microterritórios. E pela primeira vez os territórios quilombolas serão mapeados. Eles na verdade já foram mapeados, mas vamos ter agora uma investigação mais objetiva não apenas sobre localização, mas número de habitantes e as condições de vida de cada um.

Diferentemente, por exemplo, das áreas indígenas, que costumam estar encravadas ou instaladas no interior do Brasil ou em áreas não urbanas, há muita interação dos quilombos com a cidade. Aqui no Rio de

Janeiro, por exemplo, temos vários — Camorim, Sacopã, o Quilombo do Leblon, hoje não mais com população remanescente, mas aqui na Lagoa tem uma disputa intensa, em Niterói tem o Grotão... Me parece que vamos descobrir esse pedaço invisibilizado do Brasil, conhecê-lo e entender as necessidades desse grupo. É fundamental esse reconhecimento e essa investigação sobre a população quilombola, que hoje está sofrendo muito, inclusive com a Covid-19, até em razão da interação com as áreas urbanas — a contaminação é muito grave nos quilombos, e nós também temos perdido nossos irmãos quilombolas nesse momento tão grave de pandemia. Miguel, foi lindo falar com você!

MIGUEL Adorei, Flávia! Muito obrigado, obrigado pelo seu tempo e por essa aula!

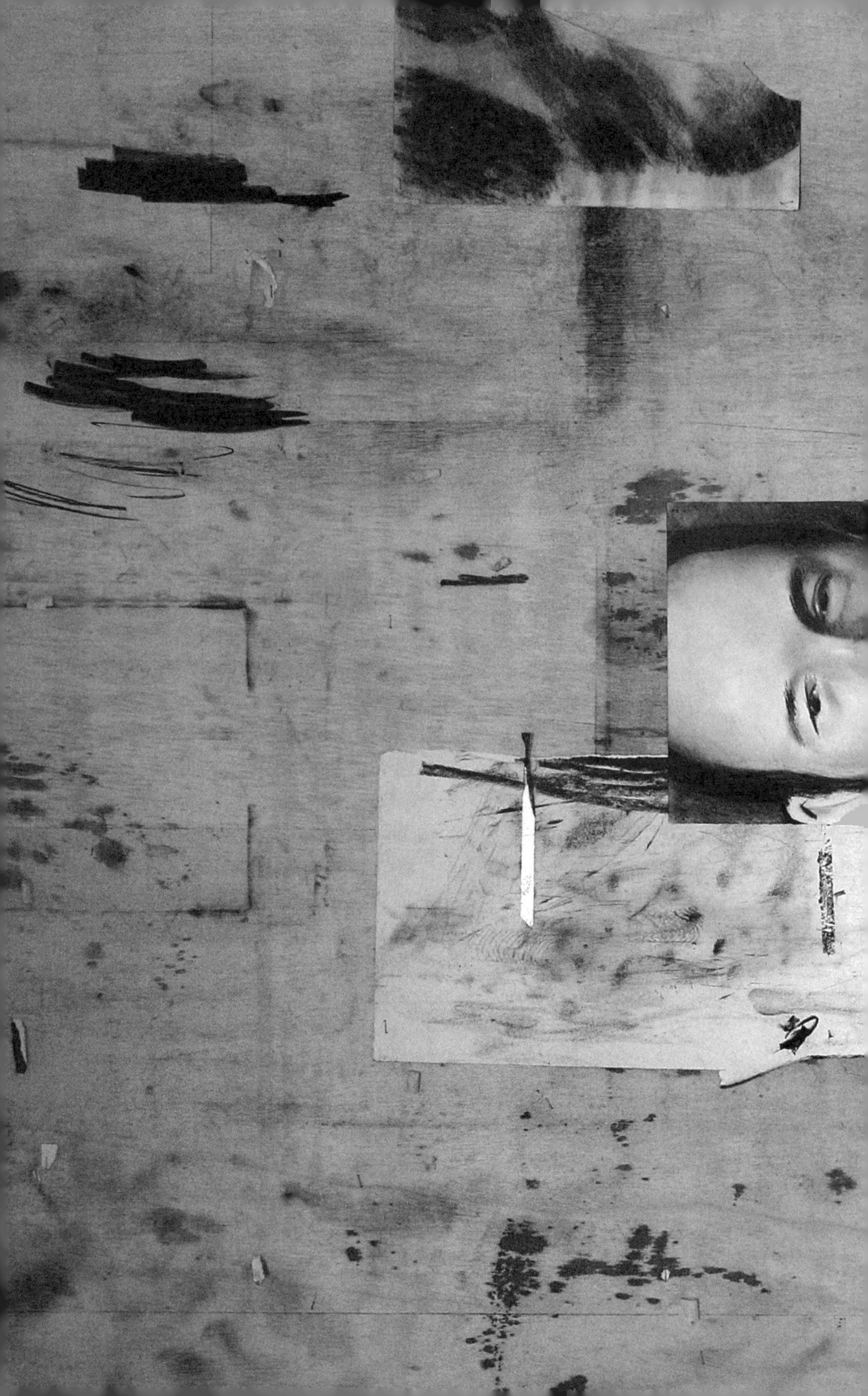

7 DE JULHO

ARMÍNIO FRAGA

A SOCIAL ECONOMIA

Minha relação com Armínio perpassa gerações. Seu pai, Sylvio Fraga, muito boa-praça, foi meu vizinho de cocheiras na Hípica, na época em que eu montava a cavalo. Dividíamos, inclusive, os cuidados do seu Albino, figura lendária do hipismo carioca, que morreu há pouco tempo com mais de cem anos, e era o profissional que tomava conta dos nossos animais. Sylvio era muito amigo do meu avô e fazia adestramento, uma modalidade chatíssima do esporte! E meu avô, que era o meu grande incentivador (e patrocinador!), me obrigava a praticar também esse adestramento, sempre usando o Sylvio como exemplo. O que, anos depois, eu muito agradeço, porque me deu habilidades muito específicas e um embasamento fantástico para a modalidade em que me destaquei, o salto. Armínio joga golfe com meu pai e passamos a nos cruzar socialmente e pelos clubes que frequentamos. Recentemente viramos vizinhos com agendas em comum. Armínio faz parte de uma turma de economistas que encantou a minha geração, a qual tentei reunir neste livro. E foi um dos primeiros a expressar ideias mais progressistas que muito me encantam. Além do mais, tenho profundo respeito por bibliófilos apaixonados.
E Armínio Fraga é um deles!

MIGUEL Bom, vamos lá? Vamos começar? A extrema direita chegou ao poder com o Estado mínimo no imaginário de muitos brasileiros, explorando muito a narrativa de que as grandes estatais estiveram envolvidas nos casos de corrupção. Você tem dito que há áreas onde só o governo pode investir. Então, eu pergunto: qual o tamanho que o Estado brasileiro deve ocupar na economia?

ARMÍNIO FRAGA Essa pergunta é muito importante. Eu tenho, na cabeça, uma divisão. O Estado tem sido um mau empresário. Então, vejo com bons olhos a ideia de uma presença pequena, mínima até, do Estado como empresário. Os incentivos, em geral, não são os mais apropriados. Há perda de transparência, gastos ocorrem totalmente fora dos canais orçamentários. Temos uma história longa e complicada no Brasil. Reformas de governança são tentativas inspiradas pelos escândalos, mas essa área tem sido difícil. Porém, sobretudo em um país desigual como o nosso, é impossível imaginar o resto da função do Estado cabendo dentro de um Estado pequeno. A desigualdade requer investimentos muito grandes na área social. Isso não quer dizer que o Estado tenha que administrar tudo — existem modelos de concessão, de terceirização etc.

A crise atual, na minha leitura, está realçando uma série de problemas. Acho que nós vamos acabar reinventando a social-democracia, por várias razões — algumas até de natureza quase filosófica, de qualidade de vida. Coisas boas que podem sair dessa confusão.

Resumindo: eu não acredito no Estado mínimo. Acho que, na prática, essa ideia é meio vazia e certamente não é para nós. A direita está sentindo na veia que privatizar não é fácil. Talvez agora reconheçam o que foi feito lá atrás com Fernando Henrique, e até mesmo com Lula...

Arrumar o sistema bancário, telecomunicações, um pedaço da área de energia elétrica, e voltar as atenções para a saúde, educação e infraestrutura, acho que é por aí.

MIGUEL Grandes pensadores econômicos têm batido muito na tecla da urgência do combate à desigualdade social. O que o Estado brasileiro pode fazer para diminuir essa desigualdade social? Isso está sendo feito de maneira correta?

ARMÍNIO Muita coisa. Esse Estado... vamos chamar de médio, mas grande para um país de renda média, pois arrecada 1/3 do PIB, o que é muito dinheiro — tem que começar se repensando. O Estado brasileiro gasta muito em Previdência, e na folha de pagamentos — hoje sobra zero para investir, mesmo nas áreas sociais. Isso faz muita falta. O Brasil investe bastante em algumas delas, mas há também um desafio de gestão. Então, uma das grandes prioridades é repensar o Estado em geral. Ele tem que ser mais transparente, mais avaliado, os funcionários públicos precisam obedecer a critérios de gestão muito mais rigorosos. Não há nenhuma razão para não haver um RH de governo, como se tem nas empresas. Eu começaria por aí, para poder então atacar a questão das desigualdades, indo além do combate direto à pobreza.

É absolutamente inatacável o que temos feito em relação à pobreza extrema, como o Bolsa Família, mas, para chegar à etapa seguinte, o país precisa ter educação e saúde pública de qualidade, melhorar muitas questões de infraestrutura. Isso tem que ser feito com financiamento público ou com algum tipo de terceirização quando forem bens públicos, mas, em última instância, são investimentos onde o retorno social é muito maior do que o retorno privado. Mas o Estado brasileiro está vivendo um momento de muita fragilidade financeira. Está meio quebrado e vamos ter que consertar isso. E é difícil. O presidente Bolsonaro acabou de falar que não admite que a reforma administrativa atinja os atuais funcionários. Não podemos esperar tanto. Essa é a grande fronteira. Essa reforma liberaria recursos que permitiriam focar no investimento social, base essencial de uma estratégia de crescimento inclusivo. Investir no capital humano — para usar o vocabulário dos economistas liberais. Melhor investimento, impossível. É por onde temos que ir.

MIGUEL Armínio, você falou em combate à pobreza e dá para concluir que é diferente do combate à desigualdade social. Me parece que o governo liberal puro-sangue, ultraconservador, trabalha muito o combate à pobreza apenas como abertura de mercado, criando novos consumidores. Qual a diferença entre esses dois projetos?

ARMÍNIO A pobreza extrema é reconhecida por todos. Entre os mais liberais, os menos liberais, as esquerdas das mais variadas, a pobreza é intolerável. É tijolo fundamental, não está em questão. O que está ficando claro é que avançamos bastante no combate à pobreza, mas temos que investir mais nas etapas seguintes. Nós queremos ver o Bolsa Família funcionando como ele foi desenhado para funcionar, mas gerando mobilidade social. Não há conflito entre esses objetivos. A questão da assistência social está sendo repensada, renda básica universal, renda mínima etc. são temas quentes agora. E isso precisa acontecer, precisa ser bem calibrado, mas não podemos parar aí. A questão é como organizar esse trabalho, de onde extrair os recursos. Eu tenho feito essa pequena campanha para mostrar que 80% do gasto público indo para a Previdência e para o funcionalismo é demais. Precisamos arrumar a casa para crescer e crescer melhor, com oportunidades, mobilidade social. São coisas complementares. Aí, tem também muita discussão sobre qual é o sistema de saúde correto, qual é o sistema educacional correto, como se faz — tem um mundo de possibilidades. Sou a favor de experimentar, ver o que funciona, medir resultados e ir tocando.

MIGUEL Em uma entrevista que você deu à *Folha de S.Paulo*, foi dito que você é considerado hoje um homem de esquerda. O que aconteceu? Você reviu o seu pensamento ou foi o Brasil que realmente guinou à direita e você ficou reto, no meio do caminho?

ARMÍNIO Não, eu fiquei lá parado. Sempre fui de uma linha liberal progressista ou social-democrata. É impossível uma economia se desenvolver plenamente sem o mercado, isso é o básico. Mas o mercado tem que estar bem inserido em um contexto regulatório, jurídico, para funcionar direito. Um país que sai de uma situação tão desigual como a nossa requer esse tipo de resposta, inclusive para crescer. Nunca aceitei bem essa ideia de que tem que crescer o bolo para dividir. Mas hoje, mais do que nunca, vejo nisso um erro. Um erro econômico, social e político.

Hoje temos uma Bolsa Família de 0,5% do PIB — um belíssimo programa —, além de outros programas sociais. Ao mesmo tempo, o Brasil chegou a ter 7 pontos do PIB de subsídios apelidados de "bolsa empresário". Eles não trouxeram crescimento, foi um modelo que deu errado, obsoleto, que contribuiu para, no mínimo, atrasar uma melhoria na distribuição de renda, que já vinha ocorrendo, mas estagnou. A situação melhorou um pouco, mas o Brasil segue entre os países mais desiguais do mundo. E não é só desigualdade na renda. Trata-se de um grande desafio, e acho que uma atitude que priorize a questão das desigualdades, considerando o que aconteceu em vários momentos da nossa História, merece ser classificada como de esquerda, ou progressista, ou o nome que você quiser, mas compatível com os princípios do liberalismo clássico.

MIGUEL Por que, no Brasil, o liberal no campo econômico é absolutamente conservador, quase retrógrado, nos costumes, e o progressista nos costumes tem uma visão de economia tão atrasada? Onde se encontram, onde se escondem os que estão no meio do caminho? Por exemplo, nessa mesma entrevista à *Folha*, você defende as pautas identitárias, o direito da mulher de tomar decisões sobre o próprio corpo... Enfim, assuntos tabus.

ARMÍNIO Espero que essas caixinhas estejam mudando. Na economia, aconteceu uma espécie de acidente — ou talvez não tenha sido acidente, não sei: muita gente que foi fazer doutorado fora, na década de 1970, voltou com ideias que seriam chamadas de liberais ou neoclássicas na economia — muitas delas vindas de Chicago. E era o período da ditadura militar, vários foram trabalhar no governo e tinham essa visão meio Milton Friedman, George Stigler. Juntou-se, então, o autoritarismo com essa visão, em contraste com uma visão meio cepalina que teve lá seu mérito em algum momento, mas não evoluiu e não resolveu a vida de ninguém. A conexão liberalismo-conservadorismo é muito rica também, mas tem que ser qualificada. Uma coisa é um conservadorismo filosófico, das instituições terem que evoluir lentamente, na linha de Edmund Burke, coisa de alta qualidade. Outra é um conservadorismo meio exótico, meio rústico, que a gente vê no Brasil, de não querer perder poder, nem econômico, nem político. Esse conservadorismo sempre foi um problema para o nosso desenvolvimento. Tudo bem quando ele é uma espécie de defesa contra loucuras, tanto de esquerda quanto de direita, mas, no geral, ele é meio fisiológico, sem conteúdo programático, para realmente desenvolver o país de uma maneira organizada. Eu me considero um cara bem liberal, mas acredito em planejar. O oposto de planejamento não é mercado, é bagunça.

MIGUEL Friedman, que foi o pai dessa escola de Chicago, foi um dos primeiros a defender a renda básica, por exemplo. Um ultraliberal e defendia a renda básica.

ARMÍNIO Ele era uma cabeça aberta e tinha uma lógica implacável. Em algumas áreas, até hoje segue sendo extremamente influente. Nos temas identitários, o mundo mudou muito nos últimos cinquenta anos. Aí vejo também essas correlações. Hoje no Brasil vivemos o crescimento das igrejas evangélicas, neopentecostais. E surge esse tema da mulher, por exemplo. Eu defendo que a mulher é dona do seu corpo, é uma coisa muito simples. Mas isso não é tão simples para algumas pessoas. Se uma é religiosa, quer ter um monte de filhos, tudo bem, é um direito dela. Mas se a outra não é, ela também está no direito dela. O que não pode é haver um radicalismo que transforme isso em um motivo de guerra entre as pessoas.

MIGUEL Isso se chama liberdade! Foi arrancada à força pela Revolução Francesa, avançou bastante nos anos 1960, e hoje, me parece, estamos pior do que naquela época. Você passou parte da sua vida acadêmico-profissional em instituições americanas — uma sociedade na qual a filantropia está muito presente. Muitos hospitais, universidades, museus são mantidos com grandes doações. Conversei muito com Luciano Huck sobre filantropia — até porque ele está, assim como você, na linha de frente desse movimento. Durante essa pandemia, vemos um leve suspiro filantrópico da elite brasileira. Você acha que temos fôlego para continuar trilhando esse caminho ou somos mais egoístas e menos solidários?

ARMÍNIO Eu acho que temos fôlego. Não temos o modelo americano de usar incentivos tributários. Difícil imaginar isso em um Brasil em crise fiscal. Se for na Receita Federal, eles vão imediatamente pregar no seu peito um rótulo de proponente da renúncia fiscal. Faz uma diferença nos Estados Unidos, mas há também um lado cultural que, até certo ponto, nós também ainda temos aqui — de origem religiosa, as Santas Casas, as escolas paroquiais etc., embora sempre em escala bem menor do que o Estado. Mas escala não é tudo.

Uma das funções do mundo filantrópico é, em um momento como esse, de uma crise de tamanho inimaginável, ter pessoas engajadas em cuidar dos moradores de rua, de cestas básicas etc. É lindo e importante, cria uma rede de solidariedade que, a meu ver, transforma a vida em algo melhor, mais decente, mais digno. E tem o lado experimental, o chamado terceiro setor tem esse papel também de ser um peixe-piloto, de inventar e testar. O governo é muito amarrado e burocratizado, sabe? As decisões governamentais são sempre enviesadas para o lado conservador, porque o erro é punido severamente — não sem razão, em muitos casos, mas a tomada de risco é muito inibida. Esse é um tema quente, inclusive.

Não tenho nenhum estudo a respeito, mas acho que o engajamento filantrópico veio para ficar. É parte de uma mudança de mentalidade da maior importância. Você vê hoje a sigla ESG. Investidores responsáveis por trilhões de dólares dizendo: "Vocês têm que se preocupar com ambiente, social e governança. Isso tem que entrar na equação." Os mais jovens hoje têm uma visão de satisfação um pouco mais voltada para qualidade do seu ambiente de trabalho, conectar o trabalho com causas. Trata-se de uma cola social importante.

MIGUEL Falando sobre as ESG, vou citar alguns fatos recentes do noticiário. Um é a carta endereçada ao vice-presidente Hamilton Mourão, assinada por 38 grandes empresas, pedindo o fortalecimento do combate ao desmatamento. Outro: nas eleições municipais da França, o partido verde teve uma vitória histórica, ganhou em várias cidades importantes, e, como resposta, o presidente Macron anunciou que vai investir mais de 15 bilhões de euros nos próximos dois anos para ajudar a transição ambiental na economia. Já os países da União Europeia estão prometendo uma retomada econômica verde pós-pandemia. E, ontem, gestoras de fundos, que administram trilhões de dólares em ativos, lançaram essa ferramenta que avalia as empresas de acordo com as dezessete metas de objetivo sustentável da ONU. Enquanto isso, o Brasil segue desmatando e destruindo o ativo que nos colocaria na economia mundial como uma biopotência. Você acha que esse capitalismo ambientalmente e socialmente responsável é um dos caminhos do capitalismo pós-pandemia?

ARMÍNIO Sim, espero que cresça em termos de conscientização. Acho muito bom ver esse peso crescente dos temas verdes — eu próprio me considero aficionado, partidário. E acredito que isso vai longe. É bom que cresça na política e seja algo pluripartidário, ou até apartidário.

MIGUEL Uma política de Estado, não de governo.

ARMÍNIO De Estado. Infelizmente estamos, no momento, indo na contramão. Essa carta foi um marco, o Brasil não precisa derrubar mais nenhuma árvore. Eu tenho defendido uma meta mais radical: não basta parar o desmatamento ilegal, é preciso reflorestar. Isso pode ser feito em um modelo híbrido, com as empresas — que estão dando sinais extremamente positivos de consciência. Esse é um caminho maravilhoso para o Brasil, e seria importante ampliar a questão, ir além da Amazônia. Nós temos um potencial turístico extraordinário, mas as praias têm que ser limpas, a poluição do ar tem que ser muito mais controlada e por aí vai. O mundo está mal — os americanos saíram do Acordo de Paris, uma vergonha...

MIGUEL E nós ameaçamos sair... Quer dizer, nós não... Eles, lá no Planalto.

ARMÍNIO É. Estão meio perdidos. Acho que assim que possível vamos ter que dar uma guinada radical nessa área. Essa situação chama muita atenção para o Brasil de um jeito negativo. Cuidar do ambiente não é apenas uma demanda internacional, é importante para nosso próprio bem, porque a questão da Amazônia afeta o regime de águas, os rios voadores, que vão afetar a produtividade agrícola mais ao Sul, ao Centro-Oeste, para não falar em nossa qualidade de vida... Há muito em jogo. Nós já estamos atrasados, nossa margem de segurança é mínima, e, no entanto, estamos em um governo que claramente não está comprometido com essas causas — muito pelo contrário. Acho que é um problemaço para nós.

MIGUEL Você tem uma carreira extraordinária. Já foi diretor do Soros Fund Management, deu aula em Columbia, foi presidente do Banco Central... Qual foi o maior desafio da sua vida?

ARMÍNIO O maior desafio profissional e o que me trouxe maior satisfação foi o período que passei no Banco Central. Eu me considero uma pessoa de muita sorte, tive passagens muito boas pela academia — embora tenha ficado pouco tempo como professor em horário integral, fiz o doutorado, dei aula boa parte da vida. Mas a sensação de produzir que tive nas passagens pelo governo... considero o ponto alto em uma vida profissional que tem sido boa para mim. Passei treze anos dos meus 62 fora do Brasil. Foram experiências de muito aprendizado, é bom ter a chance de ver outras culturas, outros processos. Mas os momentos mais difíceis e também os mais felizes, do ponto de vista profissional, aconteceram aqui.

MIGUEL E você está sempre flertando com a política. Voltaria a atuar no setor público?

ARMÍNIO Ô, Miguel, eu não tenho nem moral para dizer que não. Não consigo nem quero passar o tempo todo pensando nisso, mas minha vida é compatível com o engajamento público que mantenho. Tenho escrito agora uma coluna mensal na *Folha*, dou entrevistas, converso, falo com muita gente, muita gente jovem... Não tenho nada melhor a fazer do que me manter engajado, tentando ajudar. Os últimos quarenta anos têm sido muito difíceis para o Brasil. Mesmo com Fernando Henrique, com "Lula 1", o Brasil não convergiu com os melhores padrões de vida globais. Ao contrário, cresceu menos que os países mais maduros. Vejo isso com muita frustração. Podemos fazer muita coisa dentro ou fora do governo, há espaço para tudo. Temos que continuar tentando.

MIGUEL Antes da crise da Covid-19, o mundo já vivia uma onda ultraconservadora, de ideias nacionalistas. Qual é o impacto que a pandemia traz para esse contexto? A gente vai enfrentar uma desglobalização?

ARMÍNIO Já estamos enfrentando. E é coisa grande, tem várias dimensões. A maior de todas é a polarização China-Estados Unidos. Isso afeta tudo:

todo o desenho das cadeias produtivas, a gestão de risco, de quem você depende para ter o quê, insumos, medicamentos... Depois, tem uma mudança política importante, que é o crescimento mundo afora de líderes com viés populista, autocrático, autoritário. Eu não sou historiador, mas sou curioso — foram poucos os momentos de democracia e de abertura plena no mundo, não é? A gente precisa ter certa humildade, uma consciência geral de que as ameaças à democracia são para valer, de que essas lideranças perigosas chegam aos eleitores de alguma forma — não é um acidente. Não podemos esnobar, nem tratar como sendo uma patologia acidental. Acho que é um baita de um desafio, sim. A ideia da globalização ampla e pacífica se foi. Em alguns aspectos, a globalização veio para ficar, mas em outros — especialmente naquilo que conecta economia, política, Estado, nação etc. — estamos passando por um repensar com um destino ainda pouco claro.

MIGUEL Você acha então que essa utopia do mundo globalizado, onde as nações cooperam, onde existe respeito aos contratos, respeito aos acordos, não tem mais lugar no nosso futuro?

ARMÍNIO Eu não iria tão longe, mas acho que vamos ter que lutar por ela. E vamos ter que ganhar de uma maneira inteligente, dando respostas às pessoas. Porque muitas estão frustradas. Introduzir no mercado global 2 bilhões e meio de pessoas foi um massacre para as classes médias integradas internacionalmente. A globalização gera mais riqueza, mas gera custos de adaptação complicados. Nesse meio-tempo, você vê a China, monumental, dando uma guinada autoritária claríssima; a Índia também, outro gigante, onde Narendra Modi já arregaçou suas manguinhas. Então é um mundo que está flertando com outras ideias, e isso tem uma razão de ser, precisa ser pensado, entendido e, eu diria, claro, combatido da maneira correta. Quando vemos o campeão do "soft power", que por muito tempo foram os Estados Unidos — uma espécie de magneto de gente —, de repente se fechando, isso é preocupante. As coisas estão se polarizando, há discriminação, racismo... Bom, a China vai olhar para os Estados Unidos e dizer: "Não sei se quero aquilo não." Então, a recuperação do "soft power" vai precisar ocorrer. Nós, democratas, liberais, progressistas, temos que mostrar que o nosso modelo é melhor. Na prática.

MIGUEL Em relação ao Brasil, você continua otimista?

ARMÍNIO Faz tempo que não sou otimista. E sou um cara positivo por natureza, mas está difícil. Sou esperançoso, acho que temos que seguir procurando um caminho, mas há quarenta anos o Brasil cresce menos que os Estados Unidos — em vez de nos aproximarmos dos padrões deles, educando, investindo, copiando, nos afastamos! Uma postura realista tem que ser sóbria. Até para não relaxarmos e tentarmos mudar. Estamos indo em um caminho meio complicado mesmo, sabe? Não estou jogando a toalha, mas estou preocupado.

MIGUEL Bom, vamos à luta, trabalhando e defendendo, fazendo o máximo que a gente puder.

ARMÍNIO Foi um prazer, Miguel. Foi um prazer mesmo, muito grande. Você puxou a conversa em um ritmo que eu gosto. Para quem está do lado de cá, é muito bom.

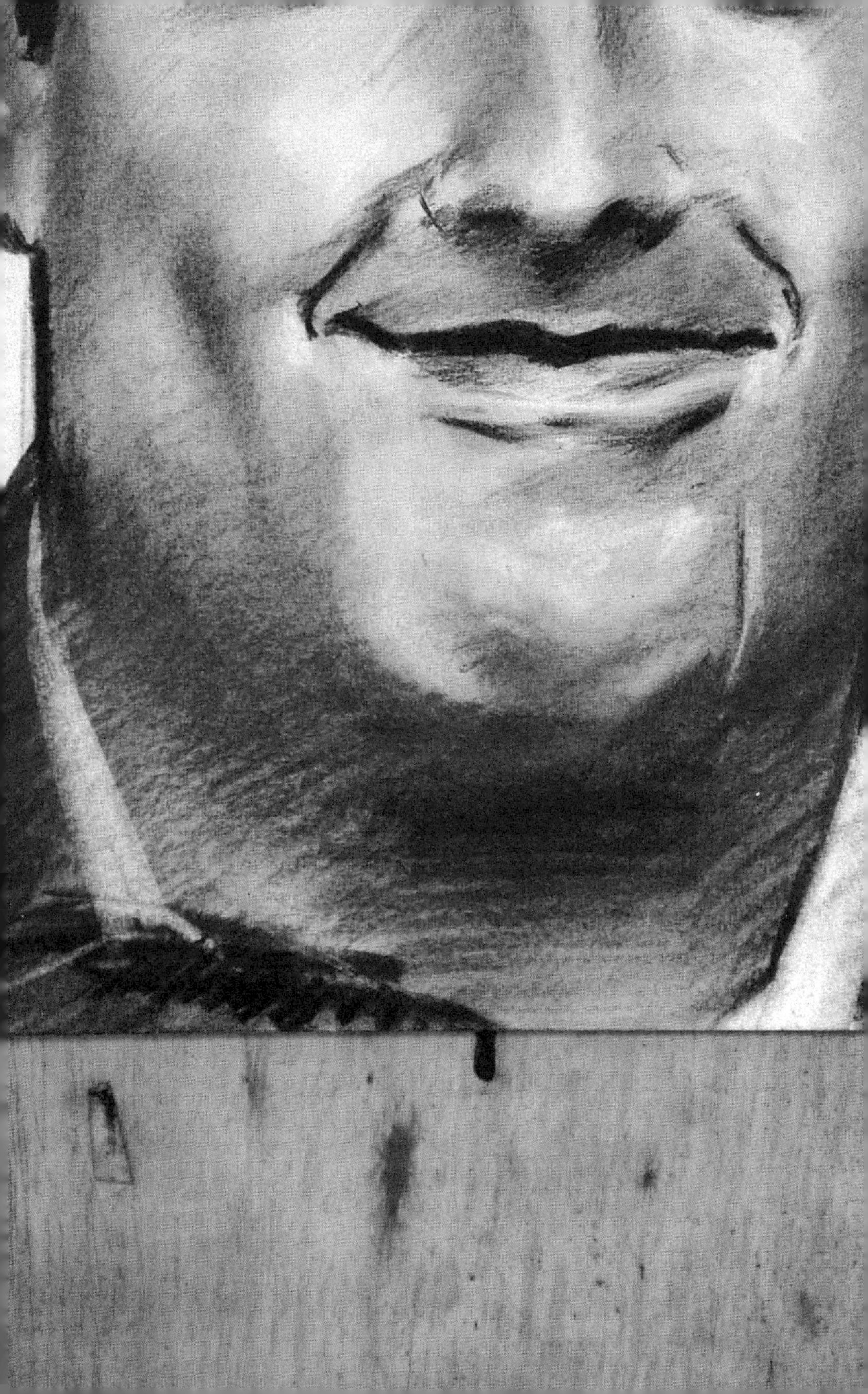

11 DE JULHO — ANDRÉ TRIGUEIRO

OS DESAFIOS DAS CIDADES NO NOVO NORMAL

André é um jornalista muito interessante por sua paixão por dois temas que me são muito caros, meio ambiente e urbanismo, ambos intimamente ligados à minha prática profissional. Em uma triste coincidência, nossa conversa aconteceu um dia após a morte de Alfredo Sirkis, outro militante, talvez o maior, dessas duas áreas do conhecimento e sua aplicação no ambiente urbano. Sirkis tinha um entendimento profundo da cidade do Rio de Janeiro. Seu trabalho como secretário, tanto de urbanismo como de meio ambiente, e sua gestão como presidente do Instituto Pereira Passos deixam um legado permanente de conscientização e de inserção de nossa cidade na vanguarda da sustentabilidade. Alfredo era amigo do André. E a conversa que se segue foi recheada de boas lembranças e transbordada de emoção...

MIGUEL Boa noite, André! Eu te convidei para essa conversa porque, além da nossa identificação com a questão ambiental, você é o jornalista que mais entende a cidade. Há quase quinze anos você edita e apresenta o programa *Cidades e Soluções*, na GloboNews, que investiga e propõe respostas a questionamentos da agenda urbana. De onde veio esse interesse pelo urbanismo? Com toda a experiência que adquiriu nesses quinze anos, já podemos te considerar um urbanista?

ANDRÉ Não, não, não... E, na largada da minha resposta, presto minha primeira homenagem ao Alfredo Sirkis. Ele, que não tinha formação de urbanista — até onde eu sei —, ocupou com muito mérito a Secretaria Municipal de Urbanismo, e reuniu qualidades técnicas para ser um bom gestor numa área que requer muita fundamentação e conhecimento.

O urbanismo é a ciência do planejamento urbano, e o fato de ser jornalista interessado no assunto me deu o privilégio de acessar experiências bem-sucedidas de planejamento urbano no Brasil e em outras partes do mundo, com o recorte da sustentabilidade. Como planejar moradia, construções sustentáveis, *green buildings*; como pensar a questão da mobilidade com menos carbono; como planejar a inserção de áreas verdes no perímetro urbano, pensando em qualidade de vida, saúde e, eu diria, num correto equilíbrio no controle da temperatura; como pensar a questão dos resíduos sólidos urbanos de forma igualmente inteligente e sustentável, gerando emprego e renda com aproveitamento do lixo seco e do lixo úmido. Enfim, tem um conjunto de ações no mundo inspirando gestores públicos, iniciativa privada, dentro da perspectiva do ganha-ganha. É algo que realmente merece visibilidade.

O jornalismo não tem só a função de dizer o que está errado, denunciar problemas. A gente tem a pretensão de sinalizar rumo e perspectiva, apontar caminhos, ser prateleiras de boas experiências e práticas. E esse interesse veio de forma mais explícita da cobertura da Rio-92, que foi o maior encontro da história da ONU até então. Eu cobri a Rio-92 pela rádio Jornal do Brasil, estive no Fórum Global do Aterro do Flamengo — no encontro daqueles 11 mil "ongueiros" —, e apareceu o Dalai Lama, o Greenpeace, os indígenas... foi uma pajelança gostosa, que mexeu muito comigo, e na percepção de que todos nós, independentemente da formação profissional, deveríamos atentar para o fato de que experimentamos a maior crise ambiental da história da humanidade, e de que temos que aprender com ela. Aprender com a crise, descortinando horizontes de planejamento e de ações que não podem mais esperar. Não dá para ficar adiando para as próximas gerações. Isso bateu muito forte em mim, e fui buscar, fora do jornalismo, uma formação — o que me ajuda a falar menos besteira do que eu poderia estar falando sobre esse assunto.

MIGUEL Como bom observador, você é capaz de aprender e transmitir esse conhecimento. Você citou um aspecto bastante característico do urbanismo: sua amplitude. Várias cadeiras podem contribuir para o planejamento urbano. O urbanismo é capaz de atender a todas as dezessete metas de desenvolvimento sustentável da ONU. Pouquíssimas profissões atendem a tantas metas. E doze dessas metas, se não me engano, são ligadas a pautas ambientais.

Sobre o tema do verdejamento das cidades: qual é a importância dos espaços abertos, da criação dos parques, da proteção e recuperação dos rios e florestas urbanas, da adoção das matrizes de energia sustentável, ou seja, da pauta ambiental para a cidade do futuro?

ANDRÉ Quando ficamos na agenda verde, eu diria que existem alguns estudos muito inspiradores mostrando que uma boa régua para medirmos qualidade de vida nas cidades, a partir da presença do verde, é de doze metros quadrados de verde per capita. Esse seria um bom ponto de partida para pensar saúde em seu sentido pleno — não apenas como ausência de doença, mas como qualidade de vida. Um segundo ponto que merece destaque é que, quando falamos de cobertura vegetal, estamos falando de capacidade de regular a temperatura média da cidade. No Rio de Janeiro, por exemplo, um estudo da UFRJ mostra que, se não fosse o Parque Nacional da Tijuca, teríamos uma temperatura média de três a cinco graus centígrados acima do que verificamos hoje. Porque as florestas suam vapor d'água, e a evapotranspiração regula essa temperatura média.

Outra questão que considero importante é que a gente consegue desacelerar enchentes. As árvores, principalmente aquelas de copa mais cheia, retêm água de chuva durante um tempo. Elas ajudam o sistema de drenagem quando o índice pluviométrico é alto e a gente, por vezes, não consegue desaguar com rapidez essa água da chuva — a cobertura vegetal desacelera a enchente. Isso também é importante. Então, não é trivial falar de verde.

MIGUEL Saindo do verde urbano e partindo para a política ambiental do país. O vice-presidente Hamilton Mourão se reuniu com 38 empresários signatários de uma carta que demanda ações efetivas no combate ao desmatamento da Amazônia. Nesse documento, eles fazem uma comparação muito interessante: exigem o combate ao desmatamento com o mesmo empenho com que se combate a inflação. Como você vê toda essa questão? Você acredita que o Brasil finalmente vai assumir o seu papel de biopotência mundial nesse governo?

ANDRÉ Não. Não tenho motivos para acreditar nisso e vou te dizer por quê. Pegando carona na comparação com o combate a inflação, eu diria que esse governo está combatendo a "inflação" com tabelamento de preço. Não vai dar certo. A Garantia da Lei e da Ordem (GLO) para financiar as Forças Armadas na floresta a fim de combater foco de incêndio é tabelamento de preço, é uma medida emergencial, desesperada. O enfrentamento do problema do desmatamento deveria se dar de forma sistêmica. Penso que os governantes do passado mais bem-sucedidos no combate ao desmatamento foram aqueles que entenderam que não é na canetada, a partir de Brasília, que se resolve essa parada.

A Amazônia Legal corresponde a mais da metade do território brasileiro — são nove estados. Quero deixar muito claro que, em um ano e meio do atual governo, não há uma política para a contenção do desmatamento; nem uma política climática para que o Brasil cumpra o que se comprometeu a fazer no Acordo de Paris; nem uma política indigenista, muito pelo contrário; e não há o comprometimento do atual governo federal com as dezessete metas do desenvolvimento sustentável da ONU. O governo Bolsonaro fez questão de sair do trilho da Agenda 2030, oficialmente. Não é com trabalho de campo das Forças Armadas que se vira o jogo na questão do desmatamento. É preciso ter articulação com os governos estaduais, entender por que o Fundo Amazônia deixou de existir, quais foram os interesses que implodiram o maior projeto de financiamento, a fundo perdido, para a proteção das florestas, visando a redução de emissões de gases do efeito estufa no mundo! Estamos falando de um projeto que tinha, aproximadamente, pouco mais de 3 bilhões de reais — convertidos para a nossa moeda — da Noruega e da Alemanha, geridos pelo Brasil.

É fake news dizer que houve intervenção da Noruega e da Alemanha em interesses nacionais. Esse dinheiro estava carimbado de acordo com o planejamento feito pelo Brasil, com gestão do BNDES e fiscalização do TCU. E os contribuintes da Noruega e da Alemanha confiando no Brasil, dizendo: "É dinheiro nosso que, de boa-fé, achamos que vai chegar onde deve, gerando emprego e renda na floresta, para não destruir a floresta". Portanto, Miguel, eu diria que um governo que ideologiza meio ambiente é um governo que não compreendeu que o meio ambiente não é passível de ideologização. Quem faz isso, faz por ignorância ou má-fé. A questão ambiental está associada à sobrevivência! Não tem direita e esquerda nem centrão! Não sairemos do atoleiro em que nos encontramos se não tivermos um projeto de desenvolvimento pós-pandemia que compreenda eixos de investimento carimbados com selo verde.

MIGUEL O Brasil passou, nos últimos 25 anos, por um certo ciclo de desenvolvimento econômico e social. Houve melhoria no combate à pobreza e nos índices de desenvolvimento social — claro que menos que o ideal, mas o saldo é positivo. Mas a agenda urbana foi sempre posta de lado dentro desses avanços econômicos e sociais, a tal ponto que gerou a explosão que foram os protestos de 2013, iniciados por uma juventude de diferentes campos ideológicos que se juntaram para lutar justamente por questões urbanas como transporte, moradia etc. Deu no que deu — no impeachment e onde estamos hoje —, mas aquele foi um momento importante da história do nosso país.

Hoje, por causa da crise sanitária, o poder público — sempre reativo e nunca propositivo — trouxe à tona a questão do saneamento. Em junho deste ano, o Senado aprovou o marco legal do saneamento básico, que ainda vai passar pela sanção presidencial. Trata-se de uma pauta absolutamente urgente e assertiva na meta de universalizar o saneamento básico até 2023, mas, ao mesmo tempo, é muito polêmica na intenção de privatizar o sistema de distribuição de água e esgoto. Qual é a sua opinião sobre esse projeto?

ANDRÉ Eu sou a favor da concorrência. Sou testemunha da inoperância, da leniência, da irresponsabilidade da gestão das companhias públicas estaduais. De uma relação espúria entre governadores e prefeitos, que renovam os prazos de concessão das companhias de água e esgoto estaduais aos municípios sem metas de universalização dos serviços, sem prazos de execução e sem uma agência reguladora. Aí alguém vai dizer: "Ih, o André é a favor da privatização". Não, não sou. Reconheço que a privatização deu muito errado em vários lugares do mundo. Aqui pertinho da gente, em Buenos Aires, houve a desprivatização dos serviços de água e esgoto, para citar apenas um exemplo.

Agora, me parece que esse marco traz algumas vantagens. Por exemplo, os municípios que estiverem satisfeitos com os atuais serviços prestados pelas companhias estaduais poderão renovar o prazo de concessão por mais trinta anos, desde que as companhias estaduais — pela primeira vez em alguns lugares do Brasil — apresentem metas e prazos, e como pretendem financiar isso. Esse é um ponto.

Outro é o seguinte: eu não gosto de confundir privatização com concessão. Até onde entendi, esse marco regulatório trata de concessão. Então, estamos falando de um período em que uma empresa privada poderá fazer uso das ferramentas de expansão dos serviços de água e esgoto seguindo à risca o edital. O perigo está no fato de que tudo se resume ao edital. O edital é o estatuto do condomínio. Então, o que a gente precisa para se livrar do risco de o capital privado representar uma ameaça e ser algo pior do que a gente já vem experimentando? O edital tem que resolver um dilema, uma equação: como assegurar uma margem de lucro — porque ninguém entra nessa para fazer caridade — sem deixar de atender às camadas mais pobres da população que hoje, em alguns lugares do Brasil, como no Rio de Janeiro, tem tarifa social? Essas camadas praticamente não pagam pela água, porque a água não é propriamente um produto do mercado, mas um bem público. Quem não pode pagar, ainda assim tem direito. Como é que o edital harmoniza isso sem deixar de ter um equilíbrio econômico para não onerar, não cobrar acintosamente recursos de quem pode pagar? Tem um risco aí.

Resumindo: o Brasil não tem dinheiro para fazer universalização de água e esgoto. Boa parte dos estados, que já estava em situação de penúria antes da pandemia, hoje está na bancarrota. Antes da pandemia, Rio de Janeiro, Minas Gerais e Rio Grande do Sul quebraram. Quebraram! Aí, se você quiser singularizar, o Rio de Janeiro aparece como o péssimo exemplo de uma gestão que é uma caixa-preta. A Cedae, hoje, certamente usa boa parte da sua receita para pagar funcionário público, não reinveste o que arrecada com água e esgoto, em saneamento. É um escândalo. E o Rio de Janeiro estranha por que a Baía de Guanabara fede, por que as lagoas da Barra da Tijuca e de Jacarepaguá fedem; por que o bueiro das galerias de água pluvial emana gases fétidos de esgoto, por que por vezes aparece um valão nas praias. Não é um mistério! É porque a Cedae não está investindo o que arrecada em saneamento. E o que é a Cedae? É uma empresa pública que não está sujeita a regulação, a fiscalização. Uma caixa-preta. Eu não quero isso para o Rio de Janeiro, nem para o Brasil.

MIGUEL Você falou em governança e na dificuldade de se implantar políticas públicas de longo prazo. Urbanismo em geral e, em particular, habitação e saneamento são políticas de longa duração, e não interessa a governante nenhum atacá-las no seu mandato de quatro anos. E, além disso, a gente ouve desde criança que não se inaugura obra subterrânea. Então, nunca interessou a ninguém enfrentar esse tipo de problema, e estamos empurrando isso com a barriga há muito tempo.

Eu bato muito na tecla de que é muito importante separar o planejamento habitacional e urbanístico do calendário eleitoral. Isso tem que ser feito por agências, com a presença de representantes tanto do poder público — prefeito, governador, ministro das Cidades etc. — quanto da sociedade civil. Qual é a importância e quais são os benefícios de termos esses agentes da sociedade civil na governança local, na administração, no desenho das políticas públicas urbanas? Estou falando de ONGs, líderes comunitários, das pessoas que vivem esse problema e que são vítimas diretas da incompetência. Como você vê a participação desses agentes e como podemos fazer isso acontecer?

ANDRÉ Eu acho que, em algum nível de participação, é muito interessante democratizar a decisão. Porque não se pode ficar refém de assembleia o tempo todo para se tomar decisão.

O exercício do poder é muito solitário, e o governante jamais terá unanimidade. Alguém já disse que governar é contrariar interesses. Então, você tem que estar preparado para lidar com antipatias, antagonismos de quem não achou legal quem você escolheu para ministro... Isso faz parte da definição de uma política pública numa determinada direção. Para governar, tem que ter estômago. Você não está ali fazendo concurso de popularidade. Para mim, quem embarcar nessa, já perdeu na largada. Então, eu acho interessante que haja governança na veia, com discussão sobre aplicação dos recursos públicos. O desenho do orçamento participativo me parecia algo muito inovador e muito interessante à época e ainda me soa revolucionário.

Vamos lá: século XXI tem cara de quê? Multilateralismo; reforma da ONU; mais solidariedade e fraternidade internacionais; mais capacidade de entender a responsabilidade das nações ricas e industrializadas em relação às nações pobres, paupérrimas, periféricas. É um absurdo a França largar o Haiti como largou. As pessoas não têm noção de como a França, que posa de modelo inspirador dos governos ocidentais etc., até pouco tempo atrás obrigou o Haiti a pagar, para ser independente, uma taxa anual absurda para a realidade econômica daquele país. Então, o colonialismo aparece revestido de colorações civilizadas, mas o mundo real ainda é muito duro. Por isso, eu penso que o século XXI, o norte magnético da bússola, aponta para uma maior solidariedade internacional. E, em nível local, governos com absoluta transparência — transparência no universo digital, participação do cidadão pela internet em sistema de consulta on-

-line. Acho que a gente vai chegar aí em algum momento. A capacidade do governo de usar ferramentas para saber o que as pessoas pensam sobre os temas tem alguma reverberação intramuros, sabe? Eu quero lembrar que em Brasília, na genialidade de Lúcio Costa e Niemeyer, os prédios públicos foram projetados para ser de vidro. E, aí, está implícita a ideia de que a democracia é transparência.

MIGUEL Isso me leva a algumas questões relativas à inclusão digital nas cidades do futuro. A Coreia do Sul foi muito bem-sucedida na implantação dessa gestão de dados no combate à Covid-19: investiu no mapa interativo com os locais visitados pelos habitantes. Xangai e Hong Kong eram as cidades do futuro, que investiam na inclusão digital, no 5G, na inteligência artificial para o desenvolvimento urbano. Hoje não se sabe mais o que vai ser dessas cidades e da espetacularização dessa arquitetura. E, no Brasil, vemos a dificuldade que é para a ajuda emergencial do governo chegar aos mais necessitados, pela sua simples invisibilidade digital: falta de cadastro, de endereço, de uma conta de banco, de um CPF... Qual é o papel da ciência de dados e dessa tecnologia no desenvolvimento e na governança das cidades e do país?

ANDRÉ Vou responder com muita franqueza: eu já fui chamado para participar de alguns eventos sobre as "cidades inteligentes", as *smart cities*, e tive que dizer coisas que alguns patrocinadores desses eventos não gostaram de ouvir. Com todo respeito. Por quê? Primeiro, é possível gerir uma cidade com um programa de *palmtop*. Isso existe. Eu posso monitorar on-line o tráfego na cidade; quantos diretores de escola foram trabalhar hoje; qual é a situação de ocupação de leitos em cada hospital. Isso é uma tecnologia do bem. Agora, eu me sinto muito desconfortável com essa tese de apostar todas as fichas em ferramentas digitais para promover qualidade de vida nas cidades, uma vez que a desigualdade também se revela no universo digital. Veja o que está acontecendo hoje em relação ao Enem, o Exame Nacional do Ensino Médio. Se o Enem não fosse adiado, promoveria uma brutal injustiça com estudantes que não têm equipamentos para acessar a rede, ou a acessam com péssimos planos de banda larga e não têm a velocidade de acesso à informação para se qualificar para o exame. É um exemplo de muitos.

Quando a gente fala de cidades brasileiras, está falando de uma megacidade como São Paulo? Está falando de cidades grandes, normalmente as capitais? Das manchas metropolitanas? Das regiões metropolitanas — onde a gestão deveria ser metropolitana? O Vicente Loureiro, um grande estrategista dessa gestão metropolitana, tem muito conteúdo bom para mostrar o quanto isso poderia funcionar: planejamento da região metropolitana a partir dos resíduos, da distribuição dos hospitais, das unidades de ensino, da mobilidade urbana... Você não pensa em cada um no seu quadrado, mas na mancha da região metropolitana integrada num planejamento que atenda a todos os que estão nela inseridos. Isso é relativamente simples de se fazer, mas mexe com a vaidade dos prefeitos — porque todo mundo quer inaugurar placa com o nome da própria mãe. Então, é complicado.

Vamos lá. A maioria absoluta das cidades brasileiras é pequenininha, pobre, inadimplente, vive de receita do Bolsa Família ou repasse do INSS. Esse é o retrato da maioria das quase 5.600 cidades brasileiras. A desigualdade está aí. Muitos prefeitos analfabetos funcionais, com equipes que não têm traquejo para fazer sequer uma solicitação bem fundamentada de verba para fundos que existem em Brasília. É preciso saber preencher o formulário e conhecer os caminhos que levam aos fundos. É uma indigência administrativa! Então, eu começo a falar de *smart cities* num país como o Brasil... me dá vertigem, uma pressão no peito, falta de ar.

Vou dar um exemplo do Rio de Janeiro. Na gestão municipal passada, o Rio inaugurou um Centro de Operações em parceria com a IBM. É o mais sofisticado centro de operações do mundo — não tenho medo de dizer isso porque pesquisei. É o mais sofisticado. Então, o Rio de Janeiro está on-line, na tela de inúmeros monitores, num lugar que parece uma *situation room*, e a cidade pode ser controlada, sem nenhum exagero, a partir dessa sala. Sabe qual é o mundo real, Miguel? O Rio de Janeiro tem dono. Parte do Rio de Janeiro é território dominado por milícia ou traficante — começa por aí. A polícia não entra a qualquer momento, de qualquer jeito. A prefeitura não entra a qualquer momento, de qualquer jeito. O governo do estado sabe que aquela fatia do território, que não é pequena, não lhe pertence enquanto representante do poder público, ou seja, não pertence à sociedade. Veja: estou dando um outro exemplo de descolamento do mundo encantado da banda larga e da tecnologia digital, da miséria, da pobreza, da exclusão, do domínio de bandido, de máfia, de quadrilha sobre extensões da população. Estou falando mais do Rio de Janeiro agora, mas não é só no Rio que temos esse problema, onde o urbanista fica de calça curta. Ele pode ter o melhor projeto da cidade: só falta combinar com quem está dominando o perímetro sob sua tutela e custódia.

MIGUEL Eu queria conversar um pouco sobre arquitetura e urbanismo. Nós, arquitetos e urbanistas, vamos enfrentar um enorme paradoxo: a aglomeração está na gênese, no fundamento e na razão de existir das cidades, das metrópoles; a emergência de cultura, das manifestações artísticas, das inovações, das grandes invenções, tudo isso tem uma relação direta com a sinergia, com a troca, com o convívio com a rua, com a praça, com a aglomeração, com gente. Tudo isso que define os grandes centros urbanos. Aprendemos, entre erros e acertos, que as cidades mais dinâmicas e inteligentes são as cidades compactas, caminháveis — como Amsterdam, Nova York, Copenhague, as cidades nórdicas. Acho que a grande inteligência urbana está, justamente, nessas cidades. O grande problema do transporte público é conseguir aproximar as duas pontas: moradia e trabalho — e não construir mais transporte, para chegar cada vez mais longe.

O que vai acontecer imediatamente, no meu entender, é uma certa desurbanização — essas cidades vão se espalhar, vão se arear um pouco mais, vão fugir dessa aglomeração. Como você vê o paradoxo dessa cidade, que talvez seja mais segura em termos de saúde, mas muito menos interessante e, talvez, muito menos efervescente e produtiva?

ANDRÉ No curto e médio prazo não tem outra solução: é outra escola, outra universidade, outro teatro, outro cinema, outra forma de promover eventos esportivos sem aglomeração. Isso é particularmente doloroso para nós, latinos, não é?

Agora, o espaçamento tem um custo. Vai encarecer os serviços da cidade — coleta de lixo, rede de água e esgoto, eletrificação, transporte de energia. Eu, sinceramente, acho que vamos ter que nos acostumar durante um tempo com as conversas virtuais. Então temos um horizonte de negócios muito atraente na direção dos contatos virtuais. Fato. Isso já está acontecendo e não deve se diluir na linha do tempo. O segundo ponto é: as aglomerações que já eram indevidas, insalubres. A Rocinha — e você conhece bem esse *case* — é a comunidade, o lugar do Brasil com a maior quantidade de pessoas portadoras de tuberculose por metro quadrado. Isso gera um problema de saúde pública. E por quê? Porque existem lugares dentro da Rocinha onde não há incidência de sol e o ar não circula, não há renovação do ar. É tudo de que a tuberculose precisa para se expandir.

MIGUEL Sim, e esses assentamentos existem porque trazem os moradores para mais perto das benesses da urbanidade. Então, a Rocinha existe porque oferece um acesso mais fácil ao trabalho, ao lazer. Claro que também há razões históricas para isso. Mas há esse *trade-off* do morador, de aceitar uma habitação sub-humana para estar perto do seu trabalho, para estar perto, eventualmente, do lazer, e não aceitar morar num Minha Casa Minha Vida no fim do mundo, levando quatro, cinco horas para chegar ao trabalho.

ANDRÉ É. Eu penso que favela — que é uma palavra brasileira — designa ausência de planejamento. A favela acontece, ela não é planejada. O loteamento acontece, não é planejado. Não vou estigmatizar quem mora em favela: eu faria o mesmo se estivesse nesse contingente numeroso de brasileiros que têm que se virar. Porque não temos projeto. A Rocinha e outras inúmeras favelas do Rio de Janeiro e do Brasil ocorrem em paralelo com a ausência de políticas habitacionais que atendam uma demanda reprimida de moradia de baixa renda. A favela é a resposta do brasileiro que sabe que a Constituição diz que é obrigação do Estado promover moradia digna, mas não vê o Estado se coçar. Então, você vai se virar.

A Rocinha nem é um bom exemplo, porque, tecnicamente, é um bairro de baixa renda — o Instituto Pereira Passos não a coloca no nível de favela. A qualidade de vida, o IDH da Rocinha é superior à maioria absoluta dos municípios brasileiros — só para frisar. Mas o que estou querendo dizer é que a gente já tem o passivo. É a mesma coisa das cidades inteligentes. Antes de eu pensar em governar com um *palmtop*, preciso saber como é que faço no Complexo do Alemão, com essa aglomeração que já é o que o IBGE chama de "aglomerado subnormal" — eu preferia que fosse chamado de favela. Aglomerado subnormal é encrenca. Já era antes da pandemia, é bom frisar.

Agora veja: esse vírus, ele é tão danado porque trouxe o senso de urgência para onde o Brasil virou as costas.

MIGUEL Para o combate à desigualdade social.

ANDRÉ Combate à miséria, à pobreza, à fome, combate à falta de saneamento, combate aos lixões — o que está no marco regulatório do saneamento. Então, o vírus trouxe um freio de arrumação e disse assim: "Ô, branco esperto, você que está aí no poder..." — porque o poder no Brasil é resumido por homens, brancos, ricos e que se dizem cristãos, pessoas "de bem". O branco esperto que está no poder nunca atentou que a maioria da população é mulher, negra e vive mal. Não vive em condições adequadas. A gente precisa virar esse jogo. Não dá mais.

A palavra igualdade resume boa parte do que estamos falando aqui. A agenda da igualdade não é uma agenda da esquerda ou da direita: é humanitária. Ideologizar a reforma urbana, os investimentos em moradia digna, em saneamento, em renda mínima... Agora, graças a Deus, o pessoal começou a ver que renda mínima é uma boa ideia.

MIGUEL Os grandes pensadores econômicos brasileiros que entrevistei aqui, hoje, apoiam essa ideia. Milton Friedman já falava nisso em meados do século passado.

ANDRÉ Já falava! Esse é um tema que veio da Escola de Chicago. Agora, aqui no Brasil, porque é defendida pelo Eduardo Suplicy, renda mínima "é coisa do PT". Não! É uma agenda humanitária! Isso tem cara de século XXI, especialmente num país tão desigual quanto o Brasil. Esquece essa coisa de comunista esquerdopata! Isso é um debate medieval, da Inquisição, é uma coisa horrorosa. Você, aliás, está propondo aqui um debate que tem cara de século XXI. E aonde que a gente esbarra, quando debate isso? Vão chamar você, Miguel, de comunista!

MIGUEL Já estou achando até um elogio! Eu queria terminar essa conversa por onde ela começou: falando do legado de Alfredo Sirkis. Ele foi um excelente interlocutor dos arquitetos, e meu pessoalmente, enquanto secretário de Urbanismo. Fazia uma defesa intransigente da boa arquitetura. Para a nossa ONG, Uma Gota no Oceano, que você conhece bem, Sirkis foi um farol, um líder. Além de ter sido um dos primeiros líderes ambientais do Brasil, fundador do PV junto com o Fernando Gabeira, com o Carlos Minc, e que encantou muito a nossa geração, não é? Eu queria que você falasse um pouco sobre a importância desse legado.

ANDRÉ Sirkis foi uma pessoa corajosa, aguerrida, que não dava bola para a perplexidade, indiferença e arrogância de quem não compreendia o que ele tinha para dizer. Muito bem informado, muito bem articulado, um quadro técnico da primeira grandeza no Brasil. Ele impressionava opositores de outras correntes partidárias ou ideológicas pela contundência com que conseguia fundamentar suas ideias. Representou o moderno ambientalismo, que não apenas denuncia a necessidade da mudança, mas é propositivo, traz o plano, executa o plano e muda o mundo. Ultimamente vinha militando em favor do financiamento da economia de baixo carbono. O Sirkis deixa um legado do qual, até hoje, não temos a correta dimensão. Porque ele foi a pessoa certa na hora certa, fazendo do Brasil um país que atentasse para sua imensa riqueza, um país eternamente adormecido porque não sabia como explorá-la de forma sustentável. Sirkis apontou esse caminho.

MIGUEL Muito bom, André! Nós dois dedicamos essa nossa conversa ao Sirkis e à sua Ana Borelli. Um beijo carinhoso, Ana!

14 DE JULHO VIK MUNIZ
O ARTISTA EM QUARENTENA

Aqui em casa se diz que sou o maior fã de Vik. Não só do artista, mas também do amigo! Acho o artista, simplesmente, o maior do Brasil contemporâneo. É ousado, não tem medo de inovar, de pesquisar, de acertar ou errar. Não se acomoda naquilo que deu certo; pelo contrário, se empolga com o que ainda não deu. Mas certamente dará. Com a sabedoria que dele transborda, faz arte com nossas melhores memórias. Cada série na sua trajetória é mais surpreendente que a outra. Já o amigo, é carinhoso, atencioso, engraçado, espirituoso. Vik é uma companhia deliciosa para se estar junto, seja numa festa ou num jantar. Seja em Nova York ou Salvador. Em Paris ou no Rio... É senhor do papo mais inteligente e do comentário mais idiota, não necessariamente nessa hierarquia. Quem o conhece, sabe o código... Quando ele desvia o olhar para baixo, desanda a falar e a contar sempre as melhores histórias. Mesmo que as mesmas — a do mendigo, a do tiro, a da idade em Fahrenheit. Histórias que a gente já conhece, mas que ele tem a imensa capacidade de tornar inéditas, com uma diferente interpretação, um novo detalhe ou até o toque sutil de uma pequena mentira. Vik é para se curtir em família, de carnaval a carnaval. Com a minha Paula, a sua Malu, e com os meus filhos Chiko e Manu que também o adoram. Aliás, o retrato que tenho da Manu, feito por ele, todo dos vidrinhos venezianos que ela amava, é prova de seu carinho e sua generosidade. Me faz lembrar todo dia da minha filha e da nossa amizade.

MIGUEL E aí, seu Vicente! Tudo tranquilo? Tenho visto que você está conseguindo estar com família, cozinhar, estudar... Você nunca deve ter passado tanto tempo ao lado das crianças e da Malu.

VIK MUNIZ Tudo ótimo! Passei 2019 inteiro reclamando que não conseguia dormir na minha casa mais que quinze dias. Acho que algum anjo sinistro escutou.

A minha filha Dora me falou outro dia: "Sabe que estou adorando essa pandemia?" É horrível, mas tenho certeza de que daqui a alguns anos essas crianças pequenas vão se lembrar desse ano esquisito como um período em que tiveram a oportunidade de ficar mais com os pais.

Temos uma casa muito gostosa, grande, tem jardim, piscina e estou perto do estúdio, então tenho uma situação privilegiada também em termos de como posso trabalhar. Todo mundo que trabalha comigo no estúdio, eu mantive trabalhando de casa.

Acabaram as feiras, as galerias fecharam, mas, fora não poder viajar, não mudou muito para mim. A maior parte do tempo, já estou isolado mesmo. E acho que você precisa estar consigo mesmo para poder criar coisas.

MIGUEL E você está conseguindo criar?

VIK Criei muitos trabalhos novos nesses últimos três meses. Estou botando tudo junto porque, de repente, pode sair até uma exposição.

Eu adoro estar com um monte de gente, falando bobagens numa situação social, mas já passo muito tempo no escritório, vendo filmes, olhando coisas no computador. Lendo, lendo. Eu nunca tive tanto tempo para ler, e agora estou relendo coisas que me inspiraram e me fascinaram no começo do meu trabalho. Adoro reler porque é outra pessoa lendo o mesmo livro. E inventando outras e novas coisas.

Acho que o trabalho estava muito condicionado a uma manutenção maluca de feiras, bienais, exposições. Quando comecei a trabalhar, eu restaurava pinturas e molduras antigas. Só podia fazer arte no fim de semana. Décadas depois, descobri que, de novo, só estava trabalhando no fim de semana. O resto era resolver pepino, responder e-mail, esse negócio de WhatsApp que eu detesto, politicagem.

Os gregos diziam que o ócio é fundamental para a sabedoria. É uma tremenda de uma sacanagem, mas, de certa forma, sou obrigado a concordar. Não sou uma pessoa ociosa por natureza, faço sempre milhões de coisas, mas a sensação de ter tempo para fazer o que quero, eu já não experimentava há muito tempo.

Criar sem a possibilidade de público também tem sido interessante. Eu não sou aquele artista que cria para si mesmo. A arte existe no momento em que existe uma pessoa diferente de você olhando aquilo, é encontrar uma relação com o outro através de uma forma física que você produziu. E isso é interessante também na experiência da galeria. Estar fora do seu espaço, se relacionar com algo que outra pessoa fez. Ali tem uma forma de comunicação que, mesmo que de modo indireto, funciona em níveis diferentes. Descobre-se muito sobre as outras pessoas e sobre si mesmo. Então, eu dependo muito do público. Adoro fazer arte acessível para que uma diversidade maior de pessoas possa se relacionar com o trabalho. Mas confesso que é difícil produzir sem a ideia de público.

MIGUEL Você costuma dizer que não é um artista de catálogo, de tela, mas de parede, de público. Principalmente os seus últimos trabalhos. É preciso estar com os "Handmades" para poder enxergar, para entender. Quando você vê ao vivo todas aquelas dimensões superpostas, é uma explosão. Agora, no catálogo, na galeria virtual, na internet, é mais difícil entender o seu trabalho.

VIK Sabe essa pergunta difícil: "O que é a vida?" Acho que é uma tela impregnada de conhecimento... Essa dicotomia entre o material e o psíquico, o que está dentro da cabeça e o que está fora, esse espaço entre a consciência e os sentidos, tem sido um lugar do trabalho do artista há 160 mil anos. E é muito interessante quando você começa a trabalhar nessa tensão entre o que você vê e o que pode tocar, o que você entende como uma coisa presente. Você só consegue isso com o espaço da galeria. As galerias e os museus se transformaram nos lugares onde as pessoas ainda têm a possibilidade de ritualizar a experiência visual. Quando você está em frente a uma tela de computador, o tempo todo é bombardeado por informação. Você não presta muito mais atenção. Agora, quando você toma um banho, vai até um museu, paga para entrar e caminha em direção a determinado quadro, por exemplo, todo aquele processo de se posicionar em relação à imagem tem o efeito de lidar com o mundo visual com plena consciência e controle daquilo. Não temos esse tipo de experiência com frequência e assumimos uma posição muito passiva em relação ao mundo, a como ele se manifesta visualmente. Na galeria, no museu e mesmo em casa, a curadoria de coisas que temos em volta, tudo tem um efeito na maneira como somos constantemente desafiados a entender o mundo. Essa questão física faz parte do meu trabalho. Se tem uma linha que o trabalho segue, é essa. Sempre ter um elemento que sugere uma presença física real. E também é uma ideia, e essas coisas estão sempre meio que em disputa. Uma poética de confronto entre o mundo psíquico, o mundo mental, e uma manifestação física e material da coisa. Eu costumo dizer que o meu trabalho está sempre bagunçando a cabeça das pessoas. E gosto disso.

MIGUEL Nas nossas conversas por telefone, no começo dessa quarentena, você falou que acha que os museus e as galerias serão como ímãs a atrair as pessoas para fora de casa em um momento de abertura. Muito mais do que os shows, teatros etc., porque oferecem uma certa segurança, um certo distanciamento, uma calma...

VIK Acho que essa retomada social vai ser gradual porque as pessoas também têm um senso de sobrevivência. Não vão se expor de uma forma completamente irresponsável. E os museus e as galerias têm muitas chances de serem o começo de uma retomada cultural justamente pela possibilidade da distância. Galerias, por exemplo, são espaços que estão sempre vazios. Isso não é bom, mas é uma vantagem nesse caso. Nos museus também, quando não é uma exposição blockbuster, um Van Gogh, um Edvard Munch, existe a oportunidade de se relacionar com os trabalhos com espaço e liberdade.

MIGUEL Uma das características mais importantes da sua obra é trabalhar com a memória. Várias das suas séries propõem a ressignificação de uma imagem muito forte, como o Che Guevara do Korda. Ou a série com as fotografias da *Life*. São sempre com fotos que a gente conhece bem, que fazem parte do nosso repertório imagético, como o beijo da Times Square ou a criança de Trang Bang.

VIK Exatamente. Elas já fazem parte do vocabulário visual da maioria das pessoas. Isso também é muito importante quando se está querendo fazer um trabalho mais acessível. Você lida com uma coisa que a pessoa já imagina ter visto, ela não tem o choque, a estranheza de estar olhando para uma obra de arte. Isso é uma qualidade do pop. Acho interessante lidar com coisas que fazem parte da sua realidade, mesmo que de uma forma iconográfica. E trabalho muito com a ideia de material também. Todo mundo tem açúcar, mel, lixo. No entanto, ninguém sabe do que a tinta é feita, por exemplo. Quando você faz uma pintura a óleo, já está se relacionando com uma espécie de técnica, de química, e demarcando uma posição. Dizem que eu uso coisas esquisitas para fazer desenho, como chocolate, mas chocolate não é esquisito. Todo mundo tem lixo em casa. Tinta é muito mais esquisito. Um marrom usado no século XIX era tirado de múmias. Pó de múmia para fazer o marrom: isso é esquisito. Ou cola de coelho. Na verdade, é tão esquisita quanto, mas já é uma coisa naturalmente relacionada ao trabalho do artista. Quando você começa a fazer trabalhos com arroz, chocolate, geleia, as pessoas não têm aquela relação acadêmica. Elas pensam: "De repente, se eu tentar, talvez eu consiga." Não existe o mestre do chocolate, entendeu? E é legal baixar a bola desse negócio de técnica.

Quanto à série de que você falou, eu normalmente faço as coisas figurativas para ajudar a reconhecer, e, nessa série, a *Handmade*, comecei a colocar a ideia da mecânica visual. Então, comecei a trabalhar com abstração de novo, e fiquei muito inseguro porque não sabia como as pessoas iam reagir. E lá se vão cinco anos fazendo... E continuo fazendo essa série porque ainda tem muita coisa para fazer. Eu trabalho por séries, e elas têm uma curva. Chega um momento em que você começa a trabalhar e a ficar muito bom no que está fazendo, e, de repente, descobre que não está mais descobrindo nada, apenas produzindo. Aí meu interesse começa a cair, e é muito importante que eu tenha alguma coisa acontecendo ao mesmo tempo para poder seguir dali. É por isso que eu trabalho em quatro, cinco frentes simultâneas.

Aliás, Miguel, estou começando uma coisa nova agora, vai ficar muito legal! A Casa da Moeda me deu sacos e sacos de dinheiro picado — antes de botar os números, às vezes, se têm algum probleminha, eles passam as cédulas por um triturador de papel. O dinheiro brasileiro é lindo. A minha filha, a Mina, se eu desse dólar ou real para ela, ela sempre preferia o real, porque era "dinheiro de bicho", era colorido, bonito. Tem peixe, onça, garoupa, garça. E eu estava com esse material lá, olhando, tentando pensar no que fazer com aquilo, e me lembrei da Mina. "Sabe o que vou fazer? Vou fazer os bichos com as notas." Heberth Sobral e eu estamos fazendo juntos. O trabalho do artista é muito parecido com o trabalho do cientista. É empírico. Você vai fazendo. Algumas coisas dão certo, outras, não.

MIGUEL Você fala que não é muito a função do artista emitir opinião política, mas o seu trabalho tem uma crítica social e um ativismo muito forte. Você acha que esse é um papel importante da arte?

VIK Eu não acho que o meu trabalho tenha essa crítica social. E acho que o trabalho do artista não é criticar, opinar. A opinião dele não vale nada além da opinião de uma outra pessoa. A arte é um trabalho como qualquer outro, como fazer pão, ser policial. Não acho que o artista sabe mais coisas ou tem uma experiência de vida que transcende a das outras pessoas. É só diferente. Para mim, a opinião política do artista é a pior, porque ele vive tão fora da realidade das coisas, os parâmetros são completamente distintos. Você vai ter uma ideia muito melhor do que está acontecendo se pedir a opinião de um servidor público, de alguém que trabalha dirigindo ambulância.

O trabalho político do artista é criar um espaço onde possa haver uma dialética, uma discussão que está acima de ética, de moral, de interesses pessoais. Um espaço livre para a discussão. Então, quando você cria uma imagem, mesmo que ela possa direcionar a uma discussão política, que essa discussão exista dentro de um certo espaço. Eu acho que *As crianças de açúcar* tem isso, por exemplo.

MIGUEL O *Jardim Gramacho* também.

VIK Sim! *Gramacho* também tem. São retratos de pessoas que moram no lixo. Feitos de lixo. O meu trabalho é com imagens, mas essas imagens são ferramentas importantes na maneira de como criamos a ideia do mundo. Porque cada pessoa tem como função a criação de um mundo, estamos criando o tempo todo, e essas imagens são os tijolos, partes fundamentais de como vemos o mundo. A série em que estou trabalhando agora com o Fabio (Ghivelder) tem todas as características da série *Surfaces*: você não sabe direito o que está vendo, ela é cheia de ambiguidades físicas. E, ao mesmo tempo, comecei a fazer imagens figurativas. Fui escolhendo as imagens instintivamente, mas você vê um cunho ali, essas imagens estão aparecendo em relação a como estou vendo o mundo agora. Estive em Bangladesh duas vezes em um ano e meio, fui para o maior centro de refugiados da história da humanidade, Kutupalong, conhecido como Super Camp. Nessa área, antes do assentamento, havia uma floresta com tigres e elefantes. Em um ano e meio virou uma cidade de tendas onde vivem 1,2 milhão de pessoas. Elas vieram de Myanmar e se instalaram em um dos países mais pobres do mundo. Não têm para onde ir. É a mesma coisa na Síria, na Jordânia. Os campos sírios se formaram oito anos depois da Primavera Árabe, e aquelas pessoas estão ali, sem escola, sem nada. Elas não cometeram crime nenhum. Nos Estados Unidos, no Texas, existem campos de concentração para imigrantes. Eu podia estar em um desses, fui imigrante ilegal nos Estados Unidos por seis anos. Não podia sair do país, fui submetido a todo tipo de tortura psicológica para conseguir a cidadania. Os caras abusam até você desistir. Eu tenho uma coisa com esse negócio de imigração muito forte. Então, essas coisas que falam comigo pessoalmente se transformam em imagens que para alguns podem ter algum sentido e para outros, não. Aliás, eu e Fabio percebemos que todas essas imagens lidam com aglomeração e fragmentação. Sempre gostei de multidões.

MIGUEL Imagino que elas já sejam uma resposta do seu trabalho ao que estamos vivendo. Uma influência disso tudo. Você também tem um trabalho social muito interessante, tanto na escola do Vidigal quanto na Spectaculu, que é uma escola de arte, criatividade, tecnologia que você toca junto com Malu, Gringo Cardia e Marisa Orth. Como esses dois projetos estão indo nesse momento de incertezas?

VIK Como eu disse, sou uma pessoa privilegiada, felizmente, tenho tudo de que preciso para mim e para a minha família. É muito triste ver que sou uma exceção. E quando as coisas voltarem — eu não acredito em normalidade, tenho ódio dessa palavra — a ser mais parecidas com o que eram antes, vamos precisar também repensar o que é importante para todo mundo e o que é importante para nós.

Eu conheço bem o Vidigal. Lá, as pessoas sofrem muito, elas trabalham com o pessoal da Zona Sul ou estão sem trabalho, e uma maneira de garantir que essa pandemia acabe mais rápido é mantendo essas pessoas em casa, tendo, pelo menos, um mínimo privilégio e conforto. Se todo mundo ajudar, vai passar mais rápido, vai ficar melhor para todos. Então, o pessoal do Vidigal tomou a iniciativa. Eles já estavam montando essa rede e vieram pedir o nosso apoio. Eu falei: "Então, vamos fazer um negócio maior. Vamos pedir grande." A escola está servindo como um centro de arrecadação, distribuição e organização comunitária. Estamos conseguindo ajudar mais de quatrocentas famílias. Mas ainda é pouco! As pessoas não entendem ainda, o Brasil não tem uma história de filantropia muito grande.

MIGUEL Você passou grande parte da sua vida profissional nos Estados Unidos, onde isso é muito forte.

VIK Eu venho de uma família pobre, cresci numa favela na periferia de São Paulo, o Jardim Panamericano. Sei o que é querer ter coisas e não ter, passei por muito perrengue, então acho que isso me inspira muito a fazer.

Não consigo viver da maneira como eu vivo se não tenho esse outro tipo de experiência também. Posso fazer coisas com chocolate, diamante, mas o trabalho do artista é experiência.

Todas essas coisas que acontecem, como o problema da pandemia na favela do Vidigal, o incêndio no Museu Nacional, a creche que ia fechar aqui do lado de casa, tudo isso também me inspira a viver coisas que eu, na minha zona de conforto, não estaria vivendo. Acho que é muito importante ajudar. Não é altruísmo só, eu também faço por interesse, também faço por egoísmo, porque dá um prazer imenso fazer alguma coisa que vai além da sua casa, do seu carro, da sua família, de você mesmo. Se as pessoas descobrissem mais o prazer de ajudar o próximo, de fazer a diferença...

E é ainda mais legal quando é pequeno, quando a pessoa está ao seu lado. A exposição que mais gostei de fazer nos últimos anos foi na Casa Santa Ignez. Você fez comigo! O seu trabalho ficou lindo. Ficou uma coisa de museu. E estava a cem metros da minha casa. Foi muito incrível aquilo. E a gente conseguiu ajudar a creche, a escola. Essa experiência alimenta a alma do artista e faz com que você continue produzindo e fazendo coisas legais. O incêndio do Museu Nacional é outro exemplo. Aquilo me tocou de uma forma... E a você também! Sei o quanto aquele espaço era importante pra você, pra Manu e pro Chiko.

MIGUEL O seu trabalho com as cinzas do Museu é muito impressionante! Vi na Sikkema Jenkins em Nova York. Aliás, no seu ateliê também.

VIK São esculturas e são desenhos. As esculturas são impressas no laboratório da PUC com as cinzas dos próprios objetos que queimaram. A Luzia é feita com as cinzas da própria Luzia. Só que a foto é tão nítida, tão nítida, que você jura que vai pegar a cinza assim no papel.

MIGUEL Fora que nos trazem a memória daqueles objetos que eu conhecia de cor. Os pterodáctilos, a baleia!

VIK A baleia pegou fogo. Eu tenho caixas e caixas de pedacinho de baleia.

MIGUEL Agora, é essencial dizer que esse seu trabalho nasceu na vontade de ajudar a essa instituição de duzentos anos a renascer, literalmente, das cinzas.

VIK Sim! Parte da venda das obras vai direto para o pessoal do resgate. Para conseguir o equipamento necessário para continuar procurando e catalogando e vendo o que sobrou. Sobrou bastante coisa. É muito triste. Aquele museu, pra mim, era um lugar fascinante. Eu adoro museu.

MIGUEL Se era... Eu passei muitos finais de semana lá com meus filhos. As crianças aprenderam a desenhar naquele espaço. Fora que a Quinta da Boa Vista é lindíssima, os jardins de Glaziou, a alameda de sapucaias explodindo em rosa na primavera...

VIK Eu aproveitava e passeava naquele zoológico esquisito. Eu sou uma pessoa do século XIX. Tenho ainda esse tipo de curiosidade. Todos os lugares onde eu trabalho são cheios de coisinhas. É uma bagunça. Pena que não posso mostrar aqui para você, mas está tudo sempre cheio de esculturinhas. Sempre bagunçado.

MIGUEL A estante do escritório da sua casa em Nova York é um dos mais incríveis gabinetes de curiosidades que eu conheço.

VIK É. Lá em Nova York tenho os fulguritos, que são essas pedrinhas que se formam quando o raio cai na areia. Aí cria uma esculturinha. Eu coleciono. Aí coleciono máscara africana. Sou um colecionador nato de badulaques e quinquilharias. Mas são coisas que me fazem pensar. Desenho antigo, gravura antiga, mapa. Eu adoro mapa, por exemplo. Porque viajo na cabeça. E agora, principalmente, que não posso viajar, estou que nem um maluco comprando mapa do século XVI, XVII, para colocar na casa em Salvador.

MIGUEL E você está com mais saudade da casa de Salvador ou de Nova York?

VIK Dos dois. Paris também... fico criando ninho em tudo quanto é lugar. Eu adoro ter esses lugares onde posso ir e ver as minhas coisas em cantos diferentes. É uma coisa maluca. Mas Nova York, para mim, é a minha batcaverna. Ali tem todos os meus brinquedos gostosos. Coisas que adoro ver e rever. Livros. Vários livros que tenho em Nova York, tenho aqui também. É curioso você viver em vários lugares ao mesmo tempo.

MIGUEL Você falou da sua infância pobre e da ida para Nova York, que é uma história bem louca.

VIK Eu era novinho, tinha uma tia que morava em Nova York e estava juntando dinheiro para ir para lá. Como ganhava muito pouco, não conseguia juntar o suficiente. Trabalhava em uma agência de publicidade que fazia outdoors em São Paulo. Eu ajudava a melhorar o design dos outdoors. Sempre fui muito fascinado por percepção, cognição visual. Um exemplo clássico, os outdoors da Marginal, do lado do Jóquei, eram paralelos ao muro. Então, para comprar o que estava sendo vendido ali, você tinha que ler três linhas de texto, de trás para a frente, a uma velocidade de noventa quilômetros por hora. Impossível. Então, fiz uma tabela mostrando o que as pessoas conseguiam ler a determinada velocidade, a determinado ângulo de aproximação. Uma ou duas linhas. Por isso, ganhei um prêmio na época de uma associação de publicidade.

Fui receber esse prêmio, e tinha que usar black-tie. Aluguei um pela primeira vez na vida, me sentindo ridículo. Eu era meio punk nessa época. Fui lá, tomei uma cerveja, não conhecia ninguém. Na saída, estava indo embora no meu fusquinha azul-claro, e uma mulher parou o meu carro. "Para! Para! Estão matando o meu noivo aqui!" Eu deixei o carro no meio da rua, e, de fato, tinha um cara batendo em outro com um soco inglês. Empurrei esse cara e ele saiu correndo. Então, começaram a buzinar. Fui tirar o meu carro do meio da rua, para depois saber como estava o cara, e escutei uma explosão. Quando vi, estava no chão. Eu não entendi nada. Olhei e vi o cara que eu tinha acabado de salvar. Como todo mundo estava vestido de black-tie, ele achou que era eu que estava batendo nele. Ele não estava vendo nada porque estava todo ferrado, e começou a atirar em mim. Olha, eu me lembro de ver a bala, viu! Eu vi aquelas balas vindo devagarzinho, igual naquele filme, *Matrix*. Acho que era tanta adrenalina que consegui entrar no carro e sair correndo. Cheguei no hospital por muita sorte. O cara que atirou em mim, e que eu tinha salvado, foi uma das primeiras pessoas que vi quando acordei, dois dias depois. Ele se ofereceu para pagar todas as despesas médicas e me dar uma quantidade de dinheiro para eu não prestar queixa. E, com esse dinheiro, fui para os Estados Unidos. Sempre digo que se não tivesse levado um tiro, não estaria aqui contando essa história.

MIGUEL Essa história é incrível! As relações que você fez nos Estados Unidos o aproximaram, de certa maneira, da tecnologia, da ciência. Os castelos de areia, as bactérias que você fez para aqueles pratos da Bernardaud. O que vai sair da sua cabeça em relação a esse vírus?

VIK Pô, você me deu uma ideia ótima, porque tenho amigos que trabalham com imunologia com quem já fiz umas coisas com bactérias para a fundação da Melinda e do Bill Gates. Tenho que ligar pra esses caras e saber o que eles estão fazendo.

Tenho muita vontade de aprender coisas. Estou com você, aprendo sobre arquitetura. Estou com um imunologista, aprendo sobre a área dele.

Não sou uma pessoa erudita. Detesto a ideia de profundidade. Quando você cava um buraco, não está criando profundidade, está criando duas vezes a quantidade de superfície. É muito bom, principalmente para o intelecto contemporâneo, saber de tudo um pouquinho. E eu me meto muito... Adoro ciências. Metade dos meus livros é de arte, a outra metade de ciências. Eu adoro cientista porque ele mexe com empirismo. Tentar, tentar, até conseguir. É muito parecido com o que a gente faz na arte.

MIGUEL Mas, para entender uma coisa, você tem que associar a uma imagem. É através de uma reação imagética que o entendimento se dá.

VIK Exatamente. Quando as pessoas me perguntam o que é arte, sempre falo que *é a evolução da interface entre a mente e a matéria*. A maneira que encontramos para nos relacionar com as coisas que existem, que são sólidas, tangíveis, e termos um aspecto consciente delas. A nossa evolução psicointelectual com as coisas. Essa resposta é ótima porque realmente explica. Mas ela também é ruim porque serve, ao mesmo tempo, para religião e ciência. Você pode explicar essas duas coisas da mesma forma. E isso porque, em certa época, religião, ciência, arte e linguagem eram a mesma coisa. Você vê até hoje, em sociedades mais primitivas, o xamanismo. Ele existe e é forte porque esse xamã é ao mesmo tempo um doutor, um artista e um sacerdote. Ele é tudo. Ele está lidando com a relação do que está dentro e do que está fora.

Isso é um princípio que guia também todo o meu trabalho. Adoro padre, irmã, rabino, gente que pode falar de Deus, porque o que junta essas coisas é a fé. A fé é uma particularidade da nossa espécie. Tudo que está vivo sabe alguma coisa, mas a nossa espécie é a única que acredita em coisas. E acreditar é extremamente importante. Olha o que conseguimos fazer acreditando em coisas. Conseguimos desenvolver uma consciência muito sofisticada do lugar onde vivemos. Sabemos a velocidade com que a galáxia está se movendo no espaço, o tamanho dos planetas. É muito lindo o que conseguimos com a fé. E não é só a fé de curar, essa fé em relação ao indivíduo — essa fé é pequena, não manda em nada.

MIGUEL Temos só mais dois minutos... Esse troço passa muito rápido!

VIK Depois você me liga e continuamos a conversa.

(*E assim foi feito. Liguei. E o papo rolou por mais quarenta minutos...*)

16 DE JULHO · FERNANDO GABEIRA

A HISTÓRIA DO AMBIENTALISMO NO BRASIL

Sempre fui fascinado pelo Gabeira, desde a eleição de 1986 para governador, mais ou menos na época da fundação do PV, o Partido Verde. Eu era bem jovem, mas sempre fui politizado. Me lembro bem dessa eleição, vencida por Moreira Franco, seguido por Darcy Ribeiro e Gabeira em terceiro. Eu tinha pôsteres do PV na cortiça do meu quarto e desenhava charges políticas que guardo até hoje. Acho que votei nele para deputado federal em todas as eleições que disputou... Sua honestidade, sua ética, sua capacidade de reconhecer os seus erros, de fazer o tão difícil mea-culpa, a coragem de abandonar a política e voltar para o jornalismo, a sua maneira de endurecer *pero sin perder la ternura* são admiráveis... Assim como são os seus livros, seus artigos e reportagens. Seja na Câmara, na sua coluna na página 2 d'*O Globo* ou nos seus programas na GloboNews, Fernando Gabeira é um ícone do Rio de Janeiro e da minha geração.

GABEIRA Boa noite a você. Eu não sei se já tem alguém nos vendo...
MIGUEL Boa noite, Gabeira! Já tem muita gente, sim...
GABEIRA É um prazer. É o fim de uma jornada de trabalho dura hoje, mas como todo dia é assim... Bom, andei refletindo sobre o tema da nossa conversa, e achei "A história do ambientalismo no Brasil" um pouco ambicioso para uma live.
MIGUEL Não dá tempo, né?
GABEIRA É. Acho que seria mais apropriado a gente dizer: "Alguns comentários sobre a história do ambientalismo no Brasil". Vamos transmitir o que podemos das nossas experiências e, quem sabe, não conseguimos estimular os pesquisadores a irem um pouco mais adiante...
MIGUEL É isso. Gabeira, quando eu liguei para você, o nosso amigo Sirkis tinha acabado de falecer e me veio à cabeça a necessidade de fazer uma homenagem. Você, ele e Carlos Minc são nomes importantíssimos nessa história. Lá no começo dos anos 1980, vocês fundaram o PV, um partido que encantou muito a minha geração. Você tinha acabado de chegar do exílio na Europa. Ou seja, vocês fundaram um partido político ambientalista num momento em que o Brasil engatinhava a caminho de uma democracia. Deve ter sido uma experiência ímpar...

GABEIRA Sim, foi. Mas a impressão que se tem é que a gente chegou num país onde esse tema ainda não era conhecido, ou era um tema totalmente desprezado. Só que quando você olha a história do Brasil, encontra intelectuais como José Bonifácio — chamado Patriarca da Independência —, que era um grande ambientalista. Ele morreu em 1836, mas por volta de 1825, 1826, já tinha uma visão da necessidade de proteger as árvores, os rios... Ele dizia: "O que leva as pessoas a destruírem as árvores que a natureza levou tanto tempo para desenvolver? Só a ignorância." Assim como falava: "O Brasil precisa ter um sistema de proteção, com pessoas sábias e capazes, para impedir que essas florestas sejam destruídas." E aí ouve o general Hamilton Mourão dizendo agora: "Olha, nós vamos tentar construir um esquema de proteção para evitar a destruição da floresta." Quer dizer, um cara que lá no século XIX já estava prevendo toda essa história e pensando o Brasil.

MIGUEL José Bonifácio também dizia que via a destruição do patrimônio natural não como o preço pago pelo progresso, mas como o preço pago pelo atraso.

GABEIRA Pois é. Um produto da ignorância mesmo. E anterior ainda à consciência dele, houve o Alexander von *Humbold*t. Bonifácio era respeitado na Europa por suas posições e teorias. Um homem que estudava e conhecia muito sobre minérios — tanto que existe uma pedra chamada andratita em homenagem a ele. Então, um país como o nosso, enquanto fortaleza ambiental que é, com as florestas e os rios que têm, acabaria produzindo, mesmo naquela época, alguma consciência excepcional dessa realidade.

Quando voltamos ao Brasil, eu me lembro de que havia também um movimento ambiental em desenvolvimento. Por exemplo, em 1971 foi fundada em Porto Alegre a Agapan (Associação Gaúcha de Proteção do Ambiente Natural), por José Lutzenberger, que eu vim a conhecer. Lutzenberger foi o primeiro secretário de Meio Ambiente do Collor... E fez um grande trabalho em Porto Alegre contra a poluição do rio Guaíba. Era uma pessoa extraordinária. Eu ainda, às vezes, frequento o sítio dele, o Rincão Gaia, em Rio Pardo, no Rio Grande do Sul.

Então, já havia esse movimento. E quando nós chegamos ao Brasil, acabamos migrando da esquerda para o ambientalismo. Porque, para nós, a esquerda tinha esgotado um pouco a sua mensagem pura e simples da luta de classes...

MIGUEL E vocês chegaram em 1979.

GABEIRA Sim, voltamos em 1979. E eu já estava influenciado pelo movimento verde, pelo chamado Partido do Cidadão que existia em Estocolmo, que eu frequentava de vez em quando. Na época, eles lutavam por uma coisa que pode até parecer cômica para nós hoje: eles não queriam trânsito no centro da cidade. Queriam liberar o centro da cidade do trânsito. E já havia também em Estocolmo um grande movimento em torno de um novo tipo de alimentação. Havia vários lugares com alimentação natural, uma efervescência muito grande nesse campo.

Minc e o nosso querido Alfredo Sirkis também já haviam refletido sobre o tema, mas tinham participado da fundação e ainda estavam ligados ao Partido Democrático Trabalhista de Lisboa. O que não era nada estranho, porque dentro da nossa concepção verde, que vinha da experiência europeia, víamos sempre a possibilidade de uma aliança verde e vermelha. Ou seria com o PDT, ou seria com o PT, enfim, com o partido que representasse o que a social-democracia na Europa representava para os verdes: um aliado com o qual se pudesse desenvolver algumas ideias.

Então chegamos ao Brasil. Lembro que, no princípio, havia uma discussão muito grande entre nós sobre fazer um partido ou um movimento. Porque os partidos pareciam estar esgotando um pouco a sua validade, eles já não eram mais tão interessantes, tinham certa rigidez. Ao passo que um movimento é sempre uma coisa em infusão, entende? Ele se organiza e trabalha, se desorganiza, vai adiante, se organiza de novo... tem uma flexibilidade muito maior. Então, como ainda estávamos muito influenciados pela Europa, o tema central da nossa luta foi a denúncia da energia nuclear, o trabalho sobre a usina de Angra. E foi criado também um movimento chamado Hiroshima Nunca Mais, através do qual começamos algumas manifestações — e essas manifestações foram já um embrião do trabalho que surgiria no Partido Verde.

E então partimos para a formação do partido: Alfredo, Minc, eu, Liszt Vieira, John Neschling, Lucélia Santos, Herbert Daniel... E esse grupo fundador foi avançando para novas lutas. Uma delas, evidentemente, foi a da Amazônia, que surgiu muito em função do que estava acontecendo lá naquele momento. Havia um problema com os seringueiros, Chico Mendes apareceu como um líder na região e estava sendo muito perseguido. Ele fazia um tipo de luta chamada "empate": uma luta em que eles levavam todas as famílias, pacificamente, para evitar que os fazendeiros derrubassem os seringais, derrubassem a florestas. Então, resolvemos nos aproximar dele, dar apoio ao seu movimento e inclusive tentar evitar que ele fosse morto.

Chico era do PT, mas estava um pouco insatisfeito com o partido — ainda não havia naquele momento, no PT, uma compreensão muito acabada da importância do movimento ecológico, da luta ecológica. Então, a gente foi lá, Chico veio ao Rio. Nós fizemos manifestações de apoio a Amazônia e também, num momento mais delicado, pedimos a Lucélia Santos para ir lá, como nossa emissária...

MIGUEL Ela era casada com Neschling na época, certo?

GABEIRA Sim, era casada com o John Neschling, que também era do PV. Então, ela foi ao Acre falar com o governador e pediu proteção para Chico Mendes, porque já sabíamos que ele estava ameaçado de morte. Infelizmente, essas precauções não foram bem-sucedidas e ele acabou assassinado. Mas, ao ser assassinado, aumentou muito a importância do movimento, internacionalizou mais ainda a questão da Amazônia e abriu um espaço muito grande para conhecermos as pessoas que atuavam em torno dele. Então surgiram alguns líderes, entre os quais, mais tarde, a própria Marina Silva, que veio a ser uma personalidade importante do movimento.

No Rio de Janeiro, o primeiro trabalho do nosso partido foi a disputa para o governo do estado em 1986. Quer dizer, naquele momento o Partido Verde ainda não era legal, então fizemos uma aliança com o PT. Nós gritávamos "PV e PT unidos" e tal, mas legalmente nós éramos PT, a bandeira era do PT, o número da candidatura, o vice... E aquela campanha de 1986 foi muito bem-sucedida. Teve o Abraço à Lagoa, uma manifestação criada pelas irmãs Gardenberg — Monique e Sylvia — que foi um sucesso estrondoso. Minc iniciou a carreira parlamentar — uma carreira muito fecunda em termos de projetos, de intervenção e de atuação. Ele continua até hoje produzindo projeto. Você acorda, ele manda um projeto que acabou de aprovar. E Sirkis foi se orientando por algo que era o talento dele, a questão urbanística.

MIGUEL Pois é. Essa é uma memória forte que eu tenho, desse primeiro movimento ser muito de ligação entre a paisagem natural e a paisagem construída, a defesa da paisagem urbana, da floresta urbana, das praias, da Lagoa, da baía de Guanabara... E de ser um movimento muito carioca, até o momento em que Feldmann sequestrou um pouco essa narrativa para São Paulo. Mas foi um movimento muito carioca nessa gênese.

GABEIRA É, você tem razão. Mas não podíamos ficar só na Amazônia. Minc estava desenvolvendo uma série de projetos importantíssimos que diziam respeito ao Rio, e Sirkis estava muito voltado para a questão urbana. E ele pensou em algo, que José Bonifácio também fez à sua época, que era o reflorestamento. E, entre outras coisas, imaginou e conseguiu implantar o conceito de ciclovia no Rio de Janeiro — uma rede de ciclovias que não havia no Rio e que acabou sendo a maior da América Latina. Ele era uma pessoa muito interessada na questão urbana, muito influenciado por vários autores que falavam sobre urbanismo. Então, a tarefa dele foi essa. Ele também dirigiu o Instituto Pereira Passos. Sirkis foi capaz de reunir gente formulando com ele, trabalhando, pensando a cidade. Foi realmente um momento muito generoso, muito profícuo.

O que acontecia em São Paulo em 1986 também era muito interessante: a criação do SOS Mata Atlântica. Esse movimento teve e ainda tem uma enorme importância. Porque nós falávamos muito da Amazônia, no exterior ela é muito defendida e comentada, mas dentro do Brasil havia uma mata que já estava reduzida praticamente a 7% da sua extensão original e que tinha uma riqueza às vezes superior à da Amazônia, em termos de biodiversidade. A Mata Atlântica precisava realmente de um movimento. O SOS foi extremamente importante e passou a ser muito eficaz — mais até que partidos —, porque pôde desenvolver projetos, reunir pessoas importantes.

Então, se juntar as pontas, você tinha um movimento no Rio de Janeiro que falava da questão nacional e tinha essa inserção urbana muito interessante — porque o Rio é uma cidade muito especial. Seria impossível ser ecologista no Rio sem pensar em saídas urbanas, ecológicas para a cidade. Então, enquanto no Rio se faziam ciclovias e Alfredo conseguiu iniciar o reflorestamento, lá no Rio Grande do Sul, a Agapan avançava muito no trabalho dela, conseguia eleger vereadores, e, em São Paulo, o SOS Mata Atlântica também tinha um peso muito grande — e que sobrevive a tudo.

Todas essas iniciativas foram muito eficientes. Mas, infelizmente, nós não pudemos constituir um partido com a estrutura, os caminhos que hoje tem o Partido Verde europeu, que nesse momento da história passa a ser uma alternativa.

A criação de um partido no Brasil, não importa qual seja ele, tem problemas muito especiais. Você começa com uma série de ideias, com um programa — aliás, a quase totalidade dos nossos programas eram redigidos por Alfredo Sirkis, ele gostava muito desse tipo de formulação. Então, você tem programa, tem alguns quadros, mas, à medida que vai crescendo, ao longo do Brasil, vai perdendo aos poucos a consistência. Perde um pouco a unidade ideológica, a unidade de propósito. Principalmente quando se entra realmente na luta política e começa a produzir quadros, a ter acesso às instituições, a ter vereadores, deputados... O que era unidade ganha uma dinâmica própria, as pessoas passam a pensar muito nas suas carreiras, nos seus acordos políticos próprios, e o Partido Verde não teve, infelizmente, essa dimensão. Mas eu observo que a temática verde continua mais importante, independentemente do partido. Hoje é possível ver em toda a sociedade aquilo que a gente supunha que seria apenas um movimento de esquerda, um movimento de preservação da Amazônia e de defesa de uma nova qualidade de vida, enfim, todas as coisas que o Partido Verde previa.

MIGUEL Vocês tinham a dimensão da importância do que vocês estavam dizendo lá atrás?

GABEIRA Olha, eu tinha alguma, mas, às vezes, era muito mais o resultado da minha presunção do que da minha inteligência. Talvez eu fosse meio presunçoso. Achava que tinha descoberto um caminho, que era um jeito de ver o mundo, que era mais adequado do que a da esquerda, e que aquilo era a chave do século XXI.

Havia documentos no mundo que nos orientavam naquela época, como o documento do Clube de Roma. O Clube de Roma foi um grupo de ex-presidentes, de grandes políticos, que se reuniu para falar das dificuldades da produção e do consumo que haveria no mundo se não houvesse uma revisão dos nossos métodos. Os recursos naturais são esgotáveis e estavam de fato se encaminhando para o esgotamento da forma que se produzia e se consumia. Então, foi um alerta muito importante. Mas a própria Conferência do Meio Ambiente, aqui no Rio, em 1992, foi a primeira que conseguiu reunir no pós-guerra um grande número de presidentes e de líderes mundiais. Quer dizer, quase todos os líderes mundiais importantes estiveram aqui naquele momento. Então, isso dava uma visão de importância.

Mas houve um tema que, de repente, superou todos os outros e passou a ser a coordenação-geral de todas as preocupações: o aquecimento global. Isso não quer dizer que os outros problemas deixaram de existir, mas ele se tornou uma luz que iluminava todos os outros.

Sirkis, por exemplo, percebeu isso. Em determinado momento, ele estava numa conferência no exterior, conversando, e uma esquimó disse: "Olha, lá no Polo Norte, no Ártico, fez 38 graus. É uma coisa extraordinária, nunca vi esse calor, é fora do comum. Vocês têm que tomar cuidado." E ele, que era do Rio de Janeiro, pensou: "Pô, se no Polo Norte é possível chegar a 38 graus, imagina o que pode acontecer aqui." Então, ele passou a se especializar nessa questão. Por exemplo, o desmatamento da Amazônia em referência ao aquecimento global, porque era uma liberação de carbono que não poderia acontecer. Por isso, a Noruega e a Alemanha pagam o Brasil para manter esse carbono lá. Só que Bolsonaro não entendeu e rompeu com esse acordo, de uma forma estúpida. Rasgou dinheiro.

Então, os eventos extremos, grandes chuvas, temporais, terremotos, ciclones, furacões e sobretudo a elevação do nível dos mares, tudo passou a ser visto dentro dessa perspectiva. O tema do aquecimento global começou a nortear todo o trabalho. Tanto que se chegou ao Protocolo de Kyoto, no qual tive a oportunidade de trabalhar, como relator na Câmara dos Deputados, no Congresso. Porque esse protocolo foi feito, mas precisava da aprovação dos congressos nacionais. Depois houve o Acordo de Paris, no qual Sirkis participou também, junto com a diplomacia brasileira.

Então, tudo começou como uma coisa de esquerda, ou sendo visto como uma coisa de esquerda. Tanto que nos chamavam de "melancias" — verde por fora, vermelho por dentro. Mas, aos poucos, a própria humanidade começou a compreender. Pensadores conservadores começaram a formular também suas agendas verdes. Menciono num artigo que escrevi recentemente um pensador inglês muito importante chamado John Gray, que tem também a própria agenda verde. Ele diz ser necessário que os conservadores assumam a questão verde, porque não é, absolutamente, uma questão da esquerda. Quer dizer, a esquerda supunha que era uma luta anti-imperialista, os próprios conservadores americanos achavam que era uma luta de esquerda, mas Gray diz: "Nós vamos quebrar esse consenso, vamos mostrar que também é uma luta dos conservadores." Ou seja, que eles têm a ver com isso. Ele cita inclusive Edmund Burke, um grande pensador inglês que diz que o contrato social não é um contrato de indivíduos anônimos, mas um contrato da geração presente com a geração passada, visando a geração futura. E eu mostro nesse artigo como a questão em torno da Amazônia perdeu a característica de um movimento de esquerda, verde. Ela agora envolve países como Alemanha, Noruega, França, envolve grande grupos econômicos, a opinião pública mundial, a juventude, os povos originários...

E agora que estamos diante de uma pandemia, a presença do Partido Verde é muito importante. Apesar de eu não participar mais diariamente das lutas partidárias, fiz uma palestra para um grupo do partido recentemente, sobre o mundo depois da pandemia e o papel do Partido Verde nesse contexto. Mostrei a eles que a pandemia, em primeiro lugar, vai dar um pouco mais de seriedade às pessoas quando pensarem no aquecimento global. Elas já estão percebendo melhor que somos, potencialmente, uma espécie em extinção. Acho que a pandemia trouxe também uma nova dimensão, que o Partido Verde no Brasil subestimou, acho eu, que é a nossa relação com os animais. Há hoje uma pressão sobre a China para que ela controle melhor sobre os animais selvagens que são consumidos lá. Essa é uma nova reflexão, já que a relação com os animais não era uma coisa muito importante no nosso programa. Acho que a pandemia vai nos trazer, também, essa dimensão. E vai nos mostrar como o desmatamento pode nos trazer novas pandemias. Trabalhei aqui, agora, no norte de Minas, com a volta da febre amarela. É possível mostrar que foi o desmatamento que provocou esse novo surto. Ao tirar o habitat daqueles mosquitos, eles saíram e atacaram as pessoas, entende?

MIGUEL Fora a questão do abastecimento de água, enfim, todas as questões levantadas por Carlos Nobre...

GABEIRA Exatamente. E as doenças de transmissão hídrica foi um tema sobre o qual também falei para eles. Apesar de termos desenvolvido lutas pela Amazônia, apesar de termos desenvolvido luta nos costumes, lutas pelas minorias, esquecemos uma luta essencial no Brasil, que foi igualmente muito desprezada por todos: o saneamento básico. Felizmente, agora, conseguimos uma nova lei para tentar equacionar esse problema — que é um problema do século XIX e que não conseguimos resolver no Brasil.

MIGUEL Inclusive grandes reformas urbanas do Rio, principalmente no começo do século XX, foram reformas sanitaristas, não é? E já ali a preocupação com a questão da varíola... Então, são problemas urbanos nunca resolvidos.

GABEIRA E mais ainda, pois as pandemias ressaltam também outro atraso nosso: as diferenças sociais. Não se pode pensar mais no Brasil sem avançar sobre essas diferenças sociais, sobre as diferenças de oportunidade, de situação, que fazem com que as pandemias sejam muito mais sofridas pela população mais vulnerável. Quer dizer, se durante a pandemia de Covid-19 você está num lugar que não tem água potável para lavar as mãos, você está muito mais inseguro. Num lugar em que se vive em habitações miseráveis, às vezes oito, dez pessoas, como falar em isolamento social? Ficou bastante evidente que a questão social — que já era presente nas nossas preocupações — é muito mais urgente do que se pensava. Então, o mundo que podemos imaginar a partir de agora, ou queremos imaginar, tem de levar em conta essas circunstâncias.

Quer dizer, o Brasil precisa se reconhecer como potência ambiental e assumir esse papel, não só na política interna, mas na sua relação com o mundo. É preciso trabalhar essas diferenças sociais e é preciso também dar um passo importante — de que também não cuidamos muito bem — na questão da educação, porque sem educação quase todos os nossos discursos ficam no ar. A educação tem um papel fundamental. Se conseguirmos reunir esses elementos agora num novo programa, acredito que possamos avançar um pouco mais.

MIGUEL Gabeira, a gente falou muito dessa pressão de instituições, organismos e grupos internacionais sobre o Brasil em torno da preservação da natureza, da floresta e também das culturas tradicionais, dos povos originários. Há pouco tempo, foi publicada na *Folha de S.Paulo* uma carta demolidora de Nara Baré, coordenadora da Coiab (Coordenação das Organizações Indígenas da Amazônia Brasileira), criticando duramente o vice-presidente e o recém-recriado Conselho Nacional da Amazônia.

Como promover uma mudança no olhar desse governo? Como promover essa virada de mesa no meio do apocalipse bíblico que a gente está vivendo nesse país? Porque essas pressões parecem não resolver nada, não é? O ministro é o mesmo, o desmatamento aumenta, as queimadas aumentam e nada acontece. Nós estamos há dezoito meses desmontando o que levamos trinta anos para construir. Quer dizer, a gente vê o Ibama, o ICM-Bio, o Inpe, órgãos de enorme prestígio internacional, em vias de implosão. É possível reverter esse quadro? É possível que, nesses dois anos e meio, alguém consiga enxergar nessa escuridão, em meio à fumaça que nos cega?

GABEIRA Eu vejo essa situação com muita tristeza, porque não vejo apenas o desmonte desses órgãos ambientais, mas também o desmonte de um trabalho nosso, meu. A legislação brasileira tem dois momentos que considero importantes. O primeiro foi em 1985: a colocação da necessidade do estudo e do relatório de impacto ambiental. Isso já transformou um pouco a situação.

MIGUEL Que inclusive era uma promessa de campanha do presidente, acabar com essa "burocracia" para o desenvolvimento.

GABEIRA É. E o outro momento foi um trabalho começado com Fabio Feldmann e que eu completei, na Câmara dos Deputados, quando fui relator do SNUC, o Sistema Nacional de Unidades de Conservação. A nossa intenção era chegar a até 5% do território brasileiro preservado. Não foi possível, hoje esses territórios estão sendo cada vez mais ameaçados.

Na última conversa que tive com Sirkis, ele estava de bicicleta e de máscara. Eu disse: "Como saímos dessa? Como podemos dar a volta? Olha, sou muito pessimista, porque você, como eu, conhece Bolsonaro. E Bolsonaro se identifica emocionalmente com pessoas que destroem a Amazônia." De fato, ele se identifica com os garimpeiros, com os grileiros, ele pensa — eu suponho — que cada garimpeiro, que cada grileiro que entra num canto da Amazônia está, na verdade, levando a bandeira do Brasil, entende? É o Brasil ocupando aqueles rincões ainda não ocupados.

MIGUEL Que é um pensamento da ditadura militar. Era um lema que eles tinham, "Integrar para não entregar", que levou os militares a ocuparem a Amazônia com grandes projetos, grandes obras de infraestrutura, Transamazônica e tais.

GABEIRA Exatamente. Isso está dentro da cabeça dele, mas Bolsonaro é muito mais vulgar do que a ditadura militar. Anteontem, eu estava conversando sobre a diplomacia brasileira. Durante a ditadura militar era muito mais profissional do que agora. Para você ter uma ideia, o secretário de Meio Ambiente do Geisel e, depois, do Figueiredo era Paulo Nogueira Neto. Você compará-lo com Ricardo Salles. Não tem como. Paulo Nogueira Neto era um grande ecologista, como foi o almirante Gusmão, como foram pessoas que deram uma contribuição. Até o major Archer, que, em determinado momento, replantou aqui a Floresta da Tijuca.

Então, é muito difícil. O que está acontecendo hoje é que Mourão e Paulo Guedes — parcialmente, porque Guedes também reluta muito — estão tentando criar uma situação que atenue essa pressão dos estrangeiros sem mudar profundamente a situação. Eu costumo dizer que às vezes parece com algo que a gente dizia no passado, os mais novos não conhecem esta expressão: "Isso aí é para inglês ver." Era uma forma de enganar...

MIGUEL E é, literalmente, nesse caso, para norueguês ver!

GABEIRA Eu acho que vai ser muito difícil de conseguir, realmente... Por exemplo, o caminho que eles estão buscando agora é de fazer a legalização fundiária na Amazônia, usando uma lei do Lula, ainda de 2005. Mas fazer a legalização fundiária sem dar ao Incra os elementos necessários para a fiscalização e o controle. Sem fazer com que isso cresça. Eles estão desmontando o Inpe também! Quer dizer, é muito possível que laranjas — e laranja não é uma fruta tão incomum nesse governo — ocupem esse espaço e os grandes proprietários acabem ocupando um espaço maior da Amazônia. Portanto, sou muito cético quanto a isso.

Eu associo duas questões hoje. Uma é a dificuldade de resolver esse problema. E a outra é a pandemia, a nossa imagem internacional em relação à pandemia. E vejo que esses dois temas convergem perigosamente na Amazônia. E justamente no que diz respeito à sobrevivência dos povos indígenas. Isso até pode levar o governo a um tribunal internacional, entende? Porque a caracterização de genocídio fala em destruição parcial ou total de etnias. Então, vejo isso como um perigo grande e, simultaneamente, como uma virada de mesa, se acontecer. No caso do Sudão, por exemplo, o presidente foi denunciado no Tribunal Internacional, e a denúncia contra ele foi aceita, porque ele fez isso com algumas tribos de lá, com algumas populações em Darfur.

Portanto, acho que essa pressão internacional e a pressão interna têm dois caminhos: ou elas mudam radicalmente o governo — o que eu acho difícil; ou elas podem até inviabilizar o governo e colocar necessidades de uma nova situação. Porque, hoje, qual o papel que a esquerda está tendo? Qual o papel que o PT está tendo nisso? Quem está pressionando o governo são os grandes grupos econômicos. Eles querem uma saída para o buraco em que o país está metido.

Vejo que se pode criar uma situação boa para que a oposição e a parcela dos próprios empresários que se interessa consigam virar a mesa, se houver sabedoria, capacidade de se unir e, mais ainda, se houver uma noção de que o trabalho político tradicional ficou num tempo meio estranho, meio partido; e de que hoje grande parte da luta se dá através de outras plataformas, de outros instrumentos, sobretudo na internet, e o discurso político clássico já não é mais o único, que existem outras formas... Existem os memes, os vídeos, as animações, as piadas, enfim... Se houver capacidade de perceber que esse mundo é realmente unido e articulado.

MIGUEL E como você vê essa dificuldade da oposição de se unir, num momento que é muito mais drástico e muito mais perigoso do que foi quando havia uma oposição atuante entre PSDB e PT? Hoje a oposição não consegue se organizar. Inclusive, quando há movimentos para unir a sociedade civil, tem sempre um ou outro que fica de fora.

GABEIRA Como eu disse, esse mundo da política, da oposição, é um mundo convencional. Nas redes, nas artes, existe uma oposição informal. A dificuldade dos partidos de oposição é uma dificuldade que existiu também durante a Segunda Guerra, na Inglaterra, quando foi preciso criar uma grande frente para resistir aos alemães. E o que Churchill dizia naquela época não é muito diferente do que nós intuímos aqui no Brasil: é preciso uma união, e, se ficarmos olhando para o passado, vamos perder o presente e o futuro. O grande problema da oposição aqui ainda é o ressentimento do passado. O próprio Churchill tinha uma expressão que acho muito boa: "caçadores de hereges". Hoje temos caçadores de hereges. "Esse não pode ser, porque no passado ele fez isso." "Esse não pode ser, porque nós brigamos naquele momento."

Essas coisas são imaturas no momento histórico que vivemos. Temos que compreender a gravidade da situação, a gravidade do atraso em que fomos colocados e a necessidade de superá-la através de uma união e de um entendimento. Infelizmente, essa maturidade não existe. Agora, nós temos que trabalhar para que ela exista. Nos modificando no sentido de olhar os outros com mais tolerância e ver que, em determinado momento histórico, não temos que exigir da pessoa que está a nosso lado nenhum tipo de perfeição — nem presente, nem passada. Temos que exigir apenas, esperar apenas, que estejamos unidos na tarefa que temos à frente. Essa coisa de política é muito difícil. Eu lembro que, depois da luta armada, por exemplo, é muito difícil você não ficar ressentido pelo que passou. Mas é muito evidente que, quanto mais ressentido você fica, mais infeliz fica também, entende? Difícil é você encarar a realidade...

MIGUEL Gabeira, eu queria agradecer muito pelo seu tempo. Muito obrigado por essa conversa, pelo seu histórico, pela sua luta. Você é uma pessoa essencial para este país e que bom que está aqui, atrás de uma bancada, assinando uma coluna e mostrando, com tanta lucidez, tudo o que está acontecendo para o povo brasileiro, para todo mundo.

GABEIRA Muito obrigado. Como eu disse, a gente prometia uma história, mas só conseguiu fazer alguns comentários...

MIGUEL Mas é isso que vale. Uma conversa é sempre boa. Beijo para você.

EDUARDO GIANNETTI

23 DE JULHO

BRASIL, UM SONÂMBULO ECOCIDA

Giannetti é sempre extremamente solícito. Sempre aceitou os meus mais diferentes convites, e desta vez não foi diferente. Ele é um dos economistas que mais me interessa, tem um pensamento de vanguarda, sempre baseado na economia verde e na sustentabilidade. Mas um outro lado seu que também me encanta é o de filósofo e grande pensador da contemporaneidade brasileira. Autor premiado, vencedor de dois prêmios Jabutis, ele explica na entrevista a seguir aspectos dos seus dois últimos livros, *Trópicos utópicos* e *O elogio do vira-lata*, que investigam o processo de formação da identidade brasileira, e a dificuldade eterna de desenvolvimento pleno do nosso imenso potencial artístico e cultural, que nos mantém em uma eterna antessala do futuro.

MIGUEL Eduardo, é um prazer receber você aqui para esta conversa.

Num momento em que o Brasil parece estar voltando para a Idade Média, você pensa para a frente. No seu último livro, *Trópicos utópicos*, você analisa os conflitos da contemporaneidade no Brasil e critica vários aspectos da vida humana, sobretudo do Ocidente. Se fosse escrever esse livro hoje, face a tudo que estamos vivendo, o que você acrescentaria?

EDUARDO Muito boa noite, Miguel, é um grande prazer conversar com você, participar dessa série de debates.

Eu queria começar lembrando que o subtítulo do livro é *Uma perspectiva brasileira da crise civilizatória*. Três quartos do *Trópicos utópicos* são uma crítica da civilização moderna, tal como ela se configurou no Iluminismo europeu do século XVIII. O último quarto é em torno da pergunta que deu ensejo ao livro: existe uma utopia brasileira? Existe um sonho brasileiro, assim como existe um sonho americano e um sonho chinês? Existe uma constelação de valores que nos diferenciam e em torno dos quais podemos mobilizar nossa energia na construção de uma alternativa a esse modelo civilizatório que foi criticado nas partes anteriores?

Eu acredito que essa pergunta é perene, sempre existirá. Nós, brasileiros, temos que trabalhar, lapidar e construir uma visão de construção simbólica e prática da nação que almejamos e que sonhamos ter. Ao fazer essa afirmação, estou me diferenciando — e acredito que muitos intelectuais e muito da cultura brasileira sigam por aí também — do que seria uma visão puramente mimética do Brasil. Ou seja, de que o Brasil tem apenas que copiar o que já deu certo no resto do mundo, que não devemos ter nenhuma pretensão de originalidade.

A maior parte dos meus colegas economistas pensa que não tem que haver a pretensão de dizer alguma coisa nova, original, partindo do Brasil. Que se o Brasil copiasse direito o que já foi feito e deu certo lá fora, estaria ótimo. Eu não compartilho dessa visão, e acho que nós temos, sim, que construir de modo simbólico e prático o nosso sonho de realização e de felicidade. Acredito que cada cultura incorpora um sonho, uma visão de felicidade. E acredito que o Brasil tem esse centro e essa cultura que lhe permite ousar uma originalidade.

Em relação às três primeiras partes — a crítica civilizatória numa perspectiva brasileira —, gostaria de acrescentar uma coisa. Tenho pensado muito, Miguel, nas calamidades que acometem a humanidade, e cheguei a uma espécie de taxonomia, ou classificação, das catástrofes humanas. Eu não vou desenvolver demais aqui, porque seria outro livro, mas queria dar, pelo menos, a essência do meu pensamento.

Há três modalidades fundamentais de catástrofes humanas. A primeira delas diz respeito a calamidades que o ser humano impõe ao próprio ser humano. São guerras, como as Guerras Mundiais, ataques terroristas devastadores, ações humanas que destroem seres humanos. É uma categoria conhecida e que foi muito marcante no século XX. As bombas atômicas que destruíram cidades inteiras instantaneamente no Japão são um exemplo disso também. Pois bem, uma segunda ordem de calamidade é a dos eventos puramente naturais: terremotos, vulcões, asteroides que colidem com a Terra, tsunamis. São acontecimentos que muitas vezes estão completamente além da nossa capacidade de visão ou de contenção. Eles acontecem regidos por leis naturais e independentemente da vontade humana. O que podemos fazer é nos proteger e tentar nos antecipar a eles.

Uma terceira categoria — e é essa que me interessa — é a dos eventos que resultam da ação humana, mas não da intenção humana. São catástrofes provocadas pelo ser humano, mas não intencionalmente buscadas, no sentido da destruição que provocam. Um acidente como Brumadinho, ou um acidente nuclear, são exemplos de catástrofes desse tipo. Nós estamos brincando de aprendizes de feiticeiro com o mundo natural, e esses descontroles se abatem sobre nós quase como uma fatalidade. Essas não são tragédias intencionais, porque ninguém busca esses acontecimentos, e também não são puramente naturais, mas resultam de ação humana.

A Covid-19 é um exemplo de catástrofe desse tipo. Por quê? Porque, segundo as melhores hipóteses em relação à origem dessa calamidade, ela está ligada ao avanço do desmatamento no mundo. Esse tipo de coronavírus — existem centenas deles — está conseguindo saltar espécies e entrar no organismo humano porque os habitats naturais de espécies selvagens estão sendo reduzidos. E isso tem acelerado nas últimas décadas a ocorrência de pandemias com essa característica.

Então, estamos diante de uma situação em que a ação do próprio homem se abate sobre nós, e com o agravante da globalização. Porque passar por um evento desse tipo em outros tempos seria uma coisa restrita, localizada. Hoje, com a mobilidade das pessoas, com a integração e a interdependência entre as empresas, essas coisas se espalham quase que instantaneamente em escala planetária. Coisas que no passado eram muito restritas, limitadas e circunstanciadas, hoje se tornam calamidades planetárias, de fato. Elas se espalham com muita rapidez.

Eu fiquei muito impressionado com um editorial da revista *Scientific American*, de junho, que mostra em detalhes como se dá essa ligação entre desmatamento e pandemias com as características do coronavírus. Realmente, há uma probabilidade muito grande de que a ação humana esteja por trás do que nós estamos vivendo. Então esse é mais um exemplo dos paradoxos da ciência e da tecnologia. Com esse avanço muito agressivo no metabolismo entre sociedade e mundo natural, estamos produzindo efeitos imprevistos e indesejados que se abatem sobre a própria coletividade humana. Precisamos repensar esse modelo. Coisas erradas estão acontecendo. No caso específico da Covid-19, isso está associado a práticas arcaicas como as que prevalecem na China, nos mercados insalubres e na comercialização de animais selvagens. É um mundo vasto, mas estamos diante de um fenômeno que pertence àquela crítica do modelo civilizatório ocidental, fortemente calcado na agressividade com que nós tratamos o mundo natural para a satisfação de vontades humanas.

MIGUEL Entramos agora em mais um tema da nossa conversa: o Brasil. Semana após semana, vemos a manifestação de numerosos grupos políticos e econômicos que vêm pressionando o governo brasileiro para que seja feita uma revisão da sua política ambiental. Nos últimos dois meses, foram inúmeros movimentos, a perda do Fundo Amazônia, a carta dos ex-ministros da Economia do Brasil, a carta das grandes empresas estrangeiras, dos 38 principais empresários brasileiros, e, ontem (22 de julho de 2020), uma carta dos principais bancos do país — Santander, Itaú Unibanco e Bradesco —, pressionando o governo a se comprometer com a defesa intransigente e o desenvolvimento sustentável da região amazônica.

A partir do momento em que a gente vê banqueiro e até o agronegócio praticamente implorando ao governo para parar com a destruição e aderindo a um discurso ambiental, sustentável, eu pergunto: a gente está vivendo uma quebra de paradigmas?

EDUARDO Quebra de paradigmas me parece uma expressão um pouco forte para pensar o que está acontecendo. Agora, não tenho a menor dúvida de que esse projeto ligado ao governo Bolsonaro — se é que a palavra projeto é cabível — é extremamente regressivo.

As áreas mais obscurantistas são aquelas que foram tomadas pelo que eu chamo de núcleo familiar-astrológico — que é a área ideológica do governo. Estamos falando aqui de meio ambiente, de educação, de cultura e de relações exteriores. Nessas áreas, o governo Bolsonaro foi tomado, foi colonizado, foi ocupado pelo que há de mais obscurantista e que está ligado a essa visão negacionista dos valores do século XXI.

A primeira reação de Bolsonaro ao coronavírus, à Covid-19, muito parecida com a do Trump — o Bolsonaro é uma espécie de sub-Trump, um Trump subdesenvolvido —, foi exatamente a mesma que eles têm com relação à mudança climática: "Isso é uma balela, isso não existe, é uma gripezinha, vai passar." Trump chegou a dizer: "Como por mágica, daqui a poucos dias, isso vai desaparecer." Eles negam a realidade, a importância, a centralidade dessas questões.

A diferença entre o coronavírus e a mudança climática é que a temporalidade do coronavírus atropelou esse discurso e eles ficaram sem ação — tanto que estão perdendo, felizmente, boa parte de seu capital político, pela incapacidade de reagir de forma minimamente racional e ordenada diante dessa calamidade. Em relação às mudanças climáticas é a mesma postura, é o negacionismo. A diferença é que, na questão da mudança climática, o tempo das coisas é muito mais sutil, é muito mais lento, não são acontecimentos instantâneos que matam centenas de milhares em poucas semanas, como é o caso da Covid-19.

Em relação à Amazônia, eu fico me lembrando... Eu sou de uma geração que tem memória viva disso, da época do regime militar, em que a Amazônia ainda era vista como uma espécie de "inferno verde". Uma coisa a ser asfaltada pela Transamazônica. A floresta era um inimigo a ser vencido, um obstáculo ao progresso, ao desenvolvimento. Se eles pudessem, transformariam a Amazônia numa espécie de Dallas, num subúrbio americano. Como, aliás, a Fordlândia, lá atrás. E foi um desastre total. Total.

A mentalidade desse grupo continua sendo basicamente essa. Quando eles assumiram, toda a vontade de destruição, que estava contida e represada pela fiscalização e pelo medo de punição, se sentiu autorizada a fazer como deseja e como quer. Então, os garimpeiros, os grileiros, as pessoas que estavam lá, prontas, passaram a agir. E teve um efeito que a gente está vendo — que são as queimadas, que é a devastação. Portanto, foi quase como uma carta branca. Mesmo que mais nada tivesse mudado, a simples vitória eleitoral desse grupo político sinalizou para muita gente que "agora vamos fazer". Aí eles desmontaram o Ibama, questionaram a validade dos dados do Inpe. Vivemos um enorme retrocesso. Ou seja, é a mesma postura negacionista que eles têm em relação à ciência do coronavírus, a mesma postura que têm em relação à cloroquina e tudo mais. Então, tudo isso é uma visão de mundo, é uma maneira muito obscurantista, muito retrógrada de lidar com as pautas do século XXI, que, no caso brasileiro, na minha visão, são duas: educação e meio ambiente. As coisas que vão decidir no longo prazo o futuro da nação brasileira são o ensino fundamental e o patrimônio ambiental.

MIGUEL E o mais chocante é que este é o país com o maior potencial de liderar a economia verde no futuro. E a gente atrelado a uma agenda colonial extrativista.

EDUARDO Agora, o mundo vai impor limites a isso. E já está começando a se manifestar. O que é trágico na realidade brasileira é esse encontro da nossa geografia, que nos confere o maior patrimônio ambiental da humanidade, com a história, que é uma história de extrativismo, colonialista e completamente imediatista em relação a obter resultado sem levar em conta qualquer outra implicação mais relevante de futuro. Esse encontro da nossa geografia com a nossa história é alguma coisa que pertence a um enredo sinistro. Agora, não sou totalmente desesperançoso. Acredito que temos capacidade de reagir e que o mundo vai nos ajudar a proteger esse patrimônio, que, afinal, não é só brasileiro, é um patrimônio da humanidade. E vai muito além de um embate político-partidário dentro do Brasil.

MIGUEL Você é um dos responsáveis pelo plano econômico da candidatura da Marina Silva. Esteve ao lado dela nas campanhas de 2010, 2014 e 2018. O que mudou no seu pensamento nesses últimos dez anos? Que conceitos você mantém firme e quais evoluiria?

EDUARDO O motivo do meu entusiasmo pela Marina Silva como liderança política está ligado a três pilares, ou três valores fundamentais. Em primeiro lugar, a educação como a chave para qualquer futuro brasileiro e como a nossa principal deficiência civilizatória. O que o Brasil deve a si mesmo é uma centralidade, um esforço de formação de capital humano que dê a cada brasileiro — não importa sua condição ao nascer — a oportunidade de um ensino fundamental de excelência, de qualidade. Nós só universalizamos o ensino fundamental no final do século XX — coisa que os americanos fizeram no final do século XIX. Fizemos isso com um século de atraso e muitas vezes só nominalmente, porque grande parte das crianças brasileiras está completando o ensino fundamental sem adquirir as competências, os conhecimentos, as habilidades correspondentes a esse grau educacional. Os testes de analfabetismo funcional mostram que os egressos do ensino fundamental — e mesmo do ensino médio brasileiro — são, em boa parte, analfabetos funcionais. Então, o primeiro pilar é a educação. Qualquer agenda para o Brasil tem que colocar a educação em primeiro lugar com a mesma força que Juscelino Kubitschek deu à industrialização.

Segundo ponto: meio ambiente. O Brasil, como já conversamos, é beneficiário de um patrimônio ambiental, de uma biodiversidade, de uma diversidade de situações ambientais — Pantanal, cerrado, Amazônia, serra do Mar... Precisamos ter muita responsabilidade na gestão e na valorização desse patrimônio. Temos que saber tirar proveito econômico dele também, mas, acima de tudo, sabendo preservá-lo, valorizá-lo e protegê-lo de um uso desastrado, como tem sido o caso nos últimos anos, e se agravou ainda mais agora, no infortúnio que temos na política brasileira.

E o terceiro é a ética. Marina sempre me impressionou pela força da sua fibra moral e do seu compromisso com valores acima de qualquer circunstância. É muito raro em qualquer país, em qualquer cultura, em qualquer sociedade humana, o surgimento de líderes com essa força ética e que se afirmam não com base em algum particularismo de classe ou de representar algum setor, ou de estar ligado a algum sindicato, a algum grupo empresarial. Ela se afirma como portadora de valores e com seu compromisso ético. Isso me encanta, acho fantástico, e é realmente o que me leva a ter esse entusiasmo que tive e tenho em relação à figura da Marina.

Por outro lado, Miguel, fui percebendo nessas três campanhas que ela, na minha percepção, tem mais o perfil de uma líder de movimento do que propriamente de uma candidata a chefe do Executivo num país tão conturbado e tão violento na política, como é o Brasil. Ela está mais na linha de um Martin Luther King, de um Mahatma Gandhi, de uma figura que tem um elemento de mobilização, um elemento simbólico, do que propriamente de um cargo executivo e de um processo eleitoral extremamente violento. E ela mostrou, principalmente em 2014, que não tem couraça, não tem a agressividade que esse ambiente político exige para quem se pretenda competitivo nele.

Em 2014, depois da morte de Eduardo Campos, Marina esteve muito perto de se tornar presidente da República, mas ela não resistiu à violência do ataque massacrante, oriundo do então governo Dilma, que buscava reeleição. E foi uma campanha muito cruel — aliás, ali acho que alguma coisa se partiu, no diálogo, no campo democrático brasileiro, porque aquela campanha foi de uma violência sem limites.

MIGUEL E fogo amigo, o que é o pior de tudo.

EDUARDO Fogo amigo, mas cruel e inescrupuloso. "Marina vai acabar com o Bolsa Família" — falaram as coisas mais absurdas, e usaram o poder que tinham da maneira mais cruel. Depois fizeram isso também com Aécio Neves e com Armínio Fraga. Armínio, que tanto ajudou a transição de Fernando Henrique para Lula — o primeiro Lula —, que teve uma generosidade, um desprendimento enorme, foi atacado de uma maneira tão baixa, tão vil, em nome da perpetuação do poder, que, para mim, ali realmente alguma coisa se quebrou. Uma confiança, um pacto que já estava muito esgarçado, mas que, a partir dali, se rompeu.

Acho que o projeto da Marina está mais vivo do que nunca, porque diz respeito às três coisas de que nós mais precisamos no Brasil: educação, meio ambiente e ética. Agora, pessoalmente, eu me pergunto: ela é a pessoa para concorrer num ambiente eleitoral violentíssimo, sem limites na sua agressividade, como é o brasileiro? Acho que a experiência mostrou que não. Não é o caminho para ela, por uma questão de temperamento, de perfil. O nosso ambiente é muito hostil para uma figura com a delicadeza, com a educação, com a ternura até, e com o respeito que ela tem pelo outro. Então, é um quadro trágico de certa maneira, porque é um país cujas instituições, cujo ambiente não permite a uma figura como ela se realizar eleitoralmente.

MIGUEL Marina Silva, por incrível que pareça, foi vítima principalmente de ataques vindos do campo progressista. A gente vê hoje um esboço de união desse campo por um objetivo maior, mas que, ao mesmo tempo, esbarra em vários obstáculos. Por que é tão difícil unir efetivamente centro e centro-esquerda, mesmo que seja em defesa de um pilar básico como a democracia?

EDUARDO Essa é uma excelente pergunta, que eu também me faço, Miguel. Mas vislumbro duas coisas aqui: primeiro, nós temos que identificar com clareza o que nos une. Acredito que o que nos une hoje é o compromisso com a democracia, o compromisso com o ensino fundamental de qualidade para todos os brasileiros, sem exceção, e o compromisso com o meio ambiente. Se isso não nos unir, não sei o que mais poderá nos unir.

Estamos hoje diante de uma ameaça que é igual ou pior que o regime militar. Nós conseguimos nos unir na oposição ao regime militar. Por que não conseguimos uma união dessa ordem e com essa contundência agora, diante de uma ameaça que coloca em risco a democracia e pontos centrais para qualquer futuro de Brasil? Esse é o primeiro ponto: o que nos une.

O segundo ponto — e vou usar uma expressão muito crua, mas acho que ela caminha para a realidade — é o problema da vaidade pessoal. *Quem* vai ser. Quem é que vai ceder e quem é que vai personificar a união do campo democrático progressista? Quando essa questão aflora, as pessoas começam a divergir. Elas estão unidas, eu acredito, em relação à essência — que são os compromissos programáticos, a substância —, mas, na hora de dar nome aos bois, as questões de vaidade pessoal, que são aquelas que impediram a união desse campo democrático progressista durante a fase da redemocratização, vêm à tona. Durante todos os anos de social-democracia e petismo no poder ouvimos: "Não, não posso chamar meu inimigo para vir governar comigo", "Não posso cooperar e me aliar com ele, porque prefiro me aliar ao que há de mais corrupto do que juntar forças com quem defende essencialmente as mesmas coisas que eu".

Será que nós, brasileiros, não temos o desprendimento de conseguir uma união em torno de alguém sem que essas vaidades, essas suscetibilidades pessoais, interfiram na construção desse projeto?

Mais uma vez, estamos diante de uma ameaça que é tão ruim, tão grave, tão ameaçadora, quanto era o regime militar. Conseguimos trabalhar juntos na oposição ao regime militar, e não estamos conseguindo agora. Isso lembra muito a República de Weimar. A cisão entre os comunistas e os social-democratas abriu caminho para a ascensão de Hitler. Os comunistas chamavam os social-democratas de social-fascistas; os social-democratas chamavam os comunistas de bolcheviques, diziam que eles iam impor uma ditadura do proletariado e destruir a burguesia e o capital. Enquanto esse campo brigava, Hitler soube usar o rádio e o cinema como nenhum outro político alemão contemporâneo conseguia fazer. A mesma coisa acontece agora em relação à internet, à mídia social. Deu no que deu. Esses enredos têm um padrão. O pior que pode acontecer com o Brasil é voltar, na próxima eleição, à polarização que presidiu a última. Se isso ocorrer, não tem salvação.

MIGUEL É... Um futuro apavorante pela frente... Mas vamos falar um pouco de cultura. A cultura é um tema que sempre esteve presente nos seus textos e nas suas entrevistas. A produção cultural é motor do desenvolvimento e é o retrato dele, é sempre crítica e combativa nos momentos mais sinistros — como agora e como na ditadura. Enfim, estamos vivendo há muito tempo na iminência de um futuro glorioso. Já vimos esse filme passar várias vezes. Foi assim em 1922, seguido da ditadura Vargas; nas décadas de 1950 e 1960 — JK, arquitetura moderna, Cinema Novo... e, em seguida, veio a ditadura militar. Agora, mais recentemente, o bolsonarismo e essa guerra cultural.

EDUARDO Posso fazer um parêntese? O Lula, no final do segundo mandato, teve um momento de apogeu. Tanto que ele elegeu a Dilma! O Brasil estava crescendo, conquistou o direito de sediar a Copa do Mundo, as Olimpíadas, tinha aquela miragem da nova classe média... Não faz muito tempo, vivemos um período que foi, em grande parte, parecido com o que foi a euforia juscelinista. Um período em que parecia que o Brasil tinha encontrado seu rumo e estava caminhando a passos largos para um futuro que ele sempre almejou e que sempre lhe escapou. Nós perdemos o barco de novo, perdemos o pé e terminamos no equivalente ao que foi a ditadura pós-Juscelino, com esse desastre do governo Bolsonaro. O paralelo é enorme.

MIGUEL Em um jantar lá em casa, no final de 2018, em que você esteve presente com outros economistas, ambientalistas, uma turma importante da cultura, era explícito que isso ia acontecer. Estávamos ali conversando abertamente, dispostos a tentar minimizar o que estava na iminência de acontecer, nos colocando totalmente disponíveis ao diálogo. Um diálogo que nunca teve a oportunidade de acontecer. Nos seus piores pesadelos, você imaginou que a guerra à cultura e ao meio ambiente seria tão irracional, tão violenta e que chegaria nesse ponto em que chegamos hoje?

EDUARDO Eu já temia que caminhasse por aí. Nunca tive a menor ilusão, a menor esperança em relação a nada nesse governo. Agora, o que agravou muito o quadro foi a pandemia. Realmente, o Brasil ser pego por essa pandemia com um governo com essas características — de pensamento mágico, de obscurantismo, de negacionismo —, isso não estava no radar de ninguém. Não podia estar, porque ninguém poderia imaginar que viria uma pancada e uma trombada dessa. É muito grave. O Brasil está completamente à deriva, do ponto de vista de liderança, num momento tão crítico como esse que estamos passando, em que precisaríamos estar cooperando e não cada um puxando para um lado e remando numa direção.

Então, eu não tinha nenhuma ilusão em relação à cultura e ao meio ambiente. Acho que o pesadelo saiu do tamanho que estava se anunciando. Mas o pesadelo se tornou muito maior por conta desse imprevisto, que foi a pandemia.

MIGUEL Você usa uma expressão que Nelson Rodrigues cunhou lá na Copa de 1958, que é o "complexo de vira-lata". No entanto, você vê esse "vira-latismo" pelo lado positivo, propõe, com toda razão, que nós todos somos vira-latas, mestiços, e deveríamos tirar proveito dessa mestiçagem — que hoje sabemos que foi alcançada através de processos muitos violentos e traumáticos, mas que é uma realidade. Você acha que devemos afirmar essa mestiçagem e criar um padrão cultural global, mundial, baseado na nossa experiência, na nossa cultura, na nossa ancestralidade, tanto indígena quanto africana. Na nossa biodiversidade, também. E parar com essa vassalagem que a gente tem diante de padrões ocidentais, norte-americanos, e nos impormos como potência artística. O que você tem a dizer sobre isso?

EDUARDO Se eu pudesse sintetizar a ideia sobre o vira-lata numa única formulação, seria a seguinte: o verdadeiro complexo de vira-lata é a ideia de que tem algo errado em ser vira-lata. Não há nada errado em ser vira-lata, pelo contrário, é maravilhoso! Se for para escolher entre o poodle da madame, o doberman da polícia secreta e o vira-lata, não tenho a menor dúvida em ficar com o vira-lata. Eu me identifico com o modo de ser, com a espontaneidade, com a alegria improvisada do vira-lata. Ele é o DNA brasileiro. Nós somos vira-latas e ainda bem. É incrível essa expressão "complexo de vira-lata", porque está implícita nela a ideia de desastroso, de vexame. Como se a única coisa boa fosse ser uma "raça pura", ser "cão de raça".

Uma coisa que descobri recentemente é que Platão defendia, em *A República*, métodos de eugenia para fazer o apuro genético, especialmente da elite dos reis-filósofos-guardiões. Sabe qual é a imagem que ele usa? A depuração racial dos cães. É exatamente a ideia de que a pureza racial, de que a depuração genética, o controle supostamente científico — porque é totalmente pseudocientífico —, vai produzir excelência.

O Brasil é o contrário disso. Se tem uma coisa que nos caracteriza, que nos diferencia, é a nossa disposição e a nossa capacidade de misturar bem. E isso aparece em todos os campos da cultura: na culinária, no esporte, na música, na dança, na linguagem, no cinema, na literatura, no teatro... Escolha a expressão simbólica que desejar. O que diferencia o Brasil é a mistura, é a mestiçagem. É a capacidade de integrar coisas que estão separadas e que não se comunicam em outros ambientes culturais.

No Brasil não existe multiculturalismo. Não existe, como nos Estados Unidos, por exemplo, uma música negra. Por quê? Porque o componente africano integrou o *mainstream*, a veia principal da nossa música. Lá não existe o batuque. A cultura negra se espiritualizou no gospel, no *spiritual*, no blues... Numa música triste. Aqui, não, até pela leniência e por um descompromisso dos portugueses com a repressão muito estrita e muito puritana das manifestações religiosas e culturais. Os deuses africanos permanecem vivos no Brasil — morreram todos na América do Norte. O que salva o Brasil, o que nos dá esperança de alguma originalidade é exatamente o elemento afro-indígena, que permanece vivo na cultura e no sonho.

Esse é o caminho que nós temos, se tivermos o mínimo de sabedoria, de inteligência e de virtude para sabermos cultivar, conquistando os elementos essenciais da civilização — saneamento básico, ensino fundamental, respeito aos direitos de todos, da minoria, o ordenamento democrático. Mas entendendo que isso não é o fim, não é o objetivo que nos redime, é apenas o meio que nos permitirá a afirmação dos nossos próprios valores.

Eu queria terminar, Miguel, dizendo que a gente precisa tomar muito cuidado com outra característica da cultura e da imaginação brasileira, que é essa oscilação muito extrema de estados de ânimo que marcam toda a nossa vida. Ou nós estamos eufóricos e absolutamente confiantes e esfuziantes em relação ao futuro — e vivemos isso num passado não muito recente, no final do segundo mandato do Lula — ou estamos completamente desesperançados, pessimistas, incapazes de ver qualquer futuro, qualquer grandeza, e quase que prostrados diante do fracasso que somos como nação. Temos que evitar esses dois excessos, porque nenhum dos dois corresponde à nossa realidade.

A imaginação brasileira é dada a súbitas reversões de expectativa, como um pêndulo que oscila de uma maneira muito extremada de um lado para outro. Mas a realidade nunca está nesses extremos. O que a gente tem que ter é sobriedade para enfrentar os nossos problemas materiais e práticos, e capacidade de sonho para entender que a solução desses problemas nos permitirá viver o nosso sonho de realização de felicidade, que não é igual ao americano, nem ao do norte da Europa. É alguma coisa diferente, graças a esse componente vira-lata que está ligado à mistura, que está ligado à possibilidade de juntar o diferente na expressão de alguma coisa nova, espontânea, alegre, vitalizada. É isso que me anima como brasileiro.

Tenho lembrado muito do que Dante colocou na porta do Inferno: "Abandonai toda a esperança, vós que entrais." Se nós abandonarmos a esperança, só nos resta adentrar o inferno. E não é isso que queremos. Vamos manter a chama dessa esperança. Eu tenho idade, você tem menos do que eu, mas também tem alguma... Nós já vimos esse país prostrado várias vezes e ele se levantou. Outros países passaram por coisas muito piores do que nós. Veja o caso da Alemanha, que se autodestruiu duas vezes no século XX! Que cometeu um crime inominável contra a humanidade nos campos de concentração. E, no entanto, aprendeu com seus erros — esperamos, até agora parece que sim —, se levantou e hoje é um país que olha para o futuro cheio de esperança e de vontade, porque se reergueu.

Não passamos por nada remotamente tão grave quanto uma Alemanha que se autodestruiu duas vezes no século passado. Não podemos nos entregar a esses sentimentos que nos tomam, de que está tudo perdido, não tem jeito mesmo e a única saída é fugir. Isso não levará a nada, só levará ao inferno.

MIGUEL Eduardo, estou felicíssimo por terminar essa conversa de forma otimista, porque sou otimista e recentemente todos os meus interlocutores estão pessimistas ao extremo.

EDUARDO Que bom. (*risos*)

28 DE JULHO BETO VERISSIMO

AMAZÔNIA, POTÊNCIA DA ECONOMIA SUSTENTÁVEL

Beto Verissimo é um dos principais pesquisadores e pensadores sobre soluções para a floresta. É outro parceiro do Gota. Seu casamento com a Amazônia já tem mais de trinta anos e rendeu frutos que formam um enorme legado para o Brasil: o principal deles é o Imazon, um instituto de pesquisa aplicada que tem como objetivo estudar e buscar soluções para os problemas cruciais de uso e conservação dos recursos naturais na Amazônia. Pensador premiado, Beto já publicou mais de cem trabalhos científicos e vinte livros sobre meio ambiente e desenvolvimento sustentável. Em 2014, foi escolhido como uma das cem personalidades do ano pela revista *Época*, e naquele mesmo ano recebeu o prêmio Faz Diferença, do jornal *O Globo*, na categoria Sustentabilidade. E foi na noite dessa premiação que eu o conheci. Recentemente, esteve jantando aqui em casa, junto com Beka Munduruku, quando assistimos pela primeira vez ao filme *Amazônia Sociedade Anônima*, de Estevão Ciavatta.

MIGUEL E aí, Beto! Bom ver você. Gostei de ver a pontualidade... Profissionais da live não perdem um minuto...
BETO Estou é tentando fugir das lives (*risos*), mas essa sua é tentadora, é legal falar com gente diferente...
MIGUEL Então vamos lá! A gestão ambiental desse governo é uma tragédia que conseguiu transcender o movimento ambientalista e colocar o desmatamento definitivamente como a principal pauta econômica. No último mês, importantes agentes econômicos, dentro e fora do país, têm pressionado o governo para sugerir alternativas mais razoáveis.

No entanto, a maior bancada legislativa é a do agronegócio, que pressiona historicamente o Congresso com pautas que beneficiam a grilagem e o desmatamento. Será possível atender às novas demandas do mercado internacional com esse parlamento que temos?
BETO Olhando aqui do lado do copo meio cheio, vejo algumas oportunidades. A primeira é que, na Amazônia, o Brasil já desmatou muito mais do que é necessário: uma área do tamanho dos estados de Minas Gerais, São Paulo e Rio de Janeiro, juntos. Noventa por cento de tudo

que foi desmatado está parte abandonado, parte subaproveitado. O Brasil pode, até 2030, ocupar essas áreas já desmatadas pelo agronegócio, e não seria preciso desmatar mais um único hectare. Ainda sobrariam áreas que poderíamos restaurar e recuperar, principalmente áreas de proteção de cabeceira de rio, mata ciliar etc.

Em segundo lugar, a floresta tem valor e o estamos descobrindo cada vez mais. As florestas tropicais são de uma complexidade, de uma riqueza que está muito além da nossa compreensão. A ciência está tocando a superfície desse conhecimento. Temos milhões de espécies de fungos, quase 16 mil espécies de árvores — e só conhecemos a ecologia de menos de trinta delas.

Então, para onde se virar a lanterna, sabemos muito pouco, e, quando descobrimos, vemos que a floresta tem um papel maior na nossa vida econômica, gera bens e serviços que são vitais para o agronegócio, para a medicina, para a alimentação etc. Ela também tem uma função espiritual, transcendental — uma dimensão com a qual as gerações novas estão cada vez mais conectadas.

Terceiro: está muito claro que uma boa parte dos donos do dinheiro no mundo, uma parte importante dos investidores, não quer mais investir na Amazônia e no Brasil. Mesmo quem não tem nada a ver com a Amazônia, um produtor de maçã de Santa Catarina, por exemplo, que destrói a Amazônia não para se desenvolver, mas para permitir que o crime organizado se instale, está virando um pária ambiental.

De fato, esses investidores estão mandando um recado muito claro. Não dá mais para investir no Brasil, se o país não mudar a sua posição sobre a Amazônia. Não tem como esconder o desmatamento e camuflar essa verdade, porque temos imagens de satélite. Há uma pressão externa monumental, e cada vez maior. Em Davos, em janeiro deste ano, ninguém queria falar sobre Reforma da Previdência, ajuste das contas com o ministro Paulo Guedes e a delegação brasileira, todos queriam saber sobre a Amazônia e a mudança climática.

E o quarto elemento importante: não existe solução para a mudança climática se a Amazônia não ficar de pé. Nós não vamos cumprir o Acordo de Paris, não vamos transitar para um mundo em que o clima possa ser suportável. E essa crise da pandemia é um problema ambiental, ela nasce da forma como o ser humano se relaciona com as outras espécies. No caso do episódio da China, com os animais silvestres.

MIGUEL O equilíbrio foi quebrado mais uma vez...

BETO E a conta já é de 6 milhões de infectados, mais de meio milhão de mortos, com um prejuízo econômico que deve beirar uns 4 a 6 trilhões de dólares. Essas são as contas quando a humanidade, ou governos, ou ideologias, colocam-se contra a natureza. A ideologia que se coloca contra a floresta coloca-se contra a vida, contra uma perspectiva de futuro para a humanidade. São esses elementos, juntos, que criam uma panela de pressão muito grande, então eu esperava que houvesse essa reação, porque acompanho o termômetro das coisas pela Amazônia. Estamos no meio do processo ainda, mas é salutar reconhecer que essas pressões podem ter um efeito.

MIGUEL Em uma reunião, na semana passada, entre os presidentes dos três principais bancos do país com o vice-presidente da república, foi proposto algo de que você fala há muito tempo: estimular as monoculturas sustentáveis, o cacau, o açaí, a castanha, os financiamentos especiais, atrair investimentos para essa bioeconomia. Hoje em dia, bioeconomia e biotecnologia são conceitos do discurso contemporâneo, mas tenho certeza de que a maioria das pessoas não sabe o que eles realmente significam.

BETO Tudo que é da natureza, que é bio — reinos vegetal e animal —, tem potencial: as fibras, as resinas, os óleos, os fármacos, as texturas. A humanidade caminha muito mais para sair de uma era fóssil, de combustíveis fósseis, para usar os produtos da bioeconomia. Saímos do petróleo para o etanol, das fibras sintéticas para as fibras naturais. Essa é uma transição. Agora, não basta termos recursos naturais superlativos, também são necessárias três coisas que estão nos faltando. A primeira é clareza com as políticas públicas que de fato incluam o Brasil na criação da bioeconomia. Depois, gente qualificada — precisamos ter ciência e tecnologia de ponta, doutores e centros de excelência, que não temos na Amazônia. Embora isso tenha melhorado, ainda estamos muito longe do ideal. E, por fim, precisamos ter um setor privado, um investimento que faça os aportes necessários para desenvolvermos uma bioeconomia. Ela é uma área arriscada.

Paradoxalmente, apesar de termos a Amazônia, o país não está na liderança da bioeconomia. Estamos falando muito de bioeconomia como retórica, mas, na prática, o Brasil está ficando para trás e entrando numa situação muito difícil. É um país que perdeu a corrida da industrialização e se apoia hoje basicamente no agronegócio, um setor importante, mas nenhum país se desenvolve ancorado apenas nele.

Precisamos ser uma nação capaz de produzir bens avançados economicamente. Nos anos 1960, o Brasil era parecido com a Coreia do Sul, e hoje ficamos para trás. A bioeconomia é uma dessas janelas de oportunidade, mas o Brasil não está fazendo o dever de casa, e vai na direção contrária, porque, além de não ter políticas públicas e investimentos nessa área, não ter ciência e tecnologia, e não atrair investimento, ainda está destruindo os recursos naturais que são a base dessa bioeconomia.

Não há dúvida de que vamos viver uma mudança fundamental na agricultura. Quem acompanha esse tema sabe que as proteínas do futuro não serão as mesmas. Não se comerá tanta carne bovina, mas proteínas vegetais e proteínas derivadas de fermentação ou de outros processos da bioindústria, e o Brasil está apostando na velha economia. É um tema de que todo mundo está falando, mas, de fato, nos movemos muito pouco nessa direção.

MIGUEL Você citou alguns exemplos de projetos contemplados no projeto Amazônia 4.0, do professor Carlos Nobre, que está bastante ligado à biotecnologia. Qual é a diferença entre bioeconomia e biotecnologia e como esses conceitos se inserem no futuro do país?

BETO Você tem razão! Há três ativos importantes que ainda vão nos dar algum tempo, e podem nos ajudar muito nessa transição. O primeiro é o Sirius, um acelerador de partículas que temos em Campinas — um investimento de ciência e tecnologia de ponta. A Amazônia é uma grande Biblioteca de Alexandria da natureza, da biodiversidade, só que a nossa capacidade de ler essa biblioteca é muito limitada pela nossa ciência e pelo fato de que o conhecimento ancestral dessa biblioteca se foi...

MIGUEL É um conhecimento oral, não é?

BETO É, dos povos indígenas que habitavam a Amazônia e foram dizimados, entre os séculos XVI e XVII. Então, perdemos o conhecimento empírico que os índios adquiriram ao longo de 15 mil anos, um conhecimento profundo daquela floresta. Aquela é uma floresta antropogênica, uma floresta cultural. A Amazônia foi manejada por esses povos ancestrais, e, nesse processo, eles domesticaram espécies, criaram cidades à sua maneira, modificaram os solos locais, então você tem uma biblioteca que nós não pudemos, pelo conhecimento ancestral, ler. E a ciência moderna levará muito tempo... no ritmo em que estamos, vamos levar quinhentos anos, mil anos para ler essa biblioteca, e talvez seja tarde demais.

O Laboratório Sirius, e um grupo especial que tem trabalhado lá, tem a capacidade de fazer expedições rápidas na Amazônia e ler as moléculas, as moléculas da vida, e isso cria de fato uma oportunidade para o Brasil. Só há dois laboratórios desses no mundo, então, durante um período muito curto, o Brasil tem a chance de sair na frente. Temos a possibilidade de descobrir moléculas que podem ser importantes na bioindústria, na medicina, na descoberta de novos produtos, e o Sirius é a chave para abrirmos essa biblioteca.

O segundo ativo é o esforço que o professor Carlos Nobre está fazendo de maneira pioneira, para levar o top da tecnologia para a Amazônia. As tecnologias começam na Califórnia e levam tempo para chegar à Amazônia, então precisamos fazer essa ponte direta. A Quarta Revolução Industrial está tornando portátil e barata a forma de se produzir e industrializar, e a gente tem condição de fazer pequenos laboratórios, de produzir.

O cacau é uma árvore originária da Amazônia, um desses frutos maravilhosos domesticados pelos índios. Mas é exportado e vira chocolate belga e chocolate suíço. Temos que falar em chocolate baiano, amazônico, e precisamos da Quarta Revolução Industrial para criar esse atalho, conectar as populações tradicionais com os mercados finais.

É o que professor Carlos Nobre está dizendo: "Se a Amazônia é importante para o mundo, ela precisa do melhor da tecnologia." Ela não vai servir à humanidade com pobreza e subdesenvolvimento, ela precisa do melhor que existir.

E o terceiro ativo é que tem muita gente boa na Amazônia, muita gente empreendendo, testando, pessoas da área da gastronomia, como a Bela Gil, que têm visitado a Amazônia, além dos jovens que estão descobrindo novos cosméticos da floresta, e as mulheres que estão trabalhando com coleta de sementes no rio Xingu. Tem muita inovação, muito capital social.

MIGUEL Isso tudo que você falou faz parte das cadeias produtivas, que permeiam muito o seu discurso. Como elas funcionam?

BETO Vamos começar pela floresta: temos lá óleos fantásticos, andiroba, copaíba, quem conhece a copaíba sabe que é um cicatrizante de alto poder; vamos então para as resinas, chegamos nas castanhas — a castanha-do-pará é um alimento com uma proteína concentrada como talvez nenhuma outra castanha no mundo; seguimos para os peixes, e a Amazônia tem a maior diversidade de peixes — e temos pouco conhecimento sobre eles, há um longo caminho a percorrer; vamos então para as ervas e chegamos nas frutas, e a lista das frutas vai longe. E essas cadeias estão se estruturando. Hoje a cadeia do açaí é muito importante. O Pará é o maior produtor de cacau do país, e com a vantagem de ter mais de 2 mil variedades da planta. Hoje, o grande produtor mundial de cacau está na África, mas a África está enfrentando vários problemas, e, numa época em que já enfrentamos os sinais das mudanças climáticas, e vamos passar por muitas oscilações e extremos climáticos no planeta, é provável que seja o cacau amazônico o que irá sobreviver, porque temos muito mais variedade genética. Por isso precisamos agregar valor ao cacau e não sermos só um produtor. Há também o turismo de natureza, que engloba todos os sistemas agroflorestais — e há várias experiências interessantes nessa área. E se for para a produção agrícola, as farinhas, os grãos etc., podemos ter o agronegócio ocupando uma faixa de área já desmatada — a existência do agronegócio faz parte da Amazônia e vai continuar fazendo, não é um problema, se for cumprida a regra de ocupação apenas de áreas já desmatadas.

Então, existem de fato muitas oportunidades econômicas na Amazônia, tanto no lado da produção quanto no dos serviços. Mas, para que elas possam avançar, é preciso conexão com o mercado, investimento, tirar essas economias emergentes do anonimato e colocá-las no centro das soluções e investimentos da região.

MIGUEL Você falou dos boicotes internacionais, do agronegócio e dos investimentos. O Nordea, um dos maiores grupos de investidores da Europa, cortou a JBS da sua carteira de opções — não só nos Fundos ESG, mas em todos os fundos. Isso quer dizer que a barra do *compliance* internacional está subindo e está ficando mais complicado fazer negócio. Esse *compliance* ameaça todo o agronegócio brasileiro ou há iniciativas sustentáveis?

BETO No agronegócio, temos um lado bom, de gente que produz com seriedade, tem alta produtividade, políticas corporativas de alto nível e atende mercados exigentes. Ao mesmo tempo, existe o agronegócio retrógrado, associado ao desmatamento ilegal, e que continua apostando na anistia do desmatamento.

Só que todo mundo vai pagar essa conta. Está se configurando de fato um boicote ao Brasil como um todo. É grave, nunca tivemos isso. O país vinha, desde a redemocratização, num processo progressivo de ganhar respeito internacional, de ser um país que enfrentava os problemas ambientais, que tinha dificuldades, mas fazia progressos. Era muito respeitado em todo ambiente de convenções de clima, de biodiversidade, nas Nações Unidas, no diálogo com a Organização Mundial do Comércio, tinha uma diplomacia de alto nível. E, de repente, a gente está em uma condição muito difícil. Parte do setor do agronegócio já acordou e se manifesta. A conta dessa crise vai ser paga por todo mundo. Se vem menos investimento para o Brasil, gera-se menos empregos, e num momento em que o Brasil tem uma economia muito frágil. Não temos caixa para fazer as transformações necessárias, precisamos de compradores e investidores, e o Brasil está jogando contra ambos.

Acho que nunca tivemos uma crise dessa grandeza. Ainda há setores tentando negar o problema — autoridades do governo, o ministro do Meio Ambiente. É grave, não tem como esconder, os investidores não são bobos, eles querem resultados, e o desmatamento na Amazônia está crescendo.

O país talvez aprenda, na dor, que precisa mudar, e o agronegócio vai ter que separar o joio do trigo. Se tem um lado que contamina o setor, o outro vai ter que denunciar e se diferenciar. Está muito claro que não dá mais para jogar isso para debaixo do tapete.

MIGUEL Numa apresentação sua no TED, você fala da Amazônia como o maior desafio da humanidade, e que é necessário um salto evolutivo da nossa espécie, da nossa civilização, para que ela seja capaz de encontrar soluções sustentáveis para a floresta, legitimar a biodiversidade da região amazônica e entender as outras espécies, que também têm direito à coexistência. Como você imagina esse salto evolutivo? O que precisamos fazer, como civilização, para que isso dê certo?

BETO Eu aposto muito nas novas gerações, vejo as minhas filhas e elas têm uma empatia enorme por tudo que é vida.

Essa é a sexta extinção que vivemos no planeta. Primeiro, temos entre 10 e 100 milhões de espécies — essa margem de erro de incerteza mostra quão pouco sabemos. Não só do ponto de vista da nossa coexistência biológica, acho que temos também uma dependência espiritual, precisamos estar em contato com a natureza e com os outros animais. Então acho que há uma necessidade de proteger essa biodiversidade. A última extinção foi a dos dinossauros, há 65 milhões de anos. A atual está acontecendo em uma janela de tempo de segundos na história da humanidade.

Mas tenho uma esperança muito grande de que a capacidade cognitiva da nova geração vai nos ajudar. Não precisamos sacrificar essas outras espécies em nome do nosso desenvolvimento. Um bom exemplo é a própria bioeconomia, uma maneira de utilizar os recursos da natureza racionalmente, com consciência. A nossa relação com a natureza muitas vezes é utilitária — "Eu não vou destruir a natureza porque ela me provê serviços ambientais, ela tem coisas de que eu preciso" —, mas temos que transcender isso. A natureza tem direito de existir, e esse debate está muito forte, e está crescendo inclusive no âmbito jurídico. É uma visão muito de vanguarda, mas é necessária. A biodiversidade da Amazônia, com a sua complexidade, não vai entregar num curto prazo todas as suas riquezas. Vamos ter que estudar, compreender — hoje entendemos apenas uma parte dela.

Sou muito motivado por questões existenciais. Temos uma causa maior nas nossas vidas, cada um de nós, pela qual nos dedicamos, pela qual achamos que a nossa vida vai valer a pena. Para mim isso é importante. Fiz o melhor que pude para que aquela biodiversidade ficasse para a geração seguinte, e vou, no limite da minha capacidade, usando minhas ferramentas, que são a ciência, a tecnologia e, de certa maneira, uma abordagem racional para esses problemas, continuar dando o meu melhor.

MIGUEL Você falou nas extinções. Já passamos por cinco, e a natureza é soberana nesse aspecto, vai sobreviver a nós. Aconteça o que acontecer, ela vai se reinventar. É muita soberba acharmos que temos alguma importância. A nossa insignificância é enorme frente a tamanha força. Falo muito que essa história da pandemia nada mais é do que fruto de um desequilíbrio ambiental e uma resposta da natureza muito potente. E essa natureza tem ainda um arsenal infinito para se opor às cagadas que fizermos. A resposta virá sempre à altura!

BETO Esse episódio mostra que tudo é sistêmico. A pandemia chegou para todo recanto do planeta, e as mudanças climáticas chegarão também, se não brecarmos o que vem pela frente, que é muito mais dramático. A crise da Covid é um aperitivo. Com as mudanças climáticas, estamos falando de projeções de migrações na casa de centenas de milhões de pessoas em uma geração. Alguns falam em mais de 1 bilhão. E isso vai acontecer em um horizonte de tempo relativamente curto.

Por isso, pessoas que cuidam de investimento de longo prazo, fundos de pensão, fundos soberanos, estão mapeando os riscos, que são enormes e estão associados a cinco grandes áreas, e uma delas é a destruição das florestas tropicais. Quer dizer, se destruímos as florestas tropicais, estamos contratando uma mudança climática catastrófica que não tem conserto. Depois disso, vamos ter de conviver com ela por pelo menos um século. Ou talvez seja uma crise de milênio.

Esta década é aquela em que o velho jeito de produzir e de teimar contra as evidências das mudanças climáticas, na minha opinião, vai ser solapado por esse posicionamento de investidores, de compradores da nova geração — que deve se intensificar.

Temos chance de reverter esse processo de destruição. Temos que construir melhor a nossa narrativa, falar para públicos diferentes e buscar mais evidências. A História está do nosso lado, nós estamos tentando definir o futuro, brigando contra agendas do passado que querem continuar nos atormentando no presente.

MIGUEL Excelente! A Amazônia abriga uma diversidade étnica e cultural enorme, até difícil de mensurar. Você fez a comparação com a Biblioteca de Alexandria, e esse final de semana li alguém dizendo que o extermínio da cultura indígena é o mesmo que tocar fogo em várias bibliotecas. Qual é a importância e o maior desafio para a preservação desse conhecimento dos povos originários?

BETO Primeiro é manter os seus territórios — há territórios que ainda não foram demarcados. A pandemia chegou de maneira dramática para os povos indígenas, então existe também uma agenda de emergência, que é de saúde e proteção. Eles não têm uma defesa imunológica, estão sendo vítimas de genocídio. As doenças sempre foram uma ameaça, dizimaram populações e nunca pararam. Então, os índios estão vivendo uma tempestade perfeita: a pandemia, um desmatamento com incursões ilegais em seu território, extração ilegal de madeira, garimpo, e a política anti-indigenista do governo. Eles estão sofrendo talvez a sua pior crise. Desde que eu trabalho na Amazônia, vínhamos, paulatinamente, obtendo conquistas, cada governo passava e deixava um legado maior de terras indígenas demarcadas. Esse ponto é uma agenda essencial, existencial para os índios. Eles precisam ter o direito à sua existência. E, obviamente, o que está no entorno, o desmatamento, as mudanças climáticas, também refletem muito sobre eles.

São mais de 180 povos, falando línguas diferentes, com origens diferentes. Temos que apreciar sua complexidade e diversidade.

Esse é um dos assuntos que estão na pauta das preocupações globais. Esses povos são os guardiões da floresta. Onde tem povo indígena, tem floresta, é uma relação muito próxima. Os povos indígenas conhecem o território, sabem defendê-lo e fazem isso com um custo muito baixo para o Brasil e para o mundo. Temos que tirar o chapéu para os povos indígenas e fortalecer a sua luta. Demarcar novas áreas, no caso da Amazônia, não afeta em nada a nossa capacidade de produzir riqueza.

MIGUEL Muitas vezes faço essa pergunta no final dessas conversas, e é engraçado como as respostas são diferentes. Vejo que você tem uma confiança grande nas próximas gerações. Tem motivos para estar otimista em relação ao futuro do Brasil?

BETO Eu sou razoavelmente otimista. Acho que o reconhecimento da mudança climática é um fato. A ciência é clara e boa parte dos donos do dinheiro no mundo sabem disso, e que não dá mais para adiar muito. Claro, eles vão postergar em alguns setores, em algumas regiões, mas isso esteve muito claro em Davos esse ano, o que é um bom sinal.

Está tudo conectado — os problemas, mas também a maneira como precisamos ganhar as batalhas das narrativas. É preciso contar a história, expandir a nossa conversa para outros grupos, abrir conversa com outros segmentos, com diferentes dimensões da espiritualidade, religiões. Porque a ciência, e às vezes quem trabalha com meio ambiente, nem sempre dialoga com essa outra dimensão. E isso é importante, precisamos conquistar esses corações e mentes.

Na agenda da sustentabilidade, uma agenda em que se pode ser próspero sendo frugal, pode-se viver melhor sendo saudável, com menos desigualdade, mais respeito. Não é preciso abandonar as necessidades de conforto e de bem-estar. Pelo contrário, poderemos ter algo melhor do que a nossa realidade atual.

Se eu fizesse uma conversa olhando o copo meio vazio, as minhas respostas poderiam ter um tom um pouco mais pessimista. Mas acho que você se compromete muito quando tem um pouco mais de otimismo, porque tem que correr atrás para justificar aquilo que acabou de dizer. É uma tática de vida, minha maneira de abordar a vida.

MIGUEL Beto, obrigadíssimo pelo seu tempo, pelo seu otimismo, enfim, pelo seu trabalho em defesa da floresta, em defesa da Amazônia e, por consequência, de todos nós.

MARCELO ADNET

30 DE JULHO

O HUMOR EM TEMPOS DE GUERRA

Conheci Marcelo há mais de dez anos, em alguma festa depois de uma apresentação do *Z.E. — Zenas Emprovisadas*, o excelente espetáculo de improvisação que ele fazia junto com Gregorio, Caruso e Queiroga, todos gênios. Mas ficamos amigos mesmo em Salvador, quando eles se apresentavam no Castro Alves e eu montava o cenário da estreia da peça de Heloísa Périssé no Sesc Casa do Comércio. Imaginem toda essa turma junta em solo soteropolitano, e mais Dani, Robertinha, Cris e Bianca Comparato, que filmava *Irmã Dulce* na Ladeira da Conceição da Praia... Marcelo foi uma das primeiras pessoas que encontrei em tempo de flexibilização, pois, grávido, me chamou para projetar as reformas em sua casa. Adnet foi também um dos responsáveis por amenizar os efeitos dessa quarentena sobre todos nós, através do seu *Sinta-se em casa*, programa de humor que alegrou a todos (e irritou alguns) durante seis meses! Pois foi no intervalo de uma dessas gravações, despindo-se de um Trump, um Bolsonaro ou um Queiroz, que ele se sentou num canto de sua Brasília do Itanhangá para esse bate-papo sobre o papel do humor em tempos de trevas...

MIGUEL E aí, meu irmão?

ADNET Fala, Miguel!

MIGUEL Tudo bem? E aí, como você tá? Tava trabalhando até agora?

ADNET Tava trabalhando até há pouco, mas dá sempre tempo.

MIGUEL Você tá onde, aí? No Ministério da Economia? Palácio do Planalto? Que parte da casa?

ADNET Essa parte da casa corresponde ao Gabinete do Ódio. Atrás dessa porta escondida, o Gabinete do Servicinho. Nessa parte da mesa é onde Moro dava suas declarações.

MIGUEL Tá vendo... a história de Brasília passa por essa casa. Adnet, obrigadíssimo por estar aqui. Seu tempo vale ouro. Você tá trabalhando igual um louco. E o *Sinta-se em casa* é um dos grandes sucessos desse período estranho que a gente está passando. Como surgiu a ideia?

ADNET Olha, foi bem natural. Começou a pandemia, quarentena, a gente não sabia até quando ia durar. Eu tive de duas a três semanas de ócio. Aquele ócio que a gente sempre sonhou no nosso dia a dia corrido. Só que na terceira semana começou aquele sentimento de: "Peraí, isso não é uma coisa passageira, é algo que veio para ficar." O Brasil inteiro estava acompanhando o *BBB*, e decidi fazer umas coisinhas para as minhas redes sociais imitando os personagens do programa. Depois comecei a fazer as imitações que eu queria. E logo o Globoplay me procurou: "Vamos transformar essas suas historinhas em vídeos para postar no Globoplay?" "Ótimo! Vamos, sim. Quanto tempo vai durar?" "Ah, três semanas. Até acabar a pandemia..." Era o que a gente pensava, na época. Beleza.

E a coisa começou. A cada dia, eu fazia o que tinha vontade, o que era pauta para mim. Exerci um papel de jornalista, que é a minha formação. De jornalista, mas botando humor na pauta jornalística o tempo todo. E na pandemia ainda tem uma coisa legal pra caramba, que é aprender a fazer coisas que eu não sabia. Como iluminar, onde tem sombra. Montar chroma, pilotar drone. Aprender sobre áudio, como microfonar. Tudo. Somos, aqui em casa, eu e Patrícia, minha esposa. E geramos um fruto nessa quarentena.

MIGUEL Que maravilha, Marcelo! Tá com quantas semanas?

ADNET Um pouquinho mais de cinco meses. Patrícia me ajuda com o que dá. E tenho a sorte de trabalhar com a nossa querida Daniela Ocampo. Essa também me atura todo dia. Mando minhas ideias para ela, ela me dá uma orientada e faz a ponte com o Globoplay. E dois editores trabalham remotamente. É uma experiência muito rica, porque é difícil e eu gosto de adversidade, de trabalhar com menos material.

MIGUEL Você tem falado muito isso, da nova roupagem do humor. Dessa coisa um pouco mais tosca, um pouco mais farsesca. Você acha que esse é o caminho do humor?

ADNET Acho que o humor é, por definição, diverso. Não tem uma fórmula-mãe. O humor é vasto, capilarizado. E tem vários formatos: mais popular; mais cabeça; de esquetes; com dramaturgia; com variedades. Não precisa ter a estrutura da dramaturgia. Quando você vai fazer uma cena, não necessariamente precisa imprimir esse realismo. A dramaturgia precisa. Se o ator da novela chegar na atriz e der um beijo fake, vão falar: "Não acredito nesse casal. Esse casal não existe." Mas, no humor, pode. Inclusive, o humor deve.

E quando o humor perde um pouco de estrutura, ele ganha em solução.

MIGUEL Vários colegas têm feito coisas brilhantes com a câmara do celular. O Porta dos Fundos, como sempre, está fazendo uns vídeos incríveis. Pedroca Monteiro, com a novelinha dele, sensacional! Bruninho Mazzeo e sua *conja*, Joana Jabace, maravilhosos no *Diário de um confinado*. Você tem tido tempo de ver o que a galera está fazendo?

ADNET Outro dia, vi um vídeo muito legal da Fernanda Paes Leme chamado *Fake Live*. Era uma solução genial, o dia dela visto pelo celular. E ficou maravilhoso. Pedroca ali é filtro e talento, com suas novelas engraçadíssimas, fantástico!

A produção mais sofisticada faz uma coisa que só ela pode fazer: reunir grandes profissionais. Nunca vou fazer, sozinho em casa, um som que um profissional da área faria. Mas me é muito rico aprender a lida desse cara. É muito importante saber um pouco de tudo. E sou apaixonado por isso, ler, me interesso por assuntos muito diversos.

MIGUEL Isso traz para outro assunto do nosso papo, o da leitura da crônica diária. O seu trabalho hoje se assemelha muito ao jornalismo, que é a sua formação, como a gente já disse. De ler, compilar, editar, dar um formato e transformar nos esquetes. Uma questão muito interessante nisso tudo é o fato de o humor, assim como o jornalismo, ter se tornado, hoje, uma das instituições democráticas que mais funcionam no país. Como você vê a importância do humor na democracia brasileira?

ADNET O humor é uma arma não letal, mas que fere muito. Basta o exemplo do governo atual. Muitas vezes, quando você tenta argumentar com o que se chama de bolsonarista, o argumento não funciona. Mas uma piada, sim. A piada é uma linguagem que chega com muita força, por um canal que não é um canal científico. Uma piada não precisa ter um embasamento científico, uma documentação comprobatória. Ela é uma brincadeira. O humor entra por um lugar diferente da nossa cabeça. Bate no cérebro, na alma, no peito, e aí a gente vai tendo uma percepção diferente do assunto, consegue extravasar muitas coisas que ficam guardadas. Esse programa diário é bom para mim psicologicamente. É terapêutico, algo que me faz desabafar, botar um monte de coisas para fora, passar um recado.

MIGUEL Pensando na realidade brasileira, eu sinto, sem desmerecer o seu trabalho, que no *Sinta-se em casa* você pega um fato e transfere imediatamente para o esquete humorístico. Sem nem precisar de muita elaboração de texto. Você simplesmente traduz a realidade em humor sem maiores filtros. Essa nossa realidade é tão distópica que você simplesmente a imita. A situação surreal em que vivemos ajuda ou atrapalha o seu trabalho?

ADNET Eu acho que ajuda, porque uma realidade muito louca como essa que a gente tem eleva o surreal. Bolsonaro com cloroquina atrás da ema. Cocô dia sim, dia não. É uma doideira. Tempos muito loucos, Miguel, levam a um cenário onde o humor surreal não é mais tão surreal assim. É um surrealismo meio Monty Python.

MIGUEL O surrealismo do Monty Python nunca foi popular no Brasil. O *Tá no ar*, que também era muito sofisticado, também nunca foi tão popular como *A praça é nossa* ou a *Escolinha do professor Raimundo*, por exemplo. No entanto, foi um enorme sucesso de crítica e muito premiado.

ADNET Sim, é verdade. Mas tem aí outro componente muito importante que é o hábito. Hábito em televisão. Você começa um programa de humor, ele vai começar bem no início porque todo mundo vai querer ver. Logo depois, quando as pessoas sacarem o que o programa é, a audiência começa a cair. Aí depois de um tempo, quando o programa acerta ou cria um personagem novo ou cria uma rotina, começa a subir de novo. Então, acho que o *Tá no ar* fez uma aposta muito arriscada. Ele era um humor muito diferente, com uma linguagem muito própria e, por isso, funcionou muito bem. Tem uma coisa da TV brasileira que é hábito. *A praça é nossa* é um grande sucesso, entre outras coisas, porque quando você conhece aqueles personagens, sabe o que esperar deles, sabe o que eles vão falar, conhece os bordões. "Alá, vai falar! Alá, vai falar! Falou!", conhece os tipos.

MIGUEL Isso fica muito evidente na volta da *Escolinha do professor Raimundo*, pilotada pelo Bruno Mazzeo. São os mesmos personagens, as mesmas piadas, os mesmos bordões, várias décadas depois, e é ainda muito atual e vivo.

ADNET Um programa que lidava muito bem com a nossa louca realidade era o *TV Pirata*, que falava sobre o dia a dia da televisão, os comerciais, a programação, e trazia um humor muito louco, sensacional, maravilhoso. Eu era muito fã do *TV Pirata*.

MIGUEL Eu também! Um dos melhores programas de humor da história da televisão... Falamos sobre o *Tá no ar*, e você sabe bem o quanto eu amava esse programa. O que é que o meu querido militante pernambucano diria do governo Bolsonaro hoje em dia?

ADNET *(Imitando o personagem)* "Miguel Pinto Guimarães, é difícil dizer alguma coisa sobre esse governo. Golpista e eleito por golpistas, fascistas, ignóbeis que enfrentam de peito aberto a Constituição brasileira e tudo aquilo que está constitucionalmente estabelecido. Querem entregar a Amazônia aos estrangeiros. Querem entregar os bens nacionais, as florestas, as águas, as ladeiras de Olinda e os pífanos de Caruaru para megacorporações internacionais. Vão *tumar*, eles vão *tumar*, Miguel, os jardins de Brennand. Vão *tumar* a Ilha de Itamaracá, e a casa de Dona Lia. Vão *tumar* o banheiro de Alceu Valença em Olinda, muito frequentado por ti, ó, Miguel, e vão *tumar* todo o Brasil. Irá chamar United States of Brazil. E com notas de duzentos evadirão suas divisas de forma criminosa, anticonstitucional e um pouco estabelecida. Agora, citarei um cordel..." *(Falando normal)* Eu poderia passar horas nisso.

MIGUEL Eu amo isso, amo esse militante! Ele faz muita falta hoje em dia...

ADNET Curiosamente, o militante marcou uma época que foi o último suspiro dos militantes de esquerda... talvez do protagonismo dos militantes de esquerda contra a Globo. Porque agora a galera do "Globolixo" tomou total. Hoje em dia, temos críticas mais pesadas, acusações mais esdrúxulas. Muito piores. E pior, pessoais. Porque sabe-se que para atacar uma empresa é bom atacar pessoas. Atacar pessoas e desvalorizar pessoas atinge a empresa. Então, é uma situação moderna muito complicada. Mas a gente vai levando, vai aprendendo. Vai levando com saúde, enquanto a gente puder.

MIGUEL Essa situação da Covid começou de uma forma dramática. E demorou um tempo para os humoristas se encaixarem. Em que momento você se sente confortável para fazer rir em meio ao drama?

ADNET No início da pandemia tinha um desconhecimento geral. Ninguém sabia o que fazer nem quanto tempo ia durar. E aí, chega uma hora em que o momento surreal do país permite um humor mais surreal. O presidente chama de gripezinha. Sugere um remédio muito louco. E fala que a OMS é comunista. Coisas muito doidas. Eu me sentia à vontade para fazer humor até para contrapor isso. Talvez, com o verniz e a linguagem do humor, você veja melhor o quanto isso é surreal. Eu vi ali que já era o momento propício.

Porque a piada não é com quem morreu, com quem está doente. Nunca foi. A piada é com fatos cotidianos que nada têm a ver com a doença.

MIGUEL Você acha que tem limite para o humor hoje?

ADNET O limite é o alvo que você tem. Você não vai fazer piada com quem morreu. Vai fazer piada com quem cometeu uma gafe, um ato indevido. Com o desembargador que rasga um pedaço de papel e taca no chão, na cara do guarda. Com quem merece, vamos dizer assim. E o humor é sensível, subjetivo. O humor não é uma ciência exata. Uma cena que pode ser horrível para um pode ser muito engraçada para o outro. Uma cena que ofende um grupo pode ser hilária para alguém. No meu caso, o que procuro fazer é: quem é o alvo dessa piada? Quem está sendo sacaneado, criticado? Se é alguém em posição de poder, principalmente poder público, isso faz todo o sentido. Inclusive, é saudável para a democracia. Agora, você também está em constante reflexão. Quando imito Bolsonaro, eu o humanizo de certa forma. Se eu fizer ele muito fofo ou engraçadão, estou contribuindo para gerar uma imagem caricata e simpática.

MIGUEL Você está sempre no limite... sempre na corda bamba.

ADNET Sempre, exatamente porque existe essa ciência oculta dentro do humor que é: onde estou atirando? Que mensagem estou passando? E gosto de passar mensagens abertas. Provocar um pouco para você poder pensar e chegar à conclusão. É um trabalho muito gratificante para mim porque tem uma troca com quem assiste e tem uma troca com o momento. Tem troca com o jornalismo porque o jornalismo pauta muito desse papo. Você, às vezes, joga luz em um assunto que estava um pouco esquecido, um pouco deixado de lado.

MIGUEL Adnet, a gente falou do humor e do jornalismo como lugar de resistência. E o samba também é um lugar, cada vez mais, de resistência democrática. Você está superenvolvido com o mundo do samba desde o ano passado. Fez os sambas que desfilaram na São Clemente e na Botafogo Samba Clube este ano. E, em 2021, para a minha maior inveja, vai ser carnavalesco, assinar um carnaval, no enredo da Botafogo sobre João Saldanha. Como o carnaval entrou na sua vida?

ADNET Entrou de pequeno. Meus pais me levaram para a Sapucaí em 1986 ou 1987, por aí. Tenho aquela memória muito viva, desde criança.

MIGUEL E você já era São Clemente?
ADNET Era! E me lembro bem do carnaval de 1990! Aquele samba da São Clemente me marcou.
MIGUEL Que foi *E o samba sambou*. Um samba memorável! E uma crítica maravilhosa ao mundo do samba que é atual até hoje. E foi reeditado na avenida em 2019.
ADNET Esse samba foi feito pelo Helinho 107, que era meu vizinho de prédio no Humaitá. Eu o via na televisão cantando, todo vestido de branco, com chapéu e tal. Eu amava esse samba. Eu torcia pela São Clemente porque a escola era do lado da minha casa, do lado do meu time, o Botafogo... e o compositor desse samba emblemático morava no meu prédio. E é gente boa toda vida, o grande Helinho 107. Isso me marcou muito. Aí virei São Clemente. E no ano passado, como compositor, acabei ficando louco envolvido lá na escola.
MIGUEL Esse mundo é muito envolvente.
ADNET Maravilhoso. E a gente está vivendo no Brasil esse processo de gentrificação, de limpar lugares, apagar a história. Comparando com a arquitetura, quando a arquitetura se integra ao local, é muito legal. Você não precisa derrubar tudo para fazer uma coisa do zero. Às vezes, tem uma pedra bonita. A pedra fica dentro da sala.
MIGUEL O nome disso é humildade. É saber que tem coisas muito maiores do que a arquitetura. No meu caso, a natureza é muito mais importante do que a arquitetura. Até porque a arquitetura é a ruína do futuro, então, não vale muito.
ADNET Caramba, rapaz, que profundo. Mas é verdade. A gente está em uma cidade que está perdendo um pouco da sua tradição. O samba foi um resgate desse Rio de Janeiro profundo, um Rio de Janeiro onde os negros são respeitados e protagonistas.
MIGUEL Um Rio protagonizado pelo samba, pelos negros, pela população de periferia, de subúrbio, pelas comunidades. Isso é muito grande. É muito lindo.
ADNET Muito lindo. E o carnaval é esse universo, lugar de muita potência. É uma alegria estar por lá! E, nesse ano, como carnavalesco na Botafogo, com o enredo sobre João Saldanha... Uma figura que faz muita falta. É um cara com histórias fantásticas, cunhou grandes frases futebolísticas no

Brasil. "Se macumba ganhasse jogo, campeonato baiano terminava empatado." "Se concentração ganhasse jogo, o time da prisão era campeão." "A vaca foi pro brejo" é dele também.

MIGUEL E tem a polêmica da expulsão, ou cancelamento, dele na Copa de 1970 por causa do seu posicionamento político contra a ditadura... esse sim era comunista de carteirinha.

ADNET Médici queria que ele escalasse o Dario. E ele não queria escalar o Dario de jeito nenhum. E aí largou essa: "Eu não mexo no teu governo, tu não vai mexer no meu time." E assim acabou...

MIGUEL Ele, na verdade, levou a seleção à classificação e acabou vetado da Copa.

ADNET Ele teve um papel muito maior do que se imagina nessa conquista da Copa de 1970, do Tri, que foi a melhor seleção que eu vi jogar, o futebol mais alegre, e tinha muito dele naquela seleção. Pouco se fala nisso.

MIGUEL A gente tem dois minutos só. Quero saber se você está preparado para o maior papel da sua vida, que é ser pai.

ADNET Cara, acho que estou preparado. Esses nove meses de gestação não são à toa, é para a gente aprender, refletir, ir se preparando emocionalmente. E estou trabalhando tanto, tanto, me dedicando tanto que me sinto fazendo um estágio. Quando tirar a licença paternidade, acho que vou lidar bem, porque vou estar focado nisso com responsabilidade. Então, tenho amor para dar e isso é o principal: amor para dar. O resto, vou aprender. Não é minha filha. Sou eu que vou aprender com ela.

MIGUEL Muito bom, Adnet. Muito obrigado, meu irmão... Estamos juntos sempre.

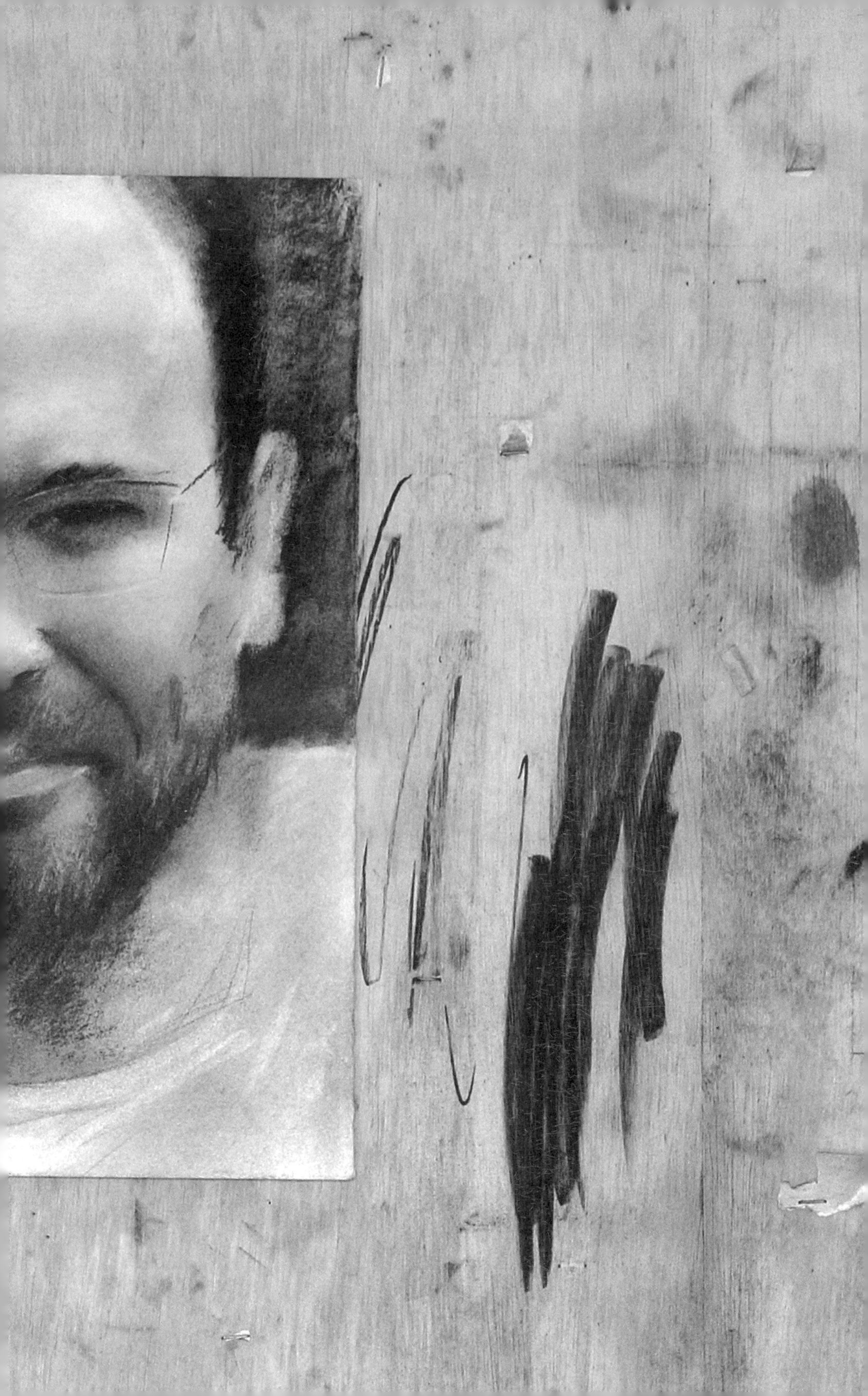

4 DE AGOSTO **GUILHERME WISNIK**
CIDADE, ARTE E ARQUITETURA

Guile é amigo de Raul Mourão e Chico Bosco, e essas credenciais já bastariam para eu o muito admirar. Mas, junto com elas, vem sua obra, seus escritos, seus pensamentos, a sua capacidade de elevar a crítica arquitetônica ao status de obra de arte, de poesia. Ao mesmo tempo, de democratizar essa crítica através das suas metáforas e das associações que ele faz a símbolos de repertório popular. Sua obra se potencializa ainda pela apropriação da linguagem visual pelo texto literário, o que ficou bastante evidente nos seus artigos para a revista *Bamboo*, idealizada por nossa amiga Clarissa Schneider. Guile assinou, por anos, uma coluna neste que foi um dos mais bem-sucedidos projetos editoriais da área de arquitetura e design, em cujas páginas tive a honra de colaborar. Inclusive, coincidentemente, o número que fui convidado a editar, especial sobre o Rio de Janeiro, traz o seu texto sobre o *Blur Building* de Diller Scofidio + Renfro, a obra que dá origem a toda a nossa conversa a seguir.

MIGUEL E aí, Guile, como você tá?

GUILHERME Opa! Tudo bem, Miguel...

MIGUEL Você é um dos mais brilhantes críticos de arquitetura, e a sua opinião é importante para trazer luz a tudo o que está acontecendo... No seu último livro, *Dentro do nevoeiro*, e também em artigo recente na *Ilustríssima*, você criou essa brilhante metáfora do nevoeiro, que, segundo você, nubla a nossa atual vida em sociedade e a arquitetura contemporânea. Queria que você explicasse essa metáfora.

GUILHERME Quando lancei o livro, em 2018, falei por cinco minutos para as pessoas que estavam ali, e lembro de dizer o seguinte: que, para a sorte do livro, e para azar de todos nós, parece que essa metáfora do nevoeiro estava funcionando. Ela era aplicável mesmo às situações do mundo contemporâneo. Comecei a desenvolvê-la no meu doutorado. Eu olhava para certas fachadas de edifícios da arquitetura contemporânea, essas fachadas meio nubladas, de vidros jateados, ou com camadas, películas...

MIGUEL Com peles...

GUILHERME Isso, as famosas peles, e ficava pensando: se o arquétipo da fachada do edifício moderno era a pele de vidro transparente, e depois, no pós-moderno, era a fachada opaca, com o adereço, o galpão decorado... agora é o translúcido, algo que mostra, mas não mostra. Tem uma dimensão de mistério. Isso começou como uma observação da arquitetura contemporânea, e, juntando com trabalhos de arte imersivos, em que a fumaça e a luz, muitas vezes, são preponderantes, há um certo sentido de desorientação também.

Isso estava lá no doutorado, em 2012, o livro saiu em 2018. Nesse período, que tem 2013 no meio, o mundo e o Brasil sofreram abalos. Fui pensando mais politicamente e entendendo que essa metáfora do nevoeiro servia para pensar tanto o comportamento do capital financeiro, que tem essa característica volátil, quanto as redes digitais de informação, as *clouds* da internet, por exemplo. Na hora que vi esse quadro, foi ficando mais complexo e interessante.

MIGUEL Porque nossa vida hoje está na nuvem. Você tem o capital nas nuvens, a nossa existência na nuvem, uma memória que você nunca mais vai acessar. Quais são as mais evidentes expressões desse nevoeiro, tanto na arquitetura quanto na arte contemporânea?

GUILHERME Existe uma obra que reúne, nela mesma, quase tudo: o *Blur Building*, do Diller Scofidio. Ela aconteceu na Expo 2002, na Suíça, e fiquei muito impactado com as imagens. É um exemplar de arquitetura e ao mesmo tempo de arte, em uma experiência imersiva na qual todas essas questões estão condensadas. É um edifício que parece feito de fumaça.

MIGUEL É muito impressionante. O edifício é uma nuvem, você entra em uma nuvem, tem uma passarela por cima de um lago...

GUILHERME Isso, era dentro do lago de Neuchâtel. Construíram uma passarela, e as pessoas chegavam a pé, recebiam casacos de chuva e entravam de fato na nuvem, numa experiência às cegas. Era muito forte essa ideia de você pegar um evento como uma Expo e reduzir completamente o caráter visual daquilo. Rebaixar a visualidade e estimular na experiência das pessoas outros sentidos, como sons, cheiros... havia luzes que brilhavam e outras atrações sensoriais. Eu não fui, mas imagino. Porque é o tipo de projeto que deixa a gente imaginando. Um pouco como o do Rem Koolhaas para a Biblioteca de Paris, todo esburacado, escavado por dentro, é difícil entender, portanto, você fica imaginando.

MIGUEL É, e podemos encontrar esse conceito na arte também, muita coisa do Anish Kapoor, da Laura Vinci. E também o *Weather Project* do Olafur Eliasson, uma experiência muito impressionante na Tate.

GUILHERME Você viu ao vivo?

MIGUEL Vi. Foi logo que abriu a Tate, e a melhor ocupação do Turbine Hall. Tinha um calorzão úmido ali dentro, uma névoa, era muito surpreendente. Tem também muito do nevoeiro na arquitetura japonesa, da qual você é grande conhecedor e fã. Qual é a influência da arquitetura oriental nesses seus conceitos?

GUILHERME Total. Talvez o primeiro edifício importante a assumir esse aspecto camaleônico da pele, mais neominimalista, tenha sido a Fondation Cartier, em Paris, do Jean Nouvel, nos anos 1990. É um edifício com várias camadas de vidro, meio cenográfico, porque elas não têm uma função propriamente, é uma superfície cujo objetivo é criar esse jogo de ambiguidade. Tem transparência, mas vai virando translucidez, porque tem tanto vidro que você já não enxerga bem, e isso cria uma relação de espelhamento entre elas, de refletividade, o que gera uma ambiguidade muito interessante.

Mas a arquitetura japonesa tem o protagonismo desse pensamento. Porque foi um pouco além da questão da pele, atravessando o espaço mesmo. Em muitos edifícios a experiência, quando os percorremos, é muito forte. Senti isso quando visitei o pavilhão de vidro que o SANAA projetou em Toledo, Ohio. Ohio é o estado produtor de vidro nos Estados Unidos, e esse edifício foi construído como uma homenagem a essa indústria local. E é muito bonito, é como se fosse um quadrado de vidro, com os cantos arredondados, e dentro dele há várias ilhas, todas de vidro também. Vidros transparentes que transluzem.

MIGUEL É um museu, não é?

GUILHERME É um museu, mas sem acervo, a exposição é meio que o próprio prédio, e as pessoas andavam com a mão na frente com medo de bater em algo que não estavam vendo. Tinha um quê de casa de espelhos de parque de diversão.

MIGUEL Olafur tem muito isso também, essa coisa do reflexo interno, multiplicando imagens e criando a desorientação.

GUILHERME Um jogo de ambiguidade, isso que é o bonito. A gente começou a conversa aqui falando um pouco mal do nevoeiro. Eu disse que para a felicidade do livro e para o azar de todos nós, estamos sob o nevoeiro. Mas é preciso tornar mais dialética essa classificação. No campo da arte e da arquitetura, vejo isso com olhos muito positivos, porque restaura a ideia do mistério, e o mistério traz a vontade da descoberta, não é? É claro que a gente pode adorar a arquitetura moderna em muitos sentidos, mas tem uma questão que é esse *ethos* iluminista, a ideia de que a transparência é uma verdade. Se você constrói um edifício transparente, é porque não tem nada a esconder.

MIGUEL Um sinônimo de ética, de honestidade.

GUILHERME Isso tem a sua beleza...

MIGUEL E aí os desonestos botam cortinas. A gente vê muito em Brasília. Os palácios transparentes, todos cortinados.

GUILHERME Exatamente. E os desonestos de segunda geração já fazem os prédios com fachada espelhada. A gente pode gostar muito disso, esteticamente, porém tem uma questão. De alguma forma, isso esgota rápido a experiência; você vê, já entende, aquilo se revela quase que de uma vez, instantaneamente, à nossa percepção. Enquanto essa arquitetura do mistério, ela pede uma descoberta, você vai fazendo passeios, percursos.

MIGUEL A gente falou da transparência do modernismo, e desse novo nevoeiro da arquitetura contemporânea. Você acha que o cobogó e o brise modernista já eram um ensaio desse caminho? Ou apenas uma questão técnica para resolver a insolação? Como você classifica esses elementos modernistas a partir da sua ideia?

GUILHERME Essa é uma boa lembrança. Tudo o que é bom em arquitetura transcende a questão técnica, meramente. É óbvio que eles têm uma função de proteção, de controle da luminosidade, mas tem muito mais do que isso. O cobogó, sobretudo, vira uma espécie de rendilhado, e remete a uma cultura muito rica, a islâmica. A cultura islâmica lida muito com essa questão do mistério, de esconder, e de uma maneira sedutora...

MIGUEL Do véu...

GUILHERME Exatamente, do véu...

MIGUEL Como a japonesa. Os biombos de papel de arroz têm essa função do mistério.

GUILHERME Totalmente. Aliás, um livro de que eu gosto muito é *Em louvor da sombra*, de Junichiro Tanizaki, que define a cultura oriental por oposição à ocidental. Se a cultura ocidental se alicerça no valor da luz, do iluminismo, da razão, da verdade e da honestidade, o Oriente, ao contrário, gosta mais da sombra, do entrevisto, do véu, daquilo que você percebe, mas se oculta. De fato, é uma poética mais complexa.

MIGUEL Gosto muito do verbo entrever, que é você ter uma entrevisão, uma "entrevista". A sua tese do "nublamento" não é só uma característica da arte e da arquitetura, você a leva também para a vida contemporânea. Em que aspectos dessa contemporaneidade ela se aplica?

GUILHERME Olha, acima de tudo eu acho que tem uma crescente abstração na relação com as coisas. Isso tem a ver com uma certa perda de peso do mundo. Talvez a gente possa recuar até o momento, em 1971, em que o presidente dos Estados Unidos, Richard Nixon, tira o lastro do dólar em relação ao ouro. Até então, as reservas do país, cujo papel-moeda era referência para a economia mundial, tinham um lastro sólido, de tesouro nacional, de ouro.

Quando isso se perde, cria a possibilidade para que a economia vire pura especulação sobre títulos. Esse aspecto especulativo do capital financeiro, que já fora responsável pela crise de 1929, por exemplo, torna-se muito mais agudo. Estou falando do ponto de vista econômico do capitalismo, mas isso está em tudo: no mundo digital, na virtualização, na conexão permanente. Ainda mais com o smartphone, que permitiu a nuvem — podemos acessar tudo a qualquer momento, de qualquer lugar. Tudo isso são formas de nevoeiro, digamos assim, porque desconstroem o tipo de relação que a gente tinha, natural, de perceber o mundo. O mundo como alguma coisa estável, que está diante de nós. Mas é claro que essa destruição da estabilidade do mundo vem de longe, podemos dizer que o cubismo já é isso, uma maneira de ver o mundo como fragmentário, parcial, não sólido. É uma transformação à qual talvez possamos dar o nome de modernidade.

MIGUEL Você tem uma visão muito interessante da relação da burguesia com essa transparência, que me leva a uma curiosa interpretação. Quando a gente fala da burguesia caricata, clássica, aquela criticada por Marx, e que foi retratada no livro de Marshall Berman, *Tudo que é sólido desmancha no ar*, a gente tem a impressão de que essa certa cafonice da burguesia é incompatível com a transparência. Tanto é que os ambientes modernistas são minimalistas. Aquela coisa de prataria, tapeçaria, quinquilharia não cabe no modernismo. Sempre ficou escondida atrás de paredes, de muros de castelos, de mansões. Um exemplo são os edifícios das neocidades chinesas e árabes, absolutamente contemporâneos, mas com interiores cafonérrimos, barrocos, *las veguianos*. O quanto que esse "nublamento" contempla e é favorável à burguesia?

GUILHERME Boa observação! Vamos elaborar isso juntos... Primeiro, deixa eu comentar o que você disse agora. Cito no livro um texto de que eu gosto muito do Walter Benjamin, "Experiência e pobreza", no qual ele analisa a arquitetura de vidro. Ele, um antiburguês ferrenho, diz: "O vidro é o inimigo do mistério, mas é também o inimigo da propriedade privada, porque, justamente, o vidro combate o segredo, tudo o que o burguês quer é o segredo, é se fechar dentro da sua fortaleza, com as suas pelúcias, e seus tapetes, e almofadas, com todos os bibelôs da cultura burguesa..."

No fim do século XIX e início do XX, com Freud e as patologias, falava-se muito da agorafobia, uma patologia que estava sendo diagnosticada naquele momento. Eram as pessoas que não conseguiam sair na rua, porque tinham medo da concentração de gente, multidões, e preferiam ficar em casa, no seu conforto, na sua intimidade. Richard Sennett chamou de "tiranias da intimidade", um fenômeno bem burguês.

A arquitetura do vidro vem para tirar essa aura. O que é a aura na discussão da obra de arte? A aura é o que torna a obra de arte sagrada, o que dá uma dimensão a ela. Você pode olhar para um quadro a dez centímetros do seu olho, tecnicamente, mas na verdade a mil anos-luz de você, porque está em outro plano, um plano mais sagrado do que o universo ordinário que é o nosso. Isso é a aura.

E na arquitetura o vidro destrói isso, porque já não corresponde mais a uma cultura metafísica, ele é laico. É a ideia de que não existe o sagrado, tudo é esse mundo aqui, no qual vivemos. Isso é antiburguês também, porque destrói esse significado superlativo. Aí vamos tentar chegar na segunda parte da sua pergunta. Você estava dizendo: "Será que hoje o vidro do nevoeiro, o vidro translúcido, não transparente, não seria favorável à volta dessa cultura burguesa?"

Pode ser. Acontece o seguinte: tem uma passagem histórica importante, que é quando você brincou que os desonestos punham cortinas. É um pouco assim, essa transparência moderna não burguesa, prezada pela Bauhaus, visava construir um outro mundo, digamos um mundo do socialismo...

MIGUEL As revoluções nacionalistas de 1848 na Europa, e mais tarde o modernismo, foram trazendo esse socialismo para a arquitetura, de alguma maneira.

GUILHERME Isso. Combatendo os privilégios, essa ideia burguesa dos segredos, e tentando tornar aquilo acessível a todos. Se não era socialista, no mínimo era social-democrata. Esse mundo não veio a ser construído, e os edifícios de vidro acabaram sendo erguidos em grande quantidade. Onde? Em Manhattan, em Chicago, para servir de sede das grandes corporações capitalistas. O próprio Gropius e o Mies van der Rohe foram exilados nos Estados Unidos.

Então, na hora em que isso acontece, deu uma espécie de nó. Supostamente era para construir um mundo melhor, mas, na verdade, está construindo o próprio capitalismo. Então isso não se sustenta mais, não é? No fundo, essa é uma percepção histórica fundamental, e aí, agora, vale tudo. O pós-modernismo começa um pouco nessa constatação e nessa crítica.

MIGUEL Depois dessa crise, a arquitetura e o urbanismo vão enfrentar um grande paradoxo, a cidade compacta *versus* a cidade espraiada. A primeira é uma cidade mais sinérgica, mais sustentável, mais criativa, enquanto aglomerada. A segunda, teoricamente, é a cidade mais saudável, mais segura, contra essa ou outras ameaças biológicas que podem aparecer. Mas é uma cidade que se provou inviável economicamente. E aí, usando imagens propostas por você mesmo nos seus livros, podemos contrapor a Ville Verte proposta por Le Corbusier na Carta de Atenas ao Edifício Copan, por exemplo, que é compacto, eficiente e democrático. Eu, particularmente, sou entusiasta da cidade compacta, da densidade urbana. Como resolver esse paradoxo?

GUILHERME É, Miguel, essa é uma questão complicada mesmo. O que você coloca é como se fosse Manhattan *versus* Los Angeles...

MIGUEL Los Angeles, Barra da Tijuca e Alphaville *versus* centro de São Paulo. É isso. E é uma pena se Los Angeles vencer essa guerra, não é?

GUILHERME O problema é que nas nossas cidades — Rio, São Paulo —, a gente tem Manhattan e Los Angeles convivendo.

MIGUEL Mas a gente estava conseguindo carregar essa bandeira, da volta para os centros, houve esse momento recentemente nessas nossas duas capitais. E você tem outra alegoria incrível: na falta do urbanista e do arquiteto, o mundo cultural se vira para criar ações de ocupação urbana, com eventos, festivais de música, o Baixo Augusta, o carnaval. A Covid-19 veio quebrar essa corrente. E veio trazer certa justificativa ao urbanismo horizontal, expansionista, rodoviarista.

GUILHERME Exato. Você colocou muito bem. Até a Covid-19, a gente vinha em um movimento positivo em relação a essa questão: a revalorização pelas pessoas do que significa o espaço urbano denso, a calçada com o comércio, a localidade acessada pelo metrô, onde você pode morar de forma compacta e vertical, apartamentos como no Copan, que tem desde a quitinete até o quatro quartos. Só que aí vem a Covid-19 e traz esse problema: não pode ter aglomeração, não pode ter o contato com o outro, quer dizer, é exatamente o que significa a cidade. Isso me lembra daquele provérbio alemão do fim da Idade Média, muito famoso, que diz assim: "o ar da cidade confere liberdade", por oposição ao feudo, ao campo. Na cidade você encontra o diferente de você, as pessoas que não pensam igual a você, não têm o mesmo credo, não são da mesma raça, isto é, diversidade. E essa é a grande virtude da cidade. Agora esse discurso que embasa a ideia de uma cidade compacta, densa, com habitação junto do comércio, isso está em xeque, nesse momento em que todo mundo tem que ficar isolado, em que se começa a revalorizar a ideia de trabalhar em casa.

Então surge isso, essa espécie de gangorra, é como se jogasse a gente de novo para aquele momento que foi o pós-Segunda Guerra Mundial, nos Estados Unidos, o *American way of life*, as pessoas de carro morando nos subúrbios, e que para nós aqui no Brasil foram os anos 1980, quando esse se tornou o modelo a ser seguido.

Apesar de tudo isso que estamos falando, que é meio catastrofista, a questão é: a população é cada vez mais urbana, não vai voltar para o campo, vai caminhar para a aglomeração e em cidades, necessariamente, com muita população. Então essa questão do contato vai ter que ser resolvida de alguma maneira. Vai ser criada uma vacina, não há dúvida, mas novas pandemias vão surgir... Portanto, essa questão da aglomeração ou não aglomeração, ela vai entrar como um elemento importante para o nosso estado de estar no mundo, para as nossas relações.

O grande problema são os tipos de resolução que aparecem debaixo do pano; tem muita gente que considera que o mundo é insustentável com a população mundial tal qual existe hoje, e que tende a crescer.

Qual é a resposta autoritária e conservadora para isso? Eugenia. Se você não matar parte da população, o mundo não sobrevive. Nesse sentido, a Covid-19 é muito bem-vinda para essa política. Aliás, é exatamente a política brasileira atual, deixar quem é mais desassistido e vulnerável simplesmente morrer, sem que você precise fazer câmara de gás, confinar e matar, soltar fumaça, sem as pessoas perceberem que aquilo é um morticínio do Estado.

MIGUEL No livro *Espaço em obra*, que você lançou com Julio Mariutti, reunindo os seus textos escritos para a revista *Bamboo*, você defende, no artigo "Uma pós-cidade", que a virtualização tecnológica não substitui necessariamente a experiência urbana, apenas atualiza essa experiência. Porque, a partir do momento em que toda essa tecnologia está contida em um único aparelho, o smartphone, a mobilidade e a experiência estão garantidas, assim como está garantida também, através do smartphone, a luta pela democracia e pela cidadania, que depende da praça e das ruas.
E aí vou citar um filme dos nossos amigos Francisco Bosco e Raul Mourão, *O mês que não terminou*, que fala das manifestações de 2013, dessa juventude nas praças e ruas. Então, segundo você, o smartphone pode trazer de volta a experiência da praça e da rua.

Pelos meus cálculos, esse artigo que você escreveu foi mais ou menos em 2013, e tem um pouco desse contexto. De lá para cá passaram-se sete anos. Você de alguma maneira mudou de opinião? Ou acha que o smartphone é uma praça capaz de resistir, por exemplo, ao isolamento que estamos vivendo hoje?

GUILHERME Talvez ali eu tivesse uma visão um pouco mais positiva do smartphone e do papel das redes sociais. Quando estudei arquitetura nos anos 1990, muita gente dizia que a internet iria matar a cidade. Era uma previsão catastrofista, o espaço público se deslocou para as telas, os serviços de entrega vão tornar obsoleto o espaço urbano, e acabou. Eu estudava arquitetura e ficava deprimido, pensando: puxa, então escolhi o curso errado.

E não foi o que aconteceu. Como você bem sabe, a internet não matou a cidade, ao contrário. Vimos, nos anos 2000, um reavivamento muito forte do uso do espaço urbano pelo mundo, e as primaveras — ali em 2010, 2011, 2012, 2013 — foram muito inflamadas e fortes. Elas conflagraram o espaço urbano, ajudaram as pessoas a se organizar para ocupar o espaço. É um pouco isso que digo naquele artigo.

O que mudou muito de lá para cá foi a percepção de que através da internet somos absolutamente vigiados e manipulados. Isso tem que temperar muito mais o discurso que a gente faz sobre a rede social como um "espaço público", um fórum, uma arena. Ela de fato serve para muita coisa, para ajudar nas organizações. Tem muita gente com uma visão festiva da rede social. Eu, ao contrário, acho que na rede a gente funciona em bolha, e incita uma lógica de ódio terrível, funciona muito mais para o lado do ódio do que para o senso positivo.

Mas ela teve o papel, de alguma maneira, de reorganizar o espaço público. Hoje já não mais. Acho que nós estamos cativos de um sistema de vigilância extremamente sombrio e vamos precisar arrumar um jeito de sair um pouco dessas amarras.

MIGUEL Terminamos de uma maneira pessimista, como a nossa realidade. Afinal, não temos muitos motivos para estar otimistas, mas foi ótimo o papo.

GUILHERME Falta menos de um minuto pra nossa live se autoexplodir! Um abraço a...

6 DE AGOSTO **MARCELO FREIXO**
NO FRONT PELA DEFESA DA DEMOCRACIA

Conheci Freixo, o homem público, na CPI das Milícias, que denunciou aquele — Luiz Eduardo Soares já tinha o identificado em sua gênese — que se transformaria no maior problema do Rio de Janeiro, e quem sabe do país. Só vim a conhecer Marcelo, o bom amigo, mais recentemente, pois convivemos com muita gente em comum. Temos algumas discordâncias políticas, e ele sabe disso, mas temos ainda mais concordâncias. Mas é sobre as discordâncias que gostamos de conversar. Gosto de ouvi-lo, de provocá-lo, gosto de aprender, de tentar convencê-lo, mas principalmente de ser convencido por ele. Freixo é inteligente e incansável e, principalmente, não verga à violência das tempestades. Sejam elas as constantes ameaças à sua vida ou até mesmo o fogo amigo. É esteio das pontes que sobraram ligando os dois Brasis, que se dividiram pelo profundo vale do ódio. Marcelo Freixo é um patrimônio do povo do Rio de Janeiro e, nesse momento da nossa história, um bastião da civilidade em Brasília.

MIGUEL Marcelo, boa noite, bem-vindo! Bom estar falando com você!
FREIXO Obrigado pelo convite, Miguel!
MIGUEL Iniciei essas conversas pelo meu campo, cidades e urbanismo. Sei que esse tema também te encanta, tanto quanto a política me atrai. Portanto, jogo a bola para o seu campo e começo dizendo que a política é a arte da articulação, da troca saudável e democrática de ideias, coisa muito difícil no Brasil atual. Para mim, você é um craque nessa difícil arte, desempenha com maestria o seu papel de parlamentar que, na origem etimológica da palavra, quer dizer aquele que *parla*. E você *parla* muito, né, Freixo? É alguém que estabelece diálogos, constrói pontes, justamente em um momento em que pontes são dinamitadas por um processo violentíssimo de polarização, que retroalimenta justamente os dois polos.

A gente já conversou muito sobre isso, mas a cada vez que vejo você conversar, tentar convencer os seus interlocutores, muitas vezes do campo ideológico oposto, seja em lives, na tribuna da Câmara ou na GloboNews, também vejo você levar muita porrada, inclusive fogo amigo.

Por que essa enorme resistência do brasileiro ao diálogo, à discussão saudável e ao contraditório?
FREIXO A sua introdução é genial e é o grande desafio da humanidade hoje. Primeiro, Miguel, a gente tem que desmistificar a ideia de falar de política. Você fala em política e vêm imagens do Congresso, ou de um cara de terno e gravata, chato — e às vezes é mesmo. Mas a política está no nosso dia a dia. A nossa relação com os nossos filhos é uma relação política, é uma relação de limites, de educação, mas também de escuta, de fala, de diálogo.

A relação política, que nasce na ideia da polis, se relaciona diretamente com a cidade, com as decisões, o consenso, o convívio com a diferença. Nós temos momentos autoritários, democráticos, de crise, mas a política é essa relação humana. O ser humano faz política para resolver as suas questões. Quem não quer resolver na força, que é uma possibilidade política, resolve na política.

Lembra o dito popular "Tem três coisas que não se discute: religião, futebol e política"? Mas discutimos, sim! Primeiro, a religião é a arte da discussão, independentemente da sua fé, ela tem uma natureza política, é uma relação da fé com a sociedade, tem relação com o Estado, com o debate sobre o Estado laico. Se não tiver discussão, o futebol não tem o menor sentido de existir. Ele só tem graça por causa do debate, da discussão, da paixão. E na política é a mesma coisa. A política é o encontro, é o debate, e aí reside a importância de falarmos sobre isso. O lugar para resolvermos as nossas questões é na política, na capacidade de entendimento, e é por isso que a democracia é muito importante, porque ela é a possibilidade do convívio da diferença. É muito fácil convivermos só entre os iguais, precisamos ter o esforço do convívio da diferença...
MIGUEL Essa é justamente a crítica que se faz hoje ao funcionamento dos algoritmos das redes sociais, que vão empurrando os que pensam de maneira semelhante a criarem blocos hegemônicos, supremacistas, eliminando toda e qualquer possibilidade política de convivência, a não ser através da beligerância.
FREIXO É exatamente isso, e temos que fugir dos algoritmos, precisamos criar novas redes e possibilidades. Tem uma frase que eu falo quase todos os dias, ninguém aguenta mais: "A luta política é pedagógica." Precisamos

falar com os diferentes e com os indiferentes, e precisamos saber ouvir. Vou dar o exemplo de um amigo nosso, com o qual sei que você conversou, Marcelo Adnet.

Ele faz coisas que nunca vi ninguém fazer com a mesma qualidade. Qual é o elemento diferenciador dele? O talento do Adnet não está no que ele fala, no que ele imita, mas no que ele consegue ouvir. O talento dele vem daí, da sensibilidade impressionante que ele tem de ouvir. Esse é um elemento que às vezes não entendemos na política, porque geralmente a política é a fala, é a fala, é a fala, mas ela também depende muito da capacidade de ouvir.

MIGUEL Você abriu mão de ser candidato à prefeitura do Rio de Janeiro, de ser eleito para ser a principal voz do executivo municipal, para continuar sendo uma entre as 513 vozes na Câmara. Por um lado, como cidadão, me tranquiliza muito contar com Marcelo Freixo combativo e atuante em Brasília, nessa realidade surreal em que vivemos. Mas você alegou que abriu mão dessa candidatura pela enorme dificuldade de unir a esquerda em torno do seu nome. Isso em um momento dramático da cidade do Rio de Janeiro, tão dramático quanto o do país. Um momento em que é necessária a união, não só da esquerda, mas do centro, do centro-direita, de todo um espectro progressista em torno de um caminho de luz, que é o que a gente está precisando no Rio. Que dificuldades e forças foram essas que inviabilizaram sua candidatura a prefeito?

FREIXO Eu disputei a prefeitura do Rio duas vezes, em 2012, quando pouca gente me conhecia, apesar de eu ter feito a CPI da Milícias, e em 2008. E a gente fez uma campanha muito bonita em 2012, em cima de um debate muito amplo e democrático, chamando os setores de todos os lados da cidade. Porque cuidar da cidade tem essa beleza e essa importância, ninguém mora em um estado, ninguém mora em um país, a gente mora na cidade.

Se, no debate sobre a cidade, você vai falar de transporte, pode pegar um baita especialista da Coppe, da UFRJ, mas o cara que pega o ônibus todo dia de Campo Grande para o Centro é que tem que ser ouvido da mesma maneira. Quando você debate a cidade, pode pegar a proposta mais sofisticada, e tem para isso a ciência, a produção de estudo das tantas universidades do Rio de Janeiro, por exemplo, mas também tem a vida do povo, a sabedoria popular. A gente jamais pode abrir mão disso em qualquer disputa política.

Fiz isso em 2012, e em 2016, que foi o pior ano para a esquerda, a gente lembra, e a gente conseguiu ir para o segundo turno. Sempre disputei eleições com amplo grau de dificuldade, e pouquíssimo tempo. Em 2016, eu tinha oito segundos de tempo de televisão. Nunca deixei de fazer campanha e disputar por dificuldade, até porque eu gosto do debate, e a gente foi vitorioso, politicamente, nas duas.

Agora estamos vivendo esse acidente histórico no governo Bolsonaro, então é importante o que fazemos no Congresso. Isso torna menos importante a cidade? Não! Mas estamos em um momento em que não é só um governo ruim e uma pessoa ruim, mas também uma ameaça à democracia. A democracia brasileira não está ameaçada só porque Bolsonaro elogia torturador e fala da ditadura. O funcionamento desse governo é um golpe em curso. É um governo que distribui mais armas e munições do que respirador e leito, que fala em guerra civil, que alimenta milícia. Ele reúne ministros para falar de fechamento do Supremo, participa e financia atos de fechamento do Congresso. Não é que ele vai marcar um golpe, até porque já está no poder, seria esquizofrênico, mas a realização desse governo é a destruição da democracia.

Diante desse cenário, não há dúvida de que a nossa maturidade tem que ser maior ou é mais exigida do que em outros tempos. Precisamos nos sentar para conversar com quem, em um mar de tranquilidade e normalidade, não seria necessário. Bolsonaro reeleito, para mim, é uma tragédia das mais graves, talvez comparada à de 1964. Não dá para permitir que isso aconteça e temos que derrotá-lo na democracia. Como isso acontece? Com o diálogo. É perguntar: "Quais são os limites da democracia que a gente não pode deixar o governo passar? São esses aqui. Com quem eu vou conversar?" E aí é um debate mais amplo.

Quanto à disputa da cidade, a gente precisa ter projeto. Não pode vários candidatos da esquerda disputarem cada um olhando para o seu quintal, como se não tivesse um tufão arrancando as nossas casas. Não faz sentido eu sair da luta no Congresso, uma luta muito central em defesa da democracia hoje, para entrar em uma disputa com uma situação dividida e sem a possibilidade de um programa de um campo mais amplo. Aí acho que é melhor ficar no Congresso e ajudar o campo todo, várias cidades do Brasil, e não só o Rio de Janeiro. Foi essa a questão central para mim. Mas eu respeito todos os partidos, todas as candidaturas são legítimas, espero que em um segundo turno, algum nome do campo progressista esteja presente e consiga fazer uma disputa com união.

MIGUEL Essa falta de união me lembra a recente recusa do presidente Lula de assinar o manifesto #EstamosJuntos, que reuniu você, Fernando Haddad, Flávio Dino, Guilherme Boulos, Fernando Henrique, Luciano Huck, em defesa da democracia. O que você achou dessa recusa?

FREIXO Olha, eu entendo o Lula, eu não falo com ele há algum tempo, mas falei nessa época e ele respondeu que tem mágoas muito profundas do Fernando Henrique Cardoso, e de outros setores, porque o conhecem, mas quando ele mais precisou de apoio... Eu entendo as mágoas, não estou aqui para julgá-las, acho que cada um sabe das dores da própria história, mas acho que ele errou nesse momento, e eu disse isso para vários companheiros e companheiras do PT.

Por que acho que errou? Porque nós precisamos olhar um para o outro e olhar para a frente, porque se a gente olhar um para o outro e olhar para trás, é uma escolha. Eu posso olhar para você e falar: "Ah, Miguel, o que você fez comigo ano passado" ou "Miguel, o que a gente pode fazer ano que vem?". É uma escolha de maturidade do campo progressista, e nós vamos ter que viver essa escolha.

Lembro-me de uma história muito bonita que vivi — já contei antes, mas acho que vale a pena contar aqui. Eu conheci pessoalmente o escritor uruguaio Eduardo Galeano. Ele esteve no Rio de Janeiro e tivemos uma conversa longa. Estávamos indo juntos de carro para o Centro, e eu ando com escolta, carro blindado — essa situação que veio depois da CPI das Milícias. Ele viu aquilo tudo e falou: "Você tem inimigos muito poderosos." Então fui tentar explicar, e explicar para alguém o que é a milícia é um negócio difícil, o Rio de Janeiro realmente naturalizou coisas que não devia. Galeano era um cara muito bem-humorado e inteligentíssimo, e disse: "Eu entendo, mas valorize os seus inimigos, porque são os seus inimigos que definem você, mais do que os seus amigos. E é por isso que você não deve fazer qualquer um de inimigo, porque pode ter dificuldade em que alguém defina quem é você e que luta vale a pena." Eu nunca esqueci isso na minha vida.

A partir dali eu já tinha um processo de maturidade nesse sentido e falei para mim mesmo: "Eu não preciso de mais inimigos do que eu já tenho, não vou ficar produzindo inimigo onde posso ter aliado, não é inteligente, e nesse momento é menos inteligente ainda." Então, é uma escolha. Não vou olhar para Ciro, Dino, Manuela, Haddad, e apontar as diferenças. Sei quais são elas, sei das mágoas, dos erros, dos acertos, mas nós temos algo em comum que é muito maior do que qualquer diferença, que diz respeito à necessidade de derrotar Bolsonaro. E isso é na frente, é amanhã, depois de amanhã, ano que vem, nós temos dois anos para definir os próximos quarenta anos do Brasil. Eu sou professor de História, olhar para trás é como olhar para o retrovisor, a gente olha e entende o que está atrás, mas é para dirigir para a frente. Olhar para a frente é o mínimo de maturidade que se espera nessa hora.

MIGUEL Você citou vários nomes, e quero saber se é verdade a notícia veiculada recentemente de que existe a chance de uma união entre você, Flávio Dino, Manuela D'Ávila e Fernando Haddad dentro de uma única legenda?

FREIXO Isso foi uma matéria de um excelente jornalista d'*O Globo*. Não tem aspas minhas, mas sou citado. Não tem nenhuma inverdade na matéria... Dino é uma das pessoas mais sérias que eu conheço, e, independentemente de quem gosta ou não gosta dele, estou dizendo que ele é uma pessoa muito séria, que a gente precisa valorizar. E ele há muito tempo defende, e acho que com razão, a ideia de uma frente, como se teve no Uruguai. Ou seja, não é criar um novo partido, abandonar o partido em que se está, isso nunca foi debatido entre nós, até porque a prioridade agora é a eleição municipal, termos bons prefeitos e vereadores e nos organizarmos para 2022. A eleição municipal vai ser um marco para começarmos a debater isso, vamos ver o tamanho da nossa vitória, o tamanho da nossa derrota, os erros, os acertos, vamos sentar e fazer um balanço. A eleição foi adiada, vai acontecer só no segundo turno, em novembro, então vamos ter que sentar no final da eleição municipal e pensar até 2022.

A ideia de uma frente, reunindo todo esse campo, para mim é muito saudável e importante, assim como pensar em uma questão de legislação em que se possa agrupar esses setores sem que ninguém perca a sua identidade, a sua casa, mas agrupar, no sentido de ter junto.

Para isso, há um elemento decisivo, que não está destacado naquela matéria, mas tem muito destaque nas nossas conversas: precisamos ter um programa. Mais do que dizer que fulano de tal tem tal característica que é ótima, e o outro tem aquele defeito, ou seja, no lugar desse leilão de virtudes e de vaidades, que é muito forte na política, o que a gente quer para a educação? Vamos lá, no Fundeb a gente não estava junto? Todos nós estávamos juntos na defesa, com divergências mínimas... Nós temos grandes divergências na hora de defender o SUS? Não! Na hora de defender uma política de assistência social, nós temos grandes divergências? Não! Nas políticas de cultura, nós temos grandes divergências? Não! Então, Miguel, o que nos falta é trocar o debate em torno de "que grande líder", "que grande partido", de quem vai ter hegemonia, pelo debate do programa que defendemos para derrotar o atraso bolsonarista. Para mim, o grande desafio que está colocado é conseguir ter maturidade e levar um projeto democrático de fato em 2022 — porque ele está interrompido.

MIGUEL Não há dúvidas de que nos últimos 25 anos o Brasil evoluiu no combate à pobreza, no desenvolvimento econômico e na inclusão social. Muito menos do que o ideal, mas o saldo é positivo. No entanto, as cidades pioraram muito em termos de habitação, transporte, saneamento, violência e serviços públicos. A agenda urbana foi posta de lado, e está mais do que claro que urbanismo, habitação e planejamento são políticas a longo prazo, que não entram na agenda da maioria dos candidatos por causa dos seus curtos mandatos. Também está muito claro que é essencial a participação da sociedade civil, das associações de bairro, das ONGs e, principalmente, dos líderes comunitários na elaboração dessas políticas urbanas. Você conhece isso a fundo. Qual é a nossa realidade hoje? Você vê isso acontecendo, em um horizonte próximo, nas cidades brasileiras?

FREIXO Eu acho que esse é o grande desafio da nossa política pública. Vivemos esse debate da cidade em 2012 e, de 2014 para cá, nacionalizamos o debate político e não conseguimos uma margem de equilíbrio para debater a cidade, você tem toda razão. Acho que avançamos em políticas nacionais e o poder aquisitivo do salário mínimo aumentou. Não houve necessariamente uma redução da desigualdade, mas houve uma redução de pobreza. Agora, não avançamos em políticas estratégicas que redefinem a cidade, como, por exemplo, de saneamento. Tivemos muita dificuldade no Pacto Federativo, há uma desigualdade muito profunda entre municípios. Temos mais de 5 mil municípios no Brasil com realidades muito distintas. Temos uma precariedade de serviços públicos nas cidades muito visível. A questão da saúde primária é muito deficitária na maioria dos municípios. O debate do transporte público e da mobilidade tem uma relação direta com 2013, lembra? Eu gosto sempre de lembrar que 2013 começa com um debate da mobilidade. Até então, tínhamos um debate das questões da cidade muito forte, e isso vai mudando em 2014, e ganha um contexto nacional. Acho que temos que voltar a ter esse equilíbrio. Um terço da cidade do Rio de Janeiro mora nas favelas.

MIGUEL E o Rio tem a peculiaridade de que as favelas e a informalidade não são periféricas, estão entranhadas na malha urbana formal. O morro e o asfalto dividem o mesmo chão.

FREIXO É uma cidade diferente de São Paulo, por exemplo, é diferente de outras capitais. No Rio ela é mais visível. Não há lugar na orla em que você não enxergue o Vidigal, não há lugar em que você não enxergue a Rocinha, e aí você vai na Zona Norte e não há como não olhar para o Borel, o Formiga, enfim, as favelas estão no coração da cidade. E elas precisam ser entendidas como espaços de construir a cidade, e isso é uma política nacional e uma política local. Elas não podem ser espaços da construção simbólica do medo. Ultimamente, as políticas urbanas transformaram lugares onde um terço da população de uma cidade como o Rio de Janeiro vive em espaços do medo. Espaço do medo é espaço da barbárie, da falta de identidade ética, da falta de solidariedade, é espaço onde o que eu não admito que aconteça comigo pode acontecer com o outro. Enquanto a cidade for marcada por esse apartheid, a gente não vai ter nenhuma política urbana bem-sucedida.

Então é preciso que se faça o debate central do Brasil: o enfrentamento da desigualdade. Para mim isso é decisivo, Miguel. Está todo mundo falando em renda básica e estou estudando muito isso, assim como o Bolsa Família. São dezessete anos de Bolsa Família. Como você pega isso e quer jogar na lata do lixo? Não interessa se é a marca de um ou outro governo. É como o Ciep do Brizola...

MIGUEL Realmente é um absurdo, porque na verdade o Bolsa Família é um projeto contínuo de três governos, foi uma soma de programas bem-

-sucedidos de todos. Querer o seu fim evidencia esse projeto da descontinuidade. Tanto na política nacional quanto na política urbana, é um grande problema.

FREIXO E jogar o Bolsa Família na lata do lixo porque traz uma determinada memória, para criar uma ideia de outra renda? Não! Vamos ampliar e melhorar o Bolsa Família, vamos criar indicadores que possam ser mais abrangentes, pegar o cadastro e socializar para os municípios, vamos fazer um debate de política pública de Estado. Agora, o eixo central tem que ser o combate à desigualdade.

O Brasil sempre esteve entre os países mais desiguais do mundo, e pode sair dessa pandemia ainda mais desigual. Ele só não é mais desigual agora, imediatamente, por causa do auxílio emergencial, que o governo quer cortar, que não vai durar muito. Então, podemos sair dessa pandemia com uma crise sanitária de saúde, e uma crise econômica que aumentará a desigualdade. Não podemos!

MIGUEL As favelas existem entre o visível e o invisível, porque a elite teima em não olhar, não abordar, não tocar nesse assunto, e os governos tendem a deixar para lá. No rastro desse abandono surgem os poderes paralelos, que você conhece melhor do que ninguém. Você presidiu a CPI das Milícias, que resultou no indiciamento de 225 bandidos, e foi propositor de 58 medidas concretas para o enfrentamento desse câncer. Doze anos depois da CPI das Milícias, em que ponto estamos?

FREIXO O Rio de Janeiro é uma das cidades mais partidas do mundo. Costumo dizer que o túnel Rebouças é um túnel do tempo, que divide alguns séculos. É uma desigualdade muito brutal de cidade, de acesso, de equipamentos de cultura. Mas não gosto de falar "espaços paralelos", Miguel, porque são espaços leiloados. Porque o Estado, no final das contas, tem o controle de tudo, e vai leiloando tudo — alguns lugares para o crime, mas também leiloa conforme interesses privados dentro do mundo público.

O crime organizado, em qualquer lugar do mundo, está sempre dentro do Estado — não há crime organizado fora do Estado. Desculpa estar falando isso com esse grau de rigor. Crime organizado é onde tem poder, crime fora do poder é crime desorganizado. Pode ser crime, pode ser violento, mas é desorganizado. Quanto mais um grupo criminoso precisa dar tiro, menos organizado e poderoso ele é. Ou seja, muitas vezes, a violência de um grupo criminoso é diretamente proporcional à sua desorganização, não à sua organização. O fato de um grupo criminoso ter muita arma e provocar muito conflito pode ser um sinal da sua desorganização.

A milícia é Estado leiloado, composto de agentes ou ex-agentes públicos da área de segurança que dominam territórios, dominam a economia, e é o único grupo que, até hoje, no Rio de Janeiro, transformou domínio territorial e criminoso em domínio eleitoral. Por isso a milícia interessa a muita gente, porque ela gera muita riqueza para o crime, e elege prefeitos, senadores, alguns bem conhecidos, elege governadores, deputados, vereadores. A milícia elege muita gente, é o crime mais organizado porque é o crime com projeto de poder, assemelhando-se muito às máfias italianas.

A CPI das Milícias foi um marco que mudou a opinião pública. Quando fui investigar a CPI, não foram poucas as pessoas que me disseram: "Mas você não acha que a milícia é um mal menor, que ela ajuda a combater o tráfico?" Quem tem que combater o tráfico é o Estado, não outro grupo criminoso. Que história é essa de escolher que grupo criminoso é aceitável? Os dois têm que ser enfrentados. Mas ouvi isso de muita gente, e olha aonde chegou a milícia hoje.

MIGUEL Você tem capacidade de expressar algum otimismo com o Brasil e com o Rio de Janeiro?

FREIXO Eu gosto de um poema do Mário Quintana, Das Utopias, que diz o seguinte: "Se as coisas são inatingíveis... ora!/Não é motivo para não querê-las.../Que tristes os caminhos, se não fora/A mágica e distante presença das estrelas!" Mais do que otimista, sou muito realista, gosto muito de olhar para a realidade e pensar, e ler — o que é uma tarefa da política. O Paulo Freire fala uma coisa que me influenciou muito na vida: "É preciso aprender a ler o mundo." Tem muita gente que não sabe ler uma palavra, mas consegue ler o mundo. E para ler o mundo hoje você tem que reconhecer a dificuldade e a correlação de forças. Vivemos um momento muito difícil, talvez o período mais difícil depois da ditadura, e é necessário reconhecer que, para chegarmos aqui, todos nós erramos muito. Não acreditamos que essa barbaridade fosse acontecer e aconteceu, não é? Então, mais do que sermos otimistas e apagarmos a análise da realidade, precisamos ser muito realistas, entender quais são os pontos frágeis, e nos organizarmos para transformar esse país em um lugar onde possamos voltar a ser otimistas. A gente precisa ser realista para mudar essa realidade, para voltar a ter o direito de ser otimista. Zygmunt Bauman tem um livro muito interessante chamado *Retrotopia* no qual fala que, algumas gerações atrás, os pais olhavam para os filhos e tinham certeza absoluta de que estes viveriam em um lugar melhor do que eles viveram. Meu pai tinha muito isso. Ele era semianalfabeto, foi camelô com oito anos de idade, só para você ter uma ideia, e insistia muito na coisa do estudar. Ele falava: "Você vai viver em um mundo muito melhor do que o que eu vivi." E, hoje, eu olho para o futuro e sei que meus filhos vão viver em um lugar pior do que eu vivi. Se a gente não quer fazer o que precisa ser feito pela humanidade, façamos pelos nossos filhos.

MIGUEL Bom, é isso, meu irmão, vamos à luta! Muitíssimo obrigado.

7 DE AGOSTO — **DIÉBÉDO FRANCIS KÉRÉ**
EM BUSCA DE UM FUTURO SUSTENTÁVEL

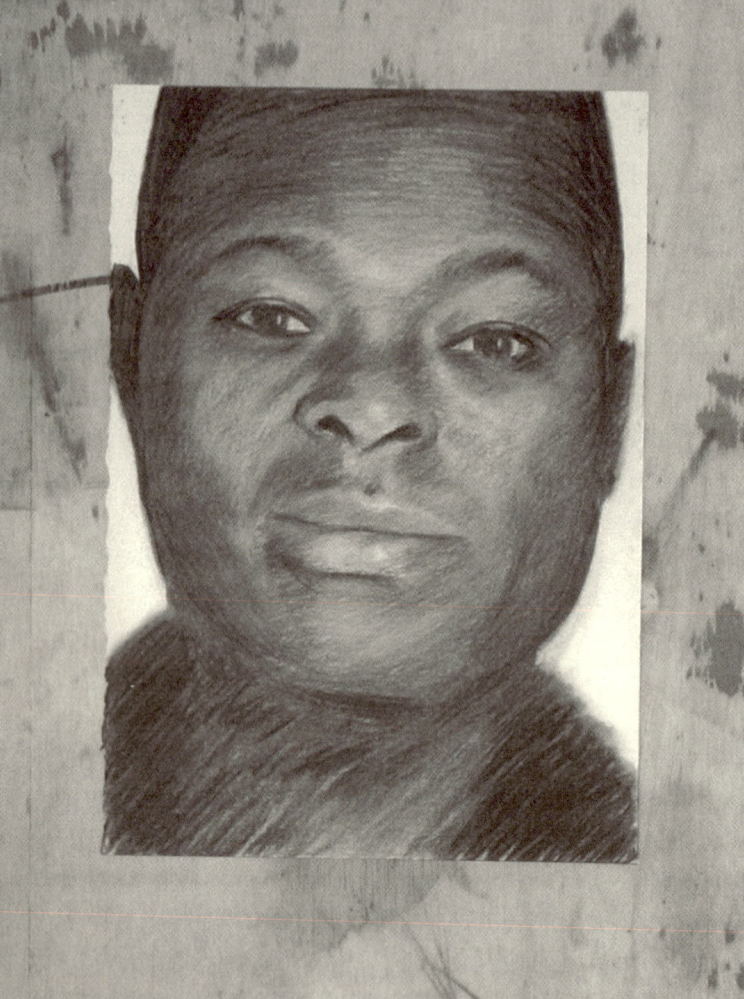

Diébédo Francis Kéré é hoje um dos arquitetos mais celebrados do mundo. Sua história é impressionante. Nascido numa pequena aldeia chamada Gando, no interior de Burkina Faso, aos seis anos foi enviado pela família, sozinho, para a capital Uagadugu, para estudar. Por lá ficou por sete anos, longe da família. Ganhou uma bolsa e foi parar na Alemanha, onde se formou em arquitetura, com o objetivo, sempre em mente, de retornar para seu país e mudar a vida de sua comunidade através da educação, construindo escolas e formando mão de obra que desse seguimento a seu trabalho. Queria que seu povo tivesse a mesma oportunidade que ele teve. E assim foi feito. Kéré voltou para Gando, reinterpretou o modo tradicional de construir e acabou re-ensinando todo um país, todo o continente africano e o mundo que é possível construir com tradição, beleza e sustentabilidade. Hoje ele comanda um escritório internacional com bases na Europa e na África e percorre o mundo recebendo homenagens e prêmios. Essa conversa fez parte da agenda oficial da UIA 2021 e foi sugerida pelos meus colegas Sergio Magalhães e Doica Backheuser, membros da comissão organizadora do Congresso Mundial de Arquitetos que acontecerá no Rio, no qual Francis Kéré será um dos principais palestrantes. Francis se tornou um bom amigo e prometi lhe apresentar ao samba, tão logo ele pise em solo tupiniquim. Com vocês, *monsieur* Kéré...

MIGUEL Em primeiro lugar, eu gostaria que você soubesse que o seu trabalho é fonte de inspiração para muitos jovens aqui no Brasil. Não só o seu trabalho, mas também a sua trajetória. Antes de começarmos, peço gentilmente que nos conte um pouco sobre ela.
KÉRÉ É uma alegria poder falar sobre minha trajetória profissional. Devo dizer que tive muita sorte pela chance de ter cursado o ensino superior na Alemanha. Vindo de uma pequena vila em Gando, ter tido a oportunidade de ganhar uma bolsa, ir para a Alemanha, estudar arquitetura e poder usar nossa profissão para servir ao meu povo — tudo isso me deixa muito feliz. Sou uma pessoa privilegiada. Minha carreira pode ser descrita

brevemente: eu tinha uma intenção muito forte de contribuir de alguma maneira para o desenvolvimento da minha comunidade enquanto estudava. Tanto que resolvi não esperar até me formar e tentar, ainda durante a faculdade, usar o que eu já sabia sobre arquitetura para voltar à minha aldeia e servir ao meu povo através, por exemplo, da construção de uma escola. Foi o que fizemos, e fico muito grato por isso ter tido consequências tão incríveis, por meu trabalho ser tão reconhecido a ponto de me permitir agora conversar com você sobre arquitetura.

MIGUEL E na época em que você estava na universidade em Berlim, já tinha certeza de que voltaria? Voltar a Burkina Faso era o seu projeto de vida?

KÉRÉ Sim. O motivo de ter começado na arquitetura era que eu queria aprender. Adquirir conhecimento sobre design, arquitetura, me tornar um arquiteto, voltar e servir ao meu povo. Honestamente, este sempre foi o meu objetivo, porque era o meu dever. Jamais imaginei que teria um escritório em Berlim e que estaria fazendo todas essas coisas que faço hoje, internacionalmente. Eu queria apenas aprender um pouco sobre engenharia para poder, sozinho, construir uma pequena escola, uma pequena casa, e ficar com meu povo. Era só isso que eu tinha em mente e nada mais.

MIGUEL E a escola primária que você construiu em Gando foi seu primeiro projeto em sua aldeia natal. Hoje, qual é o impacto do seu trabalho em Burkina Faso?

KÉRÉ Sendo do Brasil talvez seja difícil entender o que é para alguém sair de uma aldeia tradicional e voltar. Ir estudar no exterior, voltar e dizer ao povo: "Vamos construir uma escola sozinhos." As pessoas se agrupavam para dizer: "Uau!" Porque, segundo o meu povo, o conhecimento é adquirido com os mais velhos. Um jovem aprende seguindo os passos dos seus avós por toda uma vida. É claro que há o conhecimento obtido na escola, mas um construtor devia ser alguém de idade, com certa vivência, experiência. E de repente chega esse jovem chamado Francis Kéré, que faz parte da comunidade, e diz que quer construir uma escola. Todos se reúnem e de repente você começa a construir.

A primeira resposta foi numa manhã bem cedo. Tínhamos erguido paredes de argila com um metro de altura quando, à noite, veio a primeira chuva, muito forte. No dia seguinte, eu ainda estava dormindo quando ouvi vozes de mulheres no recinto — muitas vozes —, então levantei e perguntei o que estava acontecendo. Ouvi todos rindo e se afastando do lugar, e meu irmão veio me dizer que as mulheres tinham ido me consolar. Porque, na cabeça do meu povo, se você constrói uma casa de argila, e uma chuva forte como a que havíamos tido cai, ela destrói tudo. E na nossa escola... parecia um milagre... as paredes estavam de pé! Você não imagina a emoção.

Deve ser muito difícil para um brasileiro entender isso, já que vocês criaram as obras de arquitetura mais inspiradoras e importantes da história humana! É difícil transmitir para vocês o orgulho que sentíamos de ser parte de algo, de construir uma parede que, simplesmente, naquele momento, suportasse uma chuva forte. Foi como mágica para o jovem arquiteto que eu era.

MIGUEL E para o seu povo deve ter sido difícil entender e perceber que a forma tradicional de construção que pratica há séculos talvez seja a forma mais correta de se construir naquela região. Talvez esperassem que você trouxesse da Alemanha novas tecnologias, e você voltou para construir da forma tradicional.

KÉRÉ Sim. Quando cheguei, eu disse apenas: "Consegui arrecadar dinheiro e assim poderemos construir uma escola." A princípio, todos ficaram orgulhosos. Depois contei que usaríamos argila na construção. As pessoas ficaram em choque. A primeira reação foi: "Francis esqueceu a nossa realidade. Queremos construções modernas, não as feitas de argila. Prédios de argila não suportam a estação das chuvas, por que você quer construir com argila?" Disseram ainda: "Ok, os mesmos alemães que constroem os carros mais eficazes do mundo agora querem nos fazer usar lama — deve ser sabotagem. Os europeus não querem que nos desenvolvamos. Querem que continuemos pequenos, enquanto constroem arranha-céus de concreto." Não foi nada fácil convencê-los, mas consegui, fazendo maquetes, conversando, motivando meu povo. Foi por isso que, depois daquela chuva, todo mundo foi ao canteiro de obras. Eles tinham certeza de que a chuva havia destruído as paredes, mas não destruiu. Ela era sólida, estava de pé, e depois todos acreditaram naquela tecnologia e confiaram que, se realmente queremos nos desenvolver, precisamos construir usando nossas técnicas tradicionais. Nosso material disponível localmente.

MIGUEL E depois desse projeto e alguns outros, o seu trabalho ficou conhecido. Sua prática se internacionalizou. Você administra dois escritórios, um em Berlim e outro em seu país de origem, tem uma equipe em Burkina Faso. Como é trabalhar com culturas tão diferentes ao mesmo tempo? E o que uma ensina à outra?

KÉRÉ Muita coisa. Às vezes, quando pego um avião de Berlim para Burkina Faso, ao aterrissar me vejo em um ritmo em que estou sempre correndo, com pressa. E de repente vejo as pessoas, como elas são confiantes e como são donas de seu tempo. Tempo para fazer as coisas, ou para permitir que as coisas aconteçam. E isso energiza. Ao mesmo tempo me acalma e me permite pensar, olhar para os materiais de forma diferente. E, quando volto a Berlim, acontece o contrário, as pessoas estão sempre correndo e eu estou com aquela espécie de calma e confiança que trago de Gando, onde me permito, simplesmente, experimentar. Uso essas experiências de uma forma otimista, positivista, para enriquecer o meu trabalho ao desenhar, projetar nos Estados Unidos ou em Munique ou em qualquer outro lugar, e é incrível. Você sai do mundo mais desenvolvido, como a Alemanha, e volta para um lugar onde as pessoas estão lutando pelas necessidades mais básicas. Poder transitar por esses dois lugares é muito importante para nutrir o meu cérebro, a minha criatividade.

MIGUEL Deve ser mesmo. A diferença, a diversidade, é a força vital da criação!

KÉRÉ Com certeza. Você conhece essa batalha. Você sabe que, quando as pessoas estão reclamando na Alemanha, elas têm tudo e continuam reclamando. E de repente você aterrissa em Burkina Faso, em menos de 24 horas, e você vê pessoas felizes e orgulhosas porque você ergueu com elas uma parede de argila que suporta as chuvas. Isso é bom para sua alma. É puro alimento para a criatividade trabalhar assim, conviver com duas culturas tão diferentes.

MIGUEL Conhecendo a sua maneira de criar, eu adoraria saber: você prefere desenhar no papel, no computador ou diretamente com um graveto na areia?

KÉRÉ Honestamente, não preciso nem do graveto, prefiro com o dedo mesmo. Na minha aldeia, cercado do meu povo, eu passo a mão na areia e apago tudo, desenho, desenho, passo a mão e apago tudo mais uma vez. E traçamos todos juntos, todos usam os dedos, e então você se dá conta de que as pessoas entenderam que é aquilo que será construído! Você percebe o que é possível e o que não é, guarda aquilo na cabeça e depois coloca no papel, só para confirmar. Eu amo desenhar na areia. E depois desaparece. Se for bom, se for forte, permanece na cabeça. Na sua e na das pessoas. Elas guardam.

MIGUEL Conheci seu trabalho por meio de seu projeto para o Parque Nacional do Mali. Eu sou louco pelo Mali. Nunca estive lá, mas, se me mandassem escolher qualquer lugar para visitar no planeta, definitivamente, eu escolheria o Mali. A Grande Mesquita de Djenné, as falésias de Bandiagara, o povo dogon e, principalmente, Timbuktu, todos aqueles prédios de barro que muito provavelmente inspiraram você... E, alguns anos mais tarde, entrei naquele belo pavilhão azul da Serpentine Gallery, no Hyde Park, em Londres. Na época, não o associei ao seu nome, mas depois me dei conta de que era do mesmo arquiteto do projeto do parque que eu conhecia. O seu projeto para a Serpentine nos acolhia, nos confortava, ao contrário de outros. Eu tento visitar a Serpentine todos os anos, e muitos dos pavilhões apresentavam uma arquitetura agressiva, talvez esteticamente interessante, mas perturbadora. O que você pode nos contar sobre esses dois projetos? O parque e o pavilhão para a Serpentine Gallery?

KÉRÉ O parque foi meu primeiro grande projeto na África e também minha primeira encomenda internacional. Tivemos a sorte de ter um cliente maravilhoso como a Aga Khan Foundation. E eu queria dar um presente ao povo do Mali. O parque é na capital, Bamako. Criamos um gramado verde para a cidade respirar. Preciso reforçar como esse projeto é importante, incrível, porque, depois de tantos anos, você o visita e vê que todos se apoderaram do parque democraticamente: os jovens e os mais velhos, os expatriados e os locais, os conservadores e os progressistas. E eles usam o centro esportivo de várias maneiras, como uma mesquita, como uma academia. O parque é tão versátil que muitas atividades diferentes acontecem lá. É um projeto muito bem-sucedido. Então, alguns anos mais tarde, uma comissão da Serpentine Gallery me encomendou esse projeto em Londres. Preciso admitir que, inicialmente, não acreditei. Não me via capaz de aceitar tamanha responsabilidade.

MIGUEL E a comissão de arquitetura da Serpentine é absolutamente visionária, vai buscar os arquitetos mais promissores em qualquer lugar do mundo, e mistura com assinaturas já reconhecidas. Tem uma visão de excelência!

KÉRÉ Muito obrigado! Quando fui convidado, eu realmente não levei a sério. Simplesmente viajei, fui a Burkina Faso, até minha assistente me ligar e dizer: "Francis, é muito sério. Eles querem que você faça uma proposta." Então, quando recebi aquilo, fiquei pensando novamente em algo que representasse união. Eu queria criar uma estrutura que permitisse encontros, onde as pessoas estivessem juntas. Comecei a pensar em uma grande árvore que tem na minha aldeia, em Burkina Faso, em cuja sombra as pessoas se reúnem, relaxam, conversam... era essa a sensação que eu queria passar. Fiquei feliz de terem gostado da estrutura que projetamos. Usei apenas dois materiais: aço, uma estrutura bem leve, portanto bem econômica, mas também a madeira. Vindo de Gando, tendo a chance de fazer algo assim em Londres, eu quis vestir a minha arquitetura com a melhor roupa possível! Então usei esse azul, que é muito conhecido na minha cultura nos trajes cerimoniais, para pintar a madeira de uma forma muito incomum. Fiquei muito feliz com o resultado. O pavilhão está agora em Kuala Lumpur — a ILHAM Foundation comprou. Eles tiveram uma grande ideia, e me contaram um dia: "Para grande parte do povo da Malásia, a África fica muito longe. Então quisemos trazer a África até eles. Quisemos criar essa espécie de museu com exposições ao redor do seu pavilhão como um presente para o povo da Malásia."

MIGUEL Você acaba de nos contar que esse pavilhão foi inspirado numa árvore. Também sou louco por árvores, árvores grandes e a sua conexão com a ancestralidade e as memórias e simbologia de nossas terras e nossos povos. No Brasil, temos árvores gigantes como ipês e sumaúmas, que são muito importantes para o cotidiano e as religiões dos indígenas. E na África vocês têm o baobá, que inspirou outro projeto seu. Pode nos contar como o baobá inspirou o projeto para o Coachella?

KÉRÉ Os donos do festival nunca viajaram para fora dos Estados Unidos e, quando me procuraram, disseram apenas: "Queremos ir na sua casa ver como você vive, como constrói, ver seu processo de criação e convencê-lo a se juntar a nós. Francis, nós temos esse festival cultural que é muito grande, e queremos usar nosso sucesso para promover a arquitetura. Queremos que você faça um design forte, mas o festival acontece num deserto, e é a céu aberto." Então fiz um croqui preliminar contando a eles que eu tentaria reproduzir um baobá.

No Saara da África Ocidental, você vê o baobá de longe, ele é um ponto de orientação, de referência. Então eu disse: "Ok, vamos fazer isso. Vocês querem ajudar seus visitantes com um ponto de orientação e ao mesmo tempo ter um espaço para encontro, para descanso, um espaço de proteção." Era essa a ideia. Desenhei com minha equipe, eles voltaram até Burkina Faso para ver tudo, e aí entenderam por que eu queria fazer um baobá. E fizemos vários! Foi incrível ver como as pessoas podiam enxergar essas instalações de longe e, de repente, com o sol e a luz, as sombras desses grandes gigantes se tornavam compridas. E você via as pessoas sentadas lado a lado ao longo de toda a sombra. Esses foram meus baobás para o Coachella.

MIGUEL Seu trabalho tem uma assinatura social e política muito forte, e acho que seu maior projeto é um monumento a isso: o Parlamento de Burkina Faso, que está sendo construído. É um trabalho que surgiu após uma revolução popular, que pôs fim a uma ditadura de trinta anos e inaugurou uma nova era de democracia em 2015. Sua arquitetura se tornará um símbolo desse movimento e, emblematicamente, irá abrigar cinquenta grupos étnicos e sessenta dialetos e idiomas sob um mesmo teto. O que mais pode nos contar a respeito desse projeto? Como ele foi concebido?

KÉRÉ Esse projeto tem uma história muito forte. Depois da revolução de 2014 que deu fim à ditadura de Blaise Compaoré, um grupo incendiou o parlamento em Uagadugu porque haveria uma grande reunião com a intenção de mudar a constituição e tornar Compaoré presidente novamente. Há pouco tempo, um grupo de ativistas políticos, artistas, incluindo o renomado Gaston Kaboré, um dos mais antigos cineastas de Faso, me convidou para projetar um novo parlamento. Um parlamento democrático, transparente, acessível, que mostrasse ao mundo uma nova face de Burkina Faso. Eu não podia recusar esse convite. Me senti bastante honrado com o convite, mas achava necessário ousar! Precisávamos ser visionários, provocadores, desenhar um edifício que fosse acessível, franqueado ao povo e que tivesse um terraço que se pudesse visitar. Então forcei a barra ao máximo. O que eu esperava era apresentar aquilo e eles me dizerem: "Ok, você é um sonhador. Não podemos pagar, não queremos isso."

Quando apresentei a maquete, a equipe que me contratou disse: "Não, nenhum governante na África aceitaria um parlamento assim, onde não se tem cercas, onde o espaço é público, onde as pessoas podem subir no teto do edifício."

E sabe de uma coisa? No fundo, fiquei feliz. Pensei: "Ok, acabou." Porque meu problema era que, se eu não aceitasse o convite, eles diriam: "O país está chamando um filho da pátria para criar o projeto, mas ele está famoso e se recusa a contribuir." Aquilo era um problema. Então minha resposta foi esse design. Um design absolutamente inovador, provocativo. Após a primeira reunião ficou claro que seria rejeitado, e fiquei até meio feliz. Depois, tivemos uma reunião com o presidente do Parlamento para apresentar o projeto, e fui animado, pronto para terminar por ali e voltar para a Alemanha, seguir minha vida como estava acostumado: criando, construindo meus próprios projetos em Burkina, sem grandes pressões. E o presidente do Parlamento olhava o projeto com a mão no queixo, olhava mais de perto, verificava tudo em detalhes, e de repente me disse: "Sr. Kéré, eu AMEI o projeto. Mas o senhor devia fazê-lo um pouco mais baixo, nosso país é pobre e não temos tanto dinheiro assim. Fale com nossos técnicos e faça-o um pouco mais baixo."

Eu me recostei e pensei: "E agora?" Quando voltei para a minha equipe, eles perguntaram: "E então, Francis? Estamos livres?" E respondi: "Não, precisamos reprojetar." Mas ele era um político visionário, depois foi a Berlim três vezes conversar comigo e verificar o projeto. Eu quis fazer uma provocação, mas então você se dá conta de que existem clientes que têm essa mesma visão, que estão procurando alguém que seja revolucionário, que dê novas ideias, que traga um sopro de novidade ao mundo ao qual se está acostumado, onde nada é possível. Quando você mostra que é possível, eles imediatamente aceitam. É essa a história. Agora tenho viajado e muitas vezes estou num avião com o ministro das Relações Exteriores ou o primeiro-ministro, e eles perguntam: "Sr. Kéré, quando o nosso Parlamento vai começar a ser construído?" E eu respondo: "O político é o senhor, não eu. Eu sou apenas o técnico." É essa a história dessa construção que, intelectualmente, já é um grande sucesso, pois muitos jovens de Burkina Faso sabem sobre ela, muitos querem se tornar arquitetos por causa dela. Agora já estamos construindo outro Parlamento, no Benim.

MIGUEL Com certeza esse edifício será o símbolo de uma nova era, um lugar onde as pessoas possam se reunir e conversar umas com as outras. É isso que está faltando hoje em dia. E é impressionante como a arquitetura pode representar uma enorme carga simbólica.

Francis, a palavra sustentabilidade é a palavra do momento, mas seu trabalho dá um novo significado a ela e lança luz sobre o princípio mais importante da arquitetura sustentável, que é o respeito ao meio ambiente, a escolha de materiais locais, uma compreensão profunda da arquitetura vernacular, e as soluções que os povos antigos usavam para resolver as mesmas questões que enfrentamos. E você tenta trabalhar quase sempre com mão de obra local, artesãos locais... Está bem claro para todos que a arquitetura mundial também vai passar por essa desglobalização e não teremos mais espaço para as arquiteturas espetaculares depois dessa crise da Covid-19. Precisamos voltar às nossas raízes, olhar para dentro e para nossas próprias almas. Você acha que é o momento perfeito para amplificar essa voz? A voz local, da arquitetura sustentável?

KÉRÉ Acho que você acertou na mosca. A crise do coronavírus abriu nossos olhos. Precisamos buscar soluções locais para problemas globais. O que é um problema global atualmente? Viajar ficou complicado, há conflitos, os países mais ricos estão se fechando para os outros, então como contribuir para todas essas questões? Promover o local. Criar uma arquitetura que possa ser em grande parte realizada localmente, com trabalhadores locais, materiais disponíveis na região, sem desperdícios, sem dejetos; usar isso e empoderar as pessoas. Para mim está bem evidente. Se você não pode viajar e movimentar materiais sofisticados de um lugar do planeta para outro, o melhor a fazer é voltar às raízes.

MIGUEL Exatamente. E os povos antigos fizeram isso por centenas, milhares de anos, atendendo às mesmas questões que enfrentamos: abrigo, sombra, chuva. A globalização criou esse problema, nós importamos muitos programas de fora, como o edifício de vidro que não se encaixa em nosso clima e foi projetado para outro lugar. Outra pergunta: o Brasil e algumas nações africanas são similares em diversos sentidos. Fomos colonizados pelos europeus, passamos por ditaduras, temos uma história de exclusão e desigualdades. Temos os mesmos problemas habitacionais que a África, onde 50% do continente mora em favelas. Também temos nossas próprias favelas e assentamentos informais, sem acesso a água potável e saneamento. No caso da minha cidade, o Rio de Janeiro, nossas favelas não ficam longe ou ao redor dos centros urbanos — elas ficam dentro da cidade formal, o que torna tudo ainda pior, porque as pessoas são cercadas por vizinhos privilegiados, com acesso a toda a urbanidade à qual elas mesmas não têm acesso. Então essas pessoas se tornam meio que invisíveis para o poder público e também para os seus vizinhos.

É preciso abordar e resolver tais questões. Precisamos integrar esses assentamentos à cidade formal, urbanizá-los, levar infraestrutura a essas comunidades, levar autoestima, beleza... É isso que você faz de uma forma maravilhosa, leva beleza às comunidades. Precisamos oferecer a elas cidadania completa. Mas acho que nós arquitetos, urbanistas, e até políticos, não conseguiremos fazer isso sozinhos. Precisamos de pessoas de dentro das comunidades, precisamos trabalhar lado a lado com líderes locais, ensinar, desenvolver arquitetos locais, artesãos, artistas e construtores locais para conduzir, de dentro, essa revolução. Da mesma forma que você fez em Gando. Na verdade, nós precisamos — o mundo precisa — de muitos Francis Kérés. O que devemos fazer para isso acontecer?

KÉRÉ Uma pergunta longa, mas fundamental. O que devemos fazer é ensinar a todos que apenas juntos, unidos, poderemos vencer os desafios que estamos enfrentando. Só poderemos combater as desigualdades se trabalharmos juntos. Então, aqueles que têm devem saber que, se você tem mas seu vizinho não tem nada, existe um conflito. Ou você gasta muitos recursos para proteger a si e à sua riqueza dessa outra pessoa ou você se muda. O que significa ir para longe do seu lugar.

O que devemos enxergar é que, quando o coronavírus chegou, tudo mudou. Se os mais vulneráveis forem afetados, nós também seremos afetados. Pensando em termos de arquitetura, temos que afiar a compreensão de todos de que o planeta é um só. Nós respiramos o mesmo ar. E, para respirar um ar bom, não podemos continuar isolando grandes grupos de nossas cidades na pobreza pensando que vamos viver bem. Isso é um fato. Mas acho que, se quisermos que as coisas melhorem, precisamos incentivar os mais jovens a se engajarem por suas comunidades. Digo isso como alguém que veio de uma pequena aldeia que ninguém conhecia há trinta anos. E, devido à minha pequena contribuição para o bem-estar dessa comunidade, eu a tornei visível. E agora pessoas como você estão me incentivando a contribuir para o mundo, me convidando a falar sobre o meu trabalho para uma das nações líderes em termos de conhecimentos arquitetônicos, o Brasil, e levando a minha voz a um dos lugares mais importantes do mundo.

Se você fala do Brasil em Burkina Faso, todos o conhecem, mais ainda que os Estados Unidos. Há muito tempo o Brasil é o Brasil. Acho que temos que pressionar os jovens a entender que o mundo deles não é limitado à pobreza e que, se eles se erguerem por meio de uma profissão, se tiverem uma chance e acesso à educação e se tornarem arquitetos, eles podem ajudar na resolução do problema que enfrentamos hoje. A crise habitacional, a pobreza. Uma casa boa, uma casa onde você pode ver seus sonhos acontecerem, é um luxo. No entanto, não é preciso muita coisa, às vezes barro, um pouco de água, um pouco de imaginação e suor. Mas precisamos de profissionais. Precisamos de tomadores de decisões que saibam que isso é importante para nossos povos e que permitam que isso aconteça. E que não imponham restrições, mas que trabalhem de mãos dadas.

É uma questão delicada, mas acho que, se incentivarmos os mais jovens a descobrir que existe mais do que apenas estar isolado numa favela, e se eles tiverem acesso a uma educação que possa fazer a diferença, todos, juntos, podemos resolver o problema. Não podemos apenas ficar esperando decisões dos que estão no topo, precisamos assumir o protagonismo e começar por baixo! Quando comecei, riam de mim e perguntavam: "Quem você acha que é, o presidente? Por que é você quem vai construir uma escola, e não o governador?" E eu sabia que era capaz, e tinha alguns amigos que poderia mobilizar, assim como professores que me davam apoio. Nós — você, eu e os outros — temos que afiar o olhar dos jovens para que eles saibam que são capazes, mais do que imaginam que são. Só assim podemos fazer a diferença! Me empolguei, falei demais...

MIGUEL Não, não, perfeito. Na verdade, a História já provou que fizemos construções incríveis nos últimos séculos, ou até milênios, sem homens instruídos. O conhecimento empírico não é algo que podemos abandonar. Algumas grandes catedrais, os templos Khmer no Camboja, as mesquitas de barro em Timbuktu... eles carregam anos de observação, dedicação e trabalho duro de antigas famílias, comunidades e artesãos. O que você está fazendo em Gando, sua aldeia, reflete de certa forma esse conhecimento. Você está ensinando a sua própria família, criando interesse por arquitetura no seu país, incentivando o aparecimento de muitos futuros arquitetos formais. Dando a eles habilidades para que ganhem seu próprio dinheiro, mas, acima de tudo, dando a eles esperança. Alcançando melhorias na sua comunidade, na sua região, e até no país inteiro. Depois de receber tantos prêmios internacionais, incluindo o conceituado Aga Khan, você considera que esse reconhecimento do impacto social e da importância do seu trabalho seja seu maior prêmio?

KÉRÉ O fato de eu ter podido ensinar ao meu povo, ter reunido coragem para voltar à minha terra e dizer "Vamos começar a construir uma escola, vai dar certo", e meu povo ter confiado em mim — este é meu maior prêmio. Porque sem aquela coragem, sem a confiança da comunidade, eu jamais teria alcançado tudo o que tenho feito. Então, para mim, o mais importante é ver como o povo simplesmente confiou em mim e aceitou seguir em frente, dia e noite, carregando pedras, carregando água, para construir tijolos, usando um material que já foi considerado material de pessoas pobres. E construir uma escola de uma forma que renegava a tradicional arquitetura colonial vinda da França, enquanto todos esperavam que eu a construísse com concreto e vidro. E usei apenas vergalhões para fazer o telhado e argila para fazer as paredes. Essas pessoas terem confiado em mim é meu maior prêmio, e o que ainda me sustenta. Enquanto falo com você, eu tenho no mínimo duzentos, às vezes trezentos jovens trabalhando em minhas obras em Burkina Faso, e em breve até em países vizinhos, e eles podem alimentar suas famílias. E estão ensinando outras pessoas. Estamos construindo em Léo, construindo um campus inteiro em Koudougou, a Opera Village ainda está crescendo e, segredo ainda, estou construindo um centro de pesquisas. Agora vamos construir no Senegal. Até nossos clientes, que normalmente, podem ter acesso aos melhores profissionais, só se sentem seguros se tiverem alguém de Gando, da minha equipe, do meu povo lá observando, coordenando. Eles fazem questão. Construímos jardins de infância no Quênia, estamos construindo outro campus em Turkana, na selva do Quênia, e, de lá, estudantes terão acesso ao mercado internacional por terem se tornado arquitetos, designers. Estamos fazendo um museu no Sudão, onde tem a pirâmide mais antiga da História. Mais uma vez me pediram: "Traga sua equipe."

Eles precisavam usar tijolos de argila, e ninguém mais sabia fazer isso. Precisavam dessa técnica ancestral para restaurar o sítio arqueológico de Meroé, as Termas Reais de Meroé, de mais de mil anos. Para mim, essa confiança é a maior recompensa.

MIGUEL Meu caro Francis, eu gostaria de dizer uma coisa antes de terminarmos. O Brasil e a África estão interligados. Nosso país foi moldado por seus antepassados. O melhor de nós vem da sua região, dos seus vizinhos, os antigos reinos de Benim e do Daomé. Eles moldaram nossa cultura, nossas cores, nossa música, nossa dança, nossa fé. Somos irmãos, e agradeço imensamente por sua gentileza, por seu precioso tempo, e por inspirar milhares de jovens em todo o mundo rumo a um futuro melhor e sustentável. Fiquei muito emocionado com essa conversa. *Merci beaucoup, mon ami!*

10 DE AGOSTO · SONIA GUAJAJARA
OS DESAFIOS DOS POVOS INDÍGENAS

Soninha é uma importante parceira de nossa **ONG** e uma das principais líderes do movimento indígena. Já estivemos juntos nas mais diversas ocasiões, inclusive num desfile de escola de samba em 2017, quando a Imperatriz Leopoldinense trouxe para a avenida o enredo "Xingu, o clamor que vem da floresta". Aliás, eu a conheci pessoalmente, pasmem, na Cidade do Samba! No final de 2018, ela esteve num importante jantar na minha casa com grandes nomes do ambientalismo, da cultura e do empresariado e, como é de praxe, se fez ouvir potentemente. Não há limites para o alcance dessa gigante de um metro e meio de altura. Soninha aceitou, na hora, o convite para esta conversa, interessada em amplificar a sua voz e atingir um grupo de pessoas que não faz parte dos seus interlocutores mais frequentes. Essa é a sua missão, fazer o seu tambor ressoar profundo nessa selva de pedra como uma sapopema de sumaúma.

MIGUEL Soninha, a gente já esteve junto algumas vezes, e você sabe que eu tenho um enorme respeito e admiração pela tua trajetória e pelo teu trabalho. Para quem não conhece tanto essa história, é importante dizer que você é coordenadora-executiva da Articulação dos Povos Indígenas do Brasil, a Apib, um movimento que não é só em defesa dos povos originários, mas também da democracia, da manutenção da etnografia brasileira, da proteção das florestas e, sobretudo, uma defesa da Constituição Federal. Os direitos à terra, à saúde e à educação dos povos originários estão claramente expressos na nossa Constituição e muitos políticos se negam a assumir, entender isso.

Você conhece bem a nossa ONG, Uma Gota no Oceano, você é parceira frequente. Quando o Movimento Gota D'Água começou lá atrás, contra a construção de Belo Monte, em 2011, a gente fez a seguinte pergunta nos vídeos exibidos. *"Você acha que ainda existe indígena no Brasil?"* Era uma provocação, uma chamada ao raciocínio. E de lá para cá muita coisa mudou. Eu te chamei aqui pra você contar quais são esses avanços e os retrocessos. Eu falo pra caramba. Você também fala pra caramba. Mas hoje eu me coloco aqui no meu lugar de cala, de escuta e de aprendizado, coisa que todo não indígena devia fazer com frequência. E aí, eu te pergunto: o que é ser indígena no Brasil de hoje?

SONIA Bom, Miguel, eu quero te agradecer também por essa oportunidade de estar aqui, conversando com as pessoas que você conhece, que te seguem, porque nós não temos o mesmo público. Muitos inclusive, talvez nem conheçam o movimento indígena. Outros devem perguntar: "Nossa, você é indígena e fala português?", "Você é indígena e mora na cidade?", "Você é indígena e usa celular?". É comum ainda as pessoas perguntarem isso. O indígena hoje está na aldeia, na universidade, na disputa eleitoral nas três esferas, já saiu das universidades com profissões. Nós temos indígenas advogados, médicos, antropólogos, enfermeiras. E, nesse momento da pandemia, temos muitos indígenas na linha de frente, trabalhando enquanto profissional de saúde.

É claro que é sempre um desafio. É um desafio gigante ser indígena neste país. Primeiro, a gente não tem esse reconhecimento do próprio Estado brasileiro enquanto povos diversos. Uma diversidade de povos, de território, de cultura. Muita gente diz *"É índio"* ou *"É índia"* como se fosse uma coisa só. É muito importante que as pessoas saibam que hoje nós somos 305 povos espalhados pelos 27 estados da federação brasileira e também no Distrito Federal. Falamos 274 línguas diferentes. E temos hoje cerca de 114 grupos de povos que vivem em isolamento voluntário, que não têm nenhum contato com a sociedade, nem mesmo com os indígenas que moram no mesmo território. Um exemplo disso é no meu território, território indígena Arariboia, aqui no estado do Maranhão, que é o povo Guajajara que vive ali, mas tem presença do povo Awá-Guajá, que é um povo que não tem esse contato, nem mesmo com indígena Guajajara do mesmo território.

Então, ser indígena no Brasil hoje é também esse desafio de mostrar que a gente está presente, ocupa vários espaços, e tem essa diversidade de povos e línguas. O desafio é o quê? Que o Estado brasileiro respeite os direitos dos povos indígenas dentro da sua especificidade. Nós temos aí a Constituição Federal que garante o direito territorial dos povos indígenas, que reconhece as formas de organização social própria de cada povo, que garante uma educação e saúde diferenciada. Isso está escrito, está lá bonito, mas dificilmente esses direitos são respeitados, são implementados. Aí, a gente é obrigado a viver constantemente fazendo esse enfrentamento com o Estado para fazer valer esses direitos. Então os conflitos territoriais são enormes em várias partes por conta desse direito originário e que a Constituição reconheceu, escreveu, mas que a ausência desse cumprimento por parte do Estado brasileiro aumenta os conflitos e acaba também gerando muitos assassinatos.

MIGUEL Você quebrou muitos paradigmas e preconceitos ao longo da sua jornada: se formou em Letras e Enfermagem, foi professora, fez pós-graduação, e entrou para o movimento social e para a política. Em 2018, foi candidata a vice-presidente na chapa do Guilherme Boulos. Você é uma voz internacional chamada para dar depoimentos em vários lugares no mundo. Como foi sair da sua pequena aldeia no Maranhão e ganhar o mundo? Quais os desafios que os indígenas enfrentam ao seguir esse mesmo caminho, de sair das aldeias e ir estudar nas cidades grandes e muitas vezes voltando para a aldeia, para ajudar seu povo?

SONIA Quando eu saí a primeira vez da aldeia, eu já tinha 15 anos. De lá para cá, não mudou muito a percepção do brasileiro em relação a essa presença indígena. Essa presença ainda causa muita estranheza. A maioria dos indígenas que sai da aldeia e vai para a universidade é obrigada a conviver com preconceito, com racismo. E aí tem ainda muitos estereótipos que as pessoas carregam por conta da própria história, da forma como a história é contada. A história na escola, ou de forma geral, não foi contada pelos indígenas, foi contada pela versão do colonizador. É isso o que a sociedade conhece. Ainda tratam a gente como os povos do passado. Os índios viviam, os índios comiam, os índios pescavam, os índios andavam nus, usavam penas. Então, é incrível quando você olha que essa narrativa ainda não foi atualizada nos livros de História.

Esse desconhecimento da sociedade sobre os povos indígenas hoje gera esse distanciamento. Muitas vezes, gera curiosidade também. São os dois extremos. Em muitos casos, a pessoa demonstra logo um racismo ali de cara, quando percebe ou quando descobre que você é indígena. Mas, por outro lado, tem pessoas que olham: "Nossa, você é indígena? Que legal! Os indígenas são os verdadeiros brasileiros. Por conta de vocês que a gente ainda tem floresta, tem biodiversidade." São pessoas que têm essa consciência que conseguem trazer esse reconhecimento. Mas é preciso avançar. É preciso que mais pessoas comecem a se aproximar e entender como é o indígena hoje.

Se as pessoas soubessem da realidade indígena hoje e também do que a gente traz de contribuição para o planeta por conta do modo de vida, que protege as florestas e a biodiversidade, talvez as pessoas já tivessem um tratamento natural, espontâneo. Acho que a gente está nesse caminho, já consegue trazer uma gama de pessoas, artistas, ambientalistas que hoje conseguem fazer a luta ambiental conectando com o modo de vida dos povos indígenas. Até pouco tempo atrás, isso não era possível. Tratava a questão ambiental separada da questão indígena. Então, felizmente, graças a essa mobilização, articulação, diálogos, muitas entidades ambientais hoje reconhecem que se não houver essa garantia do modo de vida indígena, não é possível garantir a biodiversidade. Não é possível garantir a proteção ambiental se não proteger os direitos sociais e culturais dos povos indígenas.

MIGUEL É um movimento socioambiental. Você falou muito dessa vanguarda da luta, e o movimento indígena, historicamente, foi liderado por homens. Nos últimos anos, muitas vozes femininas têm emergido como porta-vozes das pautas indígenas e você faz parte desse movimento de vanguarda, do qual também fazem parte Joênia Wapichana, a primeira indígena a ocupar uma cadeira parlamentar; Nara Baré, a primeira mulher na frente da Coiab (Coordenação das Organizações Indígenas da Amazônia Brasileira); Alessandra Munduruku; e Célia Xakriabá. Vocês, como indígenas e como mulheres, enfrentaram resistência fora das aldeias — na política, na vida pública? E dentro do movimento indígena?

SONIA Curiosamente, Miguel, tem morrido nessa pandemia muito mais homens do que mulheres indígenas. São perdas irreparáveis. Principalmente porque os nossos anciãos e anciãs têm morrido nesses últimos dois meses numa velocidade absurda. São exatamente esses os guardiões do conhecimento, da cultura, de grande sabedoria. Que são responsáveis por passar isso tudo para garantir a continuidade da nossa identidade e da nossa cultura. Então, é um momento bem desafiador, e bem triste, que a gente tá passando.

Então, Miguel, claro que o Brasil é patriarcal. E nós, indígenas, herdamos muito essa herança colonial. Não tem como negar isso. Muitos povos hoje também têm essa cultura, não permitem de forma alguma a participação das mulheres nos espaços de decisão, nos espaços de liderança. E aos poucos a gente vem rompendo isso. A gente vem conseguindo ultrapassar essa barreira. Até porque muitas coisas que são dadas como cultura não é nada mais, nada menos do que esse machismo herdado dessa herança colonial mesmo. Foi impregnando e incorporando em vários povos. Mas a gente vem mostrando que cultura nenhuma pode permitir machismo e opressão. Cultura nenhuma pode permitir violência e subserviência. E aí a mulherada vem assumindo essa linha de frente em várias lutas, trazendo esse protagonismo. Você falou bem aí da Joênia, primeira mulher indígena a ocupar uma cadeira no Congresso, da Nara, primeira mulher indígena a liderar a Amazônia brasileira. A juventude também está chegando com muita força.

MIGUEL A resistência e a existência dos povos indígenas no Brasil são permeadas por problemas crônicos. Vocês precisam lutar muito ainda para fazer valer a lei, a letra da Constituição, e encaram todas as ameaças que a questão territorial envolve: invasões, mineração, os grandes empreendimentos hidrelétricos. Além disso, hoje enfrentam e são afetados especialmente por essa pandemia, porque têm maior vulnerabilidade. Qual é a realidade da devastação causada pela Covid-19 hoje nas aldeias? Você, inclusive, está compilando esses dados. Isso é responsabilidade da Apib.

SONIA É um cenário desolador porque a Covid entrou nos territórios indígenas de forma avassaladora e já chegou em todos os estados brasileiros. A região Amazônica foi a primeira a ser mais impactada, porque a quantidade de pessoas infectadas é muito maior, e também foi a região onde teve, inicialmente, o maior número de óbitos. Então, a gente ficou olhando para a Amazônia e considerando grave, mas também considerando grave o lugar que tem uma só pessoa contaminada, porque a gente sabe que esse vírus é totalmente desconhecido para o mundo inteiro. A cada momento, ele apresenta grandes mudanças. O fato é que é um vírus que se espalha muito rápido e de forma muito fácil. E o vírus impede o contato. Então isso para nós indígenas é muito complicado. A gente é muito próximo, tem rituais em que você precisa estar ali abraçado, de mãos dadas, estar toda hora ali junto. O próprio modo de vida dos povos nas aldeias é compartilhado. A nossa dormida é junto, as casas também são casas comunitárias. Então, tudo isso facilita muito a propagação desse vírus com mais intensidade.

E aí, a ausência de uma política pública efetiva que garanta essas orientações e essa estrutura para o atendimento de saúde, o atendimento preventivo, as condições das medidas de proteção, todas essas ausências fazem com que essa contaminação só cresça. Foi exatamente isso que aconteceu. A ausência dessas ações de competência do poder público dentro dos territórios fez com que a gente chegasse nesse cenário de já ter 23 mil indígenas infectados em todo o Brasil — considerando aqueles que tiveram acesso aos testes. Esses são os dados apurados pela Apib. Nós temos o Comitê Nacional pela Vida e Memória Indígena que faz essa apuração diária e a sistematização dos dados.

A gente está chegando, com muita tristeza, perto dos 700 indígenas mortos. É um aumento absurdo. Quando você olha o final de junho e o início de agosto, vê um crescimento quase triplicado. A letalidade entre os povos indígenas já está correspondendo a três vezes mais do que a média na população geral. Então, é uma situação realmente grave.

MIGUEL Vocês conseguiram, no final de junho, protocolar no STF uma arguição de descumprimento de preceito fundamental, uma ADPF. Foi um recurso Constitucional para exigir que o governo federal adote medidas efetivas de enfrentamento à Covid nos territórios indígenas, e que foi atendido pelo STF. Esse movimento teve desdobramentos inéditos e, nessa semana, uma reviravolta, com o garimpo sendo deixado de fora da proteção do STF, e o suposto apoio do ministro Salles aos garimpeiros. Você pode explicar melhor esse cenário?

SONIA É porque cada um entende como quer. Claro que eles querem dizer ali que eles não têm essa obrigação de sair de lá. Mas a exploração de minério e o garimpo, de qualquer forma, já são proibidos. Não pode. Então quem está praticando garimpagem lá, já está ilegal. Tem que sair. Então, o que o STF disse não foi exatamente "O Estado não tem que tirar", mas que o Estado brasileiro tem a obrigação de remover esses invasores, mas a qualquer tempo. Não deu essa obrigatoriedade com urgência, porque já é uma obrigação da União retirar os invasores. Então ela pode fazer isso de forma gradativa, contínua, a partir de agora e a qualquer tempo.

E aí é claro que o Ministro se empossou desse conceito que ele criou, desse entendimento da decisão e aí foi lá fortalecer o garimpo ilegal, fortalecer os garimpeiros em detrimento da proteção dos territórios. Em detrimento de garantir o direito daqueles indígenas que são contra o garimpo. Ele pega e traz cinco, seis indígenas para poder dizer: "Olha, os indígenas são a favor do garimpo." Mas o que ele traz ali é uma amostra! É claro que a grande maioria é totalmente contra essa extração de minério, contra o garimpo dentro dos territórios indígenas. Eles estão tentando mostrar de qualquer forma que os indígenas defendem o garimpo. O que não é verdade. O Bolsonaro fez a mesma coisa. No ano passado, pegou alguns indígenas, colocou na foto com ele, levou pra ONU, levou pro Palácio do Planalto, pra dizer que os indígenas apoiam o seu governo. Pra dizer que os indígenas querem o agronegócio. É uma mentira. Quem quer é ele.

Quando o Bolsonaro assumiu, ainda no começo do ano passado, a gente já dizia: "Olha, esse governo vai usar dessa estratégia de provocar o confronto." O que vai querer mesmo é resgatar essa estratégia da Ditadura Militar e provocar o divisionismo. E claro, é isso que ele está fazendo. Está enganando as pessoas. Fica enganando a consciência das pessoas, provocando essa briga, essa intriga.

Mas é preciso a gente esclarecer que a maioria dos indígenas do Brasil é totalmente contra o garimpo, contra as monoculturas e contra essas atividades do agronegócio, que a gente sabe que só pressionam cada vez mais os territórios e acabam com toda a riqueza, a biodiversidade, além de alterar totalmente o modo de vida dos povos indígenas.

O que fica é esse rastro de destruição. O garimpo das décadas de 1970 e 80, no Mato Grosso, em Rondônia, Roraima deixou só prejuízo. E consequências como prostituição infantil, alcoolismo, doenças, contaminação das águas. É o que fica do garimpo. É o que a gente conhece. E é por isso que a gente não concorda e vamos continuar pressionando todo esse Governo para que não aprove essas medidas. E continuar chamando a atenção da sociedade.

Será que de fato a sociedade não pode oferecer nada de apoio para a gente, com toda essa contribuição que a gente dá? É preciso que a sociedade entenda o que está acontecendo e se posicione. O prejuízo está ali diretamente para nós, mas chega para todo mundo. Os impactos, com certeza, são drásticos para a população como um todo.

MIGUEL Você falou uma coisa importante. Porque os cientistas afirmam que essa pandemia está diretamente ligada à degradação do meio ambiente: o tráfico de animais, a expansão demográfica desenfreada, a expansão dos campos também sobre as florestas. Os não indígenas têm uma percepção muito distante do meio ambiente, embora ele regule a vida de todos, em escala global. O que significa para vocês a floresta e a biodiversidade?

SONIA Para nós, não é possível existir a vida indígena e o mundo inteiro se não existir essa biodiversidade, se não existir a floresta.

Quem está na cidade, que nunca foi numa aldeia, que nunca foi em um quilombo, que nunca foi nem em uma área de floresta, acaba levando a sua vida achando que a cidade é autossuficiente. Que a cidade garante tudo o que ela precisa. Tem gente que não tem noção de que a sua vida depende da floresta em pé, desses territórios que estamos lutando para proteger.

Qual é o sentido da floresta? A floresta é vida, é cultura. Para os nossos rituais acontecerem, precisamos de água, tem que ter ali um riacho, a floresta. Nos nossos rituais, a gente canta e esse canto se refere aos animais que vivem ali na floresta, às plantas, ao sentido dessas plantas, desses animais, da água, da terra para a gente. Se a gente perde tudo isso, não consegue manter o nosso ritual, a nossa identidade.

De onde vem a água que chega para todo mundo? De onde vem o ar que chega para todo mundo? A gente tem a consciência de que é tudo um conjunto — o cosmos, a água, a terra, o solo, as árvores, a floresta. Mas muita gente acha que isso tudo está desconectado, que a água que está lá na casa, nas grandes capitais, vem diretamente da caixa d'água. "Ah, acabou a água, eu compro uma garrafa de água mineral e pronto. Está resolvido."

Eu me lembro demais da gente falando dessa preocupação com o meio ambiente no início do governo Bolsonaro, que ele ia autorizar essa exploração, e gente que parecia de alto conhecimento, alta sabedoria... Sabedoria, não! Conhecimento. Sabedoria é para pouco, dizendo: "Ah, se o negócio aqui piorar muito, eu vou mandar meus filhos para a Europa", "Ah, se isso começar mesmo aqui, eu vou embora". O prejuízo pela destruição não vai ficar só para nós lá na aldeia, vai chegar no mundo inteiro.

Vai chegar na Europa, vai chegar nos Estados Unidos. Não tem potência econômica no mundo que se sustente se não garantir a proteção ambiental. Ainda continuo: não há proteção ambiental sem essa garantia das culturas e dos modos de vida dos povos indígenas. Então, nossa relação é essa. É de respeito, de harmonia e, principalmente, de vida.

MIGUEL Soninha! Eu queria te agradecer pelo seu tempo. Sei que foi um dia complicadíssimo pra você. Obrigado por conversar com a gente, obrigado pelo seu trabalho e continue forte nessa liderança! Um beijo enorme.

SONIA Valeu, Miguel. Beijão. Tudo de bom. Estamos juntos. Essa luta é nossa!

TASSO AZEVEDO

13 DE AGOSTO

PRESENTE, PASSADO E FUTURO DA AMAZÔNIA

Tasso Azevedo é hoje uma das principais referências em se tratando de meio ambiente. O conheci através de nossa Uma Gota no Oceano, da qual ele também é parceiro constante. Tasso é engenheiro florestal, consultor e empreendedor social em sustentabilidade, floresta e clima. É também coordenador do sistema de estimativa de emissões de gases do efeito estufa do Observatório do Clima e do projeto de mapeamento anual da cobertura e uso do solo no Brasil, o Mapbiomas, uma das nossas principais ferramentas de monitoramento. Ele estruturou o Fundo Amazônia, tão comentado e discutido ultimamente, e foi fundador e diretor executivo do Instituto de Manejo e Certificação Florestal e Agrícola, além de diretor do Serviço Florestal Brasileiro. Por causa desta conversa e de nossa afinidade de pensamento, escrevemos juntos um artigo de opinião que foi publicado recentemente na imprensa.

MIGUEL Bem-vindo!

TASSO Prazer em falar com você.

MIGUEL Tasso, você coordena uma ferramenta fantástica que acompanha o desenvolvimento do território brasileiro e principalmente mapeia o desmatamento. O Mapbiomas inclui dados de cobertura e uso do solo desde 1985. Como funciona esse mapeamento e o que essa iniciativa revela sobre a história dos nossos biomas nas últimas três décadas?

TASSO O Mapbiomas é uma iniciativa que começamos em 2015. Nós reunimos um grupo de ONGs, universidades, empresas de tecnologia e startups com o objetivo de contar a história da ocupação do território, ou seja, como o território brasileiro vem sendo transformado ao longo do tempo. Para fazer isso, misturamos a ciência do sensoriamento remoto por satélite com outras tecnologias. O satélite capta uma série de assinaturas espectrais, nós pegamos essas informações e usamos instrumentos de inteligência artificial, aprendizado de máquina, e treinamos algoritmos que conseguem isolar cada pixel dessas imagens que o satélite faz e classificar qual é o uso da terra ou qual a cobertura do solo que temos em cada lugar do Brasil.

Então, eu pego aquele pixel de 30 × 30 metros, que é o tamanho do pixel do satélite, e digo: "Esse pixel aqui, em 1985, era floresta. Aí ele continua floresta. E, em 1991, foi desmatado e virou pasto". E seguimos acompanhando os outros anos: "Depois, em 2003, virou cidade ou virou agricultura".

O Brasil tem 9,5 bilhões de pixels de 30 × 30 metros e a gente conta a história de cada um deles. A ideia é ter uma espécie de máquina do tempo em que se pode navegar, dar zoom, ir para qualquer lugar e navegar no tempo para conhecer a mudança do território. Isso tem várias aplicações, obviamente. A partir do que retiramos de lá, por exemplo, temos uma boa noção de quanto do Brasil é um ambiente natural e quanto é um ambiente antropizado. Então, lá pelo ano de 1985, 80% do Brasil era constituído de ambientes naturais e 20% de ambientes antropizados: cidades, agricultura, pecuária e tal. Hoje, estamos em cerca de 33% de ambientes antropizados e um pouco menos de 70% de ambientes naturais. Depois, podemos entender como é o desmatamento, quanto temos de recuperação de áreas degradadas, e assim vamos acompanhando.

Temos seis biomas, seis grandes regiões: a Amazônia, o Cerrado, a Caatinga, o Pantanal, a Mata Atlântica e os Pampas. Hoje, a Mata Atlântica é o bioma que tem o menor porcentual de cobertura de vegetação nativa, cerca de 29%, 30%, sendo menos de 10% de vegetação original. Tem muita coisa que já é vegetação que veio crescendo depois. E o Pantanal é o que ainda tem a maior proporção de vegetação natural: próximo de 90%. A Amazônia, por exemplo, tem 86% de cobertura de vegetação nativa. Quase 20% já foi desmatado, algumas partes já se recuperaram. Essa é a trajetória que estamos percorrendo.

Isso nos ajuda a entender como se dá a ocupação dessas áreas que são convertidas. E aí há uma série de histórias importantes. Entendemos, por exemplo, que a maior parte das áreas que a gente desmata na Amazônia não vira área de uso intensivo, bem efetivo, como mineração, cidades, agricultura de alta produção. A maioria das áreas vira pasto de baixíssima produtividade ou é abandonada. Quer dizer, desmata-se e a área é abandonada porque se degradou. E ela está em recuperação, lentamente se recuperando para se converter de novo em vegetação nativa.

Então, é essa sensibilidade que a gente quer ter. Tudo isso tem impacto no clima. Quando se desmata, aumenta-se muito a emissão de gases do efeito estufa. Quando ocorre o contrário, muita área em regeneração, aumenta-se a quantidade de carbono capturada, o que é bom para o clima.

MIGUEL Falando agora um pouco do que está acontecendo. Do ano passado para cá, você escreveu uma coluna em *O Globo* cujo título era: "O pior do fogo pode ainda estar por vir". Nesse texto, você comentava que as queimadas da Amazônia haviam batido recordes em relação ao ano anterior e que esse ano em que estamos, 2020, poderia ser ainda mais devastador.

Agora a floresta volta a repetir recordes negativos de queimadas. Estamos numa escala sem precedentes... Que fatores da nossa política ambiental te deram essa certeza?

TASSO Olha, quando eu escrevi esse artigo, em meados do ano passado, a gente estava realmente observando que o desmatamento tinha aumentado muito. O principal vetor para as queimadas na Amazônia é o desmatamento. O fogo não começa na floresta, até porque a floresta não pega fogo naturalmente na Amazônia. Evento natural com fogo na Amazônia é assim: um em quinhentos anos. Esses eventos acontecem basicamente porque alguém está colocando fogo, seja para fazer cultivo agrícola, preparar o solo, seja para finalizar o processo de desmatamento.

O que estávamos vendo em julho do ano passado era um recorde de incêndios fora do período em que normalmente temos mais fogo — agosto e setembro. Como o desmatamento tinha sido estupendo em julho, esse material ia ser queimado provavelmente em setembro e outubro. Na época, eu escrevi o artigo propondo que fosse feita a moratória do fogo na Amazônia, o que é uma medida extrema. Em setembro ela foi realmente implementada. Foi a primeira vez que se fez uma moratória para a Amazônia inteira. E o que aconteceu em setembro foi um dos menores índices de fogo na série histórica desse mês, ao contrário de agosto, quando houve um recorde em termos de quantidade.

Mas acontece que o material de todo aquele desmatamento que aconteceu continuou lá. O combustível continuou lá. Para ter fogo, basta três coisas: clima seco, material combustível para pegar fogo e a ignição — alguém precisa ir lá e botar fogo. Então, a situação que temos agora é essa: todo o material do ano passado que não foi queimado segue lá para queimar. Mais o que foi desmatado nesses últimos meses. Vale lembrar que até maio e junho desse ano já eram quinze meses de recorde de desmatamento acumulados. Inclusive o pessoal do Ipam (Instituto de Pesquisa Ambiental da Amazônia) fez um estudo recente mostrando que há muito material acumulado para queimar. E se o pessoal colocar fogo, não tem jeito. Nós temos a situação que estamos vendo agora.

E o mais grave para agora, Miguel, é que fogo é fumaça. Um dos problemas crônicos que temos a partir do fogo é o problema de saúde. Todos os anos, a gente vê isso...

É a mesma coisa aqui em São Paulo, quando havia o fogo na cana. A Fiocruz tem vários estudos que mostram picos de doenças respiratórias todos os anos, quando chega nessa época do fogo. Ocorre o mesmo na Amazônia. Acre, Mato Grosso, Manaus mesmo, Porto Velho, Rondônia são regiões onde tem alta incidência de doenças respiratórias, inclusive de morte, especialmente de crianças e dos mais idosos na época do fogo. Se juntamos isso com a Covid-19, é o fim do mundo. E estamos vivendo isso agora. Se você ver as fotos de Cuiabá hoje de manhã, é inacreditável! Parece um *fog* londrino, tudo fechado.

Agora, o que nós estamos vivendo é o seguinte: em 15 de julho se assinou um decreto que proíbe queimadas em todo o Brasil por 120 dias. Mas ele não teve efeito. Quer dizer, a trajetória do fogo continuou, assim como o desmatamento. E eu acho que isso é uma responsabilidade do presidente da República. Especificamente nesse caso tem que se dizer isso. Por quê? No mesmo dia em que ele assinou o decreto para ter o embargo do fogo, ele fez uma live criticando o decreto. Dizendo que não tem problema de fogo, que não precisa de decreto. Como pode um presidente da República, que é quem tem a responsabilidade de garantir que a gente não agrave o problema que já existe, faça essa crítica... É desproposital. Não tem nenhuma razão para ele fazer essa crítica ao decreto que ele mesmo assinou. Isso gera descrédito.

MIGUEL A situação está complicada. E esses sistemas de monitoramento, que são uma tecnologia de ponta, também são alvos frequentes de críticas por parte do presidente, do vice e do ministro do Meio Ambiente. Em 2019, Ricardo Galvão, o diretor do Inpe, foi exonerado depois que o Bolsonaro discordou justamente dos dados do desmatamento. Na semana passada, o vice-presidente Mourão teve uma postura semelhante. Quando são confrontados com os dados do crescimento da devastação, eles normalmente dizem que os sistemas de monitoramento não são os melhores no Brasil, quando, na verdade, os nossos sistemas servem de base para vários institutos de pesquisa no mundo todo.

Em que medida essa postura negacionista também em relação a esses sistemas contribui para aumentar os desmatamentos e as queimadas?

TASSO Os sistemas de monitoramento do Brasil são o *benchmarking* do mundo. Nenhum país, especialmente países tropicais, tem tanto monitoramento do desmatamento e do fogo como temos aqui. O portal de fogo do Inpe é um negócio sensacional, superorganizado. Dados diários e fáceis de acessar. Às vezes tem dados mais de uma vez por dia sobre fogo. Então, não temos problemas nesse campo para olharmos o panorama.

Temos um problema de ação para evitar o fogo ou combatê-lo rapidamente. Se quisermos apagar um fogo rapidamente, temos que identificá-lo nos primeiros quinze minutos. Isso não se faz com satélites, mas com torres de monitoramento. É outra tecnologia. Empresas florestais têm isso. É uma torre onde fica um sujeito com binóculo, procurando foco de incêndio.

Mas no Brasil também há coisas incríveis de tecnologia, como uma startup que eu conheci recentemente que substitui as torres. E hoje existe uma tecnologia para que não se precise fazer uma torre tão complexa, mas apenas uma torre simples, com uma câmera em cima. A própria câmera tem um sistema de inteligência artificial que consegue localizar fogo e dar o aviso. Aí rapidamente você pode ir lá e apagá-lo. Depois que passou meia hora, uma hora, o fogo se alastra e é muito mais difícil.

Para o desmatamento, também temos dados muito bons. O Inpe dá informações de desmatamento todos os dias para os órgãos de governo e publica semanalmente para o público. Nós mortais recebemos dados do Inpe todas as semanas. Na sexta-feira, às oito da manhã, você entra no site do Inpe e está lá a informação do desmatamento na Amazônia e no Cerrado.

O problema é transformar essa informação que o Inpe nos dá em ação. Identificamos isso algum tempo atrás. Em 2018, fizemos um exercício para entender esta questão: se tem tanto serviço de monitoramento no Brasil, por que não transformamos isso em ações? Para se ter uma ideia, em 2018, foram 150 mil avisos de desmatamento no Brasil, nos vários sistemas. Menos de mil resultaram em ação concreta. Quer dizer, um relatório detecta o desmatamento, então o nosso problema não é saber onde ele está, mas agir a respeito.

Fizemos um trabalho junto com o Ibama em 2018, que está em pleno funcionamento hoje, que chamamos de Mapbiomas em Alerta. Pegamos todos esses indícios de desmatamento, damos um zoom nele com imagens de alta resolução (três metros de resolução), procuramos uma imagem antes e depois do desmatamento e geramos uma imagem como a foto da placa do carro que cruzou o sinal vermelho, sabe? Não tem como dizer: "Não fui eu, não". "Foi você. Está aqui a placa. Está aqui a velocidade." Fazemos a mesma coisa para o desmatamento. Geramos um relatório e o disponibilizamos na internet. Hoje, já temos na plataforma 74 mil relatórios em um ano e meio de funcionamento do projeto. Então, o que é preciso fazer? Transformar isso em ação.

Recentemente fizemos uma apresentação para o Conselho da Amazônia, que o vice-presidente comanda. Ele não estava presente, mas apresentamos para os técnicos todos: "Está aqui disponível, é gratuito, o relatório está pronto. Você não precisa fazer um relatório, não vai gastar seis horas fazendo cada relatório. Você pega o relatório pronto e aplica. A gente está dizendo aqui, inclusive, se tem indícios de ilegalidade ou não". Mas a questão é que a vontade de fazer, de transformar esses indícios em uma efetiva penalização, não está presente.

Temos um problema de vontade política de resolver o problema. E isso a gente vê nas mensagens muito contraditórias que são dadas. O ministro vai lá nos mundurucus para acompanhar uma operação do Ibama. Aí se monta uma cena em que os garimpeiros e os índios pedem para não fazer mais a operação, volta para Brasília e suspende a operação. Que sinal foi dado? O sinal tem que ser inequívoco. Não importa quem está fazendo mineração em terra indígena. É ilegal! Tem que acabar. Tem que destruir as máquinas. Então, esses sinais é que não podem ser trocados, como acontece agora.

Como eu disse, o monitoramento não é o nosso problema, o nosso problema é realmente de tomada decisão. Aliás, entre 2004 e 2012, o desmatamento no Brasil caiu 80%. Na época, os sistemas de monitoramento eram muito menos sofisticados do que os que temos hoje e foi possível reduzir o desmatamento. Por que agora não conseguiríamos?

MIGUEL Esse dado do desmatamento entre 2004 e 2012 foi assunto de um recente artigo seu na *Folha de S.Paulo*, assinado com o Luiz Fernando Guedes Pinto. E você faz uma comparação com os dados da fome, uma vez que tanto a fome quanto o desmatamento sofreram uma queda razoável nessa época, em razão de políticas públicas articuladas para atacar os problemas. A partir de 2015 e 2016, tanto a fome quanto o desmatamento voltaram a crescer. E aí vem a questão da falta de vontade política. Por que essas políticas, tanto de erradicação, diminuição da fome, quanto do desmatamento, foram tão enfraquecidas apesar do seu êxito histórico num período de quase dez anos?

TASSO O que a gente aponta nesse artigo mostra uma coincidência importante. O desmatamento caiu 84% e a pobreza extrema caiu cerca de 82% num período muito coincidente. Então, é perfeitamente possível você reduzir o desmatamento, cuidar melhor do ambiente, e reduzir, ao mesmo tempo, a pobreza.

E por que é importante dizer isso? Um argumento historicamente usado é o de que desmatamos porque precisamos nos desenvolver. Achávamos que isso estava no passado, mas aí, este ano, o Paulo Guedes, nosso ministro da Economia, foi extremamente infeliz ao dizer em Davos que desmatamos porque ainda somos um país pobre e precisamos desmatar. O Brasil já estava mal na fita porque era um evento que praticamente só discutia o tema ambiental e não estávamos representados nas discussões.

E os dados mostram hoje que, pelo contrário, podemos fazer as duas coisas, combater a pobreza e o desmatamento ao mesmo tempo. Isso tinha que estar muito claro para um economista. Aliás, outro estudo bem interessante que foi publicado, creio que pela PUC, mostra como o agronegócio lucra na Amazônia ao mesmo tempo que o desmatamento cai.

O último período de crescimento do PIB no Brasil também coincide exatamente com o período de redução do desmatamento. E esse crescimento acaba lá por volta de 2012, 2013.

MIGUEL E não é coincidência, são números realmente correlatos.

TASSO Então, essa ideia de que você desmata para poder se desenvolver é uma falsa ideia. A gente não está nesse estágio no Brasil.

MIGUEL Não só falsa como é uma ideia colonial, antiga.

TASSO Também é interessante que, se estamos expandindo, indo para novas fronteiras para desmatar, é preciso gerar nova infraestrutura. Ou seja, ao usar melhor as áreas que já estão desmatadas, também aproveitamos melhor a infraestrutura existente ou investimos nessas infraestruturas em lugares onde elas já estão. Então é por isso que se sugere usar as mesmas áreas de forma mais intensiva, porque isso significa usar melhor os ativos que se tem. É mais ou menos como você ter uma fábrica e organizá-la para que ela possa produzir mais dentro do mesmo *footprint* da fábrica, do escritório ou de qualquer área de produção.

MIGUEL Tasso, você trouxe uma imagem muito interessante, que tem um espelhamento na minha área, o urbanismo. O avanço na floresta, e essa busca de novas superfícies para a pecuária ou a agricultura, pode ser interrompido maximizando a produção agrícola em áreas já desmatadas. O mesmo acontece nas cidades. Há um expansionismo territorial predatório, a cidade vai avançando agressivamente sobre territórios, muitos deles em áreas verdes, e então é preciso dotar esses novos territórios de uma infraestrutura cara. Quer dizer, é uma conta que não fecha. E nesse processo, vão-se abandonando as áreas já estabelecidas, os centros das cidades, por exemplo. O próprio programa Minha Casa Minha Vida incorre nesse erro. São construídas milhares de residências em regiões completamente distantes dos locais de trabalho, que não são dotadas de infraestrutura, de transporte eficiente, e isso começa a gerar um monte de disfunções urbanas. Na floresta, pelo visto, acontece a mesmíssima coisa.

TASSO Alguém me disse uma vez — você deve saber disso melhor do que eu — que a quantidade de unidades habitacionais desocupadas no centro de São Paulo, degradadas e tal, seria mais do que suficiente para suprir o déficit habitacional.

MIGUEL É isso aí. O mesmo acontece no Rio de Janeiro.

TASSO: O certo seria recuperar. Já tem infraestrutura, já tem metrô.

MIGUEL Exatamente, mas aí tem, no urbanismo, uma lógica do mercado, da economia liberal. Tem que haver a presença do Estado nessa regulação, na promoção dessa recuperação, dessa regeneração. Não digo nem que sejam necessários recursos, mas ordenamento. A cidade liberal é cruel, é capaz de gerar ineficiência e iniquidade. Essa pandemia está trazendo muitas dessas questões à tona, tanto no meio ambiente quanto nas cidades.

TASSO E o outro lado é que a gente ainda olha para a floresta como sendo uma área não produtiva, quando ela é absolutamente produtiva. A floresta provê serviços, é de tal modo valiosa que a gente não consegue nem quantificar.

MIGUEL Tasso, eu me considero um ateu praticante, mas, se me permitisse ter uma religião, seria um "hararista". E aí, eu queria falar sobre o *Sapiens*, o brilhante livro do Yuval Harari. Segundo ele, a chegada dos humanos a diferentes regiões sempre foi seguida de uma extinção em massa de parte da fauna e da flora locais. Essas situações foram tão comuns que o Harari classifica o humano como um *serial killer* ecológico. Obviamente, não podemos mudar o que os nossos ancestrais fizeram, mas acredito que é possível alterar o que estamos fazendo. E hoje fazemos de uma maneira muito mais violenta e com consequências muito mais drásticas do que foi feito antes. Como você acha que a raça humana pode mudar sua relação com os recursos naturais para que a gente não só não repita os erros do passado, mas possa também evitar mais uma extinção?

TASSO Eu adoro os livros dele, especialmente as relações que ele faz, como, por exemplo, a forma como a gente se organiza ou não se organiza ao longo do tempo. Mas uma coisa que eu acho importante é que a gente teve, sim — e tem até hoje —, um quantitativo enorme de populações que conseguiram conviver e viver com os recursos naturais de uma forma bem mais harmônica. Vou dar um exemplo bem mais próximo e óbvio para a gente. A primeira vez que a gente fez monitoramento de perda de área florestal na Amazônia foi em 1975. Aliás, a razão por que se pediu ao Inpe esse levantamento não era nem saber quanto estava desmatado, por algum problema de conservação e tal. Era o contrário. Havia problemas de ocupação da Amazônia e eles precisavam saber se o pessoal estava ocupando mesmo. Algo como: "Vê lá se eles estão desmatando mesmo".

MIGUEL Durante a ditadura militar, que tinha esse projeto expansionista.

TASSO E, lendo esses relatórios, vemos que, em 1975, foi estimado que a Amazônia tinha 0,5% de área desmatada. Meio por cento, em 1975. Em 1988, quando foi feito o segundo levantamento, se estimou que, entre 1985 e 1988, já tínhamos 5,6% de área desmatada. E hoje nós estamos próximos de 20%. Quero dizer o seguinte: a Amazônia tem uma história de ocupação humana de pelo menos 8 mil anos. Em 8 mil anos de ocupação, geramos 0,5% de desmatamento. E, depois, em quarenta, cinquenta anos, geramos 20%. É um problema de ocupação humana mesmo? De que, onde o homem chega, isso fatalmente vá acontecer? Ou tem algo a mais acontecendo aí?

Eu acho que a gente precisa entender um pouco mais sobre como funcionam, por exemplo, as nossas populações indígenas. Se olhamos o mapa de ocupação da Amazônia hoje, pensamos assim: "Mas que coisa engraçada! Tem uns verdes enormes no meio de um monte de coisas amarelas e rosa, que é trigo e pastagem"...

MIGUEL Que são as áreas demarcadas.

TASSO São as áreas indígenas.

MIGUEL Na primeira vez que fui ao Xingu, eu fiquei muito impressionado. Você olha daqueles aviõezinhos pequenos e só vê pastagem. E eu decolei com a paranoia de o avião cair no meio da floresta amazônica e ficar perdido pra sempre... Coisa de filme... Cheguei a deixar uma carta de despedida aos meus filhos! Enfim, tinha medo de sumir na mata. Qual a minha surpresa quando vi que já não há mata até as bordas do Parque Indígena do Xingu, apenas pastagens margeando aquela grande mancha verde demarcada, preservada!

TASSO Olha que interessante: o Eduardo Neves, um arqueólogo que estuda a arqueologia da Amazônia, ele encontrou naquela área do rio Amazonas, Tapajós, artefatos, indícios de milhares de anos de ocupação das populações antigas da Amazônia. A última vez que a gente conversou, ele falou de coisas que podem datar de 12 mil anos. São milhares de anos de ocupação. Há estimativas de que, milhares de anos atrás, a Amazônia chegou a ser ocupada por entre 5 e 7 milhões de pessoas. Hoje, nós temos na Amazônia uma população de cerca de 25 milhões, mas a maior parte está nas cidades. A população rural talvez seja de 4 a 5 milhões. Então, olha só, com a mesma quantidade de pessoas — ou até menos — que havia há milhares de anos, conseguimos fazer um estrago que não foi feito em milhares de anos.

Então, o problema não é que o homem seja intrinsicamente predestinado a destruir o meio ambiente. O modelo em que estamos inseridos, o modelo "vencedor", hoje, é que é muito predatório. E eu acho que essa questão do clima, as ameaças de mudanças climáticas que estamos vendo, que afetam a disponibilidade de água, elas talvez estejam nos colocando — pela dor, não pelo amor — numa trajetória de pensar que, sim, temos que ter uma relação diferente.

Essa relação passa pela economia regenerativa, ou a bioeconomia, por formas de olhar para esses ambientes como lugares que podem ser regenerados, de rever a sua ocupação de modo que eles se tornem mais produtivos. Produtivos do ponto de vista natural mesmo. Um solo que está recuperado, que tem mais micro-organismos, mais camadas de matéria orgânica, vai ser um solo mais produtivo. Quanto mais produtivo for o solo, mais conseguimos produzir o que queremos, e mais a vida floresce. Vida traz vida. E eu acho que o nosso tema passa por aí. A gente precisa ter essa recuperação.

MIGUEL Tasso, quando você fala das taxas de área desmatada, eu me lembro da questão do Carlos Nobre, sobre o ponto de não retorno, ou seja, o ponto de ruptura, da savanização da floresta. Como você enxerga isso tudo? Você também acredita que esse ponto está se aproximando? E que taxa seria essa?

TASSO É uma boa pergunta. O que o Nobre coloca é que, em algum momento, quando houver entre 20% e 30% de perda da cobertura florestal, haverá condições para uma ruptura que seria um ponto de não retorno. Porque a "grande máquina" que está gerando a chuva, que faz a circulação atmosférica, entraria em rompimento, se tornaria mais vulnerável ao fogo. O fogo gera mais seca. Seca, mais fogo. Isso poderia gerar um ambiente savanizado. E aí, na dimensão da Amazônia, não tem como reverter isso. Acho que esse é o ponto que ele coloca. Só que a gente não sabe se é 20% ou 30%. Mais próximo de 20% ou mais próximo de 30%. Nós acabamos de chegar nos 20%. Então a pergunta é: vamos arriscar? Vamos continuar no ritmo em que estamos para um dia descobrir...? Não vamos saber do ponto do não retorno no meio dele. Daqui a dez anos, vamos olhar para trás: "Putz, estávamos mesmo no ponto de não retorno". A nossa situação é: não podemos arriscar.

Agora que eu reparei aqui nos comentários, e tem uma pergunta bem interessante: a melhor maneira de preservar o verde não é desenvolver as cidades? É uma boa pergunta...

MIGUEL Só podia ser do Washington Fajardo, brilhante urbanista, que entrevistarei para essa série.

TASSO Essa é uma questão interessante. Vamos pegar o estado do Amazonas: a maior parte da população está concentrada em Manaus. Manaus é uma bolha. Se você voa para lá, é uma coisa inacreditável, porque você vê floresta, floresta, floresta e pousa no meio de um monte de arranha-céus, de fábricas. Então, aquele modelo, do ponto de vista de concentrar gente, é capaz de reduzir a pressão sobre a floresta. Mas, se você tirar os incentivos fiscais, o que acontece com aquele lugar? Até então, estamos numa espécie de armadilha que é o tempo inteiro ter que renovar os incentivos fiscais. Por quê? Porque você não está na Amazônia produzindo produtos que vêm da Amazônia. Se produz Harley-Davidson em Manaus para depois transportar aqui para o Centro-Sul e ser beneficiado com os incentivos fiscais.

MIGUEL Com uma isenção de impostos que é artificial.

TASSO Que é artificial e gera desigualdades também. Esse mecanismo vale e é muito importante, mas precisa ser calcado na valorização dos espaços que estão lá. Porque, se a indústria que estiver lá se utilizar da floresta, se for uma indústria da bioeconomia, aí, sim, temos o melhor dos mundos, que é um centro urbano forte, industrializado, com serviços, que usa dos recursos da floresta e tem interesse que a floresta se mantenha porque está conectado com ela.

Do jeito que é hoje... Eu morei um tempo em Manaus. Fiz uma pesquisa em educação numa escola pública, com uma professora do Inpe. Trabalhamos com alunos de quinta série, se não me engano, e a maioria deles não fazia conexão da borboleta com o casulo e com a lagarta — morando em Manaus. Quando perguntamos quantas dessas crianças já haviam ido à floresta alguma vez, era igualzinho a São Paulo. As pessoas que moram em Manaus não vão à floresta. Estão na maior floresta tropical do mundo e não vão até lá. Então, fazer uma ilha não resolve o problema, mas essa ideia de intensificar, urbanizar em conexão com os ambientes do entorno, faz todo o sentido. E existe um potencial fantástico na Amazônia para isso.

MIGUEL Muito bom. Já que falamos de urbanismo, vou trazer a conversa para o meu quintal. A Holanda hoje é um país que tem indicado o futuro de algumas maneiras. É impressionante como as cidades holandesas têm apontado as melhores práticas tanto em inovação quanto no diálogo com a história e as suas tradições. Em relação à governança também. Por exemplo, Amsterdam tem implantado um dos modelos econômicos mais festejados hoje em dia, elaborado pela economista inglesa Kate Raworth, que é o Doughnut Economics, ou a Economia Donut. Ela está totalmente em consonância com as dezessete metas do desenvolvimento sustentável da ONU. E a Holanda, em matéria de agricultura, também tem dado show de eficiência, com uma produção altamente lucrativa e sustentável, com investimentos em tecnologia. O país conseguiu se transformar numa potência agrícola respeitando as melhores práticas de redução da água, pesticidas etc. E os números são impressionantes: em 2017, a Holanda foi o segundo maior exportador agrícola do mundo, atrás apenas dos Estados Unidos, apesar do seu território ser 240 vezes menor que o dos Estados Unidos e duzentas vezes menor do que o do Brasil. Quer dizer, a Holanda é um pouquinho menor do que o Rio de Janeiro e tem uma produção 30% a 40% maior que a do Brasil. Eles fizeram 112 bilhões de dólares em exportação agrícola em 2017, e o Brasil, 88 bilhões. Isso quer dizer que a Holanda é 2060 vezes mais eficiente que o Brasil em produção versus área. Como o Brasil pode começar a seguir o exemplo holandês e de outras nações e virar referência também em agricultura sustentável?

TASSO O caso da Holanda é interessante, mas a gente tem que colocar um pouquinho em perspectiva. Realmente é um país que tem uma tradição agrícola bem interessante. O que é essa produção de que a gente está falando: flores, o que é superimportante. Eles têm de longe a maior produção de flores do mundo, mas também cultivam muitas verduras e legumes. E é tudo em *green houses*. Basicamente são produções em estufas. E realmente é muito impressionante. Fora as transformações que eles fazem.

MIGUEL Será que a maconha está nessa conta agrícola também?

TASSO: Deve estar. O que é interessante é que eles produzem coisas que têm muita importância no lugar onde estão localizados — como laticínios e vegetais. Ao passo que o que exportamos são grandes commodities, como é o caso da carne, da soja, do milho etc. Então tem uma diferença importante. Na verdade, o que o Brasil exporta muito são commodities ligadas à produção animal. Mesmo a soja. A maior parte da soja que exportamos é para alimentar animais. Então, nós estamos na cadeia da proteína animal.

Mas acredito que a questão está em outro ponto: que papel terá o modelo agrícola que temos no Brasil num mundo que consuma menos carne animal? De uma forma ou de outra, vamos transitar para isso por vários motivos, mas principalmente por causa das transformações que estão acontecendo na fabricação de alimentos que permite que produtos vegetais sejam produzidos com a mesma consistência, cheiro etc. do produto animal.

É uma péssima comparação, mas vou fazer só para ilustrar um pouco: é a história do carro elétrico com o carro a combustão. A probabilidade de qualquer pessoa, daqui a dez anos, entrar numa loja e comprar um carro novo com motor a combustão é próxima de zero. Só se fizer isso por hobby.

A mesma coisa deve acontecer com a proteína animal. Porque a proteína vegetal é mais fácil de se produzir, a produção é muito mais direta, ocupa menos área, gasta menos recursos naturais e, principalmente, pode-se produzir próximo de onde se consome. Então, por exemplo, eu moro em Pinheiros, a um quarteirão de casa tem uma coisa que se chama Cubo. O sujeito pegou dois andares de um prédio normal, residencial, e montou uma fazenda vertical. Ali ele produz alface, espinafre, vários vegetais. E é só isso que ele faz. Qual é a vantagem? Ele produz aqui e a perda é próxima de zero. Porque sai dali, vai para o saquinho e vem para a minha casa. A perda da produção acontece principalmente no transporte e no varejo.

Então, eu acho que a gente está passando por uma transformação em que esse modelo, que é o que existe na Holanda, tem muito mais a ver com o que o mundo vai consumir do que com essa ideia que se tem no Brasil de que vai produzir carne no pasto. Nossa carne tem menos emissão do que a carne produzida em sistemas intensivos? Com certeza. Mas o mundo não está caminhando para isso, está caminhando para um consumo maior de produtos vegetais. Aliás, uma coisa importante: bicho não produz proteína. Só planta que produz proteína. Bicho não produz aminoácidos, só acumula. Então, a gente não precisa ter uma máquina de acumular, basta pegar o vegetal direto.

MIGUEL O nosso tempo está acabando, então vou te fazer uma última pergunta. As áreas demarcadas são muito mais protegidas do que as áreas que não são parques nacionais ou reservas indígenas. Há também toda uma questão de tecnologia e de conhecimento empírico dos povos originários. Vemos hoje, por exemplo, a Universidade da Califórnia fazendo um estudo sobre a quantidade de tecnologia e de conhecimento que existe nessas áreas. Aí eu te pergunto: como podemos transformar esses saberes ancestrais tão importantes para o meio ambiente em tecnologias a serviço de um futuro mais verde?

TASSO Bom, tem muito trabalho feito nessa área. É basicamente você observar e registrar o que são os conhecimentos tradicionais. Inclusive isso já é regulado no Brasil e no mundo pelo Protocolo de Nagoya. Trata-se de reconhecer esses saberes tradicionais para sua utilização. Mas também não temos que endeusar isso. Temos que saber que eles existem, temos que utilizá-los, mas também temos que tratar o pensar sobre a floresta a partir da última tecnologia. O que quer dizer isso? No Brasil, cresce árvore mais rápido que em qualquer lugar do mundo, só que é o eucalipto que veio da Austrália. Por que não conseguimos fazer crescer árvores nativas do Brasil tão rapidamente quanto fazemos crescer o eucalipto? Precisamos aplicar essas tecnologias todas também para aquilo que é da nossa biodiversidade. Temos que juntar os dois mundos. Unir o conhecimento tradicional com a ponta do conhecimento que existe do outro lado para fazermos o melhor uso sustentável dessa riqueza que temos no país.

MIGUEL Muito bom, Tasso! Vai cair nossa live! Muito obrigado!

14 DE AGOSTO **SÉRGIO BESSERMAN**

ECONOMIA VERDE PARA SAIR DO VERMELHO

Sérgio é uma figuraça! É mais um parceiro da Uma Gota no Oceano há tempos, e por isso nos aproximamos. Apesar do seu jeito de Casseta, herança do irmão Bussunda, é um dos nossos maiores economistas, e um dos primeiros a abraçar a agenda sustentável como futuro da humanidade. Durante a feitura deste livro, tive, inclusive, dificuldade em classificá-lo como ambientalista ou economista, o tanto que esses seus importantes ofícios se amalgamam. Ainda bem que desisti da organização das conversas por temas. Sérgio é a prova de que eles são por demais transversais. Sérgio tem o precioso dom de decupar situações complexas e destilar simplicidade em metáforas e imagens capazes de tornar sábio o mais parvo interlocutor. Esse é um brilho todo dele que podemos conferir a seguir.

MIGUEL Tudo bem?

SÉRGIO Tudo bem, Miguel? Que barato falar com você, cara!

MIGUEL Vamos começar nosso papo, porque essa uma horinha de live é curta para um monte de questões importantes. É um privilégio estar aqui conversando com você. Escutar suas ideias, sempre brilhantes, principalmente neste momento que a gente está vivendo. Além de economista, você é escritor, um pensador importantíssimo e um ambientalista de altíssima categoria. Um cara que eu admiro, a gente tem muitas conversas interessantes. Enfim, é nosso parceiro na Gota, na Fundação Roberto Marinho. E tomara que a gente consiga transformar essa live em alguma coisa tão interessante e divertida quanto são os seus vídeos no seu canal do YouTube.

SÉRGIO O *Quem Sapiens?*.

MIGUEL Maravilhoso! Nos seus vídeos você tem falado sobre os efeitos da pandemia na nossa sociedade. E, com isso, me veio à cabeça uma frase sua, de uma das suas colunas antigas n'*O Globo*: "A esperança precisa vencer o vazio de ideias." Apesar das milhares de pessoas que morreram no mundo inteiro, essa pandemia se coloca como uma oportunidade para a esperança germinar novas ideias para o futuro. Você concorda com isso?

SÉRGIO Acho que sim, mais ou menos do jeito que tenho pensado sobre a pandemia. Nem toda pandemia é um vetor de transformação da História. Mesmo a de 1918 não foi. A Revolução Russa, a Primeira Guerra Mundial, o declínio do Império Britânico foram muito mais. Mas outras pandemias foram. A peste negra mediou o fim da Idade Média, acelerou o Renascimento.

E essa eu acho que será porque a História estava muito represada. Há muita coisa acontecendo de forma muito robusta, do porte do Renascimento, do Iluminismo, muito maior do que qualquer fato do século XX. Tem o negacionismo primário, que diz: "Isso não existe, a Terra é plana." Mas também tem um negacionismo que diz: "Ok, o desmatamento da Amazônia é um problema." Mas não olha os números, não assimila a gravidade do fato. O mesmo, e principalmente, para crise climática, a extinção. E a pandemia é uma experiência emocional compartilhada por 7 bilhões de pessoas. É a primeira vez, na história da civilização, que todos estão conectados, e essa é uma experiência existencial. Então ela iluminou, como se fosse um raio, e a fagulha e o relâmpago. Destruição, perda de vidas, de patrimônio, muita tristeza, a necessidade de ajudar a quem precisa, mas ela também iluminou. Se não tivesse nada para enxergar, ok, mas tem tanta coisa, não é? A grande crise de biodiversidade, a crise climática...

Eu acredito naquela história do Zygmunt Bauman, de que estamos em um interregno, um vazio de narrativas. As duas narrativas do século XX. A do socialismo real, da estatização, morreu com a queda do Muro de Berlim. A outra narrativa, de "deixa que o mercado resolve", morreu também. Já havia morrido, ressuscitou com Reagan, Thatcher e tal, mas, com a grande recessão de 2008...

MIGUEL Têm uns fantasminhas do "deixa que o mercado resolve" que circulam por Brasília.

SÉRGIO É, tem bastante, mas é o que você disse, são fantasmas, zumbis. Porque, na História, a grande recessão de 2008 é uma evidência de que a coisa não funciona desse jeito. Aliás, se o Estado não fosse muito maior do que era em 1929, não teria capacidade para salvar, teríamos tido uma grande depressão. Então, estamos nesse vazio de narrativas. Vem a pandemia e ilumina isso tudo, grita que o rei está nu, ela tem esse impulso. Agora, é como você disse, depende de nós, sempre depende das pessoas, das escolhas que fizermos e da nossa capacidade de transformação.

MIGUEL Sérgio, você falou sobre essa questão da peste negra e do Renascimento, e o momento é muito parecido. Porque ali tinha também um vazio existencial que a Igreja Católica tentou assumir, com a narrativa dos grandes pecados, do castigo divino, para justificar a mortandade enorme, e não colou. Quer dizer, o humanismo, o antropocentrismo e o Renascimento nos salvaram de mais alguns séculos de trevas.

Estamos novamente numa corda bamba da História. Sempre acreditei no que vou te falar agora. E as minhas conversas por aqui, com várias pessoas bacanas, pensadores que admiro muito, têm confirmado que essa pandemia está diretamente ligada à degradação ambiental, ao tráfico de animais silvestres, à expansão desenfreada da urbanização, da agricultura predatória. E aí, coincidência ou não, essa doença veio em um momento em que os líderes mundiais começavam a abrir os olhos para novas matrizes energéticas, novos modelos econômicos.

Enfim, acho que o momento que a gente está vivendo hoje é um catalisador desse movimento verde, então te pergunto: como você avalia essa tendência mundial? E qual é a importância de se fazer uma coalizão global para enfrentar esse novo desafio, e fazer com que esse modelo econômico no qual a gente acredita prospere?

SÉRGIO Acho que a pandemia funciona como uma espécie de catalisador, sim! Essa coisa de que a degradação ambiental é uma ameaça, em termos de novas pandemias, é bastante verdadeira. Mas a ideia de que estamos sendo punidos pela degradação, ela é muito estranha. O fato é: temos 300 mil anos, e passamos 299.920 anos tendo a peste como uma certeza. A gente rezava a Deus porque não veio naquele ano, agradecia, daí, no ano seguinte, agradecia a Deus, mas sabíamos que no mundo da época — Império Romano, Ásia — a peste, ou uma ocasional pandemia, viria. E levaria nossas vidas, vidas de pessoas queridas, ou gente da aldeia, da mesma rua, ou do trabalho.

E o desenvolvimento econômico e social — com todas as imensas mazelas, as críticas que compartilhamos sobre ele — nos libertou disso. A primeira geração que tem a peste como evitável talvez seja a dos meus pais, no começo da década de 1930. Teve a pandemia de 1918, aprendemos ali, sabíamos lidar com algumas coisas. Veio o antibiótico. Então, *modus in rebus*, especificamente a Covid-19, ela vem do consumo de animais silvestres, um hábito que é mais uma questão cultural do que propriamente decorrente da degradação.

Por outro lado, você tocou na ferida. A gente sabia que viria uma pandemia há mais de vinte anos, sabia pelos modelos matemáticos. Estávamos já tão conectados presencialmente, com a globalização, viagens de avião para cá e para lá, além de virtualmente, que, se surgisse um agente contagioso, ele provocaria uma pandemia.

E fomos tendo avisos: o H1N1, a SARS-1. Já imaginou se o ebola fosse contagioso? Aí surgiu a Covid-19 e confirmou-se o que já era esperado. Se a gente já sabia disso há duas décadas, por que não fizemos nada? A ciência avançou em seis meses uma barbaridade, pegar Covid hoje é completamente diferente de quando começou a quarentena. A maior besteira do mundo é dizer que a quarentena não serve pra nada. Agora, se a gente for para o hospital, os médicos já sabem o que fazer, a vacina vem daqui a pouco.

Já imaginou se tivéssemos aplicado recursos em pesquisas, ciência, tecnologia, nessas duas décadas? Estamos falando de poupar centenas de milhares de vidas. No entanto, negamos. Não fizemos.

A mesma coisa se aplica diretamente à sua pergunta. Nós sabemos que temos que ir para uma economia de baixo carbono. O custo de não ir é gigantesco, em desenvolvimento econômico, em combate à pobreza, na questão da desigualdade, em vidas e bem-estar. Sabemos que temos que interromper a sexta grande extinção das espécies. Sabemos que é importante a governança global para resolver o que fazer com a biologia sintética, se a gente vai se dividir em mais de uma espécie, ou não. E estamos fazendo igual fizemos com a pandemia. Nada.

Então acho que sim, é uma tremenda oportunidade, o que os europeus estão chamando de Green New Deal, de assumir essas coisas inevitáveis, que têm que ser feitas. Nós ainda estamos na grande recessão de 2008. Os Estados Unidos estavam em pleno emprego antes da pandemia, mas com taxa de juros zero, a longo prazo. A gente pode explicar de uma maneira coloquial, como conversa de bar: taxa de juros a longo prazo igual a zero significa zero confiança no futuro. Estávamos em plena crise ainda, como vamos sair dela? É pelo consumo? Não é. As famílias estão endividadas no mundo inteiro, sob política de austeridade. É pelo comércio exterior? Não. Porque a gente não vende para Marte, nem compra de Vênus, estamos falando do planeta. É pela política fiscal expansionista? Não, não vai dar para ser. As dívidas públicas estão muito altas, ainda tem a pandemia, elas podem ter um papel que é uma discussão de política econômica.

Então, que tal juntar lé com cré? Tem que ir para baixo carbono, fazer uma agricultura completamente diferente. Há valores que a humanidade vem defendendo recentemente e temos que discutir a respeito. E, ao mesmo tempo, a única saída para a crise econômica é o investimento. Por que o investimento? Porque não é o investimento só na margem, é o investimento de reconstruir toda a estrutura produtiva, de consumo. De distribuição, como se vive nas cidades. E fazê-lo rápido, porque a gente se atrasou na luta contra a crise climática. E esse pode ser o motor de arranque para a gente ir em uma direção decente, sair do desenvolvimento insustentável e ir para o desenvolvimento sustentável.

MIGUEL Você fala sobre a economia de baixo carbono. Para uma economia ser verde, ela precisa ser de baixo carbono. Você pode explicar para o público leigo, afinal, o que é essa economia de baixo carbono?

SÉRGIO Ok. Inclusive, o nome é feio, baixo carbono. Mas é a essência de uma economia verde, porque a crise climática é muito profunda, e muito, muito urgente, fez parte da Revolução Industrial, do desenvolvimento econômico dos últimos cinquenta anos.

No início da nossa existência, dependíamos dos músculos; depois, dos camelos, elefantes, cavalos e bois. Em seguida, dos moinhos de vento, de água. Mas aí, de repente, a gente consegue pegar energia de fotossíntese, e outros processos bioquímicos, que quinhentos e tantos bilhões de anos transformaram em carvão, petróleo e gás natural, a gente pega aquilo e começa a usar. E a nossa civilização inteira tornou-se uma civilização dos fósseis.

MIGUEL E aí, só um parêntese, que eu vou trazer um pouco da minha área pra essa história. A adoção da matriz energética fóssil desorganiza todo o ambiente urbano, gerando muitas das mazelas que estragaram as cidades em que vivemos. Durante a Revolução Industrial, as indústrias se instalavam junto às fontes de energia. Inicialmente perto dos cursos d'água e, mais tarde, junto às minas de carvão. A invenção do motor a vapor propicia o deslocamento do trabalhador às fábricas e, consequentemente, afasta as suas moradias dos centros urbanos. Se tornou possível ao homem morar e produzir longe das fontes de energia. Nesse momento, na Inglaterra, inaugura-se a cidade liberal. A cidade se suburbaniza, se enfeia, áreas verdes são industrializadas, os centros esvaziados, a cidade se desorganiza na esteira do desenvolvimento tecnológico. Cagadas que tentamos consertar até hoje...

SÉRGIO Linda ideia, maravilhosa, conhecimento genial. A nossa civilização é totalmente fóssil. Eu não iria dar esse exemplo. Porque acabei de aprender com você. Mas é um exemplo, tudo o que aconteceu dependeu disso, porque foi uma disponibilidade de energia muito exponencial. E isso não só em toda a produção de energia, mas também dos materiais, da organização das cidades e do uso do solo. Enfim, tudo. E como nós nos atrasamos demais, a teoria já é do século passado. A medição do CO_2 na atmosfera começa em 1957, o ano em que eu nasci.

Há mais de duas décadas não existe debate científico relevante sobre isso. As nossas ciências são ciências moles, e estamos falando aqui de um conhecimento fundamentado em ciências duras. Aquelas em que se fazem testes, medições, que não têm a interferência humana. Então, o nosso desenvolvimento é totalmente fóssil, e isso está em tudo, na nossa roupa, na natureza. E temos que transitar em um período muito curto, porque, embora tivéssemos o conhecimento há muito tempo, não agimos.

Isso é importante, Miguel. Em 2015, na Conferência de Paris, resolveu-se que em 2020 — aí foi adiado por causa da pandemia, ficou para 2021...

MIGUEL Isso, enquanto nós éramos ainda queridinhos na questão ambiental.

SÉRGIO Enquanto a gente era bom no soft power nessa área, era protagonista. Mas resolveu-se ali, há cinco anos, que em 2020 estaria definido um fundo de 100 bilhões de dólares, anuais, para ajudar os países pobres a inovar, a reduzir suas emissões, mas, principalmente, a se adaptar. E o Brasil não entraria na categoria de país pobre. Seriam países pobres mesmo, estamos falando de África, Ásia, um pouco da América Latina.

Passaram-se cinco anos, ainda falta um para 2021, porque o compromisso foi adiado, mas vai acontecer a mesma coisa: 100 bilhões de dólares, ninguém sabe, ninguém viu, ninguém tem a menor ideia. Entretanto, a gente gasta 500 bilhões de dólares, todo ano, para distorcer os preços na economia de mercado e subsidiar os fósseis. O mundo continua girando das mais variadas maneiras. Comprando automóvel, comprando combustível... 500 bilhões de dólares anuais, e esses 100 bilhões nem surgiram ainda.

Então, como a gente se atrasou muito, essa transição vai ser uma das mais aceleradas de toda a história da humanidade, ou a gente começa a entrar nos piores cenários do aquecimento global. E aí a transição vai ocorrer de qualquer jeito. Porque as consequências são tão danosas que a opinião pública vai pressionar. Uma opinião pública que começou a surgir no início desse século, por causa do tema do clima. Uma opinião pública mundial. Nunca existiu isso.

MIGUEL E como entra aí, por exemplo, a precificação de carbono? Essa atribuição de custos aos impactos gerados por essa emissão dos gases do efeito estufa? Como funciona essa equação no mercado global?

SÉRGIO A forma mais eficiente seria uma taxação global idêntica para todo mundo. Imediatamente vai pular alguém e dizer: "Mas então a África vai pagar o mesmo que os Estados Unidos?" A resposta é trivial. Imagina! Em economia tributária, a gente sabe corrigir essas coisas, redistribuir com facilidade. Tem-se larga experiência. Sequer é um problema.

Mas isso não vai acontecer, porque não existe governança global, ainda, para isso. Não estou falando de governo mundial, não, porque eu acho que eu prefiro morrer frito nas chamas do aquecimento global. Mas problemas globais só podem ser enfrentados de forma global. A famosa taxa Tobin, a taxa global sobre operações financeiras, foi uma ideia de quase quarenta anos atrás. E seria maravilhosa, teria evitado a crise de 2008, mas não tem governança global para isso. A partir de 3 de novembro, talvez tudo comece a melhorar bastante. Mas vamos ter que ver. Pode ser que não, que essa corcova da história demore um pouquinho mais.

O Acordo de Paris foi uma grande vitória política, muito importante. Mas é política, não é operacional, porque são metas voluntárias. Metas voluntárias não são cotas, não são precificação. Não dá para gerir nem um botequim. O sr. Manoel tem um botequim, o cozinheiro é muito bom, combina uma meta por ano, mas, como eles são amigos, o cara pergunta: "Mas e se eu não cumprir?" Aí o sr. Manoel diz: "Aí não tem nada, não."

Sua pergunta é muito interessante, porque estamos em um momento crucial da história para isso. De alguma forma, aquelas cotas, iNDCs, contribuições nacionalmente determinadas, do Acordo de Paris, terão que se transformar em cotas efetivas, operacionais. Não é o jeito mais inteligente, mas é o jeito. E deve-se cuidar para que quem não cumpra as cotas seja sancionado de forma relevante. Tipo o acordo nuclear, no Irã. Porque aí você botou preço em cumprir ou não as cotas.

Como não há governança global, isso pode vir de várias maneiras. Luta cultural, luta da juventude, luta política global, preocupação do sistema financeiro. É uma questão histórica decisiva dos próximos tempos. Mas é possível que venha por guerra comercial também. E o Brasil, justamente, está vivendo isso nesse momento. A gente pode fazer o que quiser com a Amazônia, tocar fogo nela. É a soberania do Estado nacional. Agora, o resto do mundo também pode fazer o que quiser com quem fizer isso. Como na questão das armas nucleares do Irã. Então, o Brasil está vivendo no centro de uma questão global muito interessante.

Se a União Europeia e uma ocasional vitória do Biden, só para citar uma hipótese da História, começarem a caminhar para o baixo carbono, para a economia verde, para o Green New Deal, eles não poderão tolerar, em nenhuma hipótese, que outros países não incorram nesse custo inicial. Porque a gente sabe que a longo prazo é o melhor negócio que a gente pode fazer — retoma emprego, retoma a agenda, retoma investimentos —, mas há um custo no início. E o jeito de não tolerar que o investimento e a produção se desloquem é a guerra comercial.

Não é que eu esteja prevendo isso, não. Estou dizendo que, entre os vários caminhos que há, e que virão, essa é uma das possibilidades. E, de novo, para o Brasil, o que seria uma chance está se convertendo em um empecilho.

MIGUEL Você falou que a gente pode realmente fazer tudo o que quiser com a Amazônia, e o mundo também pode fazer o que quiser com a gente. Estou me lembrando aqui das minhas conversas com Giannetti e com Gabeira. Os dois observam que, para a ditadura militar, a Amazônia era considerada o Inferno Verde, um inimigo do progresso, uma área a ser conquistada.

Hoje a gente vive, de novo, um flerte com esses tempos sombrios. O governo defende mineração em terras indígenas, se recusa a demarcar territórios, ressuscita o antigo discurso de que querem roubar a Amazônia. Como é que você, um grande estudioso dos temas nacionais, explica o fato de a gente não conseguir abandonar a mentalidade extrativista? Como é que a gente continua pensando como colônia, em pleno século XXI?

SÉRGIO: Uma parte importante da explicação você acabou de dar. É uma história longa, que vem desde a tradição ibérica de arar aquela terra seca, conquistar o próprio solo. Que é a forma de desenvolvimento que o Brasil teve, casa muito bem com um patrimonialismo muito forte, porque realiza ativos rapidamente. Essa é talvez a parte mais importante que, em momentos muito diferentes na história brasileira, esteve presente.

No momento atual, é muita falta de conhecimento. É uma pena, um reflexo não apenas da educação pública de baixa qualidade, mas do fato de que a sociedade brasileira valoriza pouco o conhecimento. Precisou pouco de conhecimento, era muito mais favor. O rei dava a sesmaria, e vai por aí, até chegar na Lava Jato.

E é uma pena, porque essa visão das forças militares brasileiras nos anos 1970 também era a visão da esquerda, à qual eu pertencia. Uma visão de desenvolvimento econômico que talvez levasse em conta algumas populações, mas pelo lado social.

E as forças armadas brasileiras têm uma forte tradição de ligação com o que há de melhor na sociedade brasileira. Os militares estudam engenharia, estudos técnicos da aeronáutica, a Escola Naval. Eu já dei até aula magna na escola de engenharia, eles conhecem a mudança climática como a palma da mão, fizeram ótimas dissertações.

MIGUEL E têm um conhecimento do território, e o alcance também, o que é importante.

SÉRGIO Total. Conhecem grande parte da cartografia, junto com o IBGE, e têm conhecimento vivencial. Na região Norte, eles de fato estão presentes.

MIGUEL IBGE do qual você foi ilustre presidente.

SÉRGIO Foi um período bacana, o do censo 2000, um período marcante, com muita luta contra a desigualdade no Brasil. Mas, enfim, é um erro tão crasso, em 2020, achar que esse extrativismo nos leva a algum lugar. O pior IDH do Brasil é o do arco do desenvolvimento do desmatamento. Se eu tivesse um filho, e Deus falasse: "Você não vai poder conhecê-lo, só vai poder escolher onde ele vai nascer, no arco do desmatamento ou no Complexo do Alemão?" Eu começaria a berrar na mesma hora: Complexo do Alemão, pelo amor de Deus!

Porque o IDH é muito, muito maior. Eu gosto de uma piada que eu costumo fazer, de que essa ideia de desenvolver a Amazônia desse jeito, gado, soja, aumento de população, é mais ou menos como se as cabras estivessem com fome no Antigo Egito e alguém dissesse: "Tenho uma ideia brilhante, vamos alimentá-las com os livros da biblioteca de Alexandria!" E aí dessem os livros para elas comerem papel.

Porque essa é uma riqueza do Brasil, no futuro. É o reservatório genômico, faz parte da Quarta Revolução Industrial, a biologia sintética. Ela mudará o mundo, tanto ou mais que os algoritmos de inteligência artificial, as impressoras 3D. E ali está um reservatório genômico, moléculas, enzimas, e muitas outras possibilidades. Além de que há uma produção própria ali, que cada vez interessa mais ao mundo.

Cada vez interessa menos ao mundo se você está vestido com a grife X ou Y, a juventude de hoje está se lixando se a bolsa é X ou é Y. Mas ela tem uma curiosidade intelectual em saber como tal povo vive, como é a comida de tal lugar. O açaí conquistou o mundo, como diz meu amigo, irmão e professor Carlos Nobre, e Beto Verissimo e Tasso Azevedo. O Beto, inclusive, coloca essa questão de forma muito precisa. Tem vários caminhos para o desenvolvimento da Amazônia, diferentes do atual. Nós podemos oferecer ao mundo coisas inacreditáveis. E é um estoque de carbono gigantesco. A ideia de que é aceitável simplesmente queimar isso é uma loucura completa.

A economia de baixo carbono é um atalho para o Brasil, porque nós já estamos na armadilha da renda média, na minha opinião. A vaca já está no brejo, e afundando. Nós sabemos qual o caminho para sair daí. É a educação, o conhecimento. Mas isso leva tempo. Aí Deus nos deu um presente. O Brasil é a única economia "grande" que eu conheço que, transitando para o baixo carbono, pode se inserir de maneira mais competitiva na economia global. Por conta da infraestrutura, por conta de ser o primeiro país do mundo a encontrar um desenvolvimento sustentável para as florestas, e pelo fato de aqui ser o lugar mais barato do mundo para ter uma matriz energética 100% renovável.

MIGUEL Perfeito! Tenho dito aqui que nem as questões urbanas nem as ambientais vão se resolver em quatro ou oito anos, por isso têm que estar, urgentemente, separadas da agenda eleitoral e do voluntarismo individualista dos inquilinos do poder. Não interessa aos governantes abordar essas questões. A maioria tem pensamentos muito curtos, imediatistas. Quem é que vai tocar essa agenda?

SÉRGIO Você nos trouxe, talvez, para o grande tema. Por isso que eu penso que é uma mudança do porte do Renascimento e do Iluminismo. Tem um ditado, acho que iorubá, que diz assim: uma sociedade cresce quando homens, e vou acrescentar aí mulheres, plantam árvores para dar sombra, sabendo que nem vão mais estar aqui para dessa sombra usufruir. Esse é um conhecimento antigo. O nosso mundo não, o nosso mundo é o do lucro. Tudo é medido pela velocidade, também graças à inovação tecnológica, que é uma coisa maravilhosa, mas também tem um lado muito ruim.

Fazer essa mudança é mudar o sapiens, o humano. Assim como no Renascimento, temos a ideia de que cada indivíduo é um ser consciente, que decide, não pergunta ao padre, por exemplo. No Iluminismo, a pergunta começa a valer mais do que a resposta, então o homem muda. Mudou com a revolução cognitiva, há 70 mil anos, mudou com o Renascimento, mudou com o Iluminismo, tem mudado nos costumes, nas últimas décadas, de uma maneira sensacional.

E agora ele tem que mudar nessa coisa do tempo mais longo. Um dos grandes disseminadores da ciência no século XX, o paleontólogo Stephen Jay Gould, tem um ensaio em que cita Freud: "Freud dizia que a humanidade cresce quando cai do pedestal." E que ela havia caído com Galileu Galilei, Darwin e com ele mesmo, Freud, com a descoberta do inconsciente. Mas Gould acrescenta, para chegar no ponto da sua pergunta, que agora está na hora de a humanidade crescer caindo do pedestal do tempo longo. Descobrimos que somos um pontinho perdido no braço da Via Láctea entre bilhões de estrelas, que é uma das bilhões de galáxias, entre milhões de aglomerados de galáxias, e que também somos um pontinho perdido no tempo. O tempo de 13 bilhões de anos do universo, 4,5 bilhões do planeta, 550 milhões de anos da vida aparecendo na Terra. Nosso tempo é milhares de anos, é um tempinho. A gente tem que se desprender do nosso persistente narcisismo infantil e passar a enxergar a nossa breve existência. Cada vez maior, mas breve. E aí, Miguel, é uma mudança cultural. Nós somos abençoados por viver nessa época, porque é uma época mais divertida, mais cheia de agito.

MIGUEL Sérgio, vou te fazer uma pergunta, e você tem um minuto para responder... você está otimista?

SÉRGIO Não posso ser otimista. Sou ex-presidente do IBGE, não tem esse negócio de copo cheio, copo vazio. É 48% cheio, 52% vazio. Embora eu ache que essa pandemia não tem força sozinha para mudar a História, ela gritou, sim, que o rei está nu! As mudanças que se seguirão serão escolhas de cada cidadão, de cada sociedade, de cada visão política. A História vai ser sempre feita pelos humanos, e nós, os intelectuais, vamos correndo atrás tentando explicar ali o que rolou. Mas eu tenho lá minhas razões históricas para achar que grandes mudanças vão acontecer. Nós encararemos esses problemas. Mamãe me fez conhecer a frase de um grande escritor norte-americano, primeiro escritor negro importante, e gay, James Baldwin. Ela ficava insistindo nessa frase, que diz assim: "Nem tudo o que você enfrenta pode ser transformado, mas nada que você não enfrenta é transformado." A humanidade tem questões bem graves pela frente. Mas não as estava enfrentando, por isso não tinha a menor chance de ser bem-sucedida. A pandemia colocou as escolhas diante de nós, e acredito que vamos enfrentá-las.

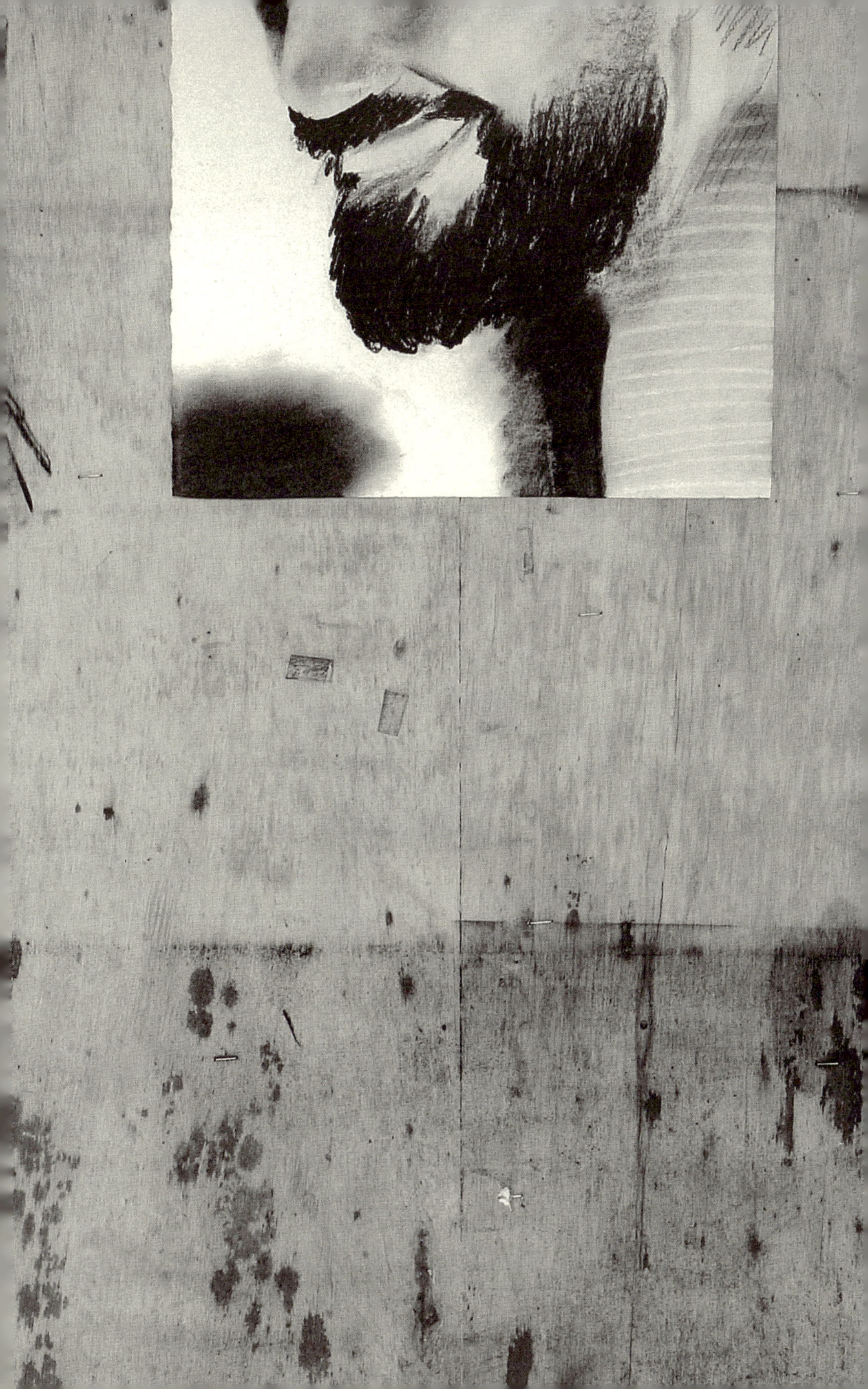

19 DE AGOSTO — **LEANDRO VIEIRA**
O SAMBA COMO LUGAR DE RESISTÊNCIA

Sabe aqueles planos de vida? Escrever um livro? Plantar uma árvore? Acho que o meu maior é assinar um carnaval. Não morro sem antes colocar uma escola de samba na avenida! Acho que um dos ofícios que mais admiro é o do carnavalesco. Daí a ascensão de Leandro Vieira ter me impressionado tanto. Ele estreou em 2016 no grupo especial e já é bicampeão. E não foram campeonatos quaisquer... O primeiro foi uma homenagem à Maria Bethânia, cuja performance, descalça, atravessando a Marquês de Sapucaí, tornou-se uma das imagens icônicas do nosso carnaval. O seu bicampeonato é simplesmente uma verdadeira aula que — podem escrever o que estou dizendo — vai revolucionar o ensino e a maneira como o nosso povo se relaciona com a própria História. Quem me apresentou ao Leandro foi a Regina Casé, que tem o dom de enxergar afinidades e apadrinhar amizades. Quem sabe dessa amizade não nasce também uma parceria profissional? Estou sempre disponível para novos desafios...

MIGUEL Bora começar? Leandro, querido amigo, sua carreira é meteórica. Você estreou num barracão em 2007, em 2014 foi assistente da Imperatriz e da Grande Rio, em 2015 assinou seu primeiro carnaval para a Caprichosos, na série A, e, já em 2016, foi campeão na sua estreia no grupo especial, numa homenagem à Maria Bethânia, pela Mangueira. Com isso, você iguala o feito de Joãosinho Trinta, de 1971, que estreou no Salgueiro e foi campeão no mesmo ano. E hoje você já é um bicampeão, o que te coloca no Olimpo do samba junto com o próprio João, com Fernando Pamplona, Rosa Magalhães, Renato Lage, Fernando Pinto, Arlindo Rodrigues, Paulo Barros, Alexandre Louzada, enfim, incríveis artistas e criadores não só do carnaval, mas da cultura brasileira como um todo. A que você atribui essa sua ascensão tão rápida?
LEANDRO Cara, eu atribuo essa evolução ao meu trabalho nos bastidores. Porque, na verdade, aprendi a fazer carnaval com o tempo. Eu não tinha interesse em ser carnavalesco, mas durante muito tempo estive trabalhando nos bastidores da produção carnavalesca, e, de alguma forma, isso me formou enquanto profissional.

Quando comecei no carnaval, não sabia por onde começava a fazer uma fantasia para vestir alguém, não sabia como era pensar numa alegoria para um desfile de escola de samba. Mas conviver com a mão de obra que faz isso foi me dando uma expertise. Quando recebi o convite para ser o carnavalesco da Caprichosos de Pilares, talvez não soubesse ainda o que era ser um carnavalesco, mas sabia como se fazia um carnaval.

MIGUEL Entendi. Como arquiteto, como criador, tenho as minhas preferências no processo criativo, me empolgo muito mais com algumas etapas do que com outras. Como é o seu processo criativo? O que te dá mais tesão? É a escolha e o desenvolvimento do enredo? Alegoria? Desenho de fantasias? O dia a dia do barracão?

LEANDRO O que eu mais gosto de fazer no meu trabalho é desenvolver o enredo, porque acho que o enredo é o discurso do carnavalesco. Ou melhor, o carnavalesco faz do seu discurso o discurso da comunidade que ele representa. Até porque eu gosto de carnaval porque gosto de samba. E o samba é o discurso do desfile, quer dizer, o samba é o que fala, e fala com um alcance que talvez o discurso e o diálogo não tenham.

Então, o que eu mais gosto de fazer no carnaval é pensar no discurso do enredo. Porque sei que o discurso do enredo se transformará no canto coletivo. Escola de samba tem uma coisa muito característica que é essa ideia de que o canto é o que comunica o que pensa o desfilante. Quando isso acontece, acontece a tal magia que se realiza nos desfiles de uma escola que se consagra campeã. A gente sabe que existe um trabalho técnico muito grande, mas também sabe que existe um momento em que se dá uma magia. E eu acho que isso acontece quando o canto é a extensão dos desejos daquele coletivo que desfila.

MIGUEL Muito bom. E você falou muito do enredo como discurso da comunidade. Os seus enredos têm uma conotação política, e são polêmicos. Os enredos têm um engajamento profundo sem perder a plástica e a poesia. Você acha que o papel do carnavalesco e das escolas é se posicionar politicamente? É defender as bandeiras em que vocês acreditam na avenida?

LEANDRO Miguel, infelizmente, nós vivemos hoje um momento em que a sociedade brasileira associa o discurso político ao discurso partidário. Isso talvez tenha sido o que aconteceu de pior no debate da nossa sociedade. Porque tudo é política, tudo é ato político. A mulher negra que resolve não mais alisar o cabelo e assumir o seu cabelo crespo, assumir a sua identidade negra de uma forma pública, ela está sendo política. A mulher negra que decide usar um turbante na rua, ela está fazendo política. A escola que decide não ser política, ela está sendo política, está tomando uma decisão.

Tudo é discussão política. Só que essa é a discussão política das posturas, das atitudes, diferente da posição política partidária. Infelizmente, quando os meus trabalhos são taxados de políticos, as pessoas acabam dando uma conotação partidária, coisa que não existe. Porque, para mim, não é partidário defender publicamente num desfile de escola de samba a importância do carnaval e das suas manifestações carnavalescas tradicionais. Não é me colocar contra o prefeito, é defender a cultura popular, e isso não pode ser de esquerda ou de direita...

MIGUEL Como você fez no carnaval de 2018 e seguiu fazendo em 2019?

LEANDRO Sim. Fazer um desfile no qual se defende o protagonismo popular, querendo reverberar a história de líderes indígenas, de homens e mulheres pretos, que foram invisibilizados na História, não é política partidária. Isso é discussão política, é discutir o Brasil. Querer, como no meu último carnaval, propor um Jesus negro, um Jesus periférico, não pode ser discutido como algo político-partidário. Isso é discutir o Brasil.

É o que eu acho que as pessoas precisam entender a respeito da política no meu trabalho. Porque os enredos de 2016 e 2017, que muitos acabam não enquadrando dentro dessa prateleira de desfiles políticos, para mim são altamente políticos. Você escolher uma cantora brasileira, uma cantora do recôncavo da Bahia, intimamente ligada com essa visão de Brasil popular, isso é política. Sobretudo num momento no qual o desfile das escolas de samba estava caminhando para a cópia de padrões internacionalizados, vamos dizer assim.

Escolher fazer um enredo que fala sobre a pluralidade religiosa brasileira, colocando no mesmo patamar entidades da umbanda, deuses do universo africano, santos católicos, e tratando isso com beleza, num momento em que o conservadorismo religioso já dava sinais no Brasil, isso é político. A imagem de Nossa Senhora de Aparecida dançando de porta--bandeira é uma imagem política. A imagem de São Francisco de Assis tocando repique, surdo, caixa, tambor, num desfile de escola de samba, isso é uma figura política.

E aí você vê que, no ano seguinte, em 2017, eu festejo esse Brasil de religiosidade plural, que se respeita, ou que pelo menos deveria ter o entendimento do respeito. No ano seguinte, a capital cultural do país elege um bispo evangélico. Quatro anos depois, eu estou fazendo um enredo para falar de tolerância religiosa. Então eu estou falando isso porque tudo é político. A Bethânia de 2016 é política, a religiosidade popular, em seu caráter plural do Brasil, tudo é político. Absolutamente nada na arte é feito com inocência.

E, sim, eu acho que o carnaval é lugar para isso. O desfile da escola de samba não é palco da política partidária, mas é palco para se pensar o Brasil, e para pensá-lo de forma múltipla.

É muito bacana que existam artistas que pensem o Brasil de forma plural. Mas eu acho que, num país no qual a educação não é para todo mundo, onde o acesso à cultura não é para todo mundo, os desfiles das escolas de samba podem muito, e devem continuar podendo. É bacana ter essa pluralidade para que alguns pensem que o desfile de escola de samba é uma festa. Eu aplaudo quem pensa isso, e quem realiza carnaval dessa maneira. Mas também acho que é preciso defender que o desfile das escolas de samba possa mais. Ele pode também ser um discurso, ser palco para se pensar o país, o país de ontem, de hoje, e, se possível, reverberar algo que deixe uma mensagem para o país que nós estamos querendo construir para o futuro.

MIGUEL Leandro, você conhece bem a minha visão sobre a importância do carnaval, e o respeito que tenho por quem o faz. Eu posso afirmar aqui, tranquilamente, que você hoje é um dos grandes intelectuais do país. A maneira como você desenvolve os enredos, com várias mensagens subliminares que ficam ecoando na sociedade, durante anos depois deles, é uma prova disso.

O enredo de 2016, que falava de Maria Bethânia, sua primeira vitória na Mangueira, tem uma sutileza e uma delicadeza muito grande, porque não é uma biografia típica, não é uma biografia cronológica, inclusive o nome Maria Bethânia não aparece, nem no nome do enredo, nem no samba, nenhuma vez. É apenas a menina dos olhos de Oyá.

A história é contada, como você falou, através da religiosidade da Bethânia, e da sua ligação tanto com o candomblé quanto com o catolicismo. Você traz à tona esse sincretismo tão característico da Bahia, do povo brasileiro, da nossa ancestralidade, da nossa africanidade. Como foi a participação da Bethânia na elaboração do enredo? E a reação dela ao desfile?

LEANDRO Desde que eu cheguei na Mangueira, criei, produzi, desenhei, acompanhado de música. E a música que mais soprou nos meus ouvidos, ao longo de toda a minha criação, foi a música da voz da Bethânia. Então, quando pensei em fazer uma homenagem a ela, eu não queria fazer assim: "nasceu, viveu, gravou isso". Para mim, era importante apresentar a Bethânia brasileira, essa Bethânia representante do Brasil comum, que é o Brasil que me apaixona, que me encanta.

A Bethânia é uma porta-voz. Inclusive, se você pegar a obra dela e olhar com uma certa distância, ela talvez seja a cantora brasileira que mais traduziu em suas escolhas estéticas esse Brasil que, para a gente, é um muito caro e importante. Então a voz da Bethânia me conduzia a esse país pelo qual sou apaixonado, e eu queria apresentar esse país através daquela voz.

Foi dessa maneira que pensei em conduzir esse enredo, e isso, na verdade, é apresentar o que a Bethânia tem de mais profundo. A voz da Bethânia, essa voz profunda, que o Vinicius de Moraes classificou como "uma árvore que queima". O que ela tem de mais profundo e mais especial é justamente guardar na voz, no tom, no timbre, esse país ancestral, de uma ancestralidade africana, indígena. A voz da Bethânia é uma voz incrível, que traz o interior do país junto com ela.

Eu queria traduzir essa personalidade e sua obra através do que ela guarda na voz. Por isso o desfile da Bethânia é um desfile para falar do Brasil. É um desfile que tem uma cantora como homenageada, e que traz uma porta-bandeira como Yaô.

E sobre a participação da Bethânia, primeiro, eu só a via no palco, uma coisa muito distante. Você imagina, eu, um fã, ter a possibilidade de chegar perto, de ter um contato diferente do contato de fã, de ouvir ela comentar algo que eu estava criando... Para mim foi uma experiência absolutamente incrível.

E ela me deixou muito à vontade com a criação. Como fã, eu lia sobre, ouvia sobre... A Bethânia tem uma ciência muito grande de si, e quem acompanha o trabalho de um artista acaba tomando ciência de quem ele é. Então eu tive muita liberdade e tranquilidade para trabalhar, e certamente esse foi um dos contatos mais sublimes de criação que tive na minha vida. Guardo muito bem a Bethânia no desfile das campeãs celebrando tudo aquilo, desfilando do chão, e eu desfilando ao lado dela. Aquilo foi um negócio maravilhoso, é uma coisa marcante para mim.

MIGUEL Em 2017, o enredo foi "Só com a ajuda do santo", e a Mangueira ficou em quarto lugar, mas levou o Estandarte de Ouro de melhor escola — o que para mim tem muito valor, porque é escolhido por um monte de gente que realmente entende de carnaval.

Você fala de novo nesse enredo sobre religião e sincretismo e cria uma polêmica com o tripé, em que Jesus Cristo se transformava em Oxalá. A arquidiocese do Rio chiou, reclamou, e a escultura ficou de fora do desfile das campeãs. Muito parecido com o Cristo Mendigo do Joãosinho Trinta, de 1989, que, embora censurado, virou a imagem mais icônica do carnaval carioca. Passados trinta anos desse Cristo Mendigo, que porra que a Igreja católica ainda tem a ver com o nosso carnaval? Como podemos nos livrar desse carma?

LEANDRO Cara, o Brasil é colônia até hoje. Dito isso, a gente não precisa falar muito. Nós somos um país que ainda reproduz uma estrutura de pensamento colonial. Isso marca as artes brasileiras, marca a barganha que algumas atividades artísticas precisam fazer. A arquidiocese, o pensamento religioso no Brasil, ainda não entendeu que, além do seu aspecto sacro, espiritual, religião no Brasil é cultura popular. Religiosidade no Brasil é uma das linhas que formam a digital de todo brasileiro. Então existe aqui uma relação íntima com a religiosidade em que todos nós, independentemente de religião, de credo, estamos mergulhados. Veste-se branco no réveillon brasileiro sem se saber bem o porquê. Mas sabemos que isso tem a ver com a umbanda. Evangélicos vestem branco na virada do ano. Isso quer dizer que nós, involuntariamente, carregamos uma marca religiosa, enquanto DNA cultural. E é preciso entender que manifestações artísticas e populares como o carnaval se apropriam da religião, da religiosidade, e de signos religiosos, com o olhar artístico e cultural. O Senhor do Bonfim, a imagem de Jesus Cristo, a iconografia dos santos, isso foi apropriado artística e culturalmente pelo povo brasileiro.

MIGUEL Vamos falar sobre o seu desfile de 2019, *História para ninar gente grande* — grande consagração com o Estandarte de Ouro, bicampeonato, um enredo histórico. O mais curioso é que o verso "A história que a história não conta" prenuncia uma série de movimentos que eclodiram em 2019 e 2020, e vêm cancelando personagens históricos, derrubando estátuas, depondo ditos heróis. E eu tenho certeza absoluta de que esse enredo vai entrar para os livros de História da criançada. Inclusive você postou recentemente que a Unicamp vai publicar um dicionário biográfico dos excluídos da História, inspirada na sua iniciativa.

E o mais assustador é vermos hoje o descaso com os povos indígenas, com os povos da Amazônia, o desmonte da política ambiental brasileira, e as críticas aos bandeirantes, tudo o que você já trazia para a avenida com o monumento todo ensanguentado, com os índios massacrados.... E mais a história dos malês que o Pitanga vai filmar. Antes de todos os desdobramentos mundiais que se seguiram ao assassinato de George Floyd, nos Estados Unidos, você vem e fala de Luiza Mahin, de Luiz Gama, antes de toda essa palhaçada em relação à Fundação Palmares, e a tentativa de anular a importância de Zumbi, dos quilombos, você vem e diz que "Brasil teu nome é Dandara, tem sangue retinto pisado atrás do herói emoldurado".

Sem contar com o embate entre a necessidade de reconhecimento da violência e da truculência da ditadura militar que vivemos, e a patética tentativa de revisionismo histórico por parte do governo Bolsonaro e dos seus asseclas acéfalos. Tudo isso vem confirmar que o samba, como a gente já falou, é, sim, um lugar de resistência, e com total apoio popular.

Você tinha noção da dimensão da história que você estava contando? Que o que você contou naquela madrugada de março de 2019 antecederia tantos desdobramentos?

LEANDRO Sim, eu sabia da importância. Porque, como disse anteriormente, eu gosto do Brasil, gosto de discutir o Brasil, de olhar para o país e colocá-lo dentro do meu trabalho. Quem gosta do Brasil busca compreendê-lo. E, em 2018, nós já podíamos prever o que aconteceria com o nosso país. Esse é um país curioso, porque as pessoas falam "O Brasil deu errado, o projeto de Brasil deu errado", mas não, o projeto do Brasil deu certo. Esse país foi projetado, pensado, a história que nos foi ensinada foi extremamente bem escrita para que fôssemos o que somos hoje.

Nós fomos forjados para ser um país racista e machista, um povo submisso, apático diante de decisões políticas e tudo o mais. Só que já existiam correntes históricas que buscavam colocar os pingos nos is.

O Brasil é tão louco que eu desconheço outro país que tenha tanto distanciamento das questões indígenas como o que temos aqui. Só que isso foi construído, foi ensinado para a sociedade brasileira, que aprendeu na escola a desprezar o protagonismo indígena e sua história. Nós não nos consideramos índios. Essa história de que no Brasil todo mundo é fruto da mistura, de que todos temos um pouco de negro, de índio, é muito bonita, mas a mesma escola que ensinou isso foi aquela que nos ensinou a ser racistas.

A escola que não ensinou o que foi o colonialismo no Brasil foi uma escola que educou mal para cacete essa sociedade. A escola que não ensinou direito a tragédia que foi o regime militar é a escola que formou uma sociedade que, anos depois, pede a volta do AI-5 sem saber o que é o AI-5.

Quem olhava o Brasil percebia que o conservadorismo avançava no voto. Era possível perceber que o conservadorismo avançava nas conversas das mesas de bares, na postura machista dos homens, no avanço de uma série de pensamentos retrógrados. *História para ninar gente grande* foi pensado à luz de uma política que queria impedir que o pensamento crítico fosse estabelecido dentro das escolas, quer dizer, foi pensado à luz da tal discussão da escola sem partido.

Decidir que uma escola não pode ser local para a discussão política de ideias é fazer política. Então eu resolvi pensar esse enredo justamente para desconstruir todo esse pensamento estabelecido. Até porque as escolas de samba, durante muito tempo, quase que desde o Estado Novo, em função do seu trato, do seu diálogo, vivem esse flerte com o Estado, com o oficial. Então, de alguma forma, elas também contribuíram para a cristalização de Isabel como a heroína que assinou a lei divina, do marechal que proclamou a República e foi presidente, o "duque imortal".

É muito curioso, a própria Mangueira tem um enredo que diz: "Caminhando pela mata virgem, o bravo bandeirante encontrou...". A Mangueira tem um outro enredo chamado "Os modernos bandeirantes". A mesma Mangueira que os descontruiu em 2019.

Pensar isso, propor isso, é pensar o Brasil. Assim como as imagens que eu quis apresentar. O duque de Caxias, patrono do Exército, que cansou de estampar cédulas brasileiras, pisando nos corpos mortos, porque ele carrega milhares de mortes nas costas. O padre José de Anchieta, que nos é apresentado quase como um santo, mas era um padre que aplicava castigos corporais em indígenas.

Ou seja, propor algo que cante uma outra história. A gente aprende na escola que os bandeirantes foram os desbravadores que ampliaram as fronteiras do país. Esse pensamento é o mesmo que espalhou pelo Brasil monumentos, estátuas, que estão até hoje aí, personificando a história de um país equivocado.

É preciso erguer novos monumentos, contar uma nova história. Melhor dizendo, acredito que, mais do que contar, é preciso *cantar* essa nova história, fazer do canto um lugar para a propagação, não das nossas dores, mas das dores que não devem ser esquecidas. Cantar o que a gente carrega. Tudo isso pode muito.

E volto a repetir, num país em que o acesso à educação não é para todo mundo, a Mangueira levar para um desfile de escola de samba essa proposta, e cantar o que cantou, de uma forma sublime, eu acho que isso, sim, é uma aula de História. A melhor aula de História que pode ser ofertada para um país que se desconhece.

MIGUEL Você falando dessa descolonização me lembra de mais um cruzamento entre o seu caminho e o do Joãosinho Trinta. Foi ele quem, junto com Fernando Pamplona, no Salgueiro, inaugurou todos esses potentes enredos afro. E com Laíla, ele introduziu o candomblé no carnaval. Foram vários enredos inesquecíveis, *Xica da Silva*, *Quilombo dos Palmares*, *A criação do mundo na tradição nagô*, *A grande constelação das estrelas negras*. Para você, qual é o papel do carnaval no combate ao racismo estrutural que existe desde sempre na sociedade brasileira?

LEANDRO Eu acho que é isso, o desfile das escolas de samba tem uma contribuição histórica muito grande. E, infelizmente, ele sofre com o preconceito da estrutura brasileira. Por um desvio de formação, o Brasil não consegue validar o desfile das escolas de samba, o carnaval brasileiro, como uma atividade artística e cultural potente. Continuar até hoje associando o carnaval à devassidão, à promiscuidade, e não enxergá-lo como uma atividade que proporciona conhecimento e arte, só pode ser desvio de formação.

Quando você fala do Fernando Pamplona, a gente volta no tempo, aos anos 1960, e vê que quem primeiro lançou luz à figura de Zumbi dos Palmares foram as escolas de samba. Foi a Salgueiro quem lançou luz à figura de Xica da Silva, essa mulher preta maravilhosa, com uma história incrível. Quem lançou luz nisso, antes da produção de filme, de novela, antes da pesquisa, antes da personagem Xica da Silva de fato ser perpetuada no imaginário brasileiro, foi o Salgueiro. Quem fez isso primeiro foi uma escola de samba.

Então as escolas de samba são lugares para que isso seja feito de uma forma mais potente. Não é difícil, Miguel, conhecer gente que aprendeu a história do Brasil através do samba-enredo.

Então, as escolas de samba podem demais, e acho que elas perderam muito quando, diante da possibilidade de ganhar mais dinheiro, esvaziaram o seu discurso. Elas se desconectaram daquele link que fazia com que todo brasileiro, todo cidadão carioca, fosse a extensão de uma escola.

Porque, como eu já disse aqui, o enredo é o discurso. E todos nós, de forma inevitável, buscamos discurso, buscamos argumentação. A ideia da escola de samba enquanto lugar exclusivo para a produção de imagens se perdeu quando, num determinado momento, elas deixaram de querer falar. Deixar de querer falar, ficar no silêncio, é colocar-se no cantinho.

Enquanto enriqueceram e dialogaram com o universo comercial, elas se colocaram no cantinho. E o que acontece hoje, com a retomada das escolas de samba enquanto lugar do discurso, é que elas resolveram sair do cantinho para falar. Para falar do Joãozinho da Gomeia, da intolerância religiosa nos terreiros de candomblé da baixada. Para contar a história de uma mulher preta, que é a Elza Soares, que saiu de uma comunidade para virar uma das maiores estrelas brasileiras. Só que sair do cantinho também incomoda, porque há quem escute a gente e fale: "Porra, mas escola de samba está virando politicagem". Não, escola de samba não pode ser um cachorro dócil, não pode ser um cachorro no cantinho na coleira. Escola de samba é um bicho feito para morder, para avançar.

MIGUEL Você mencionou o enredo de 1989 da Imperatriz, onde tem o verso que diz: "Pra Isabel, a heroína que assinou a lei divina, negro dançou, comemorou o fim da sina". Desse enredo até o seu "Que não veio do céu, nem das mãos de Isabel, a liberdade é um dragão no mar de Aracati", mudou coisa pra caralho. Hoje não só é discutida a importância da princesa Isabel, como ela foi substituída por heróis como o Chico da Matilde, Dandara e Luíza Mahin. Como você se sente sendo um dos grandes amplificadores dessas vozes?

LEANDRO Na verdade eu não me sinto inventando nada. Eu me sinto simplesmente como um representante de uma corrente que entende que o desfile das escolas de samba deve apresentar pontos de vista. Em 1988, quando o Brasil celebrou o centenário da abolição, a Mangueira, com o samba de Hélio Turco, Jurandir e Alvinho, cantou: "Será que já raiou a liberdade, ou se foi tudo ilusão? Será que a lei áurea tão sonhada, há tanto tempo assinada, não foi o fim da escravidão? Hoje, dentro da realidade, onde está a liberdade, onde está que ninguém viu?".

Eu tento retomar esse discurso de escola de samba que propõe uma certa reflexão. "Olha, não é só isso, tem isso aqui também. Se te contaram essa história, deixa eu te contar outra. Não é a certa, não é a errada."

Achei maravilhoso que, no carnaval de 2019, quando a Mangueira foi campeã, a Vila Isabel seguiu apresentando uma versão oficial e celebrando a princesa Isabel. É muito emblemático e é muito bacana, nesse país que nós vivemos hoje, termos um desfile de escola de samba em que dois projetos de Brasil são colocados lado a lado. Não é que um seja melhor e o outro seja pior. Vamos debater? Vamos ver? Vamos conhecer uma história diferente? Eu vou te dar mais um ponto de vista, e a partir dele você reflete, você pensa.

Por isso eu acho que eu não inventei nada, a roda já foi inventada. Só que a roda, durante um bom tempo, ficou rodando só para um lado. E agora existe uma corrente, uma turma que quer fazer a roda girar para o outro lado. Girar a roda para um lado ou para o outro é colocar em movimento.

MIGUEL Você se formou na EBA, a Escola de Belas Artes da UFRJ, e está concorrendo ao prêmio Pipa de 2020 — um dos prêmios mais importantes de artes plásticas do país. Nomes conhecidos hoje, como Maxwell Alexandre, Eduardo Coimbra, José Bechara, todos já concorreram ao Pipa.

Em 2018, você criou com o Ernesto Neto uma instalação no MAR, o Museu de Arte do Rio. O tempo todo você está flertando com as artes plásticas e criando pontes entre esses dois universos. No caso do Pipa, você percorre o percurso inverso, o mundo do carnaval sai invadindo o mundo das artes e não vice-versa, como é mais comum. Você já escreveu que tem um certo elitismo, um pseudointelectualismo, um certo preconceito a esse movimento, e você chegou botando o pé na porta. Isso é uma quebra de paradigma?

LEANDRO Eu tenho certeza! Acho que o prêmio Pipa dá um sinal importante ao olhar para o desfile das escolas de samba e encontrar nesse universo um representante para colocar ao lado dos grandes artistas que você citou. Um sinal de que está olhando a pluralidade da produção artística brasileira. É inadmissível, é inacreditável que a produção artística de Fernando Pamplona, Arlindo Rodrigues, Rosa Magalhães, Renato Lage, Fernando Pinto, e tantos outros que produziram imagens e visuais celebrados pela cultura brasileira, tenha sido invisibilizada durante tantos anos de construção. Da construção da história da arte no Brasil.

Olhar para esses nomes, para esses trabalhos, e desprezar a qualidade do que eles propuseram é realmente reafirmar que existe um preconceito, um certo elitismo no olhar que se lança sobre o trabalho carnavalesco. Então eu me sinto muito honrado em estar concorrendo. Na verdade, eu me sinto honrado em ter sido indicado ao Pipa porque essa indicação quer dizer que o meu trabalho foi olhado, não que as artes carnavalescas precisam ser validadas por um prêmio de artes contemporâneas.

O Fernando Pamplona continua sendo o Fernando Pamplona, continua tendo a importância artística dele para a cultura brasileira, assim como a Rosa Magalhães, o Renato, independentemente de não terem sido olhados nesse aspecto. Mas estar indicado ao Pipa é uma vitória que celebro junto com o meio em que realizo arte. Essa indicação celebra quem veio antes de mim, quem eu louvo sempre, e celebra também os que virão depois.

É importante para mim enquanto artista, mas também é importante para o carnaval, ter lá alguém do carnaval, essa atividade tão subalternizada, ainda tão incompreendida, tratada como festa, ainda subordinada à Secretaria de Turismo, quer dizer, carnaval é turismo também, é considerado uma atividade festiva e econômica. Mas, acima de tudo, carnaval é cultura de alto nível que merece ser olhada como tal.

MIGUEL Meu irmão, muito obrigado. Foi uma aula incrível, um papo maravilhoso. Vamos estar juntos. Com carnaval ou sem carnaval, teremos muitas oportunidades de nos abraçarmos!

LEANDRO Eu que agradeço, muito obrigado, querido, beijo.

MIGUEL Queria dedicar essa conversa à minha mãe, Zezé, que tem o coração dividido entre o Salgueiro e a verde e rosa, e foi quem me levou pela primeira vez, com oito anos de idade, à Sapucaí e me introduziu nesse mundo maravilhoso do samba. Evoé!

24 DE AGOSTO · RENATA LO PRETE

O JORNALISMO NO FRONT

Nós e Renata fomos bem amarrados, acho que para todo o sempre, por um poderoso laço chamado Jorge Bastos Moreno. Renata é mais uma dessa turma que passou anos convivendo sentada à mesma mesa em torno da melhor feijoada, de um indizível cozido ou de um pacu de Cuiabá. Regado pela conversa mais inteligente e pela fofoca mais rasteira. Não necessariamente nessa ordem. Depois que ela se isolou atrás da bancada do *Jornal da Globo*, desapareceu do nosso convívio social. Não que Renata seja de muitos agitos, mas bem que se esforçava! No início desta nossa conversa, chegamos à conclusão de que não nos víamos desde o ano passado, e que ela ainda nem veio ao Rio neste estranho ano... Se Moreno estivesse vivo, isso seria impensável! Mas o nosso bate-papo, mesmo que virtual, foi muito bom. Como sempre! (Só faltaram os quitutes da Carlúcia...)

MIGUEL ...Renata, você tá deitada! Bota esse telefone em pé! Ai, ai, agora que se acostumou com rádio, ferrou, não consegue nem entrar numa live...
RENATA Tá vendo? Esse tempo todo de quarentena, o mundo se dividiu em dois times de pessoas: quem fez live e quem continuou fazendo televisão, como eu. Então não sei fazer live. Esta é a minha segunda live da quarentena, acredite se quiser.
MIGUEL Quanta honra!
RENATA Pronto! Muita saudade de você, Miguel.
MIGUEL Eu também! Vamos lá? Em um Brasil dividido, polarizado desde 2013, o jornalismo tem enfrentado a ira ora de um lado, ora do outro, ora dos dois. Os ataques vêm tanto da sociedade quanto do governo. Como é, para você, viver na linha de tiro? Você se lembra de em algum momento na sua carreira de 35 anos ter vivido algo parecido?
RENATA Parecido você encontra. Mas no grau em que se está vivendo hoje é absolutamente sem precedente. E fiquei pensando em por quê. Não é porque outros governos gostassem do jornalismo. O bom jornalismo é sempre incômodo, desagradável... no sentido de que é, obrigatoriamente, questionador. Então, determinadas incompreensões, você encontra no

passado. Acho que a novidade agora vem, primeiro, que da parte das autoridades o inconformismo com o papel de cobrança da imprensa é maior. E, ao mesmo tempo, você tem um ambiente que, como você descreveu, é muito mais polarizado. Então, tem uma fatia maior da sociedade fazendo eco a um inconformismo do governo com que as perguntas sejam feitas, que os questionamentos apareçam, que a imprensa exerça seu papel de cobrança. Isso é que mudou. Não é que não havia questionamentos antes; não é que governos tenham gostado da imprensa em algum momento. É que agora está mais agressivo e mais respaldado numa fatia da sociedade que pensa parecido com o governo.

MIGUEL E como você vê a importância do jornalismo como resistência democrática, em um momento como esse do Brasil?

RENATA Às vezes é muito difícil manter a cabeça fria, porque você está sob ataque, porque a sua profissão está sob ataque e porque atitudes profissionais que você sempre considerou normais, sérias, têm essa resposta muito agressiva. E você corre o risco de perder a cabeça e responder no mesmo diapasão. Agora, se você consegue, no meio da confusão e do burburinho, manter a cabeça mais ou menos no lugar, vai perceber que é o seguinte: esse trabalho sempre teve uma importância, e você, de algum jeito, vai continuar a fazê-lo. A gritaria vai continuar, os exemplos estão aí. O que tem para ser revelado, as verdades ocultas, o que não querem explicar, você continua mostrando com o seu trabalho. Desde que ele se paute pelos princípios corretos, que você consiga se separar um pouco do barulho em torno, vai em frente.

Por exemplo, ontem um repórter foi xingado, agredido pelo presidente, porque fez uma pergunta sobre as movimentações financeiras da mulher do presidente da República. Quando você vê aquilo, na hora, é uma coisa dura, porque a pessoa estava lá fazendo o trabalho dela. Se você consegue, com o passar das horas, respirar um pouco, vai perceber que a atitude do repórter está correta e você não deve abandonar, nunca, o seu caminho. Uma hora as pessoas vão entender que os questionamentos têm que existir, que é absolutamente normal a imprensa se interessar por movimentações financeiras mal explicadas da mulher do presidente da República. Isso já aconteceu no Brasil, isso acontece o tempo inteiro em outros lugares. É até corriqueiro que as autoridades procurem fugir dos temas desagradáveis, mas as perguntas precisam ser feitas. E, se a gente continuar a fazer, a gente chega a um bom porto, alguma hora.

MIGUEL Muito bom. É até ridículo, desnecessário, a todo tempo o jornalismo ter que se provar. Mas a crise da Covid-19 acabou por fortalecer esse jornalismo e mostrar para a sociedade, mais uma vez, a sua importância. Você sente que foi feita justiça e que a sociedade finalmente compreendeu a importância do jornalismo? Você sente assim... um gostinho de vingancinha?

RENATA De verdade, não sinto. Primeiro, porque eu acho que tudo isso é um processo. Não tem uma coisa que fique absolutamente provada, demonstrada... e a gente vive numa era, Miguel, em que as pessoas se movem demasiadamente, a meu ver, por convicções às quais estão abraçadas. Então, umas das coisas que essa pandemia está nos mostrando é que determinadas pessoas são perfeitamente capazes de não se render às evidências mais evidentes — para falar uma redundância. Então, não sinto não. O que eu sinto, isso sim, é que quando você está consciente da missão que tem a cumprir numa determinada situação, aquilo dá uma tranquilidade, mesmo nos momentos mais turbulentos.

Eu não estou chamando para a imprensa um papel de heroísmo nisso tudo. Heroísmo a gente está vendo, desde o primeiro momento, da parte dos profissionais da saúde. São eles que sentem e vivem a magnitude de tudo o que está acontecendo. A TV Globo fez isso muitas vezes, nos telejornais e também nos podcasts... tivemos a oportunidade de dar voz a pessoas diretamente impactadas pelo que aconteceu — e foi muito importante. Não acho que a gente seja herói; mas você tem razão quando coloca que a dramaticidade e a magnitude do que está acontecendo permitiram mostrar a necessidade do nosso trabalho.

E conseguimos aferir até por uma coisa numérica. Ficou muito evidente para nós que nos momentos mais graves de necessidade de informação, de dúvidas — porque muitas perguntas, seja do ponto de vista científico, seja do ponto de vista epidemiológico, não estão respondidas —, ficou evidente que o público acreditava e sentia necessidade de ser informado. Não somos heróis, mas temos sim um papel essencial para cumprir. Isso, sim, ficou demonstrado: que somos um serviço essencial e que precisamos cumprir esse serviço essencial com muita responsabilidade.

MIGUEL Uma das funções do jornalismo que saem mais fortalecidas nessa crise é a de editor, de curador. Vale lembrar que cada cidadão munido com uma câmera de celular é um gerador de fatos em potencial e um disseminador de notícias. Sejam elas falsas ou não. Portanto, a edição e a checagem ganham caráter extraordinário. Mesmo em veículos em que confiamos, o olhar do articulista, do colunista, do editor se torna essencial. Você é editora do *Jornal da Globo*, logo é muito interessante entender o que você pensa...

RENATA Editar é uma das funções mais lindas e mais necessárias dessa profissão, e fundamental. Alguns dos jornalistas que mais me influenciaram e que mais foram importantes na minha formação eram editores, e não repórteres — sem prejuízo da minha admiração infinita pelo repórter, pelo trabalho do repórter como um todo. Porque editar, Miguel, é fazer exatamente essa curadoria da informação — que você está colocando aí com suas perguntas —, que se tornou absolutamente essencial nesse ambiente de fragmentação, de cacofonia e de cada vez mais desinformação dolosa, que eu acho que é a definição mais precisa de fake news. Então, a edição é muito importante. Acho que quando você cresce no jornalismo, acaba percebendo que a gente precisa de editor para tudo. A gente precisa de editor para a vida.

MIGUEL Concordo!

RENATA Acho muito legal essa sua colocação de "olha, eu procuro o meu articulista, o meu colunista, aquela repórter que sei que vai me trazer uma informação diferenciada...". E com isso você está fazendo uma curadoria. Na verdade, você funciona como seu próprio editor. E todo leitor, telespectador, todo consumidor de informação, acaba virando isso. Conheço bem você, sei que você é assim. Meu pai não foi jornalista, mas foi a pessoa que me ensinou a gostar de notícias, porque a vida inteira ele também fez isso.

A edição virou uma coisa essencial e vai ser cada vez mais. Eu fui editora algumas vezes na vida e faço esse trabalho ainda, tanto no *JG* quanto no podcast. É um trabalho essencial, você tem toda razão.

MIGUEL E você exerceu uma função muito interessante durante anos, que foi a editoria da primeira página da *Folha*. Deve ter ajudado muito na sua profissão, a capacidade de síntese, de rapidez de lidar com aquela informação. Nesse trabalho de primeira página, você tem que comunicar de maneira diferente, além de fazer o seu trabalho de jornalista, tem que ter preocupações de marketing, de propaganda. Isso preparou você para a era da TV, do ao vivo, onde as informações são muito rápidas, em uma quantidade enorme e com um tempo muito curto para trabalhar?

RENATA Miguel, eu fico superfeliz. Jamais imaginei que você ia me perguntar sobre a primeira página, porque faz muito tempo que fiz isso na vida. Na *Folha de S.Paulo*, onde fiquei por muitos anos, fiz três coisas que me marcaram profundamente na vida e na profissão, das quais extraí lições que uso até hoje na TV. Duas são mais conhecidas, porque foram mais voltadas para o público externo: o período em que fui ombudsman e o tempo em que editei o "Painel". Não o *Painel* da GloboNews, ora suspenso por causa da pandemia, mas uma coluna de informação política.

Como tiveram mais repercussão, as pessoas me perguntam mais sobre elas, e menos sobre a manufatura da primeira página, que é um serviço mais da "cozinha" das redações, digamos assim. E é uma tarefa jornalística que hoje em dia mudou muito. Ela é quase uma tarefa do século passado, porque o ambiente que a gente vive praticamente implodiu o ciclo de notícias que gerava uma primeira página. Eu me lembro do tempo em que as pessoas discutiam se determinada notícia deveria ficar acima ou abaixo da dobra — porque as pessoas olhavam para o jornal dobrado. Nada disso existe mais.

Mas tem algo que super existe e que a primeira página me deu muito. E que, na verdade, são dois dos conceitos mais importantes para você fazer qualquer coisa no jornalismo: um é o sentido de prontidão. Você pode ser um cara apaixonado pela sua ideia, pelo seu planejamento, por aquilo que achou que ia fazer num determinado, mas jamais feche os olhos para a verdadeira notícia que está na sua frente, ainda mais se for jornalista. Elio Gaspari tem uma frase que eu amo sobre isso. Ele fala assim: "Olha, posso não saber a definição de notícia. Mas sei quando está passando uma na minha frente." E a primeira página é aquele exercício permanente de "isso é mais importante do que isso", "olha o que aconteceu", "teve um atentado"... você está lá editando notícia, mas é você que vai ver a quanta distância o seu correspondente está daquele lugar e o que você tem que fazer para ele chegar lá. Ela dá um senso de prontidão, que acho essencial.

E a outra coisa é o senso de hierarquização de notícias. Porque o ciclo noticioso — de 24 horas, de uma semana —, esse pode ter implodido. Muitas coisas podem ter mudado, mas a ideia de que diante de um conjunto de notícias que estão passando pela sua frente você precisa saber hierarquizar o que é importante para o seu público... essa ideia continua de pé. Ela é superimportante para o jornalismo e eu preciso dela todo dia aqui, na TV Globo. Então, são duas coisas que a primeira página super me deu e que tenho um carinho por ela, por esse período da minha vida até hoje, por causa disso.

MIGUEL Você foi chamada para o *Jornal da Globo* depois de uma confusão com William Waack, por ele ter emitido um comentário racista em *off*. E aí, o que a gente vê hoje é que, em *on*, todos vocês têm um cuidado muito grande em respeitar a cartilha do politicamente correto. E a sua experiência como ombudsman da *Folha* deve ter dado a você uma experiência enorme, porque a sua função era justamente apontar muitos desses deslizes éticos das notícias do dia a dia. Isso deu segurança para navegar nesses mares turbulentos que a gente está vivendo?

RENATA Miguel, segurança... eu não sei se usaria essa palavra, porque sempre acho que você pode pisar numa mina terrestre, a qualquer momento. Você pode tomar os seus cuidados; pode se comportar, como é esperado de um jornalista na posição que eu estou, fazendo o que faço; mas você sempre pode pisar numa mina terrestre, por um erro seu, porque incorreu num erro de outra pessoa, um monte de coisa pode acontecer. Então, segurança, a gente não tem de nada na vida.

Mas, super bem lembrado de sua parte, essa questão do ombudsman. Aquela experiência foi muito importante para mim, nesse sentido que você está falando, porque foi a primeira vez na minha vida que tive a noção de que muito daquilo que a gente discutia na redação entre nós, numa certa bolha que a gente vive, não tinha nada a ver com o que importava ou deixava de importar — no caso, para o leitor, porque eu era ombudsman de um veículo impresso. Coisas que a gente achava gravíssimas, pelas quais a gente se matava e arrancava os cabelos, o público nem percebia. E determinadas coisas que a gente achava supernormais feriam a suscetibilidade do público.

E tenho uma questão pessoal com esse negócio do politicamente correto. Você tem que procurar ser sempre uma pessoa razoável em tudo, mas acho que, basicamente, o politicamente correto nos civilizou, Miguel. Ele fez muito mais bem do que mal a todos nós. E quando a gente, com os olhos de hoje, revê — seja em vídeo, seja em áudio — as nossas memórias do convívio em redação, a gente fala assim: "Espera, o absurdo era aquilo. Não os cuidados que existem agora. Não as reparações que precisam ser feitas." Então tenho um certo conforto comigo porque nunca achei que o politicamente correto fosse uma camisa de força. Em boa medida, ele foi algo que nos civilizou. Então, ok. Sigamos.

MIGUEL Renata, na bancada do *Jornal da Globo* você tem que ter uma maior precisão e uma solidão muito maior também, né? Faz falta aquela informalidade e aquela turma toda do *Jornal das Dez*?

RENATA Olha, eu gosto de turma — sempre gostei de turma, na vida. Não de panela, mas de turma, de conversa. E a gente criou, naquele período do *Jornal das Dez*, uma conversa muito boa. Foi minha primeira parada, vinda do impresso para a televisão. E aprendi muito ali, em um momento muito fervilhante do cenário político. Foi muito importante.

Quando fui para o *Jornal da Globo* — e já estava adquirindo alguma experiência, porque vinha fazendo substituições —, percebi que muita coisa tinha mudado. Mas pareço um pouco com aquela música dos Titãs, eu realmente "só quero saber do que pode dar certo"... E no *Jornal da Globo* eu não gosto da solidão — sempre falo isso com meu editor-chefe. Eu gosto muito dos dias em que o jornal está rico de vivos, rico de gente. O meu editor-chefe sabe disso, a gente procura povoar o jornal bastante. Mas é um outro modelo. Vou dar um exemplo desse momento: na pandemia, temos feito edições do *Jornal da Globo* bastante extensas, porque o noticiário pede. O que significa que estamos fazendo telejornais de cerca de uma hora — às vezes um pouco mais, às vezes um pouquinho menos. Isso, para a Globo, é bastante coisa. Porque a gente faz parte de uma programação toda muito definida.

No *Jornal das Dez* atual, por exemplo, Heraldo às vezes está fazendo duas horas, até mais. Eu, quando estava no *Jornal das Dez*, muitas vezes fiz duas horas de jornal. Isso é da natureza, mesmo, da TV fechada e da TV aberta. Por outro lado, quando digo que quero saber do que pode dar certo, acho que tem um aprendizado envolvido nisso. Vou dar um exemplo da eleição de 2018.

MIGUEL Que você fez com o Bonner, direto, né?

RENATA Que eu fiz com Bonner, no dia da eleição. E foi sensacional. Foi uma linda parceria, adorei fazer. Eu gosto, você sabe, né, Miguel? Eu gosto de uma eleição como você gosta de festa — e eleição é uma festa, para mim.

Ao longo da campanha de 2018, tratei de pesquisas eleitorais. Pesquisa eleitoral é uma coisa a que eu me dedico a estudar, a apresentar... a destrinchar os números, desde muito antes de vir para a TV — tanto na GloboNews como na Globo. E na News, o período que fiquei lá, reta final de eleição, a gente colocava minutos e minutos a fio de pesquisa no jornal. E a cada pesquisa a gente parava, e ia para a roda de conversa. Na Globo, você não tem tempo para fazer isso. Por outro lado, isso me obrigou, em 2018, a fazer um exercício, que era o seguinte: apresentei todas as pesquisas importantes; e, a cada pesquisa, eu fazia um comentário na linha "olha, o que importa da pesquisa é isso aqui — 1, 2 e 3". Isso obriga um exercício de síntese, que também é um respeito ao tempo da pessoa que está assistindo você, algo muito legal. Gostei de fazer. Então, assim: bônus e ônus, tem as duas coisas.

MIGUEL Renata, você já nasceu na ditadura militar. E começou sua vida profissional na época das Diretas Já, no fim da Guerra Fria. Tenho a impressão, assim como todos com quem tenho conversado, que de lá para cá tudo piorou. Hoje, parece que a gente vive em um Brasil muito pior do que aquele do pós-redemocratização. E, ainda por cima, a gente tem a pandemia. Você sente que esse é o pior momento da História que você já cobriu?

RENATA Olha, Miguel: pior, melhor... tenho dificuldade em apontar. Porque tem muitas variáveis envolvidas. Mas tem uma coisa que está óbvia para mim, e posso dizer: esta pandemia é a história jornalística das nossas vidas. Da vida da minha geração de jornalistas e de várias que vieram depois. Tenho colegas bem mais jovens do que eu, a gente sempre pode se enganar com previsão de notícia, mas consigo dizer com certeza: não cobri nenhuma história maior do que essa — na política, na economia, em nenhum assunto. Percebi isso bem no começo, e meu único pensamento sobre isso, que move a mim e acho que a muitos colegas que estão trabalhando há muitos meses em condições desfavoráveis, mas todo dia agradecendo, porque a gente está podendo fazer esse trabalho... Então, a minha preocupação, todo dia, é a seguinte: estou à altura dessa história? Porque o tamanho dela é como o de nenhuma outra.

MIGUEL Interessante. A gente falou agora muito da função do jornalismo como serviço e informação. Isso que vocês estão prestando nessa pandemia. Vou fazer uma pergunta sobre outra função do jornalismo. Numa entrevista sua com Roberto Jefferson, em junho de 2005, foi que se revelou e se desencadeou toda a história do escândalo do Mensalão. Essa matéria deu a você o Prêmio Esso, inclusive, que é um dos maiores prêmios do jornalismo. Eu te pergunto: qual o papel que a imprensa tem, como o quarto poder da República? Isso é real?

RENATA O poder da imprensa é real. Ele está mais em ataque hoje do que já esteve. No caso do Mensalão, eu vi isso pela primeira vez com muita clareza. Porque me lembro perfeitamente do dia da entrevista. E naquele dia aprendi, entre outras coisas, que as fichas não caem todas ao mesmo tempo para você — pelo menos para mim, elas não caem. No momento em que fiz a entrevista, as primeiras fichas que foram caindo para mim foram as jornalísticas, bem básicas, Miguel. Do tipo: "Saindo daqui preciso ligar para o meu diretor de redação. Preciso explicar que eles tinham reservado uma página, mas na verdade isso aqui vale três páginas." "Preciso explicar para eles que isso não é uma manchete em uma linha. Provavelmente é uma manchete de duas linhas..." Preocupações do século passado, mas que têm a ver com a hierarquia de notícia.

Ah! Uma outra preocupação que eu tinha, que sempre conto para as pessoas. Roberto Jefferson estava muito assediado naqueles dias. Porque já se sabia que ele estava preparado para explodir de alguma maneira. Ninguém sabia que ia explodir tanto, nem o conteúdo, mas havia um cerco muito grande, muita gente querendo falar com ele. E quando ele combinou de falar comigo, minha maior preocupação era que eu tinha que chegar na casa dele e ninguém podia me ver. E hoje eu sei — porque meus colegas do *Globo* e da própria *Folha* me disseram — que era hora do almoço e eles tinham ido ao McDonald's lá perto, pegar um sanduíche. E ainda não tinha ninguém lá naquela hora, assim como não tinha ninguém quando eu saí.

Então, minhas preocupações naquele dia eram todas de ordem jornalística. "O que tenho que fazer agora?" E a ficha política, do tamanho daquele negócio, começou a cair no fim da tarde, quando eu estava fazendo o que, na linguagem jornalística, chamava de "tirar a entrevista gravada". Eu estava sentada na sucursal de Brasília fazendo isso, e lembro que os telefones não paravam de tocar. Naquela época, veja você, o telefone fixo ainda tocava na redação. O meu celular não tocava, ninguém estava me amolando. E aí, descobri o que aconteceu: Roberto Jefferson, num requinte de crueldade, ligou para Aldo Rebelo, que era ministro, e falou: "Olha, dei uma entrevista para a *Folha de S.Paulo*." Sem falar o que tinha dito.

Então, porta-voz, os ministros todos do governo começaram a ligar pro jornal, para saber quem tinha falado com ele e o que ele tinha dito para a *Folha*. Quando vi, Miguel, aquela *telefonação*, aquele negócio intenso, vi que o governo estava realmente nervoso... aí a ficha da política começou a cair para mim. Então, sim, aquele episódio mostra que a gente tem poder. Repito: esse poder está sob ataque, e acho que é papel nosso, do jornalista, refletir por que ele está sob ataque e como é que a gente pode fazer o trabalho mesmo nessa situação.

MIGUEL Muito boa essa história. Me lembra o nosso Moreno e as fofocas de Brasília! Aliás, essa semana é semana de comemoração. Foi o seu aniversário, vai ser o meu e, quarta-feira, o seu podcast, *O assunto*, completa um ano. Patrícia Kogut deu uma nota informando que são 31 milhões de downloads e que se tornou o programa mais baixado da América Latina.

RENATA Sim!

MIGUEL E então hoje, você é uma Rainha do Rádio, né, Renata? Tal qual uma Dalva de Oliveira, uma Angela Maria, uma Emilinha...

RENATA Amei! Adorei você falar desse negócio de Dalva de Oliveira, já que você botou o Moreno na história. Porque eu lembro que o primeiro *Central de Notícias* que fiz para a GloboNews, quando acabou, voltei para a casa do Moreno — porque eu estava hospedada lá —, e ele virou para mim e falou assim: "Renata, descobri que você é a Hebe Camargo!"

MIGUEL Está vendo? Mas é isso aí, e você tem essa voz radiofônica, chique, meio anos 40! Independentemente de como as pessoas consomem — que é no streaming —, o que você está fazendo no podcast é rádio! Em pleno século XXI. Como é isso?

RENATA Para mim é outro daqueles presentes da profissão, Miguel. Porque por um capricho do destino ouvi muito rádio quando criança, jovem... meu pai amava rádio, na minha casa tinha rádio em todo lugar. Mas mal trabalhei com rádio na vida, se comparar com outras coisas, fiz jornal impresso por um quarto de século, faz quase uma década que estou na televisão. Tive uma pequena experiência de comentarista lá na CBN, mas só isso. Então veio a proposta de fazer o podcast. Eu já era ouvinte dessa plataforma, mas confesso que, como quase todas as coisas importantes que aconteceram na minha vida, a ideia não foi minha — as pessoas chegaram com essa ideia prontinha para mim.

Eu tive até um certo receio de abraçar, porque seriam duas operações diárias, o *Jornal da Globo* e o podcast, e, na época, a gente ainda não estava na pandemia. E tinha o *Painel* também, o programa semanal. Mas a proposta me deu uma coceira muito grande, uma vontade grande de aceitar. E um ano depois eu sou muito, muito agradecida, e estou muito feliz com o resultado, por vários motivos. Primeiro, para falar em números, Miguel... você falou dos downloads, da liderança... e isso é sensacional, mas tem um número que é o número do meu coração. Este ano a gente entrevistou quase 370 pessoas para o podcast. Quando vi a conta, não acreditei. É sensacional, porque tem uma pluralidade e uma multiplicidade de vozes ali, entre o repórter que vai compartilhar com a gente a apuração dele, o especialista que vai explicar desde como funcionam os alvéolos do pulmão até como funciona o teto de gastos. E por aí vai. A gente ouviu, na pandemia, pessoas contarem histórias emocionantes. Então, gosto muito por isso. É uma experiência incrível.

E, de volta à sua pergunta, é muito legal essa coisa de passar veracidade, segurança, apenas com sons e a voz, mais do que com as outras coisas. Eu nunca tinha tido essa experiência.

MIGUEL Muito bom! Renata, nós fazemos parte de uma importantíssima confraria dos amigos de Jorge Bastos Moreno. Aliás, essa série de lives que estou fazendo é muito baseada naquilo que a gente viveu naqueles anos em volta do Moreno. Que eram conversas brilhantes, com interlocutores inteligentes, assistidas e ouvidas por gente que admiramos. Gente que nunca se imaginou estar sentada a uma mesa conversando com Caetano, Gil, Dona Fernandona. E, obviamente, muita fofocada também, porque Moreno era o rei da fofoca e nós não somos de ferro. Fiz muitos amigos por lá. Dos meus entrevistados, por exemplo: você, Nelsinho Motta, Gil,

Zuenir, Bial... Qual é a importância da laje do Moreno, e do Moreno, na sua vida?

RENATA Vou tentar descrever, porque é difícil. Eu sabia, há muitos anos, quem era Jorge Bastos Moreno. Ele vivia em Brasília, e eu vivia em São Paulo. E me lembro perfeitamente bem do dia em que fomos apresentados, na entrada da chapelaria do Congresso, por Fernando Rodrigues, meu ex-colega de *Folha de S.Paulo*. Se Flora fosse definir, falaria assim: "Não vai dar liga entre esses dois. Siri com Toddy." Porque quem conhece a gente, conhece nosso temperamento, sabe de onde a gente veio, onde a gente trabalhou, sabia que não rolaria... mas acho que especialmente em relação ao temperamento, porque Moreno é aquela coisa da expansão completa, e quem me conhece sabe que sou uma pessoa mais contida, é meu jeito mesmo, sou muito observadora, mesmo na laje. Ali, eu sempre ficava mais na conversa de dois a dois... e observando o Moreno. Muito.

Então, fomos apresentados. Depois ficamos um tempinho sem nos ver e daí um outro amigo comum, Marcelo Netto, arrumou um almoço para nós dois, e dali a coisa decolou de um jeito que acho que só as pessoas dessa confraria, como você diz, sabem o que representou para nós. A possibilidade de conversar de uma maneira informal, desabrida, inteligente, conversas exploradoras. E ao mesmo tempo de uma maneira muito amorosa. Então, isso para mim é um divisor. Tem antes e tem depois do Moreno.

E tem outra coisa, que é a seguinte: Moreno passou a ser um dos jornalistas que eu mais admirei, tranquilamente! Mesmo se a gente não fosse amigo. E vou contar por quê. Acho que no fim de tudo, Miguel, reduzindo muito a essência do nosso trabalho, existe a curiosidade. E Moreno foi uma das pessoas mais curiosas que conheci, sempre aquele menino curioso. Você chegava com um pedacinho de informação desse tamanhinho para ele, ele já arregalava o olho assim, e você que tratasse de descobrir mais para contar para ele. Porque aquela coisa insaciável que ele tinha com a comida, ele tinha também com a informação. E isso é a coisa mais linda do mundo, porque volta para o começo da nossa conversa, a prontidão para as notícias.

MIGUEL Tanta lembrança boa que dá vontade de aglomerar imediatamente! Vou fazer outra pergunta sobre Moreno. Se ele não tivesse morrido de

Covid ou de solidão nesses tempos de isolamento, o que estaria achando do governo de Jair Bolsonaro e dessa pandemia?

RENATA Uma coisa que eu ouço muito de amigos mais próximos e que você, com certeza, compartilharia, é a seguinte: a impossibilidade que seria confinar Moreno. Ele ia ser, das pessoas que todos nós conhecemos, a que mais teria que ser confinada, porque era uma espécie de dicionário dos fatores de risco...

MIGUEL Era uma bomba ambulante!

RENATA E, ao mesmo tempo, seria uma pessoa impossível de confinar — ele ia enganar a gente, fugir do confinamento, ia aglomerar, provavelmente. Então, mal consigo imaginar ele em tempos pandêmicos. O que ele ia estar pensando desse governo? Miguel, independentemente do que pensasse do governo, ele estaria tentando arrumar informação. E isso é admirável, porque — de volta ao seu tema inicial, da divisão política, da cisão da sociedade — tem gente que cansou. E eu acho legítimo. Moreno nunca, diante de nenhum governo, ia estar desinteressado de descobrir o que estava acontecendo. Andréa Sadi está comentando aqui que ele simplesmente ia pedir "notas, notas, mais notas!". É a pura verdade.

MIGUEL Vou te fazer uma última pergunta rapidinho, você tem dois minutos para responder. O jornalismo é excelente ao retratar a polaroid do momento, não é? Mas é muito falho em prever o futuro. Como você vê o futuro do jornalismo?

RENATA Necessário, Miguel. Pode ser otimista demais da minha parte, mas necessário; em mudança permanente. Tem outro mantra meu que os amigos conhecem e em que, de fato, eu acredito: para mim jornalismo é movimento. E, para usar aquela velha máxima do futebol, que você certamente conhece: quem se desloca tem a preferência. Não temos outra saída que não seja a da mudança permanente, ao mesmo tempo compromissada com o que sabemos que é o valor essencial da profissão. Não vejo um futuro em que a gente seja desnecessário. Realmente não vejo.

MIGUEL Muito bom, Renata. Obrigadíssimo. Temos menos de um minuto...

RENATA Nossa! Passou rápido! Me senti na laje. Foi lindo!

MIGUEL Obrigado, beijão.

27 DE AGOSTO — **MARY DEL PRIORE** — HISTÓRIA EM DISCUSSÃO

Como dá para perceber nas entrevistas, sou fascinado por história. Pela maneira como ela explica o que somos, ou o que nos tornamos, e por sua teimosia em se repetir, apesar de sabermos o que deu errado. Na verdade, esse defeito é muito menos da história e mais do ser humano, esse sim, teimoso por natureza. Nada mais natural que eu convidasse uma historiadora pra conversar, e logo uma das que mais gosta de um bom bate-papo: Mary! Adoro os seus livros e a maneira curiosa com que ela lê nas entrelinhas, e nas rugas do passado, os traços do cotidiano que moldaram a nossa sociedade. Vivemos em um momento interessante da história, em que se tenta reescrevê-la pela caneta do autoritarismo em linhas tão surreais que só fizeram desvendar a versão dos oprimidos. Uma versão muito mais legítima, porém cheia de dor, coragem, potência e, principalmente, cheia de novos heróis a povoar o nosso panteão.

MIGUEL Olá, Mary! Vamos começar logo, porque eu falo muito, você também, e temos muito papo pela frente! Primeiro, bem-vinda. Obrigadíssimo por aceitar esse convite.

MARY Fiquei honrada de imaginar que em um escritório de arquitetura tão bem-sucedido como o seu houvesse interesse em História. Isso me toca. Porque o problema todo é a História chegar às pessoas. E chegou aí.

MIGUEL Que bom. Para mim, é um assunto que sempre me interessou muito. E tem um link com a minha profissão, que é a história das cidades. Adoro biografia de cidade. Cidades são organismos vivos, dinâmicos — como a História também é.

Como a gente falou, o Brasil e o mundo estão vivendo um momento ímpar, histórico. A derrocada da social-democracia fez emergir essa extrema direita assustadora que hoje está no poder em grandes nações, como o nosso país e os Estados Unidos. Uma das ferramentas para essa gente chegar ao poder é o negacionismo e o revisionismo histórico. A gente sabe que a História é uma disciplina orgânica, que está em constante atualização, à luz de descobertas, análise de novos documentos, mas o que se passa hoje é uma guerra de narrativas. Como é que você, uma das grandes historiadoras deste país, vê esse processo de negacionismo?

MARY Miguel, eu faria um pouquinho de atenção com as palavras. Lembro sempre que as palavras têm história, e que o negacionismo, em particular, nasce depois da Segunda Guerra, momento em que um grupo de historiadores resolve dizer que não tinha havido campo de concentração, câmara de gás, que ninguém tinha matado milhões de judeus. Eu acho que a desconstrução, que foi um conceito muito utilizado pelo Jacques Derrida, na realidade tem a ver com esse movimento e a complexidade do fazer História — ou do viver em cidade, se você quiser, porque está tudo em permanente transformação. Mas no caso da História em particular, ou das ciências humanas, tinha a ver também com a vontade de detonar com as verdades muito congeladas. As verdades marmóreas, saídas das academias e ali consolidadas — um pouco ao estilo desses monumentos que têm sido postos abaixo.

O que sabemos é que a História está num eterno *fazendo*, num gerúndio permanente, e, portanto, é importante que se tenha acesso a documentos, informações que possam trazer alguma coisa de novo, uma vez que se componha o consenso em torno de uma narrativa — ninguém vai inventar "Ah, o Brasil foi descoberto pelos russos!". É óbvio que uma coisa dessas não cola.

MIGUEL Já pelos chineses, a gente tem dúvida...

MARY Pelos fenícios também! Mas é isso que é interessante na História. A gente estar escavando o tempo todo. E no momento em que você mata a cobra e mostra o pau — ou seja, em que apresenta documentos —, são versões que se vão construindo e elaborando ao sabor do tempo. Porque somos, também, homens do nosso tempo. Então, levamos para o nosso trabalho as nossas indagações — que são diferentes daquelas de nossos antepassados. Tudo isso faz do historiador alguém que está sempre desconstruindo e construindo a História.

MIGUEL Você falou das estátuas. Nesse revisionismo histórico, a gente tem visto bastante essa deposição dos "heróis" e o fim de algumas reputações, nessa transferência de narrativa para o lado do oprimido. De certa maneira, as boas biografias — como as que você escreveu — inauguram um pouco esse processo, porque, ao se debruçar na vida de um ser humano, por mais herói que ele seja, acabamos descobrindo os dois lados. Você escreveu sobre José Bonifácio, Leopoldina, princesa Isabel, d. Pedro II... e aí, trouxe à tona, naturalmente, o lado bom e também o lado ruim dessas personalidades. Ao mesmo tempo que reabilitou figuras importantes da nossa História que foram estigmatizadas, como a marquesa de Santos e a condessa de Barral — esta, amante de d. Pedro II, uma figura interessantíssima, importantíssima na História do Império.

Mas quero me concentrar em duas pessoas específicas: a primeira, José Bonifácio, patrono da Independência. A leitura do seu livro *As vidas de José Bonifácio* é um pouco demolidora. Porque você coloca José Bonifácio como um dos primeiros disseminadores de fake news do Brasil, já que ele criou o seu próprio jornal, *O Tamoio*, e forjou essa autoimagem de pai da Independência através de umas coisas muito loucas, como entrevistas com ele próprio...

Gostaria que você analisasse dois aspectos do José Bonifácio que, para mim, são muito importantes. Eu sou presidente do conselho de uma ONG relacionada às questões socioambientais e fiz uma entrevista com o Gabeira sobre a história do ambientalismo no Brasil. Ele citou José Bonifácio, e Leopoldina, claro, como os primeiros ambientalistas do país. Queria que você se concentrasse nesses dois aspectos da sua vida: José Bonifácio abolicionista e ambientalista.

MARY Miguel, longe de mim ter demolido com tanto vigor o nosso patrono da Independência. Quando você se volta para um biografável, você não sabe nada sobre ele. Você vai levantar documentação em busca de respostas. Minhas perguntas eram: como é que um brasileiro, que vai para Portugal num momento em que Portugal está ruindo e a Corte está vindo para o Brasil, faz esse tour pela Europa? Eu descobri, rapidamente, que os tais propalados professores que ele teve ou já tinham tido a cabeça cortada ou estavam fora das instituições que lhes atribuíam. Enfim, eu queria saber como é que sobrevivia o brasileiro no momento de tantas transformações em toda a Europa — Revolução Francesa, revolução industrial, império napoleônico.

E havia uma outra questão, que acabo abordando no final do livro: como é que se envelhece na política? Por que os políticos custam tanto a deixar o poder? Como é esse ocaso? Eram essas as minhas questões. Mas, quando comecei a ler as biografias do José Bonifácio, elas eram tão gordurosas, era tanto elogio — ele era tão bonito, tão inteligente, tão maravilhoso... achei que não era possível! Cadê o resto? E o interessante é que, hoje, a história da Independência tem várias facetas que atendem inclusive à demanda dessas minorias que querem se ver representadas nessa Grande História.

Por exemplo: a gente sabe que o grito que foi dado lá em São Paulo, que não se tem bem certeza do dia — se foi 7 de setembro ou não —, não foi escutado nem na Bahia nem no Maranhão. E que, para essas guerras terem fim, foi necessária a participação de centenas de dezenas de batalhões negros, pardos, de homens alforriados, de escravos... Então, há uma série de componentes que não nos permitem, hoje, dizer que ele foi o patriarca da Independência. Ele foi um dos mentores da Independência, junto com uma série de pessoas interessantíssimas, como Cipriano Barata, Gonçalves Ledo ou Montezuma. Agora, a minha ideia não era, absolutamente, dinamitá-lo.

Sobre a questão do abolicionismo, ela já andava em curso há algum tempo no Brasil. O que eu quis dizer é que ele não foi absolutamente pioneiro. Quando temos a Revolução do Porto, em 1820, a questão da abolição já está sendo levada por delegados brasileiros como o nosso famoso visconde de Pedra Branca, pai da condessa de Barral, que Bonifácio, muito "racistamente", vai chamar de Pedra Parda, porque era um mulato. Em Portugal, embora não tenha havido abolição em 1763, Pombal havia decretado uma Lei do Ventre Livre, e, a partir daí, o contingente de escravos, que era muito pequeno, foi se diluindo, a escravidão acabou.

Quando o Bonifácio vem de São Paulo para o Rio, ele não está disposto a fazer independência. Está disposto a manter o Brasil numa monarquia constitucional, numa série de alianças que privilegiem as elites das futuras províncias — à época, capitanias. Ele se enquadra nesse tipo de político que está em cima do muro. Eu até brincava, quando estava escrevendo, que ele era fundador do PSDB — mais tucano, impossível. Mas vai ter que atender àquilo que o José Murilo de Carvalho analisa muito bem, que é o projeto de uma elite que, embora habite esse arquipélago que é o Brasil, passou por Coimbra, passou pela Europa adquirindo toda uma dinâmica, uma maneira de enxergar o país. E os escravismos, as escravidões — porque não existe uma única, mas diferentes formas de escravidão: a das Minas, a do gado, a do café ou a do açúcar —, vão assegurar a união desse arquipélago.

Então, exatamente porque Bonifácio está sempre em cima do muro, tentando realizar mudanças com moderação, é chamado de toleracionista. A sua ideia sobre a abolição era: "Vamos fazer. Mas com o tempo, daqui a pouco...".

Nessa época, o Brasil já tem mais de 40% da população de negros e pardos livres, empreendedores. E essa gente quer se descolar da escravidão de alguma maneira. E é por isso que eles vão participar inclusive da Independência, mantendo os escravos dos quais são proprietários. Temos uma figura maravilhosa como a do visconde de Inhomirim, um negro, filho de uma quitandeira, Maria-você-me-mata, que vai ser nosso cônsul em Paris, trazer o romantismo para o Brasil, vai ser presidente do Banco do Brasil, ministro da Economia... Mas não se fala do negro no pós-escravidão.

Agora, na questão do ambientalismo... Eu acompanhei aquela navegação que ele faz ainda muito jovem — ele vai até Santa Catarina para ver o negócio das baleias. Não porque tivesse qualquer preocupação ambientalista com o fim das baleias; ele queria abrir um negócio de pesca em Santos. Diferentemente do que dizem, Bonifácio não era de uma família abastada, estavam superduros nessa época.

Quando ele vai para Paris — lembro, mais uma vez: Paris pós-Revolução, o Jardin des Plantes completamente vazio, a Academia de Ciências vazia —, vai fazer alguns cursos, alguns contatos. As academias de ciências estavam na moda na Europa, no século XVIII. Ele pega o início do fim delas. E, realmente, a questão é a botânica. No Brasil as pessoas já tinham preocupação com a ecologia? Lógico! Tivemos jardins botânicos no Brasil, em várias capitais, desde o século XVIII. Na Bahia, por exemplo. No Rio de Janeiro, o Horto do Rei. No entanto, a ideia era sempre explorar, fisiocraticamente, aquelas espécies que pudessem ser utilizadas em benefício da metrópole.

A ideia do machado em uma das mãos e do tição na outra esteve presente desde sempre. Alguns governadores-gerais já escreviam para Portugal, no fim do século XVIII, dizendo: "Cuidado, está acabando tudo! Estão queimando tudo!". É uma preocupação. Mas não vi esse grande apologista. Vi um homem preocupado, sim, com as queimadas, pois o vale do Paraíba nesse momento está começando a receber os grandes cafezais. Se ele vivesse no fim do século XIX, entendo que pudéssemos associá-lo à ecologia. Mas, nesse momento, o discurso ainda é fisiocrático: a questão é como tirar partido da natureza.

Agora, a importância desse livro foi mostrar que não devemos cultivar heróis. Os heróis são uma invenção da história positivista do século XIX, quando era preciso que as nacionalidades tivessem uma identidade — vamos à guerra, aos heróis, vamos ter hinos, botar farda, gritar. Herói é produto dessa mentalidade. Hoje temos que nos aproximar de figuras de carne e osso, olhando não o que elas têm de certo e errado, mas a sua complexidade. São seres humanos, têm ambições, medos, alegrias. É um pouco isso que persigo no meu trabalho.

MIGUEL Bom, e a gente passa de José Bonifácio para outra figura supercontroversa hoje em dia, a princesa Isabel. Ela é personagem de mais de um livro seu, principalmente *O castelo de papel*, sobre a vida familiar com o conde d'Eu, os filhos. E *O príncipe maldito*, um livro que te deu vários prêmios, inclusive o APCA. E aí? A princesa Isabel segue heroína ou é uma estátua a ser retirada do pedestal?

MARY Nem uma coisa nem outra. Ela tem a sua parte na História. Tive acesso a um arquivo que os brasileiros frequentam pouco, o da Família Real Francesa. Tive a sorte de poder passar semanas lendo essa coisa fascinante que é a correspondência. Eu estou conversando com você, te conto tudo, abro meu coração. De quem são essas cartas? Do conde d'Eu para o pai, o duque de Némours, uma figura extremamente interessante, habilidosa, diplomática. Ele não queria esse casamento de jeito nenhum, mas sabia que o filho era pobre e tinha que fazer um casamento que assegurasse o seu futuro. Essas cartas falam do dia a dia da família imperial brasileira e das asperidades que esse jovem casal encontra na relação com o imperador.

Interessante é que o imperador, o tempo todo, parece aquele gato que vai para a bacia d'água, cada vez que vê o conde d'Eu. Ele e Isabel se casam em outubro, e, na hora de passar o Natal em Petrópolis, o conde d'Eu não quer ir. Quer fazer um programa diferente com a mulher. Ele percebe que ela é uma filha extremamente devotada, que acha o pai maravilhoso... e, obviamente, começa a interferir nisso, e a coisa estoura. Depois que Isabel perde a primeira filha numa horrenda operação de embriotomia — a criança é retirada morta do corpo da mãe —, ela consegue romper com o pai. Mas é nessas cartas que a gente vai vendo o dia a dia. E vê que a abolição é a última das preocupações da princesa Isabel. Ela quer catequizar os filhos, cuidar da casa; quando o marido vai para a Guerra do Paraguai, quer bordar pantufas, mandar cartinhas molhadas de lágrimas. Mas ela não é uma política, não foi preparada para isso.

MIGUEL Mary, a História realmente reflete a visão de quem contou, não é? E a história que nos foi ensinada é a versão dos colonizadores, europeus, brancos. Isso faz diferença? Você vê a migração dessa narrativa, hoje, para o lado dos oprimidos, quer dizer, para um outro lado da História?

MARY Enormemente. Os livros de História mudaram muito, e as pesquisas de História mudaram também — isso é fascinante. Temos mais de cem pós-graduações de História hoje, que trabalham freneticamente. Imagina o seu escritório de arquitetura bombando aí em projetos: é isso que se faz hoje, nas faculdades de História. Os mestrados são curtos; os doutorados são curtos; as pessoas vão para os arquivos e é óbvio que, pouco a pouco, a nossa historiografia vai ser enriquecida por essas novas pesquisas, majoritariamente sobre escravidão, sobre a vida após a escravidão... Estão sendo descobertas coisas fantásticas. Tenho estudado agora os negros vencedores e a História do Brasil. Existem figuras maravilhosas, como o barão de Guaraciaba.

Você, que é arquiteto, quando for à Ópera de Manaus, saiba que foi construída por um rapaz chamado Eduardo Ribeiro, que foi o Haussmann negro do Brasil. Temos figuras absolutamente incríveis, que estão saindo agora do cemitério — estamos desenterrando essa gente toda. Os nossos povos originários já têm autores sendo introduzidos nas escolas: o Daniel Munduruku, por exemplo, tem um livro maravilhoso sobre os contos indígenas brasileiros. Hoje, o caldo para se aprender História é um caldo muito saboroso e completamente diferente.

O problema é que isso chega no aluno, na maior parte das vezes, por professores desanimados, que não conseguem ganhar o que querem, que têm que dar quinhentas aulas para ter um salário razoável. A meu ver, o que está faltando é essa paixão por História em sala de aula. Porque novas histórias para contar hoje para os jovens — a partir dos documentos, das teses, dos livros publicados — é o que não falta.

MIGUEL Mary, recentemente uma colega sua, grande historiadora também, Lilia Schwarcz, se envolveu numa polêmica com a questão da Beyoncé, num texto que ela publicou na *Folha*. Houve quem criticasse, houve quem defendesse. Um dos seus livros que eu também adoro é *Ancestrais*, que são as histórias da África Atlântica, que me lembra muito um dos meus livros preferidos da vida que é *A manilha e o libambo*, do Alberto da Costa e Silva.

E aí eu vejo, hoje, os historiadores todos — nos programas de entrevistas, nas lives — sempre pisando em ovos ao tratar dessas questões delicadas, relacionadas à abolição e ao racismo estrutural na sociedade brasileira. Qual é a sua opinião sobre essa política de cancelamentos? Como o trabalho dos historiadores deve ser tratado e respeitado frente a todas essas questões da contemporaneidade?

MARY O Achille Mbembe, um grande filósofo ganês que tem um livro chamado *Necropolítica*, tem jogado muita gasolina nos debates sobre cancelamento e formas de falar desse assunto. Ele define o racismo como um preconceito trans-histórico, que cobre todas as culturas, em todos os tempos. Eu concordo. Quando a gente fala de racismo no Brasil, até parece que nós somos muito especiais. Não somos. Fazemos parte de uma constelação de racistas, que atravessa o tempo e os espaços.

Eu acho essa cultura do cancelamento muito fruto da ignorância que as pessoas têm do trabalho que vem sendo feito e do fato de que os intelectuais respondem pelas suas biografias. No caso da Lilia, com quem me solidarizei, é absolutamente injusto. É uma pessoa dedicada, antropóloga, estuda isso há muito tempo, fez um lindo livro sobre o Lima Barreto. O debate jornalístico foi miserável, em todos os sentidos, de pobreza de ideias. Mas nos blogs foi mais consistente, ouvi muita coisa interessante.

Tenho dito muito às pessoas, quando me interrogam, que o meu lugar de fala é um lugar de escuta. Isso é o que está faltando, Miguel. As pessoas estão falando demais, sem muito pensamento, e escutando pouco. O intelectual deve responder pela sua biografia na escuta que ele dá não para os outros intelectuais — isso é de menos —, mas para os seus alunos, para as pessoas com quem cruza na rua, para as pessoas mais simples —

que precisam, justamente, compreender algum assunto. Essa política de cancelamento reflete ignorância sobre conteúdos históricos importantes; reflete vontade de brigar — a separação que estamos vendo da sociedade brasileira hoje, que é lamentável. Estamos sendo empurrados, cada vez mais, para um universo de muita insegurança, alimentado por essa falação, e com pouca escuta.

MIGUEL Mary, dos seus livros que acho mais interessantes estão os quatro volumes do *Histórias da gente brasileira*, que você separa em Colônia, Império e duas Repúblicas — da República até os anos 1950 e dali até os anos 2000. Você expressa nesses livros, e em muitas entrevistas a que assisti, um carinho especial em escrever sobre essa gente comum. Você acha que o retrato da vida do povo pode revelar mais ainda sobre a história de um país — do nosso país, no caso — do que a história da vida dos heróis, dos imperadores, das princesas?

MARY Sem dúvida alguma. Eu me apaixonei por fazer esses livros e mostrar que do pequeno se vai ao grande. E que somos os gestos repetitivos, também, que trazemos dentro de nós: o material que a etnografia estudou, com muito carinho, nos anos 1930, 1940, 1950, que é o imaginário, as fabulações, a maneira de interpretar a natureza — essa natureza que falava! Deus falava através da natureza, mandando chuvas, mandando inundações. Qualquer árvore que murmurasse de forma diversa era um recado qualquer que tinha que ser dado. Depois havia saberes sobre a floresta que hoje estão sendo recuperados, mas se o pessoal olhar os livros de etnografia escritos nos anos 1910, 1920, está tudo lá: a relação com os astros, com a Lua. A etnografia trouxe muito desse saber-fazer das nossas populações — que hoje chamaríamos de mais desfavorecidas, de mais carentes. Mas eu insisto em dizer: elas nos trazem uma riqueza de sabenças, de conhecimentos, que deveria estar também na universidade.

E trabalhar com tudo isso... com a mão que transforma; com a comida, cheiro da panela; com o cheiro do corpo — que vai mudando, com a chegada da higiene; a roupa, o que vestir; como se constrói uma casa; como é que se tirou do chão, naqueles primeiros vinte, trinta anos, vilarejos? A relação das pessoas com o espaço, como o espaço define as classes sociais que vão se consolidando no Brasil, a partir da segunda metade do século XIX — os sobrados, o jardim, a fonte, a importação de plantas exógenas, a substituição do bem-te-vi pelo canário-belga. Dá para fazer coisas geniais.

E depois, no terceiro volume, trabalhei com os memorialistas — que foi uma descoberta sensacional. Porque todo mundo acha: "ah, não, memorialista... um gênero de segunda qualidade na história da literatura". Pois olha, Miguel, são histórias sensacionais. Agora, em tempos de Covid, tenho encontrado muito sobre como eram tratadas as doenças, como se enterravam os mortos, como as pessoas choravam seus entes queridos.

MIGUEL Muito bom. Me interessa muito, nesses livros, os capítulos relacionados à minha área, arquitetura e urbanismo. Você falou das casas, de construir os vilarejos. No volume das *Histórias da gente brasileira* dedicado ao Império, alguns capítulos me interessam por demais. "Das casas-grandes aos sobrados"; "Casa e jardim" e "Enquanto nas capitais do Império...". Como a história das casas brasileiras e das nossas cidades ajudou a escrever a História do nosso país?

MARY No caso do Império, poderíamos falar até do impacto das casas na sexualidade dos casais, não? É lamentável como, com o crescimento e o desenvolvimento urbano, esses sobrados foram postos abaixo. Até comento no terceiro volume de *Histórias da gente brasileira* que Gilberto Freyre e José Mariano, por exemplo, se antepunham às obras de Lúcio Costa e Oscar Niemeyer porque elas precisavam de espaço. Aí esses casarões maravilhosos foram todos para o brejo.

Mas enfim, no Oitocentos, esses casarões se afastavam da rua. Porque eles queriam ficar longe dos pobres; longe da carroça que passava puxada por boi — eles já tinham carruagens com cavalos ingleses. Eles vão ganhando cômodos, há toda uma percepção daquilo que nós hoje chamamos de privacidade, ou intimidade, que nasce aí. O quarto de costura, o quarto de brinquedo das crianças... O quarto do casal, aquele templo da reprodução, onde uma cômoda de santos vai olhar com o maior interesse aquilo que está acontecendo na cama. A gente vai vendo que essas questões todas vão entrando no dia a dia das pessoas, até na questão da sexualidade.

E eu mostro mais à frente como a questão da água vai impactar nos usos da higiene, dos corpos. Mas nós, brasileiros, profundamente conservadores que somos até hoje — vamos confessá-lo? —, mesmo quando as casas começam a receber água por um sistema de encanamento — e os ricos ornam, então, suas mansões com banheiros, chuveiros, vasos — as pessoas continuavam a usar o penico. Quem conta isso, fantasticamente, é o Gregório Bezerra, que tem memórias sensacionais. Um menino que veio do interior, do sertão de Pernambuco, que só vai comer carne aos treze anos porque antes só comia farinha. E vai trabalhar na casa de um senhor de engenho, que tem uma mansão maravilhosa em Recife. E a função dele é esvaziar os penicos de manhã... isso no século XX! As pessoas têm banheiro com tudo de que se precisa e continuam usando penico.

São esses contrastes entre o avanço da tecnologia e a maneira como nós conservamos nossas tradições coladas à pele — porque a mentalidade é isso, é uma coisa que se cola à pele da gente — que eu acho fenomenais de se ver.

MIGUEL Muito legal. E o quanto essa cultura de privilégios é um empecilho a essa questão urgente e essencial para a sociedade, para o futuro do Brasil, que é o combate às desigualdades sociais? Como é que isso atrapalha?

MARY O que é lamentável é que já fomos uma sociedade em que houve uma forte mobilidade social a partir do fim do século XVIII, com a ascensão de todo tipo de gente. E no século XIX, com um forte investimento em educação, uma coisa fantástica. E com todos esses grandes protagonistas negros, mulatos e pardos que vão orbitar em volta de d. Pedro I e d. Pedro II, homens cujos pais tiveram um compromisso muito grande com a educação. Mas, ao mesmo tempo, o Estado brasileiro foi consolidado na base do favor, do troca-troca, das indicações. A gente vê muito isso não só durante o Segundo Império, mas sobretudo quando Getúlio Vargas tem que montar um Estado nacional e aí começa a distribuir empregos a mancheia... Apesar de ele dizer que não gostava.

MIGUEL Todos que chegam ao poder dizem que não gostam, né? Do toma lá dá cá...

MARY Todos. É lamentável. Você sabe que eu descobri uma carta fantástica de um senhor de engenho baiano, que escreve para Portugal, no século XVIII, dizendo que "sem pixuleco" — a palavra é essa, pixuleco, que é corrupção — "não acontecia absolutamente nada aqui nessa colônia do Brasil". Então, um Estado que é corrompido cria desigualdade, pobreza. Porque uma vez que a pessoa corrompida ganha o seu, que vive da política e não para a política, ela se desinteressa do coletivo, ela se desinteressa do restante da nação. Essa junção entre corrupção, um Estado que vai desaparecendo... porque estamos vivendo o ocaso do Estado brasileiro, não temos mais partido, são as redes que definem eleições, não temos políticos, estamos aí numa coisa que beira a anomia. Onde não há Estado, como é o caso do Rio de Janeiro, surgem as milícias, que tomam conta. Essa ausência de Estado conjugada com corrupção e com uma elite extremamente desinteressada do país, descompromissada com o país, que prefere viajar quando tem eleições, pouco pensante... Estou vendo aí sua biblioteca atrás de você, sei que você é uma pessoa muito comprometida com o conhecimento, mas duvido que tenha muitos amigos que leem como você...

Até nos melhores fóruns, nas academias mais privilegiadas, a gente vê que há ali uma vacuidade, não há, realmente, consistência. Não temos visto consistência no pensamento brasileiro. A desigualdade tem que ser combatida exclusivamente com uma questão que não vem sendo enfrentada e eu não sei se será enfrentada, que é a educação. Não só a educação que é dada pelo Estado, que vem de cima. Mas a educação que vem de casa. Não se combate o racismo botando estátua abaixo, mas com o pai e a mãe dizendo para os filhos: "isso não se faz", "não é assim que se fala". Eu digo que, sem esse compromisso da sociedade brasileira com a educação, a desigualdade vai se perpetuar. Aliás, no mundo todo: quanto mais ricos os países, maior a desigualdade. Piketty tem mostrado isso à larga.

MIGUEL Mary, você aborda com frequência dois conceitos que são muito interessantes e diferentes, que eu queria que você explicasse para a gente. Um é o consumismo, tão presente na nossa sociedade a partir da segunda metade do século XX, e que você define como alienante, que afasta a sociedade da vida política. E você é uma estudiosa dessa sociedade, nos seus diferentes estratos. E os seus livros também são muito legais, porque se dividem entre a história das mulheres, a história das crianças, dos jovens. Aí, eu te pergunto: você acha que essa revisão dos hábitos de consumo vai acontecer porque essa juventude tem já uma visão do consumo mais socialmente sustentável? A juventude claramente está tomando esse caminho, e isso já vem de muito antes dessa pandemia. Eu acho que essa é uma questão que, realmente, vai mudar no mundo. Você acha que esses jovens vão ficar menos alienados e mais disponíveis ao engajamento na vida política?

MARY Vou dar um dado interessante: nos anos 1980, uma série de produtos vindos do exterior começa a ser fabricado no Brasil — a gente sempre lembra que os anos de chumbo da ditadura foram também os anos de ouro da economia. Muitas indústrias vieram para cá e grandes firmas, como a McCann Erickson, faziam entrevistas com jovens brasileiros, para saber se os tais produtos seriam consumidos ou não. E é muito interessante — eu falo disso no quarto volume de *Histórias da gente brasileira* —, nessa pesquisa, já no fim da ditadura, com a revolução sexual explodindo, estava tudo ótimo, a Aids ainda não tinha chegado. Qual era o sonho de consumo dessa garotada? Era ecologia? Não. Zero vírgula não sei quantos por cento, porque era coisa de filhinho de papai. Aceitavam o adultério da mulher? Noventa por cento, não. Homossexuais... condenados ao armário para sempre! O sonho deles era apenas comprar um Opala e subir na vida. Esse jovem dos anos 1980 é, muito provavelmente, o eleitor do Bolsonaro hoje. Ele está aí elegendo, dando força, fazendo parte dos 84% que são contra o aborto, que não querem que as mulheres pobres tenham qualquer tipo de ajuda. Em suma: temos uma sociedade extremamente conservadora.

Vejo um grupo muito pequeno de jovens hoje que, em vez de querer correr atrás de um incessante progresso, desejam outra coisa: preservação, continuidade. Eles não querem só comunicação — mensagem sai daqui, chega ali. Eles querem transmissão. Transmissão tem outro sentido. A transmissão implica levar valores junto com a comunicação. São jovens que estão identificados com essa ideia de Hans Jonas, esse fabuloso filósofo que não está pensando numa ética do hoje — está pensando numa ética do futuro. É preciso conservar a biodiversidade porque, do contrário, no futuro não haverá nada. Mas é um grupo muito pequeno, Miguel. Porque numa sociedade desigual como a nossa, acho que o jovem está mais preocupado em ganhar a vida e botar comida no prato.

MIGUEL Você falou sobre o conservadorismo. E outro conceito seu muito interessante é o de dupla moral, que explica em grande parte esse conservadorismo e a influência enorme de uma religião que domina e subjuga tanto a política como a sociedade brasileira. Como é que você explica essa questão da dupla moral?

MARY Esse é até um conceito que nasce nos anos 1980. É bem interessante. Na França são historiadores sobretudo interessados na questão da sexualidade, das moralidades — o Foucault vai beber muito aí. Ou seja, o catolicismo nos permite, o tempo todo, pecar e pagar pelos nossos pecados, não é? Uma contabilidade da salvação, como eu digo.

Então, essa contabilidade da salvação, esse peco e pago, vai acabar fazendo com que tenhamos determinado tipo de comportamento, que nos permita ser um em casa e outro na rua. No meu livro *Histórias íntimas*, em que trato da evolução e do comportamento sexual do brasileiro, mostro justamente que nós na rua somos liberais, temos um amigo que é gay, não fazemos piada com negro, mas, em casa, somos pessoas absolutamente machistas, homofóbicas e racistas. E como isso se constrói também em torno do papel da mulher, que é uma santa em casa e uma puta na rua. É uma longa construção, mas de qualquer maneira isso deságua nos estudos de um sociólogo que eu recomendo a todos e que é uma das poucas vozes originais da atualidade, o Leonardo Avritzer. Ele é professor da Universidade Federal de Minas Gerais e tem um conceito de familismo amoral que, de certa maneira, completa essa minha ideia de dupla moralidade e mostra que é justamente nesse troca-troca, nos favores para a família — que me fazem ficar calado ou me fazem atuar —, que a sociedade brasileira vem pedalando.

MIGUEL Mary, vou te fazer uma última pergunta. Infelizmente nosso tempo está acabando. Você sabe, melhor do que ninguém, que a história é cíclica, que a gente aprende com o passado e tenta desenhar um futuro a partir de eventos que se repetem. As grandes epidemias sempre inauguraram eras. O Renascimento e o humanismo triunfaram sobre a peste negra, e costumo dizer, vencendo a tentativa da Igreja de assumir essa narrativa de alegorias, de pecados e castigos. A gente teve o Renascimento trazendo a humanidade para a razão, a arte, para a escala humana.

O Eric Hobsbawm também define o fim da Primeira Guerra, que coincide com a gripe espanhola, como o evento que inaugura o século XX e é seguido de um momento incrível, que são os loucos anos 20. Eu te pergunto o seguinte: o que vem depois da Covid-19? Vem uma era de obscurantismo ou vem uma era de luz?

MARY Era de obscurantismo já estamos vivendo, não é, meu caro Miguel? A questão é se a Covid vai abrir portas para que encontremos a luz. Acho complicado fazer marcos assim, tão determinantes, mesmo porque o Renascimento foi uma época de caça a bruxas, de guerras religiosas, de pré-colonialismos, que depois vão se intensificar no século XIX. Então, eu não seria assim tão didática...

MIGUEL E também tem uma questão... A gente perde a escala da História, mas esse foi um processo muito longo. Do ocaso da Idade Média ao Renascimento abre-se um gap de quase cem anos.

MARY Exatamente. O que temos em comum nesses comportamentos pós-tragédia é sempre a busca da felicidade. A única certeza que podemos ter ao sair desta pandemia é a de que a Terceira Guerra Mundial não será por uma bomba atômica, mas por uma guerra bacteriológica. Não tenho qualquer dúvida a esse respeito. Os novos normais vão chegar — trabalho a distância, ensino a distância; uma valorização — isso é legal para você — da casa, da arquitetura das cidades; vamos repensar nossas cidades, torná-las mais humanas; e humanizar, através de nossas cidades, o nosso trato com o outro.

Talvez seja esse um bom momento para nos olharmos com mais seriedade; pensarmos em ser cidadãos mais comprometidos com o coletivo, mais altruístas. E, quem sabe, dessa maneira, acharmos uma saída para esse mundo escuro no qual estamos mergulhados.

MIGUEL Mary, obrigadíssimo, adorei nossa conversa, é muito bom falar de História. Você é uma craque, sou seu fã.

MARY Quero te felicitar, porque acompanho seu belíssimo trabalho, sua paixão pelo Rio de Janeiro, o carinho que você tem por essa cidade, a luta que você vem levando com coragem e, ao mesmo tempo, com elegância, para que algumas coisas se preservem — para usar aí o verbo que a gente vai tentar botar na moda. Meus parabéns a você. E parabéns também por esse momento de papo que você cria para tanta gente bacana.

MIGUEL Obrigado, boa noite. Beijão.

29 DE AGOSTO — MILTON CUNHA

UMA INDÚSTRIA CHAMADA CARNAVAL

Acho que já deu para perceber, ao longo de tantas conversas, a minha paixão pelo carnaval. E como não amar Milton Cunha? O conheci na casa de Mariana Gross, em uma das suas tradicionais feijoadas pós-carnavalescas, quando ela reúne a equipe Globeleza e outros poucos amantes da festa em torno do feijão da Carlúcia — olha ela aí de novo! — e de uma boa roda de samba! Milton tem um papo delicioso, misturando grande erudição com altas fofocas. Aliás, essa mistura do erudito e do popular é uma característica do seu trabalho como carnavalesco e da sua atividade acadêmica. Tal característica resultou em carnavais inesquecíveis seus para a Beija-Flor, como o de 1995, com enredo sobre Bidu Sayão, a mais conhecida cantora lírica brasileira; e o de 1994, com o enredo sobre Margaret Mee, que marca a sua estreia no grupo especial, já com a difícil tarefa de substituir Joãosinho Trinta, na época já campeão oito vezes, sendo cinco pela escola de Nilópolis. Além de nossa amizade, nossas carreiras se cruzaram recentemente. Fomos convidados para assinar juntos um grande projeto para a cidade. No entanto, eu agradeço — e acredito que ele também — a todos os orixás por esse projeto não ter ido adiante. Mas nosso destino já está traçado, e ainda terei a alegria de trabalharmos juntos...

MILTON Oi, Miguelito, beijos!
MIGUEL Que bom conversar com você, a gente não se vê há muito tempo.
MILTON Deixa eu começar elogiando o seu projeto da capela no lago! Quanta inspiração *diviníssima* caiu sobre a sua cabeça.
MIGUEL Obrigado, querido! Mas você sabe que o meu sonho é fazer um carnaval, um dia a gente podia fazer juntos.
MILTON Eu conheço bem, vi seus desenhos de criança. Vi o menino que você foi, dominando a arte da narrativa da escola de samba e o seu impulso de criação. Você criou enredos, figurinos, alegorias. É impressionante a sua paixão pelo universo das escolas de samba.
MIGUEL Bom, você acaba de revelar um segredo meu, que são as escolas de samba e os enredos que eu desenhava na infância. A minha paixão

infantil e até adulta por esse ofício de carnavalesco. E você é um representante dessa linhagem de artistas, que eu considero uma das maiores e mais completas do mundo, que é o pensador e criador de carnaval. E que tem uma das mais nobres missões, você principalmente, que é aproximar o erudito do popular, o morro do asfalto, a elite do povo, esse amálgama que funciona, que dá certo todo ano nesses quatro dias de carnaval.

MILTON Miguel, não acredito na palavra elite. É uma palavra carregada de coisa pesada. Para você ter uma elite teria que ter os subalternos, e não acredito nisso. Acredito que existam vários tipos de sabedoria. Temos a sabedoria acadêmica, a sabedoria da floresta, a sabedoria do batuque, e todas essas sabedorias se alinham.

Então não aceito ser de elite alguma, sou da humanidade, sou das mãos dadas e sou do vamos lá. Porque desde criança, por ser gay, por ser esquisito, por ser jogado às traças, experimentei essa solidão de olhar o mundo do lado dos excluídos. Tenho essa visão de que essa elite "normal", mandona — que eram meu pai, minha mãe, o padre, a igreja, os vizinhos, todo mundo — querendo tomar conta da minha vida, desde criança. Penso nessa elite, e "humm, elite?! tá bom... *rá-rá*".

MIGUEL Você tem toda a razão. Agora, você é, e eu sempre falo isso, um criador de carnaval, um intelectual que transforma essa intelectualidade em discurso popular. O carnavalesco é um vetor de comunicação. Como é esse processo de trazer toda a sua carga de conhecimento, despejar naquela avenida e contar, dar uma aula para o povo, todo ano?

MILTON Concordo. Primeiro, vamos entender o discurso da escola de samba, a narrativa proposta como um processo criativo, produtivo, intelectual fabuloso. A primeira coisa é: as artes plásticas têm a sua forma de narrar. Temos a narrativa do balé, a narrativa da ópera, a narrativa do cinema, do teatro, do circo. E os cariocas, o pessoal das comunidades humildes do Rio de Janeiro, a partir de 1900, eles começam a se reunir em grupos comunitários e a fundar, sem saber, entre 1900 e 1930, aquilo que seria a maior vitrine da cultura brasileira para o mundo.

Estão fundando uma forma de narrar que não tem em lugar nenhum do mundo: a narrativa da escola de samba — ala, ala, ala, carro, ala, ala, ala, carro. Essa estrutura narrativa é filha das entradas triunfais de reis e rainhas. Quando nascia o bebê, se fazia uma entrada triunfal; quando o príncipe casava, se fazia uma entrada triunfal. É também filha das procissões religiosas que homenageiam santos, e ainda das paradas militares. Mas ela não é nenhuma delas. Ela é filha. Pega influências, figurinos, referências. A ala de baianas, por exemplo, é advinda da procissão dos negros nas igrejas e festividades no centro do Rio. Então existem várias influências, mas a negritude é a fundação de uma nova forma de narrar. Essa forma de narrar negra, humilde, de 1910, 1920, 1930, é estruturada em cima de uma música, é uma procissão musical. Você canta músicas e vai desfilando, fantasiado, contando uma história qualquer.

Essa narrativa vai se sofisticando, se organizando, separando comissão de frente para lá, bateria para cá, cantor aqui, carro de som. Você tem uma arrumação ao longo de cem anos. Hoje, 2020, passados cem anos daqueles primeiros desfiles, a gente vê que essa estrutura narrativa está sendo copiada no mundo inteiro. Vemos essa estrutura de escola de samba desfilando no Japão, com japoneses fazendo samba em japonês, sobre os enredos deles, com carros alegóricos e bateria. Ora! Nós importávamos o cinema, o teatro, e agora a gente exporta uma forma de expressão artística. É tão poderosa a estrutura narrativa da escola de samba que ela se espalhou por vários países do mundo. O meu mestrado, o meu doutorado, os meus pós-doutorados — estou fazendo o segundo e o terceiro pós-doutorados. São todos buscando entender essa estrutura de narração popular, esse lugar de fala.

Agora, tu sabes o que acho, Miguel? Acho que o samba não precisa dessa legitimação da academia. Nós da academia é que precisamos da autorização do samba para pesquisá-lo. Por quê? Porque quando a universidade entende a narrativa de seu povo, pode jogar para as outras universidades do mundo inteiro esse saber. O saber da escola de samba não passa pelo crivo da oficialização da intelectualidade, mas, quando ele dá essa autorização, nós, os intelectuais, conseguimos jogar na dimensão da academia, do cânone do saber, esse tipo de sabedoria popular brasileira, carioca, e daí para o resto do mundo.

MIGUEL Muito bom. E você é um dos embaixadores desse movimento do Brasil para o resto do mundo. Você já foi carnavalesco na Argentina, no Canadá, em Estocolmo, Londres, Joanesburgo. Você é o grande nome dessa internacionalização do nosso modo de fazer carnaval, não é?

MILTON É isso. O Joãosinho Trinta sempre me dizia: "Milton, a alegria brasileira da escola de samba vai ser a grande saída para o mundo no terceiro milênio." Aí eu dizia: "Por que, João?" "Milton, o mundo vai precisar celebrar, o mundo vai precisar contar boas histórias. Como o cinema e o teatro são muito distantes das pessoas, eles não são alegres, felizes, batucados, bebidos, dançados, então esse modelo de alegria, e cultura, e narrativa, vai ser usado por todo o mundo."

Eu ouvia e dizia: "Gente, será que o João está certo?" João estava certo. Agora que veio a pandemia e colocou todo o universo dentro de casa, com medo, é que vejo que a escapatória será através desse tipo de experimentação da alegria, o sensorial.

Os escravos que vieram da África, quando chegaram aqui no Novo Mundo, foram separados. Separaram as famílias, as línguas, separaram as tradições. Eles se viram sozinhos, separados, não falavam a mesma língua, tinham perdido o mundo deles, aqui se juntaram nesses laços de afeto e recriaram os seus universos.

Começaram a batucar nas senzalas e, através do batuque, a se reagrupar. Toda escola de samba começa ou em um batuque de candomblé, ou em um time de futebol de várzea. Termina o futebol, o povo vai batucar para o santo e também nesse batuque começa a bebericar, a fazer a feijoada, e aí chega à mesa da Tia Ciata, no quintal da Ciata, na Pequena África. Em volta da mesa dela, da cachacinha, da feijoada da Ciata, temos os maiores nomes da música popular brasileira nos anos 1920, 1930. Donga, Pixinguinha, Ismael Silva, Bide.

Dali, nasce um movimento que vai ser avassalador e vai fundar essa narrativa. É engraçado, interessante e forte pensar que primeiro você tem o batuque. É do som do tambor que você vai sistematizar o gênero musical samba. A partir do samba, já tinha a roda de samba, porque, na roda da Tia Ciata, no quintal dela, vai ter o surgimento do primeiro samba. E depois vem a escola de samba, que são esses agrupamentos juntados pela música. Então as escolas de samba são basicamente laços musicais afetivos.

MIGUEL E principalmente esse tempero da africanidade vindo da Bahia, vindo da Pequena África, da região da Gamboa e tal. E o carnaval tem esse histórico de defesa das liberdades e dos oprimidos. Fernando Pinto já falava em demarcação de terras indígenas, na sabedoria dos povos originais, em ecologia, lá em 1983, com *Como era verde o meu Xingu*. Fernando Pamplona deu voz e visibilidade ao primeiro personagem à margem da história oficial, Zumbi, no enredo "Quilombo dos Palmares". Joãosinho Trinta, junto com Pamplona, venceu várias vezes contando a beleza da ancestralidade, da negritude, dos heróis nacionais que eram Chica da Silva, Ganga Zumba, enfim, até hoje tem essa tradição. Leandro trouxe para a Mangueira nomes como Luísa Mahin, Dandara. Laíla introduziu o candomblé no carnaval da Beija-Flor dos anos 1960. E você também honrou essa tradição na Tijuca, contando a história...

MILTON Miguel, Miguel... Devagar com o andor que quero comentar. Primeiro, quero comentar essa sua fala, "carnaval e a defesa das liberdades e dos oprimidos", que é verdadeiríssima. Antes de a gente falar dos enredos democráticos que pregam a igualdade, é preciso falar que a escola de samba é um modelo de democracia. Por quê? Porque quando ela faz a sua feijoada, quando ela desfila, quando a sirene toca e o portão se abre e os foguetes explodem, ali você não tem o valor da conta bancária, da cor de pele, da sexualidade, da beleza, do seu corpo, nada disso conta.

A escola de samba vence porque ela junta 5 mil pessoas na sua diferença. Pobres e ricos, pretos e brancos, gostosas e pelancudas, siliconadas, bichas, héteros, tudo. O que importa é o canto, o que importa é a energia. Isso é um modelo de democracia, vale defender a bandeira, todo mundo canta o mesmo ponto. Você tem a dona do banco desfilando no carro alegórico que é empurrado pelo moço lá que não tem um tostão, você tem a belíssima moça de comunidade que não tem um tostão e que está do lado da atriz *famosésima* que é milionária.

Esse modelo de democracia inaugura a escola de samba, lá atrás. Depois, quando a escola de samba começa a contar enredos democráticos, trazendo por exemplo a história da negritude para dentro dos enredos, e a importância nesse caso do Joãosinho Trinta... Pamplona introduziu a negritude, os mitos de não capa e espada europeus, ele começou a trazer os mitos de negritude. Pamplona é convidado para ser o carnavalesco do Salgueiro em 1960 e já escolhe um herói negro como enredo.

MIGUEL O enredo foi o Quilombo dos Palmares e o herói, Zumbi.

MILTON E me conta a Zeni, a mulher do Pamplona, que foi engraçadíssimo ele lá, tendo que convencer a negritude de que é lindo ser Zumbi, é lindo desfilar vestido de africano, porque eles só queriam a renda, o jabô, o chapéu do mosqueteiro, o capa e espada.

Voltando ao Joãosinho Trinta. Sua importância é que ele transforma a história da escola de samba ao trazer para dentro dos enredos o delírio, o surrealismo, o fantástico, o fantasioso. Ele estreia com "O rei de França na Ilha da Assombração" e, em 1974, já propõe a carnavalização da arte. O que é a carnavalização da arte? É quando você sai da arte naturalista e vai para essas dimensões onde tudo é possível, quando o menino rei com sua mãe Catarina de Médici olha os candelabros do Palácio de Versalhes e eles se transformam em coqueiros das praias de São Luís do Maranhão.

Joãosinho Trinta traz para dentro da estrutura do carnaval a loucura. Os enredos dele não são históricos, não são realistas, não são em sequência. Ele estilhaça, explode os temas. Os animais falam, as pessoas voam, então Joãosinho tem essa importância. Quem herda isso é Fernando Pinto, que joga essa loucura na tropicália. Ele traz o tropicalismo para o carnaval dos anos 1980, e aí fica um espetáculo. Nos anos 1990, você tem um retorno, com a professora Rosa Magalhães, ao historicismo. E aí a professora consegue abrasileirar a grande discussão. Veja que é uma sequência de brilhantes criadores de enredos, que ajudaram o Brasil a se pensar. O carnaval ajuda o país a se compreender.

MIGUEL Você falou muito da questão de democracia. A gente vive hoje em um Brasil distópico. E o carnaval é um dos principais lugares de resistência democrática. A gente vê muitos enredos políticos, polêmicos e tal. Escolas como Tuiuti, São Clemente, sempre tiveram essa crítica no seu DNA. A Mangueira de Leandro Vieira se transformou também em um grande arauto dessa defesa democrática dos últimos anos. Você mesmo já enfrentou deputados e vereadores querendo censurar uma alegoria sua do Tio Sam sentado, cagando no Congresso Nacional. Enfim, você acha que é papel do carnavalesco e das agremiações levantarem essas bandeiras e se posicionarem politicamente?

MILTON A primeira coisa que eu gostaria de conversar com você, Miguel, é sobre a distopia brasileira. Você falou que a gente vive um Brasil distópico. Concordo com você, o Brasil não se enxerga, ele não tem noção de que é um país da mistura, da diferença, o chique da gente é ter o "chica-chica boom". Não adianta a gente querer ser branco, europeu, porque a gente não é. Não adianta querer ter a fleuma britânica, porque a gente não tem. Nós somos do espalhafato, do escândalo, esse país é da Dercy Gonçalves, do Chacrinha, da Elke Maravilha, da Carmen Miranda.

É um país colorido, um país solar, que tem o índio lá nas matas, tem o pantaneiro, tem a mulher da renda de bilro no Nordeste. Nós somos muito ricos, muito misturados, muito maravilhosos. A distopia é não enxergar a nossa glória, e aí fica essa tentativa de legislar a Europa. Nós somos isso aqui, nós somos do cheiro do cupuaçu, do maracujá. É preciso que os gestores enxerguem o país gigantesco, misturado, maravilhoso. Não adianta tentar padronizar com esses modelos externos pelos quais a gente tenta ficar pensando o país. É melhor enxergar pela ótica modernista da antropofagia, e na antropofagia você mistura tudo. E viva a Tarsila, viva todo mundo ali de 1922 que fez essa grande mistureba.

E aí você me pergunta: se vivemos em uma distopia, como é que o oficial vai controlar o carnaval? É um sonho, é um delírio do prefeito, do governador, do presidente. E isso não é a pessoa física. Qualquer governador, qualquer prefeito, qualquer presidente vai tentar controlar, transformar o discurso do carnaval em discurso oficial. Por quê? Porque no discurso não oficial, não controlado, você tem o paraíso da crítica. Então a crítica, a máscara, o deboche, a marchinha, vão surgir na praça pública, descontrolados.

O poder oficial tenta tirar a alegoria do Milton, o Tio Sam não pode cagar no Congresso Nacional. Tenta tirar o desfile do Cristo do Joãosinho Trinta. Você tem uma tentativa do poder oficial de transformar em oficial esse discurso que nasceu para ser crítico, não oficial.

MIGUEL Você falou do Cristo do Joãosinho de 1989, que foi censurado e virou a imagem mais icônica do carnaval carioca. Falou da igreja que te perseguia lá em Belém. Você já teve carro que sincretiza Oxalá com Nosso Senhor do Bonfim; Leandro Vieira, pela Mangueira, teve um carro censurado no desfile de três anos atrás, que também misturava Oxalá com Jesus Cristo. E eu pergunto o seguinte: porque a arquidiocese do Rio, a Igreja Católica, a Igreja Evangélica, ainda tentam boicotar e combater essa festa popular?

MILTON Primeiro que o carnaval é a expressão do povo humilde, e esse povo humilde geralmente é negro. Há um desprezo, um preconceito gigantesco em relação às manifestações negras. Elas são sempre demonizadas: "Ah, essa coisa desses bêbados que não fazem nada, tudo vagabundo, tudo feiticeiro, tudo do vudu." Eles adoram desmerecer a cultura negra. Acontece que a vida é maior do que eles. Acaba que a cultura negra se impõe com o samba, o desfile de carnaval, com a culinária. Ela invade, ela é maior, mais forte do que qualquer tentativa de controle.

Então, você pergunta: por que tentar segurar esses discursos que vão metendo o pé na porta e vão se fazendo existir? É claro que a gente sincretiza mitos religiosos, porque vive no Brasil. Eu, quando vou para a lavagem da escadaria do Bonfim, vejo as mães de santo, as ialorixás *divinérrimas* lavando o Bonfim, senhor da religião católica, e, ao mesmo tempo, elas estão ali de branco para Oxalá. Eu vivo nesse país, Leandro Vieira vive nesse país, esse país que tem esse jeitinho e que vai para a avenida desfilar junto com a gente.

Outro dia, Regina Casé fez um post no Instagram em que ela diz: "Desde que nasci, eu amo São Benedito, eu amo os Orixás, eu amo os anjos." Ela citou tanta entidade religiosa, ou seja, na alma dela cabe tudo. E é nessa alma que eu vivo. Na alma dos brasileiros que rezam para todos os santos e para todas as entidades do candomblé. O país é misturado e essa mistura vai para o desfile da escola de samba, e fica essa tentativa da cúria de controlar esse tipo de coisa. Mas a cúria não controla a vida, que é maior que ela.

MIGUEL Muito bom. E você estreou, na Beija-Flor, com um enredo artístico lindo sobre Margaret Mee, você levou artistas como Pierre Verger para a Ilha, você falou sobre o acadêmico Barbosa Lima Sobrinho, sobre a história da arquitetura, sobre a história da língua portuguesa. Mas o seu carnaval que mais me emocionou foi sobre Bidu Sayão! Eu estava lá desfilando naquele terceiro lugar da Beija-Flor em 1995. E o mais incrível é o seguinte, e é isso que acho muito lindo no carnaval: você traz, apresenta para o povo uma personagem, uma senhora de 92 anos que foi a maior soprano lírica do mundo, brasileira, que as pessoas não conheciam, o grande povo não conhecia. E ela tinha uma vontade de ser conhecida pelo povo brasileiro, fez turnê pelas cidades do interior do país, cantou em Manaus... Ela largou o Carnegie Hall, o Metropolitan, o alla Scala, o cacete, para mostrar a sua arte para o povo brasileiro, e aos noventa anos não era conhecida. E você trouxe notoriedade a essa personagem. O carnaval tem essa capacidade de ser vitrine para heróis brasileiros desconhecidos, não é? Conta um pouco da história do enredo e da participação da Bidu Sayão no desfile da Beija-Flor.

MILTON A Bidu era conhecida como Canto de Cristal. Ela tinha triunfado em 1920, 1930, 1940, era uma diva de primeira grandeza. Callas é depois dela. Essa pequena menina nascida na praça Tiradentes foi estudar na Romênia com madame Teodorini, era fascinante o universo dos palácios onde ela tinha cantado. E o mais fascinante, depois das "Bachianas brasileiras" que ela gravou para o Villa-Lobos, que era seu grande amigo, é que ela larga esse lugar de conforto e vem fazer uma turnê suicida para o povo dela, ali em 1940, 1950, e faz essa turnê louca em caminhão, em ônibus, em navio, em gaiolas...

Ela vai parando nos portos, nas feiras, e começa a cantar para o povo. Era uma mulher incrível, uma mulher movida pelo amor ao Brasil, que sempre botou o Brasil na frente do seu nome, a brasileira Bidu Sayão.

Recusou a cidadania americana, na Casa Branca. Queria morrer como artista brasileira. Quando fui vê-la, ela morava na beira do oceano, no Maine, as baleias pulando na água gelada e neve até a cintura, era uma loucura para chegar na casa da Bidu. Ela morava muito bem, tinha uma vida muito boa e, quando me viu, disse: "Você é o meu canto do cisne." Fiquei apavorado. No primeiro encontro eu já chorava, porque eu pensava: "Meu Deus, essa mulher está dizendo que o último grande suspiro dela é o desfile, é a Sapucaí." Por causa da frase dela coloquei cisnes do começo ao fim do desfile, cisne branco, cisne amarelo, cisne laranja, dividi a escola toda em paleta de cores. Naquele tempo eram dez setores, dez alegorias. E aí a gente colocou violinos, cantoras líricas no carro de som, junto com os puxadores: Maria Lúcia Godoy, Neti Szpilman. Foi uma loucura, uma catarse, e Bidu desfilou *aplaudidérrima*. Voltamos às campeãs.

Sabe o que era bacana, Miguel? O fato de ela ser da terceira idade. Eu amava homenagear a terceira idade. Se hoje eu fosse carnavalesco, levaria a Conceição Evaristo. Acho que a Sapucaí serve para dizer: vejam que grandes brasileiros, vejam que gente, que já nos seus setenta anos deram a vida. Quando dona Ivone Lara desfilou no Império, chorei horrores. Elza

Soares, a grande Elza voltando na Mocidade este ano, ovacionada pelo seu povo... É lindo homenagear a terceira idade.

MIGUEL Milton, olha só, a gente falou de Joãosinho Trinta, de Pamplona, de Fernando Pinto, que é o meu preferido, falamos de Leandro Vieira. E quem é o seu carnavalesco favorito?

MILTON O meu carnavalesco preferido é Oswaldo Jardim. Ele tem uma carreira curta, são quinze anos, mas faz umas referências que para mim são imorredouras. "O dono da terra", por exemplo, é uma vertigem dele, uma loucura. E como a Tijuca não tinha dinheiro, porque estava no Grupo de Acesso, ele faz um tatu de barro, e o tatu desfila. Menino, ele pega umas varetas, uns vergalhões, ele entorta... E manda buscar argila, caminhões de argila, manda o povo do barracão cobrir aqueles vergalhões torcidos e vira um tatu. E o tatu arrebata a Sapucaí.

E era conceitual, era lindo. Ele faz "Gbalá" na Vila, e "Gbalá" é a primeira alegoria viva, que depois Paulo Barros transformaria em sucesso. Se você assistir a "Gbalá", todo mundo já em degraus, todos maquiados de terra, vestidos de terracota fazendo lá a coreografia... Claro que Paulo Barros potencializa a ideia de Oswaldo. Oswaldo fez com trinta pessoas, Paulo entra com 150.

Oswaldo sempre apostou numa estética opcional, moderna, como a espuma. Acho que ele era o Hélio Oiticica dos carnavalescos. Experimentou mais do que todo mundo. Não teve uma carreira consagrada fulgurante, mas está na lista dos maiores carnavalescos de todos os tempos.

MIGUEL Você é um profundo conhecedor da indústria, vamos falar agora no negócio da indústria do carnaval, das suas cadeias produtivas, dos dirigentes, dos financiadores, dos patrocinadores e, principalmente, da politicagem que envolve essa complexa realização que é o carnaval. Você acha que é possível que o desfile das escolas de samba seja autossuficiente e sustentável? E é possível não depender do financiamento, tanto público, de prefeitura, estado etc., quanto da histórica ajuda do jogo do bicho?

MILTON Primeiro, a cidade do Rio de Janeiro precisa entender a importância cultural da manifestação escola de samba. Não me parece que isso esteja claro para a cabeça do gestor. É uma cidade de vocação turística, de vocação receptiva, tem a natureza exuberante e tem esse produto da indústria criativa, o carnaval e o desfile das escolas. Esse produto, ele tem que ser compreendido pelo gestor como identitário da cidade. O mundo inteiro aplaude a simpatia, a malemolência, o samba no pé, o gingado, o malandreado do carioca, isso é altamente positivo para a atração turística.

Se você não investe nisso como um valor de identidade cultural, transforma somente em um negócio, e não é um negócio. É também um negócio, mas é mais que isso, é a cara da cidade. Pensa no Rio de Janeiro sem as quadras funcionando, sem as rodas de samba, sem os botequins, sem o ensaio técnico, pensa sem o carnaval. É uma loucura! O samba faz parte da identidade da cidade, da cultura da cidade. E é um grande negócio!

Então, como você pode potencializar? O poder público, os gestores municipal, estadual e federal não podem deixar as escolas à míngua, porque interessa culturalmente para o país, o estado, a cidade que a escola de samba seja potente. O que dá para fazer é juntar o público e o privado. Agora, que o poder público tem uma responsabilidade de 50% na manutenção, preservação, salvaguarda das tradições sambistas, ah, isso tem. Assim como eles têm editais para cinema, para teatro, para circo, para balé. Assim como fomenta as artes clássicas, o poder público tem que separar uma verba para o carnaval. E acabou!

É preciso que, independentemente de quem ganhe a prefeitura, quem seja eleito governador, quem seja eleito presidente, as artes do carnaval figurem nos editais de verba do Ministério da Cultura. É preciso que o Ministério da Cultura compreenda que as artes carnavalescas estão dentro do guarda-chuva da arte brasileira. Não pode ficar dependendo da bondade de prefeito A, governador B ou presidente C. Temos que ser reconhecidos.

Agora, estamos terminando o processo de reconhecimento da escola de samba como patrimônio imaterial do povo brasileiro, está sendo votado em última instância. É um projeto que juntou a Maria do Rosário, lá do Rio Grande do Sul, com a Benedita da Silva, aqui no Rio de Janeiro. Eu fui lá, fiz a defesa na Câmara dos Deputados, no Senado, falei da importância cultural. Ok! Todo mundo votou, aprovou.

MIGUEL O Rio de Janeiro tem um enorme privilégio de ter a sua maior manifestação cultural produzida quase que exclusivamente nas comunidades, na periferia, no morro. É a nossa mais alta cultura de enorme qualidade poética, estética, visual. Produzida por compositores, ritmistas, costureiros, escultores, bordadeiras, pintores, ferreiros, aderecistas, enfim, é muita gente que muitas vezes não tem uma educação formal, mas tem o que importa, que é a intuição, o talento, garra, conhecimento empírico, conhecimento transmitido por gerações, não é? E tem tradição. Qual é a importância do carnaval para essa gente, economicamente? Para a vida deles no dia a dia? E também para essa cidade, para a vida cultural e econômica do Rio de Janeiro?

MILTON Pelos nossos cálculos, 5 mil famílias dependem diretamente do negócio escola de samba. Pegando todo o mercado, são 5 mil lares espalhados por várias comunidades que dependem dele. Aí, quando se fala da setorização, do terciário, do secundário, aí se chega a 20 mil famílias.

Então, 20 mil famílias comem, bebem, pagam o aluguel com este dinheiro da indústria do carnaval. E estamos falando apenas dessa parte das famílias que trabalham para o carnaval. Quando se contabiliza as outras relações — que são as relações institucionais, as relações de ganho, de mídia espontânea —, aí se chega a um alcance e uma dinheirama fabulosa.

O mais bacana é que, para cada real investido, temos o retorno de mais de cinco reais para a economia da cidade. É um investimento *bacanérrimo*. Como se não bastasse ser um investimento *bacanérrimo*, é um investimento humano, de laços de afeto, de laços de amor, a cidade fica melhor, fica mais amorosa, mais bonita.

Há um torpor da indústria criativa do carnaval quando chega dezembro, e vira ali o réveillon, a cidade entra em uma piração, ela entra em uma beleza e atrai um tanto de energia boa. Você tem os blocos na rua, ensaios das escolas, uma cidade mais feliz. Isso é ganho, as famílias ficam felizes, quem não trabalha no carnaval, assiste e aplaude. A cidade toda tem um time de futebol e uma escola de samba. Faz parte do imaginário simbólico do valor do carioca. A sua escola de samba, o seu time de futebol, a sua praia, o seu botequim. A escola de samba, essa indústria criativa, ela mexe com o espírito do povo carioca e do Brasil.

MIGUEL Há muitos comentários por aqui questionando a situação do carnaval de 2021. O que você acha que deve ser feito? Estamos na iminência da decisão, se vai ser cancelado ou não. E se for adiado ou cancelado, como esses artesãos, tão importantes para essa cadeia, para essa economia, que devotam tanto amor a suas escolas, como eles vão sobreviver até a próxima festa? O que a gente pode fazer para ajudar?

MILTON Meu irmão, o carnaval é aglomeração, tudo o que não pode. A aglomeração do carnaval depende de uma vacina. Antes disso, todos nós, sambistas, nos colocamos solidários à dor das 120 mil famílias que estão sofrendo muito pela morte de seus parentes. O sambista é solidário, o sambista não quer passar por cima da dor de ninguém. Nós perdemos muitos também, morreram muitos sambistas divinos. A gente está sofrendo.

Agora, a gente sabe que um dia a bonança virá, que um dia vai retornar a alegria. Foi assim há cem anos, com a gripe espanhola, foi assim com a peste lá da Idade Média. Então, quando termina, quando passa, a humanidade tem a necessidade de celebrar. O humano é humano porque ele celebra, porque se abraça, porque dança, canta, bebe. Mas você me pergunta: "Milton, e essas 5 mil famílias que vivem desse barracão?" Estão no perrengue, está difícil. O que é que o sambista solidário faz? Live. Live para ajudar passista, live para ajudar mestre-sala e porta-bandeira, para ajudar o povo de barracão, ajudar a baiana, ajudar a velha guarda.

A gente está tentando. Só que não tem contrato de transmissão com a TV, porque não tem o produto decidido. Não tem ajuda municipal, estadual e federal. Não tem entrada e não tem saída. Os barracões estão fechados, nós aqui de fora estamos tentando fazer uma corrente para ajudar essas 5 mil famílias que estão no perrengue. Aí você me diz: "Milton, dá para passar dois anos sem carnaval?" Olha, vai passar, mas vai pagar um preço. Por quê? Porque vai ficar um buraco oceânico, uma dor imensa... Aí chega o réveillon, não explode foguete, outro buraco.

Os buracos vão trazendo a tristeza. E esse clima de depressão, esse monte de gente presa dentro de casa. Ou seja, é uma paisagem bem sofrida. Se não tivermos a vacina para fevereiro, para o réveillon, se não tivermos a vacina no alto verão, joga uma festa, um encontro, um desfile de camiseta lá para julho. Mas tem que ter um batuque, tem que ter um ziriguidum, sabe?

MIGUEL Muito bom, meu amor. Obrigadíssimo. Entrevista bafônica! Queria lembrar só que hoje, na live da Teresa Cristina, vai ter uma homenagem aos sambas-enredo, e ela vai dar muitas dicas de como ajudar os sambistas que estão em apuros nessa época de inúmeras dificuldades. Um beijo a todos!

MILTON: Estaremos todos lá. Beijos, Miguel! Gente, beijo!

DANILO MIRANDA

CULTURA E CIDADANIA

1º DE SETEMBRO

Tenho uma profunda admiração pela cidade de São Paulo. Para nós, da cultura, é um oásis abundante em meio às dunas e às tempestades de ignorância que desertificaram e evangelizaram este país. E os Sescs são fractais dessa metrópole. São como templos da contemporaneidade. Estruturas arquitetônicas de extrema beleza e suprema qualidade técnica que, além de cumprirem a sua função social de educar, cuidar, alimentar, entreter a população — muitas vezes vulnerável —, ainda apresentam uma programação cultural digna das melhores instituições de todo o mundo! Cansei de pegar a ponte aérea, com meu amigo Maneco Quinderé, apenas para assistir a uma peça em algum Sesc e voltar. Nesses casos não eram apenas peças... eram espetáculos dos maiores encenadores atuais, como Bob Wilson, Robert Lepage, Ariane Mnouchkine... E todo esse cuidado com a eficiência, com o design, com a curadoria, tem a marca de Danilo Miranda, que comanda a instituição há 36 anos. Ex-seminarista, Danilo é um missionário do nobre ofício de aproximar o popular e o erudito, preenchendo lacunas da desigualdade. Tive o enorme prazer de conhecê-lo, há cinco anos, em um seminário da revista *Bamboo*, onde fomos apresentados por nossa amiga em comum Clarissa Schneider, e considero uma honra ele ter topado essa conversa.

MIGUEL Tudo bem com você?
DANILO Muito bem, cá estamos, vamos lá?
MIGUEL Vamos lá! Do alto dos seus 77 anos, você tem uma visão privilegiada da produção cultural do século XX. Foi testemunha dos anos 60, da resistência cultural à ditadura militar, dos efeitos da globalização a partir dos anos 90 e da virada para o século XXI, com a ascendência de youtubers, blogueiros, influenciadores digitais. Essa gente que faz cultura com uma câmera digital na mão e poucas ideias na cabeça, na maioria das vezes. Como é que você vê esse fenômeno da digitalização da cultura?
DANILO A cultura necessita de conhecimento, informação, estudo. Necessita de gente séria. E há uma certa valorização do efêmero, do que é modismo.

Isso é muito desagradável de observar. Você tem razão, já fiz muita coisa na vida. Já tive a oportunidade de experimentar e de ver muita coisa, de participar de muitas ideias, de muitos movimentos, de muitas propostas.

A cultura sempre foi relevante, a cultura e a contracultura que de alguma forma marcam um pouco o final do século XX. A contracultura ganhou uma força extraordinária no Brasil nos anos 1960, 1970. A presença da música mais contundente, do rock denunciando. Nossos grandes autores estão aí até hoje. Chico, Edu e muitos outros. Vandré, que saiu de cena um pouco, né? Fizeram música de protesto, estiveram ali trabalhando em uma perspectiva de usar realmente esse mecanismo. Poder dizer o que pensa para poder fortalecer.

A cultura tem um caráter espontâneo independentemente do incentivo de governos, de propostas que venham de cima para baixo. Ela está presente nas festas populares, no dia a dia, ela está presente nas pessoas mais simples, mais cultas, mais elevadas. Desde a dança indígena do Kuarup até as salas mais requintadas. Está presente com muita força e tem vários aspectos a serem considerados. Tem esse envolvimento, essa participação do indivíduo.

A cultura nos torna mais cidadãos na medida em que participamos de um processo. Você ganha autoestima na medida em que se envolve mais profundamente com o fazer cultural. A cultura tem a questão do desenvolvimento social, na medida em que você divide com mais gente. E até o desenvolvimento econômico, na medida em que é realizadora de ações econômicas também. Ela facilita, cria emprego e dá condições de as pessoas sobreviverem. Então ela tem sua importância política, tem seu peso, seu significado.

E o que a gente procura manter de maneira acirrada? A relevância da cultura, num país como o nosso, em que ela está ameaçada de se tornar algo não apenas irrelevante, mas desprezível, desconsiderado, sem nenhuma importância. Isso não vão conseguir, é uma luta inglória para eles. Isso não vai prevalecer. Vejo a cultura de maneira muito ampla, de uma perspectiva antropológica, sabe, Miguel? Dentro desse universo chamado cultura, o ser humano é o criador, é o inventor, é o que faz acontecer as aproximações, os afastamentos. Nossa língua, nosso modo de ser, de agir, de vestir, de comer, tudo isso tem a ver com a cultura. Ela está presente independentemente de as pessoas quererem ou não, de algum dirigente autoritário achar que vai acabar com ela. Não vai acabar em hipótese nenhuma!

Eu observo que, de um lado, se vê a importância cada vez maior da cultura, e do outro um certo combate, eu diria quase que infantilizado, contra ela. Porque ser contra a cultura, nesse sentido de se colocar contra incentivo, apoio, mecanismos de fomento, é quase dizer o seguinte: "Eu sou contra a vida, sou contra as pessoas, contra o humano, sou contra o mundo." E isso não faz o menor sentido. Mais tarde isso se dilui como espuma...

MIGUEL Muito bom, Danilo. Mudando um pouco de assunto, você constantemente cita Paulo Freire e a importância da integração entre cultura e educação. Eu pergunto: qual o legado desse importante educador para a sociedade brasileira?

DANILO Tenho uma admiração profunda por Paulo Freire. Não sou um homem da educação formal, trabalho com a educação informal. E a educação informal, essa educação cidadã, através das ações culturais das mais variadas, ela deve muito à figura de Paulo Freire. Porque ele imaginava não apenas o indivíduo aprender o símbolo da letra ou o fonema, ele queria que a pessoa entendesse seu entorno, aquilo que explicava a sua vida, o seu dia a dia. E a partir dessa experiência vital é que ele ia buscando o caminho do indivíduo no sentido de se preparar, se alfabetizar e conhecer melhor o mundo. Fazer uma leitura autônoma do mundo, capaz de levá-lo a crescer e se desenvolver a partir da leitura, que é fundamental. Paulo Freire foi trabalhar no mundo inteiro, foi ensinar para outros grupos, outros países, teve reconhecimento internacional, é uma pessoa absolutamente fantástica. Tive o prazer de conhecê-lo, ele foi secretário da Educação no governo da Luiza Erundina na prefeitura de São Paulo.

Então, ele era realmente uma figura fantástica, extraordinária nesse aspecto. Juntar a educação e a cultura, para mim, é o segredo central da eficácia de um processo de desenvolvimento efetivo das pessoas, em todos os sentidos. Tem que se educar, claro, tem que dominar as informações, as técnicas, mas inserido sempre em um contexto muito mais amplo, onde você é um ser humano integral. Onde você tem um corpo, emoções, onde você convive, onde você tem todas as articulações necessárias — é o esforço grande que fazemos no nosso trabalho no Sesc. Para nós, nada disso pode ser isolado. Cultura e educação são duas facetas da uma mesma realidade.

Dizem respeito ao bem-estar do ser humano, à satisfação do indivíduo frente ao conhecimento, frente àquilo que ele pode usufruir a sua volta, fazendo uma leitura adequada e com isso se desenvolver, melhorar, se aperfeiçoar. Paulo Freire é um ícone para nós, no sentido de mostrar esse caminho. É um dos grandes nomes da educação brasileira e mundial.

MIGUEL Você tem uma visão muito interessante de que é preciso superar essa ideia de que o erudito é melhor ou maior do que o popular. O que é extremamente importante num país em que as maiores manifestações culturais são de periferia, são das comunidades. Como tornar essa sua visão uma realidade em todo o território brasileiro?

DANILO Primeiro, com a intervenção do poder público, para ajudar a manter essas manifestações originárias, importantíssimas para a nossa realidade. Cada vez mais percebemos a relevância disso, o protagonismo das pessoas mais simples em todas as partes do país, seja no Brasil mais profundo, no interior dos estados, nas capitais, nas periferias, onde as festas populares estão presentes, misturadas, muitas vezes, com tradições religiosas. Nós temos, às vezes, uma maneira de enxergar as festas populares de uma forma elitista. Admirei muito a ação que o ministro Gilberto Gil e logo em seguida Juca Ferreira fizeram, valorizando os Pontos de Cultura. O que são os Pontos de Cultura? São centros espalhados no Brasil todo de pequenos grupos, pequenas ações, festas populares que dizem respeito ao protagonismo, à vida das pessoas de uma maneira profunda. Isso é cultura. O confronto com a questão elitista, da cultura digamos elaborada, preparada por quem mergulha, pesquisa, trabalha e estuda, não sou contra, ela também tem a sua importância. Para mim, são todas manifestações que têm a ver com o humano crescendo, se aperfeiçoando, num país como o nosso, tão rico e variado. As nossas diversas origens, a nossa tríplice origem — branca, negra e indígena — traz consigo uma quantidade imensa de propostas que estão misturadas.

Olha a Festa do Boi, por exemplo, de origem hispânica, que vem para o Brasil, mistura-se com as tradições locais, indígenas e negras, e vira um festejo tão importante — que aliás prevalece de norte a sul do país. Se espalha pelo Maranhão, Parintins, Marajó, vai até o Centro-Oeste, o Sul. Talvez seja ainda mais presente do que o Carnaval, outra manifestação de caráter popular, a festa mais famosa, mais reconhecida no mundo inteiro, que tem suas características bem próprias, em lugares diferenciados, mas que ganhou uma força especial no Brasil, sobretudo no Rio de Janeiro.

Você pega um Villa-Lobos, com seu trabalho "erudito". Ele vai buscar nas raízes populares aquilo que tem de mais profundo, mais substancial, para trazer para os salões. Há uma mistura. E no Brasil que pretende, um dia, ser totalmente democrático, totalmente igual, isso tudo vai ser diluído como se fosse uma manifestação tipicamente nossa. Então, não vejo muito sentido em querer prevalecer, aqui vale um trabalho erudito, aqui um trabalho popular, como se fossem duas realidades díspares, separadas.

MIGUEL Você falou da importância da educação e da cultura e também sobre o papel que elas têm no combate às desigualdades sociais. Pelo próprio fato de combater o racismo, o sexismo, a homofobia, a xenofobia, a cultura é tão odiada e combatida pelos retrógrados e conservadores, que infelizmente estão no poder. O que se pode fazer para reforçar essa luta, amplificar essas vozes?

DANILO A palavra central é insistir, porque trata-se de uma mudança de paradigma, uma alteração de mentalidade, uma busca de reconhecimento de valores. Isso se faz através do convencimento, através da demonstração, da força da palavra, do campo cultural. Vivemos em uma sociedade em que as questões do racismo, da inaceitação da diferença, das opções sexuais, são colocadas como algo inerente ao dia a dia das pessoas. E isso tem que ser combatido. Como? Com um esforço de dizer para todo mundo que isso é equivocado, que as pessoas são diferentes na cor da pele, mas têm os mesmos direitos, que o ser humano tem o direito de fazer suas opções. De forma que é a cultura que mexe nos valores, que estabelece novos paradigmas, que faz com que as pessoas se convençam efetivamente. Não é a propaganda, que também tem uma carga cultural, aliás a propaganda se vale muito disso também, mas não é ela que expressa com intenções. Tem que ser essa cultura com intenções de caráter público e não a cultura com intenções de caráter político ou ideológico.

Existem muitos estudos a respeito da ação cultural com intenções de convencer alguém, de estabelecer uma ideia, de fazer prevalecer um ponto de vista político. Durante o período do nazismo, a cultura foi muito utilizada para convencer as pessoas de que aquelas ideias deviam prevalecer, de que eram mais importantes. Então tem também esse componente ético, essa questão da transversalidade ética que tem que estar presente junto com a ação cultural. Porque se for somente a cultura a serviço de alguma ideia, de alguma proposta, pode eventualmente causar problemas, distúrbios mais graves ainda. Eu lembro que muitos filmes foram feitos na época do nazismo para fazer prevalecer o quê? A ideia da grandeza, da nova Alemanha, da prevalência do branco, do ariano sobre os demais. Então tudo isso tem de ser combatido. E a cultura combate isso de uma forma muito objetiva e direta, mostrando, denunciando.

Aliás, com relação à arte, que é a expressão mais elevada da cultura, ela tem essa função de criar o encantamento, a beleza, a satisfação, ela causa bem-estar e prazer, mas ao mesmo tempo tem a obrigação de provocar, discutir, de pôr o dedo na ferida, apontar caminhos. Nesse sentido eu sou muito partidário de se criar uma ação artística ampla. Por causa disso tivemos inúmeras situações delicadas. Por exemplo, com uma peça de teatro em que uma figura trans fazia um papel religioso. Teve até questões na Justiça, mas no nosso país, nas instâncias superiores, prevalece a liberdade de expressão. Isso é muito importante de a gente preservar. No dia em que perdermos esse tipo de cuidado, correremos riscos muito mais graves. Essa é a minha visão.

MIGUEL Danilo, São Paulo é uma ilha de desenvolvimento econômico e cultural, tanto o estado quanto a cidade, em um Brasil que desce ladeira abaixo. Para mim, carioca, a impressão é que tanto no estado quanto na cidade de São Paulo a cultura é protagonista, está no centro do debate; é, portanto, consequência, ou até mesmo causa, desse desenvolvimento econômico. O Rio já teve um momento de protagonismo cultural no país, com o samba, a bossa nova, os anos de 1960, a geração 80, o Asdrúbal, o Circo Voador, a produção audiovisual. A partir de determinado momento, fomos perdendo tudo isso para São Paulo.

DANILO É verdade.

MIGUEL Os artistas plásticos moravam no Rio, mas vendiam e exibiam em São Paulo, o pessoal de teatro morava no Rio, mas estava em cartaz em São Paulo, e nos últimos anos foi-se tudo para São Paulo. Ouso dizer, e levo muita porrada por isso, que o carnaval de rua do Rio de Janeiro foi para São Paulo muito por obra do meu amigo Alê Youssef, que está batalhando por isso há muitos anos...

DANILO Alê é um batalhador.

MIGUEL Você tem uma história de 36 anos de administração no Sesc. Se fosse secretário de Cultura da cidade do Rio de Janeiro ou gestor cultural nessa cidade, o que faria para reverter esse quadro?

DANILO É um desafio... O Rio de Janeiro tem uma vantagem geográfica, territorial, fantástica sobre São Paulo. É uma das cidades mais lindas do mundo pela junção da montanha e do mar. Do ponto de vista do turismo é fabuloso. E eu sei da necessidade de um investimento maior nessa área toda do turismo no Rio de Janeiro para que se possa fazer um trabalho importante. Outra coisa tem a ver com toda a estrutura cultural que o Rio de Janeiro oferece: seus museus, sua capacidade de atrair espetáculos. Se você for ver, por exemplo, no teatro do Rio de Janeiro, existem manifestações muito interessantes, importantes, que são trazidas pra cá posteriormente. Mas a quantidade de salas em São Paulo, o espraiamento pela cidade, chegando à periferia, é maior do que no Rio. E não apenas porque a cidade é maior; há uma ebulição cultural nas periferias, mas também há nas comunidades do Rio de Janeiro. Eu acho que a questão central do Rio chama-se protagonismo de todos. É ter as favelas, as comunidades, integradas de uma forma civilizada, adequada, com serviços de primeira, atendimento efetivo. É urbanizar, dar condições reais do ponto de vista macro.

Em relação à questão cultural propriamente, investir na valorização dos equipamentos e na participação efetiva de todos, naquilo que é mais característico do Rio de Janeiro: o carnaval, o samba, os grupos de choro, as manifestações mais variadas, o teatro produzido no Rio. Quase tudo o que se faz no Rio de Janeiro de competente vem para São Paulo. Boa parte dos espetáculos no próprio Sesc, faço questão de buscar no Rio. E, claro, o Rio de Janeiro tem uma questão política estrutural central gravíssima. Todos os governadores recentes foram presos e estão devendo para a Justiça. Inclusive o atual. Os políticos do Rio de Janeiro são, de alguma forma, os principais responsáveis pela atual situação do estado. Não é o povo, não é a população, não é nem a violência. Bandidagem tem no país inteiro, a daqui, de São Paulo, muito bem organizada, com uma estrutura poderosa. Mas no Rio de Janeiro ela está muito forte graças a esse descuido, essa falta da presença do Estado. Essa ideia de que o Estado tem que ser diminuído, esse ultraliberalismo, esse neoliberalismo bobo que faz com que o Estado perca sua importância, seu peso, seu significado, tem consequências e já se faz presente mesmo antes disso ser implantado de uma maneira definitiva no país. Temo por isso.

MIGUEL Danilo, você falou muito da importância de trazer cidadania para as comunidades, para as periferias. Você e o Sesc têm como histórico e filosofia oferecer para os cidadãos não só a cultura, mas também bem-estar, educação, lazer, alimentação, atendimento médico, odontológico, esporte. Principalmente para uma população mais vulnerável e muitas vezes em situação de rua. Em resumo, o Sesc oferece autoestima e cidadania. Por que é tão importante oferecer esse conjunto todo ao mesmo tempo para o cidadão?

DANILO Miguel, nosso conceito de cultura é antropológico, mais amplo do que o conceito de cultura voltado para o mundo do simbólico e das artes. Cultura para nós tem esse sentido da criação humana, tudo o que é feito pelo ser humano no seu processo civilizatório é cultura. Existe esse entendimento acentuado, inclusive na administração pública, de que cultura é o mundo das artes e do simbólico, e ponto. Não é. Cultura tem a ver com vivência, com jeito de ser, tem a ver com alimentação, tem a ver com cuidado consigo mesmo, com o outro, com toda a criação da capacidade humana. Da realização completa daquilo que realmente é necessário.

Eu diria que antes de ser uma instituição voltada para a cultura, nós somos voltados para um programa de bem-estar. Onde a atividade física, a atividade alimentar, tudo isso tem a ver com educação, com cidadania, com a preparação do indivíduo. Educação ambiental é parte desse processo, faz parte dessa proposta de educação para o exercício da cidadania. Nesse pacotão cabe muita coisa importante. Cabe um programa inteiro de governo — mas nós não somos um governo — que vai lidar com tudo, com justiça, educação, saúde. O Sesc tem isso de modo muito presente: é uma instituição de bem-estar social. Ela foi criada naquela perspectiva antiga do pós-guerra, do *social welfare*.

MIGUEL Isso tem uma relação muito grande com a cidade e com o urbanismo. Tudo o que vocês pretendem alcançar é o que um bom planejamento urbano tem como premissa. Numa palestra recente em Genebra, para a ONU, você refuta a ideia de que os centros socioculturais, como o Sesc, sejam oásis, nas suas palavras, "onde a cidade fica de fora e onde

tudo o que se apresenta como belo, bom e justo fica do lado de dentro".
Qual deve ser a relação desses centros socioculturais com as cidades?
DANILO Pois é, esse caráter apartado do centro sociocultural, inserido numa cidade, é muito negativo porque dá a ideia de que ali é um oásis, fora é o caos. E temos que ter essa inter-relação muito clara da cidade conosco. Tenho um símbolo muito forte para isso que é o Sesc Pompeia, uma antiga fábrica, projeto da Lina Bo Bardi, e que mantém um portão grande na frente de uma rua, e ali você tem a área de alimentação, a área de atividade cultural, a convivência, a biblioteca, as oficinas. É como se fosse uma cidade, não foi essa a intenção, mas acabou sendo uma imagem forte. A parte da frente é restauro, e a parte de trás é uma construção nova com ginásios, quadra esportiva, piscina. Qual é a ideia disso? É uma rua integrada, é como se fosse mais uma rua da cidade. Ela tem essa penetração mútua e de alguma forma não há limitação alguma para as pessoas entrarem. Estamos observando tudo, tem gente para ver o que está acontecendo, temos câmeras, mas não barreiras físicas; não tem uma porta, uma catraca, em que você tem que dar o nome. E é assim na unidade 24 de Maio, projeto de Paulo Mendes da Rocha, que inauguramos recentemente. Ela tem uma galeria, com conexão com a rua, com as lojas. A pessoa passa por dentro da galeria, sai na rua atrás. Essa permeabilidade entre o de fora e o de dentro, o que está acontecendo no urbano e o que está acontecendo dentro, para nós é fundamental. E mais do que isso, a arquitetura para nós tem esse sentido de poder oferecer espaços integrados com a vida da comunidade. O próprio Belenzinho é um trabalho muito interessante que foi implantado também em uma antiga fábrica e que tem a sua conexão muito viva com a cidade a sua volta. Para nós isso é importante. Temos muitos exemplos disso.
MIGUEL O Sesc sempre teve um compromisso histórico com a melhor arquitetura brasileira. A gente falou do projeto da Lina Bo Bardi para o Sesc Pompeia, do 24 de Maio do Paulo Mendes da Rocha, aqui no Rio temos Niemeyer em Copacabana, Índio da Costa... Não só é um compromisso com a melhor arquitetura, mas é um compromisso com a beleza, com o ato de melhorar a cidade através de sua estética. E isso não deixa de trazer autoestima para os usuários que estão sendo contemplados com a beleza.
DANILO Exatamente, Miguel. Esse é um aspecto muito importante, considero fundamental essa valorização da arquitetura, dos nossos arquitetos.

Interagimos muito com esses arquitetos antes da elaboração dos projetos. Conversamos, negociamos. Não temos um projeto igual ao outro, não trabalhamos com padrão. Trabalhamos com ideias criadas para cada momento. Para nós, a arquitetura, o que ela significa — criação de espaços adequados para uma ação adequada —, também é parte do nosso programa. Quero que as pessoas que frequentam as unidades do Sesc se sintam integradas, acolhidas, valorizadas, até mesmo pelo espaço que está sendo colocado à disposição. Sem suntuosidade desnecessária, não há por quê. Mas sem, também, a utilização de materiais sem vínculo com uma visão mais responsável do custo-benefício. Tenho vários casos curiosos sobre a questão da arquitetura no Sesc, nos quais fui chamado a intervir, a decidir. Teve arquiteto que já se queixou: "A piscina de vocês é muito mais cara do que as piscinas que temos Brasil afora." E eu falei: "Mas como é que fica a manutenção?" Porque nós não pensamos na piscina isolada, pensamos no custo-benefício. Nossas piscinas todas têm túnel de serviço ou são no ar, em suspensão, para poder ter acesso em qualquer lugar. O que permite uma manutenção muito mais completa e permanente. É mais cara? Nesse caso foi mais cara, sim, mas dura muito mais. No custo-benefício é mais barato. Tenho granito no chão, porque vai durar mais, vai dar maior relevância e respeitar o cidadão que vai pisar aqui. Não um cimento batido, como já me sugeriram: "Por que você não faz uma coisa mais simples, com um custo mais baixo?" E respondi: "Porque não vai cumprir com a missão da instituição, que é educativa." Temos então a arquitetura como parte do programa, num espaço acolhedor, respeitoso, que valoriza todo mundo que entra, do morador de rua ao executivo da multinacional. Não importa, eles são respeitados igualmente.

MIGUEL Muito bom, Danilo. A gente tem dois minutos, vou fazer uma última pergunta. Os Sescs são praças, são ágoras num ambiente urbano. E as cidades e as suas ágoras têm a sua gênese na aglomeração. Como vocês estão se preparando para esse mundo pós-Covid, uma realidade distópica de futuros distanciamentos e *lockdowns* intermitentes, tudo que pode vir por aí?

DANILO Para nós foi o maior sacrifício deixar de fazer o que fazemos, somos profissionais da aglomeração. O nosso trabalho é juntar gente. Para a música, para o teatro, para a dança, para as artes visuais, para o esporte, o debate, o que for. Primeiro migramos para essa ideia do virtual, fizemos muita coisa. E estamos nos preparando para a volta. Já abrimos algumas atividades, poucas: a assistência odontológica, a ginástica multifuncional ou a academia que temos já funcionando no Sesc atualmente, com muito cuidado e agendamento. Entrar no Sesc para visitar, circular, isso não é possível ainda. Mas estamos nos preparando para o futuro, para voltar a ter as atividades dentro dos protocolos. Torcendo para que essa vacina chegue logo ou que a gente tenha meios de voltar a ter atividades com mais presença. Porque a atividade cultural isolada, com cada pessoa num canto, cada pessoa fechada em uma bolha, é algo que não funciona.

MIGUEL Professor Danilo, muito obrigado pelo seu tempo.

DANILO Obrigado a você, Miguel! Prazer grande!

2 DE SETEMBRO

FELIPE SANTA CRUZ
OS DESAFIOS DA JUSTIÇA

Temos mantido contato há algum tempo. O que o Felipe conta, que gostaria de fazer um projeto comigo, é verdade! Já tentamos uma vez, mas não deu certo. Aguardo uma outra oportunidade... Após dois bem-sucedidos mandatos frente à OAB do Rio de Janeiro, Felipe assumiu, em janeiro de 2019, a presidência nacional da Ordem dos Advogados do Brasil. Desde então, tem frequentado o noticiário com declarações polêmicas, embates com o governo e defesas apaixonadas da democracia, da advocacia, das liberdades... Em uma democracia, quando o Poder Judiciário se coloca em evidente protagonismo, é sinal de que os demais poderes não estão em seu devido equilíbrio. E é em torno dessa disfuncionalidade que orbita a nossa conversa a seguir.

FELIPE Tudo bom, Miguel? Que honra, que alegria.

MIGUEL Prazer receber você aqui para conversar nesse projeto.

FELIPE O prazer é todo meu. Obrigado pelo convite, é uma honra. Você sabe que eu e Dani somos seus fãs.

MIGUEL Maravilha, Felipe! Sou seu fã também. E vamos logo começar a conversa, porque o tempo é curto. O site *O Antagonista* se refere a você como um advogado *lulista*. Você acabou sendo rotulado de esquerdista, nesse país polarizado, no qual do centro para a esquerda é tudo comunista. Mas, como todo homem público inteligente que se preze, tem interlocução com os outros, das mais diferentes matrizes ideológicas, como Rodrigo Maia e João Dória. Afinal, como você se define em termos ideológicos?

FELIPE Sofri uma campanha de notícias falsas na minha primeira semana de gestão. Qual era a intenção? Me colocar num gueto, afirmar que tudo o que eu possa dizer, ou venha a dizer, que incomode a determinado grupo, é porque sou um comunista ou porque meu pai era terrorista. Toda essa mentira que veio a público.

Até compreendo a lógica política disso, apesar de achar perversa. Gostei muito da sua pergunta, porque sou extremamente progressista em costumes. Sei que isso no Brasil é minoritário, mas sou contra qualquer tipo de diferenciação de gênero e raça, sou defensor das bandeiras LGBT há muitos anos, desde que fui presidente da OAB do Rio de Janeiro. Tenho esse histórico que casa com essa visão estereotipada de comunismo.

No entanto, as minhas relações políticas são boas com todos os partidos. A Frente Parlamentar da Advocacia tem 177 parlamentares que vão do PSL ao PSOL. Marcelo Freixo, que não é advogado, nos dá a honra de ser da Frente Parlamentar da Advocacia brasileira. E no PSL, Felipe Francischini, que preside a CCJ, é um dos mais valorosos integrantes dessa frente. Converso com todo mundo. Eu me acho um liberal na economia, mas o que significa, pra mim, ser liberal? Não é que o liberal possa tudo. Acho que o Brasil tem que ter um ambiente de negócios mais saudável para a iniciativa privada, porque não é correto que num país com os problemas do Brasil, de concentração de renda, seis das dez carreiras mais bem remuneradas sejam públicas.

A carreira pública está ganhando muito? Talvez até não. O problema é que não há ambiente verdadeiro no Brasil para a livre concorrência, para a iniciativa privada. Sabemos a luta que é. Então, economicamente, me alio a esse pensamento. Um pensamento que acha que o Brasil só vai sobreviver a esses problemas todos se tiver um maior fortalecimento da iniciativa privada, o que me coloca, digamos, em um campo liberal americano. Eu seria um democrata se estivesse nos Estados Unidos, mal comparando.

MIGUEL Você é presidente da OAB, todo mundo sabe, que é uma entidade que representa mais de 1,2 milhão de advogados em todo o país. Com certeza as suas opiniões e os seus posicionamentos desagradam a uma grande parte dessa turma. Os embates que você tem tido com o governo têm o apoio da maioria da classe?

FELIPE Acredito que sim, porque são embates em questões que são estatutárias. A OAB tem um papel na história, de defesa do Estado democrático de direito no Brasil. Não é à toa que a Constituição de 1988, para alguns, é a Constituição dos advogados. E das liberdades — da liberdade de imprensa efetiva, da liberdade religiosa, da liberdade de expressão, da liberdade de reunião. Temos no nosso DNA, na matriz do nosso pensamento, esse compromisso com essas bandeiras.

Quando o advogado passa no exame da Ordem, a família se emociona, ele levanta a mão para receber a carteira vermelha e promete defender a Constituição, os direitos humanos, o meio ambiente. Tenho tido muitos embates nesse sentido, inclusive com alguns membros do governo com quem tenho boa relação, como o ministro Paulo Guedes, que já recebi na Ordem, e o ministro Fábio Faria, que é um grande articulador político. Isso com as pessoas com quem consigo dialogar, porque ali há quem dialogue e quem não dialogue.

Com as pessoas com quem consigo dialogar, mostro que as nossas diferenças são nesses pontos. Não posso ficar calado diante do desmatamento da Amazônia, não posso ficar calado diante de uma política de ultradireita que criminaliza qualquer movimento de defesa de direitos humanos. Há um embate, e o nosso embate é em defesa da lei.

Eu não sou político, Miguel. Não serei político, não tenho nada a ver com a luta político-partidária.

Tenho o maior respeito pelos políticos. Como dito por você, vivi nos últimos dois anos, na minha gestão, uma relação excepcional com o deputado Rodrigo Maia, somos hoje aliados na defesa da democracia, essa é a nossa melhor definição. Tenho absoluto respeito pela política, mas não faço parte dessa disputa. Agora, não vou ficar omisso, porque a OAB não pode se omitir diante de ataques frontais, por exemplo, ao meio ambiente, aos direitos humanos, ao direito das minorias e tudo mais que a gente está vendo aí. Há uma disputa na sociedade. E nós temos um compromisso com um lado, sim.

MIGUEL Felipe, hoje em dia os brasileiros conhecem os juízes que compõe o TSE, o STJ, conhecem profundamente os onze ministros do STF. Eu, por exemplo, não sei dizer cinco jogadores da seleção brasileira e muito menos do Flamengo. Mas os brasileiros conhecem hoje a seleção do Supremo, não é? Isso não é um sintoma de que o país está doente, o protagonismo do Poder Judiciário não é um recibo de que tá tudo cagado?

FELIPE E é compreensível também. Sou uma pessoa muito serena nessas análises. Não existe espaço vazio na disputa de poder. O que aconteceu no Brasil na última década? Uma profunda crise econômica, uma crise política grave. A partir de junho de 2013, o Legislativo e o Executivo foram acossados em todos os níveis com graves denúncias de corrupção, seríssimas, e isso os fragilizou.

E o Judiciário naturalmente ganhou protagonismo, pelo vazio desses dois. A quem recorria o deputado que se via insatisfeito com uma decisão da Câmara? Ao Supremo. Há muito litígio na sociedade brasileira, é normal que esse litígio deságue hoje no Judiciário. O que não significa que o Judiciário deva criar uma magistrocracia. Não se pode ultrapassar as fronteiras. As fronteiras de pesos e contrapesos da Constituição para o Executivo, o Legislativo e o Judiciário são determinantes. Cada um tem que respeitar o seu papel.

MIGUEL Você falou da defesa dos direitos humanos, uma questão que está no estatuto da OAB. Você não fica desesperado ao ver o ponto em que o Brasil chegou em relação aos direitos humanos, ao ver o retrocesso que está acontecendo? Na sociedade, nos governos, nos ministérios principalmente?

FELIPE Eu fico. Não desesperado, fico triste. A minha geração achou que não ia viver mais isso, que não teríamos um discurso público antivacina, um discurso público antiliberdade sexual. A gente achava que essa caixinha aí já estava aberta e nada no mundo iria forçar o retrocesso. Com base na frustração natural de parcela da população brasileira, muito empobrecida, com um viés conservador nos costumes, passou-se a explorar politicamente esse tipo de pensamento.

Como essa loucura que aconteceu há duas semanas, quando a OAB teve que defender o direito de uma criança de 10 anos, que sofreu uma violência sexual, de realizar um aborto. Um aborto que é legal, definido por lei. Precisamos interferir diretamente. A OAB de Pernambuco e o presidente Bruno Batista lideraram um processo de garantia do direito dessa criança. É triste, e aí vê na internet crianças sendo acusadas de promiscuidade. Criança de 10 anos é promíscua sexualmente? É tão óbvio que houve uma violência, mas as pessoas acreditam hoje nas coisas mais estapafúrdias. Uma parcela dessa crença vem da desesperança, e da baixa formação cultural, intelectual, educacional do povo brasileiro. Não estou dizendo que é um povo burro, muito pelo contrário. É um povo com iniciativa, talentoso, mas com muito pouco acesso à informação.

MIGUEL Bom, você falou também de uma outra questão estatutária, que é a garantia da liberdade de expressão. E aí eu te pergunto o seguinte: como é lidar com esse paradoxo das recentes manifestações a favor do fechamento do Congresso e do STF? É um paradoxo? É liberdade de expressão, mas ultrapassa uma fronteira? Como é que você vê essa questão?

FELIPE Se fosse uma doença, seria um sintoma claro do que estamos falando. Algumas pessoas me criticam quando digo que a democracia está sob risco. As democracias morrem cotidianamente. Elas começam a não dar resposta, e isso possibilita o discurso autoritário, demagógico, populista. No mundo em que eu acredito, as instituições avançam e não existem heróis. Não sou herói, não conheço heróis, todos os heróis da História do Brasil, na parte política, geraram frustrações, e acho que temos é que avançar institucionalmente.

Agora, quando se tem na rua, conhecendo a história brasileira, manifestações pró-fechamento do Congresso e do Judiciário, coisa que não acontece em lugar nenhum do mundo... Nesse momento, o mundo está preocupado em proteger a população dessa terrível pandemia que já levou 122 mil brasileiros, então, não! Nós, no meio dessa loucura, desse pesadelo que não é só nosso, é mundial, e a gente desviando energia pra um debate público inexistente? Onde existe debate sobre comunismo no mundo hoje? O comunismo chinês é o mais capitalista do mundo. A disputa deles com os Estados Unidos não é mais ideológica, é de mercado.

Onde é que se está discutindo que alguém é guerrilheiro, qual a realidade disso no país? Parece que estamos sendo transferidos para um filme dos anos 1960, quando tinha a Cortina de Ferro, enfrentamento Estados Unidos *versus* União Soviética. É um debate público muito pobre, paupérrimo. Um debate público sem ideias. Da distorção, da mentira. E é um momento muito preocupante da História do Brasil. A nossa economia está ladeira abaixo. Aqui no nosso estado, um em cada três cidadãos fluminenses está recebendo esse auxílio do governo, um em cada três está na zona de miserabilidade. É gravíssimo! Um quadro social agudo.

MIGUEL Felipe, você compara muito o autoritarismo com um vírus perigoso. Qual é o papel da advocacia no enfrentamento do autoritarismo? É enfrentamento, é resistência, é denúncia?

FELIPE Para ficar bem claro, advogado ser contra a democracia é como Miguel Pinto Guimarães ser contra a beleza de uma obra arquitetônica. O advogado tem compromisso com o Estado democrático de direito. É possível advogar nos regimes autoritários? É. Inclusive a advocacia construiu as suas páginas mais bonitas, de heroísmo, nos períodos de regime autoritário. Agora, o sistema que permite a prática da advocacia é a democracia liberal. Nela, posso questionar as autoridades, posso ser independente, tenho tribunal para recorrer de forma livre, imparcial. Ou seja, todo o exercício profissional da advocacia é ligado à ideia de liberdade e de Estado democrático de direito. Quando tomei posse, pendurei seis quadros no gabinete com fotos de Raymundo Faoro, Evandro Lins e Silva, Sobral Pinto, Ruy Barbosa, Eduardo Seabra Fagundes e Ulysses Guimarães. Já tivemos brilhantes juristas do campo autoritário, mas eles não ficaram na História, por não terem esse compromisso democrático.

Tenho defendido a ideia de valorizar todas as correntes políticas que militem dentro da defesa da democracia. Não tem importância ser de direita, de esquerda ou de centro. Se é defensor do Estado democrático de direito é meu aliado, temos uma bandeira em comum. E não é possível que alguém ache que não estamos tendo um enfraquecimento da democracia nesse momento.

MIGUEL Felipe, você constantemente cita o livro *Como as democracias morrem*, de Levitsky e Ziblatt. Esse livro alerta para uma nova tática dos autoritários, dos autocratas, de minar, ir comendo a democracia por dentro para se eternizar no poder. E sem promover rupturas violentas. Mas através da demonização e criação de inimigos, da sabotagem do jogo democrático. O ministro Edson Fachin, há poucas semanas, comparou esse avanço do autoritarismo a um cavalo de Troia. E tudo isso tem acontecido debaixo do nosso nariz. Nessa Ilíada tupiniquim que é o Brasil, você acha que nossa Troia pode sucumbir? Você concorda que a democracia está ameaçada?

FELIPE O nosso maior problema é que a nossa democracia é muito jovem. Nós temos 32 anos de democracia plena no Brasil, sem censura. Tivemos censura durante todo o século XX e parte do XIX. Se formos olhar o modelo de democracia de países mais avançados, a nossa é muito pouco sólida. Eu entendo, por exemplo, que um jovem da comunidade carente aqui perto da minha casa desconheça o que é democracia. Esse conceito não existe para ele, porque ele não conhece os produtos, os benefícios da democracia. Ele não tem saúde, não tem educação, não tem o direito de ir e vir, então a nossa democracia é muito frágil.

E estamos copiando o modelo de enfrentamento político de países como os Estados Unidos, por exemplo. Só que lá você tem o Partido Democrata, tem setores do Partido Republicano que agora estão gritando basta. Lá, a democracia tem instrumentos de defesa muito mais sólidos. E mesmo lá, e na Alemanha — vamos pegar os dois países que considero mais avançados juridicamente —, as legislações estão buscando discutir fake news, manipulação de dados, manipulação da informação, esses instrumentos que estão sendo utilizados para fragilizar a vontade popular, dobrá-la a interesses de seus subterrâneos.

Porque esses interesses são patrocinados com devida finalidade, pegando aí uma parcela substancial da nossa população, que é muito disponível para comprar esse tipo de pensamento. O Felipe Neto falou algo que eu gosto muito. Vender serenidade, igualdade, fraternidade, liberdade sexual, esses direitos que a gente está falando aqui, é muito difícil. *Fácil é vender ódio, fácil é vender que fulano é o inimigo, que fulano é o culpado pela sua situação.* O ódio tem uma capacidade de atração que a paz, o bem, não tem.

MIGUEL É muito bom que você esteja falando isso. E é legal você citar Felipe Neto, que hoje é uma voz que está do lado do bem, se expressando e trazendo toda essa juventude da qual você falava para o debate.

FELIPE Você acredita que fiz um evento on-line na OAB, o maior evento jurídico do mundo até hoje, com 115 mil inscritos, porque somos a maior entidade de classe dentro de uma democracia no mundo? Fizemos um debate completamente aberto. Chamei o general Santos Cruz, convidei pessoas ligadas ao governo, pessoas ligadas à esquerda, uma espécie de ponte para o debate público. E convidei o Felipe Neto.

Ele é um menino inteligentíssimo, com milhões de pessoas que admiram o trabalho dele. E eu vi, com grande preocupação com relação à sua segurança, o ódio que é devotado a ele. Inclusive eu disse isso a ele. Pois tinha gente importante na OAB pedindo para eu desconvidá-lo. Veja se faz sentido um advogado se recusar a conversar. Nem penso diferente dele, na matéria que ele tratou, mas, se eu pensasse, aí é que o convidaria com muito mais certeza. Pois no ambiente da advocacia, houve quem entendeu que não deveríamos ouvi-lo. E depois ficou calado, porque ele foi brilhante na conversa, falou do que entende, que são os vícios e problemas dessa comunicação em rede, seus riscos e suas qualidades, e, claro, mostrou competência naquilo que se propôs a fazer.

MIGUEL É muito impressionante mesmo. Se botasse pra discutir em inglês, então, aí ele ganhava de todos. Felipe, pessoalmente você tem uma história trágica relacionada à ditadura militar. A OAB do Rio, que você presidiu, foi uma das entidades que mais lutou contra os crimes políticos e pela redemocratização. Quando a gente vê hoje, na sua gestão, uma OAB de novo com a faca entre os dentes, a gente teme e conclui que estamos mais uma vez na iminência de uma nova ruptura democrática. Você concorda com isso?

FELIPE Ah! Concordo. E há indícios claros de que já corremos esse risco em um passado recente, em um passado próximo.

MIGUEL Mas próximo "meses" ou próximo "anos"?

FELIPE Meses, meses.

MIGUEL Ah, sim, não tenho dúvida nenhuma.

FELIPE Temos indícios de reuniões, de falas. Indícios de ameaça de ruptura. Olha, tenho uma admiração enorme pelas Forças Armadas, digo isso senão o meu sogro briga comigo, porque ele é da Aeronáutica. É óbvio que não acho que os soldados ativos das Forças Armadas tenham qualquer envolvimento com isso, mas existe esse interesse. E por que existe esse interesse? Porque você bota na rua uma pesquisa do Datafolha e pergunta quem defende a democracia no Brasil, dá 75%, 25% ou não sabem ou não defendem. Esses 25% não são democratas.

Um em cada quatro brasileiros é sensível ao discurso autoritário. E esse discurso autoritário, por uma série de razões, é um discurso mais fácil. Na democracia, todas as soluções são complexas. Então, esse discurso vai angariando mentes, vai se ampliando a partir do momento em que tem representatividade. É perigosíssimo o que está acontecendo, concordo contigo, desde o primeiro dia foi faca nos dentes, fico muito à vontade nesse papel. Porque a minha vida inteira foi assim, na minha primeira infância morei em dezenove estados diferentes, fugindo da ditadura. Meus tios foram torturados, exilados. Talvez a minha família, em um macabro ranking, seja a mais perseguida da ditadura militar. Meu pai foi assassinado, então conheço na pele, na minha origem, o risco que estamos vivendo. Como a democracia some amanhã de manhã. As pessoas falam: "Ah, eu acho que não." Mas amanhã de manhã ela some e você não tem mais como recuperar. O processo de recuperação é uma curva lá na frente, que vai custar de novo vidas, a economia do país, o crescimento, o dano à população mais carente, que não vai ter voz.

Vai custar de novo o silêncio da imprensa. Eu falo isso todos os dias. Advogados, jornalistas e artistas são os profissionais mais atacados no momento. Porque exercem as profissões da liberdade. A arte busca a reflexão da vida e da liberdade; o jornalista faz essa comunicação que é o controle social maior, e o advogado representa interesses do Judiciário, interesses contra o poder, contra o abuso de autoridade. É um conjunto de sintomas, e estamos vendo com clareza que a democracia brasileira corre risco e que nosso dever é defendê-la.

MIGUEL Felipe, você falou do seu pai, Fernando Santa Cruz, que era estudante de direito quando desapareceu em fevereiro de 1974. Muito provavelmente foi preso pelo DOI-Codi. Então, pergunto o seguinte: o quanto o assassinato do seu pai e a falta dele influenciou a sua carreira e, de certa forma, a sua militância?

FELIPE Influenciou em tudo. Meu pai foi uma referência do movimento estudantil, ele é um estudante símbolo do Brasil, estava para se formar em direito. O centro acadêmico de direito da PUC de Pernambuco, que é a nossa terra, minha e de Dani, tem o nome dele, o DCE da UFF tem o nome dele, o teatro de Olinda. Meu pai é uma referência dessa luta da liberdade. Inclusive uma referência muito interessante, porque é quase que a vítima civil. Ele era estudante servidor público, tinha acabado de ser aprovado num concurso para uma autarquia em São Paulo, tinha filho pequeno, endereço conhecido, salário, ele não era um militante. Não estou justificando aqui assassinato de ninguém, mesmo de quem militou na clandestinidade, mas ele, digamos assim, era quem exercia aquele papel quase que de solidariedade das pessoas que estavam fora da clandestinidade com quem estava na clandestinidade.

Meus tios eram lideranças muito mais ativas do que ele. Ele era um estudante de 26 anos, que tinha uma passagem pelo movimento estudantil. Então ele ter sido essa vítima, realmente violenta, da ditadura é algo que me marca muito. Isso me levou ao movimento estudantil, fui presidente do Centro Acadêmico de Direito da PUC, depois presidente do DCE da universidade, vivi o impeachment de Collor, vivi toda aquela geração.

E depois fui para a advocacia, me dediquei alguns anos só à advocacia, e passei em dado momento a dividir meu tempo entre o meu escritório e a defesa das bandeiras da OAB, que são as bandeiras da minha família. Minha família estava na luta pela anistia. Sobral Pinto, no dia 3 de abril de 1974, quando fiz 2 anos, escreveu uma carta a Golbery falando de mim. Dizendo a ele que a minha avó queria saber o que ela diria ao neto, quando o neto perguntasse por que o pai desapareceu. Sobral redigiu essa carta.

MIGUEL E a sua avó carregou essa dor para além dos seus cem anos, não é? Ela morreu com cento e poucos...

FELIPE Uma coisa linda. Uma dona de casa de Olinda, com dez filhos, que, diante de uma violência contra os filhos, se transformou numa leoa. Chegou a ser indicada, num conjunto de mulheres, ao prêmio Nobel da Paz. Até o fim da vida ela lutou pela verdade em relação à morte do meu pai. Um exemplo de vida, de mãe, que poucas vezes pude ver na minha vida.

MIGUEL Você falou muito da sua questão pessoal. Você defende, obviamente, a memória do seu pai desde sempre. E como consegue separar o Felipe cidadão e filho do Felipe Santa Cruz, presidente da OAB?

FELIPE Todo dia é uma disputa. Tenho certa facilidade, porque por conta da minha educação cresci sem rancor. Muitos filhos da minha geração, em situação parecida com a minha, cresceram com muito rancor. Não tenho raiva, não tenho ódio. Adoro uma frase de Marcos Freire: "Sem medo, sem ódio." Você não pode ter medo, mas também não pode odiar.

Apesar de vários embates meus com o presidente da República, recentemente o elogiei. Ele começou a moderar o seu discurso e recebeu um elogio meu. Tudo que nós queremos é que ele modere. Ele é o presidente da República legitimamente eleito, teve 57 milhões de votos. Agora, deve honrar o juramento que fez de cumprir a Constituição Federal e defender o Estado democrático de direito. Ele não pode defender que não haja medida ambiental no Brasil. A gente está ouvindo cada situação em relação ao meio ambiente... Veja, o meio ambiente é a coisa que mais me angustia, Miguel, porque muito do que está acontecendo em outras áreas vai poder ser recuperado, com grande custo, mas vai. O meio ambiente, não. Não vamos recuperar a diversidade da Amazônia, não vamos. O dano vai ser contra a humanidade, cheque infinito.

MIGUEL Eu sempre falo isso, porque a cultura, a arte se recompõem, passam-se os quatro anos, se recompõem. O meio ambiente, não. Não volta, as populações originárias não ressuscitam, então tem um ponto aí onde a bandeira é mais frágil mesmo, e tem que ser defendida por todos nós.

Você se envolveu recentemente numa polêmica com o ministro Sérgio Moro, por causa da confusão de vazamento dos grampos pelo Intercept, enfim, não interessa o motivo. Foi denunciado por calúnia e a denúncia foi arquivada, mas ficou público o bate-boca com Moro. Ontem mesmo Deltan Dallagnol deixou a força-tarefa da Lava Jato, às vésperas de um processo no qual os votos dos representantes da OAB provavelmente seriam contra ele. Qual é a sua visão da Lava Jato? Quais foram os erros e quais foram os acertos?

FELIPE Primeiro, sempre faço questão de ressalvar que coibir, processar e julgar... deve ser dentro da lei. A persecução penal do colarinho-branco é muito importante. A corrupção que existe em muitos países do mundo e no Brasil é muito danosa para a sociedade. Então, longe de mim ser contra qualquer medida de combate à corrupção.

Sofri pela minha posição de defensor do direito de defesa. Logo no início da minha gestão, dei uma entrevista sobre o ministro Sérgio Moro. Me perguntaram se ele deveria ser ministro da Justiça. Eu disse que não. Porque ele levava para o governo um patrimônio da Lava Jato, que é um patrimônio maior, o patrimônio de um país onde a lei realmente é igual para todos. E atrelava a isso um projeto político, que achava que era legítimo, que era legal. Mas era um erro. Hoje ele deve concordar comigo. Ele não vai reconhecer, mas deve concordar comigo. Cometeu um erro grave.

Junto a isso, ouço dos advogados que militam na área penal muita desesperança. Perseguição, delação sem prova, vazamento para a imprensa, destruição de empresas, destruição de reputações. Como ficar calado diante disso? As pessoas abdicaram do processo penal, abdicaram das garantias individuais, abdicaram do texto constitucional por uma visão de julgamento unilateral. O cara retira a pessoa, humilha, coloca na cadeia e depois vai julgar. É óbvio que esse processo é perigoso, é óbvio que esse processo tem que ter início, meio e fim.

O que não significa que não possa haver no Brasil permanentemente uma estrutura pública de controle, e há. O Ministério Público Federal é uma máquina poderosíssima para fazer essa fiscalização da lei. Mas não posso acreditar que essa união de setores da magistratura de primeira instância com setores do Ministério Público — diante de uma agenda que acho válida, que é o combate à corrupção, mas que vem praticando excessos — não mereça pelo menos o debate público sobre esses excessos. Pelo menos dizer: "Alto lá, você não pode fazer isso, porque isso, isso e isso."

É pedagógico, digo que sou quase professor de introdução ao estudo de direito. Porque são coisas para nós tão elementares... como a imparcialidade do juiz. Não existe Judiciário parcial, na hora em que o Judiciário é parcial ele perde a sua razão de ser. Então, luto sim pelo juízo de garantias, pelo avanço institucional, pelo aprimoramento. Fui ao Congresso defender a lei de abuso de autoridade, lá criminalizamos a violação das prerrogativas dos advogados para fortalecer o cidadão.

Volto àquela minha ideia de democracia liberal. Eu, enquanto advogado, já recebi na minha carreira mais de 100 mil procurações, mais de 100 mil pessoas assinaram um documento me dando poderes para lutar pela vida delas. Como posso ignorar que esse país pratica o abuso de autoridade todos os dias, em qualquer rua, em muitas das nossas comarcas no Brasil? É um trabalho nosso tão elementar, mas que enfrenta muita resistência, por conta do ódio. "Ah, vocês estão defendendo os bandidos, vocês estão defendendo quem tinha que ser linchado em praça pública." O próximo passo é voltar a ter linchamento e guilhotina. Aí é o retrocesso da civilização.

MIGUEL Felipe, vou pedir agora para você comentar rapidamente algumas decisões judiciais recentes. Sobre uma delas você já falou, que é o abuso de autoridade. E aí vou citar mais duas aqui para você dar a sua opinião. O que você acha da interrupção das atividades policiais nas comunidades do Rio, durante a pandemia?

FELIPE Tenho duas posições sobre isso, claras. Acho que foi correta a decisão, porque a coisa estava fora de controle. Eu disse isso ao governador Wilson Witzel. Não é possível criar um certificado, uma autorização de execução. Tínhamos todos os dias crianças morrendo em comunidades carentes. Todos os dias. Aquele episódio terrível de São Gonçalo, invadiram uma festa e mataram a criança... Se acontecesse aqui na Zona Sul ou na Barra da Tijuca, o mundo iria cair. Dizer que o discurso oficial tem que ser "não há direito para quem é pobre"? Então acho correta a decisão. O que não significa que a gente não deva ter uma política de segurança pública. Acho que ela precisa existir e precisa ser controlada a partir da sociedade civil, e não por membros das próprias corporações policiais. E ela precisa ser dura, sim. Não tem jeito, tem que se fazer cumprir, não defendo leniência.

Agora, "tiro na cabecinha", "você vai morrer", todas essas coisas que foram construindo esse ambiente de ódio no Rio de Janeiro, no meio dessa pobreza extremada, é óbvio que não é democrático. É arriscado, é extremamente danoso e, volto a dizer, para quem tem menos é mais danoso ainda. É claro que todos nós estamos limitados, na nossa vida, pela violência, mas quem é mais pobre tem ainda mais limitações.

MIGUEL Agora, imunidade parlamentar. A gente sabe que a imunidade parlamentar foi uma importante ferramenta para proteger vozes e opiniões contrárias à ditadura, enfim, os chamados crimes de opinião. Porém, hoje, é muito usada para acobertar malfeitos de todo tipo, não é? O que você acha da imunidade parlamentar do jeito que ela está na letra hoje?

FELIPE Acho que o Judiciário já vem fazendo um ajuste disso. Por exemplo, crime comum não está mais. Isso é uma evolução. A imunidade não é ilimitada, nenhum direito na nossa Constituição é ilimitável. Veja, por exemplo, o caso da liberdade de expressão. Ela tem limitações. Se eu usar a minha liberdade de expressão para defender o nazismo, por exemplo, estou agindo fora da lei.

Inclusive fui objeto da raiva do presidente da República porque pessoalmente, em meu nome, formalizei uma queixa à Comissão de Ética na Câmara quando ele fez o discurso pró-Ustra. Eu disse que ele deveria sofrer algum tipo de advertência, porque a imunidade não pode ser utilizada na defesa dos instrumentos que visam a destruição da própria democracia. É uma fragilidade, um paradoxo da democracia. Então fui lá, fazer esse questionamento.

Continuo sendo daqueles que julga a imunidade parlamentar, para a expressão, sagrada. Você sabe que o episódio que gerou o AI-5 foi quando Marcio Moreira Alves, deputado e jornalista, foi à tribuna pedir que as famílias de bem não deixassem as suas filhas dançarem com cadetes do Exército. Na verdade, isso foi uma desculpa, mas o governo Costa e Silva pediu a cassação do mandato do deputado. Um grande político da Arena, do governo, Djalma Marinho, do Rio Grande do Norte, fez um parecer na Comissão de Constituição e Justiça no qual ele dizia, citando o poeta Pedro Calderón de la Barca: "Ao rei tudo, menos a honra." É óbvio que a imunidade parlamentar é um instituto que foi construído com muito sacrifício, mas até por isso deve haver zelo no seu exercício.

MIGUEL Muito bom. Vamos falar agora do Parlamento. Hoje a gente fala em impeachment com muita facilidade. Na nossa vida cidadã já passamos por dois — no primeiro estávamos lá na rua de cara pintada —, e hoje, no Rio, a gente está no meio desse processo, completamente *sui generis*, de ter um governador e um prefeito às voltas com essas questões.

Eu pergunto o seguinte: não seria melhor adotar logo o parlamentarismo? O Brasil já teve um parlamento constituinte formado por gente brilhante, como Ulysses Guimarães, Florestan Fernandes, o próprio Lula, Fernando Henrique, Mário Covas, Roberto Freire... Você acha que o Brasil tem maturidade para dar esse poder ao Parlamento? E você tem uma ideia muito interessante sobre um semipresidencialismo, não é? Como é que funcionaria isso?

FELIPE Você pergunta para uma pessoa que acredita com muita fé que o ideal seria o parlamentarismo. Acho que uma parcela substancial desse pensamento autoritário que há na sociedade brasileira vem dessa idealização de um general, digo general no sentido de um comandante. Um comandante forte. O homem forte, o homem providencial.

E acho que fomos construindo o caminho do parlamentarismo. A Constituição deu vários indícios de parlamentarismo, e no final não houve força política, por conta da vontade popular. Ou nós discutimos a reforma política ou não vamos sair dessa crise. Qual é a grande dívida que há hoje do Parlamento com a sociedade? Tem que enfrentar a reforma política. Miguel, só 5% dos nossos parlamentares, cinco em cada cem, teve voto suficiente para ser eleito. O resto se elege com voto dos outros, você vota em A e elege B, não sabe quem elegeu.

Eu defendo o voto distrital, para mim puro. Mas acho até que pode ser misto, para preservar as pessoas da opinião pública, um pensamento não tão atrelado a uma lógica, mas quero saber quem me representa. Tudo o que quero é ter um deputado cujos votos eu possa acompanhar em cada sessão. Votou isso, votou aquilo, concordo ou não com ele. Na próxima eleição, voto nele de novo, ou não. Os políticos morrem de medo disso, porque isso gera muita alternância. Quando um pensamento de esquerda está em cima, a direita perde muito, quando a direita está em cima, a esquerda perde.

Então se criou esse sistema de compadrio, no qual existe uma ciência da eleição. O sujeito investe dinheiro e monta as suas chapas, as chamadas sublegendas, vai fortalecendo a sua legenda, e acontece então esse fenômeno: o sujeito tem 100 mil votos e não se elege, o que tem 20 mil se elege. Há uma distorção, e temos que enfrentar isso.

O semipresidencialismo, para mim, enfrentaria, esse problema em parte. Seria um caminho alternativo. É o modelo da França, de Portugal. O presidente tem relevância, comanda as Forças Armadas, comanda as relações externas, não é um presidente figurativo. Mas o dia a dia, o moído, as relações, as negociações se dão a partir do primeiro-ministro, no campo do Parlamento.

MIGUEL Felipe, muito bom. Daqui a pouco vai acabar a nossa conversa, já deu quase uma hora, então vou fazer uma última pergunta, que é a seguinte: você costuma se referir com frequência ao circo de absurdos em que estamos vivendo. Entre eles, obviamente, o furioso ataque que a advocacia vem sofrendo nessa guerra contra a barbárie. Você falou muito da cultura, das artes e do jornalismo, que também estão sofrendo esse mesmo ataque. Mas o direito é a nossa última instância de defesa. O nosso último aliado, o último flanco dessa guerra. E é o único que tem armas para enfrentar uma coisa que você falou, que é o juízo parcial, e para enfrentar também o Ministério Público, o Ministério da Justiça e uma Procuradoria-Geral aparelhados. A quantas anda essa batalha e se a gente pode ter alguma esperança de triunfo nessa guerra?

FELIPE Nesse equilíbrio institucional? Acho que devemos ter esperança. Sou um otimista realista, baseado em Suassuna, que diz que o otimista que não é realista é o bobo. Há gente muito séria no Ministério Público Federal, há gente muito séria na magistratura, há gente muito séria na advocacia, há gente muito séria na Defensoria, no Ministério Público Estadual.

O que precisamos é aprimorar os instrumentos legais. Por exemplo, vou falar sobre um aqui rapidamente, a leniência. Isso é uma grande discussão minha e do nosso amigo em comum Gustavo Bichara. Nos Estados Unidos, foram necessários cem anos para se ter uma lei de leniência objetiva que preserve a empresa. E preservar a empresa não é preservar unicamente os interesses dos empresários, é mais que isso, são os interesses da nação. Na Alemanha, quando os Aliados ganharam a guerra, tanto na Alemanha quanto na Itália, mantiveram a Fiat funcionando, da família Agnelli, que tinha apoiado Mussolini. E na Alemanha, manteve-se a Mercedes, a BMW, porque se avaliou que o dano ao país, à economia do país, seria excessivo. O que não significa ser leniente, ser omisso no combate à corrupção.

Mas temos que ter leis. Temos que tirar do debate público essa coisa miliciana, em que setores do Ministério Público vazam notícias, constroem inimigos, são capazes de qualquer coisa por uma delação premiada. As pessoas mais sem credibilidade — pensa naquele chefe de quadrilha, sem credibilidade nenhuma — estão delatando para servir a essa máquina de difamação, de calúnia, de destruição do outro. Isso é muito perigoso. Toda democracia morre com movimentos milicianos, quando as pessoas começam a tomar a Justiça, as leis, nas próprias mãos, de forma unilateral. Então me preocupo muito. Sou otimista, acho que vamos vencer essa batalha, mas precisaremos de muita vigilância, muita luta, muita serenidade.

MIGUEL Você está na linha de frente dessa defesa, estamos aqui por trás apoiando. Obrigadíssimo, Felipe, pelo seu tempo e suas ideias inteligentes. E beijo pra Dani. Vamos estar juntos em breve, assim que essa pandemia permitir.

FELIPE Vamos sim. Obrigado, Miguel, uma alegria conversar com você. Obrigado a todos que acompanharam. Sou seu fã, estou juntando um fundinho para um dia ter uma casa de Miguel Pinto Guimarães. É o nosso sonho!

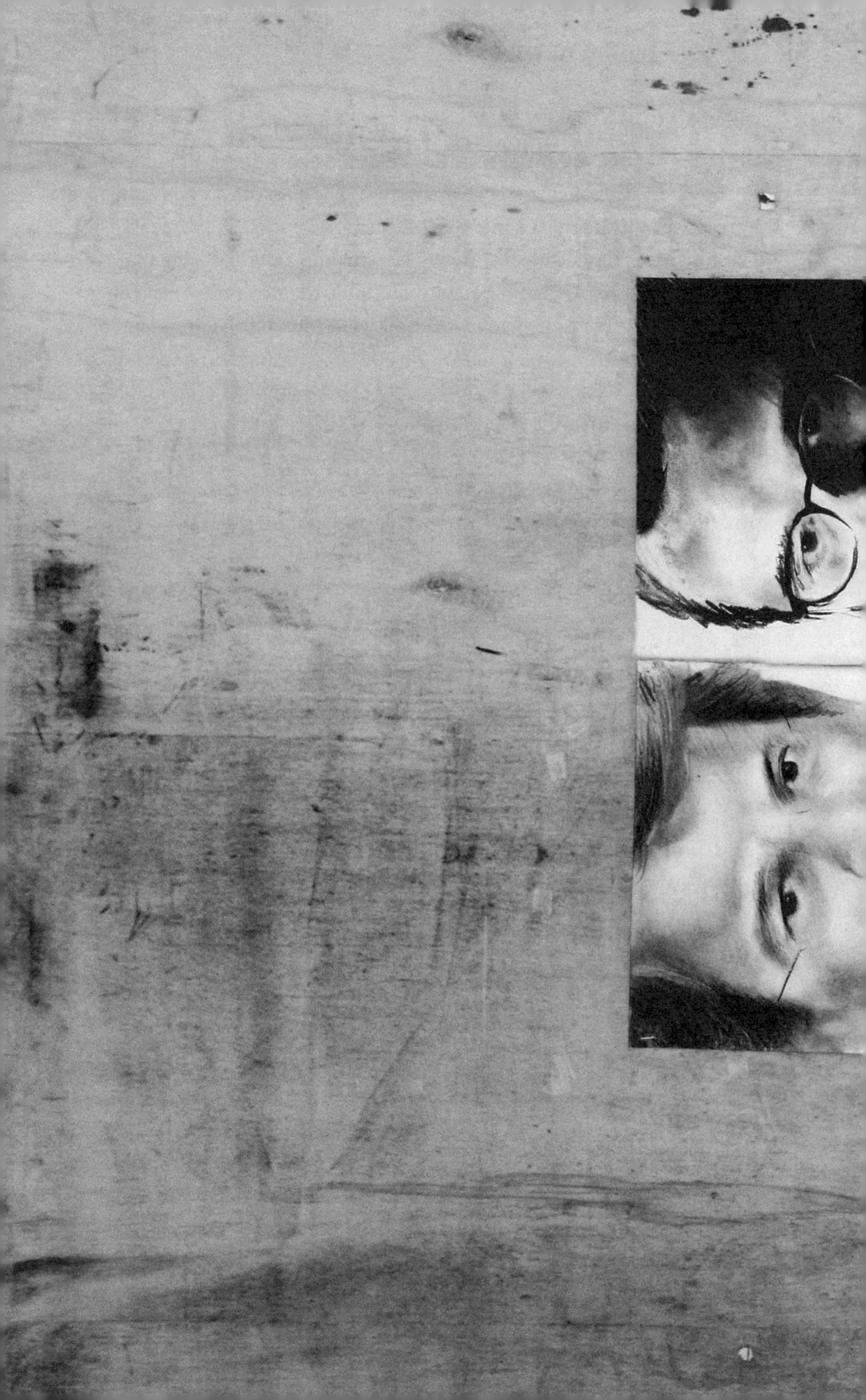

4 DE SETEMBRO

GUSTAVO FRANCO E JOSÉ ROBERTO DE CASTRO NEVES

SHAKESPEARE EM QUARENTENA

Essa foi uma das últimas conversas, mas que estava agendada desde março, porque era uma das que eu mais ansiava. Zé Roberto, Gustavo e eu dividimos essa paixão: William Shakespeare! Muito tem se falado no Bardo, seja pelos períodos de quarentena que atravessou ou por sua obra quatrocentenária, criada em tempos de pandemia, que sobreviveu a séculos e continua atual. A paixão pode ser a mesma, mas o conhecimento deles é infinitamente maior do que o meu, ambos são autores de inúmeros livros que relacionam a obra de Shakespeare a seus ofícios: direito e economia. E são os felizes herdeiros, para minha grande inveja, da shakespeariana de Barbara Heliodora, a maior crítica e expert no Bardo. Poderia ter convidado o Gustavo também para falar de economia, ao lado de seus colegas de Real, André e Malan, mas apelei pra esse seu conhecimento extracurricular. E ao Zé, agradeço demais pelo seu exemplo e incentivo para que este louco sonho de transformar essas lives em um livro virasse realidade.

"Enquanto houver um louco, um poeta e um amante haverá sonho, amor e fantasia. E enquanto houver sonho, amor e fantasia, haverá esperança."

JOSÉ ROBERTO E aí, Miguel, como estão as coisas? Tudo bem?
MIGUEL Trabalhando pra caramba! Depois que esse projeto das lives virou um livro... Você, melhor do que ninguém, sabe o trabalho que dá!
JOSÉ ROBERTO É verdade. Mas oxigena muito também. Vida de advogado é só briga, é um ambiente horroroso. Então, essas coisas me dão uma tranquilidade, são uma ilha de paz... Olha, Gustavo entrou aí.
GUSTAVO Oi. Tudo bem?
MIGUEL Tudo ótimo, ainda mais com vocês dois aqui... Bem-vindo, Gustavo! Obrigadíssimo por aceitarem esse convite.

Eu chamei vocês muito mais como amantes, conhecedores e grandes pesquisadores de Shakespeare do que como o advogado e o economista excelentes que são. Acho sempre interessante abordar uma paixão diferente. É mais gostoso falar de um assunto que é extracurricular... E, hoje em dia, tem-se falado muito de Shakespeare por conta dessa história de pandemia, de peste, de quarentena... Mas as pessoas geralmente se confundem um pouco porque, na verdade, a peste negra, que matou 75 milhões de pessoas, metade da população da Europa, aconteceu mais de duzentos anos antes do nascimento de Shakespeare. O pico da peste negra foi em torno de 1350 e Shakespeare nasceu em 1564.

A peste contemporânea de Shakespeare foi a bubônica. No ano em que ele nasceu, a doença já havia ceifado grande parte de Stratford-upon--Avon, sua cidade natal. Inclusive seus irmãos Joan e Margaret. Também se fala das obras que ele teria criado durante quarentenas. Enfim, eu queria que vocês comentassem um pouco essa relação dele com a peste.

JOSÉ ROBERTO A peste negra chega à Europa em 1348 por um barco. Mas a verdade é que houve, na história da humanidade, uma profusão enorme de epidemias, muito antes da peste negra. O Império Romano passava por pestes com muita frequência. Durante a Idade Média, e mesmo antes, acontecia o tempo todo. A peste negra ficou muito conhecida porque, de fato, se diferenciou das anteriores pela quantidade de mortes. Foi um negócio absurdo, um evento maior, sem comparação. Cidades foram dizimadas.

Shakespeare certamente passou seu primeiro ano de vida em casa, sem sair. Nessa ocasião, a peste bubônica matou um quinto da população de Stratford. Uma sorte enorme o nosso pequeno William ter sobrevivido a isso.

Então, a peste era uma coisa frequente na vida do homem da Idade Média. Hoje, com todas as vacinas de que dispomos, não nos damos conta do quanto ela foi uma coisa comum durante a história da humanidade. Quanto à quarentena, acontecia esporadicamente.

Houve uma grande epidemia logo no começo da carreira de Shakespeare. Ninguém sabe exatamente quando ele foi para Londres — é provável que em torno de 1587. Ele começou a escrever peças, mas, uns dois anos depois, em 1592, 1593, tudo fechou. Nessa época, ela já tinha escrito, talvez, *A megera domada* e algumas partes de *Henrique V*. Além de poemas — "Vênus e Adônis" é de 1593, e "O estupro de Lucrécia", de 1594.

Depois, em 1603, 1604, mais uma grande peste. E, dois anos depois, outra. Tudo volta a fechar. É quando Shakespeare escreve *Rei Lear*, *Macbeth* e *Antônio e Cleópatra*. E, em 1608 e 1609, peste mais uma vez. Dizem que é quando ele vai fazer *Coriolano*. E houve ainda mais uma em 1613, quando ele já estava de volta a Stratford. Enfim, Shakespeare viveu de fato várias pestes, e foi uma coisa muito comum na vida dele essa quantidade de eventos em que tudo foi fechado. E fechava mesmo.

GUSTAVO Fazendo uma estatística, entre 1603 e 1613, nesses dez anos, quer dizer, 120 meses, os teatros ficaram fechados durante 78 meses por causa da peste. De modo que a peste era uma coisa... rotineira seria um exagero, mas vamos dizer que fazia parte do cotidiano da época. E, ainda por muitos anos à frente, segundo as minhas leituras de pandemia.

Aliás, saindo um pouquinho de Shakespeare, uma recomendação espetacular: Daniel Defoe, *Um diário do ano da peste*. Esse livro é um diário da epidemia que varreu Londres em 1655. Defoe era criança quando ela aconteceu. Portanto, é uma obra de ficção, não um relato de primeira pessoa em diário, como ele faz. Mas ele ouviu de alguém a minúcia da coisa, a narrativa sobre o ambiente nas ruas de Londres, como destacavam pessoas para tomar conta da quarentena dos outros. Porque uma maneira de fazer *lockdown* nos séculos XV, XVI e XVII era a seguinte: as pessoas vão fazer guarda na sua porta. Se você sair de casa, o cara chama a polícia.

Além do problema de as pessoas caírem duras no meio da rua. O sujeito caía duro no meio do açougue, o que faz? Passa uma carrocinha, leva para uma vala comum, toca fogo. Além de todas as histórias que ele conta, há estatísticas de número de mortos extraordinárias feitas pelas paróquias — parecia a GloboNews dando os números. Achei extraordinário o fato de ser um relato em forma de diário, porque é algo muito próprio para o ambiente de quarentena. Todos nós, inclusive, precisamos contar os dias. O diário virá a ser, de certa forma, o formato de *A peste*, de Albert Camus, outro livraço imperdível para o momento de quarentena. Ele acabou roubando de Defoe o papel do grande livro sobre esse tipo de episódio, já que, ainda que possa se dizer que esteja fazendo uma alegoria do nazismo, da ocupação alemã da França, é um relato tão universal que serve para qualquer calamidade. Pode ser Covid, nazistas, Bolsonaro. Pode ser a que você escolher. Inclusive, cada um considera e enxerga como calamidade aquilo que bem entende. Então, o livro de Camus é espetacular.

MIGUEL O fechamento dos teatros, de que você falou, tinha muito a ver com a contagem das mortes. "Passou de trinta mortos por semana, fecha o teatro." Então ficava nesse abre e fecha.

GUSTAVO E aproveita o carreto. Os caras já não gostam de teatro porque o teatro cria problemas para os poderosos. Então, aproveita que tem uma encrenca, fecha e acabou.

JOSÉ ROBERTO É interessante a gente pensar que, apesar de ter vivido tantas situações de quarentena, Shakespeare não faz referências muito diretas a elas. O que há em muitas peças é a praga como uma coisa ruim. William chama a filha de "uma praga", em *Rei Lear*...

GUSTAVO Como xingamento, "a praga" é muito presente, mas não como personagem.

JOSÉ ROBERTO Na história de *Romeu e Julieta*, João, o amigo do frei Lourenço, não consegue sair de Verona, fica preso lá. Inclusive a desgraça total é que não só ele não consegue sair da cidade, mas não consegue sair de onde ele é preso. Portanto, ele não consegue avisar ao frei Lourenço que a mensagem não vai chegar no Romeu.

MIGUEL Quer dizer que, na verdade, em *Romeu e Julieta*, a praga é o grande personagem da história. É o que desencadeia os dois suicídios.

JOSÉ ROBERTO A praga traz esse problema: a comunicação. O vírus não permite que a carta chegue e conte a Romeu o plano todo.

MIGUEL Frei João foi preso ao buscar outro franciscano para ir a Mântua, os franciscanos tinham que andar em dupla...

JOSÉ ROBERTO E como ele não conseguiu a dupla dele, ficou encarcerado e a carta não chegou a Romeu. Romeu não ficou sabendo que tudo era um plano arquitetado por frei Lourenço, a pedido de Julieta...

Mas é interessante pensar por que Shakespeare nunca fez uma peça em que a praga, de fato, fosse explícita. Por que ele não se deu o trabalho de fazer isso? O que eu acho — claro, é um chute — é que ele sempre quis tratar dos grandes temas da humanidade. Os grandes sentimentos, a raiva, ciúme, inveja, uma paixão... E a peste é uma circunstância da vida, é uma coisa corriqueira, e me parece que ele não estava preocupado com coisas dessa ordem. A peste tiraria o foco da menina que não é compreendida pelo pai. Acho que a viagem shakespeariana nunca foi uma circunstância da vida, sempre foi um sentimento maior. Por isso, fala conosco.

Estamos vivendo agora a situação de uma quarentena, mas se Shakespeare tivesse feito uma peça a respeito, antes de vivermos o que estamos vivendo agora, não entenderíamos o que era isso. E conseguimos entendê-lo muito bem porque ele fala realmente de raiva, inveja, desses sentimentos tão próprios da humanidade.

MIGUEL E, a título de curiosidade... Nosso amigo Geraldinho Carneiro fez o seguinte levantamento: Shakespeare usa 116 vezes a palavra "plague" em toda a sua obra. Aliás, Geraldinho aproveitou a quarentena justamente para fazer uma nova tradução de *Romeu e Julieta*.

GUSTAVO Me ocorre aqui o seguinte: li hoje de manhã uma resenha que Tony Judt fez sobre *A peste*, de Camus. Ali tem uma expressão que achei muito feliz: "É um livro sobre a nossa humanidade imperfeita." As pessoas colocadas dentro de uma calamidade cometem os erros mais inacreditáveis na sua humanidade.

Nesse aspecto, minhas candidatas às peças mais pestilentas seriam, claro, *Macbeth*, que retrata a atmosfera envenenada daquele momento, mas também *Tróilo e Créssida*, que é uma peça deprimente, onde ninguém presta, e traz essa atmosfera de calamidade que faz fraquejar a humanidade de cada um de nós. Isso é a calamidade.

JOSÉ ROBERTO Lady Macbeth não vai pegar a peste porque ela lava as mãos o tempo todo, né? Ela vai ficar ali lavando as mãos, um exemplo de assepsia. E *Coriolano* é interessante porque Shakespeare tinha ali a opção de falar da peste. Faria todo o sentido, porque a peça começa com o povo muito insatisfeito. O que eu penso? Ele preferiu falar da fome, da colheita ruim.

GUSTAVO E uma fome causada por um congelamento de preço, Zé Roberto. Isso é precioso. Está faltando produto no mercado e ele quer pegar os especuladores. Olha que coisa interessante.

JOSÉ ROBERTO Ele preferiu falar disso e foi uma escolha acertada. Mas ele fala do bafo pestilento do povo... Essa é uma fase bem amarga de Shakespeare, tem essa espécie de mal social. Todas essas peças têm uma coisa para baixo. *Timon de Atenas* é outra.

Dizem que tanto *Macbeth* quanto *Rei Lear* foram escritas nessa epidemia de 1605, 1606, enquanto, segundo os biógrafos, ele ficou em Londres. Quem podia fugia de Londres, ia para o campo. Shakespeare poderia ter ido para Stratford, mas não foi. Ficou lá produzindo, de novo, sem falar em peste. Interessante...

MIGUEL Nesse grande surto de 1606, ele já era dono do Globe. Então, teve a oportunidade de passar por essa quarentena junto dos seus atores, trabalhando essas peças. No início de sua carreira, por volta de 1593, ele é um jovem ator ainda sem companhia, quando acaba recorrendo aos poemas. Busca nos poemas uma saída para sobreviver, numa outra época de teatros fechados. Mas, em 1606, ele já é um empresário, dono da companhia, autor, e tem toda aquela possibilidade de trabalhar com os seus companheiros dentro do próprio teatro.

JOSÉ ROBERTO Sabe qual a desgraça, Miguel? Naquela época, o ator não podia ser independente. Ator independente ia em cana e apanhava, inclusive. Então, é interessante como ele se aproxima de uma trupe e começa a fazer parte dela. No começo, ele era da companhia de teatro do lorde Chamberlain. O que vai acontecer é que, depois, quando surge o Globe, em 1599, ele compra uma cota da sociedade. Aí, de fato, ele passa a ser *businessman*. Ele se apresentava como *businessman*. O cartão de visita dele não dizia: "Eu sou dramaturgo", "Eu sou ator". Falava: "Eu sou um homem do show business."

Mas te dou toda a razão, isso é muito interessante, porque em 1599, quando ele passa a ser o dono do negócio, a visão dele era outra. Estar fechado não devia ser uma coisa boa. E também é interessante notar que, naquele momento, havia uma força puritana muito grande. Além do teatro, claro, ser um risco, porque podia falar mal do governo. E as peças, cada vez mais, falavam, criticavam... Os puritanos também eram contra o teatro.

MIGUEL Um paralelo com o que a gente está vivendo hoje. Também temos um governo conservador retrógrado que é contra as artes, contra a música, contra o teatro. E puritanos idem.

JOSÉ ROBERTO Eu fico esperançoso porque, logo depois dessa peste complicada de 1605, 1606, quando ele fez *Rei Lear*, *Macbeth* e *Antônio e Cleópatra*, Ben Jonson fez *Volpone*, que é a peça mais legal dele. Thomas Middleton, outro dramaturgo que trabalhou com Shakespeare, faz *The Revenger's Tragedy*, que também é sua melhor peça. Ou seja, depois desse momento de teatros fechados, os dramaturgos londrinos vieram com coisas extraordinárias, uma safra incrível. Foi uma coisa positiva desse momento de quarentena em Londres. *Rei Lear* e *Macbeth*, não preciso dizer mais nada... O que é muito esperançoso pra gente. Porque agora ninguém está fazendo filme, ninguém está fazendo teatro... Tomara que essa turma esteja em casa agora pensando, refletindo, criando coisas maravilhosas.

MIGUEL Passamos um pouco por isso na época da ditadura. Teve um florescimento muito grande de peças, músicas, cinema. Aí eu pergunto, Zé falou dessa coisa da luta contra o puritanismo. Havia, você acha, uma diferença entre a rainha Elizabeth I e o rei James I? Porque esses dois monarcas, que reinaram nessa época, eram, de certa forma, amantes do teatro. Acho até que *Rei Lear* estreou logo depois da coroação de James, não foi isso?

JOSÉ ROBERTO O rei James atrasou a chegada dele a Londres por causa da peste. Estava indo, baixou a peste, e ele teve que esperar fora de Londres. Na verdade, ele gostava muito mais de teatro do que Elizabeth. A gente fala "teatro elisabetano", mas, só para você ter uma ideia, a companhia de Shakespeare virou a companhia real e, durante todo o reinado de Elizabeth, ele foi apenas doze ou treze vezes se apresentar para ela. Já para James, foi quarenta, cinquenta vezes. Ia todo mês. Ele ganhou muito mais dinheiro com o rei James I.

GUSTAVO Não vou perder o gancho de observar uma coisa que me parece fundamental para o apogeu que foi essa época em matéria de teatro: o público. E, nesse particular, a peste foi trágica para o *business* e para a arte dessas pessoas. Londres era uma cidade de 250 mil habitantes, e o Globe sozinho tinha 3 mil lugares. Se você pensar proporcionalmente, encher o Globe toda noite ou quatro ou cinco vezes por semana era colocar uma proporção inacreditável da população total da cidade dentro de um teatro. É mais ou menos como encher o Maracanã com 200 mil pessoas toda noite, seis vezes por semana.

Então, veja a importância que tem o público e a bilheteria. A bilheteria para o *business*, e o público para o impacto e a criação artística dessas pessoas. Nunca tinha havido essa quantidade de público e, obviamente, de ressonância social no teatro. Antes do teatro, a diversão que havia na cidade era cachorro caçando urso e coisas desse tipo. A partir daí, é o renascimento de uma forma de arte espetacular. O público é tão importante para o empreendimento no seu todo que ultrapassa qualquer consideração. Pessoas estão em casa quarentenadas, isso pode favorecer ou não a criação artística, mas nada é melhor do que um público de 3 mil pessoas, cinco dias por semana, para fazer o artista trabalhar.

JOSÉ ROBERTO Nesse tema, Gustavo, é claro que estou de acordo com você, mas o interessante é o seguinte: o estudo antigo estabelecido na Inglaterra é um modelo muito cuidadoso de educação. Havia, pela Inglaterra inteira, escolas com excelentes professores, que sempre vinham das universidades de Oxford e Cambridge. Era um modelo de ensino regrado, uniforme, e os alunos estudavam seis dias por semana, de manhã até a noite. E não tinham férias. O índice de alfabetização da Inglaterra no período Tudor era extraordinário. Era incrível! Para você ter uma ideia, a maior parte da população londrina sabia ler e escrever em 1600.

A leitura tem essa grande vantagem: ela ensina a pensar. Então, essa capacidade de crítica fazia com que as pessoas quisessem, de fato, ir ao teatro. É isso que Gustavo está dizendo. E, para ficar mais extraordinário ainda, o Globe não era o único teatro em Londres. Havia uns seis ou sete teatros com apresentações de segunda a sábado. Só no domingo a turma ia para a Igreja e não podia ter teatro. Então, é um barato, é fascinante você pensar que era um povo que estava pensando, refletindo, discutindo. Faz parte também da dramaturgia. E Shakespeare não era o único dramaturgo. Ele era a grande sensação na companhia que virou a companhia do rei, mas há outros dramaturgos também interessantes dessa época.

MIGUEL Zé, você é um brilhante advogado e já escreveu dois livros inteiros sobre esse assunto, mas, resumidamente, quais são as grandes noções de direito, de julgamento, de advocacia na obra de Shakespeare?

JOSÉ ROBERTO Para resumir um pouco, um negócio interessante é que a história do julgamento era um recurso muito utilizado desde os gregos para manter a atenção do espectador. Quem vai ganhar, o argumento de um, o argumento do outro. Essa dialética, esse confronto era uma coisa que deixava as pessoas inebriadas. E era um recurso muito comum em Shakespeare. Dois terços das peças dele tinham o julgamento. Então é interessante. Um dos divertimentos que as pessoas tinham naquela época era assistir aos julgamentos públicos. Não tinha cinema, não tinha televisão, rádio. As pessoas iam ver os julgamentos.

GUSTAVO E sempre tinha enforcamento depois, né?

JOSÉ ROBERTO Enforcamento era um sucesso. Dia de enforcamento, acho que não tinha nem teatro. Ia todo mundo para o enforcamento. Mas, enfim, as pessoas tinham uma noção de direito. E os advogados iam às peças também. Então, Shakespeare falava muito sobre temas jurídicos também. Ele usava termos jurídicos. Mas acho que a principal vantagem, digamos assim, do leitor de Shakespeare que vá parar no mundo jurídico — na verdade serve para qualquer pessoa — é a capacidade de interpretar.

Shakespeare era muito inteligente e valorizava o espectador — e, depois, o leitor. Por isso, não o tutelava. Ele não ficava dando respostas, deixava que o outro fizesse a sua ideia, tivesse as suas respostas. É uma atividade exógena.

Machado de Assis, que era um grande fã de Shakespeare, faz uma homenagem no *Dom Casmurro* quando cria aquela situação em que você não sabe se a Capitu traiu ou não Bentinho. Nesse livro, inclusive, Bentinho vai ao teatro assistir *Otelo*, que trata do mesmo tema.

Em Shakespeare, as peças não dão as respostas. Elas deixam você decidir, o que é uma generosidade incrível dele. Então, a gente não sabe exatamente qual é a do Hamlet, a gente não sabe o que Hamlet foi estudar, a gente não sabe se a Gertrudes, a mãe de Hamlet, estava envolvida no esquema para matá-lo. Tem várias dúvidas aí que ficam sepultas. Isso é muito bacana quando você aprende a ler, a interpretar o texto e a formular suas próprias opiniões. E, claro, há sempre o poder da palavra. A palavra é muito poderosa, e Shakespeare é um monstro da palavra. No direito, é muito interessante tanto essa capacidade de reflexão, que é uma coisa que se elabora, que se desenvolve, quanto a força da palavra. São grandes lições que vamos colher na obra shakespeariana.

MIGUEL Gustavo, e na economia?

GUSTAVO Quanto tempo a gente tem? *(risos)* Podemos ficar falando o resto do dia da economia em Shakespeare... Mas eu gostaria de fazer uma conexão com o que Zé acabou de falar. Outro aspecto importante é a construção do idioma. E aqui cito alguns números para ilustrar o quanto isso foi rico naquele momento. Acho que o primeiro dicionário em língua inglesa que existe, que é de 1604, não tinha mais do que 2.500 verbetes. Sabemos hoje que ao menos 1.700 palavras foram inventadas por Shakespeare. Ele usou na sua obra algo como 20 mil palavras. Então, o que as pessoas estavam vendo de forma massificada no palco era a invenção da própria língua, do próprio idioma, da própria identidade. Aquilo, portanto, tinha uma ressonância muito maior.

O tamanho do público não era um acidente diante do que estava se passando em termos de revolução na dramaturgia e no Renascimento, na construção da identidade daquele povo. E aí, de novo, números de bilheteria. Cinquenta milhões de pessoas foram ao teatro de 1580 até 1642, o ano em que os teatros fecharam; 50 milhões de pessoas! Foram escritas 3 mil peças durante esse período, 80% das quais a gente só conhece pelo nome, porque os textos se perderam. Felizmente, as 38 shakespearianas estão aí. Mas é impressionante a quantidade de coisa boa que se perdeu.

MIGUEL E esses 38 textos sobreviveram por causa de um fólio publicado em 1624, sete anos depois da morte de Shakespeare, o que é muito impressionante.

GUSTAVO Não era comum essa coisa de fazer obras completas de um dramaturgo. Antes de Shakespeare, teve Ben Jonson, mas os amigos fizeram essa coletânea de Shakespeare depois da morte dele. Aliás, quando foi publicada, ela trouxe várias coisas que não existiam por escrito, que apareceram ali pela primeira vez. Por isso se diz que esses amigos que fizeram o fólio foram os maiores arqueólogos da dramaturgia e da literatura universal. Por terem desencavado essas coisas que a gente teria perdido.

JOSÉ ROBERTO E dizem que, quando o Globe pega fogo, muita coisa se perde. Esses manuscritos — porque era muita coisa manuscrita — estavam lá. E uma coisa interessante naquele momento é que não havia direito autoral, evidentemente. Inclusive, uma peça copiava da outra. Eles tinham muito medo de publicar as peças porque, quando publicavam, outro grupo podia fazer aquela peça e estava tudo certo, não pagavam nada. Então, você dava para o ator apenas o papel dele. A gente fala até hoje "papel" por causa disso. Porque não se dava para o ator toda a peça, mas só o papel que ele iria desempenhar, justamente para evitar essa pirataria.

É curioso porque essa publicação do fólio coincide com a morte da mulher do Shakespeare, Anne Hathaway. Fico imaginando se ela não enchia o saco dos caras e impedia a publicação...

MIGUEL Não é diferente da família de alguns dramaturgos contemporâneos, como a do Nelson Rodrigues, por exemplo, que faz de tudo para atrapalhar as remontagens...

JOSÉ ROBERTO "De jeito nenhum. Ninguém vai publicar nada do Bill enquanto eu estiver viva. Meu Bill." Enfim, você fica imaginando... O fato é que Shakespeare só é publicado por esses dois amigos sete anos depois da sua morte. Eram três: um, a quem ele dá os anéis no testamento dele, morre. Eram amigos mais próximos, sócios no grupo, no teatro, pessoas que o acompanharam por muito tempo. Ainda bem, né? Das 38 peças publicadas, apenas dezoito haviam sido publicadas antes. E depois, no segundo fólio, vem *Péricles*. É uma peça em torno da qual há uma discussão grande, se realmente é shakespeariana puro-sangue, mas é incrível que eles tenham conseguido fazer isso. E como Gustavo falou, só Ben Jonson tinha feito isso antes. Era raríssimo.

Outra coisa interessante é que a peça de teatro era considerada pela mais alta elite como algo menor. Quase uma coisa de cordel, que não tinha tanta importância. E a biblioteca londrina de Oxford não queria ter isso. E hoje, por ironia do destino, a coisa mais nobre naquela biblioteca são justamente as duas ou três cópias que eles têm do *first folio*. Eles recusaram aquilo ali, mas hoje eles têm esse fólio, o fólio shakespeariano.

MIGUEL Bom, já vi vocês dois em mais de uma ocasião compararem personagens shakespearianos a personagens da política atual. Queria propor que vocês atualizassem essa brincadeira aos novos habitantes de Brasília, porque a última vez que vi isso acontecer foi logo antes da eleição. Que fantasmas estão ali no Palácio do Planalto neste momento?

GUSTAVO Mesmo antes da eleição, tínhamos o desafio de enquadrar um personagem como o Lula nos personagens shakespearianos. E aí, você pode ter duas escolas de pensamento. Vou usar esse exemplo para ilustrar a dificuldade de tratar Bolsonaro. No caso de Lula, você tinha uma escola de pensamento que era um Falstaff. Um personagem legal, que gosta de um goró, que era o preferido do público. De muitas maneiras, ele era talvez o personagem mais popular do cânone.

Mas eu me lembro de ouvir um comentário da própria Barbara Heliodora a respeito dessa comparação: "Falstaff nunca seria rei. Ele é de outra extração. É totalmente contrário à ordem natural das coisas daquele tempo." Então, já se perde um pouco uma mágica que veio séculos depois, com a democracia, de fazer uma pessoa do povo chegar onde Lula chegou. Então, Lula seria um cruzamento de Falstaff com Lear. Quem incorporou Lear, carimbou Lear no Lula, foi a própria Marina Silva, quando ela escreveu um artigo em que se colocava como Cordélia, a filha rejeitada...

MIGUEL Que é inclusive a única boa filha das três de Lear.

GUSTAVO Pois é! E atirando para Dilma e para Marta Suplicy as personagens Regan e Goneril, as filhas más. Com isso, ela enquadrou Lula como aquele que escolheu a filha errada, como um monarca meio amalucado e tal.

Lula é um exemplo interessante de como você combina os tipos ideais, Lear e Falstaff, para chegar ao personagem dos dias de hoje.

Agora, no caminho inverso, você pode pensar assim: "Quem em Brasília tem cara de Ricardo III?" Acho que dá pra fazer uma fila de gente assim, capaz de tudo por dinheiro, tudo pelo poder. Aquele tipo de gente que, se tiver cinco cadáveres entre a pessoa e a coroa, não tem nenhum problema! Conheci vários em Brasília, esse é fácil. Agora, difícil é Lula, assim como acho difícil Bolsonaro. Antes de passar para Zé, quero lembrar que já na eleição, quando a gente se deparou com esse personagem, ele era uma espécie de combinação entre Coriolano e Petruchio. Petruchio, por hostilizar mulheres, Coriolano porque tem um lado militar, uma coisa do começo do Império Romano, de um Estado militarizado, onde ele é um militar que aspirava ao poder e que tinha uma treta com os tribunos do povo, que eram o equivalente ao sindicalista, nesse ambiente político do Império Romano na fase inicial.

JOSÉ ROBERTO E a peça que, pra mim, é a mais brasileira de todas: *Medida por Medida*.

MIGUEL Devassidão, corrupção moral, falsos puritanos em uma abrasileirada Viena...

JOSÉ ROBERTO Sim. É uma crítica muito forte que Shakespeare faz ao puritanismo. O duque, que obviamente tem o poder por hereditariedade, já não consegue imprimir regras, não tem moral para isso, e, como bom político, sabe que não é popular colocar regras. Então, ele elege Ângelo, que, supostamente, é a pessoa mais correta do mundo. Só que esse Ângelo, que se arvora como sendo um cara corretíssimo, na primeira oportunidade que surge de fazer uma coisa errada e distorcer a lei a seu proveito, ele faz. Uma quase freira vai lá pedir ajuda para o irmão. Ele diz: "Eu ajudo desde que você vá para a cama comigo." Ele supostamente vai para a cama com ela. Só que não é ela, porque ela aplica o truque da cama. Ela manda para a cama outra pessoa em seu lugar. Mas ele não cumpre a própria palavra. Ou seja, é o puritano falso. Quer dizer, o cara tem um discurso, mas, na prática, tem uma conduta muito diferente. É a história do que é o poder. A corrupção que o poder proporciona. Essa é uma figura comum entre muitos políticos hoje e historicamente. E esse discurso muito puritano... Porque é óbvio que todo mundo deseja que um político seja correto, que o cara que trata da coisa pública seja correto, mas... quando começa a falar muito sobre correção, algo que devia ser uma coisa banal... a conversa fica um pouco estranha. E, normalmente, quando você vai lá analisar a vida da pessoa, vê que não é bem assim. Então, esse também é um personagem interessante. Mas acho que Gustavo falou bem. Tem Petruchio, que é essa coisa meio da graça de ser tosco, da graça de falar uma barbaridade e achar que é engraçado e ficar por isso mesmo. E Coriolano, que tem esse aspecto militar.

Mas me parece que todos nós, na verdade — e aí falando com muita franqueza —, temos elementos desses vários personagens de Shakespeare. Isso que é extraordinário. São temas da humanidade que podemos encontrar um pouco em cada um de nós, de uma forma ou de outra.

E falei da peça mais brasileira e do personagem mais brasileiro, que é Falstaff. Ele tem todos os ingredientes do brasileiro. Essa fanfarronice, essa forma leve de ver a vida. Falstaff arruma um emprego público: vai atrás das pessoas para convocar para a guerra. E logo descobre que consegue fazer um esquema meio corrupto com que as pessoas paguem para outras irem para a guerra em seu lugar. Quer dizer, arruma um emprego público e logo arruma um golpe para levar um a mais. Ele vai para a guerra e não sofre nada. Mas diz que lutou e ganha uma aposentadoria por isso. Quer dizer, é muito brasileiro esse cara. Ganha um dinheirinho e não tem nada. Essa coisa: "Vou me dar bem. Sou amigo do cara. Vou me aproximar do juiz. Vou me aproximar do rei, porque aí ele vai ser meu amigo." Esse é um personagem muito comum pra gente. Eu encontro com esse cara o tempo todo.

MIGUEL Vocês não acham que Bolsonaro pode ser um rei Lear, pai de 01, 02, 03? Se bem que Cordélia é boazinha. Aí atrapalha toda a comparação...

GUSTAVO Na verdade, é o seguinte: a comparação de Coriolano com Bolsonaro ou de Bolsonaro com Coriolano é um elogio a Bolsonaro. Se você pegar qualquer político lá da Esplanada e associar a ele um personagem shakespeariano, está dando uma promoção, um troféu ao camarada. Então, alto lá!

De certa maneira, é como se esses personagens shakespearianos fossem essências que você mistura para fazer um perfume diferente. Às vezes, as misturas não dão muito certo. É claro, estamos recriando dramas e tragédias o tempo inteiro. Daqui a alguns anos, espero ver peças sobre 01, 02, 03...

JOSÉ ROBERTO A história de Coriolano, inclusive, é de uma pessoa que não tem nenhum jogo de cintura. O Coriolano é um mau político nesse ponto. Ele não consegue ceder. Ele tem essa dificuldade. Nesse lado da concessão, ele realmente é um cara corretíssimo. É o *outsider* político.

GUSTAVO E a briga que ele tem com os tribunos do povo cabe bem no personagem do Bolsonaro, mas não vai muito além disso. É só uma impressão geral. O personagem é uma pessoa muito mais digna do que o nosso presidente.

MIGUEL Vamos avançar quatro séculos e passar dos efeitos da peste bubônica para os efeitos da Covid-19. Zé Roberto publicou recentemente o livro *O mundo pós-pandemia*, no qual nós três escrevemos artigos entre muitos outros brilhantes articulistas. Então eu queria propor uma pergunta para cada um de vocês sobre algum aspecto dos respectivos artigos. Vou começar com Gustavo.
Como bom liberal, você citou Keynes ao se referir à fórmula usada para financiar a Segunda Guerra e o pós-guerra: a administração de "algumas drogas pesadas com efeitos colaterais diversos possivelmente maiores do que o problema que procuravam resolver".

Ao mesmo tempo, você critica, brilhantemente, a morte da expertise, que é um dos efeitos dessa crise. Na verdade, até de um pouco antes. Um efeito da disseminação da internet, que faz nascer hordas de especialistas em medicina, economia etc. E metade dessas pessoas prontas para decretar o "colapso do neoliberalismo e do capitalismo financeirizado e/ou o fracasso do socialismo ou da social-democracia".

Aí eu pergunto: vai emergir dessa pandemia um novo capitalismo? Mais comprometido com as questões social e ambiental? O auxílio emergencial — ou renda mínima pelo Suplicy, ou imposto de renda negativo pelo Friedman — tem espaço nessa agenda liberal? Seria essa uma "droga pesada de aplicação temporária" ou ela deve ser incorporada como um programa social permanente?

GUSTAVO Miguel, é o seguinte: essa live vai virar uma série de setenta capítulos, oito temporadas, certo? Não sei responder isso no tão pouco tempo que nos resta *(risos)*. Não sei mesmo. O que sei é que tem uma coisa chamada viés de confirmação. É o seguinte: aconteceu uma coisa que ninguém entende, que sacudiu tudo, poeira por todo lado. E aí, todos os seus amigos viram para você: "Eu falei! Viu como eu tinha razão! O capitalismo não vale nada! Nem a social-democracia..." As teorias são essas aí que a gente vê. Então, conclusão número 1: a Covid não resolveu nem vai resolver a guerra cultural. Nesse aspecto, a gente continua onde sempre esteve. Um sinal de otimismo que acho interessante, a propósito disso que você falou de expertise e tudo mais, é que a Covid revelou um pouco sobre ciência, conhecimento especializado, profissionalismo e ensinou as pessoas a fazerem conta. O *Jornal Nacional* ensinou para as pessoas o que é uma média móvel, que não é um conceito óbvio, mas hoje todo mundo entende o porquê e como, a volatilidade, essas coisas. Então, sob o ângulo de divulgar a medicina, outras artes especializadas, como a própria economia, é bom. A minha arte, em particular, é muito invadida pelo amadorismo, pelas pessoas que acham que entendem tudo de economia e desafiam o saber especializado dizendo: "Não é assim, não. Vou fazer do meu jeito. Vou tomar minha cloroquina aqui."

Então, a cloroquina virou um exemplo meio patético de charlatanismo ou de efeito placebo. Se você tentar explicar o que é o efeito placebo para as pessoas, é difícil. Mas o Bolsonaro explicou. Ou seja, você tem a Covid e faz a dança da chuva. Se, uma semana depois, você está bem, significa que a dança da chuva funciona para curar a Covid. O efeito placebo é mais ou menos isso. Então, ele fez uma malandragem falstaffiana com essa história da cloroquina. E todo mundo entendeu a malandragem. A gente ficou mais esperto com isso tudo. E acho que, graças a isso, a gente vai acreditar mais na ciência.

Agora, falando da questão ambiental, da popularidade inesperada desses temas ESG — que é o acrônimo em inglês para Meio Ambiente, Social e Governança. Por que isso, de repente, se tornou importante? A despeito de Bolsonaro ou Trump, foi porque já havia antes um movimento meio globalizante de adoção de melhores práticas. Isso era muito perceptível na minha profissão para coisas como, por exemplo, finanças públicas.

Um país que faz tudo direito, tem as contas arrumadas, ganha um grau de investimento. É uma classificação de risco soberana melhor que as outras, como se fosse uma espécie de certificação de qualidade. Esse é um país que se apresenta para os mercados internacionais, que levanta dinheiro mais barato, onde as pessoas gostam mais de investir. Então, o grau de investimento virou uma coisa bacana, que foi descoberto por Lula. Durante muito tempo, o petismo rejeitou esse negócio de austeridade, equilíbrio fiscal. Isso é coisa de neoliberal. Até o momento em que veio o grau de investimento concedido ao Brasil, e aí todos se converteram a essa religião.

Agora, as melhores práticas mundiais estão vindo a nós novamente como uma exigência: exigência do bom senso na forma de adoção de princípios ambientais, sociais e de governança que toda nação civilizada deve adotar. É uma imposição estrangeira? É. Mas é o seguinte: ai de nós se não cedermos a esse tipo de imposição — da democracia, do meio ambiente e do social. Que história é essa? A gente devia buscar essas práticas por iniciativa própria. Mas elas estão nos chegando através de uma imposição externa. E aí, o que vamos fazer? Vamos adotar as piores práticas para sermos independentes? Desculpa, não.

Então, aprendemos outra lição com essa pandemia, e acho que é uma dessas que pode nos fazer melhor, sem esquecer que isso tudo foi uma desgraça e que, daí, não se pode tirar um saldo bom.

MIGUEL E a renda mínima? Cabe no discurso liberal, por exemplo, do Partido Novo?

GUSTAVO Sim. Acho que as pessoas cometem um erro ao achar que porque você acredita no funcionamento dos mercados, é contra a renda mínima e contra a vacina. Agora veio essa besteirada aí: se você acredita em liberdade, não deve ser obrigado a tomar vacina. Desculpa, não. Isso não tem nada a ver com neoliberalismo. É besteira mesmo! Quanto ao problema da renda mínima, eu estava fazendo uma conta outro dia: você tem 600 mil funcionários públicos federais que custam, mais ou menos, de acordo com o orçamento de 2021, 337 bilhões de reais. Faz a conta *per capita* por mês, dá 40 mil reais. É o que custa por mês. Se você inclui os inativos, que melhoram essa conta, enfim, se fizer a conta um pouco mais certinha, dá de 15 a 20 mil *per capita*. E estamos achando complicado fazer um auxílio de seiscentos reais por cabeça para 60 milhões de pessoas... Então, se vamos discutir renda mínima universal, começamos pela reforma administrativa. Antes de falar em reforma administrativa não dá para conversar sobre esse assunto a sério.

MIGUEL Muito bom, Gustavo. E Zé, no seu artigo, você afirma que em países desiguais, como o Brasil, a pandemia vai catalisar uma correção de rumo em direção a um direito com um viés mais humanista. Nas suas palavras: "O direito deixa de ser apenas uma forma de solucionar conflitos e indicar comportamentos e passa a ter aspirações de atuar como instrumento transformador. São novos desafios." Como esses desafios vão contaminar esse direito no amparo à vida, à solidariedade e ao cuidado com o próximo?

JOSÉ ROBERTO Bom, Miguel, acho que essa história da pandemia, no meu business, em advocacia de uma forma geral — e isso vale para muitos outros ramos —, acabou antecipando uma virada tecnológica. Isso é um primeiro aspecto que tem uma série de implicações. Mas o fato é que o direito foi deixando de virar papel e passando a virar digital e também, aos poucos, de ser algo presencial para ser cada vez mais à distância. Isso tem uma série de vantagens. Em relação à educação do direito, mais pessoas compareçam à faculdade, e, de forma geral, vai haver uma evolução. Vai democratizar, tornar o direito mais barato. Por exemplo, você tinha que mandar um advogado para Brasília, e hoje consegue fazer tudo pelo computador. Esse é um primeiro aspecto. E até mesmo fazendo com que a coisa seja mais rápida, o que também é um grande problema da Justiça brasileira. Então, isso é muito positivo.

Há essa alteração, digamos, formal, e tem a questão material. A questão material passa — eu acho que é até mais a isso que você estava se referindo — por uma ideia menos litigiosa do advogado. No Brasil, a gente é tomado por um consenso de que o advogado é o cara que briga por você. Mas essa não é, necessariamente, a melhor forma de se encarar o advogado. O advogado precisa ser um cara que vai ter um conhecimento jurídico e que vai poder orientar você até mesmo a não brigar, mas a resolver o seu problema. Essa não é muito a cabeça do advogado no Brasil, até pela forma como a gente estuda advocacia, a forma da praxe — o advogado é o cara que você procura quando tem um problema, e ele vai entrar com uma ação para você. O próprio Estado é um grande incentivador disso.

O Estado dificulta a conversa... o Estado público tem medo. Entra com ação. No Brasil, a gente tem uma Justiça inteira só dedicada a brigar com o Estado.

Então, acho que o que a gente passou por conta da pandemia fez com que — vejo isso na minha vida prática — as pessoas começassem a olhar para o lado: "Pô, esse cara também se ferrou agora." Porque essa pandemia foi muito ruim para o comércio, para a indústria. E isso cria uma solidariedade, um conceito de empatia muito bacana que a gente tem que regar, porque aí o cara diz: "Talvez o lado de lá não seja esse vagabundo todo, também está com problema. Vamos tentar conversar." E o papel do advogado deve ser esse: o de tentar um diálogo, de negociar e chegar a uma solução que não necessariamente seja litigiosa. Na hora em que o Brasil perceber isso, vai ser um grande ganho. Até porque o que acontece hoje é que todo mundo litiga. O número de processos no Brasil é uma coisa assustadora. O número de advogados no Brasil é uma coisa assustadora também. É gigantesco. Na hora em que você der ao Judiciário apenas as brigas — ou as arbitrariedades — que realmente deveriam estar lá, vai melhorar muito a vida de todo mundo. Os juízes vão conseguir dar mais atenção aos casos. Mas isso é uma coisa que diz respeito à conscientização de toda a população, começando pelos advogados, começando pelos causídicos.

MIGUEL Muito bom, gente! Que maravilha de papo! Muito obrigado a vocês dois. Zé está me devendo um jantar da Bel. Podemos combinar nós quatro, mais Gustavo e Cristiana.

JOSÉ ROBERTO E sem aglomeração!

GUSTAVO Beleza!

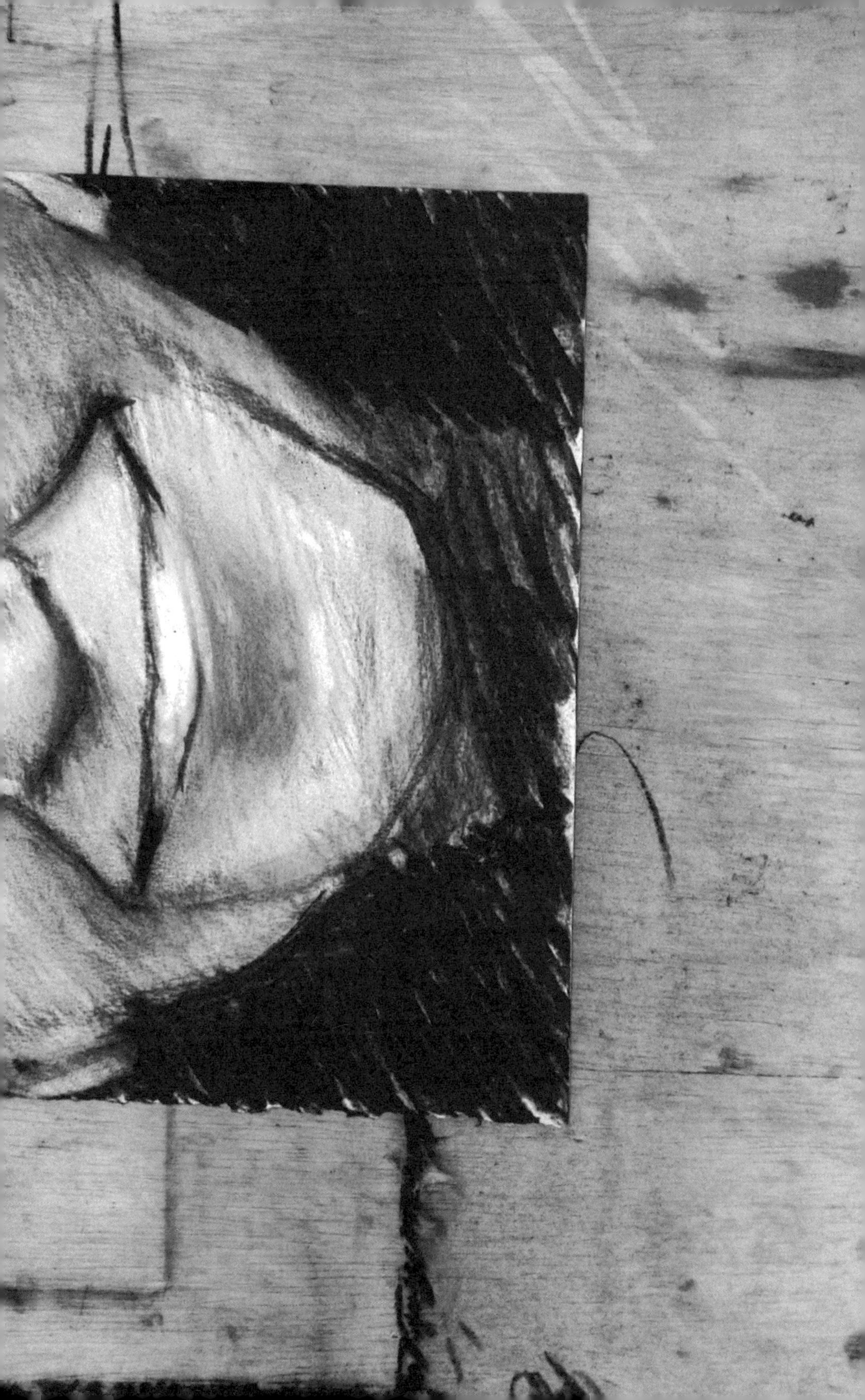

8 DE SETEMBRO

NELSON MOTTA
DE CU PARA A LUA, UM RAPAZ DE SORTE

Um bate-papo com Nelsinho é sempre uma delícia e flana sobre os mais variados temas, fugindo e voltando ao assunto nominal, num indo e vindo infinito... Assim que soube, por telefone, que ele estava aproveitando a pandemia para terminar um livro autobiográfico, atualizando, de certa forma, o seu encantador *Noites tropicais*, imediatamente marquei esta live. Afinal, Nelson Motta é uma espécie de Forrest Gump da música brasileira, foi protagonista ou testemunha dos seus maiores momentos. A impressão que tenho é de que ele esteve ao lado de Donga, quando este se apoderou das estrofes de "Pelo telefone" nos saraus da casa de Tia Ciata há mais de um século; ou que desfilou com Chiquinha Gonzaga no Rosa de Ouro, quando esta apresentou a sua "Ó abre alas" no carnaval de 1899... Sua vida, definitivamente, não cabe nos seus 75 anos... Nelsinho é um expert na arte da boa conversa, contando casos, fofocas, revirando a memória e fazendo grandes revelações. Abra suas asas, entre nessa festa...

MIGUEL Nelsinho, não te vejo há tanto tempo, amigo! E você agora, um jovem bisavô aos 75, continua gato! O que você está fazendo, além do boxe, para manter a forma?

NELSON Olha, isso tudo ajuda, não é? Ter um bisneto, inclusive, foi uma renovação para a vida da família toda. Nessa quarentena eu acabei me beneficiando, porque eu estava devendo um livro, estava bastante atrasado. E aí na quarentena escrevi o livro todo, a autobiografia que estava ali empacada.

Primeiro foi essa maneira superprodutiva de matar o tempo. Eu não tive tédio nem um minuto nessa quarentena toda. O meu neto mora comigo, tenho uma cozinheira maravilhosa, isso me deu um ninho de proteção. Joana vem me visitar de vez em quando, toda mascarada. O problema são as minhas filhas que moram em Lisboa, e a Drica, minha mulher, que mora em Brasília...

Agora, o boxe é interessante. Nunca fiz exercício físico, nunca entrei em uma academia, nem para buscar alguém. Sempre gostei de caminhar na praia de manhã, aquele calçadão de Ipanema, aquilo parece um filme, está mudando o tempo todo, você encontra amigos, é uma atividade atlético-social. E depois, já há uns três anos, eu tive um seríssimo problema na medula, tive que fazer duas cirurgias, você se lembra dessa época, e começar a andar de novo. Aprender no andador, em volta da mesa da sala, fisioterapia três vezes por dia, e, graças a Deus e à minha vontade também, eu me recuperei totalmente.

Foi penoso, mas tive que continuar fazendo fisioterapia, e aí um dia o fisioterapeuta veio com as luvas de boxe, com as manoplas, ele tem experiência nisso, e eu falei: "Será?". Cara, aquela luva e jab direto, cruzado, upper, upper. Os movimentos do braço, e tudo, são maravilhosos para a minha coluna, aqui embaixo, que foi a parte que deu defeito geral, fiquei paraplégico por três meses. Descobri que é uma coisa ótima para descarregar. Cada porrada...

MIGUEL E ainda vai pensando em um, vai pensando em outro. Tem muita gente merecendo levar porrada aí, né?

NELSON E aí eu bato neles todo dia. Alivio a minha raiva. Porque essa raiva é animal, é uma coisa que a gente sente... Então a descarga é animal também. Em vez de ir para a internet e ficar ofendendo e xingando pessoas, eu as espanco no boxe.

MIGUEL Muito bom, que maravilha.

NELSON Estou adorando, adorando mesmo, estou botando músculo e tudo... É uma diversão, não é esforço nenhum!

MIGUEL E olha só, você falou da autobiografia que escreveu nessa quarentena, cujo título é *De cu para a lua: dramas, comédias e mistérios de um rapaz de sorte*. É um título excelente, mas eu tenho que discordar um pouquinho, não foi só o cu que estava virado para a lua, teve muito suor e talento aí nessa sua história, não?

NELSON Sim, teve! Esse título me veio à cabeça antes mesmo de escrever o livro. Sempre o título acaba sendo um problema no final, esse veio ali, como o motivo do livro. Era o que eu estava querendo. Porque já há um bom tempo estou fascinado pelo mistério da sorte, uma coisa que não tem explicação científica. Nenhuma formulação, não existe isso. Comecei a me interessar pela sorte quando estava estudando para um romance meu, uma das histórias do *Força estranha*, sobre um cara que recebe um santo sem querer. Um cara que está em uma dor de corno monumental, vai para um terreiro e recebe um santo. A ideia era engraçada, mas o que é que se sente? Aí comecei a pesquisar, falei com mães de santo, com filhas de santo, li tudo o que eu achei e a conclusão final é que ele não se lembra de nada, o que é uma característica.

E a verdade é que não há nenhuma explicação científica para o transe místico. O que eu vi no terreiro do Gantois é igualzinho ao que eu via no domingo na igreja Mount Moriah, no Harlem. Só que lá o pastor faz o sermão gritando, o órgão tocando aquele coro, de repente umas tiazinhas das primeiras filas recebem um santo. Realmente dançando e tal, tem umas enfermeiras vestidas de branco, enfermeiras mesmo, que estão ali para cuidar, igual tem no terreiro. E ao reverendo, que é um homem extraordinário, muito meu amigo, eu tive que perguntar: "Reverendo, eu já vi isso e tal, mas lá eles recebem a entidade, aqui essas pessoas recebem o quê?" "O Espírito Santo, meu filho." Só que o Espírito Santo dançava igualzinho a Oxóssi, Xangô, Omulu.

Eu sou devoto do Gantois. A primeira vez eu fui levado pelo Gil e a Sandra, em 1973, quando o Gil voltou do exílio. E era Mãe Menininha, peguei na mão de Mãe Menininha do Gantois, muitas e muitas vezes... Existem milhões e milhões de brasileiros, mas ter essa possibilidade de praticamente conviver com uma entidade é ou não é uma sorte? A sabedoria, a serenidade... nunca fui pedir nada à Mãe Menininha, sempre fui agradecer. Como eu faço para agradecer isso, minha mãe?

MIGUEL Eu conheci o Gantois também apresentado por Gil, Flora e Regina Casé. Fomos receber as bênçãos de Mãe Carmem, filha de Mãe Menininha. Era dia de Oxum, uma festa linda!

NELSON Voltando ao livro... a sorte não é justa, não respeita mérito, não tem nenhuma conexão lógica. E aí eu comecei a estudar mais a sorte, e mesmo a falsa sorte, que parece que é uma sorte, mas depois você descobre que era uma cilada. Ou ao contrário também, muitas vezes parece que é uma falta de sorte — eu e o Paulo Coelho não falamos aquela palavra de quatro letras —, então a falta de sorte se revela uma bonança depois. É uma sorte, tinha que acontecer aquela coisa ruim para vir uma coisa boa nova. E usei para isso a minha própria vida como exemplo. A minha grande sorte, que eu reconheço, e as minhas várias faltas de sorte. Minha vida teve vários fracassos, várias derrotas, merecidas ou não, mas teve. Eu não tenho o menor problema, foi aí que eu aprendi. Porque no sucesso ninguém aprende nada.

Sucesso é bom para o ego, é maravilhoso, mas não te ensina nada, te ensina só a ficar ali se achando todo. É o caminho do buraco. Então, eu sempre valorizei o fracasso e tentei aprender com ele. Muitas vezes, qual o melhor jeito de mostrar isso? É através da história de um rapaz de sorte, mas tem o subtítulo ali, tem altos dramas, bom, não vou dar spoiler dos dramas que eu vivi. Nem das comédias, que são também muitas e muitas. Esse é o meu estilo, eu amo o humor.

MIGUEL E é através dessa sua risada rouca que a gente mais te conhece!

NELSON É. E eu gosto disso, de poder debochar de mim mesmo e rir do meu próprio ridículo, é maravilhoso. Eu vou a qualquer extremo para rir. Se for uma piada me sacaneando, se for boa, vou rir. O riso também é uma grande arma contra o ódio, porque ele desarma as pessoas, relaxa, aumenta a crítica, a autocrítica e suaviza a forma de expressão.

Então, essa história do rapaz de sorte teve dramas, comédias e os mistérios, que são: por que esse filho da puta tem tanta sorte e eu não? O que isso quer dizer? Claro, tem gente que tem mais sorte ainda do que eu. Aí trabalhei nisso e cheguei em uma espécie de ética da sorte e o valor da sorte. Como não podemos aferir por que tivemos determinada sorte... o que interessa é o uso que fazemos dela.

Essa seria uma espécie de ética da sorte baseada em um ensinamento, em um dos muitos ensinamentos do meu pai. Que você conheceu, seu pai conheceu. Ele era uma figuraça e uma das mais sábias pessoas que eu conheci na vida. Meu pai dizia assim: "Quem recebeu mais tem que dar mais". E ponto final, sem discussão. Era a regra dele na nossa família. Porque ele era de uma generosidade incrível, recebeu muito da vida, foi um homem de sorte também, com a mulher, a família, o triunfo profissional, pessoas que adoravam ele, formou gerações de advogados.

Vejo os acontecimentos da minha vida sob essa ética da sorte. O que eu fiz com isso? Esse interesse pela sorte, na verdade, foi anterior à ideia de fazer uma autobiografia. Acho que isso deu um caráter completamente diferente à obra, ela não é uma simples autobiografia, ela envolve essas coisas, e o leitor vai vendo desde o início tudo isso narrado...

Só que resolvi narrar na terceira pessoa. Porque eu queria contar essa história do rapaz de sorte, mas me distanciar do personagem, não me senti à vontade de fazer na primeira pessoa. Eu fiz o *Noites tropicais* na primeira pessoa, não há nenhum problema. Mas achei mais interessante contar a história da sorte desse personagem de uma distância, com um olhar crítico que me permitiu debochar dele, elogiá-lo, de um jeito muito mais distanciado e divertido. Então, essa é a história de Nelsinho, rapaz que nasceu "com o cu para a lua", como disse o meu tio Vito quando eu nasci.

MIGUEL Você disse que conheceu o Gantois em 1973, e tem uma história engraçada, que é a seguinte: em 1966, quando você escreveu "Saveiros" com Dori Caymmi, você nunca tinha ido à Bahia! E, no entanto, é uma típica música baiana, é uma música bem caymmiana.

NELSON Conhecia uma Bahia fantasiosa, a Bahia de Dorival Caymmi e dos romances de Jorge Amado, que era meu ídolo. Tudo ali, aquela beleza, aquela sensualidade, aquela exuberância, eu aqui no Rio de Janeiro, distante, não conhecia. Mas eu adorava as histórias que me contavam, que cantavam, Glauber e meus amigos baianos. E eu tinha aquela Bahia idealizada na cabeça.

Eu não tenho certeza se Dori falou isso, mas, quando me mostrou a melodia, é possível que tenha me falado: "aí Nelsinho, olha os *Saveiros*", ou alguma coisa assim. Porque eu não devo ter partido do nada. Então construí uma letra profissional sobre os saveiros indo para o mar e o terror de os barcos não voltarem. E os barcos voltando triunfantes no fim do dia, cada vela que aparecia tendo vencido o mar. Era uma coisa bem de época também, porque àquela altura, 1966, a MPB tinha que ser sobre favelados, retirantes, pescadores. Não existia na época a expressão "excluídos". Então tinha que ser sobre isso, sobre injustiça social.

MIGUEL E você fez para o Festival da Canção, não é?

NELSON Isso! Para o Festival da Canção, para ser defendida pela Nana Caymmi. E foi também a primeira, e espero que única, vaia que tomei na vida e, porra, a primeira vaia nunca se esquece. Quando estava ali na coxia, todo mundo nervoso esperando o resultado, o Dori veio e falou: "Baiano, nós ganhamos, nós ganhamos". Pegou a minha mão e entramos no palco, aquela ovação — metade vaiava, mas metade aplaudia. Porém, quando você está sendo vaiado, só ouve a vaia. Então, foi um choque aquilo, e nós ali, olhando, é inesquecível. A imagem de que eu me lembro: eu olhei para baixo, o palco era muito alto, e nós na beirada do palco, ali estavam meu pai e minha mãe aplaudindo, noite inesquecível. Eu tinha

21 anos, olha que maravilha! Nós éramos uns irresponsáveis. Já conversei sobre isso com colegas de geração, com o Caetano, várias vezes!
MIGUEL Mas foi a geração mais produtiva da história!
NELSON Com vinte anos, a gente falava de coisas que nem sabíamos direito o que eram. Não dava para entender, era pura intuição. Porque a precocidade é um assunto também a se estudar. E nessa minha geração teve gente de precocidade absurda, gente que tinha 21 ou 22 anos e com muita maturidade.
MIGUEL É uma coisa mediúnica, o jeito como o Chico escreve com a alma feminina. Não tem como ele sentir, não tem como ele pensar aquilo.
NELSON Isso. Deve receber um Oxum e uma Iansã, rainha dos raios, de vez em quando.
MIGUEL Então, desses anos 1960 para cá, você presenciou muitos momentos importantes da história política e cultural do país e do mundo também. Se eu te pedir para destacar um ou dois momentos que você considera inesquecíveis na sua história, em relação a esses fatos, quais seriam?
NELSON O que vem à minha memória agora: a vaia ao Caetano no festival de 1968, ele enfrentando os estudantes que se achavam de esquerda, mas eram uns reacionários, na verdade. E ele diz: "Se vocês forem em política como vocês são em estética, nós estamos feitos". O Caetano com a sua sabedoria de 26, 27 anos, com a coragem dele, coragem leonina. Essa é uma das grandes lembranças. Outra grande lembrança emocionante, eu tenho a foto na minha sala, é a passeata dos 100 mil. De ter estado lá naquele junho de 1968.
MIGUEL Imortalizada na foto clássica do Evandro Teixeira.
NELSON É, esse foi outro grande momento. Outro momento fabuloso, de magia, de privilégio, foi assistir à Copa de 1970, no México. Eu vi o Pelé jogar em estádios dezenas, talvez centenas de vezes. Só quem tem 75 anos, pelo menos, pode ter desfrutado disso como eu desfrutei. Aquilo foi uma emoção extraordinária e se mostrou forte, porque entrou para a História, entrou para o imaginário das pessoas. Mas eu vou dizer outra coisa, uma das coisas mais importantes, que está nesse nível de Copa do Mundo e ver o Pelé jogar: acho que pouca gente assistiu a tantos shows de João Gilberto como eu.
MIGUEL Os que ele fez e os que ele não fez.

NELSON Inclusive um dos que ele não fez! Eu morava em Roma na época, ele chegou na véspera atrasado, resfriado e não fez o show. O produtor italiano queria matá-lo, disse que ia chamar os *carabinieri*. Falou com o embaixador e tudo, e o João foi embora para fazer o próximo show, acho que em Nice. E ele disse: "Eu vou voltar para fazer o show".

E o João foi embora... O italiano disse: "Esse filho da puta vai fugir...", e foi atrás do João em Nice, foi lá para matar o João, não é? Pois bem... Ele assistiu ao show, depois abraçou o João, viraram amigos e voltaram para Roma amigos de infância. O João fez, então, um show monumental em Roma. Eu assisti a vários outros, o que ele faltou no Municipal e tudo. "Nelson, por favor, faça isso por mim, eu não estou bem". Ele me enrolou para que eu fizesse uma entrevista exclusiva, que saiu no *Globo* e na *Folha*, com todas as justificativas e desculpas. Mas tinha quatro frases dele e era meia página a entrevista. Eu botei tudo lá, foi quase uma defesa jurídica!

Isso tudo é um privilégio de se ter assistido, porque o João fez muito pouco show, comparado a artistas da geração dele. De quanto em quanto tempo o João fazia shows nos últimos trinta anos? Às vezes fazia dois, três, em um ano. Passava ano em que ele fazia um. Era assim a vida dele. Eu dei sorte, porque, em uma época em que ele estava em boa atividade, fim dos anos 1980 e início dos 1990, eu morava em Roma e ele fez vários shows pela Europa.

MIGUEL Nelsinho, vamos falar então do tempo em que você morava em Nova York. Outro dia o Diogo, meu filho, estava lendo amarradão um livro da Taschen sobre a parceria do Andy Warhol com o Basquiat, e ele também adora o *Manhattan Connection*, que a gente assiste todo domingo. Eu chamei o moleque e disse o seguinte: "Vem aqui que eu quero te apresentar um cara, o Paulo Francis, e quero que você veja o que ele falava do Warhol e do Basquiat, que era muito engraçado". Enfim, eu me lembrava disso, pesquisei uns vídeos e botei ele para assistir. Aí eu te pergunto o seguinte: se o Francis não tivesse morrido de desgosto com aquele processo da Petrobras, ele sobreviveria ao politicamente correto de hoje em dia? Você acha que ele sobreviveria a essa fúria digital, aos cancelamentos?

NELSON Sobreviveria em Nova York. Ele não voltaria ao Brasil. Não botaria os pés no Brasil, porque seria preso, no mínimo. Mas, em Nova York, eu acho que ele iria radicalizar mais ainda essa aversão que ele tinha ao politicamente correto. Eu encarava aquilo como uma charge de humor, porque nos últimos anos a persona teatral foi se apossando do Francis. "Eu sou um velho dinossauro! Posso falar o que me der na cabeça!". Ele tinha 65 anos, dez anos a menos do que eu agora, e já falava isso.

MIGUEL Você também é um homem de teatro, autor de várias peças de sucesso, principalmente os musicais biográficos de Tim Maia, Elis Regina e Simonal. A gente sabe que para colocar um monólogo no palco trabalham nos bastidores cerca de vinte profissionais. Para um musical, então, é mais de uma centena. E o teatro vive de público, de aglomeração. O teatro vive de merda de cavalo na porta da sala de espetáculo. Como você vê o futuro do teatro, o futuro dessa arte? Será que essa vai ser a última atividade a voltar?

NELSON Mais ou menos, porque a minha filha Nina, que mora em Lisboa e é atriz, ela estava fazendo já há uns quatro, cinco meses, uma peça com uma turma, uma comédia de dois atores, *O amor na era da internet*. Um teatrinho de cem lugares, estava ficando cheio, fazendo muito sucesso... E aí, pá! Pandemia, fechou-se tudo. E lá respeitaram, não é?

Por isso eles saíram rápido. Já tem um bom tempo que ela me mandou uma foto do teatro, com a nova configuração, só que eles foram para um teatro de trezentos lugares, no qual na verdade cabem 120, 130 pessoas, pois tem o espaço entre cadeiras. Está indo muito bem. Ela não tem reclamado de nada, está sempre cheio, não tira o calor do público, o público fica feliz, aplaude. Então, talvez daqui a um ano se volte a essa configuração de lado a lado. Antes tem os estádios, tem tanta coisa que não se sabe ainda. Mas eu acho que essas lives teatrais domésticas abriram um outro bom caminho. Um caminho que era totalmente inexplorado. É claro que o teatro tem que ser ao vivo. Teatro filmado é uma coisa ainda duvidosa.

MIGUEL Que bom saber que a Nina já está nos palcos, seguindo os passos da mãe, a grande Marília Pêra! Bom, falamos de teatro e vamos voltar para a literatura. Além das suas biografias, das quais já falamos, você é autor de vários outros livros, como *Força estranha*, *Vale tudo*, *Canto da sereia*. O que você acha dessa proposta de taxação dos livros, e que merda de país é esse em que livros são taxados e armas são isentas de impostos?

NELSON Isso é a mais completa tradução, como diria o Caetano, do tempo que a gente vive. Esse cinismo do Paulo Guedes. O Paulo Guedes não é um boçal feito o Bolsonaro, ele é um cavalariço, é um cara supostamente educado. Educado em Chicago, um homem civilizado. Partir dele uma coisa dessas, para catar mais uns trocados ali, não é? O mercado editorial já está ali naquela crise, e ele quer tirar aquele último trocado que não vai fazer a menor diferença. Imagina, um projeto de um senador qualquer daqueles ali vai comer mais dinheiro que todo o imposto dos livros durante um ano e não vai dar em nada. Eu posso dizer, porque vivi isso, tenho 75 anos, nasci em 1944, imagine o que eu já vi neste país. Na ditadura vi coisas horrorosas, vi o Plano Collor e todo mundo sem dinheiro, coisas terríveis, mas nem imaginei, não pude imaginar um pesadelo como este. Eu me consolo um pouco porque há muita reação. Temos que ser todos reacionários, neste momento. Por isso que eu me declarei um antifa. Eu sou antifacista, antimilitarista, antitrumpista, eu sou um antibolsonarista assumido. O que é que é? Vai me bater, tá ok?

MIGUEL E outro ataque à cultura é essa questão dos direitos autorais. Isso que está em tramitação, não sei se foi votado ou não.

NELSON Isso é um velho golpe de alguns desses vagabundos que fazem caridade com o dinheiro alheio. Teve um deputado paranaense, o cara queria isentar as rádios de pagamento de direito autoral alegando que as rádios divulgavam as músicas, então não deveriam pagar. Passou, tivemos que reagir, chegou a esse ponto. Então eu não me surpreendo... Essa cambada de lobistas, deputados... Essa música é a música de hotel, de academia. Eu gostaria de ver como os hotéis e as academias passariam sem música. Imagine essa cena.

Os compositores ou seus representantes têm que autorizar, não é qualquer um que vai tocar não. Eu não quero que toque a minha música nesse lugar, não quero e pronto! A música é minha. É um direito que eu tenho! Se tocarem estarão se apropriando indevidamente de uma coisa, é suscetível a processo, você não pode usar o que não lhe pertence! Eu sugeriria ao Ecad, que é o representante de todos os autores de todas as sociedades de direitos autorais, que diga: Ok! Ok! Mas então o nosso repertório não toca em hotéis, motéis e academias, essa porcariada. Pronto! Se virem! Façam sua música.

MIGUEL Isso, na verdade, fode não com a vida ou arrecadação dos grandes autores, como Chico, Caetano, Gil e tantos outros. Fode é com a vida dos pequenos compositores. Que fizeram também coisas incríveis, pérolas da nossa música, e que se espalham pelo interior do Nordeste, pelas comunidades... e vivem dessa grana, não é?

NELSON São pessoas que estão começando a ganhar algum dinheiro. Os primeiros dez anos de trabalhos da nossa geração foram totalmente roubados, perdidos. Até o surgimento do Ecad e depois no aperfeiçoamento dele. O Ecad é uma empresa privada, e os caras agem como se fosse público. Eles adorariam. Já pensou esses vagabundos com o poder de administrá-lo? Estavam todos ricos, não é? De tanto que roubariam do Ecad.

Então acabou a roubalheira no Ecad, ele foi melhorando, os compositores trabalharam muito, o Ecad está se modernizando hoje com a melhoria da sociedade, um cara como o Marcelo Castelo Branco, que é presidente da UBC, gente de bom nível, está melhorando. Aí vêm os caras... E a maior preocupação justamente é com os pequenininhos. Não vai fazer falta para Chico, para Caetano. Mas para os pequenininhos vai. Esse é o espírito dessa gente.

MIGUEL Nelsinho, você é o autor e feliz curador de um livro que eu adoro, *101 canções que tocaram o Brasil*. E aí eu te desafio aqui a escolher as suas Top 3. Difícil para caramba, eu tentei e é quase impossível.

NELSON Eu vou falar a primeira que me vem à cabeça, "Futuros amantes".

MIGUEL Vou te falar que a minha lista tem "Futuros amantes" também.

NELSON Eu acho que na de muita gente... Em seguida "Drão".

MIGUEL Sim, maravilha! Música que Gil fez para a Sandra Gadelha, mãe de Preta.

NELSON E... "Lindeza"... do Caetano. "Coisa linda... É mais que uma ideia louca..." *(cantarola)*

MIGUEL Muito bom. E eu vou fazer aqui uma coisa horrível, quase uma deselegância, que é entrevistador dar palpite na resposta do entrevistado. As minhas seriam "Asa branca", podendo ser substituída por "Assum preto", já que não tem "Assum preto" no seu livro; "Rosa", do Pixinguinha, e, já que você escolheu "Futuros amantes", que seria uma das minhas Top 3, posso substituir por "O amanhã" ou "É hoje", dois sambas incríveis de Didi para a União da Ilha. Porra!

NELSON Sim. Qualquer um dos dois é Top 3. Inclusive no livro eu escolho

"O amanhã", mas faço questão de dizer no texto que "É hoje" é um clássico do mesmo nível.

MIGUEL Quero te fazer uma última pergunta: quando é que você acha que a gente vai poder cantar de novo a sua música, "Hoje é um novo dia de um novo tempo que começou..."?

NELSON Espero que nesse próximo fim de ano! Novos dias onde a alegria seja de todos e os sonhos sejam verdade!

MIGUEL Nelsinho, muito obrigado. Muito bom esse papo, maravilhoso, a gente podia ficar falando a tarde inteira, mas, enfim...

NELSON Pois é, hoje eu entrei em um humor de conversador...

10 DE SETEMBRO **DRAUZIO VARELLA**
QUAL O DIAGNÓSTICO, DR. DRAUZIO?

Estação Carandiru foi outro livro que marcou a minha geração. Nessas minhas lives, tive a oportunidade de conversar com os autores de muitos deles. E Drauzio não podia ficar de fora. Pelos seus livros, tão importantes, como *Maré, Carcereiros, Prisioneiras*; por sua missão em popularizar a ciência; e pelo momento que estamos vivendo, de dúvidas e incertezas. Sua sabedoria é essencial a esse panorama de conhecimentos. Mas o que mais me impressiona em Drauzio Varella é a sua dimensão humana, e tenho uma história pessoal para ilustrar. Manu, minha filha, durante a sua luta contra a leucemia, jamais se entregou, e começou a estudar tudo sobre câncer, até o momento em que resolveu trocar a faculdade de design pela medicina. Ela fazia planos incessantes e a longo prazo, corajosamente desconsiderando a gravidade da doença. Enquanto se preparava para o transplante, ao qual não resistiu, estava lendo *Estação Carandiru*. Drauzio, através de uma amiga em comum, ficou sabendo que uma jovem fã estava internada no Sírio-Libanês e não pensou duas vezes. Interrompeu a sua rotina para visitá-la, tranquilizá-la e fazer uma dedicatória no livro. Foi responsável por um dos seus últimos momentos de alegria... E, por isso, merece a minha eterna gratidão.

MIGUEL Boa noite, dr. Drauzio. Antes de mais nada, muito obrigado por participar desta conversa. Acho que você dispensa apresentações, então podemos pular a parte do seu enorme currículo e seguir adiante.

Estamos há sete meses numa pandemia no mundo todo, e há cinco meses dessa tragédia no Brasil. Dos 188 países atingidos, estamos em segundo lugar em número de casos. Somos vice-campeões de infectados. Chegamos a 3 milhões de doentes na semana passada, e a 100 mil mortos. Dentre tantos equívocos, eu gostaria de começar pontuando como a pós-verdade tem se sobreposto à ciência. Desde que o vírus chegou por aqui, testemunhamos o presidente da República minimizando e até desprezando as recomendações da OMS. Como você avalia esse movimento de descredibilização da ciência em pleno século XXI?

DRAUZIO É um prazer estar aqui, Miguel, e conversar com você. A ciência, na verdade, é uma aquisição civilizatória da sociedade ocidental, e ela depende de toda uma organização social. Nas sociedades em que predomina o senso comum e os pensamentos místicos, fica muito difícil para a ciência. A ciência é sobretudo frágil. Ela depende de métodos, de recursos, de uma série de circunstâncias. E depende fundamentalmente da aceitação social, quer dizer, que a sociedade entenda a ciência como um avanço civilizatório de fato. E isso não vem acontecendo no Brasil há bastante tempo, o que é esperado num país com um nível de escolaridade tão baixo quanto o nosso.

O senso comum, os pensamentos místicos são muito mais fáceis da população entender do que as complexidades do pensamento científico, que é cheio de dúvidas, cheio de incertezas que necessitam de experimentações para serem confirmadas. Já o pensamento místico, não. No pensamento místico "*é assim porque Deus quer*", "*é assim porque o pastor falou*". Ele explora uma característica do ser humano que é o pensamento mágico de querer resolver as situações da forma mais simples possível.

Então, fica muito mais complicado você dizer para a população que o medicamento X não deve ser usado porque ele não passou pelo crivo dos estudos científicos, não ficou demonstrada cientificamente a eficiência dele, do que você dizer: "Olha, se não fizer bem, mal também não vai fazer." Ou: "Não provaram que faz bem, mas também não provaram que faz mal." As pessoas entendem isso com muito mais facilidade porque querem se apegar àquela solução mágica que está sendo proposta. Dessa maneira, a ciência, especialmente no Brasil, vai sendo ilhada, vai sendo cercada por ignorância de todos os lados.

MIGUEL E em paralelo a essa descredibilização da ciência, essa pandemia também expõe a negligência do ser humano no cuidado com a própria vida e com a vida dos demais. São vários flagrantes diários que vemos de desrespeito e de aglomeração, enquanto, ao mesmo tempo, morrem mais de mil pessoas por dia. O que explica essa incompreensão da gravidade da situação em que vivemos? Como é para um médico como você testemunhar tamanha naturalização da morte?

DRAUZIO É chocante, evidentemente, porque nós somos treinados para tentar promover a vida, tentar manter a vida sempre que possível. Todo médico tem problemas diários, às vezes perdemos o sono porque estamos com um doente que tem febre e não sabemos o que é essa febre, não sabemos como vai evoluir esse quadro. Isso acontece com todos nós. É das características da profissão, da formação que recebemos.

Quando a gente vê essas mortes sendo naturalizadas, morrendo mil pessoas no país por dia de causas evitáveis, é muito duro entender e perceber como os outros aceitam com naturalidade. É um pouco essa filosofia de se considerar a vida como uma guerra. Quando vem uma epidemia dessas, dizem: "Vamos lutar contra a epidemia." Se alguém tem câncer: "Está em uma batalha contra o câncer." Essas metáforas não ajudam. Ao contrário, elas naturalizam. Porque se você está em uma batalha, pode perder. Faz parte do jogo. Se você está numa guerra contra a epidemia, vai morrer gente. É isso que tem sido proposto. "Vai morrer gente, o que se vai fazer?" Mas vai morrer gente por causas evitáveis. Esse é o grande problema.

Se disserem "No Brasil, morrem 30 mil pessoas de determinado tipo de câncer ou tantas crianças por um tipo de má formação congênita", não podemos fazer nada contra isso, na maioria das vezes. Agora, no caso de um vírus que é transmitido de uma pessoa para outra, pela proximidade, as pessoas se afastam, não adquirem o vírus e, portanto, não o levam para outras pessoas mais vulneráveis, que vão morrer ou sofrer muito com a infecção.

Então, esse é o detalhe. Nós temos 100 mil mortos no Brasil. Precisava ter tudo isso? Claro que não. Você não vai encontrar um epidemiologista no Brasil, um só, que diga que era inevitável. "Era inevitável morrerem 100 mil pessoas." Isso até este momento, porque ainda vai longe. Você não vai achar ninguém porque os especialistas, as pessoas que estudaram, sabem que não precisava ser assim, não precisava morrer tanta gente. Essas pessoas estão morrendo por causa da desídia, não é só por causa do presidente da República — dele principalmente, lógico —, mas também de outras autoridades e outras pessoas na população brasileira.

MIGUEL Além disso, a OMS já disse que a gente sofre também de uma infodemia, que é a disseminação de informações falsas em torno dessa doença. E isso se espalha tão rápido quanto o próprio vírus, com mentiras, teorias conspiratórias, boatos, estigmas, toda essa sorte de comentários que contribui muito para a disseminação da doença e até para a morte. No front dessa batalha está a imprensa tradicional, da qual, de alguma maneira, você faz parte pelo seu trabalho no *Fantástico*, artigos em jornais etc. Essa imprensa tem feito um primoroso trabalho na apuração, na coleta de dados, na comunicação cada vez mais clara para informar melhor a população. Como você vê o papel do jornalismo nesses tempos sombrios que a gente está vivendo no país e no mundo?

DRAUZIO Vou inverter a pergunta, Miguel. Vou dizer: se não houvesse jornais hoje, a televisão para esclarecer a população, o que seria de nós? Como a população saberia o que está acontecendo no país? Como ela seria informada das características da epidemia e das medidas preventivas que devem ser adotadas por aqueles que não queiram se infectar nem transmitir a infecção para os outros? Qual foi a campanha que o governo federal fez e os governos estaduais e municipais fizeram de esclarecimento da população?

No Todos pela Saúde, que é um grupo de médicos voluntários que administra uma doação de 1 bilhão de reais do banco Itaú Unibanco, nós começamos a campanha das máscaras na televisão. Até aquele momento, ninguém tinha aparecido nos meios de comunicação de massa para dizer: "Olha, precisa usar máscara! A máscara protege!"

Houve alguma campanha do Ministério da Saúde? Depois, apareceram algumas outras, mas não tem sentido uma organização privada ser a primeira a colocar na imprensa esse detalhe tão importante.

Nós ficamos sabendo o que está acontecendo no país inteiro hoje ligando a televisão nos telejornais, essa é a fonte de informação. O papel da imprensa aqui tem sido absolutamente fundamental porque é a única fonte de informação à qual o povo brasileiro tem acesso.

Essa questão dos boatos sempre existiu em todas as epidemias. O problema é que antes eles ficavam restritos a determinados grupos, não se espalhavam com a velocidade eletrônica que temos hoje. Infelizmente, a internet não passa por nenhum crivo. Há empresas que ganham bilhões de dólares e não têm nenhuma responsabilidade pelo que é publicado. Isso é um dos problemas do mundo moderno: como nós podemos lidar com essa quantidade de informações falsas que não conseguimos identificar de onde vêm.

MIGUEL Você mesmo foi alvo desses boatos. No começo, circularam maldosamente um vídeo seu do final de janeiro em que você dizia para as pessoas não alterarem suas rotinas como se ele tivesse sido feito durante o isolamento. E você veio a público esclarecendo as informações e retirou o vídeo do ar.

Um pouco antes disso, houve aquela matéria no *Fantástico*, uma entrevista sua com uma presidiária trans que havia sido condenada por um crime hediondo, e você veio a público novamente, fazendo um mea-culpa e se explicando à população. Como é enfrentar diariamente essas polêmicas numa sociedade tão polarizada, com tanta disseminação de ódio?

DRAUZIO Olha, vamos ver as duas questões em separado. Primeiro, esse primeiro vídeo era de janeiro, quando começava a haver uma discussão sobre ter que ficar em casa. Evidentemente que naquela época não havia nenhuma indicação para o isolamento social. Isolamento é uma coisa séria. Nós estamos vendo agora, não é brincadeira, não. Você põe as pessoas em casa, elas começam a ter problema... Então, é preciso ter um *timing* adequado para o tamanho da ameaça em cada momento. Janeiro não era o caso. Só que, na internet, você fala as coisas e elas ficam disponíveis. E aí políticos se utilizaram desse vídeo para promover o que eles achavam certo. Nós rapidamente entramos em contato, pedimos para o Facebook e o YouTube retirarem o vídeo, e ele foi retirado. Porque se aplicava a outra realidade, completamente diferente.

Todos tivemos uma dificuldade grande de interpretação do que estava acontecendo naquela época. Não fui só eu. Anthony Fauci, diretor do Instituto Nacional de Alergia e Doenças Infecciosas dos Estados Unidos, um dos principais consultores da Casa Branca em relação à Covid-19, epidemiologista consagrado, um dos mais importantes do mundo, se enganou também.

Olha, Miguel, no dia em que o governo italiano decretou o isolamento nas cidades do norte da Itália, naquele exato dia, o governo espanhol autorizou uma passeata em comemoração ao Dia Internacional da Mulher que reuniu 200 mil pessoas nas ruas de Madri. Imagina? A Espanha é vizinha de porta da Itália e eles autorizaram essa passeata. Aquilo deve ter disseminado o vírus brutalmente.

Quando o vírus chegou nos Estados Unidos, apareceram os primeiros casos, os hospitais de Manhattan, o centro financeiro do mundo, não tinham máscara para os seus funcionários, pessoal da enfermagem, para os médicos. Por quê? Porque 90% das máscaras do mundo vinham da

China. Ninguém competia com eles no preço. A China precisou parar de exportar as máscaras e os hospitais americanos não tinham o equipamento. Muitos americanos se infectaram por não ter acesso a máscaras, uma coisa baratíssima que você põe no rosto e custava centavos de dólar na época.

Então, essa desinformação veio porque estava tudo acontecendo na China, e em alguns países da Ásia. A China é um país que controla até a internet. Nós viemos a conhecer a epidemia no meio de fevereiro, quando ela chegou à Itália, um país de livre informação. Aí, sim, tomamos consciência do que estava acontecendo. Então, esse é o primeiro ponto.

E isso acontece no decorrer da epidemia. Coisas que não dizíamos no começo, temos que dizer agora. Por exemplo, mesmo as máscaras, a Organização Mundial da Saúde levou semanas para concluir, para analisar os estudos e verificar que elas, mesmo de pano, eram protetoras. A epidemia é dinâmica e as medidas têm que ser dinâmicas. As que se ajustam a um momento podem não se ajustar em outro.

No caso da travesti, faço um trabalho em cadeias há 31 anos. Começou em 1989. Não é um trabalho especial. Um dia por semana, eu atendo os presos. E faço por quê? Porque quero proteger os presos? Eu não gosto de bandido também. Eu faço porque eu gosto.

MIGUEL Além de ter prestado um juramento. O Juramento de Hipócrates.

DRAUZIO Pois é. Aprendi uma coisa com os carcereiros nas cadeias que é o seguinte: você não pergunta para o preso o que ele fez. E para o médico isso é muito importante. Recebo no meu consultório privado, atendo alguém no Hospital Sírio-Libanês, um homem que chega de gravata, educado, boas maneiras. Eu não pergunto a ele se ele cometeu crimes financeiros. Atendo porque sou médico e vou tentar saber o que ele tem, identificar, tratar e pronto. E a pessoa que atendo dessa maneira pode ter cometido um crime pior que o da somatória de todos os presos da cadeia. Pode ter roubado mais dinheiro do que todos os presos de uma determinada penitenciária. O médico não é juiz. Quando eu atendo, não tenho que julgar o que a pessoa fez.

Quando estou na cadeia, sei que, quase com certeza, aquela pessoa que está lá cometeu um crime. Agora, se eu pergunto "Que crime você cometeu?", e começo a dizer "Não, esse não vou atender porque matou alguém", "Aquele não vou atender porque é traficante de drogas"... Eu só atendo quem cometeu pequenos furtos? O médico não pode fazer isso. No caso daquela moça, eu atendi, ela me contou a história dela e tudo. E no final, perguntei: "Há quanto tempo você não recebe visitas?" Acho que ela respondeu que fazia dez anos. E se virou para mim com um olhar tão triste que me comoveu. Eu não sabia o que ela tinha feito, nem estava interessado. E, achando até que já tinha terminado a gravação, fiquei comovido e falei: "Me dá um abraço aqui." E dei esse abraço nela. Foi ao ar pelo *Fantástico*.

Eu tinha dado uma entrevista no *Roda Viva*, na TV Cultura, dias antes, e nesse programa apareciam pessoas que falavam: "Ah, você devia ser presidente", "Devia ser ministro da Saúde". Coisas que eu nunca seria e nunca serei. Esse pequeno detalhe foi combinado com o outro, e um deputado de São Paulo, do PSL, foi atrás do crime cometido pela moça. E nesse inquérito, que estava sob segredo de Justiça, descobriu que essa moça tinha estuprado e matado um menino. Um crime horrível. Horrível! E a partir daí criaram um gabinete de ódio que explorou ao máximo, com robôs mandando mensagens...

Miguel, eu tenho Instagram, Facebook, Twitter, mas nunca abro... Uma empresa que trabalha com a gente administra essas redes sociais. Se você me mandar uma mensagem pelo Instagram agora, não vou saber nem acessar. E por que faço isso? Eu uso internet o tempo inteiro, mas não posso estar nessas redes sociais porque não quero perder tempo. Não quero ser paralisado por essa cambada de ignorantes, estúpidos, autoritários que não fazem nada, que não produzem nada, que não ajudam o país em coisa nenhuma, que não ajudam as outras pessoas, e tentam me ofender. Não quero. Tenho foco. Sei exatamente qual é o meu papel na sociedade, qual é o papel que quero exercer nessa sociedade, de que forma acho que é preciso agir. Não quero ser parado por esses idiotas de jeito nenhum.

MIGUEL Muito bom, dr. Drauzio! Especialistas e cientistas afirmam que a pandemia está diretamente ligada à degradação do meio ambiente, ao tráfico de animais silvestres, à expansão demográfica desenfreada. Quer dizer, essas epidemias eclodem nesses momentos. Hoje, os indígenas da Amazônia vivem um surto de malária por conta da disparada do desmatamento. A Covid-19 atacou barbaramente também as aldeias. Os nossos biomas ardem em chamas, tanto no Pantanal quanto na Amazônia. E são devastados como nunca. Considerando tudo isso, o Brasil pode ser o berço de uma próxima pandemia, que sabemos que, inevitavelmente, vai acontecer?

DRAUZIO Pode, lógico que pode. Essa explosão populacional cria problemas. Imagina, quando eu nasci, acho que o Brasil não tinha 50 milhões de habitantes. Tem 210 milhões hoje. Quer dizer, na vida de uma pessoa, a população aumentou quatro vezes. É um aumento muito desproporcional. E como essas pessoas vão viver? Elas se concentram porque a tendência dos seres humanos é se concentrar nas cidades e avançar sobre o meio ambiente. E, quando avançamos sobre o meio ambiente, encontramos microrganismos que não estavam habituados a encontrar seres humanos. E aí há um choque. Isso sempre aconteceu. Basta ver essas construções de estradas, a Madeira-Mamoré, as estradas de ferro do interior de São Paulo, as pessoas começaram a adquirir leishmaniose, malária e uma série de outras doenças que não eram frequentes na população das cidades.

Esse desequilíbrio é o responsável por isso. Vejamos esse novo vírus. Ele surgiu na China por quê? Porque os chineses usam animais silvestres na alimentação. Quais são as características principais dos vírus? Eles são mutantes, têm um mecanismo meio rudimentar de multiplicação. O vírus é o único ser vivo — alguns até contestam que seja ser vivo — que não consegue se multiplicar sozinho. Ele precisa entrar na célula de um hospedeiro para usar a maquinaria de multiplicação celular e poder replicar seus genes. Então, ele cria como se fosse um código pirata que é introduzido no núcleo da célula, e, quando a célula vai se multiplicar, ela fica lendo esse código pirata várias vezes e produz milhares de unidades do vírus que vão infectar outras células. Esse processo é um processo rudimentar porque provoca muitos erros genéticos, mudanças que chamamos de mutações. E a maioria delas é deletéria e gera partículas virais que não têm condições de sobrevivência, felizmente. Mas algumas adquirem características que lhes dão condições de infectar outra espécie. Então, pode passar do frango para o ser humano. Pode passar do porco para o ser humano. E vice-versa. O caminho inverso também existe. Então, é inevitável. Nós vamos enfrentar outras epidemias. É por isso que temos que aprender com essa para não cometermos nas próximas vezes os mesmos erros que cometemos agora.

MIGUEL Assim como a natureza é capaz de responder ao avanço do ser humano, liberando esses patógenos que ameaçam a humanidade, ela também nos oferece uma infinidade de riquezas. E você tem realizado um trabalho de pesquisa justamente nessa área, com plantas da Amazônia, com essa biodiversidade, em busca de tratamentos para o câncer e para algumas bactérias resistentes aos antibióticos. E sobre isso eu tenho algumas perguntas. Como está esse trabalho? Podemos esperar boas novidades em breve? Qual é o papel dessa biodiversidade da Amazônia no futuro da medicina? Podemos usar o conhecimento dos povos tradicionais a nosso favor?

DRAUZIO Temos vários exemplos do conhecimento dos povos tradicionais descrevendo plantas que foram úteis na história da medicina e na síntese e na obtenção de substâncias ativas. Por exemplo, o curare que os indígenas usavam nas flechas para matar, para caçar, para paralisar as vítimas, é usado em anestesia hoje para paralisar os músculos respiratórios e facilitar a oxigenação com os ventiladores mecânicos.

O problema da cultura dos povos tradicionais é que ela não é sistematizada. Ela não obedece aos padrões da ciência moderna. Esses conhecimentos são transmitidos por via oral e vão sendo modificados com a passagem do tempo. E alguns deles, que seriam conhecimentos muito importantes, são perdidos porque os mais velhos vão morrendo e os mais novos muitas vezes não adquirem, não se interessam por essa cultura tradicional.

O que temos de fazer? Temos que identificar essas plantas com interesse medicinal e não nos conformarmos com a ideia de fazer um chá da planta. É preciso tentar identificar quais são as substâncias ativas que existem na planta, porque essas, sim, conseguimos estudar melhor, ver os efeitos colaterais, ver como se distribuem no organismo. Estudar toda a farmacologia, testar em animais, e depois em seres humanos. É esse o trabalho que estamos fazendo.

MIGUEL Desde a década de 1970, você atua na área de moléstias infecciosas, e já viu muitas epidemias acontecerem no Brasil. O que essa pandemia de Covid-19 tem de diferente e de parecido com as outras epidemias mundiais?

DRAUZIO Olha, eu na verdade não sou infectologista. Fui no início da carreira, e sempre me interessei muito por saúde pública. Fui oncologista durante toda a minha vida profissional, mas sempre acompanhei as moléstias infecciosas por uma questão de prazer intelectual e também de utilidade, ou seja, pela relação das doenças infecciosas com a saúde pública. Vi várias epidemias mesmo. Vi a epidemia de meningite, nos anos 1970. Vi as epidemias de gripes: gripe asiática, gripe H1N1. Vi a Aids, os primórdios da Aids, os primeiros casos da doença. Aids com sarcoma de Kaposi, que provocava aquelas lesões na pele. Em São Paulo, tratei de praticamente todos. Vi casos no Brasil inteiro naquela época. Mas nunca vi uma epidemia como essa.

Porque você pega o vírus da Aids, por exemplo, e sabe como ele vai se comportar. Você vai passar anos bem, sem problema nenhum. E aí, em média de oito a dez anos, começam a surgir as infecções oportunistas, que vão se repetindo, repetindo e podem levar à morte. Isso antes de existir tratamento.

A epidemia de meningite provocava meningite, que é um quadro característico. As de gripe também. Essa é completamente diferente, porque, se você adquire o vírus, tem três destinos. O primeiro é não acontecer nada, você nem perceber que o adquiriu. Você vira um portador saudável do vírus, não tem sintoma nenhum. Pelo menos 40% se comportam dessa maneira: 40%!

Têm outros 40% que têm um quadro gripal. Perdem o olfato. Ficam cansados, com dor no corpo. Às vezes, com tosse. Desconforto. Às vezes, diarreia, náuseas. Ficam doentes. Essa doença tem uma intensidade variável. Pode ser um quadro de uma pequena gripe dessas que a gente tem, fica uns dois dias meio quebrado e tudo volta ao normal. Pode ser uma gripe forte, que joga você na cama, que debilita, que dá dores musculares que o impedem de andar. Mas esses outros 40% também se curam sozinhos.

E aí têm 20% que vão ter uma doença mais grave. Esses vão precisar de internação hospitalar. Não vão morrer. Mas vão precisar de internação. Uma parcela desses 20%, que varia muito dependendo do acesso aos cuidados médicos, vai necessitar de intubação e ventilação mecânica porque não vai ter capacidade de respirar por conta própria.

Então, veja que doença louca. Pode não dar em nada. Se a pessoa pega o vírus e não percebe, está por aí disseminando o vírus. E pode morrer da doença. É uma variedade de quadros clínicos absurda, o que dificulta muito o combate à pandemia. Por que a epidemia de ebola não se dissemina pelo mundo inteiro? Ou pelo menos até agora não se disseminou? Porque é uma doença grave. A pessoa pega o vírus, fica derrubada, cai de cama, não sai mais de casa. Metade morre. Gente morta não anda por aí espalhando o vírus. Então, vírus, microrganismos muito agressivos são pouco contagiosos porque as pessoas morrem. O problema está nesses que não provocam sintomas e se disseminam com muita facilidade. Aí, você entende por que nós médicos somos muito cuidadosos na hora de prescrever medicamentos. Porque se dou um remédio no começo da doença, como se diz por aí — "Tem que usar a cloroquina bem no começo dos sintomas". Bonito, né? Então, começa com um remédio que tem 80% de chance de dar certo, pelo menos. Mesmo que vá parar no hospital, ainda tem aí mais uns 10% de chance de não morrer. Quer dizer, você começa com um medicamento que tem 90% de chance de curar aquela pessoa. Ah, tenha dó. É preciso ter um grande estudo. Isso está sendo feito e tem sido um desperdício de dinheiro, porque já se sabe que não há nenhuma droga com capacidade antiviral para provocar um impacto nessa doença.

MIGUEL Nos Estados Unidos, aconteceu uma coisa assustadora, porque muitas pessoas optaram por morrer em casa para não gerar uma dívida da família com o sistema de saúde. E os brasileiros, nesse momento, descobriram o valor que tem um eficiente sistema de saúde pública. O que a gente pode esperar da aderência da população em defesa do SUS, considerando que a privatização da saúde já foi uma pauta do governo atual?

DRAUZIO Miguel, os brasileiros não têm noção da importância do SUS. A imagem do SUS para a população é a do pronto-socorro lotado de gente, com macas no corredor, gente sentada no chão e pessoas esperando e revoltadas com a espera. "Estou aqui há três horas com o meu pai que está se sentindo mal. Não apareceu ninguém para atender."

Se você pegar um médico de formação razoável, não precisa ser um grande médico, mas um médico de formação clínica mediana, ele vai para a porta do pronto-socorro e manda 80%, 90% das pessoas para casa. Já criamos essa cultura do pronto-socorro. Por que as pessoas vão para o pronto-socorro? Porque, por exemplo, estou com dor de garganta, vou lá na Unidade Básica de Saúde (UBS). A UBS marca a consulta para daqui a oito, dez dias. Até lá ou eu morri ou eu sarei. Então vou para o pronto-

-socorro. Se isso acontece uma vez, a pessoa já nem pensa em ir para a UBS. Ela vai direto para o pronto-socorro. E a família, os amigos, a mesma coisa. Então, temos essa avalanche de gente na porta dos serviços de pronto atendimento. Isso é fruto da má gestão. Ou da ausência de gestão.

Quando analisamos o SUS — e é isso o que mais dói —, vemos que ele tem tudo de que precisava para funcionar direito. Tudo. Começa lá embaixo, na família. No Programa Estratégia de Saúde da Família. O programa que tem os agentes comunitários. O agente comunitário é uma pessoa da comunidade que conhece todo mundo. A maioria é mulher. Ela vai lá, de casa em casa, perguntando: "Como está a senhora, dona Maria? Está tomando o remédio direitinho para a pressão? Vamos ver como está a pressão. E o diabetes? Como está o remédio? Como estão as coisas? Que dia a senhora marcou consulta no médico?" Dá essa orientação geral. Ele ou ela é a linha de combate. Nós temos mais agentes comunitários no SUS do que soldados nas Forças Armadas e ninguém sabe disso. Atendemos mais de dois terços da população brasileira. Uma barbaridade de gente, 90% dos casos podem ser resolvidos sem mandar o paciente para o hospital!

A minoria que a gente não consegue resolver, que é da ordem de 10%, 20% no máximo, é que vai ser encaminhada para as unidades de pronto atendimento ou para os pequenos hospitais locais. Depois, temos os hospitais regionais. E temos ainda esses grandes hospitais no Brasil que fazem as cirurgias cardíacas com transplante de órgãos. São os hospitais terciários.

Temos tudo isso. Onde é que falha? Na organização. Isso acontece porque não temos política de saúde pública no país. E não temos por quê? Olha, descontado esse despautério do governo atual, nos dez últimos anos, tivemos treze ministros da Saúde. A média de permanência no cargo foi de dez meses. Eu já fiz esse cálculo. O que se faz em dez meses?

Numa estrutura complexa como o Ministério da Saúde, que administra verbas astronômicas, quando você começa a entender o funcionamento do ministério, as pessoas, passaram-se os dez meses. Você é posto para fora. E não é que você é posto para fora porque vem um sanitarista mais competente. Não! Vem alguém escolhido por razões políticas, pelos acordos que o presidente faz com os partidos políticos em nome da governabilidade. "Então, esse aqui leva o Ministério da Saúde. Pronto." Essa é a situação que vivemos.

Olha o que está acontecendo agora. Saíram dois ministros da Saúde, e o ministério foi completamente desarticulado. Temos um general lá que pode ter a maior boa vontade do mundo, mas não há um corpo de especialistas para orientá-lo em relação às medidas mais importantes que devem ser tomadas. Isso que acontece no governo federal, acontece nos governos estaduais e nos municipais.

Nós colocamos na nossa Constituição que todo brasileiro tem direito ao acesso à saúde. É brincadeira, isso? Nenhum país com mais de 100 milhões de habitantes fez algo assim, ousou oferecer saúde pública para todos. Nenhum país. E nós temos 210 milhões. Temos problemas? Claro que sim. Agora, veja só uma epidemia como essa. Se não existisse o SUS, seria a barbárie. As pessoas estariam morrendo nas ruas como acontece em outros países. O SUS mostrou um grande poder de articulação. Nós criamos leitos de UTI em lugares que nunca tiveram acesso a eles. Conseguimos organizar o atendimento do SUS na medida do possível, dentro de uma ameaça com essas dimensões. Conseguimos organizar os serviços em função da vontade política. Nesse caso, nem foi vontade, foi necessidade política de tentar enfrentar a epidemia. Eu espero que a população agora seja consciente em relação ao SUS e não tenha essa postura pessimista e desalentada que só prejudica. "Ah, o SUS *não serve para nada*." "Eu faço um convênio e nunca mais quero pôr os pés no SUS." O que aconteceu nas cidades brasileiras? De que adiantava ter um convênio se não havia vaga nos hospitais para ser internado, o que acontece ainda hoje? A nossa salvação é o SUS. Ou é o SUS ou é a barbárie.

MIGUEL Muito bom, dr. Drauzio. Ótima resposta, e fecho aqui a nossa conversa com essa defesa apaixonada do Sistema Único de Saúde. Muito obrigado pelo seu tempo, pela sua generosidade em se disponibilizar para essa conversa tão esclarecedora.

EDUARDO PAES

11 DE SETEMBRO

RIO DE JANEIRO, UMA PAIXÃO

O prefeito que troca o sapato bicolor a cada escola de samba desfilante em reverência às cores do seu pavilhão já merece o meu respeito. O portelense apaixonado que conhece o divino feijão da Tia Surica, que sabe que Áurea Maria é filha de Dona Neném mais Manaceia e que lança uma lista no Spotify com seus sambas preferidos merece o carinho do povo carioca. Além da sua paixão essencial por essa que é a nossa maior potência, o carnaval, Eduardo Paes teve a coragem política impensável de colocar abaixo a Perimetral, desenvolver o Porto Maravilha e surpreender o mundo ao entregar os belos Jogos Olímpicos de 2016, quando tudo e todos apostavam em seu fracasso. Mas, acima de tudo, o maior legado do prefeito foi restabelecer a reputação internacional do Rio de Janeiro e devolver a autoestima ao povo carioca. Neste dezembro de 2020, mês de lançamento deste livro que tens em mãos, saberemos se ele será ou não, novamente, o prefeito da *Muito leal e heroica Cidade de São Sebastião do Rio de Janeiro...* Evoé!

MIGUEL Eduardo, bem-vindo!

EDUARDO PAES Prazer, uma honra, grande Miguel!

MIGUEL Vamos começar logo de cara que o tempo é curto! O Rio de Janeiro é muito marcado pela associação com o passado notável de capital do país. E fica essa nostalgia permanente, associada inclusive a um ufanismo das nossas belezas naturais, o famoso "abençoado por Deus e bonito por natureza". Nem os cariocas nem os governantes se dão conta de que a cidade é muito mais complexa e dramática, em toda a sua extensão metropolitana. Como é que a gente supera essa nostalgia e esse ufanismo? Isso atrapalha? Como a gente esquece o passado e mira no futuro?

PAES Vamos lá, por partes. Acho que tem alguns elementos importantes aí. Primeiro, você está falando de ufanismo, mas essa sensação de bem-estar no Rio — apesar dos problemas, e associada com o quanto Deus nos ajudou com a natureza — é o superativo da cidade. Sou muito da tese do professor José Marcio Camargo, da PUC, que diz que a qualidade do bem público no Rio, da natureza, é decisiva na hora de uma pessoa tomar a decisão de investir e morar na cidade, ou de não investir e não morar.

Então, esse aspecto não é só uma coisa estética menos importante, ele tem uma importância absolutamente decisiva.

Em relação à questão do passado de capital do Império, da Colônia, da República, é obvio que isso deu um protagonismo ao Rio, e, de fato, foi feita uma injustiça somada à fusão. Agora, me parece que essa discussão é completamente sem sentido nesse momento — aliás, há algum tempo já. Não adianta, não vamos voltar a ser capital federal, não vamos nos desfundir. É óbvio que tem uma luta aí — e essa é uma característica do sistema federativo brasileiro —, que era a possibilidade de que algumas cidades do Brasil, em especial o Rio de Janeiro, eu diria, e certamente São Paulo, tivessem um status diferente, um papel meio que de cidade-Estado.

Por exemplo, digo aqui, de cara: o governante da cidade do Rio, o prefeito, não ter ingerência sobre a segurança pública e sobre a questão do saneamento, esse impasse permanente que se vive, é um absurdo! Aliás, se ter todo esse valor ambiental representa um ativo econômico, na hora em que se tem uma degradação ambiental, como nas lagoas da Baixada de Jacarepaguá, está desvalorizando a cidade sob o ponto de vista econômico. Então, acho que um status diferente seria necessário. Mas os desafios do Rio obviamente estão muito mais num olhar para o futuro e não em ficar se lamuriando daquilo que fomos um dia. Isso é um chororô que não adianta muito.

MIGUEL Isso aí. Na campanha de 2008, você falava muito que queria estancar a perda de talentos para São Paulo. Foi o que, de fato, aconteceu na sua gestão: houve essa interrupção, o Rio floresceu nesse sentido. Hoje, a gente vê que essa debandada é, de novo, uma realidade. Já se foram os bancos de investimento, o teatro, as grandes exposições de arte, mas — eu levo muita porrada por falar isso, inclusive do seu secretário de Turismo, Antonio Pedro Figueira de Mello — até o carnaval de rua de São Paulo superou o nosso. O que é possível fazer para reverter esse quadro?

PAES Assim você vai tomar porrada de mim também! Mas tudo bem... Primeiro, a premissa: São Paulo não é adversário. São Paulo levou tudo isso por nossa incompetência. Ponto. Isso é importante. Porque nós temos que usar São Paulo como um ativo. É uma importante cidade brasileira, um importante centro econômico, com muita riqueza. Sob todos os aspectos, a gente tem que usar a proximidade com São Paulo como um ativo. Por exemplo, no caso do turismo. Quer dizer, não fazer uma campanha intensa para que o paulista esteja permanentemente no Rio, o que seria uma burrice enorme. Aliás, nesses tempos de pandemia, de Covid-19, se eu fosse prefeito do Rio já teria feito uma campanha dizendo: "Não pegue avião, venha pela Dutra." Chega aqui mais rápido e seguro. Esse é um aspecto importante.

Acho que a questão do carnaval tem um exagero da sua parte — você caiu na conversa do Dória. Não há hipótese de o carnaval de São Paulo ser melhor que o do Rio. Com todo o respeito. Nem o de rua nem aquele projeto de Sambódromo que eles têm lá...

MIGUEL Não! Aí, realmente, não dá para discutir.

PAES E o próprio carnaval de rua não tem nem conversa! Até porque é uma imitação do Rio, e uma imitação nunca pode ser melhor que o original. Isso é coisa do Rio de Janeiro. Os trajes, os personagens, a rainha de bateria... isso tem, inclusive, nos blocos, também.

Mas isso posto, para aquilo que, de fato, pode pesar, acho que o Rio tem uma oportunidade agora. Eu tenho horror dessa história de que "toda crise traz uma oportunidade", mas toda crise apresenta oportunidades. Por exemplo: você tem uma decisão anunciada pela XP recentemente de que eles vão sair da Faria Lima e vão para uma cidade do interior de São Paulo. Por que não vir para o Rio? Se a questão geográfica, física, não é mais relevante para o mercado financeiro, por que não vir para uma cidade que tem as qualidades ambientais, as qualidades do bem público que o Rio de Janeiro tem?

O Rio tem uma vocação natural. E Deus abençoe a TV Globo, Deus abençoe a TV Record, aqueles que fazem teledramaturgia, por estarem no Rio de Janeiro e segurarem aqui boa parte da classe artística brasileira. Não tem por que o Rio não ser o grande centro de cultura brasileiro. Ainda é, mas é o que você disse: os grandes espetáculos, as grandes produções vão para o lugar onde tem o poder aquisitivo maior.

O Rio tem, naturalmente, um ambiente de serviços melhor. Ainda há atores econômicos muito relevantes aqui — uma parte importante do *market cap* brasileiro está no Rio de Janeiro. A Vale ainda está no Rio de Janeiro; temos um campo de seguros importantes no Rio de Janeiro;

temos importantes agências governamentais; a TV Globo está no Rio de Janeiro; a Petrobras e o BNDES estão no Rio de Janeiro. Ou seja, desde que se criem as condições e sejam dados os incentivos adequados, é possível acontecer. Por que a gente deu aquela virada no período do nosso governo, mesmo não havendo nenhuma medida estruturante para justificar essa virada? As medidas estruturantes foram tomadas ao longo do tempo, eu diria que ficaram prontas só no fim do meu governo. Mas teve uma mudança de percepção, e percepção é fundamental para o agente econômico. O agente econômico não toma decisão sem ter uma percepção adequada.

MIGUEL Eduardo, você assumiu uma liderança no plano internacional como prefeito verde, não é? E toda a sua carreira política é muito marcada por esse compromisso. O Rio vai muito mal do ponto de vista ambiental. A gente tem as questões do Pontal Oceânico; a proposta ridícula do autódromo na Floresta do Camboatá; o sistema lagunar da Barra, do qual você acabou de falar; as ilhas de calor; a questão das árvores do Boulevard Olímpico... enfim, tudo isso vai muito mal. E estamos vivendo um momento da História em que o capitalismo está se desenhando mais ambientalmente responsável, em que vários países do mundo apostam em um Green New Deal para a retomada econômica. E o Brasil pagando mico internacionalmente, nessa questão. Aí, eu pergunto: faltou algo na sua gestão? E, de lá para cá, como a gente reverte esse quadro, essa impressão?

PAES Faltar algo na gestão, sempre falta, mas já tem tanto adversário para dizer, que vou deixar para eles... Eu também reconheço, claro, falhas e problemas na minha gestão, mas quero olhar para a frente. Então, essa é uma oportunidade de ouro. O Rio precisa ser uma cidade de vanguarda no tema ambiental. Sob o ponto de vista concreto, prático, físico, nós já não somos. Dificilmente, num prazo curto ou médio de tempo, seria possível alcançar a qualidade ambiental de boa parte das grandes cidades do mundo. Mas o Rio pode ser exemplo e referência nisso. O Brasil conseguiu, de certa maneira, ser isso por um tempo, e começou a errar mais recentemente. Sendo muito objetivo, se esse tema já era relevante, a Covid-19 o traz com mais força ainda. É o que você disse: o capitalismo se reconstrói a partir da agenda ambiental, da agenda de sustentabilidade, e a gente tem todas as condições de ser vanguarda nessa questão.

Agora, é óbvio que temos problemas concretos. Você citou algumas coisas, mas acho que temos um superproblema no que vou chamar de "agenda azul", que é a questão do saneamento. É surreal que, em pleno século XXI, estejamos discutindo uma agenda do final do século XIX, que é o saneamento. É inacreditável! Tem dinheiro para isso. A gente fez isso na Zona Oeste do Rio: Bangu, Campo Grande, Santa Cruz, Guaratiba, Sepetiba. Concedemos à iniciativa privada o saneamento; recebemos, como prefeitura, outorga por isso. Ou seja, é perfeitamente viável para resolver a região metropolitana. Se você conceder blocos combinados que sejam interessantes, garanto que a conta fecha, o setor privado vem e banca. É inacreditável que essa agenda ainda esteja sendo discutida.

No campo da agenda verde, é o que você disse: temos o problema da cobertura vegetal da cidade. O maciço da Tijuca e o maciço da Pedra Branca têm iniciativas importantes no programa de reflorestamento. Temos um problema grave de arborização urbana, principalmente na Zona Norte da cidade. É uma relação diferente, por causa de como a arborização foi feita: ela arranca calçada, destrói portão da casa das pessoas, então as pessoas matam as árvores, é um negócio inacreditável. E, claro, temos que promover proteção permanente contra a ocupação irregular.

O autódromo de Camboatá já é um delírio novo, mais recente — mas acho que não se viabilizará. Tem tanto lugar para fazer autódromo no Rio... que se faça em Guaratiba, que é uma área onde a gente não quer expansão urbana, pelos motivos óbvios. Por que não se faz ali um autódromo? Eu, aliás, tinha sugerido isso na minha época de prefeito. Então, acho que são coisas que é preciso avaliar.

E tem o que vou chamar aqui de agenda marrom — de resíduos sólidos, principalmente —, na qual a gente avançou quando fechou o lixão de Gramacho — porque aquilo não era um aterro sanitário — e fizemos o Centro de Tratamento de Resíduos de Seropédica, que foi um golaço, modéstia à parte, da minha administração em 2012, quando aconteceu a Rio +20. Agora temos que avançar mais na questão dos resíduos sólidos, começar a fazer reciclagem em grande volume. Claro, dentro da realidade brasileira, mas com um potencial econômico inclusive para populações menos assistidas. Então, essa agenda que inclui resiliência, sustentabilidade, é a cara do Rio.

Falando um pouco da sua área, que é a questão edilícia: que tipo de incentivos pode-se dar para as chamadas construções verdes? Pode-se criar o IPTU verde, facilitar o licenciamento, trocar potencial construtivo pela adoção de energia solar, enfim, isso tudo que você conhece melhor do que eu. O Rio tem como construir uma marca, uma reputação em mobilidade, na adoção de ônibus elétricos, energia solar, enfim, há aí um conjunto amplo de possibilidades.

MIGUEL Nisso entra uma experiência que também deu a você visibilidade internacional, a presidência do C40, o grupo das quarenta principais cidades do mundo. O Rio tinha um protagonismo nessa época. O que essa experiência e essa rede de relações podem trazer de benefícios para a cidade?

PAES Tem um aspecto importantíssimo, Miguel, que é a construção de uma marca. Vamos de novo para o fator percepção: que elementos concretos o fato de eu ter sido presidente do C40 gerava para a cidade? Bom, ali você faz parte da rede, tem troca de experiências, incentivos, enfim, uma série de medidas interessantes. O C40 é uma organização de cidades que, de fato, funciona, tem um orçamento grande, uma estrutura bastante importante. Agora, o que faz a diferença? É um pouco essa condição da marca, é o Rio como referência de medidas no campo do meio ambiente. É óbvio que Copenhague, Oslo, Estocolmo, essas cidades são ambientalmente mais corretas, menos poluentes, têm alto índice de transporte cicloviário. Isso é óbvio, não estamos nem discutindo, não dá para disputar. Mas o Rio gerava mais impacto, passou a ser mais referência porque era uma cidade com desafios num país desigual, em desenvolvimento, enfrentando esses temas.

Até no campo da resiliência! O que é o Centro de Operações? É um supercentro de resiliência. Uma forma de a cidade enfrentar os seus desafios e problemas, com tecnologia, com informação. Claro, ali você atinge outro aspecto, mas a razão de ser eram os impactos ambientais — grandes chuvas, grandes impactos, grandes problemas —, e o Centro de Operações mostrando como recuperar a cidade rapidamente. Essa experiência serve para compreendermos que, desde que saibamos nos posicionar, conseguimos assumir uma posição de protagonismo, que faz toda a diferença! E, assim, atraímos investimentos.

Quando se trata da natureza como ativo ambiental, do bem público no Rio — fator decisivo para a decisão de morar ou não morar, investir ou não investir —, na hora em que você cria esse conceito, reforça essa marca, você atrai as pessoas e as empresas. É cool, é sexy, sob todos os aspectos, ficar no Rio de Janeiro. E é assim que tem que ser. Então, esse é um papel importante, sim.

MIGUEL Beleza. Vamos trazer um pouco para os nossos problemas locais. Está mais do que óbvio que o combate à desigualdade social é urgente, para que exista um futuro tanto para a cidade do Rio quanto para o país. E a primeira e mais urgente ação é abordar com coragem, com inteligência e com recursos a questão centenária das favelas. Quais são suas ideias? Você acha que dá para repetir e ampliar o Favela Bairro, o Morar Carioca? Por que esse tema não deslancha, mesmo com o Rio piorando barbaramente em todos os indicadores — muitas vezes piores que os de todas as outras capitais do Sudeste?

PAES Miguel, primeiro vou dar um choque de politicamente incorreto aqui. Não é que o Rio piorou. Os indicadores pioraram porque o Rio foi o mais impactado pela crise econômica. Mas, se você for olhar, até começar essa crise de 2014, 2015, 2016, que depois deu nessa tragédia toda, os índices apontavam que a maior diminuição da desigualdade brasileira era justamente na região metropolitana do Rio. O Rio é a cidade do Brasil que tem a política pública mais consolidada no campo da urbanização de favelas.

Essa história de Favela Bairro, Morar Carioca, é marketing de político. No fundo, era tudo a mesma coisa. Quer dizer, "botei outro nome, porque não era eu que tinha feito". Mas, no fundo, era o mesmo Favela Bairro. Até a fonte de financiamento, em determinado momento, era o Banco Interamericano de Desenvolvimento. Então, a gente tem um programa de sucesso, que foi implementado numa parte significativa das favelas do Rio. Elas contam com uma infraestrutura muito melhor do que contavam há vinte anos. Se não conseguirmos reconhecer méritos naquilo que fazemos, vamos ficar nos martirizando o tempo todo.

Dificilmente você vê uma cena de uma favela hoje, no morro, que seja o sujeito subindo em acesso de barro. Tem sempre uma escadaria, o chão pavimentado, não tem mais a casa de sapê, ou de madeira. Quem não é da comunidade, da favela, olha apenas para os índices de violência. Mas houve um grande ganho econômico no Brasil, no governo Fernando Henrique e depois no governo Lula. A gente precisa reconhecer essas coisas. Se não, parece que tudo é uma porcaria, um inferno.

Não é o Leblon, não são as áreas nobres da cidade, e tem muito para fazer ainda. Mas se chegou a boa parte das comunidades, das favelas do Rio, com 100% de atenção básica na saúde. No final de 2016, boa parte das favelas do Rio, quase a totalidade delas, tinha cobertura do programa Saúde da Família. Isso não é trivial. Agora, ainda temos muitos desafios. Há uma confusão permanente, na minha opinião — e, por isso, digo que sou politicamente incorreto —, entre a violência e a questão da urbanização de favelas.

Por exemplo, o Complexo de São Carlos, que está no auge de um movimento muito difícil agora. O que está acontecendo ali é falta de autoridade do governo do Estado. O governador se fragilizou politicamente, afastado agora. O bandido percebe. Eu estive no Complexo de São Carlos uma semana atrás. Estive lá numa igreja com um pastor, conversando, numa pré-campanha. Subi por uma rua pavimentada, de paralelepípedo, calçada, iluminação pública... enfim, de novo: não é o Leblon, mas as condições urbanas estão dadas. E o sujeito com um fuzil na minha frente. Então, as favelas são uma realidade e um desafio do Rio.

A gente tem que controlar a expansão — e isso quer dizer trazer para a cidade formal. Se o outro não pode fazer um puxadinho no seu apartamento, a gente não pode aceitar que também se construa, sem qualquer critério, nas favelas. Para isso precisa ter parâmetros urbanísticos. A gente fez muito isso no nosso governo, nunca mais eu vi se respeitarem os parâmetros urbanísticos para as áreas de favela do Rio. Precisa ter lei e ordem, precisa ter regras e cumpri-las; precisa evitar a expansão horizontal e vertical — hoje tem tecnologia de monitoramento. A gente fazia um acompanhamento muito forte da expansão horizontal, era difícil fazer na vertical. Hoje já tem tecnologia para isso, precisa ser rigoroso nisso. Se as favelas são uma realidade da cidade, tem que urbanizar, tem que integrar.

Quando estive, no sábado passado, no Fallet/Fogueteiro, no Complexo de São Carlos, fiquei olhando e imaginando. As condições de melhorias foram lançadas. Claro que ainda há muito para se fazer, é preciso melhorar o poder aquisitivo das pessoas, o Brasil precisa crescer, a vida precisa ficar melhor, as pessoas precisam ter emprego. Então, acho que é um desafio, e nós temos que acelerar todos esses programas.

E temos um problema chamado violência pública no Rio de Janeiro. É a hora em que o estado perde o monopólio da força em determinados territórios da cidade, especialmente nas favelas — seja para o tráfico de drogas, que é o caso do Complexo de São Carlos, seja para a milícia, que é o caso da Zona Oeste. Falta política de segurança pública. Desculpe me empolgar com essa situação, mas é porque acho que a gente no Brasil, especialmente no Rio, sempre faz o diagnóstico errado, e aí dá o remédio errado.

Fizemos um bairro ali no Rocha, chamado Bairro Carioca. Pegamos o Minha Casa Minha Vida, compramos uma área da Light, fizemos escola, creche, ginásio... enfim, uns prédios maravilhosos, metrô, trem na porta, tudo perfeito. Em uma semana, estava dominado pelo tráfico de drogas. Não é porque as pessoas pobres são bandidas; não é porque faltavam condições... Não, as condições foram todas dadas ali. Tinha Nave do Conhecimento lá dentro. Mas faltou a presença do estado no campo da segurança pública. São coisas que a gente tem que começar a enfrentar, porque o problema está aí.

Agora, é óbvio: precisa de uma polícia que aja com mais inteligência e menos violência... Enfim, o debate no Rio está sempre errado. Ou é o imbecil dizendo que é assim mesmo e que, por causa da pobreza, você pode deixar todo mundo cometer crime; ou é um imbecil feito esse governador, que vem falar em dar tiro na cabecinha. Fica sempre nos extremos, não tem política pública racional, dando chance para a gente continuar nessa situação. Estive apenas uma vez com esse governador, desde que ele tomou posse, depois de ter me derrotado. Eu disse para ele: "Olha, você dizer essa história de 'tiro na cabecinha' tira as condições das suas forças policiais de operarem dentro da lei, ali na frente. Porque, de um lado, ou você vai botar um monte de malucos matando os outros, ou, de outro, vai ter uma reação do Poder Judiciário ou dos movimentos de direitos humanos, que vai impedir sua polícia de agir." Não deu em outra: a gente teve uma carnificina e, daqui a pouco, não pode mais fazer nada.

MIGUEL Você preparou e deixou como legado um plano para ser aplicado a longo prazo, como em qualquer grande cidade do mundo — como tem em Paris, em Londres e em Nova York. Na primeira oportunidade, você e Pedro Paulo — seu candidato a prefeito em 2016 — se viram respondendo ao Ministério Público justamente pela intenção do então candidato em implantar o plano que foi elaborado para ser implantado a longo prazo. Está mais do que óbvio que o planejamento urbano definitivo e responsável não pode ser política de governo — tem que ser política de estado. É de longa gestação e de uma execução através de gerações, transgeracional. Não se vai inaugurar nada definitivo em habitação, nada em urbanismo ou saneamento, bem feito, apenas em quatro anos, cortando uma fita com a banda da Polícia Militar tocando "Cidade Maravilhosa" — é uma coisa que falo sempre. Então, qual é o seu compromisso em elaborar e implantar esse planejamento estratégico?

PAES Primeiro, Miguel, uma informação, que acho que a maioria das pessoas não sabe: os Jogos Olímpicos são uma conquista de um planejamento estratégico desenvolvido em meados da década de 1990, no governo do prefeito Cesar Maia — o Conde era secretário de Urbanismo e Carlos Lessa coordenou uma grande reflexão sobre a cidade, em que se discutia o papel do Rio como cidade global. Uma das metas era: vamos conquistar os Jogos. Temos que ser uma cidade internacional, de grandes eventos, e uma Olímpiada é o sonho. Então, vinte anos depois, o Rio conseguiu. Não foi um sonho de uma noite de verão. O Rio disputou três vezes, trouxe os Jogos Pan-Americanos... Então, foi o fruto de um planejamento estratégico, que melhorou e que nos permitiu — graças a Deus, no meu período — fazer uma série de intervenções de infraestrutura urbana.

O Porto Maravilha não tem nada a ver com os Jogos Olímpicos. Mas foi através da inspiração olímpica que a gente conseguiu fazer aquela loucura. É importante entender isso. Mostra que o planejamento é fundamental. Grandes intervenções e projetos perpassam governos. No caso da Transbrasil, por exemplo, as pessoas me criticam: "Você não terminou a

Transbrasil." Eu terminei até demais! A Transbrasil nunca foi para terminar na minha gestão. Eu a comecei no final de 2014, início de 2015, dizendo: "Isso vai ficar pronto em 2017, 2018." Não tem problema nenhum, mas você é quase criminalizado por não terminar todas as obras. Desde que você tenha condições, recursos, financiamento garantido — que era o caso —, não é problema.

Então, é muito importante esse planejamento. Planejamento estratégico feito com muita qualidade em 2015, nos 450 anos do Rio, pensando os próximos cinquenta anos — com planos mais imediatos, óbvio, para os quatro anos seguintes, mas pensando no Rio em cinquenta anos. Sabe aquela pergunta, "O que você quer ser quando crescer?". Qual é o norte? Qual é a bússola? A gente não pode se desviar disso, principalmente quando isso é construído com a participação da sociedade — daqueles que refletem sobre a cidade, que foi o caso desse planejamento estratégico. Então, não era um projeto de governo, não era uma coisa de campanha. Acabei até sendo condenado e fiquei inelegível por causa disso — por ter feito um planejamento estratégico.

É óbvio que você tem coisas que são adaptadas, e realidades que mudam. O mundo em cinquenta anos muda horrores! Muda em cinco, imagina em cinquenta. É óbvio que você vai adaptando aquela realidade. Mas é importante ter um norte, ter uma bússola. O mar ficar revolto e você saber o caminho que está seguindo.

MIGUEL Você falou da participação da sociedade civil. Na sua gestão já houve um conselho de notáveis. E hoje a gente vê, cada vez mais, a importância vital de líderes comunitários, de moradores de comunidades, na construção e também na execução desse planejamento estratégico, e participando, de alguma forma, na governança dos seus territórios. Nessa época de pandemia vimos, em várias localidades, essas lideranças comunitárias elaborando políticas de auxílio, executando e resolvendo seus problemas locais com rapidez, sem depender do Estado. Você vê vantagem, alguma forma administrativa ou jurídica de isso acontecer de fato e de direito, dentro de uma prefeitura sua, por exemplo?

PAES Miguel, acho que as elites se surpreenderam na pandemia com a capacidade de articulação desses personagens. Como a pandemia acabou sendo um momento em que, talvez pela primeira vez na história brasileira, uma parte das elites — não me refiro a todos — parou para olhar o tamanho da nossa desigualdade e os problemas que podiam advir da pandemia, as pessoas acabaram enxergando um pouco mais. Mas esse capital social pulverizado pela cidade, nas associações de moradores, em ONGs, em grupos, está aí segurando as pontas há muito tempo. Isso é fundamental. O papel do poder público, cada vez mais, é fortalecer esse tipo de interlocução, esse processo de debate. Até porque esse aparelhinho chamado celular é uma ágora, é um espaço de discussão, e as pessoas querem decidir, querem dar opinião, querem dizer o que pensam.

Nos movimentos de 2013, se dizia: "Não, as pessoas estão nas ruas protestando contra a qualidade do serviço público." *Bullshit*, mentira, besteira. Primeiro, tinha uma turma de direita, conservadora, reclamando da corrupção; e uma parte da população estava ali porque queria, e quer, tomar decisões na crise da democracia representativa. Mas alguém disse, alguma matéria disse, que era reclamação contra a qualidade do serviço público e todo mundo saiu repetindo.

Há um capital social imenso nas favelas do Rio, nas áreas mais pobres da cidade. Ele tem que ser fortalecido. A população já substitui o Estado em diversas funções. Agora, a gente tem um país egoísta, um país que é muito desigual, onde as pessoas se incomodam com política de transferência de renda. Tem até uma turma que criticava muito, mas agora viu que dá voto e está querendo fazer mais política de transferência de renda.

O Brasil tem uma dívida social geracional. Não posso pedir para uma mãe que nasceu numa favela do Rio há vinte anos, e que já botou dez filhos no mundo, que ela se vire. "Vou te ensinar a pescar." Dificilmente ela vai aprender a pescar. Tenho que dar chance de que ela permita que esses dez filhos tenham condições de aprender a pescar lá na frente. Até lá, tenho que dar peixe para ela.

MIGUEL Na última conversa que a gente teve, entre um grupo de criadores, designers, você falou um negócio muito bacana. Em algum momento, estávamos falando em questões urbanísticas muito específicas — sobre as quais você, na verdade, não entendia muito bem, nem tinha mesmo como entender — e você disse: "Olha, sou o melhor assessor para um bom secretário, com boas ideias."

PAES Eu sou o melhor assessor para os meus secretários! Monto meu time assim: me traga uma boa ideia que vou fazer de tudo para viabilizá-la! Eu ajudo a realizar, é o meu papel! Olha, só entro em reunião dizendo: "O mais burro aqui sou eu."

Primeiro, porque a população não é obrigada a saber de tudo. Quando a gente fala dos parâmetros edilícios, Miguel, ATE, esses negócios todos que os arquitetos falam, a população não entende e eu me obrigo a não entender, porque quero que desenhem para mim. Que tipo de ocupação vai ter aqui? Porque, se deixar, vocês montam aquelas tabelinhas lá, "pi" sobre raiz quadrada de alguma porcaria... Quem entende disso? X, Y, sei lá das quantas. Então, esse é o meu esforço. Sou um ótimo assessor dos meus secretários para dar as condições políticas, para viabilizar os recursos para que a vida ande para a frente. E para depois cobrar, para exigir.

É assim que sempre monto minhas equipes. Inicialmente, tenho que fazer um esforço para juntar todas as boas forças da cidade, sejam elas no campo público ou privado. Forças de reconstrução, dispostas a consertar o Rio. Você sabe minha característica: sou o rei de uma *to do list*, que vou minuciosamente cumprindo e cobrando ao longo do tempo. Foi assim nos meus dois mandatos. Busquei me cercar de pessoas qualificadas, das quais sempre exigi que me apresentassem o melhor plano de voo. Discuti junto esse plano de voo, a gente sempre governou com meta, com clareza daquilo que a gente queria conquistar. E persegui aquilo ali e dizia para os meus secretários: "É essa meta aqui, e vou te dar o dinheiro e as condições políticas para fazer e vou cobrar resultados com muito rigor." E assim foi. É assim que eu governo.

MIGUEL Você ficou muito estigmatizado por causa das suas relações com Sérgio Cabral, com Lula, com Dilma. Em diversos momentos, e por diferentes motivos, isso atrapalhou e prejudicou você. Sei que já falou muito sobre esse assunto, claro. E eu pergunto: foi puro pragmatismo para buscar sempre o melhor para a cidade?

PAES É e não é. Sérgio Cabral era uma figura ótima de conviver, e Lula é um cara agradabilíssimo de conviver! Uma pessoa engraçada e tal. Dilma era meio chata, enfim. Mas, sob o ponto de vista pessoal, você tem ali o convívio, é óbvio — não há como negar isso. Aliás, seria ridículo da minha parte negar. Agora, você tem que se relacionar institucionalmente, não tem jeito. Então, se preparem, se eu for prefeito do Rio, vocês vão ficar frustrados, porque vou virar *brother* do Bolsonaro. Do Witzel, eu estava até planejando virar. Mas, pelo jeito, vou virar do vice dele.

É assim que a gente governa, não tem jeito. Você não está exatamente num mosteiro, não está cheio de freiras aqui na política, não! Tem pessoas diferentes! Essa é a convivência, essa é a riqueza da política. Você lida com pessoas com quem, na sua vida normal, não conviveria. Não estou dizendo que todas elas são desagradáveis e chatas, ao contrário! Tem muita gente interessante, mas, enfim, elas fazem das suas vidas o que bem querem. Ou todo mundo que conviveu com Witzel agora é bandido? Estava cheio de gente importante ali, coladinho nele, não estava? A gente não viu um monte de autoridade, moralista, honesta... Sabiam das coisas dele? Ora! Não dá para a gente acusar os outros pela simples convivência.

Tenho muita tranquilidade com isso. Convivi muito com o governador Sérgio Cabral. Outro dia teve até uma história de que eu enchia o copo dele, quando ele ia na Gávea Pequena. O dele e o de todo mundo! Nenhuma visita na minha casa ficará de copo vazio, jamais! Se eu tiver algum interesse de buscar recursos para a cidade, encho mais ainda. Então, se der para encher o copo do Bolsonaro, no dia 1º de janeiro ele está convidado para jantar na Gávea Pequena comigo. Vou encher o copo dele e, se Deus quiser, trago recursos para o Rio. É assim que tem que ser.

Não esperem de mim planos a longo prazo, perder energia pensando na eleição de 2022. Quem é contra Bolsonaro, quem é muito a favor dele, quem é contra o Lula, quem é muito a favor... não estou preocupado. O meu negócio é quem é a favor do Rio de Janeiro. Vou trabalhar pelo Rio de Janeiro. Já tem gente demais para pensar na eleição de 2022. Eu vou tratar da minha cidade.

MIGUEL Você sempre disse que o melhor trabalho do mundo é ser prefeito da cidade do Rio de Janeiro...

PAES Sem dúvida. Quis até ser governador, que é um trabalhinho mais complexo... Aliás, estamos conversando aqui em setembro, em plena campanha. Quando essa conversa for publicada, já saberemos se eu estarei de volta ou não para esse que é o melhor emprego do mundo, ser prefeito do Rio.

MIGUEL Está muito claro para mim e para muita gente que o futuro do Rio de Janeiro é turismo, serviços, cultura e indústria criativa. Tudo isso anda sem comando, sem inteligência e sob um explícito ataque em todos os âmbitos — municipal, estadual e federal. Além de, obviamente, essas serem ferramentas de inclusão social e geradoras de recursos, o Rio tem o enorme privilégio, como você mesmo já falou, de ser, no mundo, uma das poucas cidades cuja produção da mais alta cultura é suburbana, de periferia, enfim, nascida nas comunidades. Isso é muito óbvio, por exemplo, na música, no carnaval, que a gente tanto ama. Numa sociedade conservadora, como está se tornando a brasileira, onde tudo isso é tratado como supérfluo, como menor, como a gente dá destaque, dá voz e o devido protagonismo a essa área cultural?

PAES Na prática! É garantir recursos, estar presente, dinamizar, ajudar, entender... O importante é que você dê as condições para que a cultura, surja onde surgir, tenha alcance, tenha destaque por toda a cidade. E isso é altamente atraente no Rio. O que vem do Rio é esse imaginário. Não posso exigir que o prefeito do Rio goste de samba, na verdade nem precisa. Não estou pedindo para ele ficar a noite inteira na Sapucaí, também não precisa. Agora, não dá para o cara simplesmente ignorar ou maltratar personagens como Nelson Sargento, Monarco, a nossa querida e falecida Dona Ivone Lara, enfim, Zé Luís, do Império, todos esses personagens que fazem parte dessa narrativa carioca, desse *brand* carioca, que fazem dessa cidade a cidade que ela é, como se eles fossem personagens que mamam nas tetas do Estado. É preciso tratar a cultura muito bem! É preciso transformar de novo o Rio de Janeiro na capital cultural do Brasil!

MIGUEL Você entregou, em 2016, uma cidade totalmente diferente da cidade que a gente encontra hoje. Como é que a gente levanta de novo a autoestima do carioca, e como recuperar a reputação dessa cidade de São Sebastião do Rio de Janeiro em termos planetários?

PAES Primeiro: a gente perdeu uma superoportunidade. Porque em 2016 tínhamos uma cidade com uma infraestrutura incrível, que nunca foi utilizada na sua plenitude. Em todos os aspectos. Então, assim, desculpa: a virada não é complexa. É óbvio que os tempos são difíceis, mas precisamos botar na cabine de comando alguém que sente na cadeirinha e saiba onde aperta os botões, para taxiar o avião na pista, para decolar, para voar em velocidade de cruzeiro e depois pousar sem cair. Não é tarefa para amador. Isso é fundamental. Temos que saber que é um período de emergência. Nós vivemos duas pandemias: a Covid-19 (nome do vírus e o ano em que começou) e o Crivella-16 (nome do vírus e o ano em que começou). Precisamos de um plano de emergência, de gente que entenda a cidade, que tenha dimensão dela, que saiba como botar o time para funcionar rápido e que conheça a cabine de comando. E eu garanto que é possível virar esse jogo com mais rapidez do que a gente possa imaginar.

MIGUEL Última pergunta: o que mais orgulha você no seu legado, e do que mais se arrepende?

PAES Arrependimentos, são vários. Por exemplo, eu não devia ter feito a ciclovia da Niemeyer. Acho que foi feita, tem que manter, tem que resolver. Também acho que construí muito Minha Casa Minha Vida na Zona Oeste do Rio, contra tudo o que eu já disse aqui hoje — devia ter diminuído. Eu queria ser o recordista brasileiro de produção habitacional. Até fui, mas isso teve um custo para a cidade, porque foi muita coisa para a Zona Oeste quando devia ter feito mais para a Zona Norte, mais em direção ao Centro.

E do que eu mais me orgulho, acho que é o astral da cidade, dos cariocas. O orgulho, a autoestima que a gente conseguiu levantar, fazer com que as pessoas se sentissem, de novo, atraídas por essa cidade. Mas isso ainda tem volta!

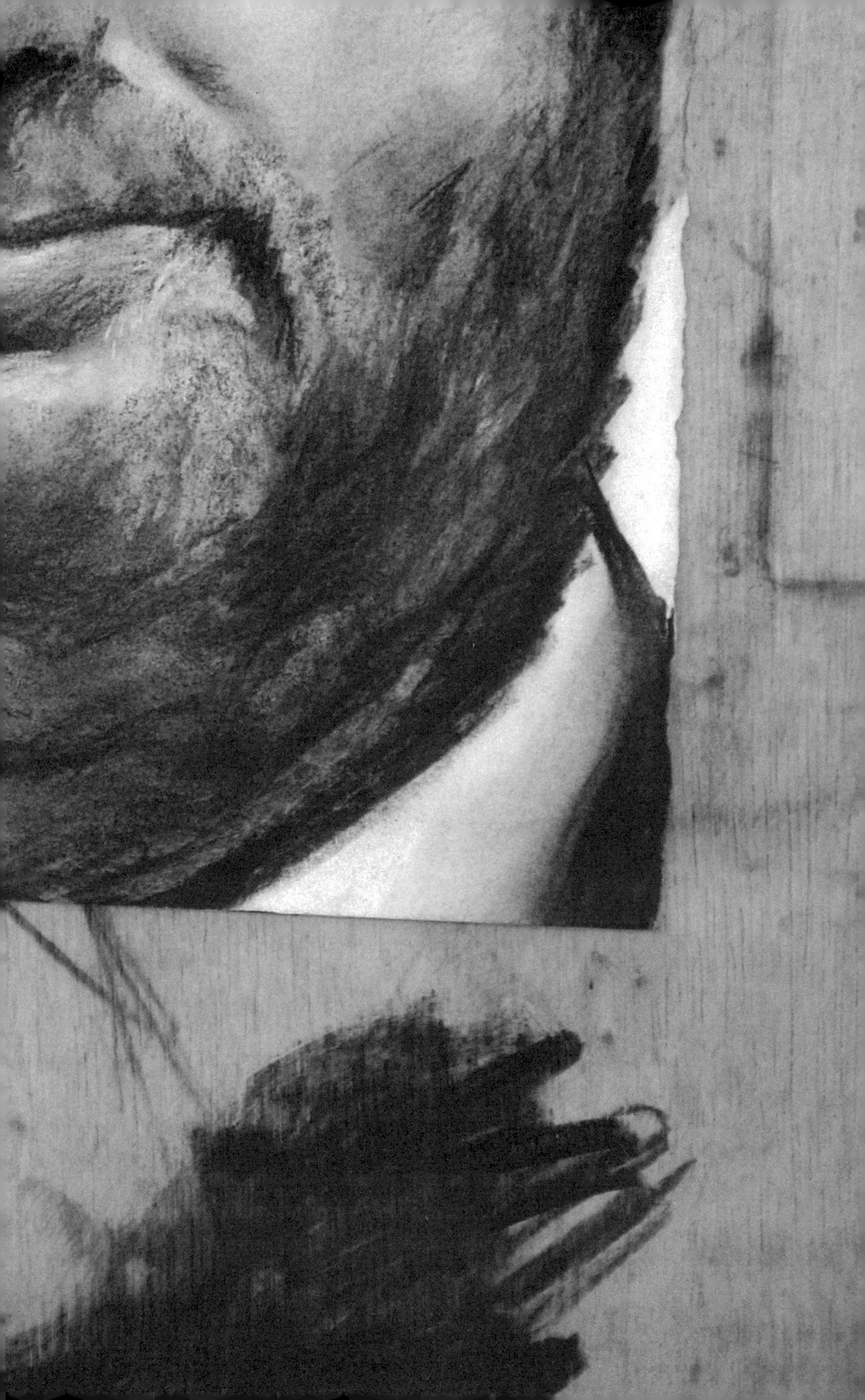

DAVID ZYLBERSZTAJN
NOVA MATRIZ ENERGÉTICA

14 DE SETEMBRO

Taí um ótimo conversador... David Zylbersztajn... Domina todos os assuntos, economia, política, teatro, arquitetura, vinhos, viagens, gastronomia... Sobre tudo isso discutimos quando estamos juntos, em reuniões, festas, jantares, ou tomando uma caipirinha na varanda do restaurante que tive a honra de projetar para ele. Nunca imaginei, porém, que passaria, com ele, mais de uma hora conversando sobre energia! Um recente texto dele, sobre novas matrizes energéticas, na coluna do Ancelmo Gois n'*O Globo*, me atentou para a importância de tê-lo neste projeto. Claro! David é um dos maiores experts do país em energia, e seu ponto de vista é essencial para completar esse panorama que tentei estabelecer sobre a nossa atual situação na questão ambiental reunindo alguns dos principais ambientalistas do Brasil.

MIGUEL David, obrigadíssimo por estar aqui. E vou começar já perguntando sobre uma entrevista recente sua à CNN Brasil, quando você disse que a Covid-19 foi um golpe de misericórdia no setor do petróleo. O que é que te faz acreditar nisso?

DAVID É um golpe de misericórdia porque o setor do petróleo já vinha enfrentando dificuldades no mundo atual. A gente pode dizer que o século XX foi o século do petróleo. O século americano, principalmente. No fim do século XIX se começou a explorar o petróleo comercialmente; depois, no início do século XX, surgiu a indústria automobilística seriada, por exemplo, o fordismo. Foi o que fez deslanchar de uma maneira geral a economia americana e depois a do mundo. O petróleo sempre foi, nos últimos cento e poucos anos, o motor da economia mundial.

O que acontece é que de alguns anos para cá, especialmente nos últimos trinta e poucos anos, o mundo começou a perceber que o petróleo não era só a benesse que todos imaginavam. Ele é, ainda hoje, a energia mais importante que temos, mas oferece também contratempos, e o principal deles é a emissão dos chamados gases do efeito estufa. Ou seja, a queima de combustíveis fósseis promove um aumento de CO_2 na atmosfera, e esse aumento de CO_2 aumenta a temperatura média do mundo.

Então, o petróleo começou a ser considerado um inimigo a ser abatido. Há mais ou menos doze anos, dei uma entrevista para o saudoso Geneton Moraes Neto, na GloboNews, e disse que o petróleo seria visto um pouco como o cigarro. A gente ainda vai ter que conviver com o petróleo e depois com o gás natural, mas a tendência é que o mundo cada vez menos precise dele. Inclusive, a expectativa é de que, em 2100, tenhamos um mundo sem hidrocarbonetos. Esse é o processo que estamos vivendo hoje. Assim caminha a humanidade em termos da energia que ela vai consumir.

MIGUEL E a gente sempre ligado ao passado, não é? Em 2006, o país comemorou a descoberta da camada do pré-sal. Na época, Lula afirmou que Deus era brasileiro, porque nos abençoou com mais essa fonte de petróleo. E isso é diferente da opinião do próprio Juan Pablo Pérez Alfonzo, fundador da Opep. Ele dizia que o petróleo não é um indício da mão de Deus, mas sim o excremento do diabo. O que é um paradoxo, porque é uma das mercadorias mais valorizadas do mundo, mas que tem um poder enorme de gerar pobreza, guerra e autoritarismo. E nós, na história recente do país, ainda tivemos casos icônicos de corrupção ligados a essa indústria, como o escândalo do Petrolão. Você acha que o Brasil sofre dessa maldição do petróleo? E como é que podemos nos livrar disso?

DAVID O Brasil não chega a sofrer da maldição do petróleo, porque tem uma economia diversificada. A maldição do petróleo está muito associada a países que têm o petróleo como a principal fonte de riquezas, de divisas, se não a única. A Venezuela é um caso típico, assim como a maior parte dos países do Oriente Médio que têm petróleo.

O que acontece é que a maldição do petróleo está associada a países que não se desenvolvem culturalmente. Não que não tenham cultura, mas não são referências científicas, não são referências tecnológicas e, em geral, estão, como você colocou, associados a regimes ditatoriais autocráticos, com famílias que comandam, porque aquilo acaba sendo a única ou a principal receita do país. E o detentor do petróleo detém o poder.

É esse o risco de dar essa superimportância ao petróleo. Felizmente, aqui no Brasil, a gente tem uma relação muito confortável em relação a ele, mas o petróleo não é hegemônico. Ele tem uma participação importante no PIB brasileiro, mas não é como na Venezuela, onde é responsável por 70% do orçamento e 90% das exportações, ou como na Arábia Saudita. E, ao mesmo tempo, países que já têm petróleo estão percebendo que isso vai acabar. Tem uma frase famosa que eu gosto de citar bastante, que diz que "a Idade da Pedra não acabou porque acabou a pedra, foi porque se parou de usar a pedra". O petróleo, ao contrário do que se falava no passado, vai deixar de ser usado não por ter sido extinto, mas porque a demanda vai se deslocar para outra forma de energia. O que era uma coisa impensável há quinze, vinte anos.

Então, o Brasil não chega a sofrer da maldição do petróleo. É, sim, um tipo de riqueza, evidentemente, atrasado. Nós perdemos muito tempo com discussões políticas de mudanças de modelos, ficamos quase dez anos sem ter nenhuma licitação importante, o Brasil poderia estar muito mais avançado nisso. Por outro lado, desenvolvemos uma capacidade no centro de pesquisas da Petrobras e nas universidades, que faz do Brasil um país muito avançado em relação a tais tecnologias. O petróleo teve um lado bom também para o país em termos de formação de gente, de qualificação. Eu diria que vai ser uma transição suave por aqui, não vamos ter problemas como esses países que dependem do petróleo. Amanhã, se o petróleo cair para preços mais baixos do que já estão hoje, pode prejudicar a Petrobras, mas não é uma tragédia para o país.

MIGUEL Você falou do preço do petróleo, e aí eu me lembro de que, pouquíssimos dias antes da decretação da pandemia pela OMS, a gente enfrentava mais uma gravíssima crise do petróleo, de derrubada de preços, com o barril sendo vendido a preços negativos. No livro *O mundo pós-pandemia*, você assina um artigo em que diz que o mundo do ouro negro foi derrubado por um vírus. O que podemos esperar da indústria do petróleo após essa pandemia, além da crescente migração para as energias renováveis?

DAVID Uma coisa certa sobre o preço do petróleo é que todo mundo erra. O que vai acontecer, eu acho que é um caminho inexorável: o mundo percebeu na pandemia que tem que se preocupar com a qualidade não só da sua saúde pessoal, mas da saúde do planeta. E estamos sentindo isso de uma forma que pegou gente pobre, gente rica, em qualquer latitude e no mundo inteiro. Ou seja, o mundo tem que prestar atenção. E uma das atenções é a questão da maneira de produzir e consumir energia.

Nesse artigo que você citou, eu começo dizendo que a partir do momento em que nascemos, cada um de nós já é um predador natural.

Quando a gente nasce, tem que se vestir, comer, se deslocar e tudo mais. Consumir energia é a principal ação deletéria antropogênica.

Então, essa pandemia fez o homem abrir os olhos. Estamos vivendo outra pandemia. A pandemia do vírus, que podemos chamar de uma doença aguda, e percebemos no nosso dia a dia. A outra, que podemos chamar de crônica, é a pandemia do aquecimento global. E o aquecimento global decorre essencialmente, eu diria que em mais de 80%, da produção de energia.

Nessa pandemia, a gente não está percebendo, mas estamos presenciando um pouco aquela história do sapo na panela, na qual a panela vai aquecendo e, quando você vê, o sapo já se foi sem você nem perceber. O mundo tem que abrir os olhos para isso. Ou seja, ao contrário da pandemia aguda, para a qual vai haver uma vacina nos próximos meses e o vírus vai perder força, essa pandemia do aquecimento global não é reversível. Se a gente não tomar cuidado, ela vai causar estragos e modificações irreversíveis para o homem, para a natureza e para a vida da gente. Inclusive, colocando em risco a própria sobrevivência das pessoas e a maneira como elas veem o mundo hoje. Essa pandemia atual serviu para a gente pensar: onde é que temos que nos prevenir? Que atitudes temos que tomar? Seguramente, o principal foco, fora a área de saúde, é o setor de energia. Não tenha dúvida nenhuma de que é aí que essa pandemia do aquecimento global vai se manifestar de maneira mais forte.

MIGUEL É impressionante, David. Vamos falar então agora sobre a mudança da matriz energética, que é uma das maneiras de contribuirmos para a reversão desse quadro. O petróleo ainda representa 40% da energia do Brasil. Para cumprir os acordos que assumimos em Paris, a gente precisa reduzir as emissões em 43% até 2030. Ou seja, essa mudança tem que andar mais rápido. Como podemos acelerar esse processo?

DAVID A matriz energética brasileira é talvez a matriz mais limpa dentre os países maiores e mais desenvolvidos em termos industriais e de grandes populações. Ao dizer limpa, a gente tem que tomar cuidado, porque não existe nenhuma forma de energia totalmente limpa. Salvo engano, a matriz brasileira tem mais ou menos 46% de energia renovável — para você ter uma ideia, a média mundial é de 13% a 14%. E entre os países da OCDE, que são os mais ricos, é de cerca de 10%. Temos uma disparidade favorável ao Brasil muito importante.

Já somos um país que de alguma maneira cumpre com folga requisitos para ter uma matriz energética melhor do que a que tem no mundo. Mas pode melhorar, porque o Brasil tem uma virtude espetacular em termos de setor energético. Enquanto muitos países têm a questão da escassez, o Brasil tem a virtude da abundância. Temos muitas formas possíveis de energia e todas elas de modo abundante. Se o Brasil souber trabalhar direito, pode atender com folga os compromissos que teve em Paris, ao contrário de outros países.

É bom lembrar que são compromissos voluntários. Não são compulsórios. E o Brasil tem condições. Na minha opinião, vamos trilhar esse caminho. Grande parte da frota de veículos já roda à base de biocombustíveis, como o etanol e o diesel vegetal. Temos também muito sol, muito vento, que ainda são pouco explorados. Dá para caminhar nesse sentido se trabalharmos direito e, principalmente, não inventarmos nenhuma maluquice, como aconteceu com os subsídios indevidos ao petróleo, causando distorções do mercado que inviabilizem uma fonte ou outra de energia.

MIGUEL Você falou na possibilidade de o Brasil funcionar 100% com energia renovável. A gente tem o quarto maior território do mundo, diferente de muitos outros, uma região basicamente tropical, temperada e plana. A gente tem 7.500 quilômetros de costa, um volume absurdo de biomassa e, como você mesmo lembrou, o território brasileiro é extremamente bem servido de vento e de sol. Além disso, o maior percentual de energia elétrica vem de fonte hídrica, apesar das polêmicas socioambientais. A dúvida é: por que a gente não avança ainda mais? É por lobby, é por falta de visão política, é por burrice? O que você acha que falta para esse *turning point*?

DAVID Como falei, como um todo, nossa matriz energética é 46% renovável. Se formos calcular apenas a produção de energia elétrica, essa taxa chega a 83%. Quer dizer, é um valor muito expressivo, considerando essencialmente a hidroelétrica, que é a maior parte, mais a eólica e a solar. Hoje, a eólica, dependendo da semana e da necessidade, pode ser muito eficiente. Recentemente, atendeu a mais de 100% da necessidade do Nordeste. Temos, porém, a dificuldade da intermitência, ou seja, dias em que não há vento ou sol.

MIGUEL Mas esse problema a presidenta Dilma já resolveu, não é?

DAVID É. Não vou fazer aqui a defesa de Dilma, mas estocar vento faz sentido. Porque é como se você pegasse essa energia e pusesse em baterias. Não sei se ela quis dizer isso, mas enfim... Com um pouco de boa vontade, pode-se concluir que era exatamente isso que ela queria dizer. Essa, aliás, é uma das questões mais relevantes hoje em relação às renováveis. Principalmente quando não se tem uma fonte permanente de fornecimento. Agora, respondendo um pouco a sua pergunta, a gente tem um potencial que está zero explorado por enquanto, que é a chamada energia eólica offshore, ou seja, no mar. E já tem em diversos lugares do mundo. Aqui no Brasil, já existem alguns projetos que aumentam muito a nossa capacidade, não só de geração, mas principalmente da permanência da geração. O mesmo em relação à energia solar fotovoltaica.

Então, o grande salto — e é um dos grandes campos de estudo hoje no mundo — são as baterias. E aí a gente pode entrar em um campo de que ainda não falamos, que é a questão da mobilidade, dos carros elétricos, dos ônibus elétricos. Fazendo um exercício de ficção, no futuro, na sua casa, vai ter um local em que você vai encaixar um cilindro, ou alguma coisa, que tem energia armazenada, e vai ligar a sua casa como se fosse a bateria de um carro. Se estiver acabando, você vai no supermercado, compra outra e troca. Isso depende muito da tecnologia de baterias. Então, pode armazenar em qualquer lugar.

Você perguntou por que a gente não faz. O principal sinal está acontecendo de forma muito positiva, na minha opinião, que é a questão do mercado. O mercado, que sempre foi muito resistente, está se impondo na direção correta. E aí já entra outra discussão um pouco mais ampla, que são os investimentos, que só são feitos em indústrias e empresas que têm uma relação saudável com o meio ambiente. Os grandes fundos internacionais, hoje, têm nas suas regras de procedimentos, de *compliance*, o filtro, o compromisso de não mais só olhar o balanço da empresa. O filtro é você olhar como é que a empresa leva em consideração a questão ambiental, a questão social, a governança e a sustentabilidade.

Então, a sua pergunta vai ser respondida, na minha opinião, pelo mercado. É como um banco não financiar um produtor rural que faça desmatamento na Amazônia. É a mesma coisa para a produção de energia. Você dificilmente vai conseguir um financiamento para uma usina térmica a carvão, que é a pior das formas de produzir energia em termos do aumento do efeito estufa. Estamos caminhando nessa direção. Eu não me considero ultraliberal, mas o mercado está dando sinais muito positivos.

Por exemplo, ainda se discute — na minha opinião equivocadamente, para mim esse é um assunto que já deveria ser ultrapassado — hidroelétrica na Amazônia. Primeiro que, em termos de custos e de distância, já existem outras fontes que podemos produzir ao lado de casa. Podemos produzir nossa própria eletricidade no telhado de casa. Mas, principalmente, a pandemia escancarou essa nossa fragilidade. A gente conhece 0,01% dos vírus que habitam a Terra. Na Amazônia, se você começa a causar desmatamento, queimadas, inundações, todos esses desequilíbrios podem, literalmente, soltar a fera. E a gente não sabe como lidar com isso. Assim como no caso do aquecimento global. Com o derretimento de camadas de gelo na Antártida, por exemplo, estão se desprendendo vírus que estavam encapsulados há 100 milhões de anos, e ninguém sabe o que vai acontecer.

MIGUEL Não apenas o mercado, como entidade, vai exigir essa mudança de paradigma, mas também o consumidor como indivíduo pode desequilibrar esse jogo. E você costuma dizer que o avanço das redes sociais, da internet, da comunicação em massa, será decisivo nas próximas décadas.

DAVID Não tenho a menor dúvida. Acho que a digitalização, hoje, é quase um clichê positivo de que o mundo caminha para uma coisa que se chama 3D. O primeiro D é a descarbonização, que é isso de que estávamos falando, sobre a redução do consumo de combustíveis fósseis e, consequentemente, a diminuição da emissão de carbono na atmosfera. O segundo D é a descentralização, ou seja, quando a gente fala de um coletor solar, por exemplo... Meu escritório fica no último andar de um prédio. Acima de mim tem uma área espetacular em que, se eu quiser colocar coletores solares, posso colocar. Passo a maior parte do meu dia aqui, vou dizer para a concessionária que não preciso do seu serviço, vou tomar uma decisão. A mesma coisa em Búzios, onde venta muito. Se eu colocar uma pequena eólica do lado de fora da minha casa, vai funcionar. Então, isso já é o que a gente chama de geração distribuída, no jargão técnico, e as empresas estão fazendo isso direto.

E o terceiro D é isso que você estava falando, a digitalização. A forma de comunicação entre as pessoas e os sistemas está cada vez mais sofisticada e mais inteligente. No celular, hoje, temos cinco vezes mais capacidade de processamento do que a Apolo que foi para a Lua. Uma comparação simples: você, na sua casa, controla as luzes pelo celular ou o que seja, em um microambiente. Você pode fazer isso em um ambiente muito maior, pode contratar a sua energia em algum lugar. Assim como pede comida pelo celular, vai poder pedir a sua energia de alguma maneira, é o poder de escolha do consumidor. Até os nossos pais, por exemplo, foram chamados, de alguma maneira indevidamente, de consumidores cativos.

MIGUEL E nós, os filhos, éramos os sócios da Light. Lembra isso?

DAVID Sócios da Light. Exatamente. O consumidor cativo é assim: ou você é atendido pela Light, ou quem quer que seja, ou você não vai ter energia. Hoje acabou, vejo isso por experiência, porque estou no Conselho da Light e a gente tem que tomar cuidado, eu falo sempre: olha, o modelo de negócio está mudando, o consumidor está tendo voz, não só voz, como também ação. O consumidor está literalmente atuando como um concorrente de uma empresa que até pouco tempo era monopolista e mandava no mercado. Você pega uma conta de energia da EDP em Portugal, que é uma empresa superpreocupada com a questão do meio ambiente. Na conta vem escrito assim: 84% da energia que você está consumindo é proveniente de fonte renovável. Isso tem um lado de marketing, claro, mas tem um lado de prestação de contas e de cobrança. O consumidor cobra. Hoje isso é permitido, é possível e vai evoluir muito mais.

Outro dado interessante: com os juros baixos que a gente tem no Brasil — nos Estados Unidos, são muito comum —, alguém vai chegar na sua casa e vai dizer assim: "Miguel, vou instalar aqui um coletor solar, você não vai investir nada. Durante cinco anos você vai me pagar uma parte da diferença do seu consumo de energia. O que estiver consumindo a menos de energia da concessionária, é seu." Você não vai perder nada, muito pelo contrário. Vai ter a certeza de que está consumindo uma energia muito menos poluente, muito menos agressiva comparada a outras formas de energia. Não vai estar contribuindo, por exemplo, para inundar mais a Amazônia ou para fazer outra termelétrica a diesel.

Então por que você não faria isso? Aí a decisão é econômica, o que é fundamental. Foi por isso que eu disse que o mercado vai ter um papel crucial nessa história. A gente está caminhando para isso. Acho isso muito bom, nessa linha a gente tem que tirar algumas lições positivas das adversidades, e a gente ganha com isso. Só para lembrar, lá no início da nossa conversa aqui sobre o petróleo... Os países que mais se desenvolveram foram os países que não tinham o petróleo, ou seja, Japão... As exceções talvez sejam os Estados Unidos e um pouco a Inglaterra, mas o Japão não tem petróleo, Israel não tem petróleo, a Coreia não tem petróleo, a Alemanha também não, e vimos que são países que não se acomodaram nesse benefício da natureza e foram à luta. Então, é isso que está acontecendo agora também, o consumidor está podendo ir à luta na hora de tomar a decisão. É por isso que essa conscientização das pessoas é muito importante.

MIGUEL Muito bom, David. Quero voltar a uma questão que envolve a mobilidade urbana e consequentemente a qualidade de vida nas cidades. Como você mesmo citou, a gente teve uma história de grande mobilidade sustentável, desde os anos 1970, em que adotamos a mistura do etanol na gasolina, e já naquela época foi lançado o carro 100% a álcool, que foi uma resposta a uma crise do petróleo. Portanto, a gente já poderia ter transformado todo o mercado dos carros de motores a combustão. Em dez anos, a Holanda só vai ter carros elétricos. Contamos com um parque industrial que atende a muitas das montadoras internacionais que poderiam produzir em solo brasileiro modelos elétricos. Nós, que já fomos líderes mundiais no combustível a álcool, estamos comendo uma certa poeira. Por que essa marcha lenta?

DAVID O nosso ônibus, o ônibus da rua, é até hoje o mesmo ônibus dos anos 1940 em termos de chassi, que é o chassi de caminhão. O nosso ônibus é velho, é aquele em que o motorista ainda passa marcha ao lado. A regulação do setor de transporte urbano brasileiro sempre foi muito promíscua. O Rio de Janeiro, onde a gente vive, Miguel, já teve ônibus elétrico, que hoje é o que há de mais moderno no mundo. A gente teve bonde, que é o que há de mais moderno no mundo. Tudo eletrificado.

Está voltando a eletrificação, é a tendência dos transportes do mundo. No Brasil, vai demorar um pouco. Quando as pessoas tiverem consciência da poluição que um ônibus a diesel causa em uma cidade... Essa é uma das agendas em que a gente não conseguiu avançar, o que é uma tragédia urbana. Ainda dependemos dos ônibus a diesel nas cidades, quando já deveríamos estar com ônibus elétricos, não precisa nem ser à bateria, não, elétrico com fios mesmo, como tem no mundo inteiro, tipo um VLT. Ou mesmo uma transição para o gás natural.

A gente não falou disso, mas o gás natural, um dos três principais hidrocarbonetos (ao lado do carvão e do petróleo), é chamado de energia de transição. E a gente não conseguiu adaptar a frota urbana para o gás natural, apesar da legislação favorável. O que já seria um avanço em termos de poluição urbana. Então, o que você falou do carro elétrico se confirma, a nossa indústria é uma indústria que sempre primou pelo atraso. Tudo o que chega aqui já chegou muito tempo antes nos outros países.

Não sou contra subsídios, desde que eles sejam claramente explicados, transparentes. Você pode gostar ou não, mas é o papel do Estado, é o papel do governo. O carro elétrico não deveria pagar tanto imposto quanto o carro movido a combustível fóssil, por exemplo. Hoje, no mundo, para você ter uma ideia, a Tesla, que é o que há de mais avançado em termos de carro elétrico, vale onze vezes a Ford e fabrica cerca de dez vezes menos carros. Ela vale sete vezes a GM. Tem valor de mercado de 300 bilhões de dólares, e a Toyota, que é a segunda da lista, vale 200 bilhões. E a gente não está percebendo isso aqui no Brasil.

Mas é claramente uma política de governo que a gente não tem. A questão da eletrificação por trilhos, o metrô de uma maneira mais extensa... é onde o mercado tem pouca forma de agir. É muito mais um processo de Estado, de governo. Mas infelizmente a indústria automobilística tem um poder de lobby enorme. Os nossos carros estão sempre atrás, infelizmente. Nas cidades europeias, em geral, a partir de 2025 até 2030, se não for carro elétrico não entrará mais em boa parte dos centros urbanos. A produção de carros movidos a combustível fóssil já está com data para ser interrompida. E aqui no Brasil a gente não vê nada, nada, nada. De tudo o que a gente falou até agora, acho que este deve ser o pior posicionamento de governo que a gente tem, em relação à mobilidade urbana elétrica. Que é uma tendência no mundo todo, diga-se de passagem.

MIGUEL Essa questão de subsídios é muito importante, e é interessante comentarmos aqui. Historicamente, no Congresso americano, os republicanos apoiam as companhias de petróleo e os democratas apoiam os subsídios às fontes que têm menor emissão de gases do efeito estufa. As eleições de 3 de novembro, seja com uma vitória de Trump ou Biden, têm capacidade de alterar o ritmo em que essas mudanças energéticas estão caminhando no mundo?

DAVID Essa pergunta é ótima, porque acho que, junto com a pandemia, o outro fator, em curto prazo, e talvez o mais decisivo em termos das grandes mudanças, vão ser as eleições americanas. Você falou do petróleo, mas não é só do petróleo não, é a questão, vamos chamar, da economia verde como um todo.

Teve um discurso recente de Biden, muito recente, deve ter duas a três semanas, em que ele coloca que a grande virada da economia americana vai ser através da infraestrutura, mas da nova infraestrutura, da infraestrutura baseada nessa economia verde. Seja na construção de estradas, seja na construção de edifícios mais arejados, que precisem menos do ar-condicionado. Até por conta dessa pandemia agora, mas principalmente pela questão da energia. Ele tem como proposta investir 2 trilhões de dólares em energias renováveis. Então, seguramente, enquanto o governo Trump prestigia a produção de carvão, prestigia a produção de petróleo, o governo Biden vai em direção diametralmente oposta.

Então, considero as eleições americanas como extremamente relevantes. Não só em termos políticos, geopolíticos e comerciais, mas em relação ao mundo. Em termos de um New Deal — para usar algo que já aconteceu nos Estados Unidos — que deve afetar não só a economia americana, mas a de todo o mundo. Porque, a partir do momento em que os americanos mergulharem de cabeça, por exemplo, em pesquisa solar e outras fontes energéticas, ganharemos escala, tecnologia, redução de custos, massa crítica, e isso se espalhará pelo mundo, com certeza.

Esse é o exemplo. E o exemplo funciona muito em relação a isso. É uma grande virada, porque muita gente acha que a era americana acabou, mas pode haver uma grande virada para a retomada de empregos, da qualidade de vida e principalmente da economia. A nova economia baseada essencialmente no conceito de sustentabilidade. Acho isso decisivo. Na questão do desenvolvimento econômico, é fundamental.

MIGUEL E essa questão será decisiva também na nossa eleição de 2022. Enfim, vou fazer a última pergunta. Você foi o todo-poderoso diretor da

ANP, a Agência Nacional do Petróleo, no governo Fernando Henrique. Em que momento e por que você passou a defender a energia limpa?
DAVID Nunca deixei de defendê-la. A minha origem é acadêmica, Miguel, sempre trabalhei com conservação de energia. O meu foco de pesquisa, até eu ir para a secretaria de Energia do governo Covas, era conservação de energia, eficiência energética, biomassa. Orientei muitas teses em relação ao uso de biomassas. Quando fui para a ANP não era para promover o petróleo, era para promover a abertura do setor. Vou dar um exemplo: nós temos um amigo em comum, Gilberto Gil, que participou da única propaganda, vamos chamar assim, do único gasto com publicidade em todos os anos que estive na ANP. Foi uma campanha em que Gil fez um jingle que dizia para as pessoas usarem menos, gastarem menos petróleo, menos gasolina. Ou seja, para as pessoas se tornarem mais eficientes e menos perdulárias no seu consumo de energia.

Então, a ANP não preconiza isso, ela não diz assim: ah, o petróleo é um espetáculo. Não. Na realidade, ela regula o mercado, existe para poder trazer outros agentes para o mercado de petróleo. Aliás, uma última coisa que é importante: todas essas companhias que estão aqui no Brasil, companhias do mundo todo, transnacionais, hoje estão se reinventando e criando segmentos não ligados ao petróleo. Mais um exemplo: a Siemens no Brasil acabou de criar uma empresa nova só para as novas energias, pegou o seu CEO atual, que considero uma das pessoas mais qualificadas que existe nesse mercado, para tocar essa empresa. As empresas de petróleo, de uma maneira geral, e a própria ANP têm essa preocupação. A ANP não é um órgão ambiental, não é um órgão de proteção e defesa do consumidor, mas não é nem deve ser um órgão que preconize consumir mais.

Na realidade, ela é um órgão que prega o consumo com responsabilidade. A competição faz com que as pessoas gastem menos, sejam educadamente mais eficientes. Então é isso, não é "vamos atrás do petróleo", pelo contrário. Inclusive depois ela mudou de nome para Agência Nacional do Petróleo, Gás Natural e Biocombustíveis.
MIGUEL Maravilha, David. Obrigadíssimo pelo seu tempo. Foi ótima a nossa conversa. Beijo para Kiki, obrigado!
DAVID Obrigado, Miguel. Eu que agradeço. É sempre ótimo conversar com você. Porque dá para a gente conversar sobre milhões de assuntos, não é? Inclusive sobre energia.

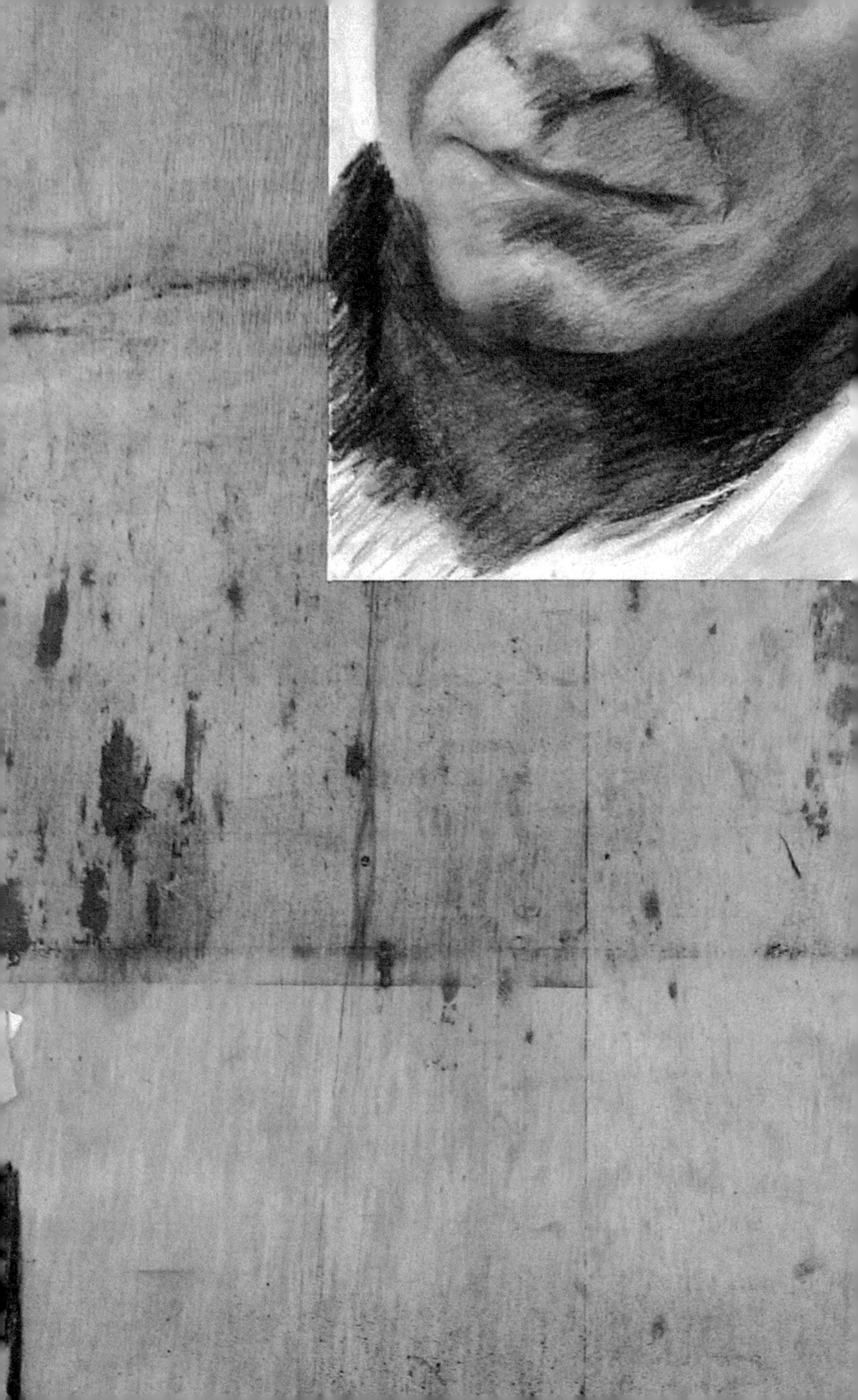

15 DE SETEMBRO · ANDRÉ LARA RESENDE · OS NOVOS ARES DA ECONOMIA

André é um dos pensadores econômicos que eu mais admiro. Como todo mundo sabe, ele é um dos responsáveis pelo Plano Real, que estabilizou a moeda durante o governo FHC. É um dos que eu chamo de *Founding Fathers* do Brasil contemporâneo. Sempre me impressionou sua ligação com Marina Silva, desde a primeira campanha desta à presidência da República. Tenho tanta admiração por Marina, que transborda para aqueles que caminham ao seu lado, como André, que só pelo fato de ser filho de Otto Lara Resende já mereceria toda a minha admiração. Já "seu" Otto, que é como eu cumprimento a sua estátua que dá expediente na esquina da rua Jardim Botânico com a Pacheco Leão, é, por sua vez, um dos *Founding Fathers* da modernidade mineira, junto com Fernando Sabino, Paulo Mendes Campos e Hélio Pellegrino. Os Lara Resende são mesmo admiráveis. Por falar em Lara Resende, esta conversa só foi possível graças a Cristiana, irmã de André e uma das minhas melhores amigas... É muito inteligente também, exceto nas lições de matemática ministradas pelo irmão mais velho... Sua dificuldade com os números é notória em várias de suas cartas ao pai, todas guardadas no Instituto Moreira Salles, nas quais ela reclamava da falta de paciência do irmão, que dizia que ela era "burra e lenta de raciocínio"...

MIGUEL André, obrigadíssimo por ter aceitado este convite. Você é um intelectual que eu admiro muito, e tem muito a contribuir com o panorama que estamos montando, a partir dessas conversas, sobre o Brasil e o mundo, durante e pós-pandemia.

Muitos brasileiros, hoje em dia, discutem Keynes, Hayek e Friedman como se discutissem o ataque da seleção brasileira. Esses economistas elaboraram teorias econômicas que, de certa forma, regem o mercado há mais de setenta anos. Essas teorias ainda têm força em um mundo que se transforma com muito mais rapidez do que no século XX?

ANDRÉ LARA RESENDE Deixe-me abrir agradecendo o convite para esta conversa. Vai ser muito interessante. Foi Keynes quem disse que, no final das contas, são as ideias, muito mais do que os interesses específicos, que determinam os acontecimentos e a visão do mundo. Sem dúvidas, dentre os pensadores, os intelectuais do mundo moderno e contemporâneo — quero dizer, a partir do século XIX —, os economistas tiveram enorme influência no entendimento desse mundo, na formação da percepção de como organizar a sociedade e formular as políticas públicas. Essas pessoas, de certa forma, continuam sendo determinantes na nossa compreensão do mundo.

Infelizmente, como sempre acontece, tanto Keynes quanto Hayek e Friedman acabam entendidos hoje como caricaturas do que realmente eram. Todos eles foram pensadores mais sofisticados do que as suas caricaturas. Pouquíssimas pessoas leem esses autores no original e prestam atenção ou percebem todos os matizes das suas reflexões. Eles acabam sendo apresentados como um estereótipo, positivo por aqueles que os apoiam, para arregimentar novas fileiras para o seu campo ideológico; e como um estereótipo negativo para aqueles que querem combater suas ideias. De qualquer forma, e por isso mesmo, a analogia que você faz com o futebol é muito adequada: o debate deixa de ser uma questão racional, mas passa a ser completamente irracional, baseado na emoção, na paixão. Uma decisão totalmente irracional que define "nós" e "eles", sem ouvir o argumento do outro — que é a coisa mais clássica do futebol.

Mas as ideias continuam a ter muita força. Só as ideias organizam o mundo para que se possa pensar e transformá-lo.

MIGUEL Hoje em dia, os grandes fundos internacionais, os grandes agentes econômicos, têm pressionado governos e empresas para que se comprometam com as políticas ESG — ambientais, sociais e de boas práticas de governança. Apesar das enormes dificuldades que o Brasil enfrenta justamente nesses três aspectos, as empresas brasileiras parecem ter demorado muito a se posicionar a respeito disso. Há poucos dias apenas, os maiores bancos do país — Bradesco, Itaú Unibanco e Santander — emitiram uma carta, um tipo de manifesto, afirmando esse compromisso. Há quantas anda o compromisso das empresas brasileiras com essa questão? Esse é um caminho sem volta?

ANDRÉ Há anos, acredito no que hoje é um certo consenso: a questão ambiental é, provavelmente, o maior desafio da humanidade. O curioso na sua pergunta, que reflete um aspecto importante do mundo contemporâneo, é que hoje o maior desafio da humanidade precisa estar associada aos bancos, aos fundos de investimentos, ao capital financeiro para essa questão ser ouvida. Isso demonstra a que ponto chegou a hegemonia das finanças sobre a formulação de políticas públicas e da nossa capacidade de reagir. Claramente, essa questão transcende a pressão das empresas, dos bancos e dos fundos e de investidores nacionais ou estrangeiros. Essa é a grande questão do nosso tempo.

MIGUEL Vemos o ponto a que se chegou quando as instituições financeiras, e muitas vezes o próprio agronegócio, começam a exigir do governo a defesa do meio ambiente. É um ponto extremo.

A pandemia da Covid-19 encontrou o mundo em crise. A emergência da extrema direita em vários países importantes; o último suspiro das sociais-democracias na Europa; as crises migratórias que assolam vários países; guerras comerciais entre China e Estados Unidos, as crises do petróleo etc. Eu pergunto: o que prevê o liberalismo em situações como essas? Essas economias totalmente liberais não foram, de certa maneira, pegas de calças curtas? Que tipo de capitalismo vai emergir dessa crise? A gente pode prever um capitalismo mais social e ambientalmente responsável?

ANDRÉ Miguel, antes de tudo é preciso definir, ou diferenciar, o que é liberalismo. O liberalismo filosófico, de John Stuart Mill, se posiciona contra uma autoridade opressiva e em defesa do indivíduo e da liberdade. Esse é o liberalismo filosófico *versus* o que hoje por vezes se convencionou chamar de liberalismo econômico, que na verdade é um "laissez-faire": a ideia de que o Estado deve ser reduzido ao mínimo possível, não interferir, deixar que a economia se organize por si própria. Isso, que eu chamo de um liberalismo econômico primário e profundamente equivocado, é uma idealização da economia que não faz o menor sentido. Isso fica evidente em momentos como o de agora. Não existe possibilidade de organizar uma economia, organizar a sociedade, organizar um mercado, sem um Estado — sem uma autoridade competente. Onde não há o Estado, não há autoridade, não há mercado. O que existe é a violência, a lei do mais forte, da brutalidade. Portanto, essa percepção de que o liberalismo econômico exige a eliminação do Estado é uma ficção. Uma perigosa ficção, na minha opinião.

Quando há uma crise, uma pandemia como essa, que leva a uma paralização da economia e gera situações dramáticas de desemprego, de falta de renda, de abandono, de falta de apoio médico, hospitalar etc., fica ainda mais evidente a importância da ação do Estado. Nesse momento não há mais como negar; além de garantir o mercado, o Estado tem que administrar políticas compensatórias, tem que ser competente, tem que estar presente, tem que saber atuar.

MIGUEL Muito bom, André. A gente vive hoje, globalmente, em um mundo onde há uma certa crise de desconfiança, não é? Parece que as nações não podem mais confiar umas nas outras. Os grandes conflitos internacionais giram em torno das teocracias árabes, da China e da Rússia antidemocráticas, dos trumpistas Donald, Jair e Boris... Diante disso, eu pergunto: essa globalização imaginada, que encantou toda uma geração, deu errado? Essa cooperação internacional foi, em algum momento, só uma utopia? A falta de confiança vai levar a uma desglobalização?

ANDRÉ Miguel, a globalização não é novidade e não é um fenômeno do século XX. Ela existiu no século XIX, quando o mundo era integrado, relativamente globalizado. Evidentemente, naquela época, o mundo estava organizado de forma diferente. Períodos de progresso, quando se teve menos violência, menos guerras e mais comércio, mais integração, mais troca — tanto de conhecimento quanto de produtos, de bens e serviços —, aconteceram ao longo de toda a história humanidade. O século XIX é um exemplo disso, mas o mundo também pode andar para trás, pode regredir.

Se houver dúvida, recomendo sempre a leitura de *O mundo de ontem* (*The World of Yesterday*), de Stefan Zweig, um autor austríaco. Nesse livro, a partir de uma experiência autobiográfica, ele fala sobre como parte do mundo do século XIX pôde desmoronar. Um mundo de progresso, de sucesso, onde tudo parecia dar certo, de repente, sem que houvesse uma razão específica, começou a se desorganizar e a desmoronar. Com a Primeira Guerra Mundial e, em seguida, com a Segunda, com as barbaridades que ocorreram durante toda a primeira metade do século XX, o mundo mudou. Zweig também escreveu um livro chamado *Brasil, país do futuro*. Nos anos 1940, ele veio para o Brasil e, deprimido, se suicidou em Petrópolis.

O mundo às vezes progride, às vezes regride. Por isso, é preciso termos muita atenção e compreensão para não nos deixarmos iludir pelo apelo, sempre muito forte, do extremo e das soluções dogmáticas e autoritárias.

Em relação ao mundo em que estamos hoje, você tem razão: de novo passamos por uma espécie de transição, em que há risco de que esse mundo que inegavelmente avançou, teve grande progresso na segunda metade do século XX, possa ter uma regressão profunda, com essa desorganização e essa nova tensão no cenário internacional.

MIGUEL Interessante você falar em O mundo de ontem... Não sei se você se lembra, mas fiz o projeto da Casa Stefan Zweig, um centro cultural que fica justamente na casa onde ele se suicidou em Petrópolis. Um centro de memória não só do escritor, mas dos refugiados da Segunda Guerra. Foi um privilégio trabalhar com o saudoso Alberto Dines.

ANDRÉ Claro, participei intensamente disso com Dines, com Tobias Cepelowicz e com José Pio Borges.

MIGUEL Bom, você está vivendo entre o Brasil e a França, que é um país que apresenta números muito melhores que os nossos na economia, nas políticas sociais e nos índices de desenvolvimento humano. Paris tem uma prefeita de esquerda reeleita, Anne Hidalgo, com ideias bastante interessantes em relação ao urbanismo. O Partido Verde teve vitórias expressivas em Lyon, Bordeaux e Marselha. E Marine Le Pen segue morrendo na praia, apesar do bom desempenho que teve nas últimas eleições. Por que a França não cai nessa lábia da extrema direita?

ANDRÉ Essa é uma excelente pergunta, e tenho pensado bastante sobre isso. Com certeza, a França, por diversas razões, pela força da sua tradição cultural e intelectual, nunca embarcou completamente nesse *laissez-faire* primário de que nós falamos. Os franceses nunca adotaram o modelo norte-americano, que é referência no mundo contemporâneo, um modelo de hiperprecificação de todas as atividades da vida, levado ao extremo no capitalismo contemporâneo, onde o valor é o dinheiro, seu prestígio e valor no mundo é medido pelo dinheiro que você ganha. E a outra face disso é o hiperconsumismo, ou seja, a ideia de que a única razão que se tem para viver é consumir.

A França tem uma percepção de que o valor da vida em comum, da sociedade, da família, de tempo de lazer, das férias, é muito mais importante. Acabamos de sair do mês de agosto na França, quando tudo para. As férias de agosto são sagradas. A última semana de agosto, primeira de setembro, é a da reentrada — *la rentrée*. Todo mundo volta! E quanto à ideia de consumo, a França tem a mesma percepção de outros países da Europa, de todo mundo que passou por guerras e dificuldades no século XX, ou seja, a ideia de que você não deve consumir mais do que é necessário.

Nesse sentido, a França e a Europa como um todo podem ser a esperança de um modelo para o futuro, no século XXI. De como organizar a vida sem cair nessa armadilha do hipercapitalismo, do hiperconsumismo.

MIGUEL Há quinze anos, nós fomos colocados em um balaio de países chamado BRICS, que reunia os emergentes: Brasil, Rússia, Índia, China e África do Sul. De lá para cá, ou seja, de 2006 para cá, a economia da China cresceu quase oito vezes e a do Brasil só dobrou de tamanho. Em que momento perdemos o bonde da história?

ANDRÉ Essa ideia de que há um momento em que ocorre uma bifurcação, uma encruzilhada, e nós perdemos o bonde, isso me lembra do romance do Mario Vargas Llosa, o *Conversa na catedral*. Lá no início, ele se pergunta quando foi que o Peru se deu mal. Na verdade, o termo usado é mais grosseiro. Mas essa percepção de que há um momento específico em que as coisas passam a dar errado é uma ilusão. Tudo é um processo, um longo processo. E não há um momento específico, determinante, no qual as coisas dão certo ou dão errado.

Agora, se eu tivesse que apontar não um ponto, mas um período onde havia uma grande expectativa, que eu compartilhava, de que o Brasil daria certo, esse momento foi depois do Plano Real, quando se resolveu o problema da inflação crônica no Brasil. Eu imaginava: "Agora sim, sem esse grande problema que nos impede de ver as questões realmente relevantes, o Brasil vai dar deslanchar." Porque até ali tudo girava em torno de como controlar a inflação. O que, de fato, é um problema extremamente complicado e que atrapalha tudo.

Dois equívocos muito graves foram então cometidos. Primeiro, uma combinação de manter uma taxa de juros muito mais alta do que o necessário — absurdamente alta — com a adoção deste dogma da teoria econômica contemporânea que é o fiscalismo, ou seja, a ideia de que você precisa sempre, em qualquer circunstância, equilibrar o orçamento fiscal. Segundo, que a inflação depende do controle dos gastos públicos, do equilíbrio fiscal.

Sim, os gastos públicos precisam ser analisados, criteriosamente definidos, bem feitos e bem pensados, com o objetivo de maximizar a produtividade e o bem-estar. O orçamento fiscal é uma ferramenta da mais alta relevância, mas a ideia de que você precisa sempre equilibrar o orçamento é um equívoco que se tornou dogma entre os economistas nesses últimos 25 anos.

MIGUEL Você falou da estabilização da moeda. Naquele momento que você destacou, houve a possibilidade de resolvermos algumas questões importantes do Brasil. Uma delas é o combate à pobreza, sobre a qual todos os espectros da política brasileira parecem concordar — alguns bem mais que outros. Essa epidemia evidenciou o que muitos pensadores têm escrito e dito sobre a urgência do combate às desigualdades sociais, além, obviamente, da pobreza. Qual a diferença entre esses dois projetos?

ANDRÉ Miguel, pelo que eu entendo, uma coisa é a preocupação em combater a pobreza absoluta e a ideia de que a desigualdade é irrelevante, certo? Ou seja, desde que não exista pessoas muito pobres, abaixo de uma linha de subsistência, não é preciso se preocupar com a desigualdade e com os muito ricos. Eu já fui mais simpático a essa tese, e hoje não estou convencido de que concordo com ela.

A desigualdade, em si, é detratora do bem-estar para todos. Tanto para os mais pobres como para os mais ricos. Por quê? Porque pobreza e riqueza são sempre relativas. O que importa é que você não tenha variâncias, não tenha uma amplitude tão extraordinária de desigualdades entre ricos e pobres.

É muito mais importante criar uma sociedade relativamente homogênea, onde todos têm mais ou menos as mesmas oportunidades. Eu até diria que não é importante se alguém for mais rico do que os outros, desde que todos vivam mais ou menos parecido; desde que o padrão de vida não seja flagrantemente diferenciado. Consumo conspícuo e ostentação são coisas muito negativas. Assim como a pobreza e a insensibilidade com a pobreza absoluta. Isso desagrega as sociedades, levando a uma impossibilidade de convivência mútua, sem a qual não se faz um país, não se faz uma nação.

MIGUEL Eu assisti recentemente a uma live sua com o Marcelo Freixo, com quem também conversei. E, diferente do que acontece no Brasil, foi um diálogo de dois democratas abertos ao debate — muito mais interessados em encontrar semelhanças do que apontar as diferenças no pensamento dos dois. Um ponto em comum entre vocês, que é quase unanimidade hoje, é a renda mínima. Se você fosse ministro da Economia do Brasil agora, como seria esse programa?

ANDRÉ Miguel, vamos deixar de lado eu como ministro. O tempo já está curto para isso na minha vida... Mas um programa de renda mínima não tem mistério. É conhecido, tem sido discutido e defendido há décadas, é a coisa mais simples do mundo de ser pensada e implementada. Temos que dar o crédito ao Eduardo Suplicy, que se tornou quase uma caricatura obsessiva do programa de renda mínima.

Eu apenas diria que, se o Brasil fosse adotar um programa de renda mínima — como eu acho que deve e irá adotar —, ele poderia ser feito conjuntamente com a criação de contas diretas no Banco Central para toda a população, dispensando a intermediação do sistema bancário.

A tecnologia já permite que o Banco Central funcione como custodiante e liquidante de todas as operações de pagamento do país. Então, todo cidadão teria uma conta no Banco Central, o Banco Central creditaria essa renda mínima, esse dividendo social que seria pago a todo mundo. Isso reduziria fraude, reduziria a intermediação nos custos, não seria necessário criar burocracia alguma. Tudo muito mais simples. E mais uma inovação que considero fundamental para modernizar o país no século XXI: a moeda seria uma moeda digital do Banco Central, totalmente eletrônica. Não mais uma moeda física, mas uma moeda eletrônica, com a qual o Banco Central creditaria essas contas. E igualmente, sempre que o cidadão tivesse que pagar ao Estado, tanto imposto como multas, o que fosse relativo aos serviços prestados pelo Estado, usaria essas contas do Banco Central.

MIGUEL Vamos falar um pouco desse fiscalismo que você mencionou. Você foi um dos pais do Plano Real, fez parte do governo FHC — cujo maior legado é, justamente, essa estabilização da moeda. Foi um governo fiscalista, apoiado, na época, por liberais como você, Edmar Bacha, Pedro Malan, Gustavo Franco, enfim, uma turma que sofria também uma enorme pressão dos desenvolvimentistas do próprio governo, como José Serra, que era ministro do Planejamento, Mendonça de Barros, que foi, inclusive, seu sócio no começo da sua vida profissional e que foi seu antecessor no BNDES, Bresser Pereira.

Depois de FHC veio o governo Lula 1, que foi ainda mais ortodoxo nessa questão fiscalista. E tenho a impressão de que o início do fim do governo Lula foi justamente a adoção da agenda nacional-desenvolvimentista, depois da crise de 2008.

Hoje a gente vive de novo esse cabo de guerra entre os fiscalistas e os desenvolvimentistas. Em recentes artigos e entrevistas, você diz que essa é uma questão muito mais política do que econômica. E também que existe, sim, esse espaço para o aumento de gastos — o que vai contra, talvez, o *mainstream*. O que mudou nesse seu pensamento, nesses vinte anos?

ANDRÉ Miguel, vamos começar de novo por essa classificação. Eu entendo que ela ajuda, organiza um pouco...

MIGUEL André, antes de você continuar, eu queria lembrar que você está conversando aqui com um leigo absoluto em economia. Sou apenas um curioso sobre a realidade brasileira. Não sou jornalista econômico do *Valor*, da GloboNews. Então, já peço desculpas por essa rotulação simplista...

ANDRÉ Muito pelo contrário, quisera a grande maioria dos especialistas ter o entendimento que você tem e está demonstrando. O que importa é formular as perguntas, querer compreender, estar de cabeça aberta para entender. Isso vale para todo mundo, em todas as áreas. Continua a valer para mim. Sua pergunta tem a ver com isso e vou chegar lá.

Toda classificação é arbitrária. Ela ajuda a entender até certo ponto, mas, levada ao extremo, é preguiçosa. Quando você põe rótulos, deixa de entender a questão. Você transforma em uma questão de Fla-Flu, como falamos anteriormente. Portanto, tenho uma profunda desconfiança da ideia de classificar os economistas entre fiscalistas, desenvolvimentistas, neodesenvolvimentistas etc. Como está em um ensaio que escrevi, do meu penúltimo livro, a chamada Controvérsia do Planejamento, entre Eugênio Gudin e Roberto Simonsen, é paradigmática das duas vertentes de entendimento de como desenvolver o país. E essa controvérsia, que é do final dos anos 1940, quando teve início o esforço desenvolvimentista do pós-guerra, foi muito relevante, foi muito importante.

Havia ali duas matrizes: uma que você poderia chamar de liberal-tecnocrática, defendida por Eugênio Gudin; e uma social-desenvolvimentista, defendida por Roberto Simonsen. Mas isso, que naquele momento estava muito claro, não é mais de todo válido hoje em dia.

Você sugeriu que no governo Fernando Henrique havia duas linhas. Não havia duas linhas assim demarcadas. O problema era mais complexo. Era uma discussão sobre como estabilizar a economia e retomar o crescimento depois do real, quando se tinha vencido o problema da inflação. O mundo era outro, muito diferente do pós-guerra na metade do século XX. Portanto, a questão é mais complexa e exige que se pense. Sobretudo, exige que se pare de pensar com referência ao passado, com referência a posições que faziam sentido no passado. Vamos olhar para a frente, olhar para o futuro.

Claramente, minha posição tem mudado. Sobre a moeda, sobre a teoria monetária, sempre fui muito cético em relação à visão convencional e hegemônica. Agora para mim é mais claro: ela está completamente errada. Sobre a questão do papel da política fiscal, eu tinha mais dúvidas. Só muito recentemente ficou claro para mim que política monetária e política fiscal são indissociáveis. Especialmente no mundo contemporâneo, elas são indissociáveis e precisam ser entendidas assim. Mas, para isso, é preciso, antes de mais nada, nos livrarmos das ideias preconcebidas. Mais uma vez, cito Keynes: "É muito mais difícil nos livramos das ideias antigas do que implementarmos as novas." Isso que é fundamental. Vamos nos liberar das ideias antigas. E a primeira condição para isso é deixar de usar rótulos sobre pessoas e ideias.

MIGUEL Muito bom, André. Enfim, como leigo, sempre ouvi falar que os pilares básicos para nos proteger da volta da inflação são a política fiscal, a questão da emissão de moeda e o teto de gastos, todas essas coisas que você foi desmontando ao longo dessa conversa e explicando melhor. Uma questão importante, que você tem abordado muito, é em relação à emissão de moeda. A partir do momento que a moeda é digitalizada e que não se emite mais dinheiro, talvez esse possa ser um dos remédios para essa crise que a gente está vivendo.

ANDRÉ Miguel, esse tema é técnico. Por ser técnico, precisaria de mais tempo. Mas deixe-me explicar por que você está ligeiramente errado ao dizer que, quando a moeda passa a ser digital, ela deixa de ser emitida.

Se quiser usar o termo "emitir", normalmente associado à impressão de papel-moeda, tanto faz. O que importa é o seguinte: hoje e sempre, o principal papel da moeda é ser a unidade contábil da economia. Todas as suas demais funções — meio de troca e reserva de valor, como se aprende nos livros-textos — são subordinadas, secundárias ao fato de que a moeda é uma unidade de conta.

Uma unidade contábil não precisa ter existência física — aliás, a primeira moeda documentada, na Mesopotâmia, não tinha, era puramente escritural. Durante certo período, ao longo da História, a moeda passou a ser um objeto, um "token", a ter existência física e a circular. Como você não estava mais tratando com pessoas conhecidas, em uma pequena comunidade, não era mais possível ter uma contabilidade informal, "marca aí, estou devendo tanto para ele"; "ele está me devendo tanto". Quando se passou a tratar com desconhecidos, entregava-se um "token" como representação de um crédito ou um débito. A moeda nada mais era do que um sinal de crédito ou débito. Ao se transferir a moeda, cancela-se uma dívida ou cria-se um crédito.

A moeda metálica perdeu importância a partir do século XVII, XVIII, com a criação do sistema bancário. Mas não vamos entrar nisso. A moeda hoje, depois de um período de transição, com o chamado padrão-ouro, quando o Estado podia emitir uma moeda que não era totalmente metálica, mas baseada em um lastro metálico, passou a ser exclusivamente fiduciária. O padrão-ouro acabou definitivamente com a conferência de Bretton Woods, em 1944. Hoje, a moeda não tem mais nenhum lastro metálico, nenhum valor intrínseco em si. Ela é exclusivamente uma unidade de conta, é fiduciária, depende só da confiança que se deposita no emissor. Portanto, a credibilidade depende do Estado que a emite — se o Estado está organizado, funciona e é digno de confiança. Só isso.

A moeda não é um estoque físico, é uma unidade da contabilidade da economia. Se a economia cresce, essa contabilidade tem que crescer — a moeda, portanto, segue a economia, é endógena, expande quando a economia expande; se contrai quando a economia se contrai. A moeda é crédito. Se ela se contrai por falta de confiança, provoca uma crise de todo tamanho.

MIGUEL Cada resposta uma diferente aula de economia... Maravilhoso! André, vamos mudar de assunto. Você esteve junto da Marina Silva em suas campanhas políticas — pelo menos nas duas primeiras, certo? O que te encantou na Marina?

ANDRÉ Eu sempre conversei, sempre tive um ótimo diálogo com a Marina, desde a primeira campanha dela para a presidência da República. Ela é uma pessoa extraordinária, absolutamente encantadora. Sua trajetória de vida não preciso nem repetir, as pessoas conhecem. Mas, pessoalmente, ela tem duas qualidades notáveis: um profundo espírito público e uma enorme empatia, uma grande dose de compaixão. É uma pessoa sem rancor, sem agressividade. São qualidades extraordinárias, e é muito difícil que alguém que as tenha esteja disposto a enfrentar a violência da vida pública para fazer diferença no país.

MIGUEL Você acredita que o Brasil, em algum momento, vai ter a maturidade e a sorte de ter Marina Silva como presidente?

ANDRÉ Eu acho difícil, Miguel. E acho que seria bom demais. Quando ela veio conversar comigo, dizendo que ia de novo se candidatar à presidência da República, tentei muito dissuadi-la. Disse: "Marina, por que você quer fazer esse sacrifício?" A resposta dela foi: "Olha, eu devo isso à minha vida. Esse é o meu dever de espírito público." Mas, claro, duas derrotas não querem dizer nada. Lula perdeu mais de duas eleições. Sim, ela pode vir de novo, em algum momento, a configuração pode levá-la a ser candidata, e a vencer a eleição. Eu gostaria muito que isso acontecesse, mas acho difícil ver isso hoje, porque o cenário político brasileiro para as próximas eleições está ainda muito indefinido.

Acho que ela é muito mais uma motivadora, uma pessoa com referências, um exemplo, do que uma executiva. Na presidência da República, você precisa ter uma combinação dos dois. Eu sempre disse que ela seria uma extraordinária chefe de Estado em um regime parlamentarista. Ela precisaria de um primeiro-ministro executivo. Uma das suas fragilidades é que essa percepção de que Marina é muito mais uma motivadora, uma pessoa de valores, do que uma executiva, é algo que, consciente ou inconscientemente, passa para o eleitorado. Ela, com alguém que fosse um executivo competente, seria uma dupla com enorme chance de ser eleita.

MIGUEL Ontem fiz uma reunião por Zoom com colegas de faculdade, do Fundão. A gente se formou há 24 anos. Era uma turma muito fértil, saiu muita gente boa de lá. Como a gente ia conversar hoje, me veio à cabeça lhe perguntar sobre a PUC-Rio. Sobre a época em que você estava lá. Uma geração brilhante de pensadores da economia, que ainda hoje estão na sua melhor forma, e que fizeram tão bem ao nosso país, saiu daquele lugar. O que de tão incrível acontecia naqueles pilotis na PUC?

ANDRÉ Fiz meu curso de graduação na PUC, mas a formação desses economistas brasileiros vindos da PUC não data de quando estudei lá. Essa linha, digamos, essa chamada escola PUC de política econômica — que influenciou políticas públicas no Brasil nessas últimas décadas e continua a influenciar muito — data de quando Edmar Bacha foi dirigir o Departamento de Economia e um grupo da minha geração voltou do Ph.D. dos Estados Unidos. Quando voltei do MIT, também tinham voltado, ou estavam voltando, José Marcio Camargo, Rogério Werneck, Francisco Lopes, Dionísio Dias Carneiro, Eduardo Modiano e Pérsio Arida. Foi a partir daí que o Departamento de Economia da PUC passou a ser uma referência.

Curiosamente, veio de lá a crítica à visão convencional, ortodoxa, de combater a inflação, criando a ideia de que a inflação brasileira tinha alguns componentes específicos, particularmente uma inércia que a tornava insensível aos remédios clássicos de controle monetário, preconizados pela escola monetarista. É curioso que esse mesmo departamento tenha, ao longo das últimas décadas, dado meia-volta e se aproximado da ortodoxia monetarista e fiscalista a qual começou combatendo.

MIGUEL Muito bom, André. Uma última pergunta mais pessoal: quais foram os ônus e os bônus de ser filho de um intelectual tão importante quanto Otto Lara Resende?

ANDRÉ Miguel, nenhum ônus. Sinceramente. Acho que não tem nenhum ônus. Só tenho a agradecer o privilégio que foi ter um pai como ele — aqui estou falando do Otto Lara Resende homem privado, marido, pai, amigo. Essa foi uma figura extraordinária. Só tive vantagem em ter um pai como ele; nenhuma desvantagem, nenhum ônus.

MIGUEL Muito bom, André. Obrigadíssimo pelo seu tempo, foi uma conversa ótima, muito esclarecedora. Enfim, vamos estar juntos aí, quando tudo isso passar.

ANDRÉ Muitíssimo obrigado pela oportunidade, ótima conversa, um abraço grande para você.

17 DE SETEMBRO PEDRO BIAL
CONVERSA COM BIAL

Pedro penseiro, pedreiro das belas palavras
Pedro pedreiro, penseiro da brasilidade
Pedro Bial é multi. Tá no cinema, tá na TV,
Tá, há seis meses...
Em casa.
Pedro é cantor de primeira.
É melhor jornalista do que cantor,
Mas, junto com sua Maria, a Prata da casa,
Já tem a sua própria família von Trapp.
Com cinco filhos e dois enteados
Já dá para excursionar pelo interior do país...
Tenho a impressão de que Pedro gosta tanto das músicas
Quanto dos livros.
A escultura de louça de Raul Seixas que lhe faz companhia
E abençoa sua biblioteca lembra que:
"Pedro, onde cê vai eu também vou
Mas tudo acaba onde começou".
(Seja lá o que Raul quis dizer com isso...)
Raul tem dividido a vitrola (ou o Spotify)
Com "Alla danza tedesca" de Beethoven
Tocada pelo Danish String Quartet.
Pedro, aos 62, continua gato.
Continua o Pedro Miau eternizado pelos Cassetas.
Pedro é generoso
E se dispôs a se sentar do outro lado da bancada,
No caso, da tela...
Para sofrer o que um entrevistador mais teme:
Ser entrevistado.
Com vocês, meu amigo Pedro Bial!

PEDRO Rapaz, eu adorei!
MIGUEL Eu tinha que fazer uma introdução poética que fizesse jus ao entrevistado! Embora não tenha chegado aos pés das suas...
PEDRO BIAL Você sabe que o verso dessa música, "Meu amigo Pedro", que mais mexe comigo é, "Quando quer chorar vai ao banheiro". Eu já

fui muito assim, de ir ao banheiro para chorar. Depois, acabei fazendo do meu choro fácil — na época em que eu parei de fumar, chorava por qualquer coisa — um espetáculo. Aí eu fiquei sabendo, num livro do Arnaldo Bloch, que o Adolpho Bloch tinha uma maneira muito sacana de manipular e chantagear os outros: ele chorava. Ia lá falar com o JK, com algum problema nas empresas, e chorava. Eu falei: "Eu vou parar de chorar assim em público. Isso é muito canalha".

MIGUEL Não é, não... É muito bom! Muito verdadeiro. Mas vamos começar nosso papo, que você tem muita história pra contar!

Você usa com frequência a expressão *sweet revenge* — doce vingança — ao se referir à reabilitação do jornalismo durante a pandemia. Após quarenta anos como jornalista, você se sente vingado?

BIAL Pessoalmente, não. Mas como integrante da categoria dos jornalistas, certamente sim. Tenho um sentimento coletivo de ter sido vingado, como profissão, mas eu, pessoalmente, jamais terei redenção ou remissão. Nada vai me redimir, parei de esperar por isso.

Brincadeiras à parte, essa é uma expressão corrente nos Estados Unidos que eu ouvi pela primeira vez durante a campanha do Obama, com a eleição se aproximando. E alguém a usou, não necessariamente para o Obama.

Acho que, sim, nessa pandemia o jornalismo pode clamar que foi docemente vingado. A ciência também pode reivindicar essa doce vingança. E a cultura, os produtores de arte e cultura, sem a menor dúvida. Mas para além de vinganças ou revanches, a gente realmente está chegando num momento em que vai ter que haver reconhecimento.

O que seria essa doce vingança, ultrapassando o sentido de vingança, para buscar a justiça? Porque o primeiro movimento do ser humano em busca de justiça é o desejo de vingança. Aí vai lá o Estado, monopoliza a violência e diz: "Não, você não precisa se vingar. Eu vou fazer justiça". Código de Hamurabi, vem lá de trás: em vez da gente se matar, o Estado faz a justiça.

Quando acontecem assassinatos, coisas terríveis, e alguém vai entrevistar um viúvo ou um órfão, ele fala assim: "Eu só quero justiça". Não, isso é uma camada de verniz que se põe em cima. Na hora que te acontece alguma coisa, você quer vingança. Com a mediação da sociedade, a gente se civilizou a ponto de transformar a sede de vingança em busca de justiça. Então, isso deveria se aplicar ao jornalismo, à ciência, à cultura... e àqueles que se pretendem adversários — ou inimigos, ou combatentes —, que prometem a extinção dessas forças.

Ninguém vai extinguir ninguém. A gente vai ter que se entender, vai ter que se aguentar, vai ter que viver juntos. E vai ter que reconhecer no outro o que há de bom, os bons valores. Quer dizer, aqueles que imprecam ou imprecavam contra o jornalismo podem parar e reconhecer: "Esse tipo de jornalismo eu acho legal". Ou aqueles que tinham descrença na ciência: "Ih, rapaz! A ciência não é uma questão de acreditar ou não. É outra lógica". "Puxa, a cultura e a arte... Eu achando que os caras estavam mamando nas tetas... não era bem isso. Verdade, houve até certos abusos, exploração das leis que se beneficiavam da renúncia fiscal, mas quem é que vive sem música, sem arte, sem espetáculo?"

Todos nós, eu acho, temos que ceder e conceder um pouco para sairmos desse lugar onde nos encontramos, que não está legal para ninguém — e, principalmente não está legal para todo mundo. Porque estamos falando de um projeto coletivo! Não digo nem um projeto grande, da espécie humana... o projeto do Brasil, o projeto deste país aqui. E se a gente não concordar, não tiver axiomas básicos para compartilhar, não anda. E quem não anda na História, fica para trás. Nesse sentido é que seria bom que essa doce vingança se tornasse uma justiça, ainda que um pouco azeda.

MIGUEL A televisão brasileira está fazendo setenta anos. Desses setenta, quarenta você praticamente passou na TV Globo. A televisão tem um papel histórico de disseminar conhecimento, ajudar na educação... Muitas vezes substitui o Estado, unindo esse país continental em torno de uma única língua, levando, além da educação, o melhor da cultura nacional a todos os recantos — os mais remotos lugares do país. Qual a importância, ainda, da TV aberta no Brasil de hoje?

BIAL O caso da TV aberta no Brasil é único no mundo. Não há TV aberta no mundo com a qualidade e a excelência da brasileira. Claro, a gente tem a BBC, que é um grande modelo, mas é uma TV pública. É do Estado, mas é pública. Essa distinção é sutil, mas existe, principalmente na Inglaterra. Mas outra que seja tão importante e tão destacada como veículo transmissor e disseminador de conhecimento, cultura, informação, diversão, escapismo, alegria, prazer... Cara, não tem. O Jabor disse uma vez, e eu concordo com ele: "O brasileiro aprendeu a falar assistindo à TV Globo".

Você pega um arquivo da Globo do início da década de 1970: o *Fantástico* fazia muito o vox populis, que é quando a gente sai na rua entrevistando as pessoas. Era muito difícil encontrar alguém que soubesse formular uma frase inteira. No centro das grandes cidades! Rio, São Paulo... as pessoas tinham dificuldade em pensar e expressar seu pensamento. Assistindo à TV Globo, "os deles e os delas da TV Globo", como diz o Caetano na música "Língua", as pessoas ganharam instrução. Além de outras influências culturais muito importantes, como a redução dos índices de natalidade da família brasileira. Hoje se sabe que essa redução se deve mais ao exemplo das famílias de telenovelas — que tinham poucos filhos — do que a todas as campanhas de controle demográfico que houve — e nem houve tantas assim.

Aí entramos num ponto importante, porque estamos vivendo a rebordosa disso. O que acontece? Você tem uma televisão com imensa influência cultural. Os grandes artistas brasileiros escreveram e escrevem até hoje para a TV Globo. Pensar que na década de 1970 havia o Dias Gomes, Janete Clair, Nelson Rodrigues, Ferreira Gullar... Sem falar dos diretores! Ziembinski, Lima Duarte... os melhores nomes da arte e da cultura brasileira. Se a Globo é o que é, é porque o dr. Roberto Marinho — e, de certa maneira, esse talento foi legado a seus herdeiros — tinha olho para o talento. Onde tinha talento, ele puxava. Um deles foi o Boni, que era também assim: onde tinha talento, ele puxava. A Regina Casé era a menina do *Trate-me Leão*, do Asdrúbal Trouxe o Trombone, quando a Globo foi atrás dela. Eu era o garoto de Os Camaleões! Onde tivesse uns malucos fazendo alguma coisa... "Não tem maluco, tem talento! Vem..."

Bom, o que acontecia também nesse país? Havia um descompasso entre a moral da TV Globo e a moral do Brasil. A moral exposta nas novelas, nas séries, era uma moral mais adiante. Não quero dizer melhor, nem pior, mas mais adiante, mais em compasso com a moral em transformação do mundo do que com a moral do Brasil profundo. E essa moral do Brasil profundo, por motivos econômicos, sociais, acabou presa da mensagem evangélica, que tem coisas maravilhosas — de organizar a vida das pessoas, de comprometer as pessoas com a disciplina, com a prosperidade, tem trezentas coisas a favor –, mas também tem o discurso repressor, moralista, de repressão aos costumes, e que se alimenta também de ter um inimigo, né? De ter alguém para lutar contra. Alguém que tem que representar o diabo.

Essa é uma coisa bem primária de todos nós. Só sou Fluminense porque não sou Flamengo nem Botafogo nem Vasco. O ser humano, para encontrar sua identidade, sempre passa pelo: "Eu não sou aquilo! Ah, então eu sei o que eu sou".

Então, eu acho que hoje a gente vive muito essa rebordosa de "Ah, Globolixo!", "Essa imoralidade"... Não tem imoralidade nenhuma: há um descompasso moral. Agora, eu concordo totalmente com o Isaiah Berlin, um pensador liberal inglês que dizia: ninguém vai convencer ninguém; cada um vai viver com os valores em que acredita. Agora, é cada um viver com seus valores. Quer viver dentro dos valores cristãos, com certos preceitos, faça isso. Mas não tente convencer quem não quer, não tente impedir outros de viverem como bem entendem. E a Globo, como trabalha desde sempre na construção, na reflexão desse imaginário brasileiro, virou uma peça desse jogo de paixões, atacada, defendida...

MIGUEL Você falou da moral do Brasil profundo. Falando desse Brasil monumental... Em 2006, você percorreu 16 mil quilômetros na Caravana JN, apresentada todas as noites no *Jornal Nacional*. William Bonner relembrou essa época num dos primeiros *Conversa* remotos durante a pandemia. Naquele longínquo 2006, o jornalista era recebido como pop star, como a gente pode ver no episódio de Juazeiro do Norte, por exemplo. Hoje seria recebido, no mínimo, com desconfiança. Se essa Caravana JN fosse colocada na estrada novamente hoje, que diferenças, além dessa, o Brasil mostraria?

BIAL Eu gostaria de acreditar que algumas estradas estariam asfaltadas. Segundo o ministro Tarcísio Gomes de Freitas, ele terminou o asfaltamento de várias estradas que estavam penduradas. Eu acho que o Tarcísio é o melhor ministro — se não o melhor, um dos melhores, junto a Tereza Cristina, por exemplo — do gabinete do Bolsonaro. Então, eu adoraria ter essa surpresa de ver estradas em melhor estado, em que o sujeito não tem que embarcar os mamões dele, no interior da Bahia, calculando que vai perder 40% por causa da estrada, dos buracos, antes de chegar ao porto para exportar — e, por isso, o mamão dele vai chegar mais caro lá na Europa. Ou seja, primeira coisa: eu adoraria ver essa melhora.

Por outro lado, temo que a gente não conseguisse fazer transmissões ao vivo. Porque hoje há milícias, se não armadas, treinadas para bagunçar transmissão ao vivo, entrar gritando "Bolsonaro", ou isso ou aquilo. Sem o mínimo espírito esportivo, sem *fair play*, sem "deixa o sujeito falar, depois você fala". Não. É uma coisa de "cala a boca"! O que o Crivella aprontou agora no Rio de Janeiro, por exemplo, é um negócio criminoso. Mandar gente para ficar impedindo a imprensa de trabalhar não está no nosso pacto social civilizatório, não dá! Então, acho que eu ficaria muito triste de constatar isso: que eu não poderia fazer uma transmissão ao vivo, porque sabe-se lá que armadilha iam pregar.

Mas acho que não é tão simples assim. No momento em que a televisão chega, com todo o encanto que ela ainda desperta em todos nós, é incrível como, mesmo hoje, com a câmera onipresente em tudo o que é lugar, não adianta: quando homens ou mulheres que você vê na tela todo dia chegam perto de você, aquilo mexe com o encantamento e as paixões. Então, não teria só reações contra, teria reações ambivalentes: amor e ódio, ao mesmo tempo. O que não é necessariamente menos perigoso… Mas o brasileiro está muito dividido. Porque você vê as pessoas falando: "Ah, TV Globo, isso e aquilo…", e o que elas assistem? A TV Globo! Então, até para atacar, tem que assistir.

A pessoa ficou escrava do ódio porque tem vergonha de ter amor. Não sei… é uma barafunda de sentimentos, mas que têm de ser ditos, tem de ser explicitados. E, infelizmente, a gente chega à questão da liberdade de expressão, né? Se você não deixa o sujeito fazer uma transmissão ao vivo, você está cometendo um crime contra a liberdade de expressão. Você não gosta da TV Globo… mas tem a TV Record, o SBT, a Bandeirantes, a RedeTV!…

MIGUEL Você falou que hoje todo mundo está munido de uma câmera, de um telefone celular. De fato, hoje, em plena era digital, há 210 milhões de jornalistas no Brasil. Mais um para a lista das doces vinganças é o ofício do editor, do curador. Qual a importância hoje desses profissionais, que estão aí para separar o joio do trigo e entregar um produto melhor para todos nós?

BIAL Primeiro, o fato de você ter 210 milhões de pessoas com o bisturi na mão não produz um cirurgião sequer. Não adianta. Existe uma técnica no jornalismo, que pode parecer fácil... Mas você, que está fazendo tão bem o que está fazendo aqui, sabe quanto custa fazer isso: o quanto você pesquisa e se prepara, o quanto queima a mufa, faz a pergunta, imagina a resposta... É o trabalho de ir para a rua e identificar a notícia, apurá-la, buscando o maior número de informações possíveis, o maior leque de versões, para depois organizar isso hierarquicamente, trazer para a redação... Rapaz, isso é técnica e experiência, isso dá trabalho! Não é assim!

Chegando à redação, aí você encontra e figura do editor, ou do curador. E uma das coisas mais bonitas, um dos exemplos mais eloquentes da prática democrática que eu já testemunhei, é uma discussão entre repórter e editor. O cara querendo um minuto a mais, ou dez linhas a mais para a sua matéria, no jornal, e explicando o porquê. E o editor cortando e perguntando: "Mas isso aqui que você diz, por quê...?". É incrível! É riquíssimo!

As teorias conspiratórias vêm muito ao socorro da gente quando a gente não está dando conta da complexidade do mundo. E o mundo é muito complexo e trabalhoso mesmo. A democracia, mais ainda. Então, as teorias conspiratórias nos ajudam a tornar tudo supostamente mais explicado. "Ah não, o repórter é um bunda-suja, pau-mandado", como se diz, "tem orientação lá do 11º andar, e essa orientação desce por todas as camadas da hierarquia de uma empresa jornalística e chega igualzinha ao repórter, que a cumpre, obedece fielmente ao que foi decretado lá em cima".

Gente, isso não existe! O mundo não é assim! Não funciona assim. É muito mais interessante e complexo do que isso. Claro que existem os interesses que são defendidos pelas empresas que são do setor privado, capital privado. Claro que existem as tensões, as relações tensas entre o grande capital e o Estado, mas, rapaz, não tem nada de simples aí. É tudo altamente complexo, e é assim que se evolui. Então, ao mesmo tempo, não dá para você maldizer que a internet deu voz a tanta gente. Não! Muita gente boa apareceu. A gente ficou sabendo de Eduardo Afonso, Ricardo Rangel, Mentor Neto...

Mas a internet propicia muito mais um jornalismo de interpretação dos fatos. Ir para a rua e trazer a notícia é diferente. Aí eu falo pelo meu histórico de repórter, eu sei como é diferente. Quando chega a pauta para o repórter, é blá-blá-blá... Aí você vai para a rua e fala assim: "Não, não é nada disso". A boa reportagem limpa a bunda com a pauta. É como aquela bonita expressão do Jean-Claude Carrière sobre o roteiro: "O roteiro de cinema é a crisálida, o filme é a borboleta". A pauta é isso, é o casulo. A reportagem tem que desmentir a pauta, tem que ir adiante da pauta.

MIGUEL Na cobertura das manifestações que se seguiram ao assassinato de George Floyd, nos Estados Unidos, surgiu uma nova turma de correspondentes com esse ânimo, com essa potência: muito parecidos com você e o Marcos Uchôa lá atrás. Essa galera que se identifica muito mais com o calor das ruas, do momento, do que com a nota fria das agências internacionais, não é?

BIAL Porque o correspondente só faz sentido se for para isso. Porque a notícia mastigada, digerida pelas agências internacionais, ela vai chegar. Quando você é correspondente, você fica sabendo que a tal agência internacional, na verdade, é o John, ou a Mary, ou o Joe, que você conhece à noite, no bar do hotel, bebendo rum... Mas o correspondente... primeiro vai lá para fazer esse relato humanizado e do ponto de vista brasileiro. O cinegrafista brasileiro, diante de uma manifestação do movimento negro em Minneapolis, onde for, ele vai ver coisas, e a atenção dele vai ser chamada para coisas que não são as mesmas que vão chamar a atenção de um cinegrafista americano.

Eu achei linda, inebriante, a participação dos nossos repórteres no *Jornal Nacional*. Um passando para o outro, todo mundo ao vivo. Em momentos muito difíceis que você passa em campo, tem uma hora que você tem que parar, fechar o olho... "Cara, estou aqui para contar o que estou vendo, o que estou ouvindo. E dane-se se isso está batendo com o que a agência está dizendo, com o que o noticiário está dizendo."

Isso aconteceu comigo no dia 18 de agosto de 1991. Teve um golpe na União Soviética, eu tinha chegado na véspera, não podia ir às conferências de imprensa oficiais da junta linha-dura stalinista que tinha tomado o poder, e fiquei na rua. E na rua eu vi que havia resistência! E isso não estava no noticiário internacional — ninguém falava de resistência. Então, quando minha matéria chegou na redação do *Jornal Nacional* à noite, naquela segunda-feira... "O que o Bial está falando? O povo de Moscou está nas ruas? As agências não estão dando isso!" No dia seguinte, estava todo mundo dando isso. Então, isso é lindo na profissão! Por limitações, nesse caso, como eu não podia estar nos eventos oficiais, eu fiquei na rua e vi o Yeltsin em cima de um blindado decretando resistência.

MIGUEL Nessa época em que você foi correspondente, de 1988 a 1996, não tinha internet e havia um certo romantismo nessa cobertura jornalística, era uma coisa meio de espionagem... Muito representada pela CNN, onde trabalhava o Peter Arnett, enfim, havia grandes jornalistas, heróis de guerra.

BIAL Quando eu cheguei a Bagdá, no último dia da Guerra do Golfo, me falaram: "Você tem que entrevistar o Arnett". E aí jornalista tem um negócio meio besta de "Repórter entrevistar repórter?!". Mas, imagina, o Arnett eu queria. Para chegar a ele, eu pedi ajuda à Christiane Amanpour, e ela falou: "Ele é um urso, mas é gente boa".

É romantismo, sim, mas eu acho que a principal diferença é que hoje, como os repórteres têm que atender durante o dia inteiro — entrando ao vivo na GloboNews e atendendo a todos os telejornais —, às vezes é mais difícil para eles contar uma historinha, fazer um VT caprichado com uma historinha. Fica um pouco radiofônico. Mas uma coisa compensa a outra: é muito mais rápido. A partir de 1990, 1991, a gente já tinha ligação, não era internet, mas já tinha ligação através do sistema de dados da Globo. E depois tinha uma internet bem incipiente. Eu me lembro que viajava com uma espécie de aparelho telefônico com duas ventosas. Eu botava as ventosas no telefone do hotel para entrar e transmitir os dados. Mas internet, como a gente conhece hoje, de fato não havia.

MIGUEL: E como seria esse correspondente internacional em época de Twitter e seus 280 caracteres?

BIAL Olha, eu acho que foi uma bênção não ter tido isso para mim, porque eu teria me metido num monte de encrenca, cara. Ainda mais juntando o Twitter, que já é um abismo, um perigo para qualquer um, com a minha juventude e a minha marra, se é que se pode chamar assim... Não sei se marra, mas minha garra! *(risos)* Ia dar ruim, como dizem os cariocas. Não ia dar certo.

MIGUEL Uma das imagens mais icônicas do jornalismo internacional brasileiro é você anunciando a queda do muro de Berlim, naquela fatídica noite de novembro de 1989. E passou a ser uma das maiores lendas desse mesmo jornalismo pois, ao contrário do que todo mundo acha, você não estava lá. Quem estava em cima daquele muro era o Silio Boccanera. E você, em Brasília, cobrindo as eleições em 1989.

BIAL Eu vinha fazendo uma cobertura tão boa nos eventos no Leste Europeu... Tinha começado na Polônia, depois em todos os países da chamada Cortina de Ferro, porque o comunismo foi caindo em todos eles. Na Alemanha, eu vinha fazendo um ótimo trabalho, e aí me chamaram para participar da cobertura do primeiro turno das primeiras eleições livres desde o golpe militar. E eu estava em Brasília naquela noite. Mas quer saber? Vamos lá, vamos usar aquela expressão: doce justiça. O Silio merecia. Ele era um repórter — agora ele se aposentou — excepcional, um ser humano incrível, um chefe maravilhoso. Porque naquele ano, por exemplo, outros chefes, repórteres, poderiam ter ficado com todo o filé mignon — como a gente chama as pautas boas. "O quê? Vou mandar o Bial? Vou eu fazer!" Não, ele me botava na cara do gol, sempre. Mas ocorreu de ele estar lá naquela noite. A confusão — de todo mundo achar que eu é que estava — foi porque, oito meses depois, eu estava fazendo o ao vivo da unificação do país...

MIGUEL Inclusive, foi a primeira inserção ao vivo de jornalismo do *Jornal Nacional*.

BIAL Foi. Da história do *Jornal Nacional*.

MIGUEL Carlos Schroeder no comando.

BIAL É. E ele me disse: "Vai, vai, vai!!!" E eu fui. A emoção do momento da unificação, como era ao vivo, na hora, com 1 milhão de pessoas atrás de mim, num plano mais fechado, ficou mais marcada do que o Silio, que estava numa imagem incrível do Muro — todo mundo em cima do Muro. Mas ele estava plácido, de capa, num plano mais distante... Era emocionante, mas...

MIGUEL Você passou os anos seguintes à queda do Muro de Berlim cobrindo a unificação alemã, o fim da União Soviética... Naquele final de século XX, parecia que o mundo melhorava, que a humanidade afinal triunfaria. E foi um ledo engano. Como você vê a distopia mundial em que a gente mergulha dia após dia, não só no Brasil, mas nos Estados Unidos e em vários outros lugares do mundo?

BIAL Difícil fazer uma linha do tempo precisa, acurada. Mas primeiro me espanta, e ao mesmo tempo não me espanta, a permanência do blá-blá-

-blá socialista, depois do fim do socialismo. Eu me lembro de um monte de gente de esquerda me parabenizando: "Ah, que legal, você fez a queda do Muro", e eu falava: "A queda do mundo de vocês!". Eu tenho muitos amigos que têm, ainda, ideias socialistas...

MIGUEL Nós temos.

BIAL Nós temos. Mas, cara, não é por aí, entendeu? O que virá superar, ou aperfeiçoar, a democracia, e superar o capitalismo, vai ser um pós-capitalismo! Não vai ser socialismo nenhum. O socialismo foi um fracasso, foi uma experiência terrível da humanidade, em que milhões de seres humanos foram cobaias, morreram como moscas! Sim, é verdade: os regimes de esquerda mataram muito mais do que os regimes de direita!

Foda-se a quantidade, matou mais ou matou menos, é tudo tirania. O que estava em jogo ali, naquela virada de 1980 para 1990, não era capitalismo e socialismo apenas — apesar de o primeiro ter triunfado como solução econômica para produzir riqueza —, era tirania e democracia. Aí veio o Francis Fukuyama dizendo: "É o fim da História. A economia de mercado democrática é o modelo que acabou..." Não. A gente sabe que, primeiro, a História não tem fim. Segundo: no início houve um grande cuidado do Bush pai de não humilhar o Império soviético destronado. Então, havia uma contenção dos vitoriosos que, com o Clinton, foi para o caralho.

O Clinton foi para o triunfalismo: "Nós ganhamos, nós somos os *number one*!" Um triunfalismo que era enxergado, sentido e sofrido como arrogância, prepotência, injustiças perpetradas, versões falsificadas... Tudo isso sentido não só na esfera do que era o império soviético, mas principalmente no mundo árabe. E tudo isso leva ao quê? Leva a 2001, às Torres Gêmeas, ao 11 de Setembro. E aí começa o século XXI, com um erro em cima do outro. Para vingar o ataque às Torres Gêmeas, acusam, falsamente, um tirano... Enfim, temos todo um degringolar geopolítico paralelo à ascensão de um bicho que, no início, todo mundo falava: "Ah, que maravilha a internet: liberdade, ausência de hierarquia..." E o mundo é um só. Os nossos piores instintos e sentimentos também afloraram, assim como o melhor da humanidade. Abreviando assim, trazendo essa linha do tempo sem cortar muito, a gente chega aonde chegou com essa baita cereja verde no bolo, que é o coronavírus.

E eu não estou botando aí na balança algo importantíssimo que é a ascensão chinesa. Aliás, alguns gostam de falar no "vírus chinês", eu acho uma bobagem. Mas, sem dúvida, a China tem culpa no cartório — no início da pandemia, eles tentaram ocultar, perderam semanas preciosas. E tem certas coisas que, realmente, ainda estão mal contadas. Por exemplo, os tais *wet markets*, os mercados de bichos vivos, existem em todas as cidades da China, eu fui a vários. Aconteceu logo em Wuhan, que tem o maior instituto de pesquisas epidemiológicas da China? Não é à toa. Não quero dar base para argumentos conspiratórios, mas quero reconhecer o que há de real para inspirar teorias conspiratórias. Há umas coisas estranhas aí. Mas agora não interessa... Agora a gente tem que lidar com o que está acontecendo, daí para a frente.

Então, como você disse: a gente tinha esperança... Bom, a modernidade não cumpriu as promessas com as quais ela acenou. Ela cumpriu para parte das pessoas, mas muita gente ficou de fora. A gente vive esse mundo, né, Miguel? Quem tem um pouquinho, tem muito. Tem como nunca quem teve pouco pôde ter na história da humanidade. É o melhor da medicina, o melhor da ciência, o melhor que a humanidade já produziu através dos tempos. A gente vai ter nossos filhos vivendo cem, cento e tantos anos... Por outro lado, uma grande parcela da humanidade está quase se transformando numa subespécie — sub-sapiens.

Mas, entre essas visões catastrofistas, entre pesos e contrapesos, estou mais com Steven Pinker, sabe? Eu acho que a gente nunca esteve tão bem. E acho que temos que acreditar nisso, investir nisso... Mas não é negar a possibilidade de catástrofes, nem negar que a gente tem um problema ambiental seríssimo. Há certos vícios, pecados e distorções da vida em sociedade que não dá mais. Agora que a gente aprende com livros superpopulares como *A vida secreta das árvores*, do Peter Wohlleben — um guarda florestal alemão —, que até as árvores se organizam entre si, porque é do interesse de um indivíduo ajudar o indivíduo mais fraco, porque interessa a ele... Se não entendermos que se nós estamos no topo da cadeia alimentar e temos, é do nosso interesse que todos tenham, e por motivos absolutamente egoísticos... Senão a gente não vai andar para a frente, não adianta, não dá.

Um país desigual assim como o Brasil não interessa a ninguém. Interessa àqueles que ficam explorando isso — os Lulas e Bolsonaros da vida, que posam de salvadores da pátria, e a coisa se perpetua.

MIGUEL Bial, a gente falou lá atrás sobre liberdade de expressão, e também sobre esse extremismo político que protagoniza a política mundial hoje, tanto de esquerda quanto de direita — como você bem falou e lembrou. Essa liberdade de expressão vem à tona agora com as questões de censura, com a nova cultura dos cancelamentos — com esse nome mesmo, porque ela sempre existiu, mas com esse nome é novidade. E eu sei, a gente já conversou sobre isso, você tem estudado e se debruçado sobre essas questões, tem críticas ao projeto de lei que está em tramitação e críticas também às recentes decisões do Supremo, aos limites que a Justiça quer impor às atividades, por exemplo, do Sleeping Giants, que é uma iniciativa privada e não tem nada com governo nenhum. Eu te pergunto: quais são as tuas opiniões ou conclusões — se é que há alguma — ou, enfim, divagações sobre esse tema?

BIAL Eu não usaria a palavra "crítica" para falar da minha desconfiança diante de certas medidas do Supremo... Mas parece que aqui você é obrigado a chegar a uma conclusão ou, mesmo que não chegue, que isso se transforme em alguma lei ou decreto. Não! Às vezes você pode chegar no que parece ser um novo tipo de crime. Será que as fake news são um novo tipo de crime? Ou são apenas um veículo para que se cometam os mesmos crimes, como calúnia, difamação, injúria, o que me parece ser o caso? Agora, num ambiente cibernético, localizar os criminosos, ter um equilíbrio entre crime e castigo, é muito mais complexo. Mas você quis ser juiz do Supremo, malandro, segure a onda.

Você estava falando da coisa do cancelamento. Eu fui linchado no começo do ano — virtualmente, é claro — porque eu tenho opiniões sobre o filme que ia representar o Brasil no Oscar, o filme da Petra Costa, o *Democracia em vertigem*. Até falei isso nas minhas críticas: um filme bem feito e dentro do que ele se propunha, porém uma história de ficção, na minha opinião. O que eu acho que aconteceu? Para mim, o cancelamento foi chancelamento — só aumentou o número de seguidores. Os meus seguidores vivem me abandonando, porque eu não posto porra nenhuma. A internet é um vício de parte a parte: os que consomem e os que fornecem, eles têm que manter aquela maluquice, porque senão...

E eu, cara, quando muito, lia uns poemas no início da pandemia. E eu posto as chamadas do meu programa. Eu sou de outra geração, desculpa. Não consigo organizar o meu tempo para fazer tanta coisa e ainda ficar abastecendo rede social. Mas aí eu percebi que, para mim, é menos grave ser linchado, cancelado, ou como queiram chamar. Porque não foi daí que eu surgi e a minha base não é essa. Agora, quem trabalha e tem como base as redes sociais na internet, para esse pode acabar tudo! Pode acabar a vida do sujeito — que já significa a vida de, sei lá, dezenas, centenas de empregos. Então, isso é grave. E a outra coisa grave, no caso da carta, do manifesto lá, que assinaram, é que quando você...

MIGUEL Você está falando da carta assinada por escritores, intelectuais e artistas americanos a favor do debate livre e liberto das amarras do politicamente correto, certo? Publicada na *Harper's Magazine*. Você levou muita porrada nessa época também, por isso.

BIAL Assinada por nomes que vão de Noam Chomsky ao Steven Pinker, da extrema esquerda à direita, todo mundo assinando pelo "Olha só, a busca da verdade é a busca da verdade. Não pode haver uma casta empoderada que define o que é verdade e o que não é, o que pode ser dito ou não nas páginas de opinião e de editoriais nos jornais". Tanto que a Bari Weiss pediu demissão do *New York Times*. Porque quando você fica refém dessa aprovação do Twitter, ou de quem se manifesta melhor pelas redes sociais, você começa a entrar num território muito perigoso.

O Brasil ainda não está lá, mas essa carta nos Estados Unidos é dramaticamente importante, porque a academia está tomada por isso — as universidades estão tomadas por isso. Já há universidades e faculdades em que "O nosso pensamento é esse. Só esse. Não discorde". Elas não dão espaço à discordância e mais: satirizam, ridicularizam, desautorizam qualquer voz minimamente dissonante. Isso é muito grave, não dá. E o que é mais grave, em se tratando de faculdades: os jovens estudantes estão deixando de ler obras e autores fundamentais porque seriam politicamente incorretos; ou porque escreveram uma grande obra, mas tiveram uma vida nojenta — o que é muito comum. Temos grandes artistas que tiveram uma vida desprezível, e têm uma obra divina. Eu quero saber da obra!

Nós não podemos banir ideias. Quando temos medo de ideias, medo de palavras... aí, meu velho...

Uma coisa é você ser bem-educado, ter boas maneiras, saber que não é legal falar certas coisas, se pôr nos sapatos do outro... Mas entender que as palavras têm um peso e saber usar o peso dessas palavras. Isso tudo está ótimo! Agora, tornar isso uma cartilha, ferro e fogo? "Isso não pode mais falar", "essa palavra não pode mais usar", não. E o que estou vendo, com grande surpresa, é que estão usando o mesmo mecanismo que construiu a Igreja católica, por exemplo. A grande ideia de São Paulo: "Arrependei-vos! Você é culpado, você tem culpa". E quando você coloca o sentimento de culpa em alguém, não é preciso metralhadora, arma, a pessoa se ajoelha diante de você, espontaneamente. O culpado pega um chicote e bate em si mesmo, não precisa ninguém para bater. Então, eu não acho um caminho inteligente, que sirva à causa, producente.

Esse negócio de dizer: "todo homem branco é racista", "todo homem é machista". Não. Não dá. Esse negócio do "sou racista em desconstrução", tô fora. Tô fora! Eu fui criado em colégio jesuíta, tive uma educação católica muito rigorosa e muito interessante, muito inteligente ao mesmo tempo — até para eu me libertar dela. Eu não acho que movemos alguém pela culpa. Criamos ressentimento. E a gente tem visto isso. A ditadura do politicamente correto — ou a tentativa de implantação de uma ditadura do politicamente correto — foi um dos combustíveis que criou essa nova direita vociferante, hidrófoba, no mundo todo, no Brasil... Não é por aí. Adivinho alguns caminhos, mas não sei... Não estou dizendo que seja fácil, mas mexer com a culpa não é o caminho ideal.

MIGUEL Pedro, nessa descoberta de caminhos, você tem um papel importante. O seu programa, o *Conversa com Bial*, tem um papel essencial. Você sabe, eu tenho a opinião de que o programa, de alguma maneira, revoluciona a televisão. Não pelo formato — que é um formato muito explorado nos Estados Unidos e no Brasil —, mas pela sutileza e inteligência nessa curadoria dos entrevistados. Traz ao debate questões polêmicas, personagens marginais, dá destaque às minorias e, principalmente, amplifica, faz ecoar vozes inauditas que muito têm para contribuir para esse mosaico da diversidade brasileira.

Você comanda um time de excelentes profissionais, muitos deles amigos meus. Minha querida amiga Moniquinha Almeida, Camila Appel, Fellipe Awi, Fabiano Segalote... quer dizer, muita gente boa trabalha ao seu lado. Como é feita essa escolha dos temas e dos convidados, dos personagens que você vai entrevistar? É um trabalho de equipe? Vem da sua intenção de abordar determinados assuntos?

BIAL Vem de todas as partes. É um trabalho de equipe, sim, temos sempre reuniões de pauta, é um mecanismo, digamos, clássico dentro do funcionamento de uma redação. E é uma busca de interpretação do mundo um pouco menos bitolada, sem o pejorativo da palavra, do que a do jornalismo convencional. Como é televisão, como é conversa, não é uma entrevista — conversa é diferente de entrevista —, a gente tem um pouquinho mais de flexibilidade para fazer um programa sem ouvir os dois lados. Um dia a gente ouve um, outro dia a gente ouve outro, não vamos fingir neutralidade, vamos ser honestos — temos um compromisso com a honestidade. Honestidade nesse sentido: "Eu estou falando isso e quero te ouvir. E vou ouvir. Posso não concordar com nada, mas vou ouvir e vou falar bem falado, bem dito... e bola pra frente".

A mais nobre função, quando a gente consegue cumprir, é essa: dar voz. Mas está tudo tão em movimento... Desde o início, desde antes de estrear, a gente tinha certos compromissos. Precisamos ter sempre matérias sobre ciência: editoria de ciência boa, forte, o que está acontecendo no mundo na ciência — nunca houve nada parecido. Questões do Brasil: temos que ter sempre programas em torno da questão da negritude, da "segunda abolição". Esse é um entrave ao desenvolvimento do Brasil, o fato de nós termos tido uma abolição incompleta.

Temos que dar espaço para as minorias, mas não devemos abraçar causas — essa é uma discussão até hoje. Agora está muito claro: a gente vive uma guerra cultural, eu quero dar notícias dessa guerra cultural, mas eu não vou apoiar nenhum dos lados.

A causa da liberdade eu apoio. Porém, eu não vou levantar a bandeira do LGBTQY..., apesar de me interessar tremendamente pelas pessoas que compõem esse movimento. Mas eu não vou corroborar, não preciso corroborar. Ao contrário, eu preciso trazer questões que problematizem, que façam esses movimentos refletirem sobre si mesmos.

É um difícil equilíbrio, você ter um lugar na guerra cultural e às vezes fazer todo esse esforço e não adiantar. Porque para quem é parcial, Miguelito, o imparcial é parcial. Então, não tem jeito. Mas a gente, com a nossa consciência, com a nossa vontade de produzir conhecimento — porque é isso, eu acho que a gente tem ambição de produzir conhecimento e beleza —, segue fazendo nosso programa. E nosso compromisso com a arte brasileira, com o samba, com os grandes nomes da cultura, tudo isso sempre nos norteou. E vamos seguir assim.

Eu quero dizer que eu fico muito orgulhoso ao ouvir esses elogios vindos de você. Você é um grande artista. Sua profissão também tem essa característica de aliar arte e técnica, não é? Como fazer televisão e jornalismo. Eu fico muito feliz.

MIGUEL Eu é que fico orgulhoso com os seus elogios, Pedro! Mas vamos terminando esta conversa com uma última pergunta. O advento desse mundo digital mergulhou o jornalismo em uma crise de identidade. Essa mudança de plataformas, o anunciado, há anos, fim do papel, a difícil migração da publicidade para os meios eletrônicos... Tudo isso já fez muitos desses abutres que sobrevoam as redações decretarem a morte do jornalismo. Aí, vem a Covid-19 e altera esse quadro, catalisando e paralisando também algumas dessas consequências. Como o jornalismo vai sair dessa pandemia?

BIAL Eu acho que o jornalismo como ideia vai sair fortalecido. O modelo de negócios — como esse jornalismo se mantém como negócio — continua algo em movimento, de difícil previsão. Vai desde o *Guardian*, que continua totalmente aberto para todo mundo, mas tem os seus pagantes — eu, por exemplo, pago todo mês o *Guardian*, porque eles me perguntaram se eu podia ajudar, e ajudei. Como ajudo a Wikipédia, coisas que uso mais. Tem o caminho do *New York Times*, que conseguiu se informatizar de maneira muito bem-sucedida.

O papel, eu acho que vai ficar coisa para fetichista. Para quem quiser, quem sentir falta daquele negócio, porque, de fato, a gente não precisa. Eu, com a pandemia, parei de ler jornal de papel. Eu leio todos os jornais, mas tudo no iPad ou no computador. Então, acho que essa pergunta realmente tem que continuar no ar. A gente vai saber o que vai ser disso depois. Mas, certamente, o papel do profissional que observa o mundo, que traz o que de mais importante, mais recentemente e mais próximo ou mais distante tenha acontecido, e que você precisa saber, esse profissional é imprescindível, esse papel é imprescindível. Vai continuar existindo, de uma maneira ou de outra. Tem que haver alguém trazendo as histórias para a gente se conhecer. Como isso vai se dar, o que vai acontecer... Cenas dos próximos capítulos.

MIGUEL Obrigadíssimo, Pedro! Papo maravilhoso, como sempre.

BIAL Muito bom, muito bom. Obrigado, Miguelito. Muito legal ver você botando pra quebrar assim. Botando as coisas em movimento.

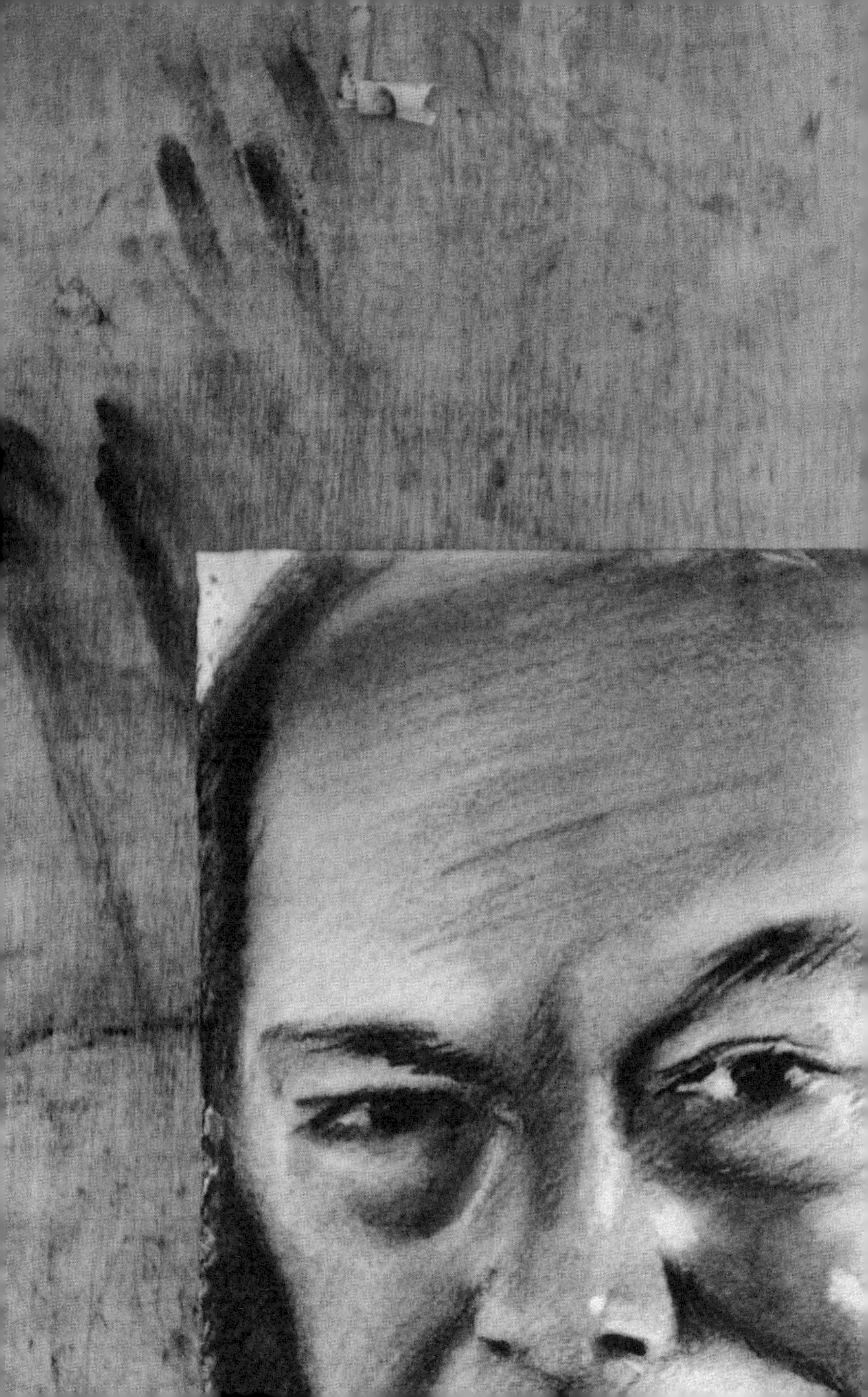

22 DE SETEMBRO · **PEDRO MALAN** · REPENSANDO O BRASIL

Pedro é um amigo por osmose. Veio junto com Catarina, Cecília e Pedrinho, a sua família que eu adoro! Cat é minha parceira profissional e Cissa, uma amiga bem antiga. Em uma ocasião, fiz um projeto para eles, portanto tive a oportunidade de frequentar o seu charmoso apartamento e, principalmente, a sua incrível biblioteca, onde ele vive quarentenado em "silenciosa algazarra", que é como define o seu escritório usando o título de um livro de sua amiga Ana Maria Machado. Pedro é outro bibliófilo apaixonado... Acima de tudo, ele também fez parte dessa turma que consertou o Brasil, brilhantes economistas que tentei reunir nessas lives. Sempre amável e muito minucioso, esta talvez tenha sido uma das conversas mais difíceis de marcar... E, por isso mesmo, uma das mais interessantes.

MIGUEL Pedro, primeiro quero agradecer muito por esta conversa. E vou começar perguntando, obviamente, sobre a crise sanitária da Covid-19. Logo antes de essa pandemia ser decretada, o mundo passava por uma grave crise de confiança. A gente já vivia a guerra comercial entre China e Estados Unidos, a questão da autossuficiência americana em óleo e gás e sua consequente crise com os russos e sauditas, a situação dos imigrantes, o crescimento da extrema direita em alguns países. Então, eu pergunto o seguinte: qual você acha que é o impacto da pandemia nesse contexto? Você acha que a Covid-19 representa uma mudança muito radical? Acha que ela vai acelerar essas tendências preexistentes?

MALAN Vamos começar com o impacto da pandemia? Não tenhamos dúvida, estamos em meio ao mais severo choque global desde os anos 1930. Os impactos diretos e indiretos da Covid-19, visíveis a olho nu no mundo de 2020, estarão conosco em 2021, 2022 e, talvez, muito além. Porque esses impactos não estão e não ficarão restritos a uma questão de saúde pública, a ser "resolvida" com uma combinação de medicamentos e vacinas.

A Covid-19 gerou problemas econômicos e sociais, derivados de choques negativos simultâneos da oferta e da demanda que se reforçaram mutuamente num infernal círculo vicioso, que levou à perda de dezenas de milhões de empregos, a contrações inéditas da atividade econômica —

desde o período de 1929 a 1933 — e elevou os níveis de pobreza, vulnerabilidade e desigualdade em escala global.

Portanto, para responder em parte a sua pergunta, eu diria que a Covid-19 representa uma mudança muito importante, talvez radical para muitos países, e que tem várias implicações, não só da necessária resposta que os governos tiveram que dar a ela, mas das consequências dessas respostas, das expectativas que essas respostas geraram — que estarão conosco durante muito tempo. Porque terão desdobramentos em várias áreas. Na saúde pública, por exemplo. Vai haver um profundo repensar na maneira pela qual os países organizam seus esquemas de saúde pública. Na educação, por exemplo, na maneira de lidar com o fato de que os alunos ficaram um ano sem aula. O resultado, nas camadas mais pobres da população, de um ano sem aula pode ser devastador — há um desaprendizado que pode ter efeitos de longo prazo se não for equacionado da maneira adequada.

A ideia de perguntar "quando chegaremos ao pós-Covid?", que foi utilizada com frequência para expressar o desejo de que fosse factível "voltar ao normal" o mais rápido possível, sempre me incomodou um pouco. Primeiro porque acho que não há volta ao normal, nem existe "novo normal". O curso da história não tem nada de normal, está sempre pleno de peripécias, instabilidades e surpresas de toda ordem. No caso da Covid, mesmo quando tiverem surgido combinações de medicamentos que permitam controlá-la e vacinas tiverem sido descobertas, testadas, aprovadas e aplicadas em bilhões de pessoas, continuaremos falando do mundo pós-Covid, significando o mundo pós--2020, o ano em que, além da Covid, e por causa dela, se exacerbaram tendências preexistentes.

Você mencionou, com razão, várias das incertezas preexistentes à Covid-19. Eu gostaria de adicionar as consequências da crise de 2008-9 nos Estados Unidos e a de 2010-2 na Eurozona, que teve origem no setor financeiro e com consequências que se projetam até hoje em problemas ainda por resolver em balanços de bancos e empresas e, em particular, no descontentamento pós-2008-9 com a globalização e com os efeitos de avanços tecnológicos sobre o mercado de trabalho. Ambos exacerbados pela Covid. E ambos vieram para ficar. O mundo é outro no pós-2020. E será outro por muito tempo, porque a natureza se encarregará de produzir outros tipos de vírus, outros tipos de germes, além de outras mudanças, como as que estamos vendo na área climática, que exigirão respostas de governos — e cooperação internacional.

MIGUEL Você falou, na sua resposta, em educação e saúde. E isso evidencia um problema muito grave no Brasil, que são as desigualdades sociais. Nessa pandemia, a gente ouve muito a opinião de pensadores econômicos, como você, sobre a urgência de abordar essas questões: combate às desigualdades, além da erradicação da pobreza. E uma pergunta que tenho feito e que me interessa muito é: você acha que vai emergir depois disso um capitalismo mais humano, mais solidário? Ou o outro caminho seria a gente ficar mais refém desses regimes populistas e nacionalistas? Para onde você acha que a gente caminha?

MALAN Vamos por partes. Primeiro, sobre eventuais distinções que alguns fazem entre pobreza absoluta, miséria e desigualdades na distribuição de renda e riqueza. Vou usar aqui uma ideia que já explorei em outras oportunidades: o que Schumpeter chamava "a máquina capitalista" é imbatível na produção de riqueza e na disseminação de padrões de consumo de massa. Está aí a experiência chinesa: na verdade, um capitalismo de Estado controlado por um partido único que deu certo na parte econômica, e em quarenta anos tornou-se uma potência global com base em seu sucesso econômico.

Mas se a "máquina capitalista" é muito eficaz na geração de riqueza e na disseminação de padrões de consumo de massa, ela não o é na distribuição dessa riqueza — ela tende, se deixada a si própria, a gerar certa concentração de renda e de empresas. É a razão pela qual o sistema capitalista, numa social-democracia, precisa que o Estado tenha algum tipo de atuação para evitar um agravamento e um aguçamento dessas desigualdades e a falta de competição entre empresas. E que a própria sociedade disponha de capital cívico, espírito público e exercício de cidadania, para lidar com elas também. O fato é o seguinte, Miguel: toda sociedade tende a gerar hierarquias e desigualdades. A função de uma social-democracia moderna, de um liberalismo progressista moderno, é justamente tentar mitigar essa tendência, evitando e corrigindo excessos de desigualdade e propensões ao autoritarismo.

Não deveria haver grande distinção entre medidas de política pública para combater a pobreza absoluta e para reduzir e mitigar a desigualdade. Deve-se combater, principalmente, a assimetria na distribuição de oportunidades nos anos iniciais, porque as pessoas têm pontos de partida muito diferentes. Essa é a raiz da desigualdade social do Brasil, e de várias outras economias, que a Covid só fez desnudar, de maneira dramática. E, portanto, para responder a sua pergunta, se podemos caminhar na direção de um Estado que lide com isso que você chama "um capitalismo mais humano e solidário"... Acho que isso seria o ideal. Uma sociedade na qual vale a pena viver é uma sociedade que combina liberdades com mais igualdade ou menos desigualdades. Há que mostrar que isso é desejável, que é possível e que temos que pelo menos tentar caminhar nessa direção. Se a nossa geração não conseguiu avançar mais, que as próximas tentem fazê-lo.

MIGUEL Muito bom, Pedro. Não tem problema se estender, porque eu acho que a grande questão do século XXI é essa. Você sempre foi um especialista em economia internacional. Já foi diretor da ONU, conselheiro internacional do Itaú Unibanco, autor de livros especificamente nessa área. A partir do momento em que os protagonistas da geopolítica mundial são as teocracias árabes, esse "comuno-capitalismo" chinês, que você acabou de citar, os governos populistas de direita como os dos Estados Unidos e Brasil, uma Inglaterra recém-saída de uma diminuta União Europeia, você acha que vai haver uma desglobalização? Vai ser o fim dessa utopia da cooperação internacional?

MALAN Essa é uma das grandes questões do nosso tempo. Eu acho que, desde a crise de 2008, acelerou-se essa tendência, que já vinha de antes. Desde 2008, o número de descontentes da globalização aumentou. Eram aquelas pessoas que, de alguma maneira, se sentiam marginalizadas, principalmente trabalhadores de indústrias mais tradicionais, que sentiam que seus empregos estavam sendo afetados de modo negativo pela importação de produtos produzidos alhures, em outros países. Ou então, pela imigração — estrangeiros que estavam disputando e/ou tomando seus postos de trabalho.

É preciso lembrar que, em 2015, mais de 1 milhão de pessoas tentaram ingressar na União Europeia, devido aos conflitos na Síria, entre outros. Isso provocou uma reação em cadeia dentro dos países europeus, para muitos dos quais essa globalização estaria indo longe demais; e afetando empregos e bem-estar. E os eleitores tendem inclusive a votar levando isso em conta. No caso do Brexit, em 2016, por exemplo, a campanha foi feita, com maior intensidade, usando o argumento da imigração; foi a vitória do Movimento 5 Estrelas, na Itália; a vitória dos Indignados com a globalização na Espanha — um movimento que chegou a fazer parte do governo; a vitória do Trump, nos Estados Unidos. Eram expressões de forças que existiam na sociedade. Grupos de pessoas se sentiam deixados para trás pelo processo de globalização. E era um contingente que se mostrou significativo, a ponto de contribuir para o alcance de expressivas vitórias nas urnas.

Mas, para responder sua pergunta, se haverá uma desglobalização: eu acho que vai mudar a natureza da globalização, em parte, porque tem um fator novo aí que é a emergência da China como potência global. A relação bilateral mais importante do mundo, nessas décadas que virão, será entre China e Estados Unidos — que não está no melhor dos momentos. Estamos caminhando para algo que a História já registrou há muito tempo, que é um rebalanceamento de poder. Conflitos localizados, tentativas de construção de alianças. A União Europeia vai desempenhar um papel muito importante nisso. E uma das preocupações que eu tenho com o Brasil é que nós não podemos errar nas escolhas diplomáticas de médio e longo prazo — um erro que estamos cometendo nesse momento. Porque não vai acabar a cooperação internacional. Isso é inexorável.

Vou dar um exemplo. A China tem hoje presença muito ativa na maioria dos grandes foros internacionais. O desenvolvimento chinês não teria lugar, na intensidade que ocorreu, se a China não tivesse se aberto para o mundo, com Deng Xiaoping, e depois quando entrou na OMC — Organização Mundial do Comércio —, mais de dez anos depois. O crescimento extraordinário teve a ver com a sua abertura para o mundo, na dimensão comercial, recebimento de capital estrangeiro, investimento direto, transferência de tecnologia. Em 2018, havia mais de 330 mil estudantes chineses nos Estados Unidos — mais do que a soma do que existiam no resto do mundo. Ainda naquele ano, 13% das teses de doutorado em Ciência e Tecnologia nos Estados Unidos foram feitas por estudantes chineses. E eles têm presença no FMI, no Banco Mundial, em todas as organizações das Nações Unidas — em algumas, têm posições relevantes e influência ativa. O renminbi, a moeda nacional chinesa, hoje é parte da cesta das cinco moedas que constituem os Direitos Especiais de Saque do FMI: o dólar, o euro, a libra, o iene e o renminbi.

A China vai ter um papel importante, e os Estados Unidos terão que aprender a conviver com isso. Vai ser uma relação parte conflito, parte cooperação. Há horas em que o conflito pode aparecer mais exacerbado; há outras em que a cooperação vai se mostrar inevitável. Não vai haver uma desglobalização, no sentido de que cada país vai viver olhando para o próprio umbigo, com o exercício da soberania sobre seu próprio povo e não participando de parcerias e de alianças regionais e/ou globais. Mesmo porque os problemas que temos que enfrentar exigem, pela sua própria natureza, cooperação global. A mudança climática é um desses problemas, além de questões de saúde, vacinação... a cooperação entre países é inescapável.

MIGUEL Excelente! Nessa resposta você citou o impacto que a globalização e as crises migracionais causam no mercado de trabalho. Aí, eu acrescento os avanços tecnológicos — que fazem desaparecer carreiras inteiras — e o envelhecimento da população. Isso tudo combinado gera um problema muito grave para muitos países, principalmente para o Brasil, que é a questão da seguridade social. Como essa bomba-relógio pode ser desarmada?

MALAN Essa é uma grande questão, Miguel. Você tem razão. Esses problemas impactam o mercado de trabalho, em particular sobre a demanda de mão de obra, nesse vertiginoso progresso da tecnologia e da inovação que continuará a ocorrer e inclusive está sendo acelerado pela Covid. A pandemia está acelerando o processo de digitalização, está mudando relações de trabalho de uma maneira ainda insuspeitada. Isso tem um efeito sobre aquelas pessoas que se sentem deslocadas, que ficaram um pouco para trás, perderam as habilidades que hoje se exige de certo tipo de empregos no mercado moderno. Mas abre outras oportunidades também.

A razão pela qual alguns países estão se saindo melhor, ou vão se sair melhor, é porque tiveram já, de longa data, uma preocupação que eles chamam de *life long learning*: a ideia de que a educação tem que ser algo contínuo. Eles fazem isso muito bem em Cingapura, estão constantemente treinando sua força de trabalho para estar tecnologicamente atualizada e capaz de desempenhar várias funções do mundo moderno. No Brasil, parece que estamos em uma situação em que a melhora da educação não é uma prioridade como deveria ser, de médio e longo prazo. Apesar de termos gente muito boa trabalhando nessa área fora do governo, e em alguns estados e municípios.

É preocupante. Mas dado o fato de que temos empregos com carteira assinada e empregos informais — cuja face visível, de novo, apareceu agora com a Covid, exatamente na tentativa de identificação daqueles que não tinham nenhum tipo de proteção social —, essa discussão veio para ficar. Como lidar com as perdas de renda dessas pessoas na fase mais aguda? E, olhando mais para a frente, como desarmar essa bomba-relógio? É uma pergunta que não é fácil. Vai exigir um grau de debate público de muito maior qualidade do que tivemos até agora, dentro do governo, do governo com a sociedade, e maior conhecimento do que o resto do mundo está fazendo nessa área. Temos muito a aprender com países que estão lidando muito melhor do que a gente com essa questão tão crucial.

MIGUEL Pedro, a gente viveu uma certa tranquilidade, um momento muito curto de paz internacional, entre o fim da Guerra Fria e o ataque às Torres Gêmeas. Ali foi o momento que um novo perigo passou a fazer parte da nossa realidade. Isso casou mais ou menos com o arrebol da social-democracia na Europa. Você foi um dos principais nomes de um governo social-democrata puro-sangue. Como é que essa social-democracia perdeu terreno para o populismo de extrema direita em diversas nações do planeta, logo em um momento de crise humanitária e ambiental?

MALAN Essa é uma pergunta fascinante, Miguel. Não vejo incompatibilidade, nunca vi, entre uma visão de uma social-democracia que incorpore um liberalismo com consciência social. E acho que não é uma discussão teórica. Tem experiências práticas, de vários países europeus.

MIGUEL Pois é, o desenho da social-democracia clássica sempre foi esse.

MALAN Exatamente. Mas o que importa aqui é como isso se expressa na arte de tentar governar e mudar as leis de um país. Frequentemente, exigiu uma aliança de governo, uma coligação entre social-democratas e liberais progressistas, no sentido americano de *liberal*, que é uma pessoa que tem preocupações sociais, consciência social. E esta é a razão do sucesso de muitas social-democracias europeias. Acho que isso não vai morrer, acho que deitou raízes. E os conflitos que porventura existam são conflitos próprios de uma democracia. Uma parte do eleitorado pode se sentir, por alguma razão, marginalizada e, portanto, tende a acreditar em promessas. E ao acreditar em promessas que não são viáveis e factíveis, pelo menos a curto prazo, pode ter uma tendência a eleger populistas e demagogos. É um fenômeno. Mas em democracias essas coisas acontecem.

As pessoas que têm noção da realidade sabem que há escolhas muito difíceis de serem feitas. Essa realidade nem sempre é fácil de comunicar de maneira inteligível para um eleitorado mais amplo. E certa dose do que você chamou de humanismo é fundamental para o futuro da sociedade. É preciso acreditar que é possível combinar três coisas: liberdades; a busca de igualdade de oportunidades; e, muito importante, a eficiência, tanto do setor privado quanto do setor público, na provisão de bens para a coletividade. Parece que é uma coisa fácil, mas é um ideal que não deveria ser abandonado. É muito importante não perder de vista que é nessa direção que deveríamos caminhar, se queremos criar uma sociedade civilizada no futuro — o que ainda não temos.

MIGUEL E falando exatamente nisso, a gente passou, no Brasil, dezesseis anos ininterruptos de uma social-democracia, que foram os governos de FHC e Lula. Os meus amigos petistas ficam putos quando eu afirmo isso, que o governo Lula foi uma social-democracia. Enfim, não há dúvidas de que houve avanços significativos, tanto na questão econômica, começando com a estabilização da moeda, pela qual você foi um dos principais responsáveis. E isso se seguiu ao longo dos governos Lula no combate à pobreza — que foi iniciado, na verdade, em FHC, mas muito amplificado, realmente, nos governos petistas. No entanto, não houve avanços significativos na melhora das questões do dia a dia, dos serviços públicos, como educação, saneamento, transporte urbano, habitação. Enfim, isso tudo explodiu nos protestos que acabaram por derrubar Dilma e, em uma perspectiva mais ampla, eleger Bolsonaro. Esses assuntos nunca fazem parte das pautas da discussão eleitoral. Fala-se em economia, em segurança, em costumes, mas a grande questão da melhoria dos serviços públicos nunca é discutida por candidatos em período eleitoral. Por que você acha que isso acontece? Não é possível abordar economia e esses assuntos ao mesmo tempo?

MALAN Miguel, não tenho dúvidas de que é possível, desejável e que já está acontecendo, mas com enorme atraso. Mas já que você falou lá do passado, um comentário: você notou corretamente que esses programas de transferência direta de renda começaram no Brasil com experiências-piloto em Campinas e em Brasília. Suplicy sempre defendeu essa ideia de renda mínima que, na verdade, é uma ideia liberal — Friedman sempre defendeu que tinha que dar dinheiro e liberdade para as pessoas gastarem da maneira que pretendessem. Aqui, foi por sugestão de economistas como José Marcio Camargo e Edward Amadeo — a quem Suplicy fez justiça, no prefácio de um livro dele sobre renda mínima — que surgiu a discussão da necessidade de se fazer transferência direta de renda, mas condicionada, por exemplo, à manutenção dos filhos na escola; a uma bolsa saúde em que a mãe tinha que se obrigar a fazer os testes pré-natais e depois a vacinação da criança; tinha uma bolsa alimentação para lidar com crises de seca no Nordeste; tinha um auxílio-gás para quem precisava daquele botijão em áreas pobres, urbanas e rurais do Brasil. Ao final do governo FHC havia quase 3,5 milhões de pessoas contempladas por algum dos vários programas existentes de transferência direta de renda.

O governo Lula, depois de dez meses tentando implementar um programa chamado Fome Zero — que, na verdade, eram os cupons de alimentação inspirados em Roosevelt, na década de 1930 — não conseguiu operacionalizar. E teve a ideia, correta, que fez bem ao Brasil, de aproveitar os vários programas que tinham sido feitos como experiências-piloto para montar um cadastro, identificar as pessoas. E a ideia de unificar foi uma ideia positiva. Unificaram, criaram o Bolsa Família. Se você for ver o parágrafo inicial, o *caput* da medida provisória de outubro de 2003, estão listados lá os programas todos do Fernando Henrique e diz-se claramente que eles estão fazendo uma unificação daqueles programas.

Foi uma coisa positiva para o Brasil. Passou de quase 3,5 milhões de pessoas beneficiadas para 14 milhões. Hoje, ele desempenha um papel muito importante e vai continuar a desempenhar. E, na parte macroeconômica, eu queria só registrar aqui: a política macroeconômica do governo Lula, até meados de 2006, quando foi tomada a decisão de seguir outra direção, foi uma continuidade da política macroeconômica do governo Fernando Henrique Cardoso. Eles também não gostam quando digo isso, mas a História registrará que foi assim e registrará o ponto de inflexão. Eles começaram a fazer uma política expansionista, de acelerar o crescimento, que já vinha bem — o mundo estava numa extraordinária expansão, desde meados de 2003 —, e, quando veio a crise, dobraram a aposta e expandiram ainda mais. Quando veio o governo Dilma, dobrou ainda mais a aposta. O investimento começou a cair no terceiro trimestre de 2013, a recessão começou em abril de 2014 e nós vivemos as consequências. Desde então, enfrentamos uma década difícil, e estamos agora nessa fase de olhar para a frente esperando não adiar o futuro mais uma vez.

Mas a sua pergunta é se é possível compatibilizar uma discussão com a eficácia e eficiência com que o governo deve implementar programas de políticas públicas nas áreas de saúde, educação...

Não tenho dúvidas de que é nessa direção que temos que caminhar. Não é discutir só o agregado, que é importante, mas discutir também como estão funcionando os vários programas. Tem muitos que não estão funcionando bem e podiam ser reformulados, revisados, reconsolidados de outra forma. Essa discussão da renda básica está muito interessante. Tem uma proposta atual da qual tenho feito propaganda, que é excelente, de Vinícius Botelho, Marcos Mendes e Fernando Veloso, de lidar não só com o problema da pobreza absoluta, mas da falta de seguro para informais, que têm uma renda muito volátil e com problemas de educação também. Eles encaminharam o trabalho que fizeram, que inclui até um projeto de lei para lidar com esses temas, para discussão pública. Sei que tem vários outros grupos trabalhando na mesma direção.

E o big data, agora, permite que tenhamos uma miríade de dados detalhadíssimos sobre tudo, que é uma maneira de aprofundarmos a discussão sobre a eficácia e a efetividade de políticas públicas, exatamente no que você falou: em áreas específicas. Então, para responder, é possível, sim, desejável e inevitável a gente combinar essas coisas. Precisamos envolver mais a sociedade nessa discussão.

MIGUEL Pedro, mudando de assunto. A sua assinatura circulou na primeira nota de um real, a partir de 1994. Semana passada foi lançada a nota de duzentos. Como você vê o que foi feito do legado de vocês, de lá para cá?

MALAN Olha, Miguel, espero que certas coisas tenham criado raízes na nossa "cultura", que, para mim, são as crenças, as preferências, os valores, os comportamentos de uma sociedade. Quero acreditar que hoje — 26 anos após o real ter sido lançado — a maioria da população brasileira tenha percebido que uma moeda que tem poder de compra estável é do seu interesse. Que ela é a preservação do poder de compra do salário do trabalhador; é a preservação do poder de compra dessas transferências de renda, que vão assumir uma importância crescente a partir de agora. E, portanto, acho que uma parcela muito expressiva não quer correr o risco de entrarmos numa trajetória que possa eventualmente, no futuro, trazer de volta o espectro da inflação, como um mecanismo de compatibilização de um excesso de demandas sobre recursos escassos. Acho que um dos legados talvez tenha sido esse.

Outro legado muito importante, que nós realizamos lá na década de 1990, foram as privatizações. E vou insistir aqui: não foram razões de motivação e caráter político-ideológico que nos fizeram expor a Petrobras à competição, assumir a privatização da Vale e várias outras, começando lá com a siderurgia, ainda no governo Itamar. Era uma concepção pragmática de quem estava olhando as necessidades de investimento do Brasil em várias áreas e notando que "o setor público, por si só, e as suas empresas, sozinhas, não conseguem realizar a magnitude dos investimentos que se fazem necessários para o Brasil". Não para o governo Fernando Henrique Cardoso, mas para o Brasil no futuro. É preciso abrir espaço para que o investimento privado, doméstico e internacional possa contribuir junto com o setor público, que deve funcionar como regulador, fiscalizador e eventualmente como investidor, sinalizando possibilidade de investimento estruturante, para chamar outros investimentos privados depois. Creio que tenha sido um legado.

Como também foi um legado a resolução de problemas do sistema financeiro brasileiro, tanto privado quanto público. Nós tínhamos trinta e tantos bancos comerciais, estaduais, que estendiam empréstimos para seus governadores e suas empresas, que, com frequência, não os pagavam de acordo com os termos contratuais e eram obrigados a estar numa permanente rodada de reestruturações que durava um, dois anos. Conseguimos resolver esse problema — espero que definitivamente.

E teve ainda um outro: fizemos negociações de dívidas de 25 estados e quase 180 municípios por trinta anos. Parecia que tínhamos, até 2011, 2012, equacionado o problema dos estados e municípios. Infelizmente, talvez tenhamos que voltar a fazer uma negociação desse tipo, dada a situação precaríssima em que se encontra um número significativo de estados brasileiros.

Então, acho que os legados foram vários. Assim como não tenho dúvidas de que o governo Lula deixou legados importantes também. O primeiro artigo que escrevi em junho de 2003 após minha saída do governo, passada a quarentena, terminava assim: "A função de um governo é entregar o país ao seu sucessor melhor do que encontrou do seu antecessor. Como fez o governo Fernando Henrique Cardoso." E eu dizia: "Espero que seja feito assim nos governos que se sigam." Tais legados resolveram todos os problemas? Não. Nenhum governo vai resolver todos os problemas. O Brasil é um país terrivelmente complexo na sua diversidade, no seu potencial, na sua criatividade. Em qualquer área que eu penso no Brasil, desde a ciência até a arte, tem gente extraordinariamente criativa e competente, este é um grande ativo que temos. Então, cabe ao governo aproveitar o potencial que o país tem, não diluí-lo ou dificultar esse potencial de desenvolver mais energia criadora.

MIGUEL Você falou das escolhas que têm que ser feitas, e da pressão pelo aumento dos gastos públicos. No governo Fernando Henrique, você defendeu muito fortemente a política de responsabilidade fiscal, durante os seus oito anos como ministro da Fazenda — apesar da pressão por desenvolvimento de outros membros do governo. O primeiro governo Lula foi ainda mais ortodoxo, como você mesmo falou, nesse compromisso com o fiscalismo. E aí, depois da crise de 2008, houve essa adoção da agenda nacional-desenvolvimentista, que, no meu entender, foi o início do seu fim.

Hoje, no Brasil, a gente vive uma situação muito parecida: esse cabo de guerra entre os fiscalistas e os desenvolvimentistas, esses últimos, muito estimulados pelas Forças Armadas. Fazendo aqui um parêntese, na conversa que tive com André Lara Resende, na semana passada, ele criticou muito essa minha mania de estabelecer rótulos... fiscalismo, desenvolvimentismo, sei lá o quê mais... Enfim, como se resolve essa dicotomia, essa disputa entre os dois lados?

MALAN Eu tendo a concordar com André *(risos)*. Não uso essas expressões, desenvolvimentistas e fiscalistas. E vou dizer por quê. Você fez referência à minha experiência no governo. Tenho até hoje um enorme respeito por pessoas que dividiram comigo aquela atribuição no ministério do qual tive o privilégio de participar.

MIGUEL E que foi um time campeão.

MALAN E todos eram pessoas extremamente articuladas, extremamente competentes, e que defendiam com muita gana, garra e determinação as suas áreas de respectivo interesse. Mas o fato é que a maioria dos ministros diz coisa parecida: que estaria fazendo um trabalho extraordinário na sua área se tivesse mais recursos à sua disposição. E entendo isso muito bem, sempre entendi isso muito bem. E acho que o ex-presidente Fernando Henrique também sempre entendeu isso muito bem: que todo governo precisa de pessoas, no caso no Tesouro Nacional e no Ministério da Fazenda, para fazer uma operação simples, à qual não estávamos e não estamos ainda muito acostumados, que era a de somar. E ver que a soma dos desejos, de intenções, de gastos, por mais meritórias que fossem as demandas, excediam em muito a capacidade de atendê-las, sem endividamentos excessivos do setor público ou a volta do espectro da inflação — principalmente quando o real ainda estava no processo de consolidação.

A Lei de Responsabilidade Fiscal foi uma tentativa de consolidar os avanços alcançados até ali. Ela foi imediatamente considerada por muitos como incompatível com a responsabilidade social, incompatível com o crescimento econômico, o que, na verdade, é um equívoco. Todo país precisa ter responsabilidade fiscal, no sentido de saber que tem aquilo que já falei: certas limitações, mas uma enorme possibilidade de escolhas. Dentro de cada ministério, inclusive, é possível fazer escolhas de prioridades e saber quais são os programas mais importantes, entender os programas antigos que não estão funcionando, ver como eles podem ser repensados, reformulados... alguns até abandonados.

Mas voltando a sua conversa com André sobre rotulagens. Sempre fui contra a rotulagem como forma de desqualificar o oponente. Nós fomos chamados de neoliberais — nunca entendi esse jogo político simplório, essa forma estereotipada de não pensar. Eu acreditava num liberalismo com profunda consciência social, um liberalismo progressista. E acreditava na social-democracia e na combinação dos dois. Achava que a discussão teórica não era muito promissora. Deixe-me dar um exemplo através de Norberto Bobbio, que é um dos meus autores prediletos nessa área, junto com Raymond Aron — dois dos mais imaginativos intelectuais engajados do século passado. Bobbio dizia que se nós quisermos falar em "ismos", dizer que "o liberalismo remete à doutrina liberal" ou "o socialismo remete à doutrina socialista", tudo bem. Mas acrescentava: "No meu ponto de vista, prefiro falar de liberdade e igualdade; ou liberdade e justiça."

Tanto é assim que foi criado na Itália, logo depois da derrota de Mussolini, um partido chamado Liberdade e Justiça — ao qual Norberto Bobbio se filiou porque ele, como eu, acreditava na combinação fundamental dos dois objetivos.

Em vez de rotulagens, deveríamos discutir, na prática, quais são as restrições sobre as quais estamos operando. E uma correção só, Miguel: quero fazer justiça aqui ao primeiro mandato do presidente Lula. Eles não foram mais "fiscalistas". Eles fizeram a coisa certa naquele momento. Havia o temor de que eles pudessem tentar reinventar a roda, fazer uma dramática ruptura, uma experiência heterodoxa que nunca havia sido alcançada. Felizmente, perceberam o erro que isso seria, porque havia algum diálogo naquela época. Escrevi sobre isso. Meu primeiro artigo, em junho de 2003, era dizendo que eu achava que o Brasil estava mostrando a si próprio, e ao resto do mundo, que era capaz de alternância do poder, como é próprio em democracias mais maduras, e de certa racionalidade na condução da política macroeconômica. O que acho que aconteceu. Até que deixou de acontecer a partir do final de 2006...

MIGUEL Pedro, a gente se aproximou e ficou amigo, nossas famílias ficaram amigas, através de Cissa Malan, minha amiga querida, sua filha, jornalista, correspondente internacional da Globo em Londres; e do Pedrinho, seu filho, jornalista também, do esporte da Globo. Como pai de jornalistas e o democrata que é, como você vê esse papel da imprensa na democracia? O que acha dos apuros pelos quais a imprensa está passando, tanto nos Estados Unidos como no Brasil?

MALAN Vou falar sobre o Brasil, mas isso se aplica a outros países. A mídia é um extraordinário ativo que nós temos — e está mostrando isso agora. E digo isso sabendo do enorme impacto que as redes sociais tiveram e têm nas eleições do mundo inteiro. Não participo das redes sociais, mas leio muito, converso muito e recebo muita coisa de amigos. A mídia profissional tem um trabalho fundamental exatamente para ser uma espécie de contrapeso a essas redes de comunicação e de indignação nas quais as pessoas falam basicamente com membros de uma mesma tribo. A mídia profissional, no Brasil como em qualquer outro país, é essencial para filtrar e checar constantemente informações, algo essencial para o diálogo de um país consigo mesmo, com pessoas que não querem se deixar levar por aquele clima de emoção, de indignação, de divisão, polarização entre um "nós" e um "eles". O Brasil é muito mais complexo, para permitir essa polarização que, acho, todos deveriam evitar.

Creio que outra função absolutamente necessária da imprensa seja fazer o governo se sentir constantemente observado, analisado, e perceber que aquilo tudo está sendo divulgado com transparência para a sociedade. Conheço a mídia de muitos países. Nenhum país em desenvolvimento tem uma mídia da qualidade da mídia profissional brasileira. Nenhum. Aliás, eu diria que ela é superior à mídia profissional de muitos países desenvolvidos que conheço.

Em resumo, a mídia profissional é imprescindível para o país dialogar consigo próprio — para aqueles que querem dialogar. Agora, sua influência em relação à existência das redes sociais diminuiu enormemente. E é importante que isso seja discutido também, ao longo dos próximos dois anos, para que não tenhamos em outubro de 2022 uma reedição do não debate que tivemos em 2018. Dois anos parece que é muito tempo. Na verdade, não é. É pouco para tentar aprofundar a discussão e elevar a qualidade de debate público até lá.

MIGUEL Muito bom, Pedro! Uma última pergunta. Você está com 77 anos. E aí, cito Stefan Zweig, um autor que foi bastante lembrado nessa minha série de conversas. Você tem motivos para ser otimista em ver ainda esse *Brasil, país do futuro*?

MALAN Eu não uso essas palavras. Acho que o Brasil é por demais complexo para permitir essa escolha binária: ou bem você é otimista, ou bem você é pessimista. Dependendo do assunto, posso expressar um grau maior ou menor de confiança. Nunca esqueci uma expressão de Ariano Suassuna, que preferia acreditar num "realismo esperançoso". Utilizei muitas variantes dessa expressão: uma "cautelosa confiança", "uma esperança que espero que não seja ingênua", que já usei mais de uma vez em relação a estar mais ou menos esperançoso sobre alguma coisa.

Mas o livro do Zweig continua sendo usado. De vez em quando, vejo uma matéria que usa seu título, escreve *Brasil, país do futuro*, põe uma vírgula e diz "e sempre será". Algo que me incomoda um pouco, porque não será sempre. Mas acho que, por vezes, a gente parece adiar o nosso encontro com o futuro.

MIGUEL Pedro Malan, que maravilha de conversa. Muitíssimo obrigado. Demorou, mas a gente conseguiu marcar esse papo. Foi muito gostoso, muito elucidativo. Sempre bacana. Muito obrigado, tá?

MALAN Agradeço, Miguel. Agradeço muito. Recomendações a Paula. Até a próxima. Um abraço grande.

MIGUEL Obrigado, um abraço para você.

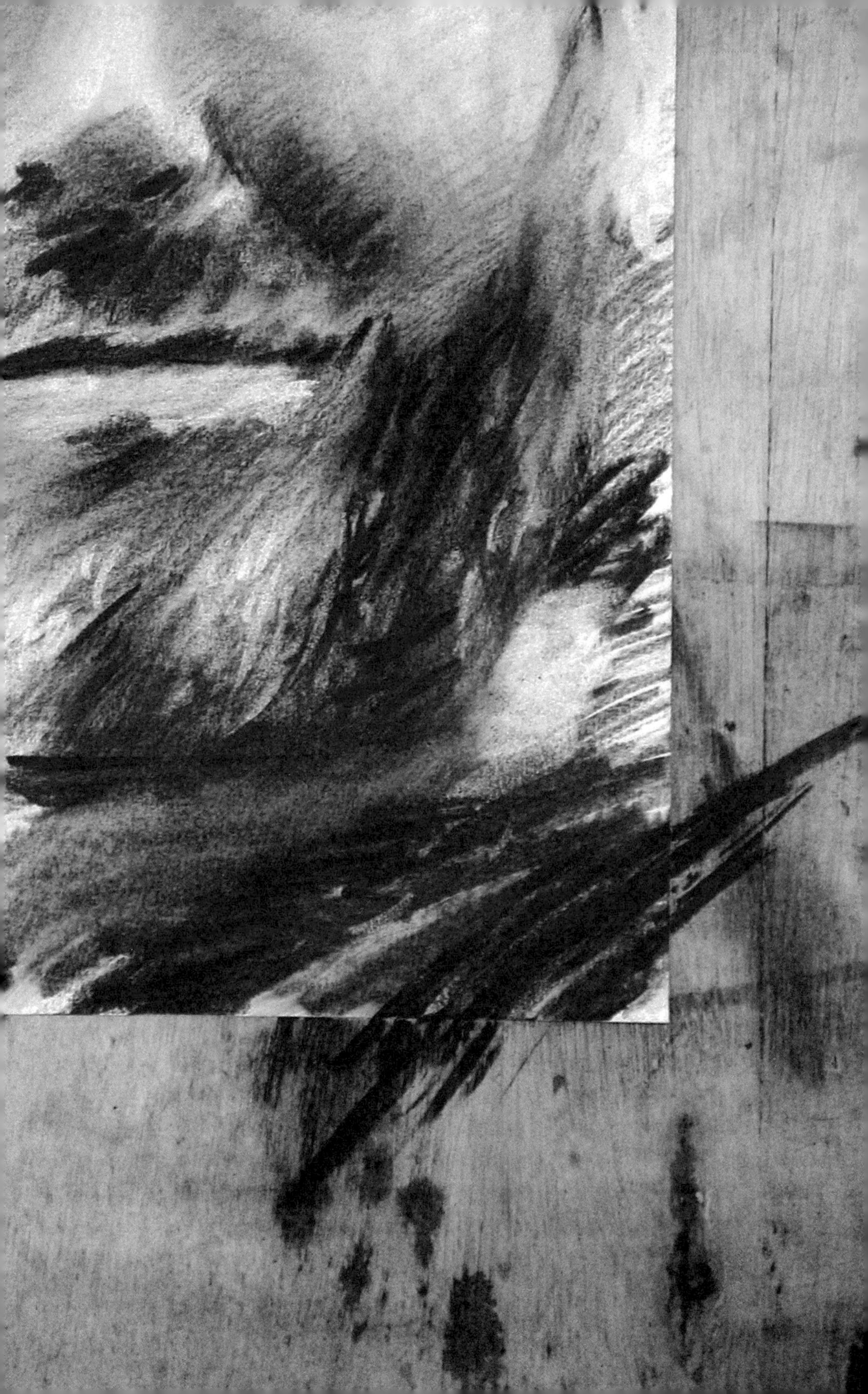

WASHINGTON FAJARDO

A CIDADE PÓS-PANDÊMICA

28 DE SETEMBRO

Fajardo é, na minha opinião, um dos grandes intelectuais contemporâneos. Talvez o cara que melhor pense as cidades. Um nome essencial a ser consultado em se tratando de políticas urbanas. Foi peça fundamental na bem-sucedida gestão de Eduardo Paes na prefeitura do Rio de Janeiro, um dos responsáveis pela revitalização da área portuária, pela recuperação do Cais do Valongo e pelo título de Patrimônio Cultural da Humanidade, chancelado pela Unesco, que a cidade do Rio recebeu em 2012. Quem dera tivesse sido ainda mais ouvido! Mas, acima de tudo isso, Washington é um ótimo amigo! Fomos colegas de FAU na UFRJ — ele mais velho do que eu, mas frequentamos juntos muitas aulas e fazemos parte de uma turma muito profícua oriunda daquele pilotis. Por toda a nossa intimidade e afinidade, foi com ele que fiz minha primeira live, ainda em março. Na verdade, naquela, fui eu o seu convidado. Resolvi, então, retribuir o convite, que resultou na brilhante conversa a seguir...

MIGUEL A primeira live que fiz, ainda em março, foi como seu convidado. De lá pra cá, muita coisa mudou. Achávamos que essa crise ia durar pouco. Você, que estava em Harvard, voltou ao Brasil. Nosso pensamento amadureceu, e nossa visão, então míope, pôde se ajustar às novas condições de mundo. Acredito que, diferentemente daquele distante dia de março, tenhamos hoje melhor capacidade de análise, com muito mais ferramentas e à luz de novos dados.

Afinal, a partir de tudo o que você elaborou, escreveu e leu nesses últimos seis meses, como vê hoje a cidade pós-pandêmica?

FAJARDO Miguel, de fato, fizemos aquela live no momento inicial da pandemia, quando estávamos todos, de certa maneira, fascinados ou curiosos com a ideia da quarentena. A quarentena era uma condição coletiva radicalmente nova, em termos históricos. Não só para a nossa geração — a última vez que a humanidade experimentou algo assim foi no início do século XX. Então, é muito interessante essa sua pergunta, porque em seis meses a percepção mudou radicalmente.

No princípio, havia um certo fascínio intelectual pelo processo da reclusão, pela possibilidade de as pessoas dialogarem on-line, e em torno do conceito de trabalho remoto. Isso chegou resgatando pensamentos, como o de Alvin Toffler em *A terceira onda*, trazendo de volta concepções da cidade de funcionamento atomizado, com a possibilidade de trabalhar e estar em qualquer lugar. As mesmas coisas de que Arthur C. Clarke falava no final dos anos 1960, quando houve o crescimento das tecnologias de transmissão de dados. O aparelho de fax, por exemplo, teve um impacto danado na ideia de que as pessoas poderiam trabalhar de casa. Isso, obviamente, é dominante dentro da mentalidade norte-americana que aprecia o conceito de que ainda é possível morar em uma fazenda, tal qual os Founding Fathers.

Mas, bem, passados seis meses, acho que esse fascínio virou um pesadelo. Todo mundo começou a perceber que inúmeros processos de organização da cidade e da sociedade simplesmente não funcionavam. No caso brasileiro, a vantagem era que sabíamos que tínhamos um sistema único de saúde forte. Mas, ao mesmo tempo, ficou evidente a baixa qualidade das nossas lideranças políticas. Baixa qualidade intelectual até. Uma capacidade vergonhosa de negar a ciência, negar a doença. Vimos muito rapidamente como houve e ainda há um impacto muito maior sobre os mais pobres, nas periferias. Então, uma certa curiosidade inicial com aquele fenômeno novo rapidamente virou a constatação de que os modos de funcionamento da sociedade e das cidades precisam ser reavaliados.

Curiosamente, apesar do noticiário nos mostrar sempre a altíssima ineficiência das lideranças públicas, as redes de solidariedade que foram montadas velozmente revelaram um aspecto muito positivo do Brasil. Lideranças comunitárias criando soluções inventivas; empresariado, classe média se conectando — independentemente de governo —, criando redes, sistemas de doação; logísticas complicadíssimas funcionando para doações de alimentos e ajuda. Inclusive sistemas de apoio financeiro.

A questão é: como converter isso numa institucionalidade, de fato? Como isso pode permear mais as nossas relações nesse pós-pandemia? Eu lembro que, na primeira conversa, ficamos falando muito de arquitetura, tínhamos certa curiosidade com essa coisa do delivery, com as novas possíveis espacialidades arquitetônicas. E digo que hoje o pensamento é:

se fala do "novo normal", mas precisamos ter o quanto antes um funcionamento como o que tínhamos.

Agora, obviamente, ganhamos um conhecimento a partir da visibilidade do que era invisível. Falo de uma invisibilidade social, mas também da discussão sobre as cidades. Sabemos bem, como arquitetos, que não é uma discussão somente atual. A discussão sobre as favelas acontece no Brasil quando há chuvas ou quando acontece uma catástrofe. E agora passamos a ter uma conversa cotidiana. Inclusive, falar sobre cidades ou sobre qual é o melhor modelo de cidade, cidade densa, cidade compacta, passou a ser uma reflexão diária não só entre especialistas, mas entre todos. Tomara que possamos desdobrar isso em realizações concretas.

MIGUEL Você falou dessa questão da cidade compacta, da cidade densa. Temos lido alguns artigos enaltecendo a cidade horizontal como ideal em uma vida pós-Covid. Los Angeles e Barra da Tijuca, por exemplo, teriam esse desenho ideal na visão de alguns pensadores. Isso não dá certo arrepio?

FAJARDO Mais do que um arrepio, dá um grande horror com a possibilidade da pandemia, ou do famoso "novo normal", trazer uma agenda ambientalmente equivocada, como essa. Uma agenda de consumo de natureza. É estranho, porque o surgimento de zoonoses sempre esteve ligado com o processo de urbanização rápida.

Quer dizer, a pandemia está claramente ligada com a urbanização. A gente sabe que a gripe espanhola, que teve origem no Meio-Oeste norte-americano, foi consequência de uma frente de urbanização americana na transição do século XIX para o XX, surgindo no Kansas e indo para a Europa através de tropas militares. A doença passou a ser chamada de gripe espanhola porque a Espanha era o único lugar onde a imprensa falava livremente sobre isso. Mas, na verdade, surgiu nos Estados Unidos. Assim como, na história do Brasil, o contato com a malária, com a dengue, enfim, com todas essas doenças que têm o mosquito como vetor, está ligado ao processo da urbanização. Então é paradoxal que a solução seja ampliar mais as cidades.

A cidade compacta traz benefícios em termos de troca, de intensidade, de proximidade, de criatividade, do contato entre diversidades com uma maior compreensão das políticas públicas até em termos econômicos. Quais são os mercados? Os produtos? Quem são os consumidores?

E os clientes? Ao mesmo tempo, a gente vê como cidades densas responderam de uma maneira mais eficiente à pandemia. Porque a densidade significa que há também melhor alocação de equipamentos de saúde. Se é preciso fazer uma testagem rápida, você consegue atingir mais pessoas muito velozmente. Nesse caso, o big data, as informações cadastrais, o geoprocessamento, passam a ser ferramentas fundamentais para lidar com essas crises.

O que as pessoas comumente chamam de *smart cities*, na verdade, é um conjunto imenso de soluções tecnológicas que fornecem mais resultado nas cidades mais densas. O governo consegue oferecer uma resposta rápida às emergências. Estamos lidando agora com uma crise de saúde que sabemos ser consequência de um modelo ambientalmente equivocado. E sabemos também que vamos lidar com crises assim com mais frequência.

Acredito que pensamos essa situação-limite com um olhar um pouco influenciado pela cultura cinematográfica pop, ou seja, um grande cataclisma que surge de repente. Mas o que constatamos é que esse processo de degradação ambiental é lento e nós estamos dentro dele. Não vai ter uma grande onda, um grande terremoto. Não vai ser igual ao cinema-catástrofe. Vai ser, na verdade, muito mais como num filme do Buñuel. Vamos estar muito vagarosamente presos nesse processo, sem poder sair dele. Ele vai ter impactos na nossa saúde mental, algo que acho que ninguém imaginava no início. Aumentaram os casos de depressão, os impactos psicológicos. Logo, será muito mais pelo lado da tristeza e de um longo e contínuo processo de decadência do que por um grande corte destrutivo que experimentaremos a crise climática. Isso é assustador. Porque se considerarmos a lógica da grande interrupção, podemos pensar: "Tudo bem, a extinção pode ser bacana. O planeta se livrará de nós como uma praga, de modo barulhento e efusivo." Mas, na verdade, não. Será um processo muito doloroso e muito lento. A repetição dos incêndios na Califórnia, o crescimento das queimadas no Centro-Oeste brasileiro, a contínua destruição de biomas, a morte de animais, e o fim da nossa imunidade e da nossa altivez mental será, na verdade, como desaparecemos.

Então, penso que essa ideia de cidade compacta é salvadora. E que precisamos ficar atentos à escala do cotidiano, às decisões diárias, e a como o planejamento urbano é especialmente fundamental para que possamos organizar o dia a dia e nos salvar adiante. Não vai haver uma solução urbanística fenomenal. A gente não vai construir uma cidade nova com um supermodelo altamente eficiente de um dia para o outro. Já fizemos isso e foi ruim. Chama-se Brasília.

MIGUEL E já se tentou isso na história e não deu certo. Mas, falando mais das *smart cities*, a meu contragosto, o futuro das cidades apontava para essas espetaculares cidades asiáticas, as *smart cities* chinesas, Hong Kong, Cingapura etc. Tenho a impressão de que agora esse pêndulo volta para um desenho numa escala mais humana. Um desenho mais nórdico, as cidades holandesas, e uma lógica racional e, principalmente, sustentável. Hoje, ouve-se muito falar de Amsterdã, tanto na questão urbana quanto na questão econômica, na adoção da teoria Doughnut Economics na gestão da cidade, por exemplo. Também se fala muito nas Gardens Cities inglesas do começo do século XX. Você concorda com essa observação e acha que haverá realmente essa desespetacularização da arquitetura no mundo?

FAJARDO Essa é uma questão interessante. Falando sobre arquitetura, acho que a crise econômica de 2008 já havia trazido a necessidade de revisão desse modelo. Primeiro, pelo custo. Segundo, quando, de certa maneira, houve também a revisão da ideia do edifício ícone global, o famoso "Efeito Bilbao".

Por outro lado, sabemos que a arquitetura tem um papel único em oferecer qualidade de vida. No contexto de pandemia, vimos como os espaços são decisivos para se ter saúde, tanto no equipamento hospitalar quanto nas casas. Precisamos valorizar cada vez mais o processo arquitetônico. E precisamos compreender o espaço edificado coletivo como lugar de promoção de saúde, para além dos equipamentos de saúde dos hospitais.

Vemos, por exemplo, como é triste perdermos os espaços de teatro e de cinema. Acho que há assuntos bem interessantes aí, do ponto de vista da investigação arquitetônica. Talvez existam programas arquitetônicos que precisamos resgatar ou até inventar. Talvez mais inventar do que recuperar, na verdade. Observamos como há necessidade de ir à igreja, aos templos — mesmo que isso não seja racional. Então, há necessidade de sentir o espaço coletivamente, no sentido mais essencial do valor arquitetônico, e talvez, além de encontrar beleza, possa-se encontrar saúde também. E daí surgem relações novas para serem exploradas pela presença da natureza no e pelo espaço edificado. Acho que são questões interessantes.

Do ponto de vista das cidades, é interessante quando você traz o tema dos países nórdicos, escandinavos, porque o que a gente constata quando olha para esses *cases* é o chamado *human centered design*, ou seja, o foco do desenho do projeto é a pessoa, o ser humano, a humanidade. Hoje a gente fala muito de Jan Gehl, de Copenhague como modelo exemplar, ou do caso do Canadá, que tem Vancouver, existe até a expressão "vancouverism", que é o modelo que essa cidade gerou, de alta densidade com qualidade na rua. A grande questão em todos esses modelos é como a humanidade é o ponto focal da iniciativa do planejamento e do projeto. Humanidade no sentido também poético, político, econômico... Todas as esferas.

Isso significa fazer espaços em que as pessoas possam, de fato, ter uma qualidade de encontro, qualidade de vida. É uma abordagem que devemos levar em conta, de fato, especialmente no Brasil, onde temos a vantagem de confiar no outro, apesar de não confiarmos tanto nas autoridades. É interessante olhar as pesquisas do Instituto Locomotiva, do Data Favela, e perceber que quando a pessoa precisa de qualquer coisa na favela, ela procura o vizinho, a família, os amigos, antes de procurar uma instituição. Acho que não à toa, a resposta para a pandemia foi muito de solidariedade. Essa é uma característica brasileira muito rica e que, de uma maneira interessante, coloca a gente muito próximo dessas abordagens nórdicas, que também valorizam o humano.

Então, o meu ponto é o seguinte: a ideia do humano é muito presente na cultura e nas cidades brasileiras. Com tantas ineficiências, os visitantes têm uma experiência sempre muito prazerosa por causa da nossa intensidade de uso do espaço público — não encontra equivalente nem em termos de América Latina. Há alguns problemas, acho que erramos muito com os centros históricos, em comparação com os nossos irmãos latino-americanos, por exemplo, mas esse uso muito intenso dos espaços da cidade é muito positivo. O que traz então a necessidade de olhar para essas soluções e entender que, claro, temos problemas de infraestrutura, mas não é no aspecto tecnológico, não é no processo do hardware, é muito mais em como fazemos o planejamento, os desenhos urbanos e os projetos de espaços públicos que possam favorecer essas relações.

E vemos como, muitas vezes, tal planejamento não acontece nas cidades brasileiras. Por exemplo, não existe uma preocupação com o lugar para as pessoas se sentarem. Temos um tratamento bruto de mobiliário urbano. O Rio é um pouco fora da curva nesse sentido porque teve décadas atrás o Rio Cidade, que trouxe uma cultura diferente. Mas o ponto é que mesmo que sejamos similares ao modelo americano de manchas urbanas territorialmente enormes, comparativamente a outras cidades e culturas, temos uma possibilidade real de criar bons lugares, tanto nas áreas centrais quanto nas áreas periféricas, por causa desse componente antropológico. E esses bons lugares passam essencialmente por entendermos que as *smart cities* são feitas por pessoas que são felizes. Então, temos que falar de *happy cities*, ou de urbanismo da felicidade, que vai usar a tecnologia, vai usar big data, vai usar sensoriamento, mas cuja manifestação final é material, é de desenho, é de mobiliário, é de paisagismo. E não faltam lições da nossa história para isso.

MIGUEL Você levantou duas questões que vou tentar conciliar numa pergunta sobre o modernismo. Você falou da importância da escala humana, e isso me lembra *O Modulor*, de Le Corbusier. E também falou da importância do desenho dos edifícios como eficiência de resultados, e é muito curioso porque circulou recentemente um videozinho sobre a Bauhaus, sobre o desenho dos hospitais e das escolas, e os não arquitetos, os leigos, ficaram muito impressionados com uma coisa básica para a gente que é usar a arquitetura para o bem-estar do usuário. Enfim, isso traz a discussão sobre o modernismo na arquitetura e no urbanismo à nossa conversa. Obviamente, ele trouxe várias inovações, mas também deixou sequelas irremediáveis. Quais foram as melhores e piores heranças do modernismo para as cidades?

FAJARDO Isso é muito interessante, não é, Miguel? Porque, por exemplo, a simples ideia de janela em fita, dos grandes panos de vidro, foi uma necessidade dos equipamentos hospitalares para tratar a tuberculose, por meio do incremento da ventilação.

No caso do modernismo no Brasil, acho que a gente precisa ter alguma atenção. Ele se conectou de maneira intensa com certo ufanismo brasileiro que tem como modelo econômico o nacional-desenvolvimentismo, que também é colocado muitas vezes de uma maneira excessivamente pejorativa. Acho que a gente também percebe muito bem que, na verdade, o Estado tem um papel relevante, ainda mais numa sociedade tão desigual como a nossa. Gosto de chamar de estética do desenvolvimento. Já coloquei também para alguns economistas que é preciso ficar atento, porque esse modo cria uma dimensão simbólica e uma dimensão estética, o que torna tudo bastante extensivo e arraigado no tempo. É algo que tem se reproduzido na nossa história com muita frequência. Toda eleição vamos ouvir alguém falar o famoso chavão do Juscelino Kubitschek, "50 anos em 5". Temos experiências recentes, como o que foi feito em Belo Horizonte quando se tirou funções administrativas da área central e levou-se para fora da cidade. E não é à toa, Miguel. Então, para esses modelos, também corresponde uma forma arquitetônica específica. E não à toa a presença repetitiva de Oscar Niemeyer, como nesse caso.

MIGUEL E, nesse caso, com um desenho ruim.

FAJARDO Exato, com um desenho ruim, pesado, um arremedo de si mesmo. Mas acho que isso tem muito a ver com uma estética que é compartilhada. A estética sempre foi decisiva na construção da identidade nacional. A gente olha muito para a década de 1930, para o Brasil integralista, os movimentos eugenistas, ou o nazismo. Todos eles tinham um desenho, tinham um arranjo próprio do que deveria ser belo. Tinham uma arquitetura própria, uma moda, uma arte, uma maneira específica de fazer cidade. Precisamos fazer uma revisão crítica disso no Brasil, porque senão estamos fadados a essa repetição eterna. Vimos governos progressistas, como durante a administração do PT, trazendo de volta o mesmo nacional-desenvolvimentismo, a mesma estética de desenvolvimento que os militares praticaram na ditadura. E agora estamos num governo de direita radical e de novo a repetição desse ideário estético de Brasil grande. E, claramente, o Brasil é grande. Mas temos que entender que não é uma lógica de unidade, mas uma lógica de diversidade, biodiversidade, de mosaico cultural. Que esse valor continental, na verdade, é uma miríade de inúmeras realidades, ou seja, muito mais de baixo para cima do que uma ideia icônica, e que vem sendo imposta, sempre, aborrecidamente, do que deve ser o país.

Não à toa a gente olha agora para a Casa Verde e Amarela — que é a mesmíssima coisa que o Minha Casa Minha Vida, com o detalhe de juros menores —, para as imagens desses conjuntos habitacionais, e vê que eles são absolutamente iguais desde os anos 1930. Não faz sentido repetirmos isso.

Veja, Miguel, o filme *Cidade de Deus* usou o conjunto habitacional de Sepetiba como cenário. É fantástico, porque ele reproduzia integralmente a origem do modelo da Cidade de Deus. E a gente precisa entender que há uma geopolítica por trás dessas lógicas. Cidade de Deus, Vila Kennedy, Vila Aliança foram feitas num programa chamado Aliança para o Progresso, financiado pelo governo dos Estados Unidos, que estava preocupado com a disseminação das ideias de esquerda nos territórios periféricos e nas favelas. Então, remover as favelas era, ao mesmo tempo, resolver uma questão de infraestrutura e evitar possíveis desenvolvimentos de ideias radicais. Paradoxal e curiosamente, de uma maneira assustadora, isso se reproduz até em governos entendidos como progressistas. Quando chegou a pandemia, também se constatou isso. São esses territórios mais distantes, onde os tempos de deslocamento médio são absurdos, os locais onde as pessoas são mais sujeitas a perda de qualidade de vida e a problemas de saúde.

Então, esse modernismo tem essa condição ambígua de oferecer um plano ufanista, icônico e ao qual a gente adere muito facilmente porque tem uma ideia libertadora aí como sociedade desigual. Assim como Brasília poderia nos liberar de um passado de cidades bagunçadas, como o Rio de Janeiro, então uma cidade com quatrocentos anos, organizada e preparada para ser a capital. E, de repente, fazemos uma capital nova. E é estranho que Brasília hoje seja o maior PIB *per capita* entre as cidades brasileiras, que tenha uma economia fantástica de comércio e varejo porque existe lá uma classe burocrática que, independentemente da crise, recebe seus salários em dia, e a gente não consiga lidar com essa condição de diversidade como uma força motriz de melhoria das cidades.

Sabe que sou bastante crítico dessas reproduções. Falei de Brasília, mas a gente não pode esquecer os inúmeros problemas no arranjo da Barra da Tijuca. É uma constatação triste. A gente vê que, em 1969, quando Lúcio Costa faz o plano da Barra, ele descarta a solução de transporte público, por exemplo. Houve uma preocupação ambiental muito limitada. Era uma ideia da natureza somente como elemento de composição de paisagem e não como algo concreto, material. E também a questão social. Onde os trabalhadores vão morar? A Barra hoje é um bom exemplo.

Brasília é uma cidade feita pelo Estado, conquistou uma forma e o Estado paga um custo alto para manter aquela solução. No caso da Barra, vemos como esse desenho sujeito às regras do mercado apresenta uma série de desequilíbrios que aparecem essencialmente na mobilidade, em especial nos aspectos ambientais. O sistema lagunar está morrendo, sabemos disso. E o tema da inclusão: você tem hoje um arranjo de loteamentos que viraram condomínios fechados e uma enormidade de favelinhas pulverizadas em toda a região da baixada de Jacarepaguá, exatamente onde as pessoas vão morar para poderem ficar próximas do trabalho e dos empregos que surgem ali.

MIGUEL O fato de que o nacional-desenvolvimentismo ronda a nossa política desde sempre foi um assunto comum nas minhas conversas com os grandes economistas. Outra característica comum é que todos eles reviram, de certa maneira, o seu liberalismo sem antes criticar a minha mania de rotulá-los dessa maneira. Se analisarmos tais conversas com distanciamento, chegaremos a um desenho coletivo sobre o novo papel do Estado na economia, com algumas, mas acho que poucas, discordâncias.

E na nossa área, no urbanismo, você falou um pouco sobre isso, as cidades liberais, geridas apenas pelo mercado imobiliário e pelos agentes econômicos, fazem parte de um modelo bastante cruel e desumano. Falamos no expansionismo horizontal predatório, mas podemos falar também em gentrificação, que reforça ainda mais as iniquidades. Todas essas são consequências danosas dessa cidade liberal. Qual é o papel do Estado na promoção dessa cidade mais sustentável nos aspectos social, econômico e ambiental?

FAJARDO É fundamental cada vez mais conversarmos sobre isso porque acho que nós, arquitetos, urbanistas e economistas, podemos nos beneficiar dessa conversa. Temos poucos economistas dedicados à economia urbana no país, mas sabemos que há excelentes economistas que pensam na dimensão pública do Brasil. Essa foi uma necessidade do nosso país, que teve um problema inflacionário por várias gerações. Acho que a nossa geração foi aquela que viu essa mudança. Eu me lembro de, ainda criança, ter que ir ao supermercado de manhã porque à tarde os preços eram outros. Hoje, ninguém mais pensa sobre isso.

Estou fazendo essa introdução para dizer que existe um grande espírito público nos economistas brasileiros. Mas, no que tange às cidades, eles ainda erram muito. Porque a cidade essencialmente é falha de mercado. Primeiro ponto: a cidade tem um insumo escasso que é terra. Como dizia Mark Twain: "Compre terra porque não fazem mais disso." Ou seja, a terra é limitada. É apenas o planeta Terra e a gente não vai ter outro para consumir. Talvez venhamos a ampliar o mercado imobiliário numa escala sideral, mas, enquanto isso não acontecer, o nosso mercado é limitado. E, de novo, a questão ambiental: sabemos que preservar a natureza é necessário para que não corramos risco de vida. Então, acho que a gente precisa olhar para essas falhas de mercado que aparecem na relação simples e básica de procura e oferta. Se um lugar se qualifica, aumenta a demanda por ele e, consequentemente, os preços desse lugar aumentam. Não será possível produzir indefinidamente mais edifícios porque o solo é limitado. O aumento dos preços significa que algumas pessoas não poderão pagar e terão que ir para longe. Indo para longe, elas acabam tendo uma experiência pior de vida, e, no conjunto econômico, temos um alto impacto em cima do custo desse trabalho. Logo, isso acaba também prejudicando aqueles que podem pagar para estar no lugar que se qualificou.

Obviamente, podemos optar pelo caminho da luta de classes, porque essas desigualdades vão acirrar as questões de classe, mas, se não entendermos que esse é um sistema totalmente integrado e que a economia tem um papel decisivo, não conseguiremos avançar.

É contraintuitiva a ideia de que "expandir a cidade também vai permitir que mais pessoas possam...". Porque, quando se expande a cidade, aumenta o custo de oportunidade de não morar em lugar periférico.

É bastante interessante esse tema. E aí a gente vê como a função do Estado é fundamental para fazer esses contrabalanceamentos. Porque, se existe uma cidade liberal, Miguel, são as favelas. A favela é uma expressão concreta do "laissez-faire" urbanístico. Aquelas pessoas estão ali sem ação regulatória, sem uma ideia de espaço público, sem uma ideia de bem público, onde cada um, cada família procura levar ao máximo o seu recurso próprio individual e com ele produzir conforto, aumentar a segurança etc. Por isso, essa forma, uma geometria sempre tão complexa que é a expressão de centenas de milhares de decisões privadas e de caráter egoísta, preocupadas com a proximidade de uma localização, do acesso a serviços, empregos, oportunidades e de otimizar ao máximo cada real colocado na sua construção. Por isso, vemos que há mais zelo com o espaço interno do que com as fachadas, por exemplo.

Dessa forma, a ação do Estado regulatório é fundamental. O que acredito que a gente precisa corrigir é o fato de que essa ação regulatória trava muito o potencial da ação do mercado, e, ao mesmo tempo, quando malfeita, impede que tenhamos uma produção cada vez maior de domicílios acessíveis para as pessoas.

MIGUEL Falamos de Brasília e do Rio, e você está prestes a lançar uma campanha para que Salvador e Rio de Janeiro sejam reconhecidas como capitais históricas do Brasil. Eu gostaria de ouvir mais sobre essa ideia e sobre o que seria essa campanha.

FAJARDO No processo de tentar ser mais crítico com o modernismo brasileiro, e também de buscar soluções para o Rio, para que a cidade possa se desvencilhar dessa nostalgia da capital, ou seja, no esforço de imaginar outros cenários, tive a percepção de que era melhor assumir um pouco desta capitalidade. Isso tem um pouco a ver com a experiência de morar fora. O sistema cultural dos Estados Unidos é muito organizado em função dos parques. Há os parques nacionais que são parques naturais, mas também os parques históricos que são também parques nacionais.

Você vai à Filadélfia e ela é um parque nacional da independência, assim como Boston. Chegando aqui agora, pensei: "Por que não reconhecer o nosso valor?" Rio de Janeiro, Salvador e Brasília são três cidades com patrimônio de relevância mundial. Temos reconhecidos como Patrimônio Cultural pela Unesco a Paisagem Cultural Urbana do Rio, o Centro Histórico de Salvador e o Plano-Piloto de Brasília.

No caso do Rio e de Salvador, há o peso de cuidar dessa arqueologia de capital — material e documental. Temos toda essa memória para carregar. Isso é fantástico, mas também é um fardo, tem um custo que fica muito em cima dos municípios. Sabemos que tem o Iphan, os escritórios das superintendências regionais dedicados, mas, na hora do recurso, é uma disputa nacional para ver quem consegue um pouquinho desse recurso do patrimônio cultural. Então acho que é preciso ao mesmo tempo reconhecer Rio e Salvador como capitais históricas do Brasil e ter uma previsão de linhas, de prioridade orçamentária para essas duas cidades. E também até num plano educacional. Não se pode ser brasileiro sem se ter visitado Salvador, Rio, Brasília. Passando por essas três cidades é possível entender linearmente como o país se constituiu: uma capital essencialmente do período colonial, uma capital durante a colônia, o império, a República e a capital da República atual.

Isso tem a ver, de novo, com trabalhar por uma lógica daquilo que é diverso e menos por uma lógica de unidade ufanista. Se conseguirmos isso, poderemos cuidar melhor desse acervo. Veja o que aconteceu no Museu Nacional. É terrível, não é?

A gente poderia atrair mais visitantes brasileiros e, de fato, corrigir um erro histórico. A Constituição diz que a capital federal é Brasília e ponto, mas deveria dizer também que "as capitais históricas do Brasil são também Salvador e Rio de Janeiro", e com isso elas teriam prioridade em linhas orçamentárias para cuidar do patrimônio cultural de arquivos e das memórias relativas a esse período.

MIGUEL Você foi um dos grandes responsáveis pela candidatura e pela eleição do conjunto arqueológico do Cais do Valongo como Patrimônio Mundial da Unesco. Qual a importância, não só do Cais do Valongo, mas de toda a "Pequena África", da história e da cultura negra para a construção simbólica do Rio de Janeiro?

FAJARDO Miguel, isso é muito simples. A transformação da área portuária acontece em vários lugares do mundo. Áreas portuárias com novos museus, com VLT, com espaço público desenhado com qualidade, existem em Vancouver, em Baltimore, no Japão, em Yokohama, em Gênova, em Marselha. Agora, um patrimônio que fala do tráfico de escravos no Atlântico só há no Rio de Janeiro. O Valongo coloca essa transformação de área portuária — que é uma tipologia urbanística global, e que tem muito a ver com a disfuncionalidade dos portos no mundo inteiro — em outro patamar, que não tem igual. Ao mesmo tempo se tem essa potência de futuro, soluções urbanísticas mais avançadas, uma ideia de cidade mais sustentável, baseada no pedestre, menos no carro etc.

Uma cidade que mistura mais usos, mas ao mesmo tempo tem ali uma memória que fala de um processo muito dolorido para o país. E temos dificuldade de falar de processos de dor. Estamos sempre preparados para celebrar as grandes alegrias da cultura brasileira, mas falar sobre o processo da escravidão, sobre essa contribuição, reconhecer isso e a vitória da população negra e da cultura de matriz africana na formação do país é um processo libertador no final das contas. Poder unir isso numa escala urbana não tem igual. Não é à toa que a paisagem cultural foi uma candidatura que levou dez anos e o Valongo foi reconhecido em três anos. Muito rápido. Há a presença, o interesse da imprensa internacional, porque ele é preciosíssimo. Repito, ele se insere num conjunto de memórias de dor. Então é Auschwitz, é Valongo. Mas, por esse processo, ele aponta também numa direção nova que implica essa transformação do porto, de também reconhecermos a existência do Quilombo da Pedra do Sal, reconhecermos o Instituto dos Pretos Novos, a Organização dos Remanescentes de Tia Ciata e por aí vai.

E reconhecer também a origem dos primeiros sindicatos de estivadores e, a partir dessa cultura do trabalho, como surgiu a arquitetura modernista brasileira. Está lá o prédio dos Diários Associados, o Albergue da Boa Vontade, a Vila Operária, e são pequenas joias arquitetônicas. Você vê, na década de 1930, tudo ainda pequeno, tudo muito protótipo, mas surgido no Porto do Rio, por ser ali um lugar de trabalho, de invenção.

MIGUEL Fora que Pedra do Sal, Valongo, Tia Ciata, a chegada dos escravizados da Bahia na região portuária, isso tudo é o estopim daquela que é a maior manifestação cultural do Rio e do Brasil: o samba, o carnaval!

E seguindo a conversa pela região portuária. Você foi um dos nomes principais da gestão de Eduardo Paes, durante seus oito anos. Foi presidente do IRPH, o órgão de patrimônio municipal, e o grande consultor para assuntos de arquitetura, design e urbanismo. O projeto do Porto Maravilha foi muito bem-sucedido ao traçar os caminhos que a cidade e o mercado imobiliário deveriam seguir pelas próximas décadas. Não só na região portuária, mas se expandindo por toda a região central. O que deu certo e o que não deu tão certo assim nesse processo?

FAJARDO Olha, o Porto deu certo, Miguel... Ele está consolidado para o carioca como um território novo e potente, apesar de a gente olhar e achar que isso ainda não está pronto. É algo que vem, de novo, de uma ideia modernista de que a cidade fica pronta em cinco anos. Não é assim, leva muito tempo. As transformações portuárias levam vinte anos na média. E a cidade nunca fica pronta, ela está sempre em processo.

Não tenha dúvida de que ele trouxe uma contribuição de novos tipos de espacialidade, de uso público, numa escala muito potente. Você pode andar da Praça XV até o Boulevard Olímpico, a Orla do Conde... O Porto trouxe uma contribuição arquitetônica com os museus. O Museu do Amanhã, o Museu de Arte do Rio. E trouxe uma infraestrutura nova, não se fala muito sobre isso, mas a melhor internet de dados do Brasil é ali no Porto. Em tempos de pandemia, isso é uma curiosidade. Além de infraestrutura e uma mobilidade mais sustentável.

Mas o Porto errou em não entender o papel da função residencial, algo sobre o qual eu alertava, falava tanto. Nesse tipo de frente nova, ainda mais no Rio de Janeiro, que tem uma cultura imobiliária muito consolidada na Barra da Tijuca, é preciso que haja uma ação mais estatal.

E aí vem aquela nossa discussão de novo sobre cidade liberal ou não. Não tem jeito, se tivesse havido uma ação estatal mais contundente em termos de produção residencial, haveria hoje pessoas morando ali. O que começa a produzir uma economia local própria, comércios e serviços para atender a essas pessoas. Como a lógica foi muito de função corporativa, com muito a ver com a leitura do momento, uma perspectiva de boom da economia fluminense — óleo e gás. Uma necessidade de oferecer espaços corporativos que no Rio estavam muito envelhecidos, como a Rio Branco dos anos 1970, a Barra da década de 1980.

Não tínhamos os famosos edifícios hipertecnológicos, muito presentes em São Paulo. Existia a lógica de oferecer isso, mas não tenho dúvida de que se errou nesse processo. Não se tentou, por exemplo, captar uma parte dos investimentos do Minha Casa Minha Vida para a região, fazendo uma dimensão de moradia mais social. A produção do Ilha Pura, para os Jogos Olímpicos, foi feita na Barra, e deveria ter acontecido lá no Porto. O desenvolvimento do bairro do Pontal Oceânico, por exemplo, também foi um equívoco em termos de decisão de planejamento urbano. Foram abordagens muito pragmáticas e desenhadas em função da entrega para os Jogos.

E a gente sabe, para ser justo, que a cidade ficou muito isolada nessas entregas, porque a União começou a vacilar naquilo que era o seu compromisso, o governo do estado acabou não executando a sua matriz de responsabilidades.

O município do Rio ficou sozinho com a responsabilidade de fazer, repetindo inclusive a história do Pan-Americano. Mas isso mostra como o Rio de Janeiro tem talento humano, capacidade gerencial, de entrega, porque nenhuma outra cidade, mesmo apontando essas críticas, nenhuma outra capital brasileira fez investimentos dessa magnitude na sua área central e tentou reorientar de fato a sua lógica de desenvolvimento urbano. E é isso que o Porto significa, ir na direção de uma cidade ambientalmente melhor e mais compacta. Agora, o tema residencial é fundamental porque é a essência de qualquer cidade. Isso não aconteceu, mas pode acontecer ainda.

MIGUEL E para fecharmos a nossa conversa, você tem uma frase de que eu gosto muito e que uso bastante em palestras e textos. Você costuma dizer que "a melhor cidade que existe é a cidade que existe". O que é que isso significa?

FAJARDO É uma brincadeira, um jogo retórico. Mas essa colocação é importante para mim, e eu observo que as pessoas entendem o sentido, porque ela desloca a ideia de "o que a cidade pode vir a ser" para outro plano. E isso tem a ver com o fato de deixarmos de observar a cidade. Nós, arquitetos e urbanistas, fazemos isso, mas precisamos levar essa observação para outras pessoas, mostrar a todos como ler a cidade, como interpretá-la. Porque ela tem um repertório, um código, tem histórias, ela estimula narrativas, estimula invenções culturais.

Quero chamar a atenção para essa realidade da cidade. Ela é muito rica, muito divertida, e tem várias soluções. A realidade favorece o design, qualifica o design, torna o design mais interessante. Nós podemos melhorar um edifício, fazer um retrofit e inserir um edifício contemporâneo num lugar histórico, qualificar um espaço público. Isso é muito saboroso. Podemos fazer um loteamento novo, é simples e a gente faz, mas ele não tem esse mesmo sabor do tempo. Então, tem um *terroir* urbano, os lugares têm sabor, e precisamos perceber isso. Precisamos fazer uma leitura que não seja só técnica, mas uma leitura bastante holística da cidade. Fazer com que uma cidade possa funcionar bem para as crianças. A melhor medida é uma cidade boa para as crianças, para que elas possam primeiro confiar no espaço público, não terem medo, para que estejam protegidas enquanto andam pela cidade e voltam para casa. Uma vez escrevi uma crônica chamada "Fale com estranhos". A nossa educação familiar, protetora, conservadora, diz: "Nunca fale com estranhos." Mas a cidade é o lugar em que a gente fala com estranhos. E falar com estranhos é fenomenal. Você conhece alguém, estabelece uma confiança, claro, um certo coeficiente de problema pode acontecer, mas ele, na história coletiva, é muito baixo. Os ganhos são sempre muito maiores nesse sentido, nessa experiência com a realidade, com os outros estranhos da cidade. Então é isso que a tal frase quer dizer, é uma reflexão profunda, mas também uma brincadeira. E é uma convocação para que a gente possa ler mais, entender mais, ter mais prazer na nossa própria cidade.

MIGUEL Fajardo, obrigadíssimo, meu amigo, por esse papo sempre brilhante. Com você, eu fecho esse ciclo de conversas que compõem um panorama de pensamentos elaborados por algumas daquelas que considero as maiores mentes deste país. São intelectuais que se disponibilizaram, ao longo dos últimos seis meses, a pensar comigo a cidade, o país ou o planeta. Mas, principalmente, são amigos que se dispuseram a uma boa conversa. Obrigado a você, muito obrigado a todos.

AGRADECIMENTOS

Faço aqui os meus agradecimentos às pessoas que ajudaram na elaboração desta obra, no seu caminho de live a livro.

Agradeço a Camila Appel, Ester Carro, Gabriel Kogan, João Amoedo e Natalie Mossin, amigos queridos que tiveram a generosidade de participar deste projeto, cujas conversas, por motivos diversos, acabaram não entrando no livro.

Agradeço aos meus queridos e dedicados editores Jorge Oakim, Lucas Telles, Elisa Rosa, Renata Rodriguez.

Agradeço às incansáveis transcritoras, redatoras e tradutora Alda Lima, Daniele Xavier, Kelly Diniz, Luciana Pinheiro, Manoela Sawitzki e Nani Rubin.

Agradeço ao meu time criativo, Leo Aversa, Marcelo Pereira e Raul Mourão, gênios!

Agradeço a arquiteta Roberta Lopes pela eficiência em produzir a arte de mais de cinquenta bate-papos, muitas vezes sem antecedência alguma.

Agradeço à equipe de Uma Gota no Oceano, tão importante na logística e preparação de muitas das conversas, Adriana Fernandes, Diego Jovino, Eduardo Souza Lima, Emilio Moreno, Gabriela Lapagesse, Goes Ávila, Guilherme Fernandes, Guilherme Kardel, Helena Dias, Isabela Aleixo, Luana Camará, Marcia Pimenta, Matheus Rocha e em especial à Maria Paula Fernandes, nossa presidente, por sua amizade de tantos anos, dedicação a este projeto e pelas boas e empolgadas ideias.

Agradeço a Monica Almeida, Paula Miller, Ancelmo Góis, Ascânio Seleme, Bernardo Melo Franco, Fellipe Awi, Lauro Jardim e Merval Pereira, profissionais que eu tanto admiro, que interromperam suas rotinas para me ajudar especificamente na preparação de algumas conversas.

Agradeço aos amigos que fizeram algumas das conexões para que todos os convidados topassem participar Ana Tavares, Artur Brandão, Ana Lúcia de la Vega, Camila Pitanga, Catarina Malan, Cecília Malan, Clarissa Schneider, Cristiana Lara Resende, Daniela Santa Cruz, Erika Benincasa, Fabio Ghivelder, Fabiola Büchele, Flora Gil, João Pedro Backheuser, João Vicente de Castro, Jose Luiz Lima, Julia Duailibi, Mary Ventura, Mauro Ventura, Patricia Cardoso, Paulo Henrique Cardoso, Rodrigo Paiva e Sergio Magalhães.

E também àqueles que ajudaram na burocracia final, Alexandre Reche, Edward Jose Pimenta Junior, Franklin Barcelos, Frederic Kachar, Isabela Marques, Mauricio Lima, Patricia Hallale, Pedro Garcia, Renata Bassetto e Tiago Joaquim Afonso.

Obrigado!

Créditos das fotos usadas como base para os desenhos:

Pág 16: Jorge Bispo
Pág 25 e 26: Jorge Bispo
Pág 37 e 38: Gérard Giaume
Pág 48: Felipe S Cohen
Pág 62: Arquivo Pessoal
Pág 77 e 78: Arquivo Pessoal
Pág 89 e 90: Renato Parada e Rogerio Resende/ HBO
Página 110: Arquivo Pessoal
Pág 119 e 120: Lucas Louis
Pág 135 e 136: Artur Renzo
Pág 147 e 148: Rafael Hansen
Pág 161 e 162: João Pedro Januário
Pág 174: Fernando Rabelo
Pág 182: Vinícius Dotti/ Acervo Pres. F. H. Cardoso
Pág 197 e 198: Aderi Costa
Pág 206: Arquivo Pessoal
Pág 219 e 220: Antonio Milena
Pág 231 e 232: Daniel Bianchini
Pág 246: Vik Muniz Studio
Pág 258: André Arruda/ Agência Globo
Pág 272: Omar Paixão/ Agência Globo
Pág 286: Druso Frota Cabral
Pág 298: Anderson Borde
Pág 307 e 308: Tuca Vieira
Pág 319 e 320: Leo Martins/ Agência Globo
Pág 332: Arquivo Pessoal
Pág 346: Mídia Índia
Pág 356: Sergio Zacchi / Agência Globo
Pág 372: Arquivo Pessoal
Pág 385 e 386: Nelson Malfacini
Pág 400: Renato Rocha Miranda/ Agência Globo
Pág 414: Bel Pedrosa
Pág 430: Vera Donato
Pág 444: Bob Wolfenson
Pág 456: Eugenio Novaes
Pág 473 e 474: Arquivo Pessoal e Daniela Toviansky/ Estadão Conteúdo
Pág 493 e 494: Leo Aversa/ Agência Globo
Pág 506: Gislaine Miyono Takamato
Pág 520: Fernando Frazão
Pág 537 e 538: Arquivo Pessoal
Pág 551 e 552: Bel Pedrosa
Pág 566: Carol Caminha/ Gshow
Pág 585 e 586: Leo Martins/ Agência Globo
Pág 603 e 604: Roberto Moreyra/ Agência Globo